CB134691

Tribunal do JÚRI

Procedimento especial comentado por artigos

abdr
ASSOCIAÇÃO BRASILEIRA DE DIREITOS REPROGRÁFICOS
Respeite o direito autoral

Rogério Sanches Cunha
Ronaldo Batista Pinto

Tribunal do JÚRI

Procedimento especial comentado por artigos

4ª edição
revista, atualizada e ampliada

2018

EDITORA JusPODIVM
www.editorajuspodivm.com.br

EDITORA
*Jus*PODIVM
www.editorajuspodivm.com.br

Rua Mato Grosso, 164, Ed. Marfina, 1º Andar – Pituba, CEP: 41830-151 – Salvador – Bahia
Tel: (71) 3045.9051
• Contato: https://www.editorajuspodivm.com.br/sac

Copyright: Edições *Jus*PODIVM

Conselho Editorial: Eduardo Viana Portela Neves, Dirley da Cunha Jr., Leonardo Garcia, Fredie Didier Jr., José Henrique Mouta, José Marcelo Vigliar, Marcos Ehrhardt Júnior, Nestor Távora, Robério Nunes Filho, Roberval Rocha Ferreira Filho, Rodolfo Pamplona Filho, Rodrigo Reis Mazzei e Rogério Sanches Cunha.

Capa: Ana Caquetti

S211t Sanches Cunha, Rogério
Tribunal do Júri: Procedimento Especial Comentado por Artigos / Rogério Sanches Cunha, Ronaldo Batista Pinto – 4. ed. rev., ampl. e atual. – Salvador: Ed. JusPodivm, 2018
416 p.

Bibliografia.
ISBN 978-85-442-2288-1.

1. Direito Processual Penal. 2. Tribunal do júri. I. Título.

CDD 341.4391

Todos os direitos desta edição reservados à Edições *Jus*PODIVM.

É terminantemente proibida a reprodução total ou parcial desta obra, por qualquer meio ou processo, sem a expressa autorização do autor e da Edições *Jus*PODIVM. A violação dos direitos autorais caracteriza crime descrito na legislação em vigor, sem prejuízo das sanções civis cabíveis.

À *Simone*, *Bruno* e *Sophia*, meus grandes amores,
de quem o Ministério Público e o Magistério
me retiram horas de precioso convívio.
Fico na esperança de que o futuro
diga que o sacrifício valeu a pena.

Rogério Sanches Cunha

Ao meu querido irmão *Claudio Batista Pinto*,
companheiro nos bons e maus momentos,
com a certeza do amor eterno que nos une.

Ronaldo Batista Pinto

"[A instituição do júri]
situa a direção real da sociedade
nas mãos dos governados (...)

O homem que julga o criminoso
é, pois, realmente o senhor
da sociedade"

Alexis de Tocqueville,
A democracia na América

Apresentação

O objetivo deste trabalho é de propiciar, como exigem os tempos modernos, de uma forma ágil, porém completa, a consulta a um dos temas mais espinhosos e fascinantes do processo penal: a instituição do Tribunal do Júri.

Para tanto, cada artigo do Código de Processo Penal, que trata do tema, foi objeto de uma análise individual, com comentários e citações doutrinárias pertinentes à matéria. Seguem, ainda, citações jurisprudenciais extraídas, sobretudo, de nossos Tribunais Superiores, que enriquecem o debate e revelam, por vezes, pontos de vista diversos a respeito da mesma temática. Inovações legislativas, recentemente elaboradas, como as Leis nºs 13.104/15 (feminicídio), 13.142/15 (homicídio funcional) e 13.491/17 (ampliação da competência da Justiça Militar) também foram objetos de nosso exame.

Não se teve a pretensão de esgotar a matéria, objetivo que dificilmente seria atingido. Reunir a doutrina e jurisprudência em um só corpo, capaz de conferir uma visão abrangente do tema, justifica a publicação da obra. Só isso já terá valido a pena.

Esperamos contar com a crítica de todos aqueles que se debruçarem sobre sua leitura, apontando seus defeitos e qualidades. Somente assim poderemos, em revisões futuras, aperfeiçoar o trabalho.

Os Autores

Sumário

CAPÍTULO 1 ▸ Do Procedimento Relativo aos Processos da Competência do Tribunal do Júri 19

CAPÍTULO 2 ▸ Da Acusação e da Instrução Preliminar 35

Arts. 406 a 412

CAPÍTULO 8 ▸ Do Sorteio e da Convocação dos Jurados 173

Arts. 432 a 435

CAPÍTULO 9 ▸ Da Função do Jurado 175

Arts. 436 a 446

CAPÍTULO 10 ▸ Da Composição do Tribunal do Júri e da Formação do Conselho de Sentença 189

Arts. 447 a 452

CAPÍTULO 11 ▸ Da Reunião e das Sessões do Tribunal do Júri 207

Arts. 453 a 472

CAPÍTULO 12 ▸ Da Instrução em Plenário 229

Arts. 473 a 475

CAPÍTULO 13 ▸ Dos Debates 247

Arts. 476 a 481

CAPÍTULO 18 ▸ Apelação Contra Decisões do Júri 363

Art. 593

CAPÍTULO 19 ▸ Revisão Criminal Contra Decisões do Júri 381

Anexo ▸ Modelos dos quesitos 399

CAPÍTULO 1

Do Procedimento Relativo aos Processos da Competência do Tribunal do Júri

INTRODUÇÃO

Origem histórica do Júri • Das mais ingratas é a tarefa consistente em se investigar a origem da instituição do Júri no direito comparado. Há quem vislumbre na *pólis* grega (sec. V a.C.), com o florescimento da participação popular na república e com a valorização da retórica, as primeiras manifestações do Júri. É lá que o cidadão, frequentador da *ágora* (praça pública), tinha livre acesso à *Heliéia* (tribunal popular), "centro da vida judiciária ateniense, o concorrido espaço onde os cidadãos reuniam-se em assembleia, do nascer ao pôr do sol, pondo à prova sua criação constitucional, a democracia deliberativa e direta", segundo nos informam Nádia de Araújo e Ricardo R. Almeida (*O Tribunal do Júri nos Estados Unidos – sua evolução histórica e algumas reflexões sobre seu estado atual*, Revista Brasileira de Ciências Criminais, nº 15, julho-setembro de 1996, p. 201).

Resquícios do Júri podem ser encontrados, ainda, nas *quaestiones perpetuae* romanas (149 a. C.) ou no *tribunal de assises* de Luís, o Gordo, na França (1137). Ou, séculos depois, entre os povos normandos da Noruega, Suécia e Dinamarca. Porém, após ressaltar que "tribunais com as mesmas características do júri sempre existiram", Hélio Tornaghi esclarece que "na verdade, não há qualquer filiação histórica do júri a essas instituições" (*Instituições de Processo Penal*, Saraiva, 1977, 2ª. ed., p. 72).

Acompanha, assim, o entendimento prevalente, no sentido de que o Júri deitaria raízes na Grã-Bretanha. Pelo menos o Júri com a feição mais aproximada da que temos hoje da instituição. Atribui-se, com efeito, a Henrique II, rei da Inglaterra entre 1154 até 1189, a implantação do Júri. Conforme esclarece Tornaghi, "mal ocorria um crime e logo os moradores do lugar eram convocados para examinar o corpo de delito e investigar a autoria" para, no final, decidirem se o réu era inocente (*not guilty*) ou culpado (*guilty*) (ob. cit., p. 74).

A partir daí, o Júri se disseminou por todos os povos anglo-saxões e, séculos depois, por toda Europa, tendo adotado características peculiares em cada país, preservado, contudo, seu perfil atual, de julgamento do réu por seus pares.

O Júri no Brasil -Mais fácil é identificar o surgimento, entre nós, do Júri. Assim, a instituição do Júri no Brasil nasce em 1822, através de Decreto da lavra do Príncipe Regente D. Pedro e – interessante - previa a competência do tribunal popular *"para o julgamento do abuso de liberdade de imprensa"*. Sua composição era de 24 cidadãos, *"homens bons, honrados, inteligentes e patriotas"*, nomeados pelo *Corregedor do Crime da Corte e Casa*. De sorte que a primeira notícia que se tem do Júri no país não se refere aos crimes dolosos contra a vida, mas sim, talvez em virtude do contexto histórico e político da época, ao julgamento dos *abusos* cometidos pela imprensa.

Salienta José Frederico Marques (ele mesmo, talvez, o mais feroz crítico da instituição), que "segundo Enéas Galvão, a lei do júri foi aplicada pela primeira vez, no Brasil, em 1825, em ação penal decorrente de carta injuriosa, publicada com as iniciais R.P.B., no Diário Fluminense, visando o intendente geral, da polícia da Côrte, Francisco Alberto Ferreira de Aragão" (*O Júri no Direito Brasileiro,* Saraiva: São Paulo, 1955, 2ª. ed., p. 49). Ressalvada a curiosidade histórica, hoje não mais perdura esse Tribunal Popular, posto que não previsto pela Lei de Imprensa (Lei 5.250/67), revogada por decisão do STF que entendeu que esse diploma não foi recepcionado pela Constituição em vigor e, tampouco, pelo CPP ou legislação extravagante.

Posteriormente, a Constituição do Império de 1824, em seu artigo 151, dispôs que "o poder judicial é independente, e será composto por juízes e jurados, os quais terão lugar, assim no cível, como no crime, aos casos e pelo modo que os códigos determinarem". Aqui mais uma excentricidade, na medida em que aos jurados se conferia competência para o julgamento, inclusive, de causas cíveis, embora não haja registro histórico de um julgamento envolvendo tal matéria.

A Constituição Republicana de 1891 (art. 72, § 31), manteve o Júri e, pouco antes, criou-se o Júri Federal (Decreto nº 848 de 1890), constituído de 12 jurados e, ao que se sabe, de vida efêmera (Tourinho Filho, *Processo penal*, vol. 4, p. 83).

A Constituição de 1934 preservou o Júri (art. 72) e a de 1937 foi omissa a respeito, embora o Decreto-lei 167 de 1938 tivesse mantido sua existência. Apenas com a Constituição de 1946 (art. 141, § 28), é que o Júri foi restabelecido com todo vigor, garantindo-se expressamente, inclusive, a soberania dos veredictos. Foi a instituição mantida pela Constituição de 1967 e pela Emenda Constitucional nº 1 de 1969, embora com a retirada, do texto, de qualquer menção à sua soberania. Pela Constituição Cidadã de 1988 (art. 5º, inc. XXXVIII, *a* a *d*), o Júri finalmente assume a feição atual, com seus princípios bem definidos e que serão objeto de estudo a seguir.

O Júri de ontem • Com efeito, os autores, sobretudo, os mais antigos, que defendem com ardor o júri, dedicam inúmeras linhas para justificar a manutenção da instituição. Falam como se estivessem a ocupar uma tribuna, elencando posturas que devem ser adotadas e apontando outras a se evitar, indicando o método a ser utilizado, recheando o ensinamento com adjetivações intermináveis. Roberto Lyra, dos mais ardorosos defensores do Júri, ao aconselhar a acusação, advertindo-a contra improvisos, salienta que "não bastam poses, gestos, adjetivos, imagens que espumejam, na admiração superficial e transitória de um público automatizado. Brilho, correção, eloquência, ênfase, diapasão são apenas meios" (*Como julgar, como defender, como acusar*, p. 160). Para Firmino Whitaker, "a acusação do promotor deve revestir-se de mais absoluta imparcialidade ... quando seu representante [da sociedade], abandonando a verdade e a lógica, socorre-se, para vencer, dos artifícios da palavra e vícios de argumentação, amesquinha o mandado, merecendo censura". Já a defesa, para o renomado autor, "deve ser calma, imparcial, moderada e séria. No júri não devem entrar sentimentos de ódio e vingança. As alegações devem ser expostas com clareza, lealdade e lógica, baseando-se em provas convincentes. A verdade não precisa de artifícios da palavra, nem da astúcia que a rabulice geralmente emprega" (ob. cit., pp. 93-7).

Tais ensinamentos, porém, lirismos à parte, teriam pouca aplicação prática nos dias atuais. São todos oriundos da época em que a instituição viveu seu apogeu, que vai do início do século XX até meados da década de 70. Ali sim, raros os crimes de morte, a acarretar, por isso, enorme curiosidade do público e igual espaço na imprensa sensacionalista (as emissoras de rádio chegavam a transmitir ao vivo os debates), os tribunos do Júri, conhecidíssimos no meio social, como quem ocupa um palco e animados pela comoção social, valiam-se de seus discursos inflamados, em uma luta interminável, por vezes retórica e vazia. Travava-se uma batalha sem vencedor, pois o menos importante era o destino do réu. Relevante e inesquecível era o duelo entre acusação e defesa, permeado de gestos teatrais e frases de efeito.

O Júri de hoje • A situação hoje é totalmente diversa. Os crimes contra a vida, antes esporádicos, se banalizaram. Comarcas que, há quarenta anos, realizavam três a quatro julgamentos por ano, hoje superam esse número em apenas uma semana. Com isso o interesse da sociedade pelo Júri se esvaziou por completo. A imprensa já não mais lhe concede manchetes. À exceção de um ou outro caso mais rumoroso (de regra envolvendo pessoas abonadas), o que se vê atualmente são plenários vazios, não sendo raro, nos grandes centros, que *nenhuma* pessoa assista aos debates.

A vertiginosa escalada da violência é inversamente proporcional á curiosidade que o Júri desperta. A figura do jurado humilhado e envergonhado pela recusa de uma das partes, impedido, por isso, de exercer o seu dever cívico, conforme lembrado na crônica de Bilac, é hoje inexistente. Chega a ser constrangedora a imagem do jurado que, uma vez recusado ou não sorteado, de punhos cerrados, celebra sua exclusão do conselho de sentença, como quem comemora um tento. A liberação dos jurados não sorteados, pelo juiz-presidente, implica em verdadeira debandada, cada um querendo deixar o local mais rapidamente que o outro, receosos de ainda serem chamados. Os pedidos de recusa formulados pelos jurados às partes, antes do início da sessão, bem revelam com que espírito estão armados os julgadores. Ao revés, aquele que é escolhido ocupa seu lugar com desdém pela instituição, desempenhado tarefa para a qual não se acha preparado. No caminho percorrido entre o auditório e a cadeira que ocupará, não faltam os suspiros de enfado, andando o jurado – presumimos - como quem vai para a forca antes da execução.

Essa é a regra, cuja exceção se resume, quase que exclusivamente, ao jurado que vê no desempenho de seu *dever cívico* a oportunidade de faltar ao trabalho sem que qualquer desconto no salário lhe seja impingido. A própria Tribuna do Júri, antes local sagrado, de rica decoração e que guardava toda a pompa que a instituição merecia, hoje é peça de museu, talvez a confirmar a posição de Nélson Hungria, que ensinava, há mais de 50 anos, que o tribunal popular já "devia ter sido recolhido a um museu de curiosidades históricas" (*A justiça dos jurados, RF* 166/7).

Não é assim em todas as nações do mundo. Há países, como os Estados Unidos, por exemplo, em que a participação popular nos julgamentos pelo Júri (envolvendo causas criminais e mesmo cíveis), compõe a própria cultura do povo, acostumado a intervir, diretamente, no destino de seus pares. É o que ressaltam Nádia de Araújo e Ricardo R. Almeida, em artigo publicado sob o título *O Tribunal do Júri nos Estados Unidos - sua evolução histórica e algumas reflexões sobre seu estado atual*: "Já as características da tradição política do povo americano possibilitaram o surgimento de um espírito cívico e de uma consciência jurídica comum, que tornam materialmente exequível o júri como regra e não a exceção. Nos Estados Unidos, a participação do cidadão nas atividades dos tribunais é qualitativa e quantitativamente bastante elevada. O júri assume todos os caracteres de que seus apologistas, tradicionalmente, lhe atribuem. O júri exerce plenamente sua função educativa, formadora de cidadãos respeitadores da lei. Cada um sabe que, mais dia, menos dia, será convocado para o serviço do júri, o que certamente não constituirá embaraço, pois o tribunal e sua mística são profundamente acolhidos pela cultura popular. O estereótipo do advogado do júri é um sempre presente ícone de massa, um herói da América" (*Revista Brasileira de Ciências Criminais* , n° 15, julho-setembro de 1996, p. 209). Convenhamos, é um tanto diverso o panorama em nosso país.

Princípios constitucionais que regem o Júri • A instituição do Júri é informada por quatro princípios básicos, todos eles mencionados no art. 5º, inc. XXXVIII, *a* a *d*, da Constituição Federal, a saber: plenitude de defesa, sigilo das votações, soberania dos veredictos e competência mínima para julgamentos dos crimes dolosos contra a vida.

Plenitude da defesa • O primeiro deles, que trata da *plenitude de defesa*, significa dizer que, nos processos de Júri, mais que a *ampla* defesa, exigida em todo e qualquer processo criminal (art. 5º, inc. LV, da CF), vigora a *plenitude* de defesa. De tal forma que, no Júri, não apenas a defesa técnica, relativa aos aspectos jurídicos do fato, pode ser produzida. Mais que isso, dada às peculiaridades do processo e ao fato de que são leigos os juízes, permite-se a utilização de argumentação não jurídica, com referências a questões sociológicas, religiosas, morais, etc. Ou seja, argumentos que, normalmente, não seriam considerados fosse o julgamento proferido por um juiz togado, no Júri ganham especial relevância, podendo ser explorados à exaustão.

Esse, aliás, é um dos pontos positivos salientados pelos defensores da instituição, pois o Júri propicia um julgamento que vai além da frieza da lei e da tecnicidade do processo, na medida em que os jurados, inclusive, não podem fundamentar suas decisões e julgam conforme suas consciências, não ficando adstritos à severidade da prova dos autos. De se ver, contudo, que dentre os constitucionalistas prevalece o entendimento de que a plenitude de defesa mencionada no texto nada mais é do que uma consequência natural do princípio da ampla defesa, também de índole constitucional, não havendo qualquer distinção entre um e outro.

Ainda como consequência de tal princípio, ressalta Pontes de Miranda (*Comentários à Constituição de 1946*, p. 270), inclui-se o fato dos jurados serem tirados de todas as classes sociais para julgamento de seus semelhantes (pares), o que confere um tom democrático ao julgamento. Ressalte-se, por derradeiro, que o princípio em análise se refere tanto à autodefesa, verificada no interrogatório do réu, como à defesa técnica, realizada por seu advogado. Daí se entender que, na hipótese de contradição entre uma e outra (por exemplo, o réu nega a autoria do crime no interrogatório enquanto que o advogado sustenta a legítima defesa), ambas as teses devem ser objeto do questionário a ser respondido pelos jurados. Nesse sentido, *RT* 754/557 (STF), 778/584; *JTJ* 183/311. Trata-se, porém, de questão não pacífica, havendo ponderável corrente jurisprudencial na linha de que apenas as teses sustentadas pela defesa devam ser incluídas no questionário e não aquelas apresentadas, em contrariedade, pelo réu no interrogatório (cf. *RTJ* 130/680, *RT* 786/626, 779/650).

Já percebemos importante corrente, capitaneada pelo promotor de Justiça Caio Márcio Loureiro, defendendo que, do princípio em exame, extrai-se outro, coligado, qual seja, o ***princípio da plenitude da tutela da vida.*** Usando como alicerce o garantismo integral, leciona Caio que o modelo ideal de direito penal garantista é aquele que busca não apenas evitar a hipertrofia da punição, mas também, com a mesma ênfase, impedir a intervenção insuficiente do Estado na tutela do bem jurídico apontado como indispensável para a convivência harmônica do homem em sociedade, no caso, a vida. Portanto, a plenitude da defesa deve coexistir com a plenitude da tutela da vida (O princípio da plenitude da vida no tribunal do júri: Carlini e Caniato, 2017). Nessa mesma linha, o STF, no julgamento do HC 104.210/RS, decidiu: "*Os direitos fundamentais não podem ser considerados apenas como proibições de intervenção (Eingriffsverbote), expressando também um postulado de proteção (Schutzgebote). Pode-se dizer que os direitos fundamentais expressam não apenas uma proibição do excesso (Übermassverbote), como também podem ser traduzidos como proibições de proteção insuficiente ou imperativos de tutela (Untermassverbote).*" (Segunda Turma – HC 104410 – Rel. Min. Gilmar Mendes – DJe 27/03/2012).

Sigilo das votações • Cuida ainda a Constituição do *sigilo das votações*, ou seja, embora público o debate produzido em plenário, o momento da colheita dos veredictos é sigiloso, mantida, portanto, a sala secreta do Júri para tal fim. Justifica-se esse cuidado em virtude da própria natureza do Júri e da proteção que se deve conferir ao jurado leigo (sem as garantias, portanto, do juiz togado), que não encontraria tranquilidade para julgar fosse pública a votação, sujeita à interferência de populares, parentes da vítima, amigos do réu, etc. Também o trabalho do juiz, por vezes extremamente árduo, consistente em explicar aos jurados todo o procedimento da votação, restaria prejudicado se tivesse que ser realizado em público. Preserva-se, assim, a livre formação da convicção do jurado, imune a qualquer influência externa, preocupação verificada, também, no dispositivo que impõe a incomunicabilidade entre os componentes do conselho de sentença, a fim de que um não interfira na decisão do outro.

Aliás, não havendo possibilidade do jurado fundamentar sua decisão, a necessidade de publicidade do julgamento seria mesmo inócua. Esse princípio não afronta outro, também de índole constitucional, que garante a publicidade de todos os julgamentos dos órgãos do Poder Judiciário (art. 93, inc. IX, da CF). É que a própria norma constitucional prevê a possibilidade de exceção à regra, *"se o interesse público o exigir"*. Ademais, entre uma disposição mais restrita (a que impõe o sigilo das votações) e outra mais abrangente (a que garante a publicidade do julgamento), deve prevalecer, por aplicação da hermenêutica, a primeira. Tanto que o STF, apreciando esse conflito aparente de normas, manifestou-se no sentido da legalidade da votação obtida na sala secreta (*JSTF* 167/368 e *RT* 658/321).

Interessante notar que se trátando de um veredicto obtido de forma unânime (7 x 0), seja para condenar ou absolver, o princípio em estudo restava prejudicado, ante a conclusão óbvia de que todos os jurados julgaram da mesma maneira. Por isso se sustentava, com base na jurisprudência francesa, que uma vez obtida a maioria necessária para a obtenção de um veredicto irreversível (por exemplo, 4 x 1 pela absolvição ou 6 x 0 pela condenação), melhor seria que se interrompesse a colheita dos demais votos, como forma de se preservar o sigilo. Preciosa, nesse sentido, a lição de Ruy Barbosa, para quem "tão absoluto é o império desse preceito, de tal modo se liga às funções vitais da instituição, que, para encerrar o sigilo das responsabilidades do jurado no mistério mais impenetrável, a jurisprudência francesa anula os veredictos [...] quando contarem com a declaração de unanimidade, porque a resposta nesses termos dá virtualmente a conhecer a opinião de todos os jurados" (*O júri e a responsabilidade penal dos jurados,* Rio de Janeiro, 1896, *apud* César de Faria Júnior, *Revista Brasileira de Ciências Criminais,* nº 34, abril-junho 2001, Ed. RT, p. 273). Pois bem. A reforma do Júri, operada em 2008, comprometida com a preservação do sigilo e atenta à sugestão doutrinária, corrige essa falha. De sorte que o § 1º do art. 483, determina que "a resposta negativa, de mais de 3 (três) jurados, a qualquer dos quesitos referidos nos incisos I e II do *caput* deste artigo encerra a votação e implica a absolvição do acusado". É dizer: se mais de três jurados responderem negativamente aos quesitos referentes à materialidade do fato e à autoria ou participação, a votação estará automaticamente encerrada, no sentido da absolvição do réu, sem que seja necessário se proceder à colheita dos demais votos. Disposição semelhante é encontrada no § 2º do art. 483.

Soberania dos veredictos • O terceiro princípio atinente ao Júri - e talvez o mais marcante - é o da *soberania dos veredictos*. Por ele, somente os jurados podem decidir pela procedência ou não da imputação. Na precisa lição de José Frederico Marques, a soberania deve ser entendida como a "impossibilidade de os juízes togados se substituírem aos jurados na decisão da causa" (*Elementos de direito processual penal,* III/262). Em suma: um tribunal formado por juízes togados não pode modificar, no mérito, a decisão do Júri popular.

Mitigação ao princípio da soberania • É relativo, porém, o conceito de soberania dos veredictos, que não deve ser entendido como um poder absoluto acima de qualquer outro. Assim, por exemplo, pode a decisão do Júri, quando prejudicial ao réu, ser modificada através de revisão criminal, conforme entendimento pacífico da jurisprudência (*RT* 479/321, 548/331). E, de fato, seria inconcebível imaginar que uma decisão, absolutamente injusta, não pudesse ser alterada em nome do princípio em estudo. Imagine-se o exemplo em que, apesar do réu ter sido condenado definitivamente por homicídio, surge a *vítima* viva (como no célebre caso dos *irmãos Naves*, em Araguari-MG). Afrontaria o senso comum de justiça que, em atendimento à soberania do Tribunal do Júri, fosse mantida tão absurda condenação. Daí a oportuna lição de Tourinho Filho, ao ensinar que "entre manter a soberania dos veredictos intangível e procurar corrigir um erro em benefício da liberdade, obviamente o direito de liberdade se sobrepõe a todo e qualquer outro, mesmo porque as liberdades públicas, notadamente as que protegem o homem do arbítrio do Estado, constituem uma das razões do processo de organização democrática e constitucional do Estado ... entre o direito de liberdade e a garantia constitucional da soberania dos veredictos, a prevalência é daquele" (*Código de processo penal comentado, vol.* 2, p. 395).

Também como forma de mitigação do princípio, tem-se a possibilidade de apelação contra a decisão do Júri *"manifestamente contrária à prova dos autos"* (art. 593, inc. III, *d*). Há quem sustente a inconstitucionalidade de tal dispositivo. Afinal, se o Júri é soberano, não poderia um tribunal superior, composto por juízes togados, anular o julgamento para que outro seja proferido, sob o argumento de desrespeito à prova dos autos. Nesse sentido a lição de Hélio Tornaghi (*Instituições de processo penal*, vol. II, p. 100-1) e James Tubenchlak (*apud*, Tourinho Filho, ob. cit. p. 78). Não é esse, porém, o entendimento que prevalece na doutrina e jurisprudência. Com efeito, seria inconcebível que uma decisão, obviamente divorciada da prova do processo, não pudesse ser revista através de recurso, o que afrontaria outro princípio previsto implicitamente na Constituição que é o do duplo grau de jurisdição, ou seja, a possibilidade da parte prejudicada, pelo menos uma vez, ver reexaminada a matéria por um órgão superior. Ademais, o tribunal togado não está *substituindo* a decisão dos jurados, mas simplesmente reconhecendo o equívoco e determinando que outro Júri seja realizado. No segundo julgamento, qualquer que seja o resultado, a decisão será definitiva (restando apenas a via da revisão criminal, exclusiva do condenado), ante a impossibilidade de nova apelação sob o mesmo fundamento legal (art. 593, § 3º, parte final). Esse o entendimento do STF, valendo que se confira: "A soberania do veredicto dos jurados não exclui a recorribilidade de suas decisões, sendo assegurada com a devolução dos autos ao tribunal do Júri, para que se profira novo julgamento, uma vez cassada a decisão recorrida" (*RT* 644/353).

Competência mínima • Por último, a Constituição prevê o princípio da *competência mínima para julgamento dos crimes dolosos contra a vida*. Diz-se *mínima* em virtude de que, *no mínimo*, os crimes dolosos contra a vida devem ser julgados pelo Tribunal do Júri, nada impedindo que o legislador infraconstitucional amplie tal competência para que outros delitos, de natureza diversa, sejam também apreciados pelo povo. Aliás, houve tempo em que crimes de imprensa e crimes contra a economia popular eram julgados pelo Júri (v. item específico abaixo). O motivo que levou a constituinte a incluir tal dispositivo vem bem apanhado por Guilherme de Souza Nucci, ao ressaltar que a preocupação foi de evitar um esvaziamento do Tribunal do Júri, a exemplo do que ocorreu em outros países. Ao se prever tal competência expressamente no texto constitucional, garante-se que, pelo menos para os crimes dolosos contra a vida, fica mantida a instituição do Júri (*Júri – princípios constitucionais*, p. 174).

Quando a Constituição se refere a *crimes dolosos contra a vida*, inclui, por óbvio, os delitos consumados e os tentados (art. 74, § 1º). São eles o homicídio (simples, privilegiado ou qualificado), o induzimento, instigação e auxílio ao suicídio, o infanticídio e o aborto, em suas diversas formas. De outro lado, em virtude de disposição expressa do Código de Processo Penal (art. 78, inc. I), havendo conexão entre um delito contra a vida e um outro crime de natureza diversa (por exemplo, homicídio doloso e resistência, homicídio doloso e ocultação de cadáver), ambos serão atraídos pelo Júri, para fins de unidade do processo e do julgamento (art. 79), o que confirma a possibilidade do legislador ordinário ampliar a competência do tribunal popular. Saliente-se, porém, que se o dolo do agente não foi de atentar contra a vida, como ocorre, *v.g.*, no latrocínio (v. Súmula 603 do STF), estupro seguido de morte, lesão corporal com o mesmo resultado, etc., a competência para o julgamento será do Juiz singular.

Genocídio • Dúvida perdurava em relação ao crime de genocídio, previsto na Lei 2.889/56. De sorte que o art. 1º, "a", do mencionado diploma legal, atento ao conceito formulado pelo Estatuto de Roma, que instituiu o Tribunal Penal Internacional, define como crime de genocídio matar, "com a intenção de destruir, no todo ou em parte, grupo nacional, étnico, racial ou religioso". Sucede que, para configuração do delito, não é exigido o ato de matar, prevendo-se outras figuras típicas, como, por exemplo, "a adoção de medidas destinadas a impedir os nascimentos no seio do grupo" (alínea "d"), ou a "transferência forçada de crianças do grupo para outro grupo" (alínea "e"). Em relação a esse crime, tendo em vista que, praticamente, se desconhecia sua existência em nosso país (ou, pelo menos, se perpetrado, não foi submetido à apreciação do Poder Judiciário), pouco se deteve a doutrina e, na jurisprudência, nada era encontrado.

Mais recentemente, contudo, o tema foi trazido a debate, em vista de massacre de que foram vítimas índios da tribo *ianomânis*, em episódio que ficou conhecido como *Massacre de Haximu*. Apreciando a questão, em recurso especial manejado pelo Ministério Público, o STJ entendeu que a competência para julgamento é do juiz singular e não do Tribunal do Júri, extraindo-se o seguinte trecho do aresto: "O crime de genocídio têm objetividade jurídica, tipos objetivos e subjetivos, bem como sujeito passivo, inteiramente distintos daqueles arrolados como crimes contra a vida. Assim, a ideia de submeter tal crime ao Tribunal do Júri encontra óbice no próprio ordenamento processual penal, porquanto não há em seu bojo previsão para este delito, sendo possível apenas e somente a condenação dos crimes especificamente nele previstos, não se podendo neles incluir, desta forma, qualquer crime que haja morte da vítima, ainda que causada dolosamente.

Aplicação dos arts. 5º, inciso XXXVIII, da Constituição Federal c/c 74, parág. 1º, do Código de Processo Penal" (REsp nº 222653-RR, Rel. Felix Fischer, j. 12.09.2000, DJ de 30.10.2000, p. 174).

A questão, outrossim, chegou ao STF, por meio de recurso extraordinário interposto, pela defesa, contra a decisão do *Tribunal da Cidadania*, que insistia no julgamento dos réus pelo Tribunal do Júri (RE n. 351487-RR, Rel. Cezar Peluso). Dada à relevância da matéria, afetou-se ao Plenário o julgamento do extraordinário, quando, em sessão ocorrida em 03.8.2006, o relator negou provimento ao reclamo dos acusados, como se vê da ementa abaixo transcrita.

Poderá parecer, à primeira vista, que tendo negado provimento ao recurso dos réus, teria o Supremo chancelado o posicionamento do STJ, no sentido de que a competência não seria do Tribunal do Júri, mas do juiz singular federal. Não é essa, porém, a conclusão que se chega pela leitura atenta de todo o julgado. Com efeito, a mais alta Corte do país negou provimento ao recurso mas sob fundamento diverso, entendendo que, havendo – como havia no caso concreto – concurso formal entre o crime de genocídio e o de homicídio, a competência é sim do Tribunal do Júri, no caso o *júri federal*. Isso por força de normas processuais que regem a matéria, notadamente a prevista no art. 78, inc. I, do CPP, que atraem para o Júri a competência para o julgamento dos crimes conexos aos delitos contra a vida. Haverá, então, quem indague se, ao reconhecer a competência do Tribunal do Júri, não deveria o Supremo dar provimento ao recurso dos réus para submetê-los ao tribunal popular. Ocorre que nesse aspecto reside a peculiaridade do julgado, a reclamar sua integral leitura e não apenas da ementa capaz de ensejar alguma dúvida. É que os réus não foram denunciados por genocídio em concurso formal com homicídio – como seria correto –, mas pela prática de genocídio em concurso material com os crimes de lavra garimpeira, dano qualificado, ocultação de cadáver, contrabando e formação de quadrilha. De sorte que, conquanto o STF tenha reconhecido que, havendo concurso formal entre genocídio e homicídio, a competência seria do Tribunal do Júri, enviar os réus a júri popular importaria em inegável violação ao princípio que veda a *reformatio in pejus*, já que, em recurso exclusivo da defesa, não se poderia incluir o crime de homicídio que não foi objeto da denúncia, em franco prejuízo aos recorrentes.

Em síntese, pode-se extrair do julgado do Supremo Tribunal Federal que: 1) o crime de genocídio não protege a vida ou a integridade física da pessoa, tendo objetividade jurídica diversa do homicídio, já que tutela a existência do grupo racial, étnico, nacional ou religioso, a que pertence a pessoa ou pessoas imediatamente lesionadas, sendo, pois, um delito de caráter coletivo ou transindividual; 2) quando, porém, perpetrado em concurso formal com o homicídio, a competência será do júri, que exerce *vis attractiva* para julgamento dos demais crimes conexos aos delitos contra a vida (art. 78, inc. I do CPP); 3) o julgamento é de competência da justiça federal, por ser o genocídio um crime político, nos termos do art. 6º., da Lei 2.889/56 e porque a causa envolvia disputa sobre direitos indígenas (art. 109, incs. IV e XI da Constituição); 4) o julgamento, na hipótese de concurso de crimes (genocídio + homicídio), ocorrerá perante um *júri federal*.

Crimes contra a economia popular e Lei de Imprensa • Duas outras hipóteses de crimes, cujo julgamento era afeto ao Tribunal do Júri, não mais perduram. Assim, os crimes contra a economia popular (Lei 1.521/51), não são julgados pelo Júri, pois tal competência desapareceu com o advento do Decreto-lei 2/66. Tampouco os crimes de imprensa, já que a Lei de Imprensa (Lei 5.250/67), que tratava, na verdade, de um escabinato ou escabinado (posto que o juiz togado e os juízes leigos votavam em conjunto), foi considerada incompatível com a Constituição Federal, assim declarada pelo Supremo Tribunal Federal no julgamento da Arguição de Descumprimento de Preceito Fundamental (ADPF nº 130), em julgamento concluído em 30 de abril de 2009.

Exceções • Resta observar que a doutrina sempre ensinou que a competência do Tribunal do Júri para julgamento dos crimes dolosos contra a vida não tinha um caráter absoluto, admitindo exceções, como aquela que se verificava nas hipóteses de prerrogativa de foro (ou foro privilegiado) estabelecido na Constituição Federal. De sorte que, se um Senador da República praticasse um homicídio doloso, ele não seria julgado pelo Júri, mas pelo STF (arts. 53, §1º e 102, ambos da CF). Confirmando essa conclusão, a súmula vinculante 45 (ratificando o teor da súmula 721 do STF) anuncia: "A competência constitucional do Tribunal do Júri prevalece sobre o foro por prerrogativa de função estabelecido exclusivamente pela Constituição Estadual".

Contudo, o STF, por meio de questão de ordem na Ação Penal 937, debateu o exagerado alcance do foro especial dos Congressistas, decidindo, por ampla maioria, limitar a prerrogativa aos crimes cometidos em razão do ofício e que digam respeito ao desempenho da função parlamentar.

Em seu voto, o Min. Luís Roberto Barroso liderou a tese vencedora, sustentando, em resumo, que o sistema atual do foro por prerrogativa, abrangendo qualquer espécie de infração penal, cometida antes ou durante o mandato, é altamente disfuncional, muitas vezes impedindo a efetividade da justiça criminal, criando situações de impunidade que contrariam princípios constitucionais como os da equidade, da moralidade e da probidade administrativa, abalando, portanto, valores republicanos estruturais.

Para o Ministro, essa situação só pode ser modificada pela interpretação restritiva da regra do foro por prerrogativa de função, aplicado apenas para crimes funcionais. O foro por prerrogativa de função é concebido para conferir a devida proteção ao exercício funcional, não para dificultar a persecução penal decorrente da prática de crimes. Por isso, há de se fazer presente o nexo de causalidade entre o exercício funcional e a conduta criminosa.

A proposta de redução é harmoniosa com restrições interpretativas que o próprio STF vem impondo até mesmo à imunidade material dos parlamentares. Se, portanto, o tribunal admite a restrição da imunidade dita absoluta, com mais razão deve se permitir interpretar restritivamente a imunidade relativa, especialmente diante dos efeitos deletérios que sua aplicação incondicional tem causado.

Diante dessa nova orientação da Corte, crimes não funcionais cometidos por Deputados Federais e Senadores, a partir de agora, serão processados no primeiro grau, e, em se tratando de delito doloso contra a vida, o julgamento será perante o Tribunal do Júri. Na AP 937, o STF discutiu apenas a restrição do foro para os parlamentares federais, preferindo, mesmo provocado pelo Min. Dias Toffoli, não alargar o debate para todos os casos de autoridades com foro no nosso ordenamento. A tendência, porém, será a simetria, repercutindo em todas as esferas de foro especial, ficando superada as súmulas 721 e vinculante 45.

JURISPRUDÊNCIA

» **Competência. Genocídio**

CRIME. Genocídio. Definição legal. Bem jurídico protegido. Tutela penal da existência do grupo racial, étnico, nacional ou religioso, a que pertence a pessoa ou pessoas imediatamente lesionadas. Delito de caráter coletivo ou transindividual. Crime contra a diversidade humana como tal. Consumação mediante ações que, lesivas à vida, integridade física, liberdade de locomoção e a outros bens jurídicos individuais, constituem modalidade executórias. Inteligência do art. 1º da Lei nº2.889/56, e do art. 2º da Convenção contra o Genocídio, ratificada pelo Decreto nº 30.822/52 – "O tipo penal do delito de genocídio protege, em todas as suas modalidades, bem jurídico coletivo ou transindividual, figurado na existência do grupo racial, étnico ou religioso, a qual é posta em risco por ações que podem também ser ofensivas a bens jurídicos individuais, como o direito à vida, a integridade física ou mental, a liberdade de locomoção etc".

CONCURSO DE CRIMES. Genocídio. Crime unitário. Delito praticado mediante execução de doze homicídios como crime continuado. Concurso aparente de normas. Não caracterização. Caso de concurso formal. Penas cumulativas. Ações criminosas resultantes de desígnios autônomos. Submissão teórica ao art. 70, caput, segunda parte, do Código Penal. Condenação dos réus apenas pelo delito de genocídio. Recurso exclusivo da defesa. Impossibilidade de 'reformatio in peius' - "Não podem os réus, que cometeram, em concurso formal, na execução do delito de genocídio, doze homicídios, receber a pena destes além da pena daquele, no âmbito de recurso exclusivo da defesa".

COMPETÊNCIA CRIMINAL - "Ação penal. Conexão. Concurso formal entre genocídio e homicídios dolosos agravados. Feito da competência da Justiça Federal. Julgamento cometido, em tese, ao tribunal do júri. Inteligência do art. 5º, XXXVIII, da CF, e art. 78, I, cc. Art. 74, § 1º, do Código de Processo Penal. Condenação exclusiva pelo delito de genocídio, no juízo federal monocrático. Recurso exclusivo da defesa. Improvimento. Compete ao tribunal do júri da Justiça Federal julgar os delitos de genocídio e de homicídio ou homicídios dolosos que constituíram modalidade de sua execução". (STF, RE n. 351487-RR, Rel. Cezar Peluso, j. 03.08.2006).

» **Obtida a maioria, não mais se contam os votos restantes**

"A descontinuação da apuração dos votos do júri, ao responder um quesito, não inflige qualquer pecha ao procedimento, ante o alcance lógico do resultado pela obtenção da maioria, nos termos das alterações procedidas pela norma ordinária de 2008 ao Código de Processo Penal" (STJ - HC n. 288116-MG, Rel. Maria Thereza de Assis Moura, j. 17.11.2015, DJe 30.11.2015).

A Lei nº. 13.491/2017 e a ampliação da competência da Justiça Militar • esta lei que alterou o Decreto-Lei 1.001 de 1969 – Código Penal Militar –, mais precisamente seu art. 9º, trazendo consequências penais e processuais.

Antes de analisar as mudanças, vamos recordar os fundamentos, jurídicos ou não, para se manter, num Estado Democrático, a Justiça Militar.

A especialidade dos crimes militares, as peculiaridades da caserna, enfim, as condições particulares que envolvem a prática e o processamento desses delitos justificariam – não sem críticas – a manutenção da Justiça Militar. Como salienta Câmara Leal, "trata-se de um sistema repressivo atinente a interesses superiores do Estado, cuja regulamentação pode oscilar, segundo o momento histórico da vida nacional, dadas as transformações políticas, fazendo-se mister alterações de ordem processual, pelo que não seria aconselhável sua inclusão em um código de natureza definitiva, destinado a uma duração mais dilatada" (Comentários ao Código de Processo Penal Brasileiro, Rio de Janeiro: Freitas Bastos, 1942, vol. 1, p. 64).

Temos aqueles que preferem justificar a criação da Justiça Militar sob a ótica da disciplina diferenciada. Do militar é exigido uma disciplina inexigível aos civis, justamente em razão da necessidade de preservação da hierarquia e disciplina essenciais à existência das Forças Armadas. Se a vida militar é mais regrada que a civil, nada mais justificável que a existência de um sistema penal destinado especificamente aos infratores do direito penal militar. Nesse sentido, Herrera Astrosa: "tem-se afirmado, inclusive, a necessidade não apenas da existência da Justiça Militar, mas também de leis penais e processuais penais militares, na medida em que diferentemente do que ocorre com a lei penal comum que regula fatos em que pode incorrer qualquer sujeito, a lei penal militar, quando a jurisdição é própria, só contempla certa classe de fatos que podem ser infringidos por determinada categoria de indivíduos: os militares" (Derecho penal militar. Santiago: Editorial Jurídica de Chile, 1971. p. 22).

Giuseppe Ciardi leciona que "o direito penal militar é um direito penal especial (não extraordinário ou excepcional), porque dirige os seus comandos a uma especial categoria de cidadãos, isto é, aos militares e aquelas pessoas que têm vínculo com as forças armadas do Estado" (Trattato di diritto penale militare. Roma: Bulzone, 1970. p. 11.)

No Brasil, a Justiça Militar integra o Poder Judiciário, possuindo expressa previsão constitucional, formada, nos termos do art. 122, pelo Superior Tribunal Militar e pelos Tribunais e Juízes Militares instituídos por lei.

De acordo com o disposto no art. 124 da Constituição, é da competência da Justiça Militar da União, processar e julgar os crimes militares definidos em lei. Sabendo que os crimes militares, nos termos do art. 9º do Código Penal Militar, podem ser cometidos por civis, a competência da Justiça Castrense Federal não se restringe a processar e julgar os militares das Forças Armadas.

A competência da Justiça Militar estadual, por sua vez, está estampada também na Constituição. O art. 125, §4º, porém, estabelece que "compete à Justiça Militar estadual processar e julgar os militares dos Estados [Policiais e Bombeiros], nos crimes militares definidos em lei e as ações judiciais contra atos disciplinares militares, ressalvada a competência do júri quando a vítima for civil.

Da simples leitura dos dois dispositivos constitucionais, percebe-se que a Justiça Militar estadual tem competência apenas e tão somente para julgar os militares estaduais.

Já a Justiça Militar da União, julga os membros das forças armadas e, em alguns casos, os civis nos crimes praticados contra as instituições militares. O Procurador-Geral da República, por meio da ADPF 289, pede que seja dada ao artigo 9º, incisos I e III, do Código Penal Militar, interpretação conforme a Constituição Federal de 1988, a fim de que seja reconhecida a incompetência da Justiça Militar para julgar civis em tempo de paz e que esses crimes sejam submetidos a julgamento pela Justiça comum, federal ou estadual. Aliás, no direito comparado, os civis, por regra, não estão sujeitos à jurisdição militar em tempo de paz. Tal entendimento é antigo e tradicional. Ainda sem julgar referida ação, o STF vem limitando a competência da Justiça Militar da União, admitindo-a apenas quando o crime afetar, ainda que de forma potencial, a integridade, a dignidade, o funcionamento e a respeitabilidade das instituições militares.

No que se refere aos crimes dolosos contra a vida praticados por militar contra civil, a competência, até o advento da novel Lei, era da Justiça Comum, estadual ou federal, devendo o miliciano submeter-se a julgamento perante o Tribunal do Júri ("salvo quando praticados no contexto de ação militar realizada na forma do [...] Código Brasileiro de Aeronáutica"). Também o Código de Processo Penal Militar, em seu art. 82, dispõe que sobre a especialidade do foro militar "exceto nos crimes dolosos contra a vida praticados contra civil".

A nova Lei, como já adiantamos, trouxe mudanças, inflando a justiça castrense, devendo agora processar e julgar crimes praticados por militares, mesmo que tipificados fora do CPM:

» **Crimes militares em tempo de paz**

Art. 9º Consideram-se crimes militares, em tempo de paz:

I - os crimes de que trata êste Código, quando definidos de modo diverso na lei penal comum, ou nela não previstos, qualquer que seja o agente, salvo disposição especial;

II – os crimes previstos neste Código e os previstos na legislação penal, quando praticados: (Redação dada pela Lei nº 13.491, de 2017)

a) por militar em situação de atividade ou assemelhado, contra militar na mesma situação ou assemelhado;

b) por militar em situação de atividade ou assemelhado, em lugar sujeito à administração militar, contra militar da reserva, ou reformado, ou assemelhado, ou civil;

c) por militar em serviço ou atuando em razão da função, em comissão de natureza militar, ou em formatura, ainda que fora do lugar sujeito à administração militar contra militar da reserva, ou reformado, ou civil; (Redação dada pela Lei nº 9.299, de 8.8.1996)

d) por militar durante o período de manobras ou exercício, contra militar da reserva, ou reformado, ou assemelhado, ou civil;

e) por militar em situação de atividade, ou assemelhado, contra o patrimônio sob a administração militar, ou a ordem administrativa militar;

f) revogada. (Redação dada pela Lei nº 9.299, de 8.8.1996)

III - os crimes praticados por militar da reserva, ou reformado, ou por civil, contra as instituições militares, considerando-se como tais não só os compreendidos no inciso I, como os do inciso II, nos seguintes casos:

a) contra o patrimônio sob a administração militar, ou contra a ordem administrativa militar;

b) em lugar sujeito à administração militar contra militar em situação de atividade ou assemelhado, ou contra funcionário de Ministério militar ou da Justiça Militar, no exercício de função inerente ao seu cargo;

c) contra militar em formatura, ou durante o período de prontidão, vigilância, observação, exploração, exercício, acampamento, acantonamento ou manobras;

d) ainda que fora do lugar sujeito à administração militar, contra militar em função de natureza militar, ou no desempenho de serviço de vigilância, garantia e preservação da ordem pública, administrativa ou judiciária, quando legalmente requisitado para aquêle fim, ou em obediência a determinação legal superior.

§ 1º Os crimes de que trata este artigo, quando dolosos contra a vida e cometidos por militares contra civil, serão da competência do Tribunal do Júri. (Redação dada pela Lei nº 13.491, de 2017)

§ 2º Os crimes de que trata este artigo, quando dolosos contra a vida e cometidos por militares das Forças Armadas contra civil, serão da competência da Justiça Militar da União, se praticados no contexto: (Incluído pela Lei nº 13.491, de 2017)

I – do cumprimento de atribuições que lhes forem estabelecidas pelo Presidente da República ou pelo Ministro de Estado da Defesa; (Incluído pela Lei nº 13.491, de 2017)

II – de ação que envolva a segurança de instituição militar ou de missão militar, mesmo que não beligerante; ou (Incluído pela Lei nº 13.491, de 2017)

III – de atividade de natureza militar, de operação de paz, de garantia da lei e da ordem ou de atribuição subsidiária, realizadas em conformidade com o disposto no art. 142 da Constituição Federal e na forma dos seguintes diplomas legais: (Incluído pela Lei nº 13.491, de 2017)

a) Lei 7.565, de 19 de dezembro de 1986 - Código Brasileiro de Aeronáutica; (Incluída pela Lei nº 13.491, de 2017)

b) Lei Complementar 97, de 9 de junho de 1999; (Incluída pela Lei nº 13.491, de 2017)

c) Decreto-Lei 1.002, de 21 de outubro de 1969 - Código de Processo Penal Militar; e (Incluída pela Lei nº 13.491, de 2017)

d) Lei 4.737, de 15 de julho de 1965 - Código Eleitoral. (Incluída pela Lei nº 13.491, de 2017)

Percebam que o cerne da alteração é o artigo 9º da lei penal castrense, o qual sofreu alteração no seu inciso II, sendo acrescidos os parágrafos §§ 1º e 2º, este último contando com três incisos e alíneas.

Crimes militares próprios e impróprios • antes, a redação do inciso II do artigo 9º mencionava que eram considerados crimes militares, em tempo de paz, os previstos no Código Penal Militar, embora também o fossem com igual definição na lei penal comum, quando praticados na forma das alíneas "a" a "e" do mencionado inciso. Agora, são considerados crimes militares, em tempo de paz, "os crimes previstos neste Código e os previstos na legislação penal, quando praticados" na forma das alíneas referidas, as quais não foram objeto de modificação.

Inevitável, portanto, uma releitura dos conceitos de crimes militares próprio e impróprio. Vejamos.

Até a edição da Lei 13.491/17, o crime militar se dividia em próprio, quando definido apenas no Código Penal Militar, ou impróprio, se definido também no restante da legislação penal. O delito de deserção era próprio, pois previsto somente no CPM. Já o furto, impróprio, pois previsto no CPM e CP.

Atualmente, no entanto, a definição deve ser diversa, especialmente no que concerne ao crime militar impróprio.

Crime militar passa a ser o delito praticado por militar. Pode ser próprio, porque definido apenas no Código Penal Militar (como a deserção), ou impróprio, porque definido também no restante da legislação penal (como o furto) ou somente nela, legislação não militar (como a tortura, lavagem de capitais, organização criminosa etc.).

Competência da Justiça Militar da União para crimes dolosos contra a vida • a Lei nº. 13.491/2017 promoveu relevante alteração no art. 9º, § 2º, do Código Penal Militar, ao dispor que os delitos "dolosos contra a vida e cometidos por militares das Forças Armadas contra civil, serão da competência da Justiça Militar da União". Esse dispositivo não abrange todo e qualquer delito contra a vida perpetrado por componentes das Forças Armadas, mas somente aqueles praticados no seguinte contexto: "I – do cumprimento de atribuições que lhes forem estabelecidas pelo Presidente da República ou pelo Ministro de Estado da Defesa; "II – de ação que envolva a segurança de instituição militar ou de missão militar, mesmo que não beligerante; ou "III – de atividade de natureza militar, de operação de paz, de garantia da lei e da ordem ou de atribuição subsidiária, realizadas em conformidade com o disposto no art. 142 da Constituição Federal ...". Interessante observar que a lei incide não apenas quando o militar estiver em situação de confronto, tão comuns, ultimamente, nas comunidades cariocas, mas também em "operação de paz". Apenas para exemplificar, ao tempo em que o Exército brasileiro, em missão de paz da ONU, atuava no Haiti (intervenção que se findou em outubro de 2017), um crime ali praticado seria da competência da Justiça Militar, ainda que a missão não tivesse nenhum caráter beligerante.

Competência da Justiça Militar dos Estados para crimes dolosos contra a vida • alertamos, de plano, que estão abrangidos pela alteração levada pela lei em comento os crimes dolosos contra a vida cometidos por integrantes das Forças Armadas, assim considerados, na dicção do art. 142 da Constituição, os membros da Marinha, Exército e Aeronáutica. Queremos dizer, com isso, que os crimes contra a vida de civil perpetrados por policiais militares estaduais, continuam sendo de competência da Justiça Comum, julgados pelo Júri Popular, nos termos do § 4º, do art. 125 da Carta, in verbis: "Compete à Justiça Militar estadual processar e julgar os militares dos Estados, nos crimes militares definidos em lei e as ações judiciais contra atos disciplinares militares, ressalvada a competência do júri quando a vítima for civil ...". Insistimos: cometido um crime contra a vida por um miliciano estadual, competente para o julgamento será a Justiça Militar estadual, a menos que a vítima seja civil, quando, então, a competência será da justiça comum, por meio do Júri, na dicção da norma constitucional.

Ratio legis • o objetivo claro da alteração foi inspirado nas recentes intervenções das Forças Armadas nas comunidades do Rio de Janeiro e, segundo o Ministro da Defesa Raul Jungmann, em artigo publicado no Jornal Folha de São Paulo, "o julgamento do militar pela Justiça comum ou pelo Júri tem o risco do desconhecimento das peculiaridades de suas atividades e atos no exercício da missão" (Medida corrige erro de origem, 28.10.2017, p. 2). A causar estranheza reside o fato de que, se em uma operação nos morros cariocas um membro das Forças Armadas cometer um homicídio ele será julgado pela Justiça Militar da União. Já se o mesmo delito for perpetrado por um policial militar, contra um civil, a competência será estadual, do Júri.

CAPÍTULO 2

Da Acusação e da Instrução Preliminar

INTRODUÇÃO

Procedimento bifásico • Ainda sob a égide do Código de Processo Penal de 1941, dizia-se que o procedimento do Júri era *bifásico* ou *escalonado*, na medida em que se bifurcava em duas fases: a primeira denominada *iudicium accusationis* ou sumário de culpa, que ia do oferecimento da denúncia ou queixa (ação penal privada subsidiária da pública ou mesmo exclusivamente privada, em se tratando de um crime conexo), até o trânsito em julgado da sentença de pronúncia, nos termos do antigo art. 408. E a segunda, chamada *iudicium causae*, que se iniciava com a oferta do libelo e se estendia até o julgamento em plenário.

Lembre-se, assim, que a primeira fase do rito processual do Júri (*iudicium accusationis*) era praticamente a mesma que adotada no procedimento comum, fosse o crime doloso contra a vida apenado com reclusão ou detenção. Era assim constituída: 1) recebimento da denúncia ou queixa na ação penal exclusivamente privada ou na subsidiária da pública (art. 29); 2) citação do réu; 3) interrogatório; 4) defesa prévia; 5) audiência para oitiva da vítima (tratando-se de crime tentado, por óbvio) e de testemunhas de acusação; 6) audiência para oitiva das testemunhas de defesa; 7) alegações finais. Transposta essa fase, o juiz se encontrava habilitado para decidir pela impronúncia, desclassificação, absolvição sumária ou pronúncia.

Uma vez pronunciado o réu e com o trânsito em julgado dessa decisão, era então ofertado o libelo, ato que inaugurava a segunda fase do Júri (*iudicium causae*). A partir daí se adotavam todas as providências cabíveis para a efetivação do julgamento, que culminavam com a realização do plenário. As alterações trazidas com a nova disciplina do Júri brasileiro, a partir da reforma de 2008, serão a seguir, analisadas.

Pode-se afirmar que o procedimento, após a reforma do Júri de 2008, continua sendo bifásico ou escalonado, apenas com marcos diversos: o primeiro se iniciando com o recebimento da denúncia ou queixa se estendendo até a decisão de pronúncia (e só da pronúncia, pois havendo desclassificação, impronúncia ou absolvição sumária, não se passará à segunda fase); e, a segunda fase, indo da pronúncia até o julgamento em plenário.

Sistema trifásico? • Há quem sustente que, a partir da reforma de 2008, o procedimento passou a ser *trifásico*, pois surgiu uma segunda fase de *preparação do processo*, que iria do trânsito em julgado da pronúncia até a instalação da sessão do júri. Discordamos desse posicionamento. Essa denominada fase de *preparação do processo*, não é nenhuma inovação, sendo prevista desde a entrada em vigor do Código de Processo Penal, bastando que se confira, por exemplo, o texto original dos arts. 433 *usque* 441 do *codex*, em sua redação original. Em outras palavras: a fase de preparação do júri sempre existiu, não se tratando, bem por isso, de nenhuma inovação trazida com a reforma. Não se introduzindo, portanto, qualquer alteração, não vemos motivo para que se invoque uma nova fase do procedimento do júri, jamais cogitada pela doutrina anterior à reforma de 2008.

Art. 406. O juiz, ao receber a denúncia ou a queixa, ordenará a citação do acusado para responder a acusação, por escrito, no prazo de 10 (dez) dias. (Redação dada pela Lei nº 11.689, de 2008)

Citação • Recebida a inicial, procede-se à citação do acusado "para responder à acusação", nos termos deste dispositivo. Lembre-se que a denúncia ou queixa, à essa altura, já foram recebidas e a ação penal, portanto, deflagrada.

O prazo para essa resposta – a ser manejada por escrito – é de dez dias, e será contado a partir do efetivo cumprimento do mandado (v. § 1° abaixo). Optou o legislador, francamente, por adotar a disciplina plasmada na Súmula 710 do STF, cujo enunciado tem o seguinte teor: "No processo penal, contam-se os prazos da data da intimação, e não da juntada aos autos do mandado ou da carta precatória ou de ordem". Afastou-se, assim, qualquer possibilidade de analogia ao processo civil, cujo art. 241, II do CPC finca o termo *a quo* para contestação a partir da juntada do mandado aos autos. Pode-se concluir, ainda nessa linha de raciocínio que, citado o acusado por meio de precatória, o prazo para resposta se iniciará da data da citação, irrelevante, aqui, a data na qual juntada a carta aos autos. O mesmo se diga quando se tratar de carta de ordem.

O comparecimento do acusado em Juízo ou de seu defensor suprem a eventual ausência de citação pessoal. É o que se compreende do disposto na parte final do § 1° do artigo em exame, quando é feita referência à citação *inválida*. Caso o réu, citado por edital, compareça ou, embora ausente, constitua defensor, a partir daí se iniciará o prazo para resposta. Presume-se, nesse caso, que o réu, embora citado fictamente, tem conhecimento da acusação (tanto que compareceu em Juízo ou constituiu advogado), na mesma linha de raciocínio que inspira o art. 366 do CPP, ao afastar, para essas hipóteses, a possibilidade de suspensão do processo.

§ 1º O prazo previsto no caput deste artigo será contado a partir do efetivo cumprimento do mandado ou do comparecimento, em juízo, do acusado ou de defensor constituído, no caso de citação inválida ou por edital. (Redação dada pela Lei nº 11.689, de 2008)

§ 2º A acusação deverá arrolar testemunhas, até o máximo de 8 (oito), na denúncia ou na queixa.

Número de testemunhas • Pelo sistema anterior à reforma do júri de 2008, acusação e defesa, na denúncia ou queixa e na defesa prévia (no chamado *iudicium accusationis* ou sumário de culpa), poderiam arrolar até oito testemunhas, seguindo a regra geral do revogado art. 398. E, para oitiva em plenário, o número máximo era de cinco testemunhas, conforme disposto nos revogados art. 418, § segundo e 421, § segundo.

Nenhuma alteração, nesse sentido, foi introduzida com a reforma do júri de 2008. O atual art. 406, § 2° continua a prever, para a fase inicial do procedimento, o número máximo de oito testemunhas para acusação e defesa e, para oitiva em plenário, a redução para cinco testemunhas (art. 422 do CPP).

> § 3º Na resposta, o acusado poderá arguir preliminares e alegar tudo que interesse a sua defesa, oferecer documentos e justificações, especificar as provas pretendidas e arrolar testemunhas, até o máximo de 8 (oito), qualificando-as e requerendo sua intimação, quando necessário. (Incluído pela Lei nº 11.689, de 2008)

Projeto original (PL nº 4.203/01) • O projeto original, submetido ao Congresso Nacional, previa a defesa do acusado, antes do recebimento da denúncia ou da queixa e mesmo a absolvição sumária no momento do juízo de admissibilidade da acusação, conforme concebido por Ada Pellegrini Grinover (*A reforma do processo penal*, *apud* Rui Stoco, *Tribunal do Júri e o projeto de reforma de 2001*, *Revista Brasileira de Ciências Criminais*, RT: São Paulo, ano 9, n° 36, out-dez 2001, pp. 207-8). Pelas razões expostas no item seguinte, essa proposta primitiva restou mutilada quando da elaboração do texto final da lei, quando se optou pela forma clássica segundo a qual, de início, o juiz recebe a acusação (denúncia ou queixa), deflagrando, assim, a ação penal. A partir daí, se procede à citação do acusado, bem como à prática dos demais atos defensivos e probatórios que comporão, nesta primeira fase, uma audiência única, com ênfase na oralidade, na qual, inclusive, será proferida sentença, pela qual se operará a pronúncia, impronúncia ou absolvição sumária do réu ou, ainda, a desclassificação do delito. Tais alternativas serão objeto de nosso estudo em seguida.

Inovações do Projeto de Lei nº 4.203/01 que não foram recepcionadas na redação final da reforma de 2008 • Esse rito, que explicamos de forma sintética acima, experimentaria radical alteração caso fossem acolhidas as propostas lançadas pelo Projeto de Lei n° 4.203/01, na forma que originariamente submetido à análise do Congresso Nacional.

Pelo projeto, se instalaria verdadeiro contraditório, condição prévia para análise da admissibilidade da acusação. Somente depois dessa dilação probatória é que o juiz decidiria sobre o recebimento ou rejeição da acusação. Saliente-se, em acréscimo, que, ao admitir a denúncia ou queixa, não mais poderia se valer de um juízo singelo de apreciação. Ao contrário, deveria proferir uma decisão de pronúncia, com todos os requisitos que a cercam, com apreciação obrigatória da prova produzida para, a partir daí, receber a acusação e remeter o réu a Júri.

O objetivo do legislador foi bem sintetizado nas palavras de Rui Stoco, ele mesmo um dos membros da comissão que elaborou o anteprojeto, em artigo intitulado *Tribunal do Júri e o projeto de reforma de 2001*, quando advertiu que as alterações no procedimento do Tribunal do Júri "buscam resgatar essa democratização desejada e aparelhar esse sistema de julgamento popular com mecanismos de proteção e defesa dos acusados, revalorizando a figura do jurado leigo e garantindo às partes um processo justo e rápido, de modo que a sociedade receba desde logo uma prestação de conta e resposta quase imediata da atuação do Estado, e o condenado receba a pena no momento que ainda se mostra pertinente, eficaz e com força para alcançar o que dela se espera (prevenção, repressão, segregação, desestímulo, reparação e regeneração) e, pois, se apresente adequada para aquele momento, sabido que justiça tardia não é justiça mas arremedo" (Revista Brasileira de Ciências Criminais, RT: São Paulo, ano 9, nº 36, out-dez 2001, p. 204).

Era a consagração, com efeito, de um prévio juízo de admissibilidade da acusação, caracterizado pelo contraditório. Não se tratava, é verdade, de iniciativa totalmente inédita em nosso sistema.

De sorte que o próprio Código de Processo Penal (art. 514), ao dispor sobre os crimes de responsabilidade do funcionário público, sendo afiançável o delito, impõe a prévia notificação do acusado, para que responda aos termos da acusação. Somente a partir dessa resposta é que o juiz, na exata dicção do art. 516 do código, irá analisar sobre o recebimento ou rejeição da denúncia ou queixa. Trata-se de providência adotada pelo legislador com o objetivo de proteger não o funcionário, mas a própria Administração Pública, razão pela qual cerca o procedimento dessa cautela. Também as Leis 8.038/90 e 8.658/93, que tratam dos crimes de competência originária dos Tribunais, perpetrados por aqueles que gozam do chamado *foro privilegiado*, contemplam uma fase preliminar, consistente na notificação do acusado para que, no prazo de 15 dias, responda à acusação. Somente depois dessa resposta é que o respectivo Tribunal deliberará sobre o recebimento ou rejeição da denúncia ou queixa. .

A *ratio legis* vem bem apanhada na obra de Antonio Scarance Fernandes, quando propõe a adoção de um *procedimento-modelo* (ou *procedimento-tipo*) para o processo penal. Salienta o autor que "sem uma prévia investigação do fato e da autoria, há o risco de acusações infundadas e apressadas. Após ser formulada a acusação e antes de ser ela admitida, deve-se proporcionar ao acusado um momento inicial para reagir à imputação e convencer o juiz de que o processo não deve ter seguimento. Se aceita a acusação, para um julgamento justo, importa haver uma etapa especial para as partes demonstrarem a veracidade de suas afirmações e, com bases nessas, exporem os argumentos favoráveis às suas teses [...] Em suma, a etapa prévia de investigação foi a maneira que o direito processual penal encontrou para haver uma acusação justa e para evitar imputações apressadas" (*Teoria geral do procedimento e procedimento no processo penal*, RT: São Paulo, 2005, pp. 64-5).

Também Maria Thereza Rocha de Assis Moura ressalta a importância desse cuidado, ao destacar: "temos para nós que seria de grande valia, tanto para a preservação da liberdade jurídica do indivíduo como para a segurança da sociedade, a ocorrência de uma análise prévia da legitimidade da denúncia ou queixa, arrimada não só nas questões de Direito, como também nos elementos ou peças de informação, colhidos na fase investigatória" (*Justa causa para a ação penal – doutrina e jurisprudência*, RT: São Paulo, 2001, p. 236).

Ocorre que a inovação não foi acolhida, experimentando sensível mudança durante os debates na Câmara, capazes de alterar, por completo, o perfil desta primeira fase do procedimento, nos termos concebidos, inicialmente, pelos autores do projeto. Optou-se, com efeito, por um texto que, praticamente, repete o Código de Processo Penal em vigor, no que diz respeito à fase de recebimento ou rejeição da acusação. Ou seja, ao contrário do concebido originariamente no Projeto de Lei nº 4.203/01, que previa verdadeira instrução criminal antes do recebimento da inicial, manteve-se o modelo tradicional, com a oferta da denúncia ou queixa, sua rejeição ou recebimento e, nesta última hipótese, citação do réu, seguindo-se o regular trâmite do feito, já conhecido.

Nesse sentido foi o voto em separado do Deputado Federal Luiz Antonio Fleury, na Comissão de Justiça e Cidadania da Câmara, proferido em 12 de março de 2002, refletindo posicionamento que acabou prevalecendo na redação final do Projeto de Lei nº 4.203/01, enviando à apreciação do Senado: "Somos inteiramente favoráveis à defesa preliminar, de modo a concentrar todos os atos instrutórios da primeira fase em uma só audiência. No entanto, a previsão de um procedimento judicial antes de instaurada a ação pelo recebimento da denúncia ou queixa não encontra qualquer justificativa; além disso, estaríamos suprimindo um dos marcos interruptivos da prescrição, o que só beneficiaria criminosos. O júri brasileiro tem modelo consagrado durante décadas, inexistindo justificativa para que, na primeira fase, não se adote o procedimento comum para os crimes de competência do juiz singular".

E, com efeito, parece inegável, que o projeto pretendeu conferir exagerada elasticidade à ideia de um juízo prévio, antes do recebimento da acusação. Assim, por exemplo, ao determinar a realização de toda a instrução probatória antes de estabelecida a relação processual. Ao prever a presença do assistente de acusação quando nem ação penal havia. Ao substituir o despacho de recebimento da denúncia ou queixa pela sentença de pronúncia a quem cumpriria esse dúplice papel: ao mesmo tempo que recebia a denúncia ou queixa enviava o (agora) réu a Júri.

Enfim, se tratavam de alterações que em vista do alcance da inovação proposta, muitas em desarmonia com a tradição de nosso direito processual, acabaram não sendo aceitas, afastadas que foram na redação final da lei.

Oferecimento da denúncia ou queixa e a possibilidade de sua rejeição. Inexistência no procedimento do Júri • O art. 394 do código prevê a existência do procedimento comum (ordinário, sumário ou sumaríssimo) e especial. Nos procedimentos ordinário e sumário, oferecida a denúncia ou queixa, o juiz, caso não as rejeite liminarmente e, portanto, recebendo-as, ordenará a citação do acusado, para que responda aos termos da acusação (art. 396 do CPP). Com a resposta, poderá o juiz absolver sumariamente o acusado, desde que presentes algumas das condições listadas no art. 397, incs. I a IV do código.

Esse procedimento, previsto para o rito ordinário e sumário, não tem aplicação no procedimento do júri. Primeiro, em virtude de que o próprio art. 394, em seu parágrafo único, faz expressa ressalva no sentido de que "nos processos de competência do Tribunal do Júri, o procedimento observará as disposições estabelecidas nos arts. 406 a 497 deste Código". Ou seja, o legislador foi claro no sentido de que a disciplina que permite a prévia oitiva do acusado, cuja resposta pode mesmo induzir à sua absolvição sumária, não se aplica ao procedimento do júri. Segundo, na análise dos arts. 406 a 412, que o código denomina *fase preliminar*, não é feita qualquer menção à possibilidade de resposta do réu e, com base em seus argumentos, na sua posterior absolvição sumária.

Em síntese: quer por força de um princípio de hermenêutica, pelo qual a regra especial (relativa ao júri), prevalece sobre a norma geral (atinente aos procedimentos ordinário e sumário), quer por força de expressa disposição legal (art. 394, parágrafo único do CPP), pode-se concluir, sem maior esforço, pela inaplicabilidade das disposições do art. 394 e ss., ao procedimento do júri. Interessante anotar que as propostas previstas pela Comissão nomeada para a reforma do CPP, contidas no Projeto de Lei nº 4.203/01, conforme visto no item acima, se foram rejeitadas no que se referiam ao júri, acabaram acolhidas em boa parte para os outros procedimentos, como se vê da redação atual do art. 394 e ss., do *codex*.

Denúncia do Ministério Público • Na imensa maioria dos crimes processados perante o Tribunal do Júri, a acusação tem como seu titular o Ministério Público, a quem cumpre, por força de mandamento constitucional, propor privativamente a ação penal pública (art. 129, I, CF). É o Ministério Público, portanto, o *dominus littis*, verdadeiro titular da ação penal pública.

Queixa da vítima • Nada impede, porém, que a titularidade seja da vítima (assim entendida a vítima propriamente dita ou seu representante legal, seus sucessores ou um curador). É possível, dessa forma, que o processo seja deflagrado por meio de queixa, em duas hipóteses. A primeira delas quando, inerte o Ministério Público, o querelante propuser a ação penal privada subsidiária da pública, significa dizer, uma queixa substituindo a denúncia do *parquet* (art. 5°, inc. LIX da CF e art. 29 do CPP). A segunda quando se tratar de crimes conexos, um de ação penal pública e outro de ação penal privada. Suponhamos que, em uma tentativa de homicídio, o réu, além de atentar contra a vida do ofendido, tenha também atingido sua honra. Nesse caso, frente às regras que tratam da conexão, ambos os delitos serão julgados pelo Tribunal do Júri: o primeiro, por de denúncia do promotor e, o segundo, através de queixa da vítima, por se tratar de um crime de ação penal exclusivamente (ou autenticamente) privada.

Requisitos da denúncia • Nesse primeiro momento deverá o juiz atentar para os aspectos formais da acusação, à luz do que dispõe o art. 41 do CPP. Dessa forma, deve constar, da denúncia ou queixa, "a exposição do fato criminoso, com todas as suas circunstâncias, a qualificação do acusado ou esclarecimentos pelos quais se possa identificá-lo, a classificação do crime e, quando necessário, o rol de testemunhas".

Exposição do fato • Assim, a acusação – é intuitivo – deve conter a exposição do fato criminoso, a fim, principalmente, de propiciar o exercício da ampla defesa pelo acusado. Na lição do saudoso Júlio Fabbrini Mirabete, "é indispensável que na denúncia [e também na queixa] se descreva, ainda que sucintamente, o fato atribuído ao acusado, não podendo ser recebida a inicial que contenha descrição vaga, imprecisa, de tal forma lacônica que torne impossível ou extremamente difícil ao denunciado entender de qual fato preciso está sendo acusado" (*Código de processo penal interpretado*, Atlas: São Paulo, 2002, 9ª. ed., p. 184). Compreende-se, ainda, na narrativa dos fatos, as circunstâncias que os rodeiam, que sejam de interesse para a aplicação da lei. Assim, por exemplo, se é velho o ofendido ou se conta menos de 21 anos o autor dos fatos, se ao fato deve ser acrescida alguma qualificadora, agravante, causa de aumento de pena, etc.

Qualificação do réu • Da inicial deve constar, ainda, a qualificação do réu, isto é, os dados necessários à sua individualização, como nome, alcunha, etc. Nada impede, porém, que o sujeito seja acusado com base em dados físicos, características pessoais, etc. É raríssimo que seja assim, mas, repetimos, em tese é possível uma acusação na qual não se aponta o nome do acusado, senão dados outros capazes de levar à sua identificação. Tanto que o art. 363, II, permite a citação por edital "quando incerta a pessoa que tiver de ser citada" (diríamos que a pessoa é certa, o que não se tem, em verdade, é sua qualificação). E o art. 259 do código dispõe que "a impossibilidade de identificação do acusado com o seu verdadeiro nome ou outros qualificativos não retardará a ação penal, quando certa a identidade física".

Classificação do crime • De bom alvitre que conste da inicial, também, a classificação do crime, ou seja, o dispositivo legal no qual o acusado se encontra incurso. Esse requisito, porém, é enfraquecido diante da regra do art. 383 do CPP, que permite ao juiz dar ao fato classificação diversa daquela que constar da denúncia ou queixa, naquilo que se convencionou chamar de *emendatio libelli*. Tal possibilidade decorre, basicamente, de dois fatores. O primeiro deles é que o juiz tem a livre dicção do direito, conhece o direito, de quem cabe cuidar, isto é, *jura novit curia*. E, em segundo lugar, que o réu se defende não do dispositivo penal apontado pelo acusador na denúncia ou queixa, mas sim dos fatos por ele narrados. Tal constatação vem consubstanciada no princípio *narra mihi factum dabo tibi jus*, ou seja, narra-me o fato (ao julgador) e te darei o direito. Em síntese, deve constar da inicial – e quase sempre é assim – a classificação legal dada ao fato. Mas eventual omissão a esse respeito de não seria de molde a implicar na rejeição da denúncia ou da queixa.

Rol de testemunhas • Ainda sob o aspecto formal, deve constar da denúncia e da queixa o rol de testemunhas e, diríamos, de vítimas. Desde que, por óbvio, o acusador vislumbre interesse na produção dessa espécie de prova. Se entender, por exemplo, que mera prova documental é suficiente para demonstração dos fatos que invoca, pode, segundo sua conveniência, abrir mão da oitiva de testemunhas. Tratando-se de um crime doloso contra a vida, essa possibilidade praticamente desaparece. De se ver, contudo, que o momento oportuno para que sejam arroladas testemunhas, pelo autor, é com a oferta da inicial. E, para o réu, na resposta. Nesta primeira fase do processo, o número máximo de testemunhas é de oito. Quedando-se inerte o interessado, restará preclusa a possibilidade de produção dessa prova, embora se admitindo aqui que o juiz, inspirado pelo princípio da busca da verdade real, ouça testemunhas não apontadas pelas partes, como previsto no art. 209 do CPP.

Entendemos, porém, que a preclusão quanto à produção da prova testemunhal, ante a inércia das partes, se restrinja a este momento inicial do processo, nada impedindo que, mais adiante e uma vez pronunciado o réu, seja apresentado o rol a ser ouvido em plenário, de no máximo cinco testemunhas, na redação do art. 422 do CPP.

Permite a parte final do § 3° em análise, que as testemunhas de defesa compareçam independentemente de intimação. Caso, porém, se pretenda que sejam intimadas, é esse o momento para requerer a prática desse ato.

Impossibilidade de oitiva de testemunhas não arroladas pelas partes • Interessante atentar à antiga redação do art. 407 do CPP, que autorizava o juiz, de ofício, determinar a produção de prova testemunhal, bem como ordenar diligências, tudo em homenagem ao princípio da busca real. Especificamente em relação à prova testemunhal, a exemplo do que se verifica no art. 209 do CPP, tratava-se de faculdade conferida ao Juiz que não era, assim, obrigado, por exemplo, a ouvir ou reinquirir testemunhas indicadas pelas partes.

Com isso se demonstrava, mais uma vez, que no processo penal o juiz não é um mero *convidado de pedra*, para tomar emprestada a expressão de Magalhães Noronha (*Curso de direito processual penal*, Saraiva: São Paulo, 28 a. ed., 2002, p. 118). Ao revés, assim como o Ministério Público, deve também estar comprometido com a busca da verdade e, para tanto, suprir eventual negligência das partes que deixem, eventualmente, de protestar pela produção de alguma prova que se revele fundamental (nesse sentido a parte final do art. 156 do código), embora deva agir com cautela na execução dessa empreitada, a fim de não perder a imparcialidade.

Essa possibilidade, contudo, não passou imune à crítica de José Frederico Marques, ao salientar que "por outro lado, se temos um Ministério Público adestrado e bem constituído, não se compreende que ele figure no processo como quinta roda do carro, ali permanecendo em posição secundária ou simplesmente decorativa. Os interesses da repressão ao crime, ele os encarna, não só para movimentar inicialmente a ação penal, como ainda para atuar, com energia e dinamismo, durante a instrução e demais fases do processo [...] inadmissível é, portanto, que revivescências do procedimento inquisitivo venham a imperar na relação processual, subtraindo o juiz de sua posição de árbitro imparcial e sereno" (*Elementos de Direito processual penal*, Bookseller: Campinas, 1997, vol. II, p. 264).

Pois bem. A reforma do Júri parece ter optado, claramente, pela adoção de um sistema acusatório puro, no qual a função de cada um dos atores jurídicos é previamente delineada (*actum trium pernonarum*), conforme, aliás, o desejo da presidente da comissão, Ada Pellegrini Grinover (*Lineamentos gerais do novo processo penal na América Latina; Argentina, Brasil e Código Modelo para Ibero-América*, Revista de Processo n° 58, p. 121, 1990). Por tal sistema, a imparcialidade do juiz é ressaltada, devendo, assim, ser-lhe retirada (ou, pelo menos, sensivelmente reduzida), qualquer possibilidade de produção de prova de ofício e, de resto, da adoção de medidas não reclamadas pelas partes.

Com isso, a possibilidade da produção de prova pelo juiz, prevista na legislação anterior (art. 407), foi abolida no estatuto novel, que nem na fase preliminar e, tampouco, durante o julgamento em plenário, concede ao juiz a faculdade de ouvir testemunhas não apontadas pelas partes. Trata-se de tendência, aliás, que vinha sendo trilhada pelo legislador, como se vê da Lei 7.960/89, que, ao instituir a prisão temporária, retirou do juiz a possibilidade de decretação, de ofício, da prisão, possibilidade que subsiste em relação, no curso do processo, à prisão preventiva (art. 311 do CPP). Também a nova lei de falências (Lei 11.101/05), ao extinguir o inquérito judicial e, por consequência, a titularidade conferida ao juiz de presidi-lo, seguiu a mesma orientação. Disso não discrepou a jurisprudência, eis que o STF julgou inconstitucional o art. 3° da revogada Lei 9.034/95 (crime organizado), que autorizava ao juiz exercer atos de investigação probatória. Com efeito, através da ADIn 1570, alegou-se "que o referido dispositivo tinha transformado o juiz brasileiro em juiz investigador, concedendo-lhe poderes inquisitoriais, o que não condiz com o princípio do devido processo legal, além de comprometer sua imparcialidade. O sistema inquisitorial, enfatizou-se, é abominado pela CF. Enfim, o simulacro de Juizado de Instrução (que prevê a possibilidade de um juiz investigar o crime) [...] está definitivamente sepultado"

É a linha que abraçou a nova sistemática do Júri, quando não mais contemplou a possibilidade do juiz, de ofício, ouvir testemunhas não arroladas pelas partes.

Causas de rejeição da denúncia • A par de tais requisitos, de ordem formal, deve a acusação observar o disposto no art. 395 do CPP, que elenca as causas que acarretam a rejeição da denúncia ou queixa. São elas, com efeito: a) a inépcia da acusação; b) a falta de pressuposto processual ou condição para o exercício da ação penal ou c) de justa causa para o exercício da ação penal

Justa Causa • No dizer de Afranio Silva Jardim, "torna-se necessária ao regular exercício da ação penal a sólida demonstração, *prima facie*, de que a acusação não é temerária ou leviana, por isso que lastreada em um mínimo de prova. Esse suporte probatório mínimo se relaciona com os indícios da autoria, existência material do fato típico e alguma prova de sua antijuridicidade e culpabilidade" (*Direito processual penal*, Forense: Rio de janeiro, 8ª. ed., 1999, p. 175). Tal *suporte mínimo de prova*, do qual reclama o autor carioca, é fornecido pelo inquérito policial. A possibilidade de dispensa do inquérito, prevista no § 5°, do art. 39, do CPP, é praticamente inexistente quando se trata da apuração de um crime doloso contra a vida.

Maria Thereza Rocha de Assis Moura (ob. cit., p. 221), não vislumbra, na justa causa, uma quarta condição da ação, "mas a falta de qualquer uma das apontadas condições implica *falta de justa causa*: se o fato narrado na acusação não se enquadrar no tipo penal; se a acusação não tiver sido formulada por quem tenha legitimidade para fazê-lo e em face de quem deva o pedido ser feito; e, finalmente, se inexistir interesse de agir, faltará justa causa para a ação penal". De qualquer forma, na conclusão de seu precioso trabalho, contempla a justa causa sob dois ângulos distintos: "vista sob o ângulo positivo, é a presença de fundamento de fato e de Direito para acusar, divisando mínima probabilidade de acusação, na qual se baseia o juízo de acusação [...] compreendida sob o ângulo negativo, é a falta desses elementos, que torna impossível submeter alguém ao processo criminal, porque nem sequer haveria probabilidade de condenação" (ob. cit., p. 291).

Prova documental • Por força de expressa disposição legal, cabe ao réu, nesta fase, produzir prova documental que lhe seja interessante. A definição de documento deriva do texto legal e pode ser colhida no art. 232 do CPP, *in verbis*: "Consideram-se documentos quaisquer escritos, instrumentos ou papéis, públicos ou particulares".

É este, portanto, esse o momento oportuno para que o acusado junte os documentos que entender pertinentes à sua defesa. Nada impede, porém, que perdida essa possibilidade, venha o acusado, posteriormente, pleitear a juntada de algum documento.

Com efeito, ao contrário do que ocorre no âmbito civil, a lei processual penal não estabelece restrições ao momento de produção da prova documental (art. 231 do CPP). A regra, portanto, é que o documento possa ser exibido em qualquer fase do processo, tudo em homenagem ao princípio da busca da verdade real, inspirador de todo o processo penal.

Tal regra, é verdade, sofria duas exceções, tratadas na antiga disciplina do Júri: a primeira delas do art. 406, § 2º, do código, que impedia a juntada de documentos na fase de alegações finais. E, a segunda, também em processos de competência do Júri, vinha expressa no art. 475, que vedava a exibição de documento em plenário do júri, sem que a parte adversa tenha sido comunicada com antecedência mínima de três dias.

Quanto à primeira exceção, ela desapareceu, porquanto extinta a fase de alegações finais, já que a nova sistemática do Júri prevê a hiperconcentração de todos os atos instrutórios em uma única audiência. A outra exceção foi mantida, inclusive quanto ao prazo mínimo de ciência à parte adversa, de três dias, conforme se depreende do novo art. 479, do CPP, que será objeto de nossa análise mais adiante. Ainda sobre a prova documental, confiram-se os comentários tecidos abaixo ao art. 479.

Justificações • O § 3°, do art. 406, faz alusão às justificações. Trata-se de instrumento que não é previsto no processo penal, pelo que há de se seguir a disciplina dos arts. 861 e ss., do Código de Processo Civil. Lembre-se que o art. 3° do CPP prevê que "a lei processual penal admitirá interpretação extensiva e aplicação analógica, bem como o suplemento dos princípios gerais de direito", razão pela qual é possível a adoção de normas extraídas do processo civil no eventual silêncio da lei processual penal.

Constitui-se a justificação em uma medida cautelar que tem por objetivo provar algum fato relevante para o processo penal. Não se trata de jurisdição contenciosa, tanto que ao final da justificação o juiz não a julga procedente e tampouco improcedente. Apenas a entrega ao requerente a fim de que ele a utilize posteriormente. Encontra maior utilidade e é vista com mais frequência nos pedidos de revisão criminal que, por vezes, são previamente instruídos com a respectiva justificação, em face, inclusive, da impossibilidade de se produzir a prova diretamente no Tribunal, foro competente para conhecer do pedido revisional (*RT* 778/574, 719/457). Ressalte-se que o juiz não pode indeferir a justificação (*RT* 548/310), comportando de tal decisão o recurso de apelação (*RT* 489/345, 469/339).

No procedimento do Júri, porém, é difícil imaginar sua utilização, sobretudo nesta fase preliminar, quando recém deflagrada a ação penal. Por isso mesmo, alguns autores, já à época que vigorava o art. 423, agora revogado, entendiam que as justificações deveriam ser incabíveis nessa fase procedimental, não se compreendendo a autorização concedida pela lei para sua realização (cf., Magalhães Noronha, *Curso de direito processual penal,* 28 ed., São Paulo: Saraiva, p. 340).

Art. 407. As exceções serão processadas em apartado, nos termos dos arts. 95 a 112 deste Código. (Redação dada pela Lei nº 11.689, de 2008)

Exceções • A defesa do réu, no processo penal, pode ser direta ou indireta. *Defesa direta* é aquela na qual o réu nega a existência do fato, invoca uma causa excludente da antijuridicidade ou culpabilidade, etc. *Defesa indireta* é aquela que ataca o processo, sem adentrar o mérito. São as *exceções.* Exceção, assim, é um meio de defesa indireto com o objetivo de extinguir a ação penal ou dilatar o seu exercício.

Quanto aos efeitos, a exceção pode ser *dilatória*, quando visa procrastinar o processo ou transferir seu exercício, sem que o processo seja extinto. São elas as exceções de suspeição, incompetência ou ilegitimidade de parte. Ou pode ser *peremptória*, aquela que, se acolhida, acarreta a extinção do processo. São elas as exceções de coisa julgada e litispendência. Lembramos que devem ser processadas em autos apartados e que não suspendem o processo principal (art. 111 do CPP).

Art. 408. Não apresentada a resposta no prazo legal, o juiz nomeará defensor para oferecê-la em até 10 (dez) dias, concedendo-lhe vista dos autos. (Redação dada pela Lei nº 11.689, de 2008)

Art. 409. Apresentada a defesa, o juiz ouvirá o Ministério Público ou o querelante sobre preliminares e documentos, em 5 (cinco) dias. (Redação dada pela Lei nº 11.689, de 2008)

Resposta do acusado • Antes de designar a audiência de que trata o art. 411, cumpre ao juiz analisar a resposta dada pelo acusado. Caso tenha sido citado e não tenha apresentado defesa ou constituído defensor, impõe-se a nomeação de um defensor dativo, que terá o prazo de dez dias para, obrigatoriamente, oferecer resposta à acusação.

Com a apresentação da defesa, será dada oportunidade para que o autor da ação penal (Ministério Público ou querelante), se manifeste no prazo de cinco dias (art. 410). Será esse, portanto, o momento oportuno para que o autor da ação penal se posicione sobre a resposta do réu, na qual alegou, por exemplo, alguma preliminar, juntou algum documento ou justificação, etc., como lhe faculta a nova redação do § 2°, do art. 406 do código.

O rito é muito parecido com o adotado pela nova lei de drogas (art. 55 da Lei nº 11.343/06), com a diferença de que, nesta última, a resposta do acusado se dá antes do recebimento da denúncia. No novo procedimento do Júri, primeiro é recebida a denúncia ou queixa (art. 406), para, depois, se colher a resposta do réu.

Art. 410. O juiz determinará a inquirição das testemunhas e a realização das diligências requeridas pelas partes, no prazo máximo de 10 (dez) dias. (Redação dada pela Lei nº 11.689, de 2008)

Prazo para oitiva de testemunhas • Um tanto exíguo o prazo estipulado pelo legislador, sobretudo em face da notória dificuldade de cumprimento de mandados de intimação nas grandes cidades. Talvez mais prudente fosse a adoção de um prazo mais dilatado e uma disciplina diversa, caso estivesse o réu preso ou solto, a exemplo do que prevê o art. 401 do CPP, ao determinar que a audiência de oitiva de testemunhas de acusação será realizada em 20 dias, estando preso o réu e 40 dias, caso esteja solto.

Art. 411. Na audiência de instrução, proceder-se-á à tomada de declarações do ofendido, se possível, à inquirição das testemunhas arroladas pela acusação e pela defesa, nesta ordem, bem como aos esclarecimentos dos peritos, às acareações e ao reconhecimento de pessoas e coisas, interrogando-se, em seguida, o acusado e procedendo-se o debate. (Redação dada pela Lei nº 11.689, de 2008)

Audiência una • A privilegiar o princípio da oratória, quem tem orientado nosso legislador e, de resto, as legislações mais modernas (pelo menos do mundo ocidental), este dispositivo determina a hiperconcentração dos atos probatórios, todos reunidos, assim, em uma só audiência, elaborados de viva voz (v. § 2º, abaixo), cabendo ao juiz, também, via de regra, proferir decisão de pronto (v. § 9º, adiante).

Ofendido. Conceito • Ofendido ou vítima é titular eventual do bem jurídico ameaçado ou atingido.

Natureza jurídica • Interessante a posição assumida pelo ofendido em nossa sistemática processual. É certo que não se trata de testemunha, tanto que não é previamente compromissado e, se mentir, não responderá pelo crime de falso testemunho, podendo, a depender do caso concreto, praticar o delito de denunciação caluniosa ou de falsa comunicação de crime ou de contravenção, previstos, respectivamente, nos arts. 339 e 340 do Código Penal. Ademais, sua oitiva independe do prévio arrolamento pelas partes, sendo que a norma legal em estudo cria para o Juiz o dever jurídico de ouvi-lo. Por derradeiro, ao contrário do que ocorre com a prova testemunhal, não é a vítima computada como testemunha numerária. Nesse sentido o ensinamento de Júlio Fabbrini Mirabete, para quem "o ofendido não pode ser computado como testemunha, que não é, não prejudicando, assim, o número máximo de depoentes permitido em lei para cada tipo de procedimento penal" (*Processo penal*, 1991, p. 276).

Todavia, embora não se tratando de testemunha - tanto que tratado em um capítulo apartado - não se ignora o caráter de meio de prova de suas declarações, a despeito do posicionamento, em sentido contrário, de Bento de Faria, para quem o ofendido seria um mero auxiliar da Justiça (*Código de processo penal*, 1942, pp. 259/260). Por conta disso, considerou o legislador relevante sua oitiva, dedicando-lhe um capítulo próprio na parte concernente à prova e, a jurisprudência, conforme a seguir apontado, tem especial apreço pela palavra da vítima, "devendo seu relato ser apreciado em confronto com os outros elementos probatórios, podendo, então, conforme a natureza do crime, muito contribuir para a convicção do juiz", como ensina Magalhães Noronha (*Curso de direito processual penal*, 1983, p. 111).

Valor probatório • A doutrina mais tradicional sempre recebeu com enormes reservas a palavra do ofendido e, em virtude disso, conferiu-lhe pouco ou mesmo nenhum valor probatório. Adalberto Camargo Aranha justifica as razões de tal desconfiança, ensinando que "sua vontade fatalmente estaria atingida, possuída de indignação ou dor, a ponto de ser impossível uma total isenção. Não se pode encontrar uma vítima despida totalmente de sentimentos, com tal frieza emocional que seja possível falar-se em imparcialidade. Além do mais, não podemos esquecer que não são raros os casos de pseudovítimas, criadas por uma imaginação traumatizada, como bem narrado por Érico Veríssimo em seu livro *O senhor embaixador*, demonstrando que um ódio racial profundo e congênito levou a rapariga a acusar um negro de estupro" (*Da prova no processo penal*, 1987, p. 104). A vítima, demais disso, teria uma tendência natural a agir movida pelo ódio e vingança, afinal foi quem sofreu, na própria pele, os efeitos da prática delituosa. Daí ressaltar Hélio Tornaghi que "quanto à vontade, o ofendido é sempre um depoente inferior à testemunha. O sentimento de que está possuído, a justa indignação, a dor da ofensa, não o deixam livre para determinar-se com serenidade e frieza" (*Curso de processo penal*, 1990, vol. 1, p. 390).

Sem embargo, contudo, de tais ressalvas e sob determinadas condições, tem a doutrina e a jurisprudência reconhecido grande valia no depoimento do ofendido, conforme realça Tourinho Filho: "em certos casos, porém, é relevantíssima a palavra da vítima do crime. Assim, naqueles delitos clandestinos - *qui clam comittit solent* - que se cometem longe dos olhares de testemunhas -, a palavra da vítima é de valor extraordinário" (ob. cit., p. 296). Portanto, nesses delitos, cometidos às ocultas e naqueles em que não se vislumbra, no proceder da vítima, nenhuma intenção em incriminar pessoa até então desconhecida, seu depoimento assume valor decisivo. Conclui-se com as palavras de Júlio Fabbrini Mirabete para quem "embora os depoimentos das vítimas em princípio sejam suspeitos, dependendo do caso concreto, estando em sintonia com outras provas dos autos, merecem fé, podendo servir de suporte a de seu espírito, pode encontrar o caminho certo a seguir a fim de alcançar a realização da justiça ao valorar as declarações da vítima, para concluir, sem prevenções, se merecem fé ou não" (ob. cit., p. 278).

Em que pese com ressalvas, Espínola Filho também confere valor à palavra do ofendido, advertindo que "quando não há interesse, costuma-se dar muito apreço à imputação da vítima, apontando o autor do crime, que a feria; e, argumenta-se, seria inconcebível a falsa acusação de um inocente, com o efeito mediato de firmar a impunidade do agente culpado. É razoável a orientação, na generalidade dos casos. Mas, não fica excluída a hipótese, já ventilada, de atuar o ofendido sob o impulso do medo, ou de sentimentos que causem um desvirtuamento da consciência moral, como a afeição cega ao criminoso, ou o ódio ao caluniado" (*Código de processo penal brasileiro anotado*, 1976, vol. III, p. 59). Afinal, na correta advertência do então Ministro do Supremo Tribunal Federal, Vicente Piragibe, "todos nós, que somos juizes, sabemos disto: não se pode deixar de tomar em muita consideração as declarações da ofendida, desde que sejam verossímeis e minuciosas" (*Dicionário de jurisprudência penal do Brasil*, 1934, n. 3.178).

Contraditório nas declarações do ofendido • O entendimento do STF, abaixo transcrito, no sentido de que nas declarações da vítima não vigoraria o princípio do contraditório e, em consequência, não seria facultado às partes a possibilidade de formular reperguntas, mostra-se absolutamente isolado, não tendo merecido o apoio nem da doutrina e tampouco da jurisprudência. Tourinho Filho é um dos que discorda de tal posicionamento ao ressaltar: "que o ofendido não é testemunha, nenhuma dúvida. Entretanto não se pode inferir dessa circunstância estejam as partes impossibilitadas de fazer-lhes reperguntas. Às vezes, a palavra da ofendida é, verdadeiramente, a prova de maior valia, e, por isso mesmo, se as partes não pudessem formular-lhe perguntas, ficariam cerceadas nos seus direitos" (ob. cit., p. 295). Nesse sentido, ainda, Julio Fabbrini Mirabete, ob. cit. p. 277. Tal posicionamento parece reforçado antes as alterações introduzidas pela Lei n° 11.690/2008, mais precisamente no art. 212 do CPP, ao facultar que as partes formulem perguntas diretamente à testemunha. Ora, se é dado se indagar diretamente à testemunha, por qual razão lógica se vedaria essa formulação ao ofendido, quando o objetivo, em ambos os casos, é uno, isto é, a busca da verdade real?

Prova testemunhal. Conceito • Considera-se testemunha a pessoa física que, em Juízo, declara o que sabe sobre os fatos em litígio no processo penal.

Inexistência de restrição quanto à condição da pessoa • Ao dispor, no art. 202 do CPP, que toda pessoa pode servir como testemunha, procurou o código afastar qualquer espécie de preconceito, deixando a critério do julgador, em uma análise global do conjunto probatório, a valoração de cada depoimento, atento aos princípios da busca da verdade real e da livre apreciação da prova. Segundo Hélio Tornaghi, "essa norma é o resultado de longa elaboração doutrinária e legislativa, baseada na experiência de muitos séculos. Em tempos passados, eram muitos os casos de incapacidade decorrente de sexo, situação civil, de idade, das relações com quaisquer das partes, do parentesco, da afinidade, da vida pregressa etc. Hoje em dia, ao contrário, entende-se que qualquer pessoa pode depor em juízo, cabendo ao juiz ponderar o depoimento e dar-lhe o valor que ele merecer. Ainda mesmo a menoridade, a insanidade mental, a paixão, não impedem alguém de testemunhar, isto é, de assistir a um ato, de percebê-lo, de retê-lo e de o reproduzir fielmente. Nada disso é impossível. Claro que o juiz deve aferir cada um desses elementos; mas isso é matéria de avaliação e não de admissibilidade do testemunho" (*Curso de processo penal*, 1990, vol. 1, p. 397). O noticiário é pródigo em afirmar que, ainda nos dias de hoje, em países do Oriente Médio, a palavra da vítima de um crime contra sua liberdade sexual possui menos valor do que de duas testemunhas – homens, decerto – que neguem a ocorrência dessa espécie de violência. Para Florian, "essa amplíssima liberdade, que sustenta e revigora a capacidade de render testemunho, encontra seu fundamento na necessidade de uma investigação a mais completa possível que domina o processo penal. Obstáculos preestabelecidos, proibições inflexíveis, categorias fixas e rigorosas e outras coisas deste estilo, entorpeciam a cada passo a averiguação da verdade, objetivo e motor do processo penal" (ob. cit., tomo II, p. 108).

Impedimentos • Há, entretanto, alguns impedimentos, em exceção à regra geral acima aludida. Os primeiros chamados de *impedimentos físicos ou materiais*, pelos quais, por exemplo, um cego ou um surdo não poderiam dizer, respectivamente, que viram ou escutaram algo. E, além destes, os *impedimentos formais ou jurídicos*, que são aqueles relacionados nos arts. 206, 207 e 208 do código, referentes às pessoas que, por relação de parentesco ou em virtude de exercerem uma atividade que obriga a manutenção do sigilo ou, ainda, por força de desenvolvimento mental incompleto ou retardado, não são obrigadas ou mesmo estão impedidas de servirem como testemunha. Seus depoimentos, portanto, quando não proibidos, serão tomados como meras declarações e jamais sujeitos ao prévio compromisso de dizer a verdade.

Obrigação de depor • O art. 206 do código estabelece uma regra geral no sentido de que toda pessoa é obrigada a depor, *in verbis*: "a testemunha não poderá eximir-se da obrigação de depor. Poderão, entretanto, recusar-se a fazê-lo o ascendente ou descendente, o afim em linha reta, o cônjuge, ainda que desquitado, o irmão e o pai, a mãe, ou o filho adotivo do acusado, salvo quando não for possível, por outro modo, obter-se ou integrar-se a prova do fato e de suas circunstâncias". Confirma, assim, o imperativo do art. 202, de que qualquer pessoa pode ser testemunha. Tanto que, renitente a testemunha, o juiz poderá determinar sua apresentação pela autoridade policial ou sua condução por oficial de justiça (art. 218 do CPP), bem como aplicar-lhe multa (art. 219 do CPP), sujeitando-se o faltoso, ainda, ao crime de desobediência (art. 330 do Código Penal).

Não estão obrigadas a depor • Mas, por questão mesmo de humanidade, tal obrigatoriedade não se estenderá às pessoas que, por laços familiares ou de afinidade com o réu, não possuam a isenção necessária para que seus depoimentos se considerem idôneos. Não significa dizer, porém, que estejam *impedidas* de depor, mas, somente, que não são *obrigadas* a fazê-lo. Daí a utilização, pelo legislador, da expressão "poderão... recusar-se" (art. 206 do CPP), no sentido de que, querendo, deporão.

Ressalvas • Ocorre que, por vezes, mesmo recusando-se a servir como testemunha, o depoimento das pessoas indicadas no texto se mostra crucial para a prova do fato, não podendo, de outro modo, ser suprido. Suponha-se a prática de um homicídio, no interior de uma casa, presenciado apenas pela esposa do suposto autor. Ela, como já visto, não é obrigada a depor. Querendo pode fazê-lo. E caso se negue? Poderá o juiz, nesse caso, dada à imprescindibilidade do testemunho, obrigá-la a prestá-lo, com um detalhe: não lhe será tomado o compromisso de dizer a verdade, como se extrai do art. 208 do código, isto é, não se sujeitará à prática de eventual crime de falso testemunho. Denomina-se, aliás, *informante* essa testemunha.

Tais ressalvas se aplicam, somente, às pessoas que tenha alguma relação como acusado, conforme textualmente expresso no art. 206 do CPP. Não cuidou o legislador de estabelecer qualquer restrição no que se refere à vítima. Tal opção não escapou da crítica de Câmara Leal, para quem "não nos parece justa essa exclusão. Onde há a mesma razão, deve haver a mesma disposição. Os motivos que tornam suspeitos os parentes do acusado são os mesmos que deveriam tornar suspeitos os parentes do ofendido. Se há por parte dos parentes do acusado o interesse pela absolvição, haverá por parte dos parentes do ofendido o empenho pela condenação. Em ambas as hipóteses a testemunha poderá faltar com a verdade impelida por um sentimento de afeição ou de vingança" (ob. cit., p. vol. II, p. 37). Não vingou, porém esse entendimento, face à textualidade do art. 206 do código.

Exceções. Pessoas não obrigadas a depor • Não se obrigam a depor, portanto, as pessoas elencadas no art. 206 do código, a saber ascendente (pai, avó, bisavô), e o descendente (filho, neto, bisneto). Como afins em linha reta são compreendidos aqueles que, embora não procedam de uma linhagem familiar, são assim considerados pela afinidade com o cônjuge ou companheiro, na dicção do art. 1.595 do Código Civil. Assim, por exemplo, sogro, sogra, genro, nora, padrasto ou madrasta, enteado ou enteada. Aliás, o § 2°, deste mesmo dispositivo, determina que "a afinidade não se extingue com a dissolução do casamento ou da união estável".

A par disso, novos arranjos familiares, impensáveis ao tempo da edição do código (1941), devem ser considerados. Assim, os homossexuais, quando casados, se incluem no rol acima. Também os chamados *filhos de criação*, que não adotados, tão comuns nas uniões de pessoas divorciadas e com prole anterior. O companheiro ou companheira que, embora não casados oficialmente, assim vivam, pública e ostensivamente, como se casados fossem. O termo "desquitado", vigente à época, deve ser entendido como "separado judicialmente". Este também se submete às restrições do artigo em análise. Ao divorciado, porque rompido o vínculo do casamento, entende a doutrina majoritária não se aplicar a isenção, estando, pois obrigado a depor.

Impedidos • O art. 206 do CPP relaciona aqueles que, embora não obrigados, podem depor. Já no art. 207 se elencam pessoas que, dada sua condição subjetiva, estão *proibidas* de depor. Ou seja, nem se o quiserem poderão fazê-lo, salvo se liberadas pela parte interessada, que lhes confiou o segredo. Assim, nos termos do art. 207 do CPP, "são proibidas de depor as pessoas que, em razão de função, ministério, ofício ou profissão, devam guardar segredo, salvo se, desobrigadas pela parte interessada, quiserem dar o seu testemunho".

Função • Como *função*, considera-se o titular que, em virtude de lei (funcionário público), decisão judicial (tutor, curador), ou contrato (diretor de empresa a quem se impõe cláusula de confidencialidade), está obrigado ao segredo.

Ministério • Exerce *ministério* todo aquele que, por força da religião (aqui tomada em seu sentido mais amplo), recebe algum tipo de confissão sobre a qual deva guardar segredo. Assim, num exemplo mais conhecido, o padre no confessionário, nos termos do cânon 983, § 1°, do Código Canônico, *verbis*: "O sigilo sacramental é inviolável; por isso é absolutamente ilícito ao confessor de alguma forma trair o penitente, por palavras ou de qualquer outro modo e por qualquer que seja a causa". Mas também o pastor ligado à igreja evangélica, o rabino dos judeus, o líder espírita, etc. Mesmo uma freira, a quem não é dada tomar a confissão, se sabe de um segredo por conta de seu ministério, estará proibida de depor.

Ofício • É assim considerado, pela doutrina, aquele que exerce uma função predominantemente mecânica, sem maior especialização, que não se submete às obrigações de uma profissão regulamentada em lei. A doutrina exemplifica o mecânico, eletricista, digitador, etc. Não vislumbramos por qual motivo tais pessoas estariam impedidas de depor, sendo pouco provável que, por força dessas atividades, se vejam obrigadas a guardar segredo sobre determinado fato. Já a secretária de um consultório médico ou de um escritório de advocacia, que tomou conhecimento de fato sigiloso por conta da profissão de seu empregador (médico ou advogado), está obrigada ao sigilo.

Profissão • Um tanto mais complexa é a análise daqueles que, em virtude da profissão, se acham impedidos de depor. O Código de Processo Penal português, em seu art. 135, 1, exemplifica pessoas que se submetem a esse impedimento, a saber: "os ministros de religião ou confissão religiosa e os advogados, médicos, jornalistas, membros de instituições de crédito e as demais pessoas a quem a lei permitir ou impuser que guardem segredo podem escusar-se a depor sobre os factos por ele abrangidos". Nosso legislador, no processo penal, foi, porém, mais genérico, sem indicar, por exemplo, profissões específicas que se sujeitam a esse impedimento. Haverá, assim, a necessidade de pesquisa na legislação que rege cada profissão, nos códigos de ética de cada uma delas, a fim de se apurar se determinada atividade se encontra acobertada pelo sigilo profissional, a obrigar que se guarde segredo.

Advogado • Sem pretender esgotar o tema, lembre-se que a Lei nº 8.906/1994, que dispõe sobre o Estatuto da Advocacia, assegura, em seu art. 7º, inc. XIX, ser direito do advogado "recusar-se a depor como testemunha em processo no qual funcionou ou deva funcionar, ou sobre fato relacionado com pessoa de quem seja ou foi advogado, mesmo quando autorizado ou solicitado pelo constituinte, bem como sobre fato que constitua sigilo profissional". No mesmo sentido o teor do art. 26 do Código de Ética e Disciplina da OAB, pelo qual "o advogado deve guardar sigilo, mesmo em depoimento judicial, sobre o que saiba em razão de seu ofício, cabendo-lhe recusar-se a depor como testemunha em processo no qual funcionou ou deva funcionar, ou sobre fato relacionado com pessoa de quem seja ou tenha sido advogado, mesmo que autorizado ou solicitado pelo constituinte".

Claro que a negativa é pertinente, como consta da jurisprudência abaixo transcrita, desde que relacionada à atuação de advogado. Caso se trate de fato estranho a esse mister, a simples condição de advogado não o exime de depor. Em um exemplo: se determinado advogado é testemunha de um furto ocorrido na casa vizinha, sem que seus serviços profissionais tenham sido solicitados por quaisquer dos envolvidos, obriga-se, como outro qualquer, a depor.

Parlamentar • Por força de expressa disposição constitucional, "os Deputados e Senadores não serão obrigados a testemunhar sobre informações recebidas ou prestadas em razão do exercício do mandato, nem sobre as pessoas que lhes confiaram ou deles receberam informações" (art. 53, § 6º da CF).

Médico • O Código de Ética Médica, de sua parte, veda ao médico "revelar fato de que tenha conhecimento em virtude do exercício de sua profissão, salvo por motivo justo, dever legal ou consentimento, por escrito, do paciente" (art. 73). Estabelece o parágrafo único dessa disposição que "permanece essa proibição [...] b) quando de seu depoimento como testemunha. Nessa hipótese, o médico comparecerá perante a autoridade e declarará seu impedimento".

Jornalista • Quanto aos jornalistas, de se ver que a Lei n° 5.250/1967, em seu art. 7°, prevê que "no exercício da liberdade de manifestação do pensamento e de informação não é permitido o anonimato. Será, no entanto, assegurado e respeitado o sigilo quanto às fontes ou origem de informações recebidas ou recolhidas por jornalistas, radiorrepórteres ou comentaristas". Mais adiante, o mesmo diploma, no art. 71, dispõe que "nenhum jornalista ou radialista, ou, em geral, as pessoas referidas no art. 25, poderão ser compelidos ou coagidos a indicar o nome de seu informante ou a fonte de suas informações, não podendo seu silêncio, a respeito, sofrer qualquer sanção, direta ou indireta, nem qualquer espécie de penalidade".

Previsão idêntica consta do Código de Ética dos Jornalistas Brasileiros, segundo o qual "é direito do jornalista resguardar o sigilo da fonte" (art. 5ª°). Nesse caso específico, invoca-se, ainda, a norma constitucional do art. 220, § 1° da Carta, pela qual "nenhuma lei conterá dispositivo que possa constituir embaraço à plena liberdade de informação jornalística em qualquer veículo de comunicação social".

Psicólogo • Já o psicólogo, segundo seu código de ética (art. 9°), deve "respeitar o sigilo profissional a fim de proteger, por meio da confidencialidade, a intimidade das pessoas, grupos ou organizações, a que tenha acesso no exercício profissional". Mas, "quando requisitado a depor em juízo, o psicólogo poderá prestar informações, considerando o previsto neste Código" (art. 11).

Generalidades • O Código Civil, em ser art. 299, inc. I, dispõe que "ninguém pode ser obrigado a depor sobre fato a cujo respeito, por estado ou profissão, deva guardar segredo". Mesmo a Consolidação das Leis do Trabalho (CLT), pune como falta grave, a violação de segredo da empresa (art. 482, "g").

Em suma, o dever de sigilo deve ser pesquisado nos diplomas legais que regulamentam as diversas profissões, a fim de se apurar da possibilidade do profissional servir, ou não, como testemunha.

Liberação pela parte interessada • O dispositivo em estudo, em sua parte final, ressalva a possibilidade daquele a quem foi confiado o segredo o revelar, na condição de testemunha, desde que autorizado pela parte interessada. Mas, ainda sim, isto é, mesmo que autorizada, a testemunha, a quem incumbe guardar segredo que tomou conhecimento em decorrência de sua profissão, só deporá se quiser, ou seja, não é obrigada. Assim, para tomarmos o exemplo citado acima, o parlamentar não é obrigado a testemunhar "sobre informações recebidas ou prestadas em razão do exercício do mandato". Não é obrigado, mas poderá fazê-lo. Diversa a situação do advogado, a quem a lei conferiu o direito de recusa ao testemunho, desde que o fato guarde relação com sua atividade profissional.

Criminalização da conduta • A propósito, configura crime de violação de segredo profissional, previsto no art. 154 do Código Penal, "revelar alguém, sem justa causa, segredo, de que tem ciência em razão de função, ministério, ofício ou profissão, e cuja revelação possa produzir dano a outrem". Confiram-se, ainda, os delitos de violação de sigilo funcional e violação do sigilo de proposta de concorrência, previsto, respectivamente, nos arts. 325 e 326 do CP.

Valor probatório • Sobre o valor probatório da prova testemunhal muito já se discutiu. Mittermaier ensina que "a experiência atesta que os homens muitas vezes iludem a si próprio, e que não julgam falar contra a verdade, quando deixam de dizer tudo quanto sabem, e, a testemunha, que não depôs de um modo consciencioso e completo, supõe que desculpa a infidelidade de seu testemunho, dizendo que não a interrogaram sobre todos os fatos" (*Tratado da prova em matéria criminal*, 1996, p. 233). Procedente, todavia, a observação de Ary Azevedo Franco, quando, após destacar a frase de Mittermayer que considera a prostituta das provas, reabilita a prova testemunhal, ao declarar que testemunhas são os olhos e os ouvidos da Justiça, porque é por elas que se apuram os fatos transeuntes, que não se deixam assinalar por vestígios (*Código de processo penal*, 1950, vol. I, p. 224).

Tal divergência de opiniões possui uma origem também diversa. Para alguns autores, o homem apresentaria uma vocação quase que absoluta em dizer a verdade. Nessa esteira é a lição de Câmara Leal, no sentido de que "a experiência demonstra que o homem, em regra, propende para a verdade, procurando exteriorizar fielmente o que passa no mundo subjetivo e narrar com sinceridade o que observa no mundo objetivo. As pessoas mentirosas são conhecidas e apontadas com censura, tal a aversão humana à falsidade" (*Comentários ao código de processo penal brasileiro*, 1942, p. 27). Para Pietro Ellero, o homem tende à verdade "de um modo natural, como o rio para o mar, ainda que seja somente para evitar o mal ou o inconveniente que a mentira lhe traria. Cada qual pode, olhando para seu interior, ver de que modo natural e fácil lhe atrai a verdade e como exige um esforço, uma violência moral, a mentira" (*Da certeza nos juízos criminais ou tratado da prova em matéria penal*, 1998, p. 162).

Bem mais pessimista e talvez mais afinado com a realidade atual é o entendimento de Vicenzo Manzini, segundo o qual "não é de modo algum verdadeiro, como se tem ensinado, que o fundamento do valor probatório atribuído ao testemunho seja a presunção de veracidade dos homens. Uma tal presunção seria contrária à realidade, já que o homem é instintivamente mendaz, não só quando tem interesse direto em sê-lo, senão também quando supõe que ao dizer a verdade pude favorecer ou prejudicar a outrem" (*Tratado de direito processual penal*, 1951, tomo III, p. 247).

De qualquer forma, a doutrina mais moderna tem atribuído extraordinária força probatória a essa espécie de prova. O grande Eugenio Florian já advertia que "dentro do quadro das provas, a prova testemunhal é a que mais utiliza e mais aproveita ao processo penal, pois o testemunho é o modo mais adequado para recordar e reconstituir os acontecimentos humanos, é a prova na qual a investigação judicial se desenvolve com maior energia", afinal "o processo se refere a um pedaço da vida vivido, a um fragmento da vida social, a um episódio da convivência humana e daí ser natural e inevitável que seja representado mediante vivas narrações de pessoas" (*Das provas penais*, 1998, tomo I, pp. 71 e 78).

Assim, embora não seja conferido valor absoluto à prova testemunhal – como, de resto, a nenhuma outra prova – ela é, inegavelmente, de grande relevância, já que a prova, na maioria dos delitos, é feita por seu intermédio, por testemunhas que depõem sobre o que assistiram ou mesmo a respeito do que ouviram dizer e sob o compromisso da verdade.

Classificação • As testemunhas podem ser *numerárias*, ou seja, aquelas arroladas pelas partes e que devem depor sob compromisso; ou *extranumerárias*, que são aquelas ouvidas, de ofício, pelo juiz, segundo faculdade contida no art. 209, sendo também compromissadas. Podem ser, também, *informantes*, isto é, pessoas que, *a priori*, não estão obrigadas ou mesmo estão proibidas de depor (arts. 206-7), ou aquelas referidas no art. 208. Nestas hipóteses, as testemunhas não são compromissadas. Há também a testemunha *referida*, que é aquela mencionada no depoimento de outra testemunha, cuja oitiva fica a critério do juiz (art. 209, § 1º), e que deverá ser compromissada, a menos que se inclua nas situações em que se dispensa tal formalidade.

No que concerne ao modo, pode a testemunha ser *instrumental* (também chamada testemunha *imprópria*), ou *judicial* (conhecida como testemunha *própria*). A primeira é aquela chamada para assistir a realização de algum ato jurídico, atestando-lhe a veracidade e a licitude. Assim, por exemplo, a testemunha que, em Juízo, afirma ter presenciado a confissão policial do réu. Já a testemunha *judicial* é aquela que depõe sobre fato objeto do processo.

Dá-se o nome de testemunha *direta*(ou *de visu*), àquela que depõe sobre fato que assistiu; e, *indireta* (ou *de auditu* ou testemunha de 2º grau, segundo Carneluti), a que depõe sobre fatos que ouviu dizer.

Características da prova testemunhal • Aponta a doutrina os caracteres da prova testemunhal, sendo eles: *judicialidade*, ou seja, para que um testemunho seja capaz de fundamentar uma sentença, é preciso que ele tenha sido prestado em Juízo. Claro que o testemunho extrajudicial não se revela despido de valor. Mas o que se pretende dizer é que ele, de *per si*, não se mostra apto a embasar uma condenação, devendo vir acompanhado de outras provas, produzidas sob o crivo judicial e com observância dos princípios constitucionais que informam o processo penal. Nesse sentido, inclusive, o disposto no art. 155 do Código.

Menciona-se, ainda, no princípio da *objetividade*, segundo o qual a participação da testemunha é apenas *informativa* e não *opinativa*, razão pela qual deve abster-se de emitir opiniões pessoais sobre os fatos. Afinal, na precisa lição de Espínola Filho, "ao juiz é reservada, exclusivamente, a faculdade de concluir, tendo por base os elementos de provas colhidos nos autos, entre os quais estão os esclarecimentos prestados pelas testemunhas sobre a ocorrência e as suas circunstâncias" (*Código de processo penal brasileiro anotado*, 1976, vol. III, p. 103). Todavia, é certo que, por vezes, mostra-se inevitável que, no relato de determinado fato, a testemunha acabe por tecer alguma apreciação de cunho subjetivo. Tal ocorre, por exemplo, quando, ao narrar um acidente de trânsito, afirma ter o motorista agido de forma descuidada. Ou, ainda, a testemunha de defesa que define o réu como trabalhador, bom pai de família, honesto, etc., adjetivos fruto de uma opinião pessoal.

Outra característica é a *oralidade*. Assim, é vedado à testemunha que leve seu depoimento previamente escrito, devendo ele ser prestado de viva voz, perante o juiz e os demais sujeitos processuais, posto que fundamental possa o julgador avaliar a sinceridade de sua fala, cuja espontaneidade ficaria em muito prejudicada se recorresse a papéis escritos. Ensina Câmara Leal que "a oralidade do depoimento traz ao juiz uma cópia abundante de elementos de observação: há sinais de veracidade na fisionomia, na voz, na serenidade da testemunha" (ob cit., p. 34). A legislação, porém, contempla exceções. A primeira delas, por razões óbvias, diz respeito ao mudo, surdo ou surdo-mudo, cujos depoimentos deverão atentar ao disposto no art. 223, parágrafo único combinado com o art. 192 do código. Outra exceção é prevista no art. 221, § 1º, do *codex*, cujas pessoas ali elencadas, face à prerrogativa da função que exercem, podem prestar seu testemunho por escrito. Tal disposição já sofreu críticas, entendendo Ada Pellegrini Grinover que haveria, nesse caso, violação ao, princípio da oralidade (*A nova lei processual penal*, 1997, pp. 99/100). Também a Lei n. 4.898/95, que trata do procedimento nos crimes de abuso de autoridade, prevê exceção a tal princípio, ao facultar em seu art. 14, § 1º, que perito ou testemunhas tragam por escrito seus depoimentos e, por derradeiro, o próprio art. 204, que em seu parágrafo único, admite a consulta a apontamentos ligeiros, referentes às minúcias do fato, breves lembretes sobre datas, valores, nomes, etc., que, por vezes, o transcorrer do tempo apagou da memória.

Como característica da prova testemunhal, aponta-se, ainda, a *retrospectividade*, pela qual o depoimento da testemunha refere-se, sempre, à narrativa de um fato pretérito. A opinião sobre o que vai acontecer nada mais é que mero palpite e, como tal, não pode ser admitido por força do principio, já estudado, que trata da objetividade. Busca-se, no processo penal, a pesquisa sobre fatos ocorridos e, nesse aspecto, já foi dito, que a função do juiz muito se assemelharia ao trabalho do historiador. Mas, é sempre a partir de um fato passado, que, a seu respeito, interessa a oitiva da testemunha. O futuro é mera conjectura, sobre a qual é irrelevante a apreciação pessoal da testemunha.

Reconhecimento. Definição • Trata o reconhecimento de um cotejo entre elementos atuais e passados, capazes de propiciar a identidade de determinada pessoa ou coisa. Nesse sentido pronuncia-se Enrico Altavilla, citado por Adalberto Camargo Aranha, para quem o reconhecimento "é um juízo de identidade entre uma percepção presente e uma percepção passada" (*Da prova no processo penal*, 1987, p. 168). Numa definição mais estrita, formulada por Hélio Tornaghi, "reconhecimento é o ato pelo qual alguém verifica e confirma a identidade de pessoa ou coisa que lhe é mostrada, com pessoa ou coisa que já viu" (*Curso de processo penal*, 1990, vol. 1, p. 429).

Valor probatório • Tem se destacado, de há muito, a fragilidade do reconhecimento como meio de prova. Tourinho Filho, em feliz exemplo, recorre à mitologia, para destacar que Ulysses, da *Ilíada*, após permanecer por dez anos afastado de sua casa, ao retornar não foi reconhecido, desde logo, por Penélope, sua esposa, mas apenas pelo cachorro (*Processo penal*, 1997, vol. 3, p. 330). E, no mesmo trecho, ensina que "o reconhecimento é, de todas as provas, a mais falha, a mais precária. A ação do tempo, o disfarce, más condições de observação, erros por semelhança, a vontade de se reconhecer, tudo, absolutamente tudo, torna o reconhecimento uma prova altamente precária".

Hélio Tornaghi é ainda mais contundente, ao ressaltar que "quase todos os erros judiciários provêm de três tipos de provas perigosíssimas: a confissão, os indícios e o reconhecimento. Dos três, o último é o mais insidioso. Grandes injustiças, que se tornaram antológicas, e graves enganos que nunca vieram à luz têm decorrido de reconhecimentos equivocados" e exemplifica: "para um ocidental é mais fácil confundir dois chineses que dois americanos. Para um civil é mais viável a confusão entre dois militares uniformizados que entre dois civis com roupas diferentes" (ob. cit., pp. 433-4).

A despeito de tal sorte de críticas, é certo que, na prática, a jurisprudência confere enorme força probante ao reconhecimento, mormente quando feito em juízo, de forma idônea e desinteressada, de modo a encontrar respaldo nas demais provas dos autos. E mesmo o reconhecimento realizado na polícia, desde que, aí sim, satisfeitas as formalidades impostas pela lei, tem inegável valor probatório.

Espécies de reconhecimento • São apontados dois tipos de reconhecimento: o *formal* e o *informal*. O primeiro deles é aquele realizado com toda a solenidade e da maneira que exposta no art. 226 do código. O segundo é aquele que ocorre em audiência, quando se indaga, da vítima ou testemunha, se reconhece o acusado. Esse segundo ato processual, todavia, não pode ser tido como um *reconhecimento*, posto que nenhuma das formalidades elencadas pelo legislador foi atendida, "contudo, como adotamos o sistema das provas amplas e não somente as taxativamente enumeradas, bem como o da convicção condicionada, podemos aproveitá-la como uma prova, inominada, nunca como reconhecimento, dando um valor de acordo com a convicção do julgador", na precisa lição de Adalberto Camargo Aranha (ob. cit., p. 170).

Desnecessidade do reconhecimento formal em juízo e no flagrante • Em termos práticos - saliente-se - a jurisprudência tem entendido, de forma maciça, como a seguir será observado, que a identificação do acusado realizado durante a audiência prescinde das formalidades legais aqui tratadas, que, portanto, seriam exigidas apenas para o reconhecimento extrajudicial. E mesmo na fase policial, a prisão em flagrante do agente importa na desnecessidade da realização de seu reconhecimento formal. Afinal, não há certeza maior do que aquela que provém da detenção do conduzido quando ainda arde o crime, prescindindo-se, por isso mesmo, de um ato formal que confirme ter sido ele o autor do delito.

Outros meios de reconhecimento • Em que pese a omissão do legislador, nada impede que o reconhecimento se verifique por outros meios que não apenas os fisionômicos. Assim, por exemplo, o Código de Processo Penal italiano possui disposição expressa a admitir o reconhecimento pela voz, como se depreende de seu art. 216 ("Quando dispone la ricognizione di voci...). A despeito da falta de previsão legal, é possível que a testemunha reconheça o autor do crime pela voz ou mesmo por características fonéticas de seu linguajar (gagueira ou sotaque carregado, por exemplo), cabendo ao juiz, inspirado no princípio da livre apreciação da prova, conferir motivadamente o valor que entender cabível a essa espécie de prova. É possível, ainda, que se reconheça o agente por meio da roupa que trajava quando da prática do delito. Ou por um boné que usava ou por uma mochila que trazia consigo.

Reconhecimento em plenário do Júri • Prevê o art. 226 do código as formalidades a serem observadas para que se proceda ao reconhecimento. Em seu inc. III, estabelece que "se houver razão para recear que a pessoa chamada para o reconhecimento, por efeito de intimidação ou outra influência, não diga a verdade em face da pessoa que deve ser reconhecida, a autoridade providenciará para que esta não veja aquela". O parágrafo único do art. 226, porém, invoca uma ressalva que nos parece equivocada, no sentido de que a possibilidade de retirada do réu, "não terá aplicação na fase da instrução criminal ou em plenário de julgamento". Explica a *ratio legis* Espínola Filho: "quando o reconhecimento dever efetivar-se perante o julgador [...] não haverá motivo de providenciar desse modo, pois o ambiente, em que se realiza o ato, e a presença do juiz constituirão elementos de garantia suficientes, para nada temer o reconhecedor" (ob. cit., vol. I, p. 142).

Ousamos discordar desse entendimento para concluir que, sem embargo da literalidade da disposição legal, seja sim possível que o reconhecimento ocorra sem qualquer contato entre os envolvidos, ainda que realizado em juízo ou – que mais nos interessa - em plenário do júri. Primeiro, porque nos dias atuais, com o vertiginoso aumento da criminalidade, não mais é possível afirmar-se que a presença física do juiz no ato de reconhecimento garantiria, por si só, a segurança daquele que irá reconhecer o agente. Lembre-se que a observação acima, do insuperável Espínola Filho, foi formulada quando da edição do código, em 1941. Atualmente, o juiz não consegue garantir nem mesmo sua segurança própria, que dizer em relação a terceiros. Tanto é assim que, uma das razões invocadas para a implantação da videoconferência, sem a presença do réu ao prédio do fórum, consistiu, exatamente, na preservação da segurança de todos aqueles envolvidos na audiência (juiz, promotor, advogado, serventuários da justiça e público em geral). Segundo, em virtude de que, se o art. 217 do código faculta ao juiz determinar a retirada do réu da sala de audiência, quando constatar que sua presença "poderá causar humilhação, temor, ou sério constrangimento à testemunha ou ao ofendido", não há razão para que, verificadas essas mesmas condições, se realize um reconhecimento "tetê-à-tête". Em outras palavras: suponha-se que uma vítima de tentativa de homicídio, por razões óbvias, tenha optado por depor na ausência do acusado, sendo esse pedido deferido pelo juiz. Importaria em notável contrassenso que, após prestar seu depoimento, sem a presença do réu, ele adentrasse o plenário, tendo que o ofendido, cara a cara e de viva voz, reconhecê-lo como autor do crime. Daí entendermos que, ainda que o ato tenha que se realizar em plenário, é possível que o reconhecimento ocorra na forma prevista no inc. III acima, sem contato visual entre reconhecedor e reconhecido. Com isso se preserva bem valioso consistente na segurança daquele primeiro e se garante, de outra parte, a espontaneidade do ato.

Aliás, é assim que ocorre na prática. Pelo menos no Estado de São Paulo, nos fóruns são instaladas salas de reconhecimento, equipadas da forma mencionada no inc. III acima, exatamente para propiciar o seguro reconhecimento do suposto autor do delito, sem que a testemunha e vítima mantenham, com ele, qualquer contato visual. Quando não há uma sala específica, improvisa-se de alguma forma, tudo com o objetivo de preservar a incolumidade física do reconhecedor.

Reconhecimento fotográfico • Se ao reconhecimento pessoal, feito *in facien*, já são apontadas restrições, com muito mais razão doutrina e jurisprudência nutrem enormes ressalvas quanto à validade do chamado *reconhecimento fotográfico*. O sempre lembrado Adalberto Camargo Aranha, chega a negar-lhe a natureza de meio de prova, aduzindo que fotografias "somente serviriam como ponto de partida para uma investigação policial, como marco inicial tal qual o retrato falado, e nunca como prova" (ob. cit., p. 175). Pensamento diverso é o de Frederico Marques, ao alertar que "não nos parece muito acertado rejeitar-se de plano, como elemento de prova, o reconhecimento feito diante de fotografias. Tudo depende, em cada caso, das circunstâncias que rodearam o reconhecimento e dos dados que foram fornecidos pela vítima ou testemunha, para fundamentar suas afirmativas" (ob. cit., p. 308). Parece a opinião mais acertada. Com efeito, embora precário, o reconhecimento fotográfico submete-se, como de resto toda e qualquer prova penal, a uma análise global, dentro de um contexto probatório forjado nos autos e, como tal, deve ser tomado pelo Juiz, na formação de sua convicção, dentro da liberdade que preside tal raciocínio. Não tem, é óbvio, valor absoluto, que, aliás, nem a confissão judicial possui e, portanto, não pode isoladamente fundamentar um decreto condenatório. Mas também não deve, de plano, ser descartado, merecendo análise - repita-se - em cotejo com as demais provas do processo, cabendo seja utilizado, entretanto, apenas quando não seja possível o reconhecimento pessoal. Sobretudo nos dias atuais, quando a sofisticação das máquinas fotográficas permite uma qualidade de imagem muito superior àquela obtida, por exemplo, em meados do século passado.

Acareação. Definição • A acareação ou careação consiste no ato probatório através do qual são colocadas cara a cara, face a face, pessoas que apresentaram versões divergentes sobre determinado fato. Na definição de Vicente Greco Filho, "é o confronto entre quaisquer pessoas que prestem declarações no processo, testemunhas, informantes, ofendido, réu ou réus, a fim de se dirimir contradição entre afirmações feitas por elas" (*Manual de processo penal*, 1997, pp. 236-7).

Pressupostos • Segundo Julio Fabbrini Mirabete, "são dois os pressupostos para que se proceda à acareação. Em primeiro lugar, é necessário que as pessoas a serem acareadas tenham já prestado suas declarações, no mesmo juízo e sobre os mesmos fatos e circunstâncias. Não pode a autoridade acarear pessoas que ainda não tenham sido ouvidas. Em segundo lugar, é necessário que no relato das pessoas haja divergência, ou seja, que existam contradições ou versões distintas sobre o fato ou circunstâncias que interessem ao processo" (*Processo penal*, 1991, p. 296). Além disso, consoante lição de Hélio Tornaghi, "é necessário ainda que as divergências recaiam sobre pontos relevantes, sobre fatos realmente importantes para o processo. Seria grandemente frívola e desatinada a autoridade que promovesse acareações para dissipar dúvidas ou corrigir contradições que não viessem a influir no julgamento" (*Curso de processo penal*, 1990, vol. 1, p. 436). A acareação tratada neste artigo será feita em Juízo, sob a presidência, portanto, do Juiz, sendo, porém, permitido que a autoridade policial realize tal prova, na exata dicção do art. 6º., VI, do CPP.

Valor probatório • Sobre o valor probatório da acareação, Tornaghi ensina que "a confrontação, face a face, de pessoas que divergem é de grande alcance. Se estão em boa-fé, poderão corrigir-se, instruir-se, uma com outra, esclarecer-se e retratar-se. Se alguma delas mentiu, dificilmente manterá a mesma serenidade diante da que a desmente. A atitude firme ou vacilante, a disposição calma ou intranquila, a postura natural ou estudada, a expressão fisionômica, a reação, a maneira de falar, tudo são elementos preciosos para um observador arguto e imparcial" (ob. cit., p. 436). Na doutrina estrangeira, Florian é outro a conferir valor a tal prova, consignando que "a acareação tem grande importância, porque coopera com a investigação da verdade, já que o contato entre as pessoas que estão em desacordo, o intercâmbio amistoso de ideias e impressões, a evocação de lembranças, que entre elas pode fazer-se ou também o choque rude, hostil e violento entre uma e outra pessoa, podem trazer fecundos elementos de convicção, dissipar muitas dúvidas e aclarar numerosos pontos obscuros" (*Das provas penais*, 1998, tomo II, p. 529).

A despeito de tal entendimento, a maioria da doutrina, secundada pela jurisprudência, confere reduzido valor probatório a tal ato processual, de forma a não configurar, inclusive, cerceamento de defesa o indeferimento quanto à realização dessa prova. No que se refere, com efeito, notadamente ao aspecto prático, o que se vê é uma tendência quase unânime de cada qual dos confrontados, ao se proceder à acareação, manterem suas versões originárias. É dizer: raramente alguém se retrata, aderindo à tese de seu acareado. Antes, cada qual, invariavelmente, sustenta o que dissera, razão pela qual essa espécie de prova raramente resulta em algum proveito prático.

JURISPRUDÊNCIA

» Contraditório na oitiva da vítima

Código de Processo Penal, art. 210 – Perguntas ao ofendido – "É ato informal e praticado pelo juiz *'ad clarificandum'*. Nele não incide o princípio da contrariedade e, por isso, as partes não intervêm no seu procedimento" (STF – Rel. Antonio Nader – RE nº 85594-MG, j. 18.10.1977, RTJ 83/938).

» Oitiva da vítima

a) facultativa

"Ainda que o art. 201 do CPP tenha previsto que o ofendido será ouvido sempre que possível, a oitiva da vítima não é prova imprescindível para a condenação. O processo penal brasileiro se pauta pelo princípio do livre convencimento motivado, podendo o magistrado fazer livre apreciação da prova, desde que apresente de forma clara as suas razões de decidir" (STJ – HC nº 44229-RJ, Rel. Felix Fischer, j. 13.12.2005, DJ 20.03.2006, p. 314).

"O fato de a vítima não ter sido ouvida em juízo, por si só, não configura nulidade, se existirem outros elementos válidos para corroborar seu depoimento colhido na fase extrajudicial, de forma suficiente para sustentar a condenação. Nos termos do caput do art. 201 do Código de Processo Penal, 'sempre que possível, o ofendido será qualificado e perguntado sobre as circunstâncias da infração, quem seja ou presuma ser o seu autor, as provas que possa indicar, tomando-se por termo as suas declarações'. No caso, justificou-se que o ofendido - uma criança vítima de atentado violento ao pudor - não foi ouvido em juízo por recomendação médica, o que não vicia a condenação" (STJ – HC nº 91131-RS, Rel. Maria Thereza de Assis Moura, j. 01.10.2009, DJe 03.11.2009).

"Não é obrigatória a convocação da vítima para comparecer em Juízo a fim de prestar declarações, pois não está ela sujeita ao compromisso de dizer a verdade, ao contrário do que sucede com as testemunhas (art. 203) do CPP, o que não deixa de mostrar seu menor valor legal" (TACRIM-SP – Rel. Baptista Garcia – *JUTACRIM* 62/327).

Nulidade – Vítima que não teria sido inquirida em Juízo – Circunstância que, por si só não tem o condão de invalidar a sentença – Não reconhecimento – Ordem denegada – "A eventual falta de inquirição da vítima não é causa de nulidade do processo, ou de impossibilidade de instauração de ação penal, pois em caso de sua morte, o homicida ficaria, então impune" (TACRIM-SP – Rel. Fernandes Braga – JUTACRIM 83/106).

b) obrigatória quando requerida pela parte

"Na instrução do processo os réus requereram a audiência da ofendida como determina o art. 201 do Código de processo, e a acareação da mesma com uma das testemunhas ouvidas. O dr. Juiz de direito indeferiu os pedidos, justificando o seu despacho com o esclarecer que, quanto à audiência da ofendida não havia necessidade porque já depusera duas vezes no inquérito policial, e os réus não tinham fundadas razões para ouvi-la novamente, e quanto à acareação não tinham indicado no requerimento os fatos e circunstâncias relevantes da mesma acareação, o que era necessário, em face da lei. Com referência à audiência da ofendida, o despacho não foi acertado: como salienta o dr. Procurador geral, essa audiência é necessária. O art. 201 determina-a, sempre que possível, e se o juiz não a perguntou, lícito era aos réus, se o entendessem proveitoso à defesa, requerer-lhe a audiência... Como esclarece ESPÍNOLA FILHO, em seus comentários ao Código de processo, se essa lei processual não atribui completa capacidade testemunhal ao ofendido, como o fez o Código italiano, segundo a atestação de MANZINI, todavia dá-lhe valor muito acentuado, no atual julgamento pelo livre convencimento, no qual não se cogita de aferir a prova por valores apriorísticos, mas por metódica análise todo psicológica" (TJSP - Rel. Diogenes do Valle - *RT* 141/534).

"Não vejo porque não permitir que o réu, no rol de suas testemunhas ou das que arrolar para prova de suas alegações, inclua os ofendidos como *informantes* a serem admitidos como tais e não como testemunhas. O que há a cancelar no arrolamento é somente a qualificação como *testemunhas* que os ofendidos não podem ser, nem por parte da acusação, nem da defesa Devia, porém, o juiz admitir o arrolamento como pedido... Não, indeferir sob o argumento de que a vítima não pode ser arrolada como testemunha. Se a lei permite a qualquer das partes o chamamento, a juízo, dos ofendidos, sem especificar em que momento e de que forma, não estará excluído o arrolamento como informantes na lista das testemunhas" (STF - Rel. Castro Nunes - *Repertório de Jurisprudência do Código de Processo Penal,* Darcy Miranda, vol. 3, 1º suplemento, nº 2.640).

c) desistência de sua oitiva pelo MP. Possibilidade

Prova – Testemunha – Dispensa pelo Promotor, bem assim do depoimento das vítimas – Direito do Promotor e não do réu – Nulidade rejeitada – "A desistência de depoimento de testemunha ou vítima pelo Dr. Promotor arroladas, é faculdade sua e não direito do réu" (TACRIM-SP – Rel. Camargo Aranha – JUTACRIM 60/162).

d) substituição da vítima por testemunha. Possibilidade

"Inocorre nulidade do processo diante da ausência de oitiva da vítima quando esta, por estar internada sem previsão de data para alta, não é intimada para comparecer à audiência, sendo substituída por uma testemunha, pois nada existe a impedir tal substituição, máxime se a Defesa nada alega na fase das alegações finais" (TACRIM-SP - Rel. Mesquita de Paula - *RJD* 26/137).

» Vítima não arrolada na denúncia

a) pode o juiz ouvi-la

"Pela dinâmica do direito na pugna judiciária, tem o Juiz Criminal o dever de pesquisar, mesmo de ofício, a verdade substancial. A qualquer tempo, antes da sentença, pode o Juiz determinar seja no processo ouvido o ofendido" (TACRIM-SP – Rel. Octávio E. Ruggiero – *JUTACRIM* 56/137).

b) **pode o Tribunal ouvi-la**

"Não se pode negar, aos Julgadores de 2ª Instância a possibilidade de pessoalmente verificarem a existência ou não de deformidade permanente, deduzindo sua conclusão da visão direta da alegada sequela da lesão sofrida pela vítima" (TACRIM-SP – Rel. Ennio Barros – *JUTACRIM* 23/349).

c) **pode ser ouvida a pedido das partes**

Prova – Declarações da vítima – Não solicitação na peça inaugural – Irrelevância do pormenor – "Omissão da denúncia não arrolando as vítimas como declarantes é falta que pode ser suprida, de ofício, ou por provocação das partes" (TACRIM-SP – Rel. Lauro Alves – *JUTACRIM* 56/95).

» **Juiz que indefere a expedição de ofícios para localização da vítima. Impossibilidade**

"Indeferir requerimento do Ministério Público solicitando auxílio da Polícia para localização e apresentação, em juízo, da vítima do delito, não encontrada pelo oficial de justiça, é cercear a acusação e, consequentemente, prejudicar o esclarecimento da verdade, fim último do processo. Tal prática implica *error in procedendo*" (TACRIM-SP - Rel. Amaral Salles - *RT* 562/352).

"Tendo em vista a indeclinabilidade da ouvida do ofendido na ação penal, imposta pelo art. 201 do CPP, aliada à posição deferida pelo moderno Direito procedimental ao juiz criminal, não há senão considerar como *error in procedendo* a decisão que indefere a expedição de ofícios às autoridades competentes objetivando a localização daquele" (TJSP - Rel. Dirceu de Mello - *RT* 584/347).

» **Vítima que intimada não comparece**

a) **comete o crime de desobediência**

"Configura-se o crime de desobediência se o agente demonstra livre vontade de não acatar ordem legal. Assim, responde pela infração quem, embora intimado regularmente, deixa de comparecer à audiência judicial, ainda que figure como agente passivo na relação processual" (TACRIM-SP - Rel. Jurandyr Nilson - *JUTACRIM* 21/136).

b) **sujeita-se apenas à condução coercitiva**

"O ofendido que, intimado, deixa de comparecer, sem motivo justo, à presença da autoridade não pratica o crime de desobediência, podendo, tão-somente, ser determinada sua condução coercitiva" (TACRIM-SP - Rel. Jarbas Mazzoni - *RT* 601/349).

"A testemunha faltosa está sujeita ao processo por crime de desobediência; porém, o *ofendido* está tão-somente sujeito a ser conduzido à presença do juiz ou da autoridade policial" (TACRIM-SP - Rel. Ângelo Gallucci - *JUTACRIM* 74/128).

» **Vítima não comete o crime de falso testemunho**

"O crime de falso testemunho só pode ser atribuído às pessoas elencadas no art. 342 do CP, entre os quais não se inclui a figura da vítima que, inclusive, não presta compromisso de dizer a verdade e não se obriga a não calar a verdade, pois se situa em contraposição ao réu, assumindo direto interesse no deslinde da causa" (TJSP – Rel. Walter Guilherme – *RT* 793/596).

"O art. 342 do CP só alude a "testemunha", a pessoa que nessa qualidade presta depoimento, sem contemplar, portanto, aquela que figura como ofendido no processo" (TJSP - Rel. Dantas de Freitas - RT 371/138).

» **Vítima compromissada. Mera irregularidade**

Nulidade – Vítima ouvida sob compromisso, com o defensor presente - Ausência de objeção ou protesto - Posterior alegação de prejuízo – Eiva repelida – Inteligência do art. 565 do CPP – "Concorrendo o defensor, por omissão, para a prática da irregularidade, é inadmissível seja a matéria posteriormente levantada no recurso e não se decreta nulidade se para a sua caracterização concorreu a defesa" (TACRIM-SP – Rel. Marrey Neto – *RJD* 5/133).

» **Valor probatório da palavra da vítima**

a) quando menor

"É extremamente duvidoso o valor probante do depoimento infantil, maxime se partido da própria vítima. O ditado de que a verdade flui da boca dos pequenos - ex *ore parvulorum veritas* - é bastante desacreditado, não só vista da imaturidade como, também, pelo temor de sugestionabilidade que possa interferir. Seu valor, pois, depende necessariamente de prova que corrobore a informação infantil" (TJSP - Rel. Geraldo Gomes - *RT* 442/377).

Palavra da vítima menor – Condenação – Impossibilidade – "Impossível a condenação do réu tendo como base apenas a palavra de um menor de idade, quando inexistente qualquer outro elemento de prova nos autos, tais como, apreensão de alguns objetos furtados em poder do agente ou a confissão do acusado" (TACRIM-SP – Rel. Fernando Matallo – *RJTACrim* 35/308).

b) embriagada

"Se a vítima, embriagada, não se mostra coerente, segura, mas exitante, de modo que a prova da autoria não reveste da certeza desejada para embasar o desfecho de condenação, a melhor solução é a aplicação do art. 386, VI, do CPP" (TACRIM-SP – Rel. Djalma Lofrano – *JUTACRIM* 72/35).

c) nervosa ou revelando ódio contra o acusado

"Em nada interfere o nervosismo da vítima de roubo na idoneidade do reconhecimento a que procede. Ao contrário. Uma vítima emotiva é aquela que melhores condições tem para auxiliar na formação da vontade judicial, trazendo certeza ao juízo de que se emociona justamente por encontrar-se diante de quem a submeteu a trauma indelével" (TACRIM-SP - Rel. Renato Nalini – *RJTACrim* 39/255).

"O fato de a vítima, ao prestar declarações em Juízo, manter a cabeça baixa, fisionomia dura, de ódio, dar respostas rápidas e contundentes, dizer que não se lembrava mais de pormenores do acontecido há mais de ano, não implica insinceridade ao acusar o réu como autor de seu defloramento" (TJMG - Rel. Luna Carneiro - *RT* 534/397).

» **Palavra da vítima X palavra do réu**

a) prevalência da primeira

"Perante divergência frontal entre a palavra da vítima e a do acusado, de se dar prevalência à do sujeito passivo, pois visando este apenas recuperação do que lhe foi subtraído e incidindo a sua palavra sobre proceder de desconhecidos, seu único interesse é apontar os verdadeiros culpados e narrar-lhes a atuação e não acusar inocentes. Impõe-se a solução, máxime quando se trate de réu com antecedentes policiais" (TACRIM-SP – Rel. Juiz Roberto Martins – *JUTACRIM* 44/427).

b) prevalência da segunda

Prova – Antagonismo entre as versões da vítima e do réu – Inexistência de outro elemento adverso de convicção – Absolvição – "Inexistindo outro elemento adverso de convicção, o antagonismo entre as versões da vítima e do réu impõe a decretação do non liquet" (TACRIM-SP – Rel. Valentim Silva – JUTACRIM 55/415).

"A palavra da vítima sobre o fato incriminado não pode, por si só, prevalecer sobre a versão oferecida pelo acusado, não bastando, por conseguinte, à prolação de decreto condenatório" (TACRIM-SP – Rel. Lauro Alves – JUTACRIM 52/245).

"Restando nos autos apenas a palavra da vítima contra a do acusado, sem qualquer outro elemento seguro de convicção, impõe-se a prolação de decreto absolutório, por insuficiência de provas" (TACRIM-SP – Rel. Cunha Camargo – JUTACRIM 46/264).

» **Depoimento da vítima comprova o emprego de arma de fogo não apreendida**

"Esta Turma, em diversos julgamentos, admitiu que o firme e coeso depoimento da vítima é, por si só, hábil a comprovar o emprego da arma de fogo no delito de roubo: HC 116.487/GO, Rel. Min. NAPOLEÃO

NUNES MAIA FILHO, DJe de 18/10/2010; HC 159.854/SP, Rel. Min. LAURITA VAZ, DJe de 28/06/2010; REsp 1.111.783/RS, Rel. Min JORGE MUSSI, DJe de 21/06/2010; HC 135.663/RJ, Rel. Min. LAURITA VAZ, DJe de 12/04/2010" (STJ - HC n° 164113-DF, Rel. Laurita Vaz, j. 21.06.2011, DJe 29.06.2011).

» Depoimento de policiais

a) validade

"O valor de depoimento do depoimento testemunhal de servidores policiais - especialmente quando prestado em juízo, sob a garantia do contraditório - reveste-se de inquestionável eficácia probatória, não se podendo desqualificá-lo pelo só fato de emanar de agentes estatais incumbidos, por dever de ofício, da repressão penal. O depoimento testemunhal do agente policial somente não terá valor se evidenciar que esse servidor do Estado, por revelar interesse particular na investigação penal, age facciosamente ou quando se demonstrar - tal como ocorre com as demais testemunhas - que as suas declarações não encontram suporte e nem se harmonizam com outros elementos probatórios idôneos" (STF - HC nº 74.608-0, Rel. Celso de Mello, j. 18.02.1997, DJU 11.04.1997, p. 12.189).

"A prova testemunhal obtida por depoimentos de agente policial não se desclassifica tão-só pela sua condição profissional, na suposição de que tende a demonstrar a validade do trabalho realizado. É preciso evidenciar que ele tenha interesse particular na investigação ou, tal como ocorre com as demais testemunhas, que suas declarações não se harmonizam com outras provas idôneas" (STF - HC nº 74.522/9-AC, Rel. Maurício Corrêa, DJU 13.12.1996, p. 50.167).

"Conforme entendimento desta Corte, o depoimento de policiais responsáveis pela prisão em flagrante do acusado constitui meio de prova idôneo a embasar o édito condenatório, mormente quando corroborado em Juízo, no âmbito do devido processo legal. Precedentes" (STJ - RHC n° 30814-SC, Rel. Jorge Mussi, j. 11.06.2013, DJe 06.08.2013).

"A prova testemunhal não padece de vícios que a inquinam de nulidade absoluta pelo fato de o policial não declinar as fontes de suas informações. O réu se defende dos fatos e não das pessoas que o acusam" (STJ - HC n° 91885-DF, Rel. Arnaldo Esteves Lima, j. 23.02.2010, DJe 22.03.2010).

b) validade, em consonância com outras provas

"O depoimento de policiais pode servir de referência ao juiz na verificação da materialidade e autoria delitivas, podendo funcionar como meio probatório válido para fundamentar a condenação, mormente quando colhido em juízo, com a observância do contraditório, e em harmonia com os demais elementos de prova" (STJ - HC n° 95314-SP, Rel. Arnaldo Esteves Lima, j. 06.03.2008, DJe 02.06.2008).

"É claro que a palavra de Policiais vale como prova. Reclama-se a devida cautela e reserva, analisando o relato com as demais provas carreadas, cujo conjunto resultará na verdade real autorizadora do édito condenatório" (TACRIM-SP - Rel. Ribeiro dos Santos - *RJD* 3/119).

"Mesmo sendo preconceituosa a alegação de que as palavras de policiais são sempre parciais, pois não estão eles legalmente impedidos de depor, não podendo o valor probante do que dizem ser sumariamente desprezado, a cautela recomenda que os depoimentos que prestam sejam analisados em conjunto com todo o quadro probatório" (TACRIM-SP - Rel. Gonzaga Franceschini - *RJD* 19/144).

"Como toda testemunha, o policial assume o compromisso de dizer a verdade do que souber e lhe for perguntado, ficando sujeito, como qualquer outra pessoa, às penas da lei, na hipótese de falso testemunho. O depoimento vale, não pela condição de depoente, mas pelo seu conteúdo de verdade. Estando em harmonia com as demais provas dos autos, não há razão para desprezá-lo apenas por se tratar de policial" (TJSP - Rel. Jarbas Mazzoni - *RT* 737/606).

c) desvalia

"Frequentemente, agentes policiais revelam desusado interesse na prisão de determinadas pessoas, o que leva a suspeitar da isenção do seu depoimento. O *Grand Larousse* acentua, por exemplo, a imprestabilidade do testemunho dos denunciadores mercenários (os nosso *alcaguetes*): além de serem recompensados pelo serviço, precisam demonstrar a seu superior sua habilidade para descobrir o verdadeiro culpado" (STF - Rel. Victor Nunes - *RTJ* 49/171).

"Nada há a vedar que policiais prestem depoimentos a respeito de diligência que efetuaram, entretanto, esta não é a sua função precípua e, por mais idôneo que seja o miliciano, por mais honesto e correto, ao servir como testemunha, no fundo está procurando justificar a sua própria conduta, o que juridicamente não é admissível, sendo certo que a legitimidade dessa prova surge com a corroboração por depoentes estranhos aos quadros da Polícia" (TACRIM-SP - Rel. Ary Casagrande - *RJTACrim* 33/271)

» **Juiz**

"O art. 252, II, do CPP, não veda o testemunho do juiz, mas apenas que este exerça jurisdição no processo em que ele tenha servido como testemunha, de modo a preservar uma apreciação desvinculada e imparcial das provas e dos fatos probandos" (STJ – REsp nº 522911-SC, Rel. Paulo Medina, j. 19.10.2004, DJ 29.11.2004, p. 420).

» **Promotor**

a) validade

"O membro do Ministério Público Estadual que assiste a lavratura do auto de prisão em flagrante, convidado pela autoridade policial para assegurar a legalidade do ato, não está impedido de prestar depoimento, na fase da instrução penal, reportando-se aos fatos que ouviu quando dos depoimentos prestados na fase investigatória. Se a jurisprudência do STF já assentou que não configura impedimento de Promotor de Justiça, que acompanhou inquérito policial, para em seguida oferecer denúncia (RHC 61.110, DJ de 26.08.83 e HC 60.364, DJ de 13.05.83), com muito mais razão e propriedade poderá prestar depoimento do que antes presenciara, se outro foi o Promotor de Justiça que firmara a peça acusatória" (STF – Rel. Maurício Corrêa – RT793/517).

"O fato de Promotor de Justiça ter funcionado como testemunha em processo judicial, por si só, não implica nulidade (ex vi do art. 202 do CPP c/c art. 40, inciso I da Lei nº 8.625/93). Além disso, a atuação de membro do Parquet somente na fase inquisitorial não impede sua inquirição posterior na qualidade de testemunha" (STJ – REsp nº 914953-RJ, Rel. Felix Fischer, j. 27.11.2007, DJ 18.02.2008, p. 60).

"Não há falar em impedimento de membro do Ministério Público do Trabalho para funcionar como testemunha em ação penal, porquanto oficiou em fiscalização trabalhista, na qual tomaram parte, também, auditores-fiscais do Trabalho e pessoal da Polícia Federal. Não tendo a sua atuação pretérita consistido em atos de investigação criminal, mas, por outro vértice, revestido-se de colorido administrativo, não há falar em eiva na atuação ministerial, que, no plano criminal, está a cargo do Ministério Público Federal" (STJ – HC nº 222117-PR, Rel. Maria Thereza de Assis Moura, j. 13.12.2011, DJe 29.02.2012).

b) inclusive quando presenciou a lavratura do flagrante

"O Membro do Ministério Público Estadual que assiste a lavratura do auto de prisão em flagrante, convidado pela autoridade policial para assegurar a legalidade do ato, não está impedido de prestar depoimento, na fase da instrução penal, reportando-se aos fatos que ouviu quando dos depoimentos prestados na fase investigatória" (STF – HC nº 73425-PR, Rel Maurício Corrêa, DJ 18/06/2001)

c) desvalia

"Não pode servir como testemunha na ação penal membro do Ministério Público que funcionou no inquérito policial, componente do mesmo processo, como seu representante, vale dizer, na indiscutível condição de parte. Há incompatibilidade lógica e insanável entre a posição de parte e de testemunha" (TJSP - Rel. Silva Leme - RT 658/287).

» **Delegado de Polícia**

a) validade

"É da jurisprudência desta Suprema Corte a absoluta validade, enquanto instrumento de prova, do depoimento em juízo (assegurado o contraditório, portanto) de autoridade policial que presidiu o inquérito policial ou que presenciou o momento do flagrante. Isto porque a simples condição de ser o depoente autoridade policial não se traduz na sua automática suspeição ou na absoluta imprestabilidade de suas informações" (STF – HC nº 87662-PE, Rel. Ayres Britto, j. 05.09.2006, DJe 16.02.2007, p. 48).

"Prova Criminal - Testemunha - Depoimento de um Delegado de Polícia, que chefiou a caravana e dos investigadores - Validade, posto que funcionários idôneos e sem interesse pessoal na falsa incriminação do réu - Recurso provido para esse fim" (TACRIM-SP - Rel. Marino Falcão - RJTJSP 79/408).

b) desvalia

"Nos Estados democráticos, o Juiz Criminal é a garantia concreta das garantias constitucionais dos acusados. Aceitar que a testemunha capital de um processo criminal seja o Delegado de Polícia que presidiu o inquérito é algo simplesmente impensável" (TACRIM-SP - Rel. Adauto Suannes - *JUTACRIM* 80/551).

» Perito. Possibilidade

"Ao contrário do que sustenta a impetração, o perito contratado pela Assistência da Acusação não foi admitido a depor como perito oficial, mas sim como testemunha, e não há dispositivo legal que proíba a oitiva de perito particular como testemunha" (STJ – HC nº 102082-GO, Rel. Napoleão Numes Maia Filho, j. 27.05.2008, DJe 17.11.2008).

» Prostituta

a) validade

"Não procede investir contra testemunhas procurando apequená-las por se tratar de prostitutas. Não procede, porque muitas delas foram levadas a essa condição por incontornáveis situações de ordem psicossocial, sendo pessoas que guardam, como qualquer outra, respeito aos valores que se buscam nos depoimentos. Não procede, ainda, porque é comum, na vivência do Fórum, topar o Juiz com as mais deslavadas mentiras colhidas de pessoas havidas como gente de bem e de bens. E os que tratam com coisas da Justiça hão de empenhar-se para sepultar a era em que os testemunhos eram tarifados" (TACRIM-SP - Rel. Melo Freire - *JUTACRIM* 69/419)

Prova - Fundamentação em palavras de prostitutas - Valoração de seus depoimentos - "O fato de ser uma prostituta não significa haja perdido, por completo, sua condição de pessoa humana, o mais remoto resquício de honra. Mas, há que se convir, o conceito de honra em um bordel não é o conceito de honra vigente em um convento" (TACRIM-SP - Rel. Adauto Suannes - JUTACRIM 72/396 - RT 556/333)

b) imprestabilidade

Prova - Matéria Criminal - Depoimento de meretriz - Imprestabilidade para, por si só, estruturar uma decisão condenatória - "Não é possível decretar-se uma condenação, baseado exclusivamente em depoimento de meretrizes" (TJSP - Rel. Thrasybulo de Albuquerque - RT 221/94).

» Homossexual. Validade

"A história das provas orais evidencia evolução, no sentido de superar preconceito com algumas pessoas. Durante muito tempo, recusou-se credibilidade ao escravo, estrangeiro, preso, prostituta. Projeção, sem dúvida, de distinção social. Os romanos distinguiam - patrícios e plebeus. A economia rural, entre o senhor de engenho e o cortador de cana, o proprietário da fazenda de café e quem se encarregasse da colheita. Os Direitos Humanos buscam afastar distinção. O Poder Judiciário precisa ficar atento para não transformar essas distinções em coisa julgada. O requisito moderno para uma pessoa ser testemunha é não evidenciar interesse no desfecho do processo. Isenção, pois. O homossexual, nessa linha, não pode receber restrições. Tem o direito-dever de ser testemunha. E mais: sua palavra merecer o mesmo crédito do heterossexual. Assim se concretiza o princípio da igualdade, registrado na CR e no Pacto de San José da Costa Rica" (STJ - Rel. Luiz Vicente Cernicchiaro – RT 763/537).

» Testemunha indiciada em inquérito policial, com maus antecedentes ou presidiário. Validade

"Puro e simples indiciamento da testemunha em inquéritos lhe não retira a credibilidade, pois em seu prol milita presunção de inocência que só pode ser elidida por condenação transitada em julgado" (TACRIM-SP - Rel. Cunha Camargo - JUTACRIM 59/47).

Prova - Testemunha com antecedente criminal - Quando se admite - "Tanto a imoralidade de costumes como os antecedentes penais não são suficientes, por si sós, para que se negue fé à testemunha" (TACRIM-SP - Rel. Adauto Suannes - JUTACRIM 68/367).

"Todas as testemunhas sob compromisso são merecedoras de presunção de idoneidade, dentre as quais obviamente se incluem os agentes de polícia, mesmo se tiverem participado de diligência na repressão do crime em foco. Indistintamente passam a compor o material de certeza ao deslinde da causa. Esse crédito de receptividade, entretanto, pode vir a sofrer limitação, ou até ser recusado, se emergir específico motivo de suspeição, verbi gratia, se os policiais, como únicos do rol acusatório, estiverem envolvidos alhures em delito de concussão" (TJSP - Rel. Gonçalves Nogueira - RT 707/290).

"Por fato ocorrido no interior de Presídio, impossível arrolar testemunhas, senão as envolvidas no evento; tais testemunhas não podem ser desprezadas, se não consultadas na instrução criminal" (TACRIM-SP - Rel. Gonçalves Sobrinho - JUTACRIM 63/250).

» Depoimento infantil

a) validade

Prova Criminal - Testemunho infantil - Depoimento seguro, coerente e em plena harmonia com o restante da prova - Condenação confirmada - "Nem será preciso citar a copiosa jurisprudência e a lição os doutrinadores, quando se referem à valoração da palavra da ofendida de pouca idade, nos delitos contra os costumes, quando guarda coerência, é harmônica com o restante da prova e encontra apoio em depoimentos de testemunhas adultas" (TJSP - Rel. Jarbas Mazzoni - RJTJSP 98/481).

"Quando o menor testemunha fato de simples percepção visual e de fácil compreensão intelectiva, como uma agressão, tal depoimento passa a ter um valor acrescido, por presunção empírica, se presume a pureza de sentimentos do menor depoente, concedendo-lhe maior credibilidade" (TARS - Rel. Tupinambá Miguel C. do Nascimento - *RT* 604/417).

"É válido o depoimento infantil, principalmente por sua espontânea ingenuidade, quando não detecta o juízo elemento algum propiciador de suspeição ou incredulidade. E criança sabe relatar em que consiste a exibição da genitália por um adulto, por compreender que o gesto não se insere dentre as condutas toleradas" (TACRIM-SP - Rel. Renato Nalini - RT 735/608).

b) desvalia

"O perigo do testemunho infantil é indiscutível. Fatores psicológicos o tornam deficiente, principalmente a imaturidade psicológica e a sugestibilidade. Outro fato atuante e sentido negativo é a imaturidade moral, resultante de estímulos ambientais e pressões externas. VEREL, citado por MAURICE DEBESSE ("Psicologia da Criança". Pag. 70), adverte: 'Sujeita a errar, inclinada a alterar, voluntária ou involuntariamente, a verdade ... a criança não poderia ser considerada como testemunha segura. Mesmo quando elas tratam daquilo que acreditam terem visto, ouvido ou compreendido, suas afirmações ou negações não podem ser acolhidas sem reserva, pois o seu cunho de sinceridade e a precisão de certos detalhes podem encobrir tanto o verdadeiro como o falso'" (TJSP - Dec. de voto vencido, Des. Andrade Cavalcanti - RJTJSP 125/531).

"É fato amplamente sabido, extensa e intensamente demonstrado por psiquiatras, psicólogos, tratadistas da prova e processualistas de renome, que a criança habitualmente falta com a verdade sempre que chamada a depor, quer como vítima, quer como simples testemunha. Ganha mesmo nítido destaque nos Tribunais, pátrios e estrangeiros, o entendimento de que a Justiça Criminal, pouco, ou quase nada, pode esperar dos depoimentos de menores, insuficientes para estribar condenação" (TJSP - Rel. Silva Leme - RJTJSP 82/409).

"O testemunho infantil, como bem acentuado pelo pranteado mestre ALMEIDA JÚNIOR, é sempre perigoso, a ponto de RENAN ter afirmado: "O maior erro da Justiça é acreditar no testemunho das crianças". Porque o menor tem deficiências, como a imaturidade psicológica e a imaturidade moral, além de ser dotado de imaginação, mitomania e sugestibilidade, as afirmativas por ele feitas devem ser recebidas com as máximas reservas possíveis, quando não totalmente desprezadas" (TACRIM-SP - Rel. Camargo Aranha - *JUTACRIM* 68/356).

c) validade, quando cúmplice

"Não há razão alguma para se duvidar da palavra do menor-cúmplice, que, sem se inocentar, acusa o réu, não tendo ele qualquer interesse em incriminar-se e, ao mesmo tempo, implicar injustamente o acusado, ainda mais se sua versão está em consonância com a confissão do denunciado na Polícia e com a apreensão da *res furtiva* em poder deles" (TACRIM-SP - Rel. Hélio de Freitas - RJD 1/147).

"O depoimento prestado em Juízo pelo comparsa inimputável que conta com 16 anos de idade, mesmo ofertada contradita, é perfeitamente válido e eficaz como meio de prova e seu valor será aferido a vista do contexto probatório" (TACRIM-SP - Rel. Rubens Elias - RJD 28/122).

» **Empregado da vítima**

a) **validade**

"Sendo testemunhas hábeis até os criminosos recolhidos às prisões, em relação aos fatos que só na sua presença ocorrem, com maior razão não há alegar-se inidoneidade ou defeito no depoimento de empregado, máxime quando este não tiver qualquer interesse particular na causa em que é parte o patrão" (TACRIM-SP - Rel. Felizardo Calil - JUTACRIM 17/155).

b) **reserva em sua valoração**

"A existência de relações empregatícias entre a testemunha e a firma que se diz vítima de furto, faz com que se receba com reservas seus esclarecimentos em processo contra outro empregado, que fora dispensado" (TACRIM-SP - Rel. Cid Vieira - JUTACRIM 61/244).

» **Vítima de outro crime pode ser testemunha. Validade**

"A vítima de um crime pode atuar como testemunha de outro processo, atendendo, no caso, as formalidades do art. 203 do CPP. Aplicação do art. 202 do CPP" (STJ – REsp nº 769281-AC, Rel. Arnaldo Esteves Lima, j. 16.06.2009, DJe 03.08.2009).

"Não há confusão entre vítima e testemunha, se esta presenciou a ameaça perpetrada contra aquela e, posteriormente, em fato diverso, foi também ameaçada pelo mesmo autor. O ofendido será ouvido sempre que possível e toda pessoa poderá ser testemunha (arts. 201 e 202 do CPP)" (STJ – HC nº 31348-SP, Rel. Paulo Medina, RT 828/577).

» **Corréu. Impossibilidade**

OITIVA DE CORRÉU COMO TESTEMUNHA OU INFORMANTE. IMPOSSIBILIDADE. RECURSO NÃO PROVIDO – "O sistema processual brasileiro não admite a oitiva de corréu na qualidade de testemunha ou, mesmo, de informante, como quer o agravante. Exceção aberta para o caso de corréu colaborador ou delator, a chamada delação premiada, prevista na Lei 9.807/1999. A hipótese sob exame, todavia, não trata da inquirição de acusado colaborador da acusação ou delator do agravante, mas pura e simplesmente da oitiva de co-denunciado. Daí por que deve ser aplicada a regra geral da impossibilidade de o corréu ser ouvido como testemunha ou, ainda, como informante" (STF – AgRg na AP nº 470-DF – Rel. Joaquim Barbosa, j. 18.06.2009, DJe 01.10.2009).

"A ausência da oitiva de corréu não configura cerceamento de defesa, na medida em que este não é considerado testemunha, tendo em vista não prestar compromisso, a possibilidade de ficar em silêncio ou até falsear a verdade, em virtude do disposto no art. 5.º, LXIII, da Constituição Federal" (STJ – REsp nº 1187979-SE, Rel. Laurita Vaz, j. 21.09.2010, DJe 11.10.2010).

"A oitiva de corréu na condição de testemunha, na mesma ação penal, não é possível ante a incompatibilidade entre o seu direito constitucional ao silêncio e à obrigação de dizer a verdade imposta a quem presta depoimento, nos termos do Código de Processo Penal" (STJ – HC nº 88223-RJ, Rel. Jane Silva, j. 17.04.2008, DJe 19.05.2008).

"A análise sistemática do ordenamento jurídico pátrio impõe a conclusão de que o réu de determinado crime está impedido de testemunhar no processo em relação aos co-acusados do mesmo delito. Basta lembrar que a testemunha que faz afirmação falsa, nega ou cala a verdade comete crime, enquanto o réu pode mentir sem estar sujeito a qualquer sanção e tem, ainda, assegurado o direito de manter silêncio para não se incriminar, pela Constituição (artigo 5º., inciso LXIII) e pela lei processual (artigo 186 do Código de Processo Penal)" (TJSP - Rel. Dante Busana - *RJTJSP* 127/281).

"Enquanto a testemunha é um terceiro estranho à causa, que assume o compromisso de dizer a verdade sob as penas da lei, o réu é sujeito passivo da relação processual, sendo-lhe assegurado o direito de, em sua defesa, mentir ou calar. Assim, inexiste cerceamento de defesa no indeferimento de pedido de oitiva de corréu como testemunha, eis que as palavras de comparsa não são recebidas de imediato, exigindo comprovação através de outros elementos de prova" (TACRIM-SP - Rel. Camargo Aranha - *JUTACRIM* 46/360)

» **Também no Júri**

"Inviável pretender-se que corréu já condenado no mesmo processo, que teve o julgamento desmembrado, preste depoimento no Plenário do Tribunal do Júri, na qualidade de testemunha, porquanto não há como se confundir a natureza desta com a de um acusado. (Precedente)" (STJ – HC nº 79721-RJ, Rel. Felix Fischer, j. 27.11.2007, DJ 18.02.2008, p. 48).

» **Testemunha que se mostra nervosa**

a) **validade**

"Evidente que o simples fato de estar essa testemunha nervosa não torna nula seu depoimento, máxime em se considerando que foi tomado com as exigências da lei. Acrescente-se que o processo não poderia permanecer indefinidamente paralisado aguardando o momento em que a testemunha se encontrasse definitivamente curada, principalmente quando se sabe que as disritmias cerebrais dependem, para a cura, de tratamento prolongado" (TACRIM-SP - Rel. Weiss de Andrade - JUTACRIM 57/229).

b) **desvalia**

"Presunção e prova baseada em depoimento de pessoa emocionalmente instável, que revela insegurança e se contradiz, não podem servir de esteio para a condenação" (TACRIM-SP - Rel. José Pacheco - JUTACRIM 87/22).

» **Testemunha amiga do juiz. Validade**

"A suposta relação de amizade entre o Juiz e testemunha não a torna impedida de ser ouvida em Juízo, eis que ausente proibição legal" (STJ – HC nº 34382-SP, Rel. Gilson Dipp, j. 24.08.2004, DJ 04.10.2004, p. 332).

» **Amigos ou parentes da vítima**

a) **validade**

"É possível o depoimento de testemunha que se declara amiga da vítima, vez que suas declarações serão cotejadas com as demais provas existentes nos autos" (STJ – APn nº 431-RJ, Rel. Aldir Passarinho Júnior, j. 17.06.2009, DJe 20.08.2009).

Prova - Prova testemunhal - Depoentes amigos da vítima - Quando seus relatos não firmam convicção - "O fato de testemunhas serem amigos da vítima, por si só não torna suspeitos seus depoimentos. Surge, porém, tal suspeição, perante gritantes contradições em seus relatos" (TACRIM-SP - Rel. Silva Leme - JUTACRIM 53/332).

"A circunstância de serem as testemunhas, respectivamente, irmão e companheira da vítima não invalida a prova quando tais relatos são coerentes com os demais informes dos autos" (TJRJ - Rel. Gustavo do Valle - RT 587/392).

"O parentesco das testemunhas com a vítima ou com o réu não invalida a prova testemunhal, pois, consoante se depreende dos arts. 202 e 214 do CPP, toda pessoa poderá depor, inclusive os parentes, ainda que contraditados" (TAMG - Rel. Audebert Delage - RT 737/687).

b) **imprestabilidade**

Prova - Imputação roborada por amigo íntimo da vítima - Insuficiência - Absolvição - "Sendo a imputação criminosa roborada tão-somente pela palavra de amigo íntimo da vítima, inexiste lastro bastante à prolação de decreto condenatório" (TACRIM-SP - Rel. Geraldo Ferrari - JUTACRIM 28/181).

» **Testemunha única. Validade**

"O que importa para a solução da lide não é o número de testemunhas, mas sim a idoneidade de seu depoimento e o poder de convencimento que ele produz no julgador. O juiz, para aferir o valor do depoimento da testemunha, deve preocupar-se com o conceito, com a idoneidade das pessoas, a verossimilhança do depoimento, ainda que provenha de uma única testemunha (RT 478/391). Assim, não deve o juiz preocupar-se com o número de testemunhas, mas com a qualidade e eficácia de seu depoimento. O julgador deve apreciar as provas dentro do contexto e tirar sua convicção fundamentando seu decisório, mas sempre livre ao formar seu convencimento sobre as provas aportadas ao processo, sendo o que se chama persuasão racional ou livre convicção motivada" (TACRIM-SP – Rel. Silvério Ribeiro – RT 723/628).

» Parentes ou amigos da vítima são obrigados a depor

"Os artigos 206 e 208 do Código de Processo Penal se referem à possibilidade de os parentes do réu indicados se recusarem a depor, e, caso aceitem, de não serem obrigados a firmar compromisso de dizer a verdade: no caso, contudo, as pessoas inquiridas não foram os parentes do réu, mas, isto sim, da vítima, que estão obrigadas a depor e, obviamente, de dizer a verdade. Ademais, ainda que os parentes da vítima não fossem obrigados a prestar o compromisso de dizer a verdade, se o fizeram, isto em nada prejudica o recorrente, até porque referido compromisso objetiva, em essência, esclarecer a testemunha quanto ao seu dever de somente dizer a verdade, de forma imparcial" (STJ – REsp n° 514583-ES, Rel. Celso Limongi, j. 17.08.2010, DJe 06.09.2010).

"No que se refere as testemunhas de acusação, o fato de serem namorada e amiga da vítima não enseja a exclusão de seus depoimentos, pois não há nenhuma norma penal que impeça que qualquer pessoa com vínculo afetivo com a vítima se manifeste nos autos" (STJ – AgRg no REsp n° 1172866-SP, Rel. Jorge Mussi, j. 06.11.2012, DJe 16.11.2012).

» Cunhada responde por falso testemunho

"A mera condição de cunhada não descaracteriza, por si só, o crime de falso testemunho no processo em que a ora recorrente autuou como testemunha, mormente se evidenciado que prestou compromisso perante o Juiz" (STJ – RHC n° 13157-SP, Rel. Hamilton Carvalhido, j. 16.12.2004, DJ 06.02.2006, p. 309).

» Advogado

a) não é obrigado a depor

"Pode e deve o advogado recusar-se a comparecer e a depor como testemunha, em investigação relacionada com a alegada falsidade de documentos, provenientes de seu constituinte, que juntos em autos judiciais" (STF - Rel. Décio Miranda - *RT* 531/401).

Habeas Corpus - Impetração por Advogado objetivando escusar-se de depor como testemunha no processo-crime em que sua ex-cliente figura como vítima, tendo a ela prestado serviços profissionais relacionados com o delito que é imputado ao réu - Ordem concedida - "O segredo profissional ainda tem algo de místico ou sagrado. É assim que os Advogados o vêem. E são eles, no caso, os únicos Juízes da necessidade de o quebrar" (TJSP - Rel. Marino Falcão - *RJTJSP* 109/482).

"Não pode o advogado negar-se a comparecer e a depor, como testemunha, em inquérito policial, perante a autoridade que expede a intimação, impondo-se-lhe, todavia, o dever de recusar-se a responder as perguntas relativas a pormenores próprios do segredo profissional" (STJ - Rel. Anselmo Santiago - *RT* 733/518).

b) obrigatoriedade, desde que tendo alguma participação nos fatos apurados

"Não se contesta o sigilo profissional, nem o dever de recusar-se a depor o advogado, como testemunha, em processo no qual funcionou ou deva funcionar, ou sobre fato relacionado com pessoa de quem seja advogado, mesmo quando autorizado ou solicitado pelo constituinte. O que não se deve confundir é o dever de responder o advogado sobre a sua própria atuação, qual seja, a juntada de documentos falsos ao processo, e sobre eventual favorecimento pessoal a seus clientes. Neste ponto, não o exime de depor o sigilo profissional, já que o nobre múnus da Advocacia não se confunde com uma espécie de cumplicidade *post factum* com o cliente" (STF - Rel. Cordeiro Guerra - *RT* 531/404).

"Tratando-se de advogado, que serve profissionalmente à pessoa interessada em inquérito promovido pelo Banco Central, de referência a empresas creditícias, não deve em verdade depor sobre os interesses que lhe foram confiados, trata-se de consequência do princípio do segredo profissional. Todavia, se o especialista, ao mesmo tempo praticou atos relacionados com a investigação autorizada, não pode eximir-se de depoimento que, sob tal aspecto, a autoridade lhe exija" (TFR - HC 3.633-SP - Rel. Amarilio Benjamin).

» **Não guardam segredo profissional**

a) contabilista e contador

"A teor do art. 2º do Código de Ética Profissional do Contabilista, o contabilista não tem o dever de guardar sigilo sobres fatos ilícitos descobertos no exercício da atividade profissional" (STJ – REsp nº 1043207-SP, Rel. Haroldo Rodrigues, j. 23.08.2011, DJe 26.10.2011).

"É possível a um contador prestar esclarecimentos sobre o método de realização de uma auditoria específica e o porquê das conclusões a que chegou, sem que adentre a questões interna corporis da empresa auditada. Relevância do depoimento do experto, porquanto os fatos por ele relatados, em razão da feitura da auditoria, é que levaram à instauração da persecutio criminis contra o recorrido, diante da suposta prática de estelionato contra a empresa" (STJ – RMS nº 17783-SP, Rel. Felix Fischer, j. 06.04.2004, DJ 31.05.2004, p. 331).

a1) em sentido diverso

"O sigilo profissional é exigência fundamental da vida social que se deve ser respeitado como princípio de ordem pública, por isso mesmo que o Poder Judiciário não dispõe de força cogente para impor a sua revelação, salvo na hipótese de existir específica norma de lei formal autorizando a possibilidade de sua quebra, o que não se verifica na espécie. O interesse público do sigilo profissional decorre do fato de se-constituir em um elemento essencial à existência e à dignidade de certas categorias, e à necessidade de se tutelar a confiança nelas depositada, sem o que seria inviável o desempenho de suas funções, bem como por se revelar em uma exigência da vida e da paz social. Hipótese em que se exigiu da recorrente ela que tem notória especialização em serviços contábeis e de auditoria e não é parte na causa - a revelação de segredos profissionais obtidos quando anteriormente prestou serviços à ré da ação. Recurso provido, com a concessão da segurança" (STJ – RMS nº 9612-SP, Rel. Cesar Asfor Rocha, RT 762/194).

b) procurador da república

"O Subprocurador-Geral da República que preside Comissão de Inquérito Administrativo não está impedido de depor como testemunha de acusação, sendo certo que o caráter sigiloso do procedimento interno do Ministério Público, previsto no art. 247 da Lei Complementar nº 75/93, não enseja a aplicação do art. 207 do Código de Processo Penal, que proíbe de depor 'as pessoas que, em razão de função, ministério, ofício ou profissão, devam guardar segredo, salvo se, desobrigadas pela parte interessada, quiserem dar o seu testemunho'" (STJ – AgRg na APn nº 244-DF, Rel. Carlos Alberto Menezes Direito, j. 19.11.2003, DJ 19.12.2003, p. 300).

c) empregados

EXCLUSÃO DE DEPOIMENTOS PRESTADOS PELOS FUNCIONÁRIOS DO BANCO - ALEGAÇÃO DE VIOLAÇÃO AO ART. 207, DO CPP – INOCORRÊNCIA – "Os empregados da referida Instituição Financeira, que depuseram no procedimento policial, apenas relataram, de forma genérica, até que ponto contribuíram na elaboração da listagem ilegal que foi publicada. Tratou-se de ato procedimental para saber o autor do fato criminoso. A lei, em seu art. 207, do CPP, objetiva, em última análise, proteger fatos que, em razão da profissão, deva guardar sigilo. O caso sub judice é diverso" (STJ – HC nº 20408-DF, Rel. Jorge Scartezzini, j. 17.12.2002, DJ 24.03.2003, p. 245).

» **Sigilo profissional e CPI**

"Ninguém pode escusar-se de comparecer a comissão parlamentar de inquérito para depor. Ninguém pode recusar-se a depor. Contudo, a testemunha pode escusar-se a prestar depoimento se este colidir com o dever de guardar sigilo. O sigilo profissional tem alcance geral e se aplica a qualquer juízo, cível, criminal, administrativo ou parlamentar" (STF – HC nº 71.039 – RJ - Rel. Paulo Brossard, DJ 06.12.96).

» **Assistente de acusação**

a) possibilidade

"A mãe da vítima, embora arrolada pelo Ministério Público como testemunha, habilitou-se, desde o início do processo, como assistente de acusação e, nessa condição, foi ouvida, sem nenhuma oposição da Defesa, que, aliás, também participou de sua inquirição. E, o mais importante: o seu depoimento foi tomado sem a prestação de compromisso legal, deixando claro o magistrado que sua oitiva não se propunha a trazer depoimento testemunhal isento. Portanto, nenhuma nulidade houve" (STJ – REsp nº 1307166-SP, Rel. Laurita Vaz, j. 27.08.2013, DJe 06.09.2013).

b) impossibilidades

"Entre os direitos atribuídos ao assistente no art. 271 do CPP não se contempla o de pode ser ouvido como testemunha. Seria o mesmo que o representante do Ministério Público, a certa altura, sem afastar-se do processo, resolver prestar seu testemunho sobre fatos relacionados à ação delituosa" (TJSP - Rel. Gentil Leite - *RT* 593/315).

"O assistente de acusação, como é cediço, não pode ser ouvido como testemunha e se já tiver deposto antes de se habilitar nos autos, seu depoimento se desvaloriza a ponto de se tornar imprestável" (TACRIM-SP - Rel. Oliveira Ribeiro - *RT* 646/295).

» **Adolescente coautor. Possibilidade**

"O fato de um adolescente ser co-autor de crime não significa restrição à sua oitiva como testemunha, posto que, nos termos do art. 202 do CPP, com as ressalvas previstas nos arts. 206 e 207, do mesmo diploma, toda pessoa poderá ser testemunha" (TJPR – Rel. José Maurício Pinto de Almeida – *RT* 809/640).

» **Dispensa da testemunha dado o parentesco com o réu. Impossibilidade**

"Caracteriza irremediável cerceamento de defesa a dispensa sumária de testemunha arrolada em defesa prévia, tão-somente por questão de parentesco com o réu, sob o fundamento de que seu depoimento não teria nenhuma qualificação probatória, seria mera informante, pois, em tal hipótese, a única consequência possível de aceitação da contradita seria a oitiva da depoente, subtraindo-a do compromisso de dizer a verdade, caso desejasse depor" (TJSP – Rel. Gonçalves Nogueira – *RT* 787/614).

» **Substituição de depoimento por declarações escritas. Impossibilidade**

Prova - Matéria criminal - Testemunho - Retratação, através de declaração em instrumento público, do prestado em Juízo - Desvalia - "É despida de valor probante a retratação de depoimento prestado em Juízo, feita por instrumento público e à revelia do Ministério Público" (TJSP - Rel. Humberto da Nova - RT 393/114).

"Desvaliosa é a declaração extrajudicial, isto porque o testemunho de alguém, salvo caso de fé pública, deve ser produzido sempre sob a forma de depoimento. Do contrário, ficariam anuladas as prescrições legais relativas à prova testemunhal, bem como as garantias outorgadas à parte contrária, consistentes nas contraditas, reperguntas e contestação" (TJSP - Rel. Cantidiano de Almeida - RT 314/143).

» **Testemunha que ratifica o depoimento anterior. Validade**

"O parágrafo único do art. 204 do CPP apenas impede que 'a testemunha leve tudo por escrito, adredemente preparado, sem sinceridade ou veracidade'. Possibilidade de ratificação de depoimento prestado, em Juízo, sob o crivo do contraditório" (STF – HC nº 89467-RJ, Rel. Carlos Britto, j. 08.04.2008, DJ 29.08.2008, p. 371).

» **Mera leitura, pelo juiz, do depoimento policial.**

a) possibilidade

"Não há se falar em desatenção ao disposto no art. 204 do CPP ou de restrição ao contraditório, se, diante das respostas genéricas da testemunha às perguntas formuladas pelo Magistrado, procedeu-se à leitura do depoimento realizado na fase policial dado pela mesma, indagando-se a confirmação ou não das declarações, mormente se tal fato ocorreu na presença do defensor do acusado, a quem foi conferida a faculdade de formular perguntas à depoente" (STF – Rel. Ilmar Galvão – *RT* 787/531).

"O CPP, Art. 204, considera nulo apenas o depoimento prestado por testemunha, com consulta a escritos ou adendos, nada se referindo quanto à possibilidade de o Juiz ler integralmente o depoimento prestado pela mesma no inquérito, para depois indagá-la se confirma ou não" (STJ – HC nº 10385-RJ, Rel. Edson Visigal, j. 28.09.1999, DJ 03.11.1999, p. 122).

b) impossibilidade

"A produção da prova testemunhal é complexa, envolvendo não só o fornecimento do relato, oral, mas, também, o filtro de credibilidade das informações apresentadas. Assim, não se mostra lícita a mera leitura pelo magistrado das declarações prestadas na fase inquisitória, para que a testemunha, em seguida, ratifique-a. Ordem concedida para anular a ação penal a partir da audiência de testemunhas de acusação, a fim de que seja refeita a colheita da prova testemunhal, mediante a regular realização das oitivas, com a efetiva tomada de depoimento, sem a mera reiteração das declarações prestadas perante a autoridade policial" (STJ – HC nº 183696-ES, Rel. Maria Thereza de Assis Moura, j. 14.02.2012, DJe 27.02.2012).

» Valor probatório do reconhecimento

a) grande, quando seguro

"Se o acusado é seguramente reconhecido no procedimento policial e em Juízo pela vítima e testemunhas, impõe-se a sua condenação em nome da Justiça" (TACRIM-SP - Rel. Campos Maia - *JUTACRIM* 65/394).

"Em crime de roubo, via de regra perpetrado face a face, o reconhecimento do agente formalizado no Inquérito Policial e ratificado em Juízo, constitui prova suficiente para a prolação de decreto condenatório" (TACRIM-SP - Rel. Salvador D'Andréa - *RJTACrim* 37/276).

b) sem valia, quando inseguro

"Havendo dúvidas a respeito do reconhecimento do réu, realizado por vítimas e testemunhas, o juiz deve absolvê-lo, nos termos do art. 386, IV, do CPP, uma vez que a prova deve ser firme e segura a respeito da autoria do roubo para servir de base para o acolhimento da pretensão punitiva" (TACRIM-SP - Rel. Figueiredo Gonçalves – *RT* 826/614).

"O reconhecimento de pessoas, tomado isoladamente, não é prova das mais seguras, máxime quando efetuado através de hesitações. Indispensável à plena validade probatória da diligência ser o mesmo feito com firmeza, encontrado ressonância no restante do conjunto probatório" (TACRIM-SP - Rel. Roberto Martins - *JUTACRIM* 42/109).

» Reconhecimento feito à época do fato, mas inseguro em Juízo. Validade

"O reconhecimento pessoal feito na Polícia tem grande valor, sobrepondo-se às dúvidas que os reconhecedores apresentam diante de um reconhecimento judicial, realizado anos mais tarde, mesmo porque, à época do inquérito as imagens do evento estão mais frescas na mente do reconhecedor" (TACRIM-SP - Rel. Almeida Braga - *RJD* 9/138).

Ato efetuado na fase informativa - Não repetição na fase instrutória - Ressalva, porém, de que cercado de segurança - Valor probante - "Uma coisa é a impossibilidade, por qualquer razão, da repetição do ato recognitivo levado a efeito na fase informativa, mas com a ressalva de que foi seguro, e outra, bem diversa, é a sua completa renegação. Somente nesta última hipótese será lícito dizer que o reconhecimento nada prova" (TACRIM-SP - Rel. Corrêa de Moraes - *RJD* 17/154).

"O reconhecimento válido é o feito quando os fatos ainda estão frescos, ou seja, dias após os acontecimentos. Se nessa oportunidade o agente foi apontado como sendo um dos roubadores, e, passado mais de um ano, a vítima titubeia em reconhecer o assaltante, muito embora não o exclua de ser um dos autores do crime, não se pode agasalhar essa vacilação , para se desprezar o reconhecimento feito, quando poucos dias dos fatos tinham-se passado" (TACRIM-SP - Rel. Almeida Braga - *RJD* 4/217).

» Pequenas divergências em aspectos secundários. Irrelevância

"Pequenas diferenças e imprecisões na descrição do agente, feita pela vítima e testemunhas, são normais e não invalidam seguro reconhecimento" (TACRIM-SP - Rel. Nogueira Camargo - *JUTACRIM* 54/252).

Prova – Reconhecimento pessoal – Invalidade – Inocorrência – "Pequenas divergências na indicação da textura dos cabelos do acusado pelo crime de roubo, entre os assentamentos constantes do boletim de ocorrência e do boletim de identificação criminal – Irrelevância se a vítima, frente a frente com o réu, efetua seu reconhecimento sem qualquer hesitação, mediante a visualização de traços fisionômicos" (TACRIM-SP – Rel. Penteado Navarro – *RT* 760/626).

"Não resulta diminuído o teor recognitivo assegurado pela vítima, ante compreensíveis e secundárias divergências nos característicos físicos do réu, apontadas simplesmente nos informes do inquérito, como o feito ou a cor dos cabelos. Sobretudo se para tais constatações medeou razoável lapso de tempo, de sorte a ser possível efetuarem mudanças dessa índole. O significativo, em sede probatória, é remanescer gravada na memória a fisionomia de quem vem a provocar episódio violento e traumatizante - como um assalto - permitindo-se o agente ser encarado pela pessoa lesada" (TACRIM-SP - Rel. Gonçalves Nogueira - *JUTACRIM* 86/249).

» Reconhecimento com base na voz e porte físico. Validade

"A identificação de uma pessoa pode ser feita pelo conjunto de suas características e não apenas pelo rosto. Dessa forma, é possível que as vítimas reconheçam os autores dos crimes pelas suas características físicas" (TJSP – Rel. Hélio Freitas – *RT* 817/555).

"O reconhecimento do agente do crime pode decorrer de diversos pormenores, inclusive o porte físico, a voz e alguns traços fundamentais, e não somente de aspectos ligados à fisionomia" (TACRIM-SP - Rel. Djalma Lofrano - *JUTACRIM* 65/345).

» Reconhecimento fotográfico

a) validade

"No processo penal, vedadas as provas ilícita, são admitidos todos os meios de prova, com o fito de buscar a verdade real. Não sendo o reconhecimento fotográfico vedado pelo nosso ordenamento jurídico, não há porque desconsiderá-lo" (STF – Rel. Moreira Alves – *RT* 817/506).

"A validade do reconhecimento fotográfico, como meio de prova no processo penal condenatório, é inquestionável, e reveste-se de eficácia para legitimar, especialmente, quando apoiado em outros elementos de convicção, como, no caso, a prolação de um decreto condenatório" (STF - Rel. Maurício Corrêa - *RT* 736/546).

b) validade quando em consonância com outras provas

"O reconhecimento fotográfico feito, inicialmente, no inquérito policial e, depois, em juízo, foi corroborado pelas demais evidências colhidas no transcorrer da ação penal, especialmente pela confissão de todos os envolvidos na prática delituosa e pela foto do paciente encontrada no interior do veículo roubado. II – Nessas circunstâncias, não há como afirmar que a condenação tenha se dado sem o suficiente lastro probatório" (STF – HC n° 107437–SP, Rel. Ricardo Lewandowski, j. 02.08.2011, DJe 18.08.2011).

"O reconhecimento fotográfico do acusado, quando ratificado em juízo, sob a garantia do contraditório e da ampla defesa, pode servir como meio idôneo de prova para lastrear o édito condenatório. Ademais, como na hipótese dos autos, os testemunhos prestados em juízo descrevem de forma detalhada e segura a participação do paciente no roubo. Precedentes" (STF – HC n° 104404-MT – Rel. Dias Toffoli, RTJ 217/499).

"Eventuais vícios do inquérito policial não contaminam a ação penal. O reconhecimento fotográfico, procedido na fase inquisitorial, em desconformidade com o artigo 226, I, do Código de Processo Penal, não tem a virtude de contaminar o acervo probatório coligido na fase judicial, sob o crivo do contraditório. Inaplicabilidade da teoria da árvore dos frutos envenenados (fruits of the poisonous tree). Sentença condenatória embasada em provas autônomas produzidas em juízo" (STF – 83921-RJ – Rel. Eros Grau, RTJ 191/598).

"O reconhecimento fotográfico tem valor probante pleno quando acompanhado e reforçado por outros elementos de convicção. Assim, não pode o mesmo fundamentar, isoladamente, uma decisão condenatória" (STF – HC nº 70.038 – Rel. Francisco Rezek, DJ de 25.3.94, p. 5.996).

"O reconhecimento fotográfico vem sendo admitido como meio de prova, desde que a condenação se faça acompanhar de outros elementos aptos a caracterizar a autoria do delito" (STJ – REsp. nº 604.325-PR – Rel. Gilson Dipp – j. em 18.05.2004, *DJ* de 21.06.2004, p. 248).

"É firme o entendimento jurisprudencial no sentido de que o reconhecimento fotográfico, como meio de prova, é plenamente apto para a identificação do réu e fixação da autoria delituosa, desde que corroborado por outros elementos de convicção" (STJ – HC nº 22.907-SP – Rel. Félix Fischer – j. em 10.06.2003 – *DJ* de 04.08.2003. p. 337).

"O reconhecimento fotográfico, mormente quando encontra ressonância no mais do conjunto da prova, tem induvidoso valor probatório, não havendo porque recusá-lo quando se faz necessário, precisamente, em razão da fuga do paciente do distrito da culpa, que, aliás, na espécie, se encontra, até o presente, em lugar incerto e não sabido" (RHC nº 13.174-SP – Rel. Hamilton Carvalhido – j. em 15.04.2003, *DJ* de 19.05.2003, p. 254).

c) é válido quando confirmado em Juízo

"É válido o reconhecimento feito por fotografia, quando confirmado em juízo (STJ - AgRg no REsp 1245193 / DF – Rel. Marco Aurélio Bellizze – j. 05.02.2013 – Dje 15.02.2013).

"A eventual ilegalidade cometida na fase inquisitiva, qual seja, o reconhecimento fotográfico, restou sanada na fase judicial, porquanto o juiz processante, ao realizar o reconhecimento pessoal do acusado na audiência de inquirição de testemunhas, fê-lo em conformidade ao disposto no art. 226 do Código de Processo Penal e na presença do defensor do réu. Precedente do STF" (STJ – Rela. Laurita Vaz, RT 871/512).

"Induvidoso o valor do reconhecimento fotográfico. Levado a efeito com estrita observância das disposições cabíveis do art. 226 do Código de Processo Penal, nenhuma objeção há de ser feita à validade do processo, mormente se o reconhecimento se reproduz em Juízo, ante a presença do imputado na instrução criminal" (STJ – HC nº 40.870-SP – Rel. José Arnaldo da Fonseca – j. em 13.09.2005, *DJ* de 03.10.2005, p. 294).

» Acareação

Possibilidade de indeferimento da prova

"O deferimento de provas submete-se ao prudente arbítrio do magistrado, cuja decisão, sempre fundamentada, há de levar em conta o conjunto probatório. É lícito ao juiz indeferir diligências que reputar impertinentes, desnecessárias ou protelatórias. Indeferimento de pedido de acareação de testemunhas, no caso, devidamente fundamentado. Inocorrência de afronta aos princípios da ampla defesa e do contraditório ou às regras do sistema acusatório" (STF - RHC 90399-RJ-Rel. Ricardo Lewandowski. J. 27.03.2007, DJe 24.04.2007).

"Ao magistrado é facultado o indeferimento, de forma fundamentada, da produção de provas que julgar protelatórias, irrelevantes ou impertinentes, devendo a sua imprescindibilidade ser devidamente justificada pela parte. Doutrina. Precedentes do STJ e do STF. Na hipótese em apreço, houve justificativas plausíveis para a negativa do pedido de acareação formulado pela defesa, valendo destacar que o magistrado singular vislumbrou a desnecessidade da providência sob o argumento de que eventuais discrepâncias nos depoimentos prestados em Juízo seriam devidamente valoradas quando da prolação de sentença" (STJ - RHC 28557-SP – Rel. Jorge Mussi, j. 02.10.2012, DJe 09.10.2012).

"Tendo o Juízo da causa fundamentadamente, e com base na prova dos autos, decidido pelo indeferimento da audiência destinada a realizar a acareação entre o réu e os outros coautores, com vistas à apuração da suposta negativa de autoria do crime, não há falar em nulidade do processo, pois inexistente a alegada violação ao princípio da ampla defesa" (STJ - HC 118272- RJ – Rel. Marco Aurélio Bellizze, j. 01.12.2011, DJe 01.02.10.2011).

"Não se acolhe alegação de nulidade por cerceamento de defesa, em função do indeferimento de pedido de acareação, pois o Julgador pode, de maneira fundamentada, indeferir diligências que considere protelatórias ou desnecessárias, tendo em vista um juízo de conveniência quanto à necessidade de sua realização, que é próprio do seu regular poder discricionário" (STJ – HC nº 20.132-DF – Rel. Gilson Dipp – j. em 26.03.2002, *DJ* de 03.02.2002, p. 227).

Reduzido valor probatório

"Constitui a acareação procedimento, em geral, pouco aconselhável e, no mor das vezes, totalmente inútil. Impõe-se esse reconhecimento, eis que a diligência tende à simples obtenção de harmonia absoluta, que, além de insignificativa, não passa de artificial" (TACRIM-SP – Rel. Fernando Prado – *JUTACRIM* 30/341).

"Quem não tem compromisso com a verdade, *v.g.*, réus envolvidos na mesma acusação, não se presta para participar de acareação, cujo resultado, além de discutível, seria imprestável como prova (TACRIM-SP – Rel. Fernandes de Oliveira – *RJTACrim* 39/80).

Acareação no inquérito policial

"A acareação feita no inquérito policial, reputada ilegal por não ter havido o prévio interrogatório de um dos acareados, não macula a ação penal, por ser peça meramente informativa" (STF – RHC 81065-RJ - Rel. Mauricio Corrêa – j. 14.08.2001, DJe 28.09.2001).

Acareação entre peritos oficiais e particulares

"Não constitui ilegalidade o indeferimento do pedido de oitiva e acareação dos peritos oficiais e particular, se não evidenciada a necessidade da diligência requerida, ainda mais em se tratando de feito em que a polícia especializada realizou perícia técnica no local dos fatos, logo após o acidente, a qual foi corroborada pelas demais provas dos autos" (STJ – REsp. nº 628730-SP - Rel. Gilson Dipp – j. em 24.05.2005, *DJ* de 13.06.2005, p. 333).

Acareação entre testemunha e perito

"Havendo divergência entre as conclusões do laudo pericial e as declarações do réu e das testemunhas, deve-se realizar a acareação destes com os Peritos, em busca da verdade real, sendo que, de outra forma, impõe-se a absolvição" (TACRIM-SP – Rel. Fábio de Araújo – *RJD* 21/269).

§ 1º Os esclarecimentos dos peritos dependerão de prévio requerimento e de deferimento pelo juiz. (Incluído pela Lei nº 11.689, de 2008)

Esclarecimentos dos peritos • Se oficial o perito, melhor seria a utilização no singular, posto que a Lei n° 11.690, de 9 de junho de 2008, alterando o art. 159 do CPP, se satisfez com apenas um perito oficial e não mais dois, como constava da redação original. Não havendo perito oficial, o exame poderá ser feito por duas pessoas idôneas, com formação superior e afinidade com a matéria. Sua oitiva em juízo depende de prévio requerimento nesse sentido (art. 400, § 2°). Embora omisso o dispositivo em estudo, nada impede que também os assistentes técnicos sejam ouvidos em audiência, conforme previsto, expressamente, no art. 159, § 5°, inc. II do CPP, do diploma legal acima aludido.

Ao pleitear a oitiva dos peritos em Juízo, deve a parte apontar a pertinência dessa prova, indicando os pontos relativos à perícia efetuada que suscitam dúvidas, cumprindo ao juiz, não demonstrada tal necessidade, indeferir a produção da prova, como consta expressamente deste dispositivo. Somente quando indicado o esclarecimento que se almeja do técnico é que a prova deve ser admitida. Como já se decidiu "embora não formalmente proibido, é racionalmente irrelevante e pouco recomendável, fora dos casos de pedido de esclarecimentos, depoimento de perito que já expendeu sua opinião no laudo próprio, pois, para não ser contraditório consigo mesmo, obviamente procurará sustentar o ponto de vista já explicitado" (TACRIM-SP - Rel. Chiaradia Netto - *JUTACRIM* 22/352).

§ 2º As provas serão produzidas em uma só audiência, podendo o juiz indeferir as consideradas irrelevantes, impertinentes ou protelatórias. (Incluído pela Lei nº 11.689, de 2008)

Audiência • O legislador, a exemplo do verificado no procedimento comum (art. 400, § 1°), concentrou todos os atos de instrução em uma audiência única, na qual as partes apresentarão, ainda, alegações finais orais e o juiz proferirá a sentença. Optou com isso, francamente, pela oralidade que tem, por características, a predominância da palavra falada, a imediatidade da relação do juiz com a prova e a hiperconcentração dos atos processuais. No art. 400 do código, ao tratar do procedimento, o legislador estabeleceu um prazo máximo de 60 dias, pouco importando se preso ou solto o réu. Tal prazo - oxalá possamos nos enganar - parece absolutamente inexequível em vista do movimento assoberbado que atinge a maioria das comarcas do país. Incorreu o legislador, assim, no mesmo equívoco verificado no Código de Processo Civil que, em sua redação original, previa que, no procedimento sumaríssimo, a sentença deveria ser proferida no prazo máximo de 90 dias (art. 281). A prática logo demonstrou a total inviabilidade da iniciativa, que caiu no ridículo e entrou para o folclore processual do país. O procedimento, embora *sumaríssimo*, por vez era mais demorado que o rito ordinário. Tanto que a Lei nº 9.245/95, tratou de expurgá-lo. Já que se optou por se estabelecer um prazo, melhor que fosse um pouco mais dilatado, atento à realidade de nosso foro. E, sobretudo, que se tivesse feito uma distinção, que nos parece fundamental, entre o réu preso (para quem a definição do processo é muito mais urgente) e o réu solto. De qualquer sorte, *legis habemus* e - tomara - não se confirme nosso pessimismo. Isso - insistimos - para o procedimento comum.

Tratando-se do procedimento do júri, não foi estabelecido o prazo de 90 dias (art. 412), sem distinção - que nos parece que seria recomendado - entre réus presos e soltos. Certa razoabilidade deve ser considerada na análise desse prazo, levando-se em conta peculiaridades do feito, que podem justificar em uma maior dilação de tempo, como sua complexidade, número de réus, diligências requeridas pelas partes (expedição de precatórias, exame de sanidade mental, etc.).

Indeferimento de provas • Conforme já destacado, o rito procedimental prevê a hiperconcentração dos atos probatórios em uma audiência una, cabendo ao juiz indeferir as provas que considerar irrelevantes, impertinentes ou protelatórias. Trata-se de atividade corriqueira do juiz na presidência do processo e corolário lógico de seu regular andamento, porquanto o Magistrado deve velar pela observância do princípio do impulso oficial, para que o processo siga sua marcha, conduzindo-o fase a fase, privilegiando, inclusive, a rapidez na solução da lide. Trata-se, de resto, de possibilidade conhecida pelo CPP, bastando que se atente ao disposto no art. 184, que faculta ao juiz indeferir a realização de perícia requerida pelas partes. Ou à redação do art. 212, que confere ao juiz a faculdade de não admitir perguntas à testemunha que induzam sua resposta, que não tenham relação com a causa ou que sejam repetidas. Claro que à parte interessada resta insistir para que, por exemplo, as perguntas indeferidas (ou qualquer outra prova que tenha sido rejeitada), conste da ata de audiência, a fim de que, adiante, em eventual preliminar de apelação (ou mesmo um *habeas corpus*, dependendo do caso concreto), possa retomar o debate.

JURISPRUDÊNCIA

» **Indeferimento de provas**

"Ao magistrado é facultado o indeferimento, de forma fundamentada, das providências que julgar protelatórias, irrelevantes ou impertinentes, muito embora o acusado no processo penal tenha o direito à produção da prova necessária a dar embasamento à tese defensiva, devendo a imprescindibilidade probatória ser devidamente justificada pela parte, o que não se verifica ter ocorrido na hipótese, pois, em observância ao princípio do livre convencimento motivado, com base na desnecessidade à instrução processual, restou devidamente fundamentada a negativa de produção das provas pelo magistrado de primeiro grau, soberano na análise dos fatos e das provas, de forma a sobressair a hígida aplicação dos arts. 156, II, e 251 do CPP" (STJ - AgRg no REsp nº 1170268-PR, Rel. Jorge Mussi, j. 11.09.2012, DJe 18.09.2012).

» **Indeferimento de prova testemunhal**

"Não obstante a produção probatória estar intrinsecamente relacionada aos princípios constitucionais da ampla defesa e do contraditório, é necessária a efetiva preterição das mencionadas garantias, para que se reconheça eventual nulidade. As testemunhas arroladas não presenciaram os fatos, tendo a defesa justificado a necessidade de suas oitivas apenas para que se manifestassem acerca da vida pregressa do réu. O Juiz, contudo, considerou desnecessária a prova, nos termos do art. 400, § 1º, do Código de Processo Penal, haja vista não haver nada nos autos que desabonasse a conduta do recorrente, mostrando-se despicienda, portanto, a prova pretendida. Dessarte, não se cogita de prejuízo, o que impede eventual reconhecimento de nulidade, nos termos do art. 563 do Código de Processo Penal" (STJ - HC nº 35292-PI, Rel. Marco Aurélio Bellizze, j. 28.05.2013, DJe 10.06.2013).

"Inexiste ilegalidade flagrante a ser sanada, pois o magistrado, antes de indeferir a inquirição das testemunhas arroladas, solicitou, por duas vezes, que a defesa declinasse a relevância da oitiva de cada testemunha, visando não só evitar a procrastinação do feito como otimizar a produção das provas, o que não foi atendido, atraindo a incidência do art. 565 do Código de Processo Penal, que dispõe que 'ninguém pode arguir nulidade para a qual tenha concorrido ou dado causa'" (STJ - HC nº 180249-SP, Rel. Marco Aurélio Bellizze, j. 27.11.2012, DJe 04.12.2012).

"O indeferimento justificado da inquirição de testemunha, notadamente quando as razões por ela mesma apresentadas se mostram plausíveis, longe de implicar em violação ao princípio da ampla defesa, se apresenta, a uma, como medida em perfeita consonância com as funções do juiz no processo penal a quem, segundo o art. 251 do CPP, incumbe prover a regularidade do processo e manter a ordem no curso dos respectivos atos e, a duas, como providência concordante, coerente com o princípio da celeridade processual ou razoável duração do processo (art. 5º, inciso LXXVIII, da Lex Fundamentalis)" (STJ - AgRg na APn nº 390-DF, Rel. Felix Fischer, j. 16.04.2008, DJe 05.05.2008).

"O fato de a lei facultar às partes a apresentação de um número determinado de testemunhas não significa que todas aquelas que venham a ser arroladas serão, obrigatoriamente, ouvidas no deslinde da instrução. O cotejo das provas relevantes à elucidação da verdade real inclui-se na esfera de discricionariedade mitigada do juiz do processo, o qual, vislumbrando a existência de diligências lato sensu protelatórias, desnecessárias ou impertinentes aos autos, poderá indeferi-las mediante decisão fundamentada. Exegese do art. 411, §2.º, do Código de Processo Penal. No caso, consta que a Defesa não soube declinar qual seria a relevância de nenhuma das testemunhas apontadas na resposta à acusação - fossem elas excedentes ou não -, tendo se limitado a insistir imotivadamente na oitiva e a afirmar que tais depoimentos comprovariam fatos ocorridos após o crime. À luz disso, o Juiz indeferiu a produção da precitada prova, ao argumento de que as testemunhas apontadas não teriam presenciado o fato e eram inúteis ao destino do processo" (STJ - HC nº 200064-MG, Rel. Laurita Vaz, j. 07.11.2013, DJe 25.11.2013).

§ 3º Encerrada a instrução probatória, observar-se-á, se for o caso, o disposto no art. 384 deste Código. (Incluído pela Lei nº 11.689, de 2008)

Mutatio libelli • A alusão feita ao art. 384 do código refere-se à chamada *mutatio libelli*, assim prevista no mencionado dispositivo: "Encerrada a instrução probatória, se entender cabível nova definição jurídica do fato, em consequência de prova existente nos autos de elemento ou circunstância da infração penal não contida na acusação, o

Ministério Público deverá aditar a denúncia ou queixa, no prazo de 5 (cinco) dias, se em virtude desta houver sido instaurado o processo em crime de ação pública, reduzindo-se a termo o aditamento, quando feito oralmente".

No art. 383 é aberta ao Juiz a possibilidade de alterar a qualificação jurídica sugerida na inicial, ou seja, pode corrigir, emendar o libelo, por isso, *emendatio libelli*. Basta, para tanto, que o fato venha corretamente narrado na denúncia ou queixa.

Já aqui a situação é diversa. Não mais se trata de simples correção ao errôneo enquadramento legal formulado pela acusação. Muito mais que isso, há o surgimento de um novo dado, que fora omitido na denúncia ou queixa, de molde a se exigir sua alteração, sua mudança, daí surgindo a chamada *mutatio libelli*. Enquanto que no art. 383 do Código não há alteração do fato, mas apenas de sua classificação legal, aqui a hipótese é outra, a impor a adoção de cautelas especiais, de forma a não violar o direito de defesa do réu.

Para que se autorize a alteração da acusação, é necessário, porém, que este novo fato, surgido no curso da instrução criminal, guarde alguma pertinência com aquele inicialmente tratado na denúncia ou queixa. Assim, por exemplo, se a denúncia narra um delito de receptação culposa que, durante a colheita de provas, revelou ser, em verdade, dolosa. Ou se em uma denúncia por homicídio culposo na modalidade de negligência, apura-se ter ocorrido a imprudência. Bem como se atribuído ao réu um crime de furto, se prova a ocorrência de verdadeira apropriação indébita. Em todas essas hipóteses, pouco importando se a pena será alterada ou permanecerá a mesma, impõe-se a adoção das cautelas aqui tratadas, pois, caso contrário, o réu seria surpreendido com uma condenação pela prática de fato não descrito na inicial, do qual não se defendeu, violando-se, assim, o princípio da ampla defesa e, demais disso, aquele que preserva perfeita harmonia entre a acusação e a condenação.

O aditamento é necessário qualquer que seja a pena imposta ao novo delito cogitado na *mutatio libelli* • Pela sistemática anterior, antes da alteração promovida pela Lei nº 11.719/2008, era feita uma diferenciação entre a *mutatio libelli*, prevista no *caput* do art. 384 e a *mutatio libelli* com aditamento, do parágrafo único do mesmo dispositivo legal. Assim, se da nova definição jurídica surgisse um crime cuja pena fosse igual ou inferior àquela prevista para o delito mencionado na inicial, cumpria ao juiz abrir vista à defesa para que, no prazo de oito dias, se manifestasse, podendo arrolar até três testemunhas. Já se o juiz constatasse que a nova definição jurídica importaria na aplicação de uma pena mais grave, deveria baixar os autos ao Ministério Público para que aditasse a denúncia ou queixa, facultando-se, ao depois, a manifestação da defesa no prazo de três dias, quando poderiam ser arroladas até três testemunhas.

A Lei nº 11.719/2008 alterou esse quadro, trazendo importantes inovações a respeito do tema. De sorte que na atual redação do art. 384 do CPP, é irrelevante se a nova definição jurídica importará na aplicação de uma pena igual, mais leve ou mais grave. Qualquer que seja a pena, cumpre ao juiz remeter os autos ao Ministério Público, a fim de que, no prazo de cinco dias, se proceda ao aditamento da denúncia ou da queixa. Parece mesmo mais adequado que o réu, por meio de uma denúncia ou queixa formalmente apresentadas, tenha pleno conhecimento da acusação, em medida que atende aos princípios da ampla defesa e do contraditório, que merecem resguardo pouco importando se a pena, por conta da nova classificação legal, será reduzida, mantida ou majorada.

Elemento ou circunstância da infração penal • Cumpre, pois, a análise daquilo que o legislador batizou como "elemento ou circunstância da infração penal não contida na acusação", que determina a aplicação do dispositivo legal em estudo. *Elemento* ou *elementar,* é tudo aquilo que compõe o tipo penal. No crime de roubo, por exemplo, são elementares "subtrair", "coisa alheia", "grave ameaça ou violência", etc. Afastado o elemento ou elementar, o crime desaparece ou, então, a conduta passa a configurar outro crime. Em um crime de roubo, afastada a grave ameaça ou a violência, subsiste o furto. No delito de peculato, sem o elemento "funcionário público", remanesce o furto ou a apropriação indébita. Num crime de furto, afastada a elementar "coisa alheia", o fato passa a ser atípico, pois não é crime subtrair algo que pertence ao próprio agente. *Circunstâncias* são as qualificadoras ou causas de aumento de pena. Uma vez excluídas, permanece o fato principal, que constitui crime, só que punido com menor gravidade. Qualifica um crime de furto o emprego, pelo agente, de uma chave falsa (art. 155, § 4°, inc. III do Código Penal). Demonstrado, durante a instrução probatória, que a chave não era falsa, mas original, o agente responderá pelo crime de furto simples, afastando-se, assim, a circunstância qualificadora, mas preservada a imputação principal consistente no furto.

Aditamento da queixa pelo Ministério Público • Quando a lei fala em aditamento da *queixa*, refere-se, à evidência, somente à queixa ofertada pelo particular, em casos de ação penal privada subsidiária da pública, verificável nas hipóteses em que, frente à inércia do *parquet*, o particular assume a titularidade da ação penal pública. Nestas, pode o Ministério Público, a todo tempo, aditar a queixa, intervir no processo, retomá-lo face à negligência do querelante etc., nos termos previstos no art. 29 do Código. O mesmo não se verifica nos casos de ação penal exclusivamente privada, vez que inspirado em conceitos de *conveniência e oportunidade* do particular, onde não é dado ao Ministério Público aditar a queixa para incluir delito que dela foi inicialmente omitido. É nesse sentido que a parte final do art. 384 menciona "se em virtude desta houver sido instaurado o processo em crime de ação pública".

Mas nada impede, segundo nosso entendimento, que esta disposição se estenda, por analogia, também, às ações exclusivamente (ou genuinamente) privadas. Digamos que o querelante, narre, na queixa, um fato que configura o crime de injúria mas, no decorrer da instrução criminal, surjam fatos novos, a indicar a prática de calúnia. Já que o Ministério Público não possui legitimidade para o aditamento, cumpre, por isso, seja provocado o querelante para que o faça. Insistimos mais uma vez no seguinte ponto: não se trata da narrativa de um fato que constituiria calúnia mas que, por equívoco do querelante, foi capitulado como injúria. Fosse assim e não haveria necessidade de mudança (*mutatio*), mas de singela emenda (*emendatio*), prevista no artigo anterior, promovida pelo próprio juiz e que prescinde do aditamento. Em nosso exemplo, surgiu fato novo, não cogitado na queixa, a reclamar, nesse caso, do respectivo aditamento. A negativa, pelo querelante, quanto à oferta da queixa, impedirá que o juiz condene o querelado pelo crime de calúnia, cogitado pelo Magistrado, restando-lhe absolver o querelado ou condená-lo pela injúria.

Prazo para o aditamento • Antes da alteração legislativa trazida com a Lei nº 11.719/2008, o prazo para tal aditamento, na omissão do Código, se presumia de três dias, por analogia com o art. 46, § 2º. A atual redação do *caput* do art. 384 do CPP dissipou qualquer dúvida, estipulando um prazo de cinco dias para que o *parquet* promova o aditamento. De se ver, por outro lado, que o Ministério Público não fica na dependência de provocação judicial para aditar a denúncia ou queixa, podendo, ao contrário, fazê-lo de ofício, a qualquer momento da marcha processual, na exata dicção do art. 569 do Código. Rejeitado o aditamento pelo Juiz, caberá a interposição de recurso em sentido estrito, em aplicação analógica à hipótese de rejeição da denúncia, contemplada no art. 581, I, do *codex*.

Negativa do promotor em aditar a denúncia • Como vimos, alvitrada a possibilidade de nova definição jurídica do fato, cabe ao Juiz remeter o processo ao Ministério Público, para que o proceda ao aditamento. Caso o Promotor se negue a aditar a denúncia ou queixa, não poderá o Juiz condenar o réu pela prática do novo crime que vislumbrou, que não fora cogitado, inicialmente, pela acusação. Tal atitude causaria inegável surpresa ao réu, de forma a violar o princípio da ampla defesa e acarretar inevitável decretação de nulidade da sentença. A solução, neste caso, é a aplicação do art. 384, § 1º, do Código, que, nos termos do art. 28 do CPP, determina a remessa dos autos ao Procurador-Geral, que poderá adotar duas alternativas: a primeira, acompanhar o posicionamento do Promotor e, em consequência, negar o aditamento; a segunda, discordando do promotor, ele mesmo (hipótese desconhecida) ou outro promotor designado (o que se vê na prática), ofertar o aditamento. Este promotor designado, porque não age em nome próprio, segundo sua convicção pessoal, mas por delegação do chefe da instituição, vê-se obrigado a aditar a inicial.

Negado o aditamento, restarão ao Juiz duas alternativas: ou absolve o réu ou o condena pela imputação inicialmente manejada, mas jamais pelo novo delito de que cogitara, surgido no curso da instrução criminal.

Aditamento • Uma vez admitido o aditamento ofertado pelo Ministério Público e após a oitiva da defesa no prazo de cinco dias, será renovada a instrução probatória, com designação de audiência para inquirição de testemunhas (e da vítima), novo interrogatório, "debates e julgamento". Isto, é claro, desde que uma das partes proteste pela produção de prova. É a leitura do § 2°, do art. 384 do CPP, a ser aplicado para o procedimento do júri, por conta do dispositivo neste artigo em exame. O número de testemunhas que, após o aditamento, podem as partes arrolar é de três, no prazo de cinco dias. Aqui outra novidade: pela sistemática anterior não se facultava, ao promotor de justiça, a possibilidade de arrolar testemunhas com o aditamento à denúncia, havendo mesmo entendimento jurisprudencial que vedava essa possibilidade (*RJDTCrimSP* 34/267). Agora, em face do contido no art. 384, § 4°, há expressa previsão de arrolamento de três testemunhas pelas partes, ou seja, pelo Ministério Público, pelo assistente de acusação (desde que, somadas as testemunhas indicadas pelo *parquet*, não ultrapasse o número máximo de três), e pela defesa.

A *mutatio libelli* não vincula o juiz na sentença • Vale observar que o ato do Juiz que aplica a disposição em tela – que é irrecorrível – não vincula seu posterior entendimento do julgador. Assim, num exemplo, finda a instrução criminal, parece ao Juiz, em virtude de fato novo surgido no decorrer da instrução probatória, ter ocorrido um crime de roubo e não de furto, como constou da denúncia. Provocado e convencido, o Promotor adita a denúncia. Nada impede que o julgador, agora com a possibilidade de uma análise mais aprofundada dos autos, condene o réu pelo furto ou até o absolva, afastando a ocorrência do roubo. É que aquela primeira decisão, em aplicação ao *caput* do art. 384, tem caráter meramente provisório, não representando uma postura definitiva do julgador. É por isso mesmo que a decisão de determinar a remessa do processo ao *parquet*, deve ser deduzida em tons sóbrios, sem que represente um prejulgamento da causa. Tal precariedade será afastada quando da prolação da sentença, momento em que o Juiz, aí sim, com maior liberdade na análise da prova, põe termo ao processo.

Caberá ao Ministério Público, se for o caso, recorrer do *decisum*, a fim de que, em grau de recurso, se declare a ocorrência do roubo. Com essa cautela se afasta, inclusive, qualquer argumentação no sentido de que a iniciativa do juiz importaria em grave violação ao sistema acusatório. Isenção para julgar livremente (condenando, desclassificando ou absolvendo), ele continuará ostentando, já que no despacho que determinou o envio do processo ao *parquet*, não se aprofundou, mas apenas intuiu a possibilidade de nova definição jurídica. E, de resto, a acusação prosseguirá sob o comando do Ministério Público, quer por meio do promotor de justiça que, em 1° grau, aditou a inicial, quer por meio de determinação do procurador-geral de justiça.

Nesta hipótese, em que ocorreu o aditamento à denúncia, pode o Tribunal, acatando o recurso ministerial, proferir condenação pelo roubo. Caso não tenha havido aditamento, porém, não é possível, em grau de recurso, a aplicação da disposição em estudo, nos termos da Súmula 453 do STF, *in verbis*; "Não se aplicam à 2ª Instância o art. 384, e parágrafo único do CPP, que possibilitam dar nova definição jurídica ao fato delituoso, em virtude de circunstância elementar não contida explícita ou implicitamente na denúncia ou na queixa". Nesse caso, não restará ao Tribunal alternativa senão a de absolver o réu.

Rejeição do aditamento • Na hipótese do juiz não receber o aditamento proposto pelo Ministério Público (irrelevante se tal aditamento se deu por provocação judicial ou de ofício), o processo terá seu trâmite regular, nos termos do § 5°, do art. 384 do CPP. Mas por qual motivo o juiz rejeitaria um aditamento por ele mesmo sugerido, a título de *mutatio libelli* ? Pela razão acima exposta, isto é, o despacho que provoca a aplicação do art. 384 é precário, significa dizer, não vincula o juiz à sua impressão inicial. Nada impede, assim, que em uma análise superficial o juiz entenda cabível a mudança da acusação, mas, adiante, com reflexão mais aprofundada, já aditada a denúncia ou queixa, ele opte pela versão originária. E mesmo que vislumbre, nesse aditamento, algum erro formal ou de conteúdo. Da decisão que não recebe o aditamento à denúncia cabe, a nosso ver, recurso em sentido estrito, com base no inc. I, do art. 581, do CPP. Ora, o não recebimento do aditamento à denúncia corresponde, praticamente, ao não recebimento da denúncia. Aplica-se, aqui, em exemplo clássico, a interpretação extensiva, a permitir a ampliação das hipóteses de cabimento do recurso *stricto sensu* para outras situações além daquelas previstas no art. 581 do CPP.

JURISPRUDÊNCIA

» Impossibilidade de absolvição

É nula a sentença que, ante a possibilidade de nova definição jurídica, absolve o réu. Sentença – Nulidade – Decisão absolutória que reconhece possibilidade de nova definição jurídica do fato mas não manda cumprir o art. 384 do CPP – Eiva reconhecida – "A providência do art. 384 do CPP, embora ditada em benefício da defesa, não é desta privativa, cabendo ao Juiz observá-la, sob pena de nulidade, sempre que se apresente viável a possibilidade de nova definição jurídica, cujos elementos ou circunstâncias não se contenham explícita ou implicitamente na denúncia" (TACrimSP, Rel. Silva Leme, JUTACrim 49/178).

"Não é dado ao Juiz que reconheça a possibilidade de nova definição jurídica do fato, em virtude de prova de circunstância elementar não contida, explícita ou implicitamente, na denúncia, deixar de adotar uma das providências previstas na lei para a desclassificação do crime (art. 384 e parágrafo único do CPP). Se, ao invés de assim proceder, absolve o réu, sob o fundamento de que não pode acolher crime diverso do descrito pela acusação, ocorrem error in procedendo e a nulidade da sentença" (TACrimSP – Ap. Crim. nº 391.735-6 – Lins – Rel. Dante Busana – j. em 23.04.85).

» Esse procedimento não implica em imparcialidade do juiz

"Inexiste violação ao princípio da imparcialidade do juiz, que representa verdadeira garantia de um julgamento estreme de dúvidas, tratando-se de um dos mais importantes princípios relativos aos órgãos julgadores, quando o Magistrado, sempre agindo com o zelo que lhe é peculiar e vislumbrando a hipótese de enquadramento de fato típico com aplicação de pena mais severa aos pacientes, abre vista ao Parquet e, logo após o recebimento do aditamento, faculta à Defesa a oportunidade de manifestar-se, bem como requerer as providências e medidas que entendesse cabíveis" (STJ – HC nº 148190-RJ, Rel. Adilson Vieira Macabu, j. 22.03.2011, DJe 03.05.2011).

» Limites que devem ser observados no aditamento

"O preceito do art. 384 da lei penal adjetiva cogita da transformação do tipo fundamental imputado em outro: mas, um e outro, o primeiro e o subsequente, correspondendo, sempre, ao mesmo proceder considerado na denúncia. Não permite que se alargue a acusação, estendendo-a a novos fatos criminosos de que, no correr da instrução, ou mesmo depois dela, se venha a ter notícia" (TACrimSP, Rel. Canguçu de Almeida, *JUTACrim* 90/395).

"O procedimento do art. 384, parágrafo único, destina-se a regular a mudança da imputação e, de maneira alguma, à possibilidade de se acrescer outro fato delituoso, como nova acusação, ao que constitui objeto da denúncia" (TACrimSP, Rel. Adauto Suannes, *JUTACrim* 70/234).

"Não cabe a aplicação do art. 384 do CPP, para condenar o réu por fato que não estava sequer remotamente descrito na denúncia, sendo que, neste caso, a única solução será a propositura de nova ação penal, por não ser possível consertar a já existente" (TACrimSP, Rel. Luiz Ambra, *RJD* 20/125).

» Ao aplicar a *mutatio libelli*, juiz não deve adiantar sua convicção

"Ao baixar os autos para providências mencionadas no art. 384 do CPP, o Juiz deve fazê-lo em termos que não traduzam um prejulgamento, mas sim um juízo de mera possibilidade, sendo nula a decisão se der o acusado como incurso nas penas de crime diverso do apontado na denúncia, afastando definitivamente a classificação original" (TACrimSP, Rel. Barbosa de Almeida, RJTACrim 34/272).

» **A sentença não se vincula ao despacho anterior que cogitou da *mutatio libelli***

"As medidas previstas no art. 384 e seu parágrafo do CPP, são determinadas em face de mera possibilidade de nova definição jurídica do fato, sem implicar em nova e irreversível capitulação do crime ou em vinculação do acusador ou do Juiz. Assim, nula não é a sentença que, desprezando aditamento formulado à denúncia, acolhe a capitulação originariamente contida na peça vestibular" (TACrimSP, Rel. Dínio Garcia, JUTACrim 26/67).

Nulidade – Sentença que não se pauta por despacho que entrevia a possibilidade de nova classificação jurídica dos fatos – Inexistência – "O Juiz, ao lavrar a sentença, não está obrigado a orientar-se por despacho que entrevia possibilidade de nova classificação jurídica dos fatos" (TACrimSP, Rel. Djalma Lofrano, JUTACrim 68/470).

» **Nova citação**

a) desnecessidade em se tratando da *emendatio libelli*

"Aditamento da denúncia para correção de erro material, sem alteração substancial da imputação, mantendo-se a anterior capitulação dos fatos. Desnecessidade de nova citação. Precedente" (STJ – RHC n° 14186-DF, Rel. Laurita Vaz, j. 07.06.2005, DJ 01.08.2005, p. 477).

"RECURSO EM HABEAS CORPUS. DENÚNCIA. ADITAMENTO - Descabe nova citação do réu quando o aditamento da denúncia visa apenas a corrigir a capitulação do crime, preservando sua base fática" (STJ – RHC n° 8936-PR, Rel. Hamilton Carvalhido, j. 03.08.2000, DJ 16.10.2000, p. 351).

b) desnecessidade em se tratando da *mutatio libelli*

"Quando ocorrer a hipótese do art. 384 do CPP não há necessidade de se citar o réu, pois a lei adjetiva determina que se dê vista à defesa, mas, quando ocorre um aditamento à denúncia, imputando-se um fato novo, a citação é obrigatória, pois o acusado tem o direito de saber de que fato está sendo processado, para poder articular sai defesa" (TJSP – Rel. Almeida Braga – RT 653/302).

c) necessidade

"Se ocorrer aditamento à denúncia, trazendo nova acusação ao réu de fato delituoso totalmente diverso daquele inicialmente imputado, inclusive contra vítima diversa, é indispensável a imposição de nova citação, não bastando, contudo, a simples aplicação do art. 384 do CPP, uma vez que ao acusado deve ser possibilitado conhecer e defender-se de tais fatos, sob pena de cerceamento de defesa e consequente nulidade" (TJPR – Rel. Leonardo Lustosa – RT 769/665).

» **Hipóteses diversas em que se caracteriza a *mutatio libelli***

a) desclassificação de crime doloso para culposo

"Em sendo o réu acusado de crime doloso, inadmissível, sem a tomada da providência determinada no art. 384 do CPP, é a desclassificação do delito para a modalidade culposa, pena de evidente surpresa para a posição defensória" (TACrimSP, Rel. Onei Raphael, *JUTACRIM* 37/66).

"Em sendo imputado ao réu conduta dolosa, nula a sentença que o condena por crime culposo, sem observância do disposto no art. 384 do CPP. Havendo tão-só apelo do réu, que não pleiteia reconhecimento de nulidade, só resta à T. Julgadora exarar decreto de absolvição" (TACrimSP, Rel. Roberto Martins, *JUTACrim* 43/378).

"Salvo com observância do art. 384 do CPP, nula é a sentença condenatória que desclassifica o delito imputado de sua forma dolosa para a culposa. Impõe-se a solução, porque, embora seja a modalidade menos grave um *minus* de ordem social em relação à dolosa, não o é de ordem lógica ou processual" (TACrimSP, Rel. Manoel Sorrilha, *JUTACrim* 28/297).

o) na desclassificação de latrocínio para homicídio

Sentença – Nulidade – Réu denunciado por latrocínio e pronunciado por homicídio – Não observada a regra do art. 384 e parágrafo único do CPP – Mutatio Libelli caracterizada – "Absolutamente nula a sentença, por violar o direito de defesa, se der aos fatos definição jurídica não contida na denúncia ou queixa, sequer implicitamente, sem antes facultar ao acusado oportunidade de se defender nos termos do art. 384, do CPP" (TJSP, Rel. Gonçalves Nogueira, RT 732/621).

» Aplicação da *mutatio libelli* em 2º grau de jurisdição. Impossibilidade

"Sem ser a infração descrita ou capitulada na denúncia, que deixou de ser aditada em tempo hábil, inaplicável à segunda instância, outrossim, o art. 384 e § único, do CPP (STF, Súm. 453), que permitiu a *mutatio libelli* ao Juiz, e não ao Tribunal, e em tal situação é de rigor manter-se a absolvição decretada em primeiro grau" (TACrimSP, Rel. João Morenghi, *RT* 765/618).

"É nula a sentença que não mantém a necessária correlação com a imputação inicial, indo além da *res in iudicioum deducta*, em flagrante violação insanável do direito de defesa do réu. Impossível, porém, o reconhecimento da nulidade pelo tribunal quando em grau de recurso não há pedido para esse fim (Súmula 160 do STF)" (TACrimSP, Rel. Walter Tintori, *RT* 660/297).

"Não sendo a nulidade da sentença que condena o acusado por ação não descrita na peça vestibular arguida pela defesa em grau de apelação, impõe-se a absolvição do réu por ofensa ao princípio da *imutatio libelli*. É que o reconhecimento da eiva, em recurso interposto pela defesa, poderia em última instância, reverter em seu próprio prejuízo" (TACrimSP, Rel. Manoel Carlos, *JUTACrim* 82/218).

» Não formulado o aditamento em 1º grau, impõe-se a absolvição em grau de recurso

"Para que a sentença possa reconhecer nova definição jurídica do crime, que importe agravação da situação do réu, exige-se aditamento da denúncia pelo MP. Quando tal não ocorra, é vedada à 2ª Instância fazê-lo (Súmula nº 453, do STF), obrigando a solução absolutória" (TACrimSP, Rel. Prestes Barra, *JUTACrim* 20/210).

"À falta de interposição de recurso ministerial, é inviável a anulação do processo, para cumprimento do ordenado no art. 384 do CPP, assim, a solução será absolver-se o apelante com fundamento no art. 386, III, da lei adjetiva penal" (TACrimSP, Rel. Walter Swensson, RJD 04/146).

» O MP não depende da provocação judicial para ofertar o aditamento

"Imprescindível o aditamento da peça acusatória inicial quando, no curso da instrução criminal, se verificar a existência de causa que possa alterar a modalidade delituosa. O aditamento à denúncia mencionado no parágrafo único, do art. 384, do CPP pode ser espontâneo, independentemente de provocação judicial" (TACrimSP, Rel. Silva Pinto, *JUTACrim* 82/411).

"Ao Ministério Público pertence a iniciativa da ação penal pública, logo, verificando este, por fato apurado no decorrer da instrução, que o delito praticado é mais grave do que o capitulado na denúncia, poderá, em qualquer momento do processo, antes da sentença, promover o aditamento, independentemente da provocação judicial prevista no § único do art. 384 do CPP" (TAMG – REsp. nº 217.058-1 – Muzambinho, Rel. Jane Silva, j. 03.09.96).

"Embora não contemplado expressamente no art. 384 do CPP, é cabível o aditamento espontâneo da denúncia quando este não acrescentar fato novo, mas sim circunstância que em nada alterem ou desfigurem a essência do fato originário" (TACrimSP, Rel. Geraldo Lucena, *RJD* 05/241).

» Negado o aditamento pelo MP, eventual condenação deve ser restringir ao contido na denúncia ou absolver o réu

"Nova definição jurídica do crime – Condenação do paciente a pena mais grave – Necessidade de se julgar o réu de conformidade com a denúncia, uma vez que não aditada a mesma pela acusação – "O aditamento nunca seria compulsório. Negado, em defesa do limite da acusação, não prosperaria, impondo-se ao julgador decidir a questio juris, segundo a coloca o dominus litis" (TJSP, Rel. Cantidiano de Almeida, RJTJSP 2/370).

"Se o Magistrado, convencido da ocorrência de outro delito que não o descrito na denúncia e do qual defendeu-se o acusado, encaminhou o feito ao Promotor de Justiça para aditamento da denúncia da inicial acusatória, cuja negativa impôs o encaminhamento ao Procurador-Geral da Justiça, que também se negou a proferir o aditamento solicitado, impõe-se a absolvição do réu por atipicidade da conduta, haja vista a falta de congruência ou correlação entre o fato da acusação e o provado na instrução" (TJRS, Rel. Aramis Nassif, RT 788/680).

» **É irrecorrível a decisão que reconhece a *mutatio libelli***

"Tratando-se de sentença que projeta nova configuração jurídica do fato delituoso, hipótese do art. 384 do CPP, no perfil da figura da mutatio libelli, sem apresentação da prestação jurisdicional, não há proclamação de procedência ou improcedência da ação penal, inexiste sucumbência a justificar a interposição de recursos a nível da defesa" (TACrimSP, Rel. Walter Theodósio, RT 652/302).

"A providência facultada no art. 384 do CPP é despacho irrecorrível com que apenas se previne um desvio da sentença ante a possibilidade de novo enquadramento jurídico dos fatos. Trata-se de decisão sem força definitiva, por isso que, uma vez cumpridas as formalidades apontadas em mencionado dispositivo instrumental, não fica o Juiz adstrito à nova definição jurídica aventada, de tal modo que lhe será lícito, reexaminando a prova, aplicação a pena segundo a classificação primitiva" (TACrimSP, Rel. Corrêa de Moraes, RJD 07/162).

§ 4º As alegações serão orais, concedendo-se a palavra, respectivamente, à acusação e à defesa, pelo prazo de 20 (vinte) minutos, prorrogáveis por mais 10 (dez). (Incluído pela Lei nº 11.689, de 2008)

§ 5º Havendo mais de 1 (um) acusado, o tempo previsto para a acusação e a defesa de cada um deles será individual. (Incluído pela Lei nº 11.689, de 2008)

§ 6º Ao assistente do Ministério Público, após a manifestação deste, serão concedidos 10 (dez) minutos, prorrogando-se por igual período o tempo de manifestação da defesa. (Incluído pela Lei nº 11.689, de 2008)

Debates em audiência • Encerrada a instrução criminal e após eventual *mutatio libelli*, o estágio seguinte, nos termos dos §§ 4°, 5° e 6° deste dispositivo, ainda na mesma audiência, é o de debates orais. Tais debates devem seguir a seguinte ordem: primeiro fala a acusação (pública ou particular), em seguida o assistente do Ministério Público e, por último, a defesa.

O prazo, para acusação e defesa, é de vinte minutos, prorrogáveis por mais dez. Sendo mais de um réu, cada um deles terá esse prazo individualizado, vale dizer, vinte minutos, passíveis de prorrogação, para quantos forem os acusados. O assistente de acusação, que fala depois do Ministério Público, tem o prazo de dez minutos. Nesse caso, se acresce o mesmo tempo para a defesa se manifestar.

Princípio da oralidade • Deve se ter em mente que a regra geral impõe a oferta de alegações finais orais (para ficarmos com a expressão legal). Com isso se homenageia o princípio da oralidade, francamente adotado pelo legislador e, por outro lado, se ressalta sua preocupação de garantir maior celeridade ao processo. Daí se concluir que a oferta de memoriais importa em verdadeira exceção. Eventual alegação, por exemplo, de que manifestações orais das partes tomarão tempo precioso da audiência, atrasando as demais que se seguirão, decerto que não justifica seja determinada a oferta de peça escrita. Melhor que se organize mais adequadamente a pauta, de modo a prever eventuais atrasos no decorrer dos trabalhos. Óbvio que essa regra nem sempre poderá ser aplicada, bastando que se lembre da hipótese na qual o promotor de justiça esteja ausente da audiência. E mesmo, talvez, quando, ausente o advogado constituído, seja o réu acompanhado, em audiência, por defensor *ad hoc*. No mais, cumpre às partes insistirem no debate oral. Se a defesa concordar com a oferta de memoriais, o promotor de justiça (ou o querelante), que oferte suas alegações finais orais. A partir daí, o juiz se acha liberado para julgar em audiência (e assim cumprir a regra geral) ou, por exceção, chamar o feito à conclusão para julgá-lo em dez dias. O que não se deve permitir é que a exceção tome o lugar da regra, fazendo verdadeira *tabula rasa* da intenção do legislador.

Memoriais. Ressalva • Não é raro, porém, que as partes optem por, ao invés de se manifestarem oralmente, em audiência, ofertarem seus respectivos memoriais por escrito. É assim na Lei de Drogas (Lei 11.343/06), que, em seu art. 57, prevê os debates orais, mas cuja substituição pelos memoriais vem sendo admitida. E mesmo o art. 403, § 3°, introduzido na reforma processual de 2008, prevê que "o juiz poderá, considerada a complexidade do caso ou o número de acusados, conceder às partes o prazo de 5 (cinco) dias sucessivamente para a apresentação de memoriais. Nesse caso, terá o prazo de 10 (dez) dias para proferir a sentença".

Trata-se de questão polêmica. Afinal, a norma de processo é de ordem pública e sua alteração, por convenção das partes, mesmo contando com a autorização do juiz, parece configurar uma espécie de transação não tolerada. Se no processo civil ainda há algum espaço para que prevaleça a vontade das partes (quando há, por exemplo, a eleição do foro), no processo penal tal possibilidade inexiste. Ademais, a substituição dos debates por memoriais, atentaria contra a celeridade do processo, que constituiu uma das preocupações do legislador, como se infere da nova redação do art. 412 do CPP.

Sem embargo de tais observações, o certo é que a jurisprudência tende a amenizar o rigor dessa obrigatoriedade. Calhou ao Superior Tribunal de Justiça assim se posicionar sobre o tema: "Inexiste nulidade, caso o Ministério Público e a defesa concordem em substituir as alegações orais por memorial" (*RT* 697/360). De outra parte, a oferta de memoriais, se não configurar qualquer prejuízo para as partes, enseja um maior aprofundamento na análise da prova, na medida em que permite o manuseio dos autos, propiciando um estudo mais apurado de se teor. Tal conclusão é reforçada nos procedimentos do Júri, quase sempre complexos, a não permitir que as partes exerçam seus direitos de acusação e defesa na plenitude, caso obrigadas a, oralmente, se manifestarem sobre prova que acabou de ser colhida. Cumpre ao Juiz, portanto, na análise do caso concreto - avaliando, por exemplo, a complexidade do caso, o número de testemunhas ouvidas, o número de acusados, as nuances da prova recém produzida – decidir se passa, de imediato, aos debates ou se permite sejam eles substituídos por memoriais.

JURISPRUDÊNCIA

» **Ausência de alegações finais. Irrelevância**

"O entendimento desta Corte Superior é no sentido de que a ausência do oferecimento das alegações finais, em processos de competência do Tribunal do Júri, não acarreta nulidade, por constituir, a decisão de pronúncia, mero juízo de seriedade da prova de provisório quanto à autoria e da materialidade. A defesa foi devidamente intimada para a apresentação das peças defensivas, oportunidade em que, dada as peculiaridades do caso, entendeu por bem aguardar a pronúncia para que, em Plenário, pudesse exercer a defesa dos pacientes, até mesmo porque encontravam-se foragidos desde a prática do fato delituoso, inviabilizando, dessa forma, a plena defesa" (STJ - HC n. 143977-PE,j. 20.10.2015, DJe 06.11.2015)

"Consoante reiterado entendimento jurisprudencial do STJ, nos processos da competência do Júri Popular, até mesmo o não-oferecimento de alegações finais na fase acusatória (iudicium accusationis) não é causa de nulidade do processo, pois o juízo de pronúncia é provisório, não havendo antecipação do mérito da ação penal, mas mero juízo de admissibilidade positivo ou negativo da acusação formulada, para que o Réu seja submetido, ou não, a julgamento perante o Tribunal do Júri, juízo natural da causa" (STJ – HC nº 238315-DF, Rel. Laurita Vaz, j. 25.06.2013, DJe 01.08.2013).

"Hipótese em que o defensor, em alegações finais, entendeu por bem aguardar a pronúncia para que, em Plenário, pudesse exercer a defesa da acusada. A defesa da paciente será renovada na Sessão Plenária do Tribunal do Júri, oportunidade em que as teses defensivas serão devidamente explicitadas. Não evidenciada a ausência de defesa e não verificado qualquer prejuízo, descabidas as alegações destinadas a embasar o pleito de nulidade do processo criminal. O não oferecimento de alegações finais, por si só, não é causa de nulidade. Caso em que a defesa, diante das peculiaridades do caso, prefere aguardar a Sessão Plenária do Tribunal do Júri para apresentar suas teses defensivas" (STJ – HC nº 153038-SP, Rel. Gilson Dipp, j. 09.11.2010, DJe 21.02.2011).

§ 7º Nenhum ato será adiado, salvo quando imprescindível à prova faltante, determinando o juiz a condução coercitiva de quem deva comparecer. (Incluído pela Lei nº 11.689, de 2008)

Não adiamento do ato como regra geral - Prevê o § 7º, do dispositivo em estudo, que nenhum ato será adiado, salvo se imprescindível a prova faltante. Assim, a regra é o não adiamento da audiência, a menos que a prova que deixou de ser realizada se revelar imprescindível. Poderá o juiz, ainda, determinar a condução coercitiva do faltoso, em observação legal que parece desnecessária, face aos termos do art. 218 do CPP. O legislador parece que pretendeu dotar o juiz de certo poder discricionário, pelo qual avaliaria a imprescindibilidade ou não da prova, para, somente a partir daí, deferir o adiamento da audiência para realização da prova faltante. Na prática se, *v.g.*, determinada testemunha se ausentar, não vemos como possa o juiz, de antemão, avaliar a relevância de tal testemunho para o deslinde do feito. Cumpre a ele, portanto, sob pena de afronta ao direito de acusação ou de defesa, designar nova audiência para oitiva da testemunha ausente, sob pena da parte prejudicada se valer de correição parcial para reforma da decisão ou dela reclamar, mais adiante, em sede de preliminar de recurso em sentido estrito, manejado contra a sentença de pronúncia.

§ 8º A testemunha que comparecer será inquirida, independentemente da suspensão da audiência, observada em qualquer caso a ordem estabelecida no caput deste artigo. (Incluído pela Lei nº 11.689, de 2008)

Testemunha que comparece • Este dispositivo afirma que a testemunha que comparecer será ouvida, obedecida a ordem do *caput* do mesmo artigo. Essa ordem impõe que, primeiro, sejam ouvidas testemunhas de acusação e, depois, de defesa. Trata-se, assim, de observação absolutamente inútil, pois é óbvio que a testemunha, comparecendo, deva mesmo ser ouvida, sem que haja qualquer motivo para o adiamento da audiência.

§ 9º Encerrados os debates, o juiz proferirá a sua decisão, ou o fará em 10 (dez) dias, ordenando que os autos para isso lhe sejam conclusos. (Incluído pela Lei nº 11.689, de 2008)

Autos conclusos para sentença • Quanto à possibilidade do juiz julgar de plano, oralmente ou, se preferir, chamar os autos à conclusão para, por escrito, proferir sua sentença (no prazo de dez dias), remetemos o leitor às observações que fizemos acima ao § 6º, sob as rubricas *Princípio da oralidade* e *Memoriais. Ressalva.*

Art. 412. O procedimento será concluído no prazo máximo de 90 (noventa) dias. (Redação dada pela Lei nº 11.689, de 2008)

Prazo para encerramento desta fase do processo • Determina a lei que esta primeira fase do procedimento do Júri termine no prazo máximo de noventa dias. Nítida, aqui, a intenção do legislador em dotar essa espécie de rito de maior celeridade, já que as nuances do procedimento anterior ensejavam a superveniência de decisões, por vezes, dez anos depois de praticado o crime. Rui Stoco, um dos autores do anteprojeto, em artigo já aludido, sintetizou o objetivo das alterações produzidas: "É nesse caminho que se dirigiu, buscando imprimir um procedimento ágil, despido de formalismos mas não de formalidades – posto que estas são da essência dos atos – que permita um julgamento tão rápido quanto seguro; sem descurar das garantias constitucionais e do direito do acusado ao *due process of law*" (ob. cit., p. 205).

A questão referente ao prazo para julgamento do feito, convém assinalar, mais do que nunca merece especial atenção, face ao teor da Emenda Constitucional nº 45, de 09 de dezembro de 2004, que acrescentando o inc. LXXVIII, ao art. 5º, da lei maior, passou a considerar, dentre as garantias fundamentais do ser humano, "a razoável duração do processo e os meios que garantam a celeridade de sua tramitação".

De se ver que, embora estipulando um prazo para encerramento da primeira fase do procedimento do Júri, silenciou o legislador quanto à realização do plenário, uma vez pronunciado o réu.

Vale lembrar, por isso, da Súmula 21 do STJ, ao dispor que, pronunciado o réu, fica superada a alegação de constrangimento ilegal por excesso de prazo. É necessário, porém, que o teor deste enunciado seja analisado à luz do bom senso ou, em outras palavras, o simples fato de ter sido o réu pronunciado não implica em se dizer que, a partir daí, possa vir a ser julgado em Plenário em prazo indefinido. Dita Súmula, reflexo de jurisprudência firme inclusive do STF, traduz-se em regra que deve ser "interpretada *cum grano salis*, não comportando excessos gritantes", como já decidiu a mais alta Corte do país (*RTJ* 181/1064).O Supremo Tribunal Federal, assim, ao analisar pedido de *habeas corpus* no qual o réu, pronunciado há mais de cinco anos, não havia sido, ainda, submetido a Júri, deferiu a ordem, para conceder a liberdade provisória ao paciente, extensiva aos demais corréus, por exceder o limite da razoabilidade (HC 90022-SP, Rel. Min. Sepúlveda Pertence, j. 13.2.2007, DJ 9.3.2007, p. 43).

Levando-se em conta que o dispositivo não fez qualquer distinção, presume-se que esse prazo de noventa dias é válido quer preso o réu, quer solto. Com efeito, sempre que o legislador pretendeu distinguir uma situação de outra, ele o fez de forma expressa. Assim, *v.g.*, o art. 10 do CPP, que determina deva o inquérito policial terminar em dez dias estando o réu preso e, trinta, se solto. Ou o art. 46 do mesmo *codex*, que estipula o prazo para oferta da denúncia em cinco ou quinze dias, caso o réu esteja, respectivamente, preso ou solto. E mesmo a Lei de Drogas, que em seu art. 51 marca o prazo de 30 ou 90 dias, para conclusão do inquérito, dependendo da condição do réu. Isso para demonstrar – insistimos – que o legislador, quando quis tratar de forma diferenciado o preso do solto, o fez expressamente. No caso do novo procedimento do Júri, onde há silêncio a esse respeito, presume-se que o prazo de noventa dias seja aplicado em uma e outra situação.

Embora válida a intenção do legislador, não se deixa de encarar com certo pessimismo a efetiva aplicação prática do dispositivo, como forma de propiciar maior rapidez na conclusão da primeira fase do *judicium accusationis*. Nesse sentido é o sentir de Luiz Flávio Gomes, em artigo intitulado *Novo procedimento do Júri*, publicado no sítio www.jusnavigandi.com.br, acessado em 09.06.2008: "Dificilmente conseguirá a Justiça cumprir todos esses atos em 90 dias. De qualquer modo, não se pode afirmar a total irrelevância da fixação de um prazo. Caso haja excesso não justificado, deve o acusado preso ser solto. Quem lê o novo procedimento, com prazo fixado para seu término, audiência concentrada etc., tem a sensação de que a Justiça finalmente 'vai funcionar aceleradamente'. Na prática, entretanto, nem sempre é assim. No Estado de São Paulo, por exemplo, havendo recurso contra a pronúncia (que agora esse recurso passa a ser o de apelação, não mais o recurso em sentido estrito), é certo que o Tribunal de Justiça não irá julgá-lo em menos de dois anos. É esse atraso na prestação jurisdicional que dá a sensação de impunidade (que é a que fica no imaginário popular). Em um projeto que apresentamos na Câmara dos Deputados (pelo Deputado Luciano Castro – PR-RR) estamos sugerindo a prioridade absoluta para os processos de competência do tribunal do júri, incluindo-se a fase recursal. Prioridade zero para esses processos também nos tribunais. Só assim se conseguirá prestar a Justiça em tempo razoável".

A extinção do libelo • Conforme dispunha o revogado art. 416 do CPP, uma vez transitada em julgado a sentença de pronúncia, abria-se vista do processo para a oferta, pelo Ministério Público ou pelo querelante, do libelo, inaugurando-se, assim, a segunda fase do procedimento escalonado do Júri, chamada juízo da causa (*judicium causae*), que se estendia até o julgamento em plenário. O libelo podia ser definido como a peça acusatória na qual se fazia uma exposição, escrita e articulada, do fato criminoso em que foi o réu pronunciado. *Peça escrita*, porque assim lançada nos autos por seu autor. E *articulada* já que redigida em forma de artigos, isto é, em partes, de modo a facilitar, inclusive, a futura elaboração do questionário a ser submetido aos jurados.

Críticas • Muitos criticavam a existência do libelo, destacando sua absoluta inutilidade, que se prestava, apenas, como fonte geradora de arguições de nulidade. Destaque-se a lição de Múcio de Abreu e Lima, para quem "o libelo nenhuma força própria tem; todo o seu vigor provém da pronúncia, da qual é ele uma reprodução; é à pronúncia que assiste a função de classificar o crime, caracterizando-o em seus elementos qualificadores, especificando o artigo ou artigos de lei em que está incurso o delinquente, quem seja ele e sua atividade criminosa; a pronúncia fixa a natureza, a extensão e os termos da acusação"(*Do libelo crime acusatório*, pp. 19-20).

Nessa linha de raciocínio, dois anteprojetos de Código de Processo Penal, elaborados em 1970 (Projeto *José Frederico Marques*) e 1979 (da lavra do Deputado Sérgio Murilo) e que não vingaram, suprimiam o libelo, sendo que, pela legislação proposta, o rol de testemunhas, a juntada de documentos e eventuais requerimentos, seriam formulados à véspera do julgamento. Já a leitura do libelo antes de iniciada a acusação (antigo art. 471), seria substituída pela leitura da denúncia ou da queixa que o substituiu.

Pontos positivos • Havia, outrossim, pontos favoráveis quanto à manutenção do libelo. Primeiro, porque duvidoso o argumento de que sua eliminação evitaria a interposição de recursos, abreviando, assim, a conclusão do processo. Por certo, os recursos apresentados contra o libelo se voltarão, com sua extinção, contra a pronúncia, acarretando a mesma demora que se busca evitar com a alteração legislativa. Segundo, em razão de que questões referentes à dosagem da pena (a reincidência do réu, por exemplo), que obrigatoriamente deveriam constar do *libellum*, nos termos do revogado art. 417, inc. III, não ficariam bem postas em uma sentença de pronúncia, cuja função principal é de admitir a acusação em plenário do Júri. Servia o libelo, nesse caso, como uma verdadeira complementação da pronúncia, quando articulava circunstâncias pertinentes à graduação da pena. Terceiro, em virtude de que o libelo, quando bem elaborado, por sua concisão e objetividade, permitia identificar mais facilmente o teor da acusação, garantindo a defesa do réu que jamais poderia alegar surpresa e facilitando a tarefa do juiz togado, tanto na fiscalização dos debates em plenário, como na elaboração dos quesitos que seriam apreciados pelos jurados.

De qualquer forma, trata-se de questão superada, na medida em que a comissão elaboradora do projeto aboliu definitivamente o libelo, nele não vislumbrando qualquer alcance prático, senão fonte inesgotável de nulidades. Cumpre, assim, à decisão de pronúncia, ao delimitar a acusação a ser manejada em plenário, fazer as vezes do extinto libelo.

Tratando-se, outrossim, de matéria que tem caráter unicamente processual, incide, por consequência, o disposto no art. 2° do CPP, ou seja, a extinção do libelo se deu imediatamente, assim que a reforma de 2008 entrou em vigor, em atenção ao *princípio do efeito imediato* ou *princípio da aplicação imediata da lei processual penal*. Vale dizer: transposta a *vacatio legis* e com a nova disciplina do Júri em pleno vigor, está abolido o libelo, pouco importando, aqui, se o delito foi perpetrado antes ou depois da inovação. Não se pode, com efeito, identificar nenhum conteúdo de Direito Penal na extinção do libelo, capaz de configurar uma *norma processual penal material*, que justifique sua manutenção para os delitos cometidos antes da vigência da nova lei. Tampouco é correto afirmar que a extinção do libelo poderia acarretar alguma espécie de prejuízo para o réu, afrontando, por exemplo, o seu direito de defesa e, por isso, justificando sua manutenção para os fatos anteriores à sua extinção. Não. O libelo, como já destacado, será substituído pela sentença de pronúncia, cabendo à parte que se sentir prejudicada, discordando desta decisão, dela recorrer. Prevalece, assim, o *tempus regit actum* e, com a entrada em vigor da nova disciplina do Júri, está, definitivamente, extinto o libelo.

JURISPRUDÊNCIA

» **Excesso de prazo**

"O paciente, acusado da suposta prática do crime de homicídio qualificado, encontra-se preso preventivamente desde 13 de abril de 2009 - ou seja, há cerca de dois anos - sem que, neste ínterim, tenha encerrado a primeira etapa do rito bifásico do júri [...]Cabe ao aparelho estatal zelar pela celeridade dos processos sob sua tutela, sobretudo em casos de réu preso, sob pena de submeter os supostos agentes de um delito - que, até o momento, estariam resguardados pela presunção de não culpabilidade - a uma constrição que, pelo decurso do tempo, converter-se-ia em verdadeira antecipação da pena, antes mesmo da análise do mérito da ação penal. Ordem concedida, para que o paciente aguarde o julgamento popular em liberdade, determinando-se a expedição do competente alvará de soltura em seu favor, se por outro motivo não estiver preso" (STJ – HC nº 166751-BA, Rel. Jorge Mussi, j. 13.125.2011, DJe 01.02.2012).

CAPÍTULO 3

Da Pronúncia, da Impronúncia e da Absolvição Sumária

(Redação dada pela Lei nº 11.689, de 2008)

Art. 413. O juiz, fundamentadamente, pronunciará o acusado, se convencido da materialidade do fato e da existência de indícios suficientes de autoria ou de participação. (Redação dada pela Lei nº 11.689, de 2008)

Pronúncia • Encerrada a primeira fase do procedimento do Júri, denominada de *instrução preliminar*, caso o juiz se veja convencido da materialidade do crime e da existência de indícios de autoria, deve pronunciar o réu, conforme prescrito neste artigo. Essa nova redação praticamente repete o texto do revogado art. 408, que tratava da pronúncia.

A sentença de pronúncia, portanto, é cabível sempre que o juiz reconhecer a existência do crime e indícios de quem seja seu autor, quando então remeterá o acusado para julgamento pelo Júri. Trata-se, assim, de sentença processual de conteúdo declaratório em que o juiz proclama admissível a acusação para esta seja decidida no plenário do Júri (José Frederico Marques, ob. cit. vol. 3, p. 181).

Na lapidar lição de Magarinos Torres, "pronúncia é a decisão em que se apuram a existência do crime, certeza provisória da autoria e indícios da responsabilidade do réu" (*Processo penal do júry no Brasil*, Rio de Janeiro: Jacintho, 1939, p. 105).

Existência do crime • Ela é comprovada através do respectivo exame de corpo de delito, desde que, nos termos do art. 158 do código, deixe vestígios a infração penal. Uma tentativa de homicídio onde o projétil de arma de fogo passe próximo ao corpo da vítima sem causar-lhe qualquer lesão, prescindirá do exame reclamado pelo mencionado dispositivo legal. De outro lado, o exame de corpo de delito pode ser *direto*, quando é feita uma inspeção ocular no corpo da vítima e o perito apura, por exemplo, quantos tiros a alvejaram, qual o trajeto que eles seguiram, etc. Ou pode ser *indireto*, na forma do art. 167 do CPP, quando testemunhas suprirão a falta do exame direto (*RT* 643/281, 457/322). Assim, em um exemplo clássico, a morte da vítima, alvejada por inúmeros tiros, ocorrida no convés de um navio em que o autor, após praticar o crime, lança o cadáver ao mar.

O exame de corpo de delito direto, por óbvio, está prejudicado, nada impedindo, porém, que testemunhas que a tudo presenciaram atestem a materialidade do crime.

Indícios de autoria • Ao se satisfazer, de outro lado, com meros *indícios de autoria*, quis o legislador deixar claro que a sentença de pronúncia encerra um simples juízo de probabilidade na qual o juiz julga admissível a acusação, apta, portanto, a ser conhecida pelo Júri. Por indícios, na lição de Borges da Rosa, "se consideram os fatos conhecidos que, por sua força e precisão, são capazes de determinar uma só e única conclusão: a de que não foi outro se não o indiciado o autor ou cúmplice do fato criminoso" (*Processo penal brasileiro*, Porto Alegre: Globo, 1942, vol. II, p. 494-5).

Com efeito, a saída apressada de um homem, com a camisa totalmente manchada de sangue, da casa onde foi encontrada a vítima esfaqueada, é indício forte de que ele tenha sido o autor do homicídio. Seria o bastante para que fosse ele pronunciado, já que a simples suspeita quanto à autoria já autoriza a pronúncia. Nem poderia ser diferente. A certeza absoluta deve estar presente quando do julgamento em plenário. Aí sim os jurados devem orientar seus veredictos no sentido de apenas condenarem quando munidos da mais absoluta convicção, oriunda da prova dos autos, de que o autor cometeu o crime. Eventual dúvida se resolve, então, em favor do acusado, com o conhecido brocardo do *in dubio pro reo*. Para a pronúncia, ao revés, a regra é do *in dubio pro societate*, significa dizer que aqui não se exige a mesma certeza que se faz necessária para condenar. Na dúvida, deve o juiz pronunciar, cabendo ao Tribunal do Júri, com competência constitucional para tanto, dar a última palavra ao julgar o mérito da acusação. Nesse sentido, *RSTJ* 115/462; *RT* 729/545, 735/657.

Inimputabilidade do agente • v. art. 415 abaixo.

JURISPRUDÊNCIA

» **Pronúncia e *in dubio pro societate***

"Estabelece o art. 413 do Código de Processo Penal que, para a decisão de pronúncia, basta, além da constatação de indícios de autoria, que esteja o julgador convencido da existência do crime. Não se exige, portanto, prova inconteste de sua ocorrência, sendo bastante que o magistrado se convença da materialidade da infração" (STF – RHC nº 115984-ES, Rel. Dias Toffoli, j. 18.06.2013, DJe 23.08.2013).

"Para a sentença de pronúncia, que encerra simples juízo de admissibilidade da acusação, exige o ordenamento jurídico somente o exame da ocorrência do crime e de indícios de sua autoria, não se demandando aqueles requisitos de certeza necessários à prolação de um édito condenatório, sendo que as dúvidas, nessa fase processual, resolvem-se contra o réu, ou pela sociedade" (STJ – AgRg no REsp nº 1242978-GO, Rel. Jorge Mussi, j. 13.08.2013, DJe 22.08.2013).

"A pronúncia é um mero juízo de admissibilidade da acusação, não se exigindo prova incontroversa da existência do crime, sendo suficiente que o juiz se convença de sua materialidade. Por outro lado, quanto à autoria, não é necessária a certeza exigida para a condenação, bastando que existam indícios suficientes de que o réu seja o autor, a teor do disposto no art. 413 do CPP" (STJ – AgRg no AgRg no AREsp nº 264178-SP, Rel. Og Fernandes, j. 28.05.2013, DJe 10.06.2013).

"A pronúncia é decisão interlocutória mista – na qual vigora o princípio in dubio pro societate – , em que o magistrado declara a viabilidade da acusação por duplo fundamento, ou seja, por se convencer da existência de um crime e da presença de indícios de que o réu possa ser o autor (art. 413 do CPP). É defeso ao Tribunal, ao examinar recurso em sentido estrito contra decisão de pronúncia, excluir uma qualificadora, valorando provas e aspectos particulares do caso, porquanto tal competência pertence ao Conselho de Sentença, juiz natural da causa, sob pena de usurpar as atribuições singulares do Tribunal do Júri (art. 5º, XXXVIII, da CF)" (STJ – AgRg no REsp nº 1368790-MG, Rel. Maria Thereza de Assis Moura, j. 02.05.2013, DJe 13.05.2013).

"A desclassificação da infração penal de homicídio tentado qualificado para lesão corporal leve só seria admissível se nenhuma dúvida houvesse quanto à inexistência de dolo. Havendo grau de certeza razoável, isso é fator o bastante para que seja remetida ao Conselho de Sentença a matéria, sob pena de desrespeito à competência ditada pela Constituição Federal. Precedentes" (STJ – AgRg no AgRg no REsp nº 1313940-SP, Rel. Maria Thereza de Assis Moura, j. 23.04.2013, DJe 30.04.2013).

"Se existir qualquer indício, por menor que seja, que aponte no sentido da possibilidade de existência do animus necandi, deve o acusado ser remetido ao Tribunal do Júri, não cabendo ao magistrado sopesar tal indício com o restante do conjunto probatório, mormente para considerá-lo como insuficiente para demonstrar a existência do dolo, pois nessa fase tem prevalência o princípio do in dubio pro societate" (STJ – REsp nº 1245836-RS, Rel. Sebastião Reis Júnior, j. 19.02.2013, DJe 27.02.2013).

» **Excepcionalidade da exclusão das qualificadoras**

"A exclusão de qualificadora da decisão de pronúncia, nos termos da jurisprudência desta Corte Superior, é viável apenas quando manifesta a sua improcedência, sob pena de usurpação da competência do Tribunal do Júri, juiz natural dos crimes dolosos contra a vida, cabendo exclusivamente a esse, diante da discussão probatória em plenário, confirmar ou não a ocorrência de eventual qualificadora. As dúvidas razoáveis quanto às linhas de argumentação traçadas entre acusação e defesa, devem, por ordem constitucional, ser dirimidas pelo Tribunal do Júri, órgão competente para julgar o mérito das ações que versam sobre crimes dolosos contra a vida" (STJ – AgRg no AREsp nº 256797-PI, Rel. Marco Aurélio Bellizze, j. 21.03.2013, DJe 02.04.2013).

"Em respeito ao princípio do juiz natural, somente é cabível a exclusão das qualificadoras na sentença de pronúncia quando manifestamente improcedentes e descabidas, porquanto a decisão acerca da sua caracterização ou não deve ficar a cargo do Conselho de Sentença, conforme já decidido por esta Corte" (STJ – HC nº 247073-PB, Rel. Jorge Mussi, j. 12.03.2013, DJe 26.03.2013).

» **Inclusive meio cruel**

"A reiteração de golpes na vítima, ao menos em princípio e para fins de pronúncia, é circunstância indiciária do 'meio cruel' previsto no inciso III do parágrafo 2º do artigo 121 do Código Penal, de modo que não pode o julgador suprimir a qualificadora, pena de usurpação da competência constitucionalmente atribuída ao Tribunal do Júri" (STJ – REsp nº 1.241.987-PR, Rel. Maria Thereza de Assis Moura, DJe 24.02.2014).

"Na hipótese, ao contrário do alegado na impetração, constata-se que a pronúncia motivou suficientemente a existência de indícios da qualificadora do homicídio, devido ao meio cruel utilizado pelo réu, consistente na reiteração de golpes com barra de ferro na cabeça da vítima, já caída no chão com o primeiro golpe. Ademais, esta Corte Superior tem reiteradamente decidido que 'somente é cabível a exclusão das qualificadoras na sentença de pronúncia quando manifestamente improcedentes e descabidas, porquanto a decisão acerca da sua caracterização ou não deve ficar a cargo do Conselho de Sentença' (HC 198.945/SP, 5.ª Turma, Rel. Min. JORGE MUSSI, DJe 19/10/2011)" (STJ – HC nº 224773-DF, Rel. Laurita Vaz, DJe 06.06.2013).

» **Também a utilização de recurso que dificultou a defesa da vítima**

RECURSO QUE DIFICULTOU A DEFESA DA VÍTIMA. PRONÚNCIA. EXCLUSÃO. IMPOSSIBILIDADE – "Em respeito ao princípio do juiz natural, somente é cabível a exclusão das qualificadoras na sentença de pronúncia quando manifestamente improcedentes e descabidas, porquanto a decisão acerca da sua caracterização ou não deve ficar a cargo do Conselho de Sentença, conforme já decidido por esta Corte. A análise acerca da forma como foram praticadas as condutas supostamente delituosas é tarefa que deve ser feita de acordo com a narrativa dos fatos constantes da denúncia, com o auxílio do conjunto fático-probatório produzido no âmbito do devido processo legal, a cargo da Corte Popular, juiz natural da causa, o que impede a afirmação ou exclusão da qualificadora por este Sodalício" (STJ – HC nº 225153-DF, Rel. Jorge Mussi, j. 17.04.2012, DJe 03.05.2012).

» **Vingança**

RECURSO ESPECIAL. DIREITO PENAL E PROCESSO PENAL. TRIBUNAL DO JÚRI. ART. 413 DO CPP. IUDICIUM ACCUSATIONIS. DECISÃO DE PRONÚNCIA. INDÍCIOS SUFICIENTES. EXCLUSÃO DE QUALIFICADORA. VINGANÇA. IMPOSSIBILIDADE. USURPAÇÃO DE COMPETÊNCIA DO CONSELHO DE SENTENÇA. IN DUBIO PRO SOCIETATE – "É defeso ao Tribunal, ao examinar recurso em sentido estrito contra decisão de pronúncia, excluir uma qualificadora, valorando provas e aspectos particulares do caso, porquanto tal competência pertence exclusivamente ao Conselho de Sentença, juiz natural da causa, sob pena de usurpar as atribuições singulares do Tribunal do Júri (art. 5º, XXXVIII, da CF). Na fase da pronúncia (iudicium accusationis), em decorrência do aforismo in dubio pro societate, qualificadoras somente podem ser excluídas na hipótese de se mostrarem, de plano, escatológicas, completamente improcedentes ou divorciadas do conjunto probatório dos autos. O que não ocorreu in casu (art. 413 do CPP)". (STJ – REsp nº 1171609-RS, Rel. Sebastião Reis Júnior, DJe 02.10.2012).

» **Pronúncia e dolo eventual**

TRIBUNAL DO JÚRI. PRONÚNCIA POR HOMICÍDIO QUALIFICADO A TÍTULO DE DOLO EVENTUAL. DESCLASSIFICAÇÃO PARA HOMICÍDIO CULPOSO NA DIREÇÃO DE VEÍCULO AUTOMOTOR. EMBRIAGUEZ ALCOÓLICA. ACTIO LIBERA IN CAUSA. AUSÊNCIA DE COMPROVAÇÃO DO ELEMENTO VOLITIVO – "O homicídio na forma culposa na direção de veículo automotor (art. 302, caput, do CTB) prevalece se a capitulação atribuída ao fato como homicídio doloso decorre de mera presunção ante a embriaguez alcoólica eventual. A embriaguez alcoólica que conduz à responsabilização a título doloso é apenas a preordenada, comprovando-se que o agente se embebedou para praticar o ilícito ou assumir o risco de produzi-lo. In casu, do exame da descrição dos fatos empregada nas razões de decidir da sentença e do acórdão do TJ/SP, não restou demonstrado que o paciente tenha ingerido bebidas alcoólicas no afã de produzir o resultado morte" (STF – HC nº 107801-SP, Rel. Cármen Lúcia, j. 08]6.09.2011, DJe 13.10.2011).

HABEAS CORPUS. CRIMES DE HOMICÍDIO E LESÃO CORPORAL. ATROPELAMENTO. DOLO EVENTUAL. COMPETÊNCIA DO TRIBUNAL DO JÚRI – "Como se sabe, para a decisão de pronúncia basta um juízo de probabilidade em relação à autoria delitiva. Nessa fase, não deve o Juiz revelar um convencimento absoluto quanto à autoria, pois a competência para julgamento dos crimes contra a vida é do Tribunal do Júri. Na presente hipótese, depreende-se da decisão de pronúncia, a existência de indícios suficientes de autoria em relação aos crimes dolosos de homicídio e lesão corporal, visto que diversas testemunhas afirmaram que o paciente dirigia seu veículo em alta velocidade e, após o atropelamento, aparentava estar alcoolizado. No caso em tela, de acordo com o que consta da denúncia, o paciente aceitou o risco de produzir o resultado típico no momento em que resolveu dirigir seu automóvel em velocidade excessiva, sob o efeito de bebida alcoólica e substância entorpecente" (STF – HC nº 97252-SP, Rel. Ellen Gracie, j. 23.06.2009, DJe 04.09.2009).

"A jurisprudência assente nesta Corte é no sentido de que só se admite a desclassificação da conduta criminosa para delito estranho à competência do Tribunal do Júri, sem usurpação da competência do Conselho de Sentença, se o Juízo da Pronúncia se deparar com provas que evidenciem, sem qualquer esforço de análise das circunstâncias fáticas ou subjetivas, a ausência de dolo caracterizador de crime contra a vida, o que não ocorreu nos presentes autos. Havendo fundada dúvida, ou seja, se existirem elementos indiciários conflitantes que subsidiem, com razoabilidade, as versões conflitantes acerca da existência de dolo, a divergência deve ser deslindada pelo veredicto dos jurados, porquanto é o Conselho de Sentença o juiz natural da causa, não o Tribunal de Justiça, nos termos da Carta Constitucional de 1988.Dessa forma, fica evidente a usurpação da competência do Tribunal do Júri para analisar se o Recorrido agiu ou não com dolo eventual, devendo o acórdão recorrido ser cassado para se harmonizar com o entendimento tranquilo desta Corte" (STJ – Edcl no AgRg no REsp nº 1359451-MT, Rel. Laurita Vaz, j. 04.06.2013, DJe 12.06.2013).

"Afirmar se o Réu agiu com dolo eventual ou culpa consciente é tarefa que deve ser analisada pela Corte Popular, juiz natural da causa, de acordo com a narrativa dos fatos constantes da denúncia e com o auxílio do conjunto fático/probatório produzido no âmbito do devido processo legal. Na hipótese, tendo a provisional indicado a existência de crime doloso contra a vida – embriaguez ao volante, excesso de velocidade e condução do veículo na contramão de direção, sem proceder à qualquer juízo de valor acerca da sua motivação, é caso de submeter o Réu ao Tribunal do Júri" (STJ – REsp nº 1279458-MG, Rel. Jorge Mussi, j. 04.09.2012., DJe 17.09.2012).

» **Qualificadoras e dolo eventual**

"Homicídio de trânsito. Embriaguez. Alta velocidade. Sinal vermelho. Pronúncia. Homicídio simples. Dolo eventual não se compatibiliza com a qualificadora do art. 121, § 2º, IV (traição, emboscada, dissimulação). Ordem concedida para determinar o restabelecimento da sentença de pronúncia, com exclusão da qualificadora" (STF – HC nº 111442-RS, Rel. Gilmar Mendes, j. 28.08.2012, DJe 17.09.2012).

» **Pronúncia baseada na prova colhida no inquérito policial. Validade**

"Conquanto seja pacífica a orientação segundo a qual nenhuma condenação pode estar fundamentada exclusivamente em provas colhidas em sede inquisitorial, tal entendimento deve ser visto com reservas no que diz respeito à decisão de pronúncia. Isso porque tal decisão judicial não encerra qualquer proposição condenatória, apenas considerando admissível a acusação, remetendo o caso à apreciação do Tribunal do Júri, único competente para julgar os crimes dolosos contra a vida. Ademais, no procedimento do júri a prova testemunhal pode ser repetida durante o julgamento em plenário (artigo 422 do Código de Processo Penal), sendo que a Lei Processual Penal, no artigo 461, considerando a importância da oitiva das testemunhas pelos jurados, juízes naturais da causa, chega até mesmo a prever o adiamento da sessão de julgamento em face do não comparecimento da testemunha intimada por mandado com cláusula de imprescindibilidade. 4. Por tais razões, a jurisprudência consolidou-se no sentido de que a decisão de pronúncia pode ser fundamentada em elementos colhidos na fase policial " (STJ – HC nº 258127-MG, Rel. Jorge Mussi, j. 12.03.2013, DJe 26.03.2013).

» **Correlação entre a denúncia a pronúncia**

"O princípio da correlação entre a acusação e a decisão de pronúncia representa uma das mais relevantes garantias do direito de defesa, uma vez que assegura que apenas podem constar da pronúncia os fatos que foram narrados na inicial acusatória, de forma a assegurar a não submissão do acusado ao Conselho de Sentença por fatos não descritos na denúncia. No caso, a definição da espécie de dolo (se direto ou se eventual) não afastou o fundamental, que foi a afirmação, já constante da denúncia, do caráter doloso da conduta imputada ao paciente" (STJ – HC nº 245123-SP, Rel. Sebastião Reis Júnior, j. 14.05.2013, DJe 23.05.2013).

§ 1º A fundamentação da pronúncia limitar-se-á à indicação da materialidade do fato e da existência de indícios suficientes de autoria ou de participação, devendo o juiz declarar o dispositivo legal em que julgar incurso o acusado e especificar as circunstâncias qualificadoras e as causas de aumento de pena. (Incluído pela Lei nº 11.689, de 2008)

Teor da sentença de pronúncia • Também em virtude desse caráter restrito da pronúncia, é que se diz que o juiz deve se valer de linguagem sóbria e comedida, sem excessivo aprofundamento na análise da prova, de resto desnecessária porquanto na pronúncia – repita-se – apenas se remete o réu a Júri, cabendo ao Tribunal Popular, este sim, a análise detida do mérito. O excesso na linguagem poderá, mais adiante, exercer indesejável influência na convicção dos jurados que, leigos, decerto podem se deixar impressionar com a terminologia utilizada pelo juiz togado.

Como destaca Antonio Magalhães Gomes Filho, em artigo publicado sob o título *Excesso de motivação da pronúncia e modelo acusatório*, "ao contrário do que normalmente sucede em relação às decisões de mérito, nas quais se espera que o juiz exponha clara e amplamente as razões de seu convencimento, aqui o que importa é a concisão, a economia de palavras, tudo no sentido de assegurar a pureza da manifestação do juiz natural da causa, que é o tribunal do júri" (*Revista Brasileira de Ciências Criminais*, São Paulo: RT, ano 5, nº 19, jul-set 1997, p. 303).

Certamente foi por isso que o legislador, na atual redação que conferiu ao artigo em análise, ressaltou que a fundamentação da sentença de pronúncia "*limitar-se-á* à indicação da materialidade do fato e da existência de indícios ...", utilizando expressão (*limitar-se-á*) que não constava do revogado art. 408 do CPP.

Nulidade decorrente do excesso de linguagem • Não é raro, nessa linha de raciocínio, que se decrete a nulidade de sentenças nas quais o juiz exagerou nas adjetivações contra o réu, utilizando-se de fundamentação contundente, extravasando os limites da pronúncia (que se satisfaz com indícios), para analisar o mérito. Tal conduta não se justifica, por importar quase que em um prejulgamento pelo juiz togado, sem que detenha competência para tanto. A recomendação quanto à sobriedade da pronúncia estende-se também aos Tribunais superiores, conforme orientação do STF (*RT* 682/393, 523/486).

No julgado do STF cuja ementa abaixo se transcreve, a questão foi bem apanhada, valendo que se confira: "É inadmissível, conforme a jurisprudência consolidada do STF, a pronúncia cuja fundamentação extrapola a demonstração da concorrência dos seus pressupostos legais (CPrPen, art. 408) e assume, com afirmações apodíticas e minudência no cotejo analítico da prova, a versão acusatória ou rejeita peremptoriamente a da defesa (v.g., HC 68.606, 18/06/91, Celso, RTJ 136/1215; HC 69.133, 24/03/92, Celso, RTJ 140/917; HC 73.126, 27/02/96, Sanches, DJ 17/05/96; RHC 77.044, 26/05/98, Pertence, DJ 07/08/98). O que reclama prova, no juízo da pronúncia, é a existência do crime; não, a autoria, para a qual basta a concorrência de indícios, que, portanto, o juiz deve cingir-se a indicar. No caso, as expressões utilizadas pelo órgão prolator do acórdão confirmatório da sentença de pronúncia, no que concerne à autoria dos delitos, não se revelam compatíveis com a dupla exigência de sobriedade e de comedimento a que os magistrados e Tribunais, sob pena de ilegítima influência sobre o ânimo dos jurados, devem submeter-se quando praticam o ato culminante do *judicium accusationis* (RT 522/361)" (HC 85.260-RJ, Rel. Min. Sepúlveda Pertence, j. 15.2.2005, DJ 4.3.2005, p. 23).

Desentranhamento dos autos • Esse cuidado é tamanho que no julgamento do HC 81.959-MG, Rel. Min. Sepúlveda Pertence, j. 28.5.2004, DJ 17.12.2004, p. 57, após se reconhecer a inadmissível *eloquência acusatória* da sentença de pronúncia, foi acolhido o *writ* para, além de se decretar a nulidade da decisão, determina-se seu desentranhamento dos autos. E mais: tamanha foi a preocupação do legislador nesse sentido que o § 4°, do art. 474, veda seja feita, durante os debates em plenário, qualquer menção "à sentença de pronúncia ou ao acórdão que a confirmou, sob pena de nulidade".

Necessidade de fundamentação • Isso não isenta o juiz, por certo, de motivar, ainda que sucintamente, sua decisão e, tampouco, apreciar as teses arguidas pelas partes, em atendimento, inclusive, de mandamento constitucional que impõe sejam fundamentadas todas as decisões do Poder Judiciário (art. 93, inc. IX, da CF). Deve, assim, valorar a prova apresentada, explicando os motivos que justificam o envio do réu a julgamento pelo Júri. A sobriedade que se exige do Juiz não implica em dizer que deva ele deixar de motivar seu *decisum*. Nesse sentido julgado do STJ inserto na *RT* 847/511.

Dispositivo legal • Deverá ainda, em atendimento ao disposto na parte final deste § 1º, indicar em qual dispositivo legal se encontra pronunciado o réu. Poderá dar ao fato classificação legal diversa da contida na denúncia ou queixa, reconhecendo, por exemplo, a existência de uma qualificadora (*RT* 598/323). Duas situações se colocam nessa hipótese. Se a qualificadora vem mencionada na inicial, embora omissa na classificação legal (o promotor, por exemplo, fez referência a ela, deixando, porém, de incluí-la na capitulação de sua denúncia), pode o juiz reconhecê-la na pronúncia, por analogia ao art. 383 que prevê a *emendatio libelli*. Isso sem importar em qualquer prejuízo para o réu que se defende dos fatos articulados na inicial e não da classificação jurídico-penal dada a eles (STF - *RT* 662/364). Caso, porém, a qualificadora surja no transcorrer da instrução, sem que tenha sido cogitada na inicial, deverá adotar as regras da *mutatio libelli*, acima estudadas.

Exclusão de qualificadoras • Discute-se a possibilidade do juiz togado, na pronúncia, excluir alguma qualificadora apontada na inicial. Há entendimento que não reconhece tal faculdade, pois, assim agindo, estaria usurpando competência que, pela Constituição, é do Tribunal do Júri. Este sim é o juiz natural do processo, a quem cumpre dar a última palavra, inclusive em relação às qualificadoras. É o posicionamento prevalente no STJ (*RSTJ* 84/325, 92/339; *RT* 730/475). Entendemos incorreta essa posição. Afinal, se é dado ao juiz impronunciar o réu e até mesmo absolvê-lo sumariamente, não faria sentido vedar-lhe a possibilidade de, alterando a acusação e inspirado no princípio do livre convencimento, efetuar a mencionada exclusão. Eventual inconformismo da acusação seria, nesse caso, manifestado com a interposição do respectivo recurso ao Tribunal de Justiça.

Prevalece a posição, contudo, de forma quase unânime, que embora possa o juiz excluir qualificadoras, deve fazê-lo em situações excepcionais, apenas quando cabalmente demonstrada a inconsistência e exagero da acusação nesse tópico. Na dúvida, cabe ao Tribunal Popular a apreciação, em plenário, da pertinência ou não das qualificadoras, resolvendo-se o impasse, mais uma vez, em favor da sociedade (*RSTJ* 98/430).

Qualificadoras • Pode ocorrer, entretanto, que a qualificadora surja no transcurso da instrução criminal, não tendo sido mencionada, portanto, explícita ou implicitamente, na acusação. Nesse caso deverá atentar ao disposto no § 3°, do art. 411, que permite a aplicação do art. 384 do código que trata da *mutatio libelli*, cumprindo ao acusador proceder ao respectivo aditamento da inicial, sob pena de, não o fazendo, tomar o réu de surpresa, em nítida afronta ao princípio da ampla defesa. Confira-se o entendimento do STF a respeito: "O reconhecimento na pronúncia de qualquer qualificadora não articulada na denúncia acarreta a nulidade do processo por cerceamento de defesa, colhida de surpresa pela não-observância do disposto no art. 384, parágrafo único, do CPP" (*RT* 336/495). Nesse sentido ainda *RT* 691/310, 674/299. Não se ignora, contudo, a existência de entendimento em sentido contrário, sob o argumento de que a pronúncia encerra um juízo provisório, cabendo ao Júri, de forma definitiva, reconhecer ou não a qualificadora. Por isso, poderia o juiz incluir, de ofício e precariamente, alguma qualificadora não aludida, mesmo que implicitamente, na inicial. Nesse sentido, *RT* 575/447, 540/419, ambos julgados do STF. Lembre-se, ainda, que o art. 418 do código autoriza, também no procedimento do júri, da chamada *emendatio libelli*.

Causa de diminuição de pena • Fato indiscutível consiste em se vedar ao juiz a possibilidade de pronunciar o réu reconhecendo uma causa de diminuição de pena, conforme se depreende da Lei de Introdução ao Código de Processo Penal, ao ressaltar, em seu art. 7º, que *"o juiz da pronúncia, ao classificar o crime, consumado ou tentado, não poderá reconhecer a existência de causa especial de diminuição da pena"*. Inviável, assim, a pronúncia do réu pela prática de homicídio privilegiado (art. 121, § 1º, do Código Penal), conforme tranquilo entendimento jurisprudencial (*RT* 777/663, 672/313, 602/341), devendo ser apontado, nesse caso, o réu como incurso no art. 121, *caput*, do mesmo Código (homicídio simples).

Concurso de crimes • Tampouco deve o juiz fazer na pronúncia qualquer menção ao concurso de crimes (material, formal ou crime continuado), por se tratar de matéria que interessa à fixação da pena, a ser analisada apenas após o julgamento em plenário que concluir pela condenação do réu. Nesse sentido: *RT* 671/310, 597/301.

Crimes conexos • Havendo crime conexo, o juiz, ao pronunciar o réu pelo crime doloso contra a vida, deverá fazê-lo, também, em relação ao outro delito. A propósito, o art. 78, inc. I do código dispõe que "na determinação da competência por conexão ou continência, serão observadas as seguintes regras [...] inc. I – "no concurso entre a competência do júri e a de outro órgão da jurisdição comum, prevalecerá a competência do júri".

Assim, não lhe é dado, por exemplo, pronunciar o réu pelo homicídio e absolvê-lo ou condená-lo pelo crime de destruição, subtração ou ocultação de cadáver (art. 211 do Código Penal). Caso agisse dessa forma, estaria retirando do Júri a sua competência natural para a apreciação de ambos os delitos, que, por força da conexão, determinam a unidade do julgamento. Nesse sentido, *RJTJSP* 114/540.

Recurso contra a pronúncia • O recurso cabível contra a sentença de pronúncia, *ex vi* do disposto no art. 581, IV, do CPP, é o recurso em sentido estrito. Com efeito, contra a sentença de impronúncia ou de absolvição sumária, com a reforma de 2008, o recurso cabível passou a ser a apelação (art. 416). No que se refere à pronúncia, o art. 2º da nova disciplina do Júri, manteve expressamente o recurso *strictu juris* que, nesse passo, não suportou qualquer mudança em relação à legislação original.

Legitimidade • Ele pode ser interposto pelo réu, a fim de se ver impronunciado ou absolvido sumariamente. E mesmo para impugnar parte da decisão, recorrendo, por exemplo, para que o homicídio qualificado seja desclassificado para homicídio simples. Ou para que lhe seja reconhecido o direito de, uma vez pronunciado, aguardar o julgamento em liberdade, embora seja mais eficaz, em tais casos, a impetração de *habeas corpus* diretamente no Tribunal de Justiça.

O Ministério Público, como parte diferenciada que é, velando pela correta aplicação da lei (*custos legis*), pode recorrer em favor do réu, visando, por exemplo, sua absolvição sumária (*RT* 655/285, 560/426) ou investindo contra qualificadoras incluídas pelo juiz na pronúncia que não foram apontadas na denúncia.

Assistente e legitimidade para o recurso • Entende-se que ao assistente não se defere a possibilidade de recorrer da sentença de pronúncia, já que tendo interesse apenas na condenação do réu, não lhe é permitido ampliar a acusação para, *v.g.*, pretender a inclusão de qualificadoras afastadas pela pronúncia (*RT* 602/315, 630/294). Interessante notar, porém, que há entendimento no sentido de que, ao afastar alguma qualificadora, está o juiz, em verdade, impronunciando o réu naquele tópico específico (Julio Fabbrini Mirabete, *Código de processo penal interpretado*, p. 1.115), o que autoriza, em consequência, o recurso do assistente, face à legitimidade reconhecida pelo *caput* do art. 271 (*RT* 309/118, 303/127).

Temos ressalvas quanto a esse entendimento. Com efeito, duas teorias explicam a função do assistente de acusação no processo penal. Em uma visão mais clássica e conservadora, o objetivo do assistente se restringiria unicamente à obtenção de uma condenação criminal que ensejasse, mais adiante, sua execução no âmbito cível. Afinal, dispõe o art. 475-N, do Código de Processo Civil, que são títulos executivos judiciais, "II – a sentença penal condenatória transitada em julgado". É dizer: suponha-se que o réu foi condenado pela prática de um homicídio doloso, no qual, em sua defesa, negou a autoria dos disparos da arma de fogo que mataram a vítima. Transitada em julgado essa decisão proferida no âmbito criminal, não se irá reabrir a discussão no processo cível, sob pena, caso fosse o contrário, da possibilidade de duas decisões conflitantes, em evidente desprestígio da justiça. Basta se imaginar que, em hipotético processo cível, o juiz ao final sentenciasse no sentido de que os tiros não foram disparados pelo réu, a despeito da decisão criminal que o condenou. Não é assim. No âmbito civil não mais se discutirá a autoria dos disparos, já definida no processo-crime antecedente. Tampouco se é obrigação do réu indenizar ou não os familiares da vítima, por se tratar de consequência natural da sentença penal condenatória, mas apenas o "quantum" deve ser pago à título de indenização. Nesse aspecto, aliás, o art. 935 do Código Civil, *in verbis*: "A responsabilidade civil é independente da criminal, não se podendo questionar mais sobre a existência do fato, ou sobre quem seja o seu autor, quando estas questões se acharem decididas no juízo criminal". Em outras palavras, que o condenado deve indenizar não há dúvida, posto que um dos efeitos da sentença penal condenatória consiste, exatamente, em tornar certa a obrigação de fazê-lo, pelo réu, quanto ao dano causado pelo crime (art. 91, inc. I, do Código Penal) (v., ainda, art. 63 do CPP). Apenas se discutirá, no cível, o valor a ser pago. Lembre-se, em acréscimo, que já na sentença penal condenatória, deve o juiz fixar um valor mínimo à título de reparação, na dicção do art. 387, inc. IV do CPP, sem prejuízo de que a parte, entendendo insuficiente esse valor, busque na esfera civil, sua complementação. Nisto restringiria, para essa primeira corrente, a função do assistente.

Pensamos que se possa avançar um pouco. Vislumbramos, no assistente, a figura também de um colaborador da justiça, a quem interessa não apenas uma condenação, mas uma condenação com pena justa e proporcional ao fato cometido. Suponha-se que em, delito de homicídio triplamente qualificado, tenha o juiz fixado a pena do réu em 13 anos de reclusão. Quem adota a primeira tese, acima exposta, concluirá, necessariamente, que o assistente, na inércia do Ministério Público, não poderá recorrer para majorar a pena, eis que a condenação que buscava foi alcançada, pouco importando o "quantum" de pena cominado. Para nós, não basta ao assistente – insistimos – uma mera condenação, mais uma condenação justa e proporcional à gravidade do fato ocorrido, não fazendo sentido, assim, em nome dessa noção de justiça, que um condenado pela prática de um homicídio triplamente qualificado, mereça pena tão branda. Daí admitirmos o apelo do assistente visando o aumento da pena, bem como seu recurso para inclusão de alguma qualificadora excluída da pronúncia, reclamo que, por óbvio, somente será conhecido caso não tenha o Ministério Público manejado o recurso.

JURISPRUDÊNCIA

» A fundamentação é necessária

"Não obstante a norma contida no § 1º do artigo 413 do Código de Processo Penal, não há dúvidas de que a sentença que submete o acusado a julgamento pelo Tribunal do Júri deve ser motivada, inclusive no que se refere às qualificadoras do delito, notadamente diante do disposto no artigo 93, inciso IX, da Constituição Federal, que impõe a fundamentação de todas as decisões judiciais. No caso dos autos, não tendo o magistrado singular motivado, ainda que sucintamente, a admissibilidade das qualificadoras do delito de homicídio imputado à paciente, e tendo a Corte de origem considerado tal proceder legítimo, atestando a desnecessidade de motivação, impõe-se a anulação da provisional no ponto" (STJ – HC nº 188989-PB, Rel. Jorge Mussi, j. 25.06.2013, DJe 06.08.2013).

» Excesso de linguagem

a) inexistência

"A fundamentação da sentença de pronúncia não se desbordou do figurino legal, por isso não ostenta a nulidade ora suscitada, ressaindo nítido que o Magistrado ateve-se ao relato dos fatos, revelados nos interrogatórios das vítimas, para concluir, fundamentadamente, pela existência de indícios suficientes de autoria e de materialidade, como exigido pelo artigo 413, por imposição do disposto no art. 93, IX, da constituição Federal" (STF – HC nº 110260-SP, Rel. Luiz Fux, j. 11.12.2012, DJe 06.02.2013).

"O juízo de primeiro grau apenas descreveu os fatos com as suas circunstâncias, baseando-se, para tanto, nos laudos periciais e nos depoimentos colhidos em juízo, que seriam suficientes para comprovar a materialidade do crime e indicar os fortes indícios da autoria. A decisão ora atacada está em perfeita consonância com a jurisprudência desta Corte, sedimentada no sentido de que não se mostra ilegal, nem excessiva, a sentença de pronúncia que se limita a expor, fundamentadamente, os motivos do convencimento do juiz sobre a materialidade e a autoria, conforme dispunha o art. 408 do Código de Processo Penal (atualmente o art. 413 do CPP), vigente à época da prolação do decisum" (STF – HC nº 111505-SP, Rel. Ricado Lewandowski, j. 22.05.2012, DJe 05.06.2012).

"O substantivo 'meliante' utilizado pelo Tribunal ao se referir ao paciente, embora possa ser considerado inadequado, não se consubstancia, por si só, em qualquer manifestação de juízo de culpa em seu desfavor, tratando-se de termo empregado de forma coloquial no cotidiano forense, mas que não tem o condão de nulificar a decisão que confirmou a provisional" (STJ – HC nº 275113-SP, Rel. Jorge Mussi, j. 22.10.2013, DJe 29.10.2013).

"Deve-se, contudo, cuidar para não adentrar no mérito da causa, a ser apreciado exclusivamente pelo Tribunal do Júri, constitucionalmente competente para julgar os crimes dolosos contra a vida, tudo para que não dê à provisional conotação de condenação antecipada, vale dizer, para que não incorra em pré-julgamento. In casu, da leitura da decisão objurgada, não obstante tenha o magistrado singular apontado inúmeros indícios para motivar e justificar a admissão da acusação lançada na denúncia, não realizou exame crítico e valorativo dos elementos probatórios contidos nos autos a ponto de influenciar na decisão do Tribunal Popular" (STJ – AgRg no REsp nº 1242978-GO, Rel. Jorge Mussi, j. 13.08.2013, DJe 22.08.2013).

"Árdua é a tarefa do julgador ao motivar a sentença de pronúncia, pois, se excede na fundamentação, pode influir no convencimento dos jurados. Se, em contrapartida, às vezes primando por uma atuação mais cautelosa, deixa de apontar na decisão o lastro probatório mínimo que ensejou suas razões de convencimento, incide em nulidade, não por excesso de linguagem, como ocorre na primeira hipótese, mas por ausência de motivação, ante a inobservância do que preceitua o art. 93, IX, da Constituição Federal" (STJ – HC nº 225323-PE, Rel. Marco Aurélio Bellizze, j. 06.06.2013, DJe 14.06.2013).

"Não há falar em excesso de linguagem quando o Tribunal local emprega as seguintes expressões, a fim de justificar o acerto da decisão de pronúncia: impressionante e robusta prova indiciária, que pessoas foram mortas à bala, e, que o juízo de primeiro grau teria efetuado exame profundo da prova oral. O aresto não revela traços que pudessem conduzir à quebra da imparcialidade do Colegiado leigo" (STJ – HC nº 171729-RJ, Rel. Maria Thereza de Assis Moura, j. 21.03.2013, DJe 08.04.2013).

b) configuração

"Nos termos do que assentado pelo Supremo Tribunal Federal, os Juízes e Tribunais devem submeter-se, quando pronunciam os réus, à dupla exigência de sobriedade e de comedimento no uso da linguagem, sob pena de ilegítima influência sobre o ânimo e a vontade dos membros integrantes do Conselho de Sentença; excede os limites de sua competência legal, o órgão judiciário que, descaracterizando a natureza da sentença de pronúncia, converte-a, de um mero juízo fundado de suspeita, em um inadmissível juízo de certeza" (STF – HC nº 103037-PR, Rel. Cármen Lúcia, j. 22.03.2011, DJe 31.05.2011).

"Tanto a antiga redação do art. 408, quanto o atual art. 413 (na redação dada pela Lei 11.689/2008), ambos do CPP, indicam que o juiz, ao tratar da autoria na pronúncia, deve limitar-se a expor que há indícios suficientes de que o réu é o autor ou partícipe do crime. Todavia, o texto da pronúncia afirma que o paciente foi o autor do crime que lhe foi imputado, o que, à evidência, pode influenciar os jurados contra o acusado" (STF – HC nº 99834-SC, Rel. Joaquim Barbosa, j. 15.02.2011, DJe 16.03.2011).

"Deve ser reconhecida a nulidade, por excesso de linguagem, da denúncia de pronúncia que, ao invés de registrar a existência de indícios suficientes de autoria, declara que a autoria dos acusados seria indene de dúvidas, afasta categoricamente a ocorrência de desistência voluntária e ressalta que a qualificadora imputada aos acusados estaria devidamente comprovada. Precedentes" (STJ – AgRg no Ag 1278612-GO, Rel. Maria Thereza de Assis Moura, j. 02.05.2013, DJe 09.05.2013).

"Para a pronúncia, que encerra simples juízo de admissibilidade da acusação, exige o ordenamento jurídico o exame da ocorrência da materialidade do fato e da existência de indícios suficientes da autoria ou de participação, não se demandando aqueles requisitos de certeza necessários à prolação de uma sentença condenatória. Inteligência do art. 413 do Código de Processo Penal. No caso dos autos, verifica-se que houve verdadeira manifestação acerca do mérito da acusação, capaz de exercer influência no ânimo dos jurados, principalmente em razão dos termos assertivos empregados pelo Juiz singular – como "restou igualmente comprovada", "está evidenciado", "atesta", "inegavelmente submetida" – , expressões essas de caráter incisivo" (STJ – HC nº 228630-RJ, Rel. Sebastião Reis Júnior, j. 21.03.2013, DJe 07.08.2013).

c) momento oportuno para ser suscitado

"Na espécie, não se verifica que o paciente tenha arguido o excesso de linguagem no momento processual oportuno, qual seja, no recurso em sentido estrito, visto que a questão somente foi suscitada por meio de habeas corpus, circunstância a evidenciar que a matéria se encontra atingida pelo instituto da preclusão" (STJ – HC nº 156135-RJ, Rel. Adilson Vieira Macabu, j. 26.06.2012, DJe 07.08.2012).

» **Excesso de linguagem e proibição da leitura da decisão de pronúncia em plenário**

"Muito embora o STF, em recente julgado de 3/2/09 (HC 96.123/SP, Rel. Min. Carlos Brito), tenha expressado entendimento no sentido de que em razão da superveniência da Lei 11.689/08 – que deu nova redação ao art. 478 do CPP, impossibilitando as partes fazerem referências à sentença de pronúncia durante os debates – não mais haveria o interesse de agir das impetrações que alegassem excesso de linguagem, de outro lado, a norma inserta no novo art. 480, § 3º, do CPP permite aos jurados a oportunidade de examinar os autos logo após encerrados os debates, o que, em tese, e ao meu sentir, justificaria tal interesse" (STJ – REsp nº 946289-PE, Rel. Arnaldo Esteves Lima, j. 19.02.2009, DJe 16.03.2009).

» **Verificado excesso de linguagem, deve ser decretada a nulidade da decisão e não apenas seu desentranhamento e arquivamento em pasta própria**

DECISÃO DE TRIBUNAL EM RECURSO EM SENTIDO ESTRITO. EXCESSO DE LINGUAGEM DA DECISÃO CONFIRMATÓRIA DA PRONÚNCIA. DESENTRANHAMENTO DAS PEÇAS DO

RECURSO SEM A DECLARAÇÃO DE NULIDADE. INVIABILIDADE. AFRONTA À SOBERANIA DO JÚRI – "Assentou-se neste Supremo Tribunal que Juízes e Tribunais, ao pronunciar os réus, devem submeter-se à dupla exigência de sobriedade e de comedimento no uso da linguagem, sob pena de ilegítima influência sobre o ânimo e a vontade dos membros integrantes do Conselho de Sentença, excedendo os limites da competência legal o órgão judiciário que, descaracterizando a natureza da decisão confirmatória da pronúncia, converte-a de juízo fundado de suspeita em inadmissível juízo de certeza. Precedente. A solução apresentada pelo Superior Tribunal de Justiça representa constrangimento ilegal imposto ao Recorrente e também dupla afronta à soberania dos veredictos assegurada à instituição do júri, tanto ofender o Código de Processo Penal, conforme se extrai do 1art. 472, alterado pela Lei n. 11.689/2008, e por contrariar o art. 5º, inc. XXXVIII, al. c, da Constituição da República. Recurso ao qual se nega provimento. Ordem concedida de ofício para determinar-se que o Tribunal de Justiça de Sergipe emita novo julgamento sem a formação da pasta decidida pelo Superior Tribunal de Justiça, garantindo-se a soberania do júri, nos termos do decidido no precedente (Habeas Corpus n. 103.037) " (STF – RHC nº 122909-SE – Rel. Cármen Lúcia, j. 04.11.2014).

» **Em sentido contrário**

"Depreende-se da leitura do voto impugnado que o Relator valeu-se de expressões peremptórias reveladoras de convicção acerca da autoria do delito que excede os limites legais, incorrendo em evidente eloquência acusatória. Não obstante o reconhecimento do excesso, em homenagem ao princípio da economia processual, impõem-se determinar que o Juízo de 1º grau providencie o desentranhamento do acórdão que julgou o recurso em sentido estrito, arquivando-o em pasta própria, mandado certificar nos autos a condição de pronunciado do Paciente, com a menção dos dispositivos legais nos quais incurso, prosseguindo-se o processo. Habeas corpus não conhecido. Ordem concedida, de ofício, para determinar que o Juízo de 1º grau providencie o desentranhamento do acórdão que julgou o recurso em sentido estrito, arquivando-o em pasta própria, mandado certificar nos autos a condição de pronunciado do Paciente, com a menção dos dispositivos" (STJ – HC nº 13946 – SE – Rel. Regina Helena Costa, j. 03.04.2014, DJe 10.04.2014).

» **Ilegitimidade do assistente de acusação para recorrer da pronúncia**

"Pronúncia – Homicídio simples – Recurso dos Assistentes de Acusação – Pretendida inserção de circunstâncias qualificadoras – Aditamento da denúncia – Impossibilidade. Assistente de Acusação não ostenta legitimidade para recorrer da decisão de pronúncia, visando alterar a definição jurídica do fato delituoso imputado na denúncia". Recurso não conhecido. (TJPR – RSE nº 1673205 PR, Rel. Telmo Cherem, j. 29.12.2004).

§ 2º Se o crime for afiançável, o juiz arbitrará o valor da fiança para a concessão ou manutenção da liberdade provisória. (Incluído pela Lei nº 11.689, de 2008)

Fiança • É possível que, ao pronunciar o réu, o juiz, mediante o pagamento de fiança, lhe conceda a liberdade provisória ou a mantenha, caso já concedida. Há quem exemplifique com a desclassificação de um crime de homicídio qualificado (dito inafiançável), para um delito de instigação ao suicídio (que admitiria fiança), quando, então, o juiz poderia arbitrar a fiança, concedendo, assim, a liberdade provisória para o réu. De se ver, porém, que a reforma de 2011, que alterou a sistemática das prisões provisórias, não mais leva em conta a pena cominada ao delito, como fator que impediria o arbitramento da fiança. De sorte que a redação original do art. 323, inc. I, que vedava esse favor para os crimes punidos com reclusão, foi revogada. As causas que, atualmente, impedem a fiança estão relacionadas nos arts. 323 e 324 e – insiste-se – não levam em conta a espécie de pena cominada ao delito, se de reclusão, de detenção ou de multa.

Nessa linha de raciocínio, pode ocorrer que, ao pronunciar o réu, o juiz perceba que na mais subsistem as razões que justificaram a manutenção do réu preso, quer em virtude de flagrante, quer por força da decretação da prisão preventiva. Assim, suponha-se que o réu teve sua prisão preventiva decretada, nos termos do art. 312 do CPP, "por conveniência da instrução criminal", já que ameaçara uma testemunha caso depusesse, em juízo, contra seus interesses. Ao tempo da pronúncia, constata-se que essa testemunha, por causa diversa, acabou morrendo. Ora, afastada a causa que, antes, justificara a prisão preventiva do réu, nada impede que, agora, seja-lhe concedida a liberdade provisória, mediante o pagamento de fiança.

§ 3º O juiz decidirá, motivadamente, no caso de manutenção, revogação ou substituição da prisão ou medida restritiva de liberdade anteriormente decretada e, tratando-se de acusado solto, sobre a necessidade da decretação da prisão ou imposição de quaisquer das medidas previstas no Título IX do Livro I deste Código. (Incluído pela Lei nº 11.689, de 2008)

Prisão decorrente da pronúncia • De se observar que o revogado § 1º, do art. 408, determinava a prisão do réu pronunciado ou, se já se encontrasse preso, que fosse assim mantido. Prevalecia, portanto, a tese de que a prisão do réu se constituía em um efeito natural da sentença de pronúncia, conforme, aliás, entendimento cristalizado no STF, valendo que se confira: "A prisão provisória constitui efeito jurídico-processual que decorre, ordinariamente, da sentença de pronúncia. A concessão de liberdade provisória ao réu pronunciado traduz mera faculdade legal reconhecida ao Juiz (CPP, art. 408, § 2º). Pronunciado o réu, que já se encontrava preso preventivamente, não se nulifica a sua custódia provisória, desde que subsistam os motivos que justificaram a decretação daquela prisão cautelar. São irrelevantes, para esse feito, a primariedade e os bons antecedentes do acusado, que nenhum direito tem, nesse contexto, à obtenção da liberdade provisória" (*RT* 690/380).

Nesse passo, a jurisprudência dos Tribunais superiores do país é tranquila em admitir a coexistência entre o princípio constitucional do estado de inocência (art. 5º, inc. LVII, da CF) e a possibilidade de ser decretada a prisão processual (também conhecida como prisão *sem pena* ou provisória) do réu. Precisa, nesse sentido, a lição de Julio Fabbrini Mirabete, na análise dos preceitos constitucionais, ao ressaltar que "quando se refere, no art. 5º, à prisão em flagrante ou por ordem escrita e fundamentada da autoridade judiciária competente (inc. LXI) e à liberdade provisória, quando a lei a admitir (inc. LXVI), à evidência permite o recolhimento à prisão durante o processo quando houver previsão legal" (*Processo penal*, p. 490).

Trata-se de matéria, inclusive, pacificada na Súmula nº 9 do STJ, aplicável à prisão do réu como consequência da pronúncia, *in verbis*: "A exigência da prisão provisória, para apelar, não ofende a garantia constitucional da presunção de inocência". Entendemos, porém, que a concessão da liberdade provisória ao réu que preencha os requisitos exigidos para a obtenção do benefício, não se traduza em mera faculdade conferida ao juiz, mas, ao revés, em verdadeiro direito subjetivo do réu (STF – *RT* 771/537). Tanto que cumpre ao juiz motivar a decisão a respeito da prisão do réu em decorrência da pronúncia ou de sua manutenção em liberdade. Nessa linha o posicionamento do STF (*RTJ* 103/129) e do STJ (*RT* 693/408).

Inovação trazida com a reforma do júri de 2008 • Ocorre que o § 3°, do art. 413, alterou esse panorama. De sorte que a prisão do réu pronunciado, que era quase uma consequência imediata da sentença de pronúncia, passou a exigir motivação específica a respeito de sua decretação (estando solto o réu até então), e de sua manutenção ou revogação (caso preso o réu).

Parece que uma orientação razoável é no sentido de que, se o réu respondeu solto ao processo é forçoso concluir que não deu causa à revogação de sua liberdade provisória, caso tenha sido preso em flagrante ou à decretação de sua prisão preventiva. Assim, por exemplo, encontrar-se em liberdade significa dizer que não tornou a delinquir (afrontando a ordem pública), ou ameaçou testemunhas (dificultando a instrução criminal). Ora, ausentes os requisitos ensejadores da prisão preventiva, é justo que, uma vez pronunciado, continue solto, aguardando o julgamento em liberdade. Ao contrário, se respondeu ao processo preso presume-se que havia motivação suficiente que justificasse sua prisão cautelar. Sendo assim, reforça-se a necessidade de que seja mantido preso, vedando-se, nesse caso, a concessão da liberdade provisória. Explicamos melhor: se antes, apenas com os dados constantes do inquérito policial e ante a acusação formalmente recebida, já se reuniam os elementos justificadores da prisão provisória, agora, frente ao surgimento da pronúncia - que identifica a possibilidade do réu ser o autor do crime, além de confirmar a materialidade do delito - com mais razão deve ser ele mantido no cárcere, enquanto aguarda o julgamento.

Isso não significa dizer, porém, que esteja o juiz impedido de, tendo o réu respondido a primeira fase do processo em liberdade, seja determinada, com a pronúncia, a sua prisão. É que, fatos supervenientes, até então não detectáveis, podem ter eventualmente surgido durante o processo, a justificar, nessa fase, a prisão decorrente da pronúncia. Nesse sentido, a propósito, a jurisprudência do STJ abaixo colacionada.

JURISPRUDÊNCIA

» **Nada impede que, tendo respondido o processo em liberdade, seja o réu preso com a pronúncia**

"A jurisprudência desta Corte Superior é remansosa no sentido de que a determinação de segregação do réu, antes de transitada em julgado a condenação, deve efetivar-se apenas se indicada, em dados concretos dos autos, a necessidade da cautela (periculum libertatis), à luz do disposto no art. 312 do Código de Processo Penal. Na espécie, embora o recorrente tenha permanecido parte do transcurso do processo em liberdade, por decisão concessiva da Corte 'a quo', a decisão de pronúncia traz motivação suficiente – a reiterada conduta delitiva do agente – para amparar a prisão cautelar, com o fim de acautelar o meio social, dada a incorporação de informações ao processo que indicam a existência de duas condenações contra o recorrente pelos crimes de tráfico de drogas e posse irregular de arma de fogo, delitos esses praticados após o evento criminoso objeto desta ação penal. A restrição antecipada da liberdade também encontra respaldo na especial gravidade dos fatos atribuídos ao recorrente, haja vista sua participação em um grupo organizado e de extrema periculosidade, que 'costuma eliminar pessoas que supostamente estejam atrapalhando seus negócios'" (STJ – RHC n. 42285-PR – Rel. Rogério Schietti Cruz, j. 18.11.204, DJe 05.12.2014).

» **Desnecessidade de nova fundamentação para a manutenção da prisão**

DECISÃO DE PRONÚNCIA. MANUTENÇÃO DA CUSTÓDIA CAUTELAR. DESNECESSIDADE DE NOVA FUNDAMENTAÇÃO – "Consoante entendimento pacificado nesta Corte Superior, caso persistam os motivos que ensejaram a decretação da prisão preventiva, desnecessária se torna proceder à nova fundamentação quando da prolação da decisão de pronúncia, mormente quando inexistem fatos novos capazes de promover a soltura do acusado" (STJ – HC nº 114975-SP, Rel. Napoleão Nunes Maia Filho, j. 09.02.2010, DJe 15.03.2010).

» **Réu que muda de endereço sem comunicação**

NÃO CUMPRIMENTO DE MANDADO DE INTIMAÇÃO DA DECISÃO DE PRONÚNCIA. APLICAÇÃO DA LEI PENAL. SEGREGAÇÃO JUSTIFICADA E NECESSÁRIA. MOTIVAÇÃO IDÔNEA E CONSTITUCIONAL. CONSTRANGIMENTO ILEGAL NÃO EVIDENCIADO. DESPROVIMENTO DO RECURSO – "A não localização do acusado no endereço constante dos autos, tendo seus familiares se recusado a informar onde poderia ser encontrado, o que impede o cumprimento de mandado de intimação da decisão de pronúncia, é motivação suficiente a embasar a segregação cautelar para assegurar a aplicação da lei penal. Precedente" (STJ – RHC nº 35881-PE, Rel. Jorge Mussi, j. 02.05.2013, DJe 22.05.2013).

"A mudança do réu do distrito da culpa, desde a prolação da sentença de pronúncia, sem informar ao Judiciário, revela sua intenção de se furtar à aplicação da lei penal, sendo suficiente para obstar a revogação da custódia cautelar. Precedentes do STJ e do STF" (STJ – HC nº 60140-MG, Rel. Gilson Dipp, j. 19.09.2006, DJ 16.10.2006, p. 409).

Art. 414. Não se convencendo da materialidade do fato ou da existência de indícios suficientes de autoria ou de participação, o juiz, fundamentadamente, impronunciará o acusado. (Redação dada pela Lei nº 11.689, de 2008)

Parágrafo único. Enquanto não ocorrer a extinção da punibilidade, poderá ser formulada nova denúncia ou queixa se houver prova nova. (Incluído pela Lei nº 11.689, de 2008)

Impronúncia • A sentença de impronúncia, que tem a natureza de decisão interlocutória mista terminativa, vem tratada neste dispositivo legal que praticamente repetiu o revogado art. 409 do código, que cuidava da matéria, não trazendo nenhuma inovação relevante, salvo um ou outro aperfeiçoamento na redação.

Assim, é cabível a impronúncia quando o juiz não se convence da *"materialidade do fato ou da existência de indícios suficientes de autoria e participação"*. Se para se pronunciar o réu, conforme vimos acima, basta a certeza quanto à existência do fato típico e indícios referentes a seu autor, a sentença de impronúncia importa em se reconhecer o inverso, isto é, que não se conta nem com o mínimo necessário capaz de autorizar o julgamento do acusado pelo Júri. Com ela, portanto, o réu deixa de ser encaminhado a Júri, já que - repita-se - ausente um dos requisitos (ou ambos), para a pronúncia.

De se ver que nessa decisão o juiz não condena e tampouco absolve o réu. Ele apenas reconhece que a acusação não reúne os elementos mínimos autorizadores do julgamento pelo Júri, extinguindo o processo sem julgamento do mérito. Por isso mesmo se diz que tal decisão faz *coisa julgada formal*, podendo ser revista, a qualquer tempo (desde que não prescrita a pretensão punitiva estatal), face ao surgimento de novas provas que importem na possibilidade de pronúncia do acusado (art. 414, parágrafo único).

Novas provas • Como *novas provas* poderíamos exemplificar o surgimento do cadáver da vítima até então desaparecido. Ou a localização de testemunhas não ouvidas no processo original. E mesmo a confissão do acusado posterior à impronúncia, agora arrependido. Há entendimento doutrinário no sentido de que apenas as provas *substancialmente novas* (assim consideradas aquelas ocultas ou inexistentes à época da impronúncia), ensejariam a retomada do processo. Já as provas *formalmente novas* (aquelas que foram produzidas no processo mas ganharam, posteriormente, nova versão), não se prestariam para ensejar novo processo. Discordamos de tal posicionamento. No conceito de *provas novas* devem se incluir não apenas aquelas cuja produção era, até então, impossível. Mas também aquelas que, por razões que são irrelevantes, foram alteradas posteriormente ou mesmo negligenciadas pela polícia durante a investigação criminal. Suponha-se a hipótese em que uma testemunha fundamental ao deslinde da causa, tenha mentido de forma evidente, gerando, com essa conduta, a impronúncia do réu. Faz sentido que, surgindo depois tal testemunha e prestando depoimento coeso e verossímil, arrependida da mentira, não pudesse ser reaberto o processo? Ou que o réu, na mesma condição, viesse a confessar a prática do crime, na presença do advogado que constituiu e, mesmo assim, ficasse o Estado impedido de processá-lo? Pensar-se de forma diversa importa em evidente afronta ao princípio da busca da verdade real, tão caro ao processo penal.

Vale atentar que a sentença de impronúncia encerra a relação processual, constituindo-se em verdadeira absolvição de instância, razão pela qual, se novas provas surgirem e se for pretendida, com base nelas, a reabertura do processo, deve o acusador ofertar outra denúncia ou queixa, perante o mesmo Juiz, que estará prevento. Caso este Juiz receba a denúncia, instaurar-se-á um novo processo, em ação autônoma, com outra instrução probatória, etc., tudo com objetivo de se preservar a ampla defesa e o contraditório. Os autos antigos, nos quais foi o réu impronunciado, deverão ser apensados aos novos, à disposição para consulta.

Críticas à impronúncia • São respeitáveis as críticas formuladas à sentença de impronúncia. A primeira delas dirigida ao parágrafo único do dispositivo em análise, que prevê a existência de um segundo processo a partir do surgimento de novas provas. Haveria, aqui, afronta ao princípio que veda o "ne bis in idem", que proíbe alguém ser julgado duas vezes pelo mesmo fato.

É o entendimento de Vicente Grecco Filho, a se conferir: "No caso de impronúncia, enquanto não extinta a punibilidade, poderá, em qualquer tempo, ser instaurado processo contra o réu, se houver prova nova; no caso de absolvição sumária, ocorre a coisa julgada material, que é absoluta e soberana em favor do réu. Tal distinção, porém, é inadmissível em face do princípio constitucional do 'ne bis in idem', ou seja, ninguém poderá ser processado penalmente duas vezes pelo mesmo fato. Considerando que, na impronúncia, a cognição do juiz é também plena e profunda, na medida em que deve examinar as provas dos autos e não se convencer da existência do crime e indício de que seja o réu o seu autor, não tem sentido que se continue a aceitar que o réu não tenha sido processado, quer no sentido teórico, quer no sentido prático, de todos os ônus que tal situação acarreta para o acusado, inclusive no plano moral. Não é argumento jurídico dizer-se que o 'homicídio é o crime rei'. Qualquer crime pode ser atribuído à competência do júri e não ser por isso que o seu julgamento por falta de prova do fato ou autoria resulte na possibilidade de novo processo, havendo novas provas" (*Tribunal do Júri: Estudo sobre a mais democrática instituição brasileira.* Coordenador Rogério Lauria Tucci, São Paulo: Ed. Revista dos Tribunais. 2000. pp. 122).

Demais disso – outra crítica – é no sentido que a possibilidade de revisão da sentença de impronúncia, com a consequente reabertura do processo a partir do surgimento de novas provas, se prestaria como verdadeira *espada de Dâmocles* a pender sobre a cabeça do réu que, a qualquer momento, poderia ver reaberto o processo, em franca violação, inclusive, ao princípio da presunção de inocência (nesse sentido, Paulo Rangel, *Direito Processual Penal.* 17ª ed., Lumen Juris. 2007, p. 182).

Nossa posição • Ousamos discordar desse respeitável entendimento. De se anotar, desde logo, que em favor da lei há uma presunção que milita, invariavelmente, no sentido de sua constitucionalidade. É o que consiste no chamado *princípio da constitucionalidade das leis,* pelo qual o ato normativo somente perde sua eficácia e validade mediante uma declaração judicial que declare sua desconformidade com a Constituição. Na lição de clássica de Luís Roberto Barroso, "o princípio da presunção de constitucionalidade dos atos do Poder Público, notadamente das leis, é uma decorrência do princípio geral da separação dos Poderes e funciona como fator de autolimitação da atividade do Judiciário, que, em reverência à atuação dos demais Poderes, somente deve invalidar-lhes os atos diante de casos de inconstitucionalidade flagrante e incontestável" (*Interpretação e aplicação da Constituição: fundamentos de uma dogmática constitucional transformadora.* 7ª ed. rev. São Paulo: Saraiva, 2009, p. 193).

Por conta desse princípio, portanto, somente se for patente a inconstitucionalidade ela deve ser declarada, em situações nas quais seja impossível sua interpretação em consonância com a Carta, sob pena de indevida ingerência no Poder Legislativo. Como observa João Pedro Gebran Neto "o intérprete deve tentar extrair validade das leis e dos atos normativos do Poder Público sempre que possível, só declarando sua inconstitucionalidade quando esta for flagrante e incontestável. A declaração de inconstitucionalidade sempre é medida excepcionalmente adotada, porque implica restrição ao exercício de atividade legítima de outro Poder" (*A aplicação imediata dos direitos e garantias individuais,* São Paulo, RT, 2002, pág. 108).

Imaginar-se, destarte, que a possibilidade de reabertura do processo, prevista no parágrafo único do dispositivo em análise, violaria o princípio do *ne bis in idem*, seria ignorar os direitos individuais da vítima e o direito à segurança da qual é titular a sociedade, ambos com assento constitucional e tão caros quanto o direito do réu em não se ver processado duas vezes pelo mesmo fato. Essa formulação nos parece bastante razoável, capaz de preservar a presunção da constitucionalidade do dispositivo, pois sopesa ambos os direitos, de modo a prevalecer a possibilidade de reabertura do processo, sobretudo quando se cuida de crime gravíssimo, por atentar contra o bem jurídico mais valioso – vida – a reclamar forte atuação estatal em seu combate.

Mesmo a afirmação no sentido de que o réu seria processado duas vezes, pelo mesmo fato, merece uma reflexão mais aprofundada e guarda pertinência com a própria natureza jurídica da decisão de impronúncia. Com efeito, embora impugnável por meio de apelação, segundo a redação atual do art. 416 do CPP, continuamos a entender que a natureza jurídica dessa decisão é interlocutória mista, de conteúdo terminativo, pois encerra uma primeira fase do processo, sem ingressar no mérito. Ora, se não há investigação sobre o mérito, tarefa que cabe ao Júri, nada impede a rediscussão da causa, sobretudo quando o legislador teve o cuidado de exigir a oferta de outra denúncia ou queixa, a partir do surgimento de novas provas, preservando, assim, o contraditório e a ampla defesa do acusado. O que os críticos não explicam é a forma de solucionar a hipótese na qual, inicialmente impronunciado o réu, porque não localizado o corpo da vítima, este venha posteriormente a surgir. Sobretudo quando nosso Direito não admite a chamada revisão criminal *pro societate*. Ficaria o Estado impedido de agir, em tão clamorosa situação? Haverá quem afirme que, em outras situações, cuidando-se de crimes que não são sejam da competência do Tribunal do Júri, pode ocorrer o mesmo, isto é, uma vez absolvido o réu, com o trânsito em julgado da sentença, nada mais pode ser feito. É verdade, mas nenhum caso – insistimos – dirá respeito a crime de tamanha gravidade com aqueles que são levados ao Júri, a exigir, em seu trato, especial cuidado do legislador.

A propósito, não temos dúvida em afirmar que, na prática, eventual remoção do mundo jurídico desse dispositivo, porque inconstitucional, implicaria inegável prejuízo aos réus. Isso porque ninguém ignora o caráter de excepcionalidade da sentença de absolvição sumária, por subtrair do Júri (seu juiz natural, segundo a Constituição), o julgamento dos crimes dolosos contra a vida. É dizer: situações nas quais o réu seria impronunciado, a partir da extinção dessa espécie de decisão, invariavelmente redundariam na pronúncia, levando o agente a Júri, sujeitando-o a uma condenação despida de provas, passível de ocorrência ante a inexistência de motivação das decisões do Conselho de Sentença e de definitividade, face ao princípio constitucional que garante a soberania do *decisum*.

Também não comungamos da tese pela qual a decisão de impronúncia acarretaria uma situação de incerteza para o réu, dada a possibilidade de reabertura do processo que, de resto, afrontaria o princípio da presunção de inocência. A um, porque a possibilidade de reabertura do processo sofre uma limitação temporal, na medida em que perdura enquanto não verificada a prescrição. Passado esse lapso, não é mais possível falar-se em novo processo. A dois, em virtude de que não será toda e qualquer prova que autorizará outra denúncia ou queixa, mas somente aquele prova nova, formal ou substancialmente nova. E, a três, em razão de que o réu não sofre qualquer condenação, podendo, ainda, ser absolvido pelo Júri, caso a nova acusação redundar em pronúncia.

Aliás, a se privilegiar esse entendimento, tem-se uma situação muito mais grave ao réu no art. 366 do CPP, quando, citado por edital, não comparece e tampouco constitui defensor. Aqui ocorre a interrupção do lapso prescricional, com a suspensão do processo (perdurando, assim, a situação de incerteza), mas com um fator agravante, que consiste exatamente na possibilidade da decretação de sua prisão preventiva. Apesar disso, ao que saiba, ninguém jamais sustentou a inconstitucionalidade desse dispositivo, saudado, ao revés, como salutar ao réu, por impedir sua condenação mesmo ignorando a existência do processo-crime. São as razões pelas quais não vislumbramos inconstitucionalidade no dispositivo em exame.

Impronúncia e crimes conexos • A impronúncia impede o julgamento, pelo Tribunal do Júri, de crime conexo apontado na denúncia ou na queixa (nesse sentido, *RJTJSP* 102/377). Assim, por exemplo, sendo o réu acusado de matar a vítima e, em seguida, na fuga daqueles que visavam sua captura, de atropelar e matar um pedestre, se impronunciado em relação ao homicídio doloso, afasta-se a competência do Júri para o crime de homicídio culposo. Quanto a este último, se a Comarca contar com vara privativa do Júri e outras varas comuns, cumpre ao juiz, face à sua incompetência, determinar a distribuição dos autos livremente ao juiz singular. Sendo o juiz togado o único da Comarca, ele mesmo deverá proferir o julgamento em relação ao delito conexo.

Despronúncia • Ocorre quando a decisão de pronúncia é reformada. Era cabível, antes da reforma de 2008, em duas hipóteses: quando o Juiz de primeiro grau, após pronunciar o réu e ante a oferta de recurso em sentido estrito, se retratava, impronunciando-o. Ou, quando mantida a decisão de pronúncia pelo juiz, o Tribunal de Justiça acolhia recurso em sentido estrito contra tal decisão interposto pelo réu, impronunciando-o.

De se ver, porém, que da decisão de impronúncia não é mais cabível o recurso em sentido estrito e sim a apelação, nos termos da atual redação do art. 416 do código, de forma que somente se pode cogitar da despronúncia quando, ao dar provimento à apelação do réu que fora pronunciado, o Tribunal venha a impronunciá-lo.

JURISPRUDÊNCIA

» Constitucionalidade da sentença de impronúncia

"A sentença de impronúncia não fere o princípio da presunção de inocência, pois com ela o processo é extinto sem julgamento do mérito, visando justamente resguardar a condição de inocente do acusado, em face da inexistência de provas convincentes que pudessem obrigá-lo a se submeter ao Tribunal do Júri. E, enquanto não houver sentença penal condenatória transitada em julgado contra si, o acusado permanecerá sendo considerado inocente, e isso é uma garantia oriunda de um Estado Democrático de Direito. Assim, inexistindo a inconstitucionalidade arguida, não há que se falar em absolvição sumária, até porque, a absolvição sumária só é aplicada nos casos de exclusão do crime ou isenção de pena, conforme dispõe o art. 411 do CPP, o que não é o caso dos autos" (TJPA – RSE nº 200430039636 – Rel. Raimundo Holanda Reis, j. 04.03.2010).

Art. 415. O juiz, fundamentadamente, absolverá desde logo o acusado, quando: (Redação dada pela Lei nº 11.689, de 2008)

I – provada a inexistência do fato; (Redação dada pela Lei nº 11.689, de 2008)

II – provado não ser ele autor ou partícipe do fato; (Redação dada pela Lei nº 11.689, de 2008)

III – o fato não constituir infração penal; (Redação dada pela Lei nº 11.689, de 2008)

IV – "demonstrada causa de isenção de pena ou de exclusão do crime". (Redação dada pela Lei nº 11.689, de 2008)

Parágrafo único. Não se aplica o disposto no inciso IV do caput deste artigo ao caso de inimputabilidade prevista no caput do art. 26 do Decreto-Lei no 2.848, de 7 de dezembro de 1940 – Código Penal, salvo quando esta for a única tese defensiva. (Incluído pela Lei nº 11.689, de 2008)

Absolvição sumária. Introdução • O objetivo da absolvição *in limine* é destacado por Edgard de Moura Bittencourt, para quem "segundo uniforme jurisprudência dos nossos tribunais, a absolvição no sumário da culpa é uma medida que a lei adotou para libertar inocentes das delongas do julgamento perante o júri" (*A instituição do júri*, São Paulo: Saraiva, 1939, p. 95).

Decisão de mérito • Trata-se, portanto, de decisão definitiva, pois ingressa na discussão do mérito, quando o juiz togado inocenta o acusado. Assim, ao contrário da impronúncia que faz coisa julgada formal permitindo, na eventualidade do surgimento de novas provas, a renovação do processo, a absolvição sumária induz à profunda análise do mérito, onde se reconhece que, embora típico o fato, ele não é ilícito ou seu autor não merece reprovação e, por isso, deve ser definitivamente absolvido. Faz, por isso mesmo, coisa julgada material. Tal sentença deve, portanto, atender aos requisitos dos arts. 381 e 386 do código.

Distinção entre impronúncia e a absolvição sumária • Como destaca José Frederico Marques, "a diferença entre a impronúncia e a absolvição sumária está em que a primeira é simples *absolutia ab instantia* e a segunda *absolutio ab causa*. Com a impronúncia, encerra-se o juízo da formação da culpa e a instância do processo penal condenatório, porque não há lastro para a acusação; na absolvição sumária, encerra-se o processo e a ação penal, porque a pretensão punitiva deduzida na acusação é improcedente. No tocante aos elementos integrantes do crime, a impronúncia é sentença que só incide sobre o fato típico, enquanto que a absolvição sumária é decisão sobre todos os fatores constitutivos do crime: o juiz declara provado o fato típico, mas absolve o réu, ou por ausência de antijuridicidade, ou por ausência de culpabilidade. Na impronúncia, a falta de prova do crime, como fato típico, tira qualquer consistência à denúncia, porquanto sem o *corpus delicti* não pode haver acusação em plenário. Na absolvição sumária, malgrado haja 'corpo de delito' ou comprovação do fato típico, não pode o réu ser punido, pois o fato não se apresenta como penalmente ilícito, ou então, deve ser tido como não culpável" (*A Instituição do Júri*, p. 242-243).

Cabimento • A absolvição sumária tem cabimento para as hipóteses em que, nos termos do artigo em exame, restar "provada a inexistência do fato" (inc. I) ou que o réu não é seu autor (inc. II), quando "o fato não constituir infração penal" (inc. III) ou demonstrada causa de isenção de pena ou de exclusão do crime (inc. IV).

A tais hipóteses, uma outra deve ser acrescida, constante do inc. IV, do art. 397 do código, a saber quando "extinta a punibilidade do agente". Alguém poderá indagar da razão pela qual esse dispositivo, que não consta da parte do código que trata do Júri, deve ser invocado. Ocorre que o § 4°, do art. 394, determina que "as disposições dos arts. 395 a 398 deste Código aplicam-se a todos os procedimentos penais de primeiro grau, ainda que não regulados neste Código". Nessa linha de raciocínio, a regra do art. 397 (nele incluído seu inc. IV), deve se estender, também, ao Júri.

Nesse passo, entendemos que as hipóteses de absolvição sumária são duas, proferidas após a resposta do agente, ainda no limiar da ação penal ou depois, quando produzida toda instrução probatória, consoante disposto, respectivamente, nos arts. 397 e 415 do código. Claro que em se tratando de crimes de competência do Júri, se já é excepcional a absolvição sumária, com mais razão ainda será incomum a rejeição da denúncia. Mas nem por isso negamos essa possibilidade.

Andou bem o legislador da reforma de 2008. Prevalecia, com efeito, o entendimento de que o rol do revogado art. 411 era taxativo, não permitindo, assim, qualquer espécie de ampliação para outras hipóteses senão as nele previstas (excludentes de ilicitude e de culpabilidade). Entendíamos equivocado tal posicionamento. Imagine-se a situação em que o réu, respondendo pela prática de um homicídio, é surpreendido pelo surgimento da vítima viva. A pronúncia ou a desclassificação, no caso, soariam absurdas. Restariam, pelo sistema antigo, a impronúncia ou a absolvição sumária. A impronúncia, por permitir sempre a reabertura do processo, parecia inadequada porquanto incompatível com a certeza que decorre do fato da vítima encontrar-se viva. Melhor, nesse caso, que se conferisse um caráter de definitividade à sentença, absolvendo-se de vez o réu. Isso, porém, não era possível, já que a absolvição sumária somente era permitida quando presentes de excludentes de ilicitude e de culpabilidade, podendo, assim, ser o agente levado à Júri em situação tão esdrúxula. Tal impasse foi solucionado pela nova disciplina do Júri, ao permitir que, nesse exemplo, seja, de pronto, absolvido o réu, com base na inexistência do fato.

Excepcionalidade da absolvição sumária • A absolvição sumária, por importar em exceção ao princípio geral que impõe ao Júri o julgamento dos crimes dolosos contra a vida, deve ser reservada para os casos em que as excludentes de ilicitude (justificativas) ou culpabilidade (dirimentes) restarem absolutamente demonstradas. Ou que, em vista da redação do art. 415, a inexistência do fato, sua eventual atipicidadade ou a prova de que o réu não foi seu autor, fiquem evidenciadas de forma cabal, não persistindo qualquer dúvida a respeito. Remanescendo alguma dúvida, ela deve ser resolvida em favor da competência do Júri, de índole constitucional, *pro societate*, cabendo ao juiz, portanto, a pronúncia do réu.

Assim, por exemplo, não se pode absolver sumariamente por falta de provas, quando o caso é de impronúncia (*RT* 629/320, 519/343). Tampouco quando o laudo que atestou a inimputabilidade do agente por doença mental seja precário e impreciso (*RT* 695/311). Nesses casos, impõe-se a pronúncia do réu, cabendo ao conselho de sentença decidir se há prova suficiente para a condenação ou se o agente era inimputável à época da prática do delito. Nada impede – ao contrário, impõe-se – que o juiz, cabalmente demonstrada a inimputabilidade do réu decorrente de doença mental, o absolva sumariamente, aplicando, em seguida, a respectiva medida de segurança (nesse sentido, *RT*762/613, 631/285). Já se se tratar de um réu semi-imputável, situado na condição de fronteiriço, deve o juiz pronunciá-lo, para julgamento pelo conselho de sentença (confira-se *RT* 558/382).

Constitucionalidade • Há respeitável doutrina que sustenta a inconstitucionalidade deste art. 415, sobretudo após a reforma do Júri operada em 2008, que alargou as hipóteses de absolvição sumária. É que, ao absolver sumariamente, o juiz togado retira do Júri a competência para o julgamento dos crimes dolosos contra a vida, que tem previsão constitucional (art. 5°, inc. XXXVIII, "d"). Afrontaria, ainda, com essa decisão, a soberania dos veredictos, igualmente albergada no texto constitucional (art. 5°, inc. XXXVIII, "c").

De se atentar, todavia, que os princípios constitucionais acima referidos podem, em determinadas hipóteses, experimentar alguma mitigação. Mesmo a soberania dos veredictos não se traduz em um princípio absoluto, por se admitir, de forma pacífica, que a decisão do Júri seja modificada, no mérito, em favor do réu por meio de revisão criminal.

Por outro lado, ao absolver sumariamente o réu, livrando-o de uma acusação infundada e evitando seja o mesmo submetido às agruras de um julgamento pelo Júri, o juiz age em consonância com princípios que também possuem previsão constitucional, a saber o da dignidade da pessoa humana – este verdadeiro fundamento da República brasileira, nos termos do art. 1°, inc. III da Carta – , e da duração razoável do processo (art. 5°, inc. LXXVIII).

De qualquer forma, ao se reconhecer a excepcionalidade da absolvição sumária, reservada para casos específicos e extreme de dúvidas, se afasta eventual alegação de inconstitucionalidade deste dispositivo, por afronta a princípios previstos na Carta.

Inimputabilidade • Situação interessantíssima surge quando, embora plenamente configurada a inimputabilidade do réu, pretenda a defesa demonstrar, por exemplo, que não foi ele o autor do delito (negativa de autoria). Nesse caso, cumpre ao juiz pronunciar o acusado, cabendo ao Júri decidir se ele cometeu, ou não, o fato típico. Isso porque a chamada sentença absolutória imprópria, embora denominada absolutória, possui inegável carga de condenação, já que submete o agente ao desconforto de sua internação em hospital de custódia ou à submissão a tratamento ambulatorial (art. 96, inc. I, do Código Penal).

Explicamos melhor: é possível, por exemplo, que o agente, em virtude de doença mental, seja inteiramente incapaz de entender o caráter ilícito do fato e, por isso mesmo, inimputável, nos termos do art. 26 do Código Penal. Essa condição, mesmo que plenamente reconhecida por laudo técnico, não significa dizer, de plano, que ela tenha cometido um homicídio. Pode não ter sido o autor do disparo que matou a vítima. Ou, sendo o autor do disparo, é possível que tenha agido em legítima defesa. Estas duas circunstâncias (autoria e excludente de antijuridicidade), devem ser analisadas pelo Júri. Ou alguém duvidará que, ao réu, é mais vantajoso ser absolvido em plenário a ter que suportar uma internação no manicômio?

Pertinente, nessa linha de raciocínio, a lição de Antonio Carlos da Ponte, ao destacar que "não se alegue que os hospitais de custódia e tratamento psiquiátrico não se confundem com os presídios. A realidade tem mostrado que as diferenças se situam apenas no campo teórico. A chance de uma pessoa que acuse perturbação da saúde mental recuperar-se em um desses estabelecimentos é nula" (*Inimputabilidade e Processo Penal*. 2.ed. 2007, São Paulo: Quartier Latin).

Há sim, portanto, interesse do réu em receber uma sentença absolutória propriamente dita, que reconheça não ter ele cometido o crime. É o que se extrai do parágrafo único do art. 415 do CPP. Aliás, em decisão do STF, anterior à reforma do Júri, foi concedido *habeas corpus* voltado contra decisão que, absolvendo sumariamente o réu, lhe impôs, como medida de segurança, internação em estabelecimento próprio. Colhe-se a seguinte notícia publicada no *Informativo do STF*: "Entendeu-se que a conjugação da absolvição com a medida de segurança conflita com a soberania do tribunal do júri, tendo em conta o direito de o cidadão somente ter a culpa presumida após o exercício do direito de defesa perante o juiz natural, no caso, o tribunal do júri. No tocante ao art. 411 do CPP, asseverou-se que este dispositivo somente pode ser aplicado pelo juízo ou pelo órgão revisor quando implicar simples absolvição, não resultando na imposição de medida de segurança, haja vista que esta consubstancia sanção penal" (*Informativo do STF*, nº 462, de abril de 2007).

Daí a salutar ressalva formulada no parágrafo único do art. 415 do CPP, no sentido de que a inimputabilidade não dá ensejo à absolvição sumária, "salvo quando esta for a única tese defensiva". Em síntese: comprovada a inimputabilidade do agente, deve o juiz absolvê-lo sumariamente. Em um caso, contudo, não poderá fazê-lo: exatamente quando, a despeito de tal incapacidade, outra tese defensiva ter sido suscitada (negativa de autoria ou legítima defesa, para ficarmos com nosso exemplo inicial), quando, então, a pronúncia se impõe para que o Júri, juiz natural dos crimes dolosos contra a vida, aprecie o fato.

Semi-imputabilidade • O réu que, por meio do respectivo incidente de insanidade mental, for considerado semi-imputável deve, mesmo assim, ser pronunciado, desde que, por óbvio, preenchidos os demais requisitos que justifiquem sua submissão ao Júri. É que essa condição de semi-imputabilidade não guarda nenhuma relação com o fato propriamente dito (autoria e materialidade), tampouco com as excludentes de antijuridicidade. A única consequência de seu reconhecimento consiste na possibilidade de redução da pena ao semi-imputável, de um a dois terços, nos termos do parágrafo único, do art. 26, do Código Penal. Ora, fixação de pena, na sistemática do Júri, é tarefa exclusiva do juiz togado, na qual o jurado não tem qualquer participação. Assim, submetido o réu ao Júri e, uma vez condenado, cabe ao juiz reduzir-lhe a pena, uma vez reconhecida sua semi-imputabilidade. Mas essa operação – insistimos – deve se processar perante o Júri, nada justificando, dessa forma, seja o agente absolvido sumariamente por conta de sua reconhecida semi-imputabilidade. Aliás, o art. 415, inc. IV do código, dispõe ser cabível a absolvição sumária quando "demonstrada causa de isenção de pena", sendo que a semi-imputabilidade, como já destacado, não induz à isenção da pena, mas à sua mera redução.

Absolvição sumária e crimes conexos • De se ver, por último, que é possível, por força da conexão, que outros delitos estejam ligados ao homicídio. Imagine-se a situação na qual o juiz absolve sumariamente o réu pelo homicídio, mas há um outro delito apurado em conexão, por exemplo, um roubo. Não poderá, nesse caso, também apreciar o roubo, devendo, primeiro, aguardar o julgamento de eventual apelação interposta contra a absolvição sumária (*RT* 496/287, 512/361). A razão é simples: pode ocorrer do Tribunal de Justiça, dando provimento ao recurso, pronunciar o réu. Ora, nesse caso, a competência para julgamento dos dois crimes (homicídio e roubo), será do Tribunal do Júri. Tivesse o juiz togado julgado desde logo o roubo, sem aguardar o pronunciamento do Tribunal de Justiça e subtrairia do Júri tal competência. De outra parte, caso mantida a sentença de absolvição sumária, deverá o juiz-presidente aplicar, por analogia, o disposto no art. 419, remetendo os autos ao juiz singular competente para conhecer do crime de roubo.

JURISPRUDÊNCIA

No item acima *in dubio pro societate*, nos comentários feitos ao art. 413, são reunidos julgados que mencionam os requisitos para a decisão de pronúncia e, por consequência, a excepcionalidade da sentença de absolvição sumária.

» Inimputabilidade. Quando é cabível a absolvição sumária

"Havendo prova da autoria e da materialidade do delito, tendo sido reconhecida a inimputabilidade do acusado, revela-se ausente pressuposto para a submissão do acusado ao Júri Popular, qual seja, a culpabilidade; ademais, no caso concreto, não aventada pela defesa qualquer excludente de ilicitude ou negativa de autoria, mostra-se imperativa a absolvição sumária com a imposição de medida de segurança, dada, inclusive, a periculosidade acentuada no laudo psiquiátrico, em consonância com o disposto no art. 411 do CPP c/c o art. 97 do CPB. Precedentes do STJ: HC 42.314/SP, Rel. Min. GILSON DIPP, 19.12.05, HC 38.500/MG, Rel. Min. ARNALDO ESTEVES LIMA, DJU 01.07.05 e HC 38.498/MG, Rel. Min. LAURITA VAZ, DJU 08.05.06" (STJ – HC nº 88234-SP – Rel. Napoleão Nunes Maia Filho, DJe 18.08.2008).

"Pronúncia. Homicídio qualificado (art. 121, §2º, inc. II, III e IV, do Código Penal). Recurso defensivo visando reforma da decisão para absolver sumariamente o réu inimputável. Provimento. Reforma da sentença para absolver sumariamente de forma imprópria, pois a inimputabilidade é a única tese defensiva, nos termos do art. 415, inc. IV e parágrafo único, do C.P.P. Negativa de autoria em sede de interrogatório não configura tese defensiva. Defesa técnica pleiteou apenas a absolvição imprópria. Aplicação de medida de segurança. Internação pelo prazo mínimo de 03 anos, em razão da gravidade do crime Recurso provido" (TJSP – RSE nº 0013673-83.2009.8.26.0248 – Rel. Salles Abreu, j. 23.10.2013).

"APELAÇÃO – Homicídio qualificado tentado e incêndio – Absolvição sumária com aplicação de internação – Comprovação dos fatos, da autoria e da inimputabilidade do réu – Absolvição sumária do art. 475, IV, CPP como única tese da defesa no sumário da culpa – Acerto da r. decisão apelada – Precedentes do STJ – Recurso improvido" (TJSP – Apelação nº 0012814-98.2005.8.26.0477 – Rel. Newton Neves, j. 13.11.2012).

» Inimputabilidade reconhecida. Quando se justifica a submissão ao Júri

HOMICÍDIO TENTADO. INIMPUTABILIDADE. ABSOLVIÇÃO SUMÁRIA E SUBMISSÃO À MEDIDA DE SEGURANÇA. ALEGAÇÃO DE CAUSA EXCLUDENTE DE ILICITUDE. LEGÍTIMA DEFESA. COMPETÊNCIA DO CONSELHO DE SENTENÇA – "Havendo tese defensiva relativa à excludente de ilicitude prevista no art. 23 do Código Penal (legítima defesa), não deve subsistir a sentença que absolveu sumariamente o paciente e aplicou-lhe medida de segurança, em face de sua inimputabilidade, por ser esta tese mais gravosa que aquela outra" (STJ – HC nº 99649-MG – Rel. Arnaldo Esteves Lima, j. 17.06.2010, DJe 02.08.2010).

"Apenas é possível a absolvição sumária se a incapacidade penal for a única tese suscitada pela defesa nos autos. No caso, além da inimputabilidade, postula a impronúncia, por ausência de provas e a tese da ausência de animus necandi, postulando a desclassificação da imputação para lesões" (TJSP – RSE nº 0000514-08.2013.8.26.0483 – Rel. Paulo Rossi, j. 07.05.2014).

"Deixa-se aqui claro, outrossim, que a reconhecida inimputabilidade do recorrente, como atestado no incidente específico (em apenso), não impede seja ele levado perante o Conselho de Sentença, pois, se eventualmente reconhecida a excludente de antijuridicidade alegada (legítima defesa), o réu será absolvido e não se lhe imporá qualquer restrição à sua liberdade, nem mesmo internação para tratamento" (TJSP – RSE n° º 0015995-58.2010.8.26.0566 – Rel. Roberto Solimene, j. 12.12.2013).

Absolvição sumária – Aplicação de medida de segurança. Impossibilidade. Inteligência do artigo 415, inciso IV, parágrafo único (Parágrafo único – "Não se aplica o disposto no inciso IV do caput deste artigo ao caso de inimputabilidade prevista no caput do artigo 26 do Decreto-Lei nº 2.848, de 7 de dezembro de 1940 – Código Penal, salvo quando esta for a única tese defensiva) – "Cuidando-se de réu inimputável, faz-se necessário, antes de se aplicar medida de segurança, verificar se o fato praticado constitui crime, ou se encontra-se acobertado por alguma causa excludente de antijuridicidade, ocorrendo nesta última hipótese a absolvição plena" (TJSP – RSE nº 000281-48.2010 – Rel. Borges Pereira, j. 10.12.2013).

» **Pronunciado o réu não é mais cabível o reconhecimento de sua inimputabilidade pelo juiz togado**

"A absolvição sumária pode ser alcançada ao final do iudicium accusationis, constatada a inimputabilidade do réu. Entretanto, operado o trânsito em julgado da decisão que pronunciou o paciente, não pode ser esta decisão alterada pelo mesmo juiz togado em decorrência da superveniência de laudo que atesta a insanidade mental do acusado, pois já não mais ostentará competência, agora transferida ao Conselho de Sentença, juiz natural da causa (Precedentes)" (STJ – HC 141887-ES – Rel. Felix Fischer, j. 17.11.2009, DJe 29.03.2010).

» **Dúvida quanto à imputabilidade. Submissão ao Júri**

"É possível, em tese, mesmo com a reforma processual, a absolvição sumária quando reconhecida à inimputabilidade do agente ativo, desde que essa tenha sido a única tese defensiva desenvolvida. A absolvição sumária exige certeza absoluta do julgador quanto à inimputabilidade do réu, portanto, sendo um dos laudos dúbio e o outro taxativo quanto à consciência da ilicitude, a questão deve ser examinada pelos Jurados, juízes naturais para o exame dos crimes dolosos contra a vida e os que lhe são conexos" (TJMG – RSE n.° 1.0023.04.000560-7/001, Rel. Jane Silva, j. 17.11.2009, DJe 05.02.2010).

» **Semi-imputabilidade e pronúncia**

"Júri. Oligofrenia. Semi-imputabilidade penal. Pronúncia. Penal. Júri. Capacidade de culpabilidade. Oligofrenia. Inexistência de doença mental. Deficit da inteligência – "O portador de oligofrenia não é doente mental e, sim, portador de déficit da inteligência, que não constitui processo psicopatológico, pois diante do desenvolvimento mental retardado é capaz de entender o caráter ilícito da ação desvalorada, porém, não era capaz de se determinar. Portanto, em razão da norma esculpida no art. 26, par. único do Código Penal, tem a capacidade penal reduzida, não se lhe aplicando o art 411 do Cód. Proc. Penal e, por consequência, devendo ser submetido ao julgamento pelo Júri" (TJRJ, Rec. Crim. ex-officio n° 55/95, Rel. Álvaro Mayrink da Costa, j.16.04.1996).

"Se nos crimes da competência do Júri o juiz se convencer da existência do crime e de indícios de autoria, ainda que comprovada por perícia a semi-imputabilidade do acusado, deve pronunciá-lo, eis que tal circunstância não isenta o réu de pena, apenas recomenda a sua redução" (TJSP – Rel. Des. Cerqueira Leite – RT 756/569).

Art. 416. Contra a sentença de impronúncia ou de absolvição sumária caberá apelação. (Redação dada pela Lei nº 11.689, de 2008)

Apelação • A sentença de impronúncia e de absolvição sumária, segundo o disposto na redação original dos incisos IV e VI, do art. 581 do CPP, podiam ser desafiadas por meio de recurso em sentido estrito. Com a alteração operada em 2008, conforme texto expresso de lei, o recurso cabível passou a ser a apelação. Parece correta a opção do legislador. Com efeito, a absolvição sumária põe termo ao processo, não se justificando, por isso, a previsão do recurso em sentido estrito, mais afeito a questões incidentes, dada à sua semelhança, inclusive, com o agravo do processo civil. E a impronúncia, de sua parte, embora admitindo a reabertura do processo (art. 414, parágrafo único), tem o efeito também, de alguma forma, de encerrar a relação processual, fazendo coisa julgada formal. Lembre-se que a sentença de pronúncia, porém, continua a admitir o recurso *stricti juris*, conforme previsto no art. 581, inc. IV do CPP.

A alteração não guarda mero interesse bizantino, mas, ao revés, produz concretos efeitos práticos. Destarte, o efeito que mais caracteriza o recurso em sentido estrito é o *regressivo*, também denominado de *iterativo* ou *diferido*, que importa na faculdade conferida ao juiz de reformar sua própria decisão. Assim, proferida uma decisão impugnável através de recurso em sentido estrito e tendo sido ele interposto, cabe ao juiz, após a apresentação da contrariedade ao recurso, decidir se mantém a decisão anterior ou, ao contrário, se a reforma. Essa nova decisão deve ser proferida no prazo de dois dias. É o chamado *juízo de retratação*, previsto no art. 589 do código.

Ora, a partir da alteração legislativa, que aboliu, para as sentenças de pronúncia e absolvição sumária, a possibilidade de recurso em sentido estrito, tem-se, por conseguinte, que desapareceu, também, a possibilidade do juiz se retratar, na medida em que a apelação não admite essa espécie de efeito. Tampouco há que se cogitar, agora, da faculdade conferida à parte contrária, pelo parágrafo único do art. 589 do código, de pedir a remessa do recurso ao tribunal, por mera petição, eis que prejudicada pela retratação. Enfim, trata-se de alteração que, antes de encerrar discussão acadêmica, tem efeitos concretos no cotidiano dos operadores do Direito.

De outra parte, por se tratar de uma apelação, da decisão do Tribunal que, acolhendo o apelo, pronuncia o réu, são cabíveis embargos de nulidade ou infringentes, caso não unânime o julgado. São cabíveis, ainda, recurso extraordinário para o STF art. 102, inc. inc. III, "a" a "d" da Constituição), ou recurso especial para o STJ (art. 105, inc. III, "a" a "c"da CF), desde que presente os pressupostos autorizadores dessas formas extraordinárias de impugnação do julgado. Como observa Tourinho Filho, "também, dependendo da hipótese, pode ser impetrado habeas corpus, diretamente ao STJ, com fundamento no art. 105, I, c, da CF" *(Processo Penal*, 29a. Ed. São Paulo: Saraiva, 2007. Vol. 4. 2007, p. 73).

Extinção do chamado recurso obrigatório contra a sentença de absolvição sumária • Discute-se sobre a utilização da expressão *recurso de ofício* em contraste com o chamado *recurso voluntário*, que dependeria apenas da parte interessada a sua interposição. Na doutrina há entendimento no sentido de que não há qualquer interesse processual que justifique o juiz recorrer, impugnando sua própria decisão e, portanto, a classificação que divide os recursos entre voluntários e obrigatórios, careceria de maior rigor científico. Na verdade, conforme lição de Grinover, Magalhães e Scarance (*Recursos no processo penal*, p. 88), o que se denomina *recurso de ofício*, nada mais é que uma *condição de eficácia da sentença*, isto é, a decisão somente será eficaz quando sujeita a um reexame por um órgão superior, sob pena, inclusive, de não transitar em julgado caso não observada tal condição (v. Súmula 423 do STF). E, de fato, recurso não é, por faltar-lhe um de seus pressupostos subjetivos que é o interesse. Afinal, no dizer do STF, "a pesquisa da natureza jurídica do que se contém sob a expressão 'recurso ex officio' revela que se trata, na verdade, de decisão que o legislador submete ao duplo grau de jurisdição, e não de recurso no sentido próprio e técnico"(*RT* 762/558)

Em razão da excepcionalidade da decisão de absolvição sumária, o legislador a via com certa *desconfiança*, impondo ao juiz, por isso, que dela recorresse de ofício para o Tribunal de Justiça, conforme indicava a parte final do art. 411 e mesmo o art. 574, inc. II. Caso o Tribunal mantivesse a decisão do juiz *a quo*, o réu não era submetido a Júri. Caso contrário, dando provimento ao recurso obrigatório, o Tribunal, em consequência, pronunciava o réu que, então, seria julgado pelo tribunal popular.

Pois bem. Com a nova disciplina do Júri, trazida pela reforma de 2008, nossa posição é no sentido de que o impropriamente denominado recurso de ofício ou obrigatório não mais subsiste. Com efeito, a redação primitiva do art. 411 do CPP, que tratava da absolvição sumária, determinava, em sua parte final, que, uma vez absolvido o réu, pelas razões ali apontadas, cumpria ao juiz recorrer "de ofício, de sua decisão". Ora, o atual art. 415, inserido na reforma do Júri, não mais reproduziu essa observação final, pelo que se pode concluir, sem demandar maior esforço, quanto à desnecessidade de remessa dos autos à Superior Instância, para fins de confirmação da sentença de absolvição sumária. É verdade que o legislador poderia ter sido mais direto e objetivo, revogando, de forma expressa, o disposto no inc. II, do art. 574 do CPP, de modo a privilegiar a técnica. Mas tal omissão não impede que se produza uma interpretação sistemática, coerente com o espírito do projeto e com a doutrina que rejeita essa espécie de *recurso*, por assim dizer. A propósito, entendendo prejudicada pela absolvição sumária, cumpre à parte dela apelar, sem que seja necessária a utilização do vetusto e anacrônico *recurso de ofício*.

Outra questão interessante consiste em investigar se, após o advento da Constituição de 1998, continua em vigor o dispositivo que determina o reexame necessário pelo Tribunal de Justiça contra a sentença de absolvição sumária. Formou-se, inicialmente, posição no sentido de que, por força da nova ordem constitucional, que confere ao Ministério Público, privativamente, a iniciativa da ação penal pública (art. 129, inc. I, CF), não mais faz sentido a existência de um recurso obrigatório. Além disso, ao adotar o sistema acusatório, em contrapartida ao sistema inquisitivo, o constituinte deixou claro que, no processo penal, há inequívoca repartição de atribuições, com um órgão acusando e outro julgando. Ora, a atuação de ofício do juiz de remeter os autos à instância superior, importaria em violação desse sistema. Especificamente nesse último aspecto, confira-se *RT* 698/483. Cumpriria, assim, ao Ministério Público, uma vez inconformado com a sentença de absolvição sumária, a interposição do respectivo recurso. Trata-se, porém, de entendimento que não vingou, sendo que o STF já se posicionou pela manutenção do recurso obrigatório (*RT* 762/558). Com efeito, de se ver, inicialmente, que o fato de ser privativa a atribuição do Ministério Público para a propositura da ação penal pública, não tem o condão de revogar mencionado recurso de ofício, porquanto nada impede que, mesmo nos crimes dolosos contra a vida, a iniciativa do processo se dê através de ação penal privada subsidiária da pública (art. 29 do CPP), movimentada mediante a oferta de queixa-crime. Ademais, conforme já ressaltado, o requisito exigido pela lei, somente de forma imprópria pode ser conceituado como recurso. Afinal, "a pesquisa da natureza jurídica do que se contém sob a expressão 'recurso ex officio' revela que se trata, na verdade, de decisão que o legislador submete a duplo grau de jurisdição, e não de recurso no sentido próprio e técnico"(STF-*RT* 762/558). Portanto, o fato da Constituição deferir ao Ministério Público a legitimidade exclusiva para a propositura da ação pena pública, não eliminou o recurso obrigatório. Ainda nesse sentido: *JTJ* 231/304, 198/144.

Legitimidade para a apelação contra a sentença de impronúncia • Pode ser interposta apelação pelo Ministério Público, pelo assistente de acusação, pelo ofendido ou pelos sucessores deste (art. 31). Discute-se sobre a possibilidade do réu manejar tal recurso. Alguns admitem essa legitimidade, reconhecendo o interesse do réu na absolvição sumária, o que o livraria definitivamente da acusação, enquanto que, impronunciado, poderia a todo tempo ver contra si reaberto o processo (nesse sentido, *RT* 513/377). A par da quase improbabilidade dessa hipótese se verificar na prática, entendemos incabível a oferta do recurso pelo acusado, já que representaria inegável contrassenso o Juiz decidir que não há prova do crime e nem indícios de sua autoria e o réu, ao contrário, recorrer afirmando que houve sim o crime, que ele foi seu autor, mas que agiu, por exemplo, em legítima defesa. Adotando essa última posição, confira-se *RT* 554/341. Já a legitimidade do assistente de acusação para o recurso vem expressamente prevista no *caput* do art. 271 quando faz remissão ao art. 584, § 1º.

Quando o Juiz afasta alguma qualificadora apontada pela acusação, está, automaticamente, impronunciando o réu nesse tópico específico e, portanto, aqui também será cabível o recurso de apelação. Vale observar que, ao contrário do que ocorria na sentença de absolvição sumária, antes da reforma de 2008 (arts. 411 e 574, inc. II), da impronúncia jamais se admitiu o chamado recurso de ofício ou obrigatório (*RT* 525/353).

Legitimidade para a apelação contra a sentença de absolvição sumária • Terá a acusação (Ministério Público ou querelante), interesse em recorrer contra a sentença de absolvição sumária, a fim de que, com o provimento do apelo, seja o réu pronunciado pela Superior Instância e, por consequência, levado a plenário do Júri.

Réu • Poderá, também a defesa, valer-se da apelação contra a absolvição sumária na hipótese já mencionada em que o réu tem reconhecida, pelo juiz togado, sua inimputabilidade em decorrência de doença mental, mas almeja a absolvição em plenário, alegando, por exemplo, ter agido em legítima defesa.

Assistente • Já ao assistente não se deferia tal possibilidade, segundo entendimento que prevalecia na doutrina e jurisprudência (RT 547/396). A justificativa é que, na redação original do Código, da absolvição sumária era cabível recurso em sentido estrito (art. 581, inc. VI), e, para o assistente, no caso de tal recurso, o código somente admitia sua interposição em dois casos, conforme se infere do art. 271 combinado com o art. 584, § 1º, já mencionados: da impronúncia e da decisão que decreta extinta a punibilidade. Portanto, o rol de possibilidades de oferta do recurso em sentido estrito, para o assistente, era taxativo, não admitindo ampliação para outras hipóteses senão aquelas duas acima aludidas. Ademais, por comportar recurso de ofício, seria desnecessário o recurso do assistente (*RT* 547/396).

Entendíamos equivocada tal posição, não havendo, com efeito, razão para se impedisse o assistente de apresentar o recurso *stricto sensu*. É que o rol de recursos, elencado no art. 271, nunca nos pareceu taxativo, admitindo, ao contrário, ampliação. Basta lembrar que a doutrina, quase que unânime, reconhece legitimidade ao assistente para oposição de embargos de declaração, conquanto não prevista naquele dispositivo. Vê-se, assim, que o primeiro dos argumentos não prospera, já que as possibilidades de recurso para o assistente de acusação transcendem às duas hipóteses mencionadas no art. 271.

Mas não é só: a sentença de absolvição sumária, embora pudesse ser atacada através de recurso em sentido estrito (art. 581, inc. VI), nada mais era do que uma sentença absolutória própria, exatamente igual aquelas previstas no art. 598 do código, para as quais se admite o recurso do assistente.

Agora, quando se passou a admitir apelação para desafio à sentença de absolvição sumária, não se vislumbra motivo que impeça o assistente de recorrer dessa decisão. A propósito, não há qualquer razão que logicamente explique por qual motivo pode o assistente recorrer de uma sentença absolutória proferida em plenário do Júri ou de uma sentença absolutória proferida por um juiz singular, e não poderia atacar a absolvição sumária. Dizer-se que era em virtude da previsão de recurso obrigatório, nos termos do revogado art. 411 do CPP, parece não satisfazer a dúvida. É que a existência do recurso obrigatório jamais impediu o Ministério Público, na sistemática anterior, de recorrer em sentido estrito contra a absolvição sumária, não se justificando, portanto, que se impeça o assistente de se valer do mesmo recurso.

JURISPRUDÊNCIA

» **Sentença proferida antes da entrada em vigor da reforma submete-se ao reexame necessário**

"Proferida sentença de absolvição sumária antes da entrada em vigor da Lei n. 11.689/2008, imprescindível a submissão da decisão do Juízo sumariante ao crivo do Tribunal a quo por meio de reexame necessário. Na hipótese, considerando-se que a sentença de absolvição sumária foi proferida em 12/9/1998 e que a remessa de ofício para casos como tais deixou de ser exigida pelo ordenamento processual penal apenas em agosto de 2008 – por ocasião da entrada em vigor da Lei n. 11.689/2008 – , não há falar em não conhecimento do reexame necessário" (STJ – HC nº 278124- PI – Rel. Marco Aurélio Bellizze, j. 10.06.2014, DJe 18.06.2014).

» **Recurso em sentido estrito. Erro grosseiro**

HOMICÍDIO QUALIFICADO. SENTENÇA DE IMPRONÚNCIA PROLATADA APÓS A VIGÊNCIA DA LEI N.º 11.689/2008. RECURSO EM SENTIDO ESTRITO RECEBIDO COMO APELAÇÃO. IMPOSSIBILIDADE. PREVISÃO EXPRESSA QUANTO AO RECURSO CABÍVEL. ART. 416 DO CÓDIGO DE PROCESSO PENAL. NÃO INCIDÊNCIA DO PRINCÍPIO DA FUNGIBILIDADE. ERRO GROSSEIRO – "A fungibilidade recursal, a teor do art. 579 do CPP, é possível desde que observado o prazo do recurso que se pretenda reconhecer e a inexistência de erro grosseiro e de má-fé" (REsp 109.8670/SP, 5.ª Turma, Rel. Min. ARNALDO ESTEVES LIMA, DJe de 13/10/2009). Nos termos do art. 416 do Código de Processo Penal, com redação dada pela Lei n.º 11.689/2008, "[c]ontra a sentença de impronúncia ou de absolvição sumária caberá apelação." A indicação expressa, no Estatuto Processual Penal quanto ao recurso cabível na espécie, afasta a aplicação do princípio da fungibilidade recursal, diante da constatação do erro grosseiro" (STJ – HC nº 172515-MG – Rel. Laurita Vaz, j. 20.03.2012, DJe 29.03.2012).

Art. 417. Se houver indícios de autoria ou de participação de outras pessoas não incluídas na acusação, o juiz, ao pronunciar ou impronunciar o acusado, determinará o retorno dos autos ao Ministério Público, por 15 (quinze) dias, aplicável, no que couber, o art. 80 deste Código. (Redação dada pela Lei nº 11.689, de 2008)

Pessoas não incluídas na denúncia • Pode ocorrer que, finda a instrução probatória, já na fase de pronúncia, se constate que, da prova colhida em juízo, surgiu a participação de uma outra pessoa no crime, que não fora mencionada na denúncia ou queixa. Assim, acusado o réu pela prática de um homicídio, ele confessa a autoria, acrescentando que fora levado ao local por um amigo, que sabia de sua intenção e, inclusive, emprestou-lhe a arma utilizada para matar a vítima. Esse fato novo, não mencionado pela acusação e que surgiu depois, enseja o envio dos autos ao Ministério Público para que, no prazo de 15 dias, promova o aditamento da denúncia. A mesma providência, com a remessa dos autos ao querelante, deve ser adotada caso se trate de ação penal privada subsidiária da pública, nas raríssimas hipóteses em que deflagrada, dessa forma, a ação penal.

Ressalva • O dispositivo, porém, faz uma ressalva em sua parte final, ao referir-se ao art. 80 do CPP. Esse artigo faculta a possibilidade de separação dos processos, dentre outras razões, para não prolongar o tempo de prisão provisória. Suponha-se, assim, que, em nosso exemplo acima, o réu esteja preso, em virtude de flagrante ou de prisão preventiva. Eventual aditamento da denúncia, com a citação daquele terceiro que também participara do crime e a renovação de toda instrução criminal, culminaria, fatalmente, com o excesso de prazo na prisão do réu originário. Nesse caso e com fulcro no art. 80 do CPP, parece mais aconselhável a separação dos processos, pronunciando-se, se for o caso, o primeiro, para que seja logo submetido ao júri e deflagrando-se se, em separado, o processo-crime contra o segundo, a partir do recebimento da denúncia ou queixa. Já se aquele primeiro acusado estiver respondendo, em liberdade, ao processo, sem que se possa identificar qualquer prejuízo com eventual demora, temos que se deva seguir a regra geral, permitindo-se, dessa forma, o julgamento de ambos os réus em conjunto, em sessão única.

Recusa quanto ao aditamento • Pode ocorrer que o Ministério Público se recuse a aditar a denúncia. Se pediu novas diligências, cumpre ao juiz deferir o pedido, salvo se for de manifesta improcedência, pois, caso contrário, estaria obrigando o "parquet" a denunciar, o que não se concebe. Tendo o Ministério Público requerido o arquivamento e dele discordando o juiz, cabe invocar o art. 28 do CPP, com a remessa dos autos ao Procurador-Geral que, concordando com o promotor, insistirá no pedido de arquivamento, nada mais cabendo ao juiz senão acatá-lo. Sucede que o Procurador-Geral pode discordar daquele posicionamento quando, então, ele próprio ou outro membro da instituição, ofertarão a respectiva denúncia.

Em se tratando de ação penal privada subsidiária da pública – tão rara que a abordagem do tema vale mais por seu caráter doutrinário – caso o querelante se negue a aditar a queixa, cabe ao Ministério Público retomar a ação, nos termos do art. 29 do CPP, ofertando, se assim entender, a respectiva denúncia contra aquele terceiro surgido durante a instrução probatória.

Art. 418. O juiz poderá dar ao fato definição jurídica diversa da constante da acusação, embora o acusado fique sujeito a pena mais grave. (Redação dada pela Lei nº 11.689, de 2008)

Emendatio libelli • O dispositivo em tela, que praticamente repete a redação do art. 383 do CPP, trata da chamada *emendatio libelli*. É sabido que deve haver perfeita relação entre o fato narrado na denúncia ou queixa e aquele pelo qual foi o réu condenado. Tal vínculo, fundamental e imprescindível, entre a imputação e a sentença, decorre do chamado *princípio da correlação* ou *princípio da congruência* da condenação com a imputação ou *princípio da correspondência* entre o objeto da ação e o objeto da sentença.

Por conta de tal princípio, portanto, não pode o Juiz, de forma alguma, desvencilhar-se do fato trazido pelo autor na inicial, não devendo julgar, portanto, nem além, nem aquém e nem fora do que foi narrado pela acusação. De se ver, porém, que a correspondência que se exige é aquela existente entre o fato e a sentença e não entre a capitulação dada pelo acusador e a decisão final do Juiz. Em outras palavras: o julgador não está vinculado à classificação legal, sugerida pela denúncia ou queixa, podendo julgar livremente, ainda que, em conseqüência, tenha de aplicar pena mais grave. Tal possibilidade decorre, basicamente, de dois fatores. O primeiro deles é que o Juiz tem a livre dicção do direito, conhece o direito, de quem cabe cuidar, isto é, *jura novit curia*. E, em segundo lugar, que o réu se defende não do dispositivo penal apontado pelo acusador na inicial, mas sim dos fatos por ele narrados. Tal constatação vem consubstanciada no princípio *narra mihi factum dabo tibi jus*, ou seja, narra-me o fato (ao julgador) e te darei o direito.

Nesta hipótese, onde o fato é perfeitamente narrado na denúncia ou queixa, pode o Juiz corrigir o libelo, isto é, a acusação, no que se chama *emendatio libelli*, dando ao fato a capitulação legal que bem entender, sem que precise adotar nenhuma providência prévia, ainda que, em decorrência de tal alteração, tenha a pena que ser aumentada. Nem se argumente ter sido o réu, com tal mudança, tomado de surpresa, de forma a ver prejudicada sua defesa. Não, pois sua defesa – repita- se – refere-se ao fato narrado na inicial e não à capitulação que lhe foi conferida pela denúncia ou queixa.

Momento de aplicação da *emendatio libelli* • Em face da própria colocação da matéria, em capitulo após a instrução probatória, parece claro que a análise quanto à correção da acusação somente neste estágio processual deve ser realizada. Ou seja, após o recebimento da denúncia ou queixa e finda a instrução criminal, aí sim, ao proferir a sentença, deve o juiz verificar do acerto da classificação legal conferida, pela acusação, ao fato descrito na inicial. É este o entendimento predominante na jurisprudência do STF e do STJ e assim deve ser, na maioria dos casos. Ocorre que, em situações excepcionais, estes mesmos Tribunais superiores têm admitido que, antes mesmo de recebida a inicial, proceda o juiz à *emendatio libelli*. Para tanto, é preciso que se constate evidente exagero na inicial que, uma vez mantido, possa acarretar grave dano ao *status libertatis* do acusado. Assim, por exemplo, a denúncia que narra um fato consistente na guarda, para consumo pessoal, de drogas, mas que classifica o delito no art. 33 da lei própria (Lei nº 11.343/2006), que trata do tráfico. A manutenção da equivocada capitulação legal pode acarretar sério prejuízo ao acusado, dificultando, por exemplo, a obtenção da liberdade provisória e sujeitando-o, ademais, ao procedimento regular previsto para os crimes de tráfico, enquanto que, denunciado apenas pelo uso, poderia ser processado pelo rito abreviado dos Juizados Especiais Criminais, como prevê o art. 48, § 1º da lei de drogas. Nessas hipóteses excepcionais, onde se verifique – insiste-se – notável prejuízo ao acusado, parece-nos cabível que o juiz, adiantando-se ao que seria normal, corrija, desde logo, a inicial.

Aplicação do princípio em grau de recurso • Vale observar, por fim, que embora o artigo de lei fale em *juiz*, nada impede que também o Tribunal, em grau de recurso, altere a qualificação legal dada ao delito, desde que, como antes, esteja o fato perfeitamente narrado na denúncia ou queixa. Não incide, neste caso, a Súmula 453 do STF, que veda tal alteração, em segundo grau, apenas nas hipóteses de *mutatio libelli*. Nesta hipótese, porém, uma ressalva deve ser feita: tratando-se de recurso exclusivo do réu e se em virtude da nova definição jurídica decorrer prejuízo para ele, não será mais possível tal alteração, sob pena de afronta ao princípio que proíbe a chamada *reformatio n pejus*. Saliente-se, novamente, que tais disposições referem-se ao poder que tem o Juiz de livremente dizer o direito. Não fosse assim, ele seria obrigado a acatar todo e qualquer pedido de absolvição deduzido pelo Ministério Público, fato que, além de soar absurdo, afronta o disposto no art. 385 do Código (diferente da ação penal privada, onde o pedido de absolvição, por corresponder à perempção – art. 60, inc. III do CPP – deve necessariamente, ser acatado).

JURISPRUDÊNCIA

» **Defende-se o réu dos fatos constantes da denúncia a não da capitulação legal contida na inicial**

"A nova classificação jurídica dada aos fatos relatados de modo expresso na denúncia, inobstante a errônea qualificação penal por ela atribuída aos eventos delituosos, não tem o condão de prejudicar a condução da defesa técnica do réu desde que presentes, naquela peça processual, os elementos constitutivos do próprio tipo descrito nos preceitos referidos no ato sentencial. Defende-se o réu do fato delituoso narrado na denúncia, e não da classificação jurídico-penal dela constante. A regra do art. 384 do CPP só teria pertinência e aplicabilidade se a nova qualificação jurídica dada aos fatos descritos na peça acusatória do Ministério Público dependesse, para sua configuração, de circunstâncias elementar não contida, explícita ou implicitamente, na denúncia" (STF, Rel. Celso de Mello, RT 662/364).

"Na concreta situação dos autos, a inicial acusatória tratou explicitamente de todos os fatos ensejadores da condenação do paciente. Fatos, todavia, que receberam do Juízo processante classificação jurídica diversa daquela efetuada pelo órgão de acusação, o que se coaduna com o art. 383 do Código de Processo Penal. Pelo que o caso é mesmo de emendatio libelli (correção da inicial) e não de mutatio libelli (alteração do próprio fato imputado ao acusado)" (STF – HC nº 94443-MS, Rel. Ayres Britto, j. 29.06.2010, DJe 08.10.2010).

"Como o réu se defende do crime descrito na denúncia, e não da capitulação nela constante, o Juiz pode enquadrar diversamente o fato imputado na peça acusatória, desde que atinente às circunstâncias efetivamente descritas" (STF, Rel. Rafael Mayer, JUTACRIM 85/583).

"Constando da denúncia fatos inerentes ao tipo definido em sentença, a hipótese revela *emendatio libelli*, a dispensar a retificação da peça inicial da ação penal. Esta última somente se impõe caso não conste, da denúncia, circunstância elementar do tipo, quando, então, a figura é a da *mutatio libelli*, atraindo a incidência do art. 384 do CPP" (STF – HC nº 69997-RJ, Rel. Marco Aurélio, DJU 19.3.93, p. 4.281).

"Firmou-se na doutrina e jurisprudência pátrias o entendimento de que o acusado defende-se dos fatos que lhe foram atribuídos na denúncia, e não da qualificação jurídica dada pelo órgão acusatório. Constatando-se que a circunstância qualificadora do emprego de recurso que dificultou a defesa da vítima foi narrada na exordial acusatória, pode o magistrado operar a chamada emendatio libelli, dando ao fato nova qualificação jurídica, ainda que isso importe sujeição do acusado à pena mais grave, nos termos do artigo 418 do Código de Processo Penal" (STJ – HC nº 117145-GO, Rel. Jorge Mussi, j. 09.02.2010, DJe 10.05.2010).

"Pacífico é o entendimento de que, embora seja relevante a classificação do delito, o réu não se defende da capitulação e sim do fato noticiado na peça acusatória. Portanto, a capitulação errônea ou imperfeita, não torna nula a denúncia desde que, em sua descrição, ofereça condições necessárias ao conhecimento pleno da acusação contida e, desta forma, tenha o agente possibilidade de defender-se amplamente" (STJ, Rel. Fáquer Scartezzini, RT 693/411).

» Possibilidade de nova definição jurídica em grau de recurso

"Eventual capitulação equivocada dada aos fatos narrados na exordial acusatória pode ser emendada, inclusive em sede de apelação, já que o réu defende-se dos fatos objetivamente descritos na denúncia e não da classificação jurídico-penal atribuída pelo órgão ministerial ao fato delituoso" (STJ – REsp nº 975243-SP, Rel. Jorge Mussi, j. 19.10.2010, DJe 08.11.2010).

"Havendo a denúncia descrito fato concreto de determinado crime, dando-lhe no entanto, capitulação legal errônea, cabe a *emendatio libelli*, mesmo em segunda instância, a teor do art. 383 do CPP" (STJ – REsp nº 43333-SC, Rel. Flaquer Scartezzini, DJUe 13.06.94, p. 15114).

"Não é surpreendente a decisão que dá aos fatos articulados na inicial acusatória definição jurídica diversa da constante naquela peça, porque o réu se defende da imputação fática que é feita e não da capitulação jurídica que à mesma é dada, provisoriamente, pela acusação. Isso ocorre, inclusive, em segunda instância, por força do que reza o art. 617 do CPP, trazendo à colação a norma do art. 383 do mesmo estatuto" (TACrimSP, Rel. Cunha Camargo, *JUTACrim* 45/231).

Sentença – *Emendatio libelli* – Aplicação em segundo grau – Admissibilidade, uma vez que o réu se defende dos fatos e não da qualificação jurídica – Inteligência do art. 383 do CPP "Ocorre *emendatio libelli* ou corrigenda do libelo, quando o Juiz nos termos do art. 383 do CPP, dá ao fato narrado na denúncia definição jurídica diversa da que ali constar, por exemplo, quando a peça acusatória descreve perfeitamente o fato concreto de falsidade ideológica e lhe dá qualificação legal de estelionato e, uma vez que tal corrigenda não traz qualquer elemento de surpresa ao réu, pois o mesmo se defende de fato e não da tipificação, pode ser aplicada em qualquer instância, inclusive em 2º grau" (TRF, Rel. Petrucio Ferreira, RT 740/722).

» Possibilidade de nova definição jurídica em grau de recurso e *reformatio in pejus*

"Perfeitamente possível, segundo entendimento pacificado nesse Superior Tribunal, a aplicação da emendatio libelli – permitida pelo art. 383 do CPP – em segundo grau, mas desde que nos limites do art. 617 do CPP, que proíbe a reformatio in pejus. Evidenciado que o Tribunal, julgando recurso exclusivo da defesa, ao desclassificar a conduta do art. 5º da Lei 7.492/86 para aquela do art. 312, § 1º, do CP, aplicou finalmente pena mais severa do que aquela fixada em primeira instância pela mesma conduta, resta evidenciada a reforma a pior nesse ponto – dosimetria da pena – e ofensa ao art. 617 do CPP" (STJ – HC nº 106467-PR, Rel. Jorge Mussi, j. 14.04.2009, DJe 25.05.2009).

» Também na ação penal privada

"O fato do Magistrado dar uma nova definição jurídica ao ocorrido, considerando como injúria o que, na denúncia, foi apresentado como calúnia e difamação, não constitui nulidade da sentença, pois se as circunstâncias são as mesmas descritas em todos os seus pormenores na peça acusatória, a modificação apenas dos dispositivos legais é irrelevante, inexistindo qualquer cerceamento de defesa" (TACrimSP, Rel. Ferreira Rodrigues, RJD 25/374).

"Se o escrito incriminado imputa falsamente ao querelante a prática de fato definido como crime impõe-se a condenação por calúnia, e não difamação, que se verifica quando se tratar de fato ofensivo à reputação do sujeito passivo. Nesse caso, o tribunal pode dar ao fato definição jurídica diversa ainda que em recurso exclusivo da defesa, pois não se trata de nova definição jurídica, mas de simples *emendatio libelli*, só não podendo exasperar a pena" (TACrimSP, Rel. Barbosa de Almeida, RT 638/311).

» Ainda que para aumentar a pena

"Conforme autoriza o art. 383 do CPP, pode o Juiz, ao proferir a sentença condenatória, conferir ao fato descrito na denúncia definição jurídica diversa daquela que lhe deu o Ministério Público, mesmo que tenha que aplicar sanção mais severa" (STJ, Rel. Vicente Leal, *RT* 760/564).

Penal. Denúncia. Classificação do delito. Sentença. Definição jurídica diversa – "Precisa a denúncia na descrição do fato, não ofende as regras do art. 384, do CPP, a sentença que lhe der definição jurídica implicativa de pena mais grave" (STJ – REsp nº 4.4082=-RJ, Rel. José Dantas, DJU 02.06.94, p. 10017).

"O processo penal não é informado pelo 'princípio do pedido', de sorte que, preservada a ampla defesa, o juiz pode dar ao fato definição jurídica diversa da contemplada na denúncia, ainda que tenha de impor pena mais grave (arts. 383 e 384, parágrafo único do CPP)" (TACrimSP, Rel. Dante Busana, *RT* 600/361).

» Em grau de recurso é possível a *emendatio libelli* para majorar a pena

Sentença – Nulidade – Condenação, pela Superior Instância, por delito mais gravoso não capitulado na denúncia – Infração implicitamente descrita na inicial – Admissibilidade – "Inexistindo surpresa para o acusado, nada obsta a aplicação, pela Superior Instância, do preceito do art. 383 do CPP" (TACrimSP, Rel. Ítalo Galli, JUTACrim 38/204).

» Falta de menção à *emendatio libelli*. Irrelevância

"Para que exista ofensa ao princípio da correlação, é necessário que a condenação ocorra por fato diverso do imputado na inicial acusatória. O simples fato de o julgador não ter afirmado expressamente que efetuava a emendatio libelli não afasta sua ocorrência, na medida em que a nova capitulação jurídica dada na sentença guarda relação com os fatos narrados na denúncia e em seu aditamento" (STJ – HC nº 205193-RJ, Rel. Og Fernandes, j. 20.08.2013, DJe 06.09.2013).

» Equívoco quanto à capitulação do crime. Irrelevância

"O eventual erro na definição jurídica da conduta não torna Inepta a inicial acusatória, e, menos ainda, é causa de trancamento da ação penal, pois o acusado defende-se do fato ou dos fatos delituosos narrados na denúncia, e não da capitulação legal" (STJ – HC nº 213043-MT, Rel. Laurita Vaz, j. 06.08.2013, DJe 13.08.2013).

» Defesa dos fatos e não da capitulação dada pela denúncia

"No processo penal o acusado se defende dos fatos narrados na denúncia, e não da qualificação que lhes é dada pelo Ministério Público, de modo que eventual discussão acerca da figura típica a ser imputada à recorrente – estelionato ou apropriação indébita – mostra-se totalmente descabida nesta fase processual, pois poderá ser modificada pelo Juízo ao proferir eventual sentença condenatória" (STJ – HC nº 30199-PE, Rel. Jorge Mussi, j. 23.04.2013, DJe 08.05.2013).

"O réu, em nosso sistema processual penal, defende-se da imputação fática, e não da imputação jurídica; logo, se os fatos sobre os quais incide são sempre os mesmos, restando caracterizada a emendatio libelli, e não a mutatio libelli, desnecessária a observância de providência ou procedimento prévio, ainda que o juiz deva aplicar pena mais elevada em virtude da nova classificação, inexistindo nisso qualquer cerceamento de defesa" (STJ – HC nº 255512-SP, Rel. Sebastião Reis Júnior, j. 21.03.2013, DJe 10.04.2013).

» **Também na ação penal privada**

"O Juízo processante pode dar aos fatos descritos na queixa-crime definição jurídica diversa da que desta constar, mesmo que em consequência tenha que aplicar pena mais grave (CPP, art. 383)" (STJ – HC n° 41597-RJ, Rel. Arnaldo Esteves Lima, j. 04.04.2006, DJ 24.04.2006, p. 419).

» **Momento adequado para a *emendatio libelli***

a) antes do recebimento da denúncia ou queixa

"Segundo a jurisprudência do Supremo Tribunal Federal é a sentença o momento processual oportuno para a emendatio libelli, a teor do art. 383 do Código de Processo Penal. Tal posicionamento comporta relativização – hipótese em que admissível juízo desclassificatório prévio –, em caso de erro de direito, quando a qualificação jurídica do crime imputado repercute na definição da competência. Precedente" (STJ – HC n° 115831-MA, Rel. Rosa Weber, j. 22.10.2013, DJe 19.11.2013).

" Se se tem, na denúncia, simples erro de direito na tipificação da imputação de fato idoneamente formulada é possível ao juiz, sem antecipar formalmente a desclassificação, afastar de logo as consequências processuais ou procedimentais decorrentes do equívoco e prejudiciais ao acusado. Na mesma hipótese de erro de direito na classificação do fato descrito na denúncia, é possível, de logo, proceder-se a desclassificação e receber a denúncia com a tipificação adequada à imputação fática veiculada, se, por exemplo, da qualificação jurídica do fato imputado depender a fixação da competência ou a eleição do procedimento a seguir" (STF – HC n° 84653-SP, Rel. Sepúlvda Pertence, j. 01.08.2005, DJe 14.10.2005, p. 275)".

"Não se desconhece a existência de julgados desta Corte no sentido de ser indevida a desclassificação da conduta em juízo antecipado da exordial acusatória, por ser medida mais apropriada para a fase da prolação da sentença. Entretanto, em razão das alterações promovidas pela Lei n. 11.719/08, o Superior Tribunal de Justiça vem entendendo que, quando o magistrado verificar, de plano, que a conduta narrada na inicial não se amolda ao tipo penal capitulado, por questão de economia processual e para evitar nulidades de atos processuais, poderá corrigir, desde logo, a definição jurídica aos fatos ali narrados" (STJ – REsp n° 1069151-RJ, Rel. Og Fernandes, j. 06.08.2013, DJe 02.09.2013).

"O Juiz não está absolutamente impedido de fazer, no recebimento da denúncia, exame superficial da imputação. Se verificado abuso completo do poder de denunciar ou 'excesso de capitulação', poderá proferir a rejeição total da peça acusatória ou proceder alguma correção. Desta forma, se a denúncia é aproveitável, embora com excesso de capitulação, porque descreve, na verdade, outra modalidade delitiva com reflexos imediatos no *status libertatis*, é realizável a correção com o recebimento da *opinio delicti*" (STJ, Rel. Félix Fischer, RT 787/564).

b) somente na sentença

"Não é lícito ao Juiz, no ato de recebimento da denúncia, quando faz apenas juízo de admissibilidade da acusação, conferir definição jurídica aos fatos narrados na peça acusatória. Poderá fazê-lo adequadamente no momento da prolação da sentença, ocasião em que poderá haver a emendatio libelli ou a mutatio libelli, se a instrução criminal assim o indicar" (STF – HC nº 87324-SP, Rel. Cármen Lúcia, j. 10.04.2007, DJe 18.05.2007).

"Ainda que se trate de mera retificação da capitulação jurídica dos fatos descritos na vestibular, tal procedimento não pode ser realizado no momento do recebimento da inicial, sendo cabível apenas quando da prolação da sentença, nos termos do artigo 383 do Código de Processo Penal. Doutrina. Precedentes do STJ e do STF" (STJ – HC nº 253951-SP, Rel. Jorge Mussi, j. 07.11.2013, DJe 21.11.2013).

"Este Tribunal sufragou o entendimento no sentido de que o momento adequado para o julgador utilizar-se da emendatio libelli, previsto no artigo 383 do Código de Processo Penal, é na prolação da sentença e não em momento anterior. Incidência do enunciado nº 83 da Súmula desta Corte" (STJ – AgRg no AREsp nº 149594-AM, Rel. Maria Thereza de Assis Moura, j. 07.11.2013, DJe 21.11.2013).

"Oferecida a denúncia pelo Ministério Público, com a capitulação do fato atribuído ao réu em determinado tipo criminal, e recebida a peça de acusação em sede de razoável juízo de admissibilidade, a desclassificação do delito pelo Juiz somente tem ensejo no momento da prolação da sentença" (STJ – HC nº 6692-MG, Rel. Vicente Leal, j. 27.10.97).

"Não cabe ao Juiz, ao receber a denúncia, classificar o crime nela descrito. A definição jurídica dos fatos supostamente delituosos cabe ao Ministério Público como titular que é da ação penal (art. 41 do CPP). Precedentes do STF" (STJ – RHC nº 4.881– RJ, Rel. Anselmo Santiago, j. 24.10.95).

Art. 419. Quando o juiz se convencer, em discordância com a acusação, da existência de crime diverso dos referidos no § 1º do art. 74 deste Código e não for competente para o julgamento, remeterá os autos ao juiz que o seja. (Redação dada pela Lei nº 11.689, de 2008)

Parágrafo único. Remetidos os autos do processo a outro juiz, à disposição deste ficará o acusado preso. (Incluído pela Lei nº 11.689, de 2008)

Desclassificação. Definição • A decisão de desclassificação, prevista neste dispositivo, é cabível quando o juiz entender que o delito apontado na acusação não se inclui dentre aqueles de competência do Tribunal do Júri. Isso ocorre, como já vimos, em virtude da possibilidade que tem o juiz de dar ao fato capitulação legal diversa daquela constante da inicial, já que no processo penal vigora o princípio da livre dicção do direito (*jura novit curia*), em atendimento ao velho brocardo do *mihi factum dabo tibi jus* ("narra-me o fato e te darei o direito"), conforme se verifica do art. 383.

Não se admite, portanto, que o juiz inicialmente competente, em sua primeira fase procedimental, para o julgamento dos crimes dolosos contra vida, ao reconhecer a existência de crime diverso, que não de competência do Júri, profira ele mesmo uma sentença, julgando esse novo fato.

Pode ocorrer, no entanto, que embora desclassificando a imputação inicial, o delito continue sendo de competência do Júri. Nada impede, assim, que capitulando a denúncia um crime de "Induzimento, instigação ou auxílio a suicídio", previsto no art. 122 do Código Penal, o juiz, nessa fase, reconheça a existência de um homicídio. Deverá, nesse caso, pronunciar o réu por este último delito, irrelevante, aqui, a maior gravidade da pena em relação ao crime inicialmente cogitado. É o que a doutrina denomina *desclassificação imprópria*.

Reconhecendo, todavia, que o crime não é de competência do Júri, cabe ao juiz enviar os autos ao juízo competente. O revogado art. 410, em sua parte final, determinava a abertura vista à defesa para que arrolasse testemunhas, diversas daquelas já ouvidas, observando-se, em seguida, os arts. 499 e seguintes. Operada a desclassificação, era obrigatória tal cautela, ainda que o juiz que proferiu a desclassificação fosse também competente para o julgamento do crime que recebeu nova capitulação, como ocorre tratando-se de uma comarca de vara única. Era incorreta, assim, a sentença que desclassificava e, imediatamente, julgava o réu pelo novo crime, pois ofendia o princípio da ampla defesa, posto que o réu, até então, se defendia da imputação de um crime doloso contra a vida (homicídio, por exemplo), não podendo, sem qualquer cautela, ver-se surpreendido com uma condenação por outro crime (latrocínio, *v.g.*). Nesse sentido, *RT* 595/399, 596/312, 665/276, 538/443 (STF).

A redação atual do art. 419 omitiu esse cuidado, vale dizer, não mais indicou o procedimento a ser seguido perante o juízo competente. Apenas afirmou que esse juiz deverá adotar "o rito adequado". Nada impede, contudo, que o juiz a quem foi enviado o processo, em homenagem ao princípio da ampla defesa, permita a prévia manifestação da defesa, autorizando, inclusive, a produção de prova testemunhal, para, somente depois, se aplicar "o rito adequado" ao qual se referiu a lei.

Juiz que recebe o feito • E o juiz que recebe o processo, vê-se obrigado em reconhecer sua competência? A questão é controversa, merecendo duas interpretações na doutrina e jurisprudência. Pela primeira, se ocorreu a desclassificação e tal decisão transitou em julgado (quer porque não ofertado recurso, quer porque negado provimento a ele), a matéria se encontra preclusa, acobertada pelo manto da coisa julgada e, assim, resta ao Juiz que recebeu o processo, após facultar a manifestação da defesa, julgá-lo. Este, portanto, seria obrigado a receber o processo e não poderia suscitar o conflito negativo de competência. Nesse sentido, *RTJ* 70/106 (STF) e *RT* 644/256. Essa é a lição de Sady de Gusmão, para quem "o meio normal de compelir o juízo à pronúncia é o recurso, não interposto este, virtualmente definida está a questão no seu mérito, no concernente à inexistência do fato criminoso da competência do tribunal do júri" (*Código do processo penal – breves anotações*, p. 135).

Outra corrente, no entanto, pensa de modo diverso. Entende que nada impede que o juiz a quem se remeteu o processo possa, também, dar-se por incompetente. Inclusive, segundo Eduardo Espínola Filho (*Código de processo penal brasileiro anotado*, vol. II, p. 274), quando a questão foi decidida pelo Tribunal de Justiça, ao negar provimento ao recurso em sentido estrito manejado contra a sentença de desclassificação. É que a decisão desclassificatória tem natureza meramente processual, podendo, por isso, ser modificada através do respectivo conflito negativo de competência. Confira-se nesse sentido: *RT* 570/395 (STF).

De se ver que o juiz, ao proceder a desclassificação, não deve fixar a nova capitulação legal (embora se o fizer nenhuma nulidade ocorrerá), bastando que aponte a inexistência de um crime doloso contra a vida. Com efeito, a tarefa de classificar o delito é, agora, do juiz singular que recebeu os autos, a quem caberá o julgamento. A conduta do juiz presidente do Júri, ao qualificar o fato, importaria em inequívoco prejulgamento, para o qual não é competente. Ademais, consistiria tarefa inócua, na medida em que ao juiz singular que recebeu o processo, é dado julgar livremente, não ficando vinculado à classificação anterior dada pelo Juiz do Júri. Nesse sentido, *RT* 550/297, 629/324.

Recurso cabível contra a desclassificação • Contra a decisão que desclassifica é cabível recurso em sentido estrito (art. 581). A tal conclusão se chega pela leitura do art. 416 do CPP. Com efeito, antes, contra a sentença de impronúncia ou absolvição sumária, cabia recurso em sentido estrito. Com a mudança, tais decisões passaram a ser atacadas por meio de apelação. Ora, se o legislador não fez qualquer menção à decisão de desclassificação, conclui-se que, em relação a ela, continua prevalecendo a legislação anterior, a admitir o recurso *stricti juris*.

Discutia-se, porém, em qual fundamento legal deveria assentar o recurso. Havia entendimento no sentido de que o recurso encontrava fundamento no inc. II, do art.

581, pois ele é cabível quando se *"concluir pela incompetência do juízo"*. Afinal, ao desclassificar, o juiz está reconhecendo que inexistiu um crime doloso contra a vida e, portanto, o Júri é incompetente para seu julgamento (nesse sentido, *RT* 589/325, 501/274). Outros sustentavam que o recurso devia se basear no inc. IV do mesmo dispositivo legal, que o admitia contra a decisão *"que pronunciar ou impronunciar o réu"*, já que a desclassificação nada mais era do que uma espécie de impronúncia, ao subtrair do Júri o julgamento do fato trazido pela acusação. Parece óbvio que o recurso *stricti juris* deva mesmo vir fundamentado no inc. II do art. 581, pois se trata de decisão que concluiu, evidentemente, pela incompetência do juízo. Demais disso, o inc. IV, na parte que admitia o recurso sem estrito contra a decisão de impronúncia, foi revogado.

Legitimidade para o recurso. Acusação • Tem legitimidade para recorrer a acusação, quando pretender que seja mantida a competência do Júri, máxime quando a desclassificação importar no reconhecimento de crime menos grave, como por exemplo, a desclassificação de tentativa de homicídio para lesões corporais leves ou de infanticídio para abandono de recém-nascido. Não vemos, outrossim, motivo para se negar ao réu o direito de recorrer contra a desclassificação. Havendo, por exemplo, dúvida quanto à prática de um homicídio ou de um latrocínio, e tendo o juiz togado entendido pela ocorrência deste último, pode o acusado ter interesse em ser julgado pelo Júri, mormente quando se sabe que nele predomina a *plenitude de defesa* – de maior abrangência que a *ampla defesa* – no qual argumentos outros, além dos jurídicos, podem ser sustentados em plenário. Afinal, se um dos fundamentos daqueles que defendem a instituição reside, exatamente, na possibilidade dos jurados proferirem um veredicto mais *humano*, alheio à letra fria da lei, parece mais favorável ao acusado o julgamento pelo Júri, ao invés de se submeter ao *tecnicismo* de um juiz togado.

Assistente • Já em relação ao assistente de acusação duas correntes se formam: a primeira entende ausente o interesse (*rectius*: utilidade), na oferta do recurso, pois, como forma geral, seu objetivo no processo penal se limita à mera obtenção de uma condenação que propicie sua execução no âmbito cível (arts. 63 do CPP). Ademais, nos termos do disposto no art. 271, ao assistente se permitiria recorrer, apenas, nas hipóteses tratadas no art. 584, § 1º (impronúncia ou extinção da punibilidade) e no art. 598 (sentença absolutória do juiz singular ou do Júri). Nesse sentido, *RT* 611/340.

Pensamos de maneira diversa e, para isso, é preciso conceber a atuação do assistente de uma forma mais abrangente, com objetivo que não se satisfaça com a simples obtenção de uma futura indenização, mas que, além disso, busque uma condenação justa e proporcional ao fato perpetrado. Transcende, pois, seu interesse ao ressarcimento, constituindo-se em um verdadeiro colaborador com a realização da Justiça. Imagine-se um exemplo em que se opere uma desclassificação de um crime de homicídio qualificado (cuja pena mínima é de 12 anos), para outro de homicídio culposo, que tem pena mínima de 1 ano e que admite, inclusive, a suspensão condicional do processo da Lei nº 9099/95. O assistente que teve seu parente morto, não se vê obrigado a concordar com tal desclassificação, por parecer-lhe injusta e desproporcional ao crime ocorrido. Máxime quando se sabe que, no juízo singular, por força de eventual suspensão do processo, não advirá nenhuma sentença condenatória, fato que obrigará o assistente, no cível, a buscar uma indenização através de um processo de conhecimento e não mais a execução calcada no título executivo judicial oriundo da sentença penal condenatória. Induvidoso, aqui, o interesse em recorrer como sinônimo de *utilidade*, a justificar o recurso do assistente. Mais um argumento em favor da tese que admite o recurso pelo assistente: a desclassificação, não raras vezes, acaba acarretando a extinção da punibilidade pela prescrição, em virtude da pena mais leve que, como regra, é cominada ao novo delito. Demais disso, se pode o assistente recorrer da sentença de impronúncia (art. 584, § 1º) e se esta, na prática, tem o mesmo efeito da desclassificação, já quem em ambas o réu não vai a Júri, não há razão para negar-lhe o direito ao recurso. Nesse sentido, *RT* 636/320, 746/531.

JURISPRUDÊNCIA

» Excepcionalidade da desclassificação

"A jurisprudência assente nesta Corte é no sentido de que só se admite a desclassificação da conduta criminosa para delito estranho à competência do Tribunal do Júri, sem usurpação da competência do Conselho de Sentença, se o Juízo da Pronúncia se deparar com provas que evidenciem, sem qualquer esforço de análise das circunstâncias fáticas ou subjetivas, a ausência de dolo caracterizador de crime contra a vida, o que não ocorreu nos presentes autos. Havendo fundada dúvida, ou seja, se existirem elementos indiciários conflitantes que subsidiem, com razoabilidade, as versões conflitantes acerca da existência de dolo, a divergência deve ser deslindada pelo veredicto dos jurados, porquanto é o Conselho de Sentença o juiz natural da causa, não o Tribunal de Justiça, nos termos da Carta Constitucional de 1988" (STJ – EDcl no AgRg no REsp nº 1359451-MT, Rel. Laurita Vaz, j. 04.06.2013, DJe 12.06.2013).

"Em razão da competência do Tribunal do Júri e, em especial, pela soberania da qual seus veredictos são dotados, a exclusão do julgamento da causa pelo órgão popular, pela desclassificação da conduta delituosa, poderá ocorrer tão somente quando não houver absolutamente nenhum elemento que indique a presença do dolo de matar, direto ou eventual. Se existir qualquer indício, por menor que seja, que aponte no sentido da possibilidade de existência do animus necandi, deve o acusado ser remetido ao Tribunal do Júri, não cabendo ao magistrado sopesar tal indício com o restante do conjunto probatório, mormente para considerá-lo como insuficiente para demonstrar a existência do dolo, pois nessa fase tem prevalência o princípio do in dubio pro societate" (STJ – REsp nº 1245836-RS, Rel. Sebastião Reis Júnior, j. 19.02.2013, DJe 27.02.2013).

» Juiz que recebe os autos não se vincula à primeira decisão

HABEAS CORPUS. JÚRI. DESCLASSIFICAÇÃO. REMESSA AO JUÍZO COMUM. CONFLITO DE JURISDIÇÃO. DECISÃO DO PRIMEIRO JUÍZO. NÃO VINCULAÇÃO DO JUÍZO RECEBEDOR – "Na linha do que dispõem os arts. 114 e 115 do Código de Processo Penal, o conflito pode ser aventado pelas partes e pelos juízos em dissídio, desde que, no caso destes, não concordem, de imediato, com a competência para julgar o caso (conflito negativo). Portanto, não se pode aceitar a coisa julgada da decisão do primeiro juízo, sob pena de considerar a possibilidade de julgamento do caso por juiz absolutamente incompetente, longe da órbita do Juiz Natural" (STJ – HC nº 43583-MS, Rel. José Arnaldo da Fonseca, j. 27.09.2005, DJ 24.10.2005, p. 356).

"A decisão que, a teor do disposto no art. 410 do Código de Processo Penal, reconhecendo a incompetência do Tribunal do Júri, remete os autos a vara criminal comum, mesmo não sendo interposto recurso pelo Ministério Público, não tem caráter vinculante em relação ao magistrado que os recebe, mostrando-se possível a este, dentro de sua convicção, suscitar o conflito de competência" (STJ – CC nº 35294-SP, Rel. Paulo Gallotti, j. 13.10.2004, DJ 18.04.2005, p. 211).

Art. 420. A intimação da decisão de pronúncia será feita: (Redação dada pela Lei nº 11.689, de 2008)

I – pessoalmente ao acusado, ao defensor nomeado e ao Ministério Público; (Incluído pela Lei nº 11.689, de 2008)

II – ao defensor constituído, ao querelante e ao assistente do Ministério Público, na forma do disposto no § 1º do art. 370 deste Código. (Incluído pela Lei nº 11.689, de 2008)

Parágrafo único. Será intimado por edital o acusado solto que não for encontrado. (Incluído pela Lei nº 11.689, de 2008)

Intimação da pronúncia • Significativa alteração na sistemática da intimação da pronúncia foi introduzida pela reforma do Júri de 2008.

Sistema anterior • De sorte que não se admitia a intimação por edital do réu, ante a impossibilidade de realização do Júri sem a sua presença. Surgia, nesse caso, a chamada *crise de instância*, isto é, o processo permanecia suspenso até que o réu fosse intimado pessoalmente da decisão ou até que ocorresse a prescrição, cumprindo ao juiz, em vista da não localização do acusado após o esgotamento de todas as diligências cabíveis, decretar-lhe a prisão preventiva. Se houvesse um corréu regularmente intimado da pronúncia, era inevitável a separação do processo, continuando o feito, com o julgamento em plenário, apenas em relação a ele.

Caso se tratasse de crime afiançável (infanticídio, auto-aborto e aborto consentido), a intimação se dava na forma do art. 415, em sua redação original. Aí se admitia a intimação por edital do réu desaparecido e mesmo o julgamento em plenário sem a sua presença (antigo art. 451, § 1º), em situações, no entanto, mais raras na prática, posto que, na imensa maioria dos casos, são inafiançáveis os crimes levados a julgamento no Júri. Caso houvesse conexão entre um crime contra a vida afiançável e outro inafiançável, para ambos se exigia a intimação pessoal do réu, nos termos do antigo art. 414.

Sistema atual • Com a legislação em vigor, o julgamento em plenário não mais deixará de ocorrer caso ausente o réu, conforme se observa do disposto na atual redação do art. 457, *caput*, do CPP. Ou, em outras palavras, o julgamento sem a presença física do acusado, que antes era admitido apenas quando afiançável o delito, passa, atualmente, a ser possível qualquer que seja o delito perpetrado. É a leitura que se faz, ainda, do parágrafo único, do art. 420 do CPP, a determinar a intimação da pronúncia, por edital, do réu solto, quando não encontrado pessoalmente.

Nemo tenetur se detegere • Trata-se de mudança que visa atender ao princípio que garante ao réu o direito de permanecer em silêncio. Afinal, se é inegável esse direito, no sentido de não ser obrigado a se auto-incriminar (*nemo tenetur se detegere*), como consequência se deve reconhecer, também, a faculdade de se ausentar, deixando de comparecer ao julgamento em plenário. Essa inovação, portanto, que, em uma primeira análise, pode ser compreendida como prejudicial ao réu, em verdade lhe é benéfica. Pelo menos foi com esse objetivo que a comissão que elaborou o anteprojeto a imaginou. Nesse sentido a observação de Rui Stoco, ao salientar que "permite-se a realização do julgamento sem a presença do acusado, que, em liberdade, poderá exercer a faculdade de não-comparecimento como um corolário lógico do direito ao silêncio constitucionalmente assegurado. Como a prisão provisória, que era regra, converte-se em exceção, a exigência do acusado solto em Plenário como condição para o julgamento já não mais se harmoniza com o novo sistema. Embora o acusado *preso* deva, obrigatoriamente e para a garantia de um julgamento justo, ser intimado a comparecer, sendo que a ausência desse ato impede a realização do julgamento, permite-se-lhe requerer dispensa de comparecimento à sessão de julgamento, sem prejuízo de sua realização. Contudo, também para maior segurança, o requerimento haverá de ser subscrito por ele e por seu defensor" (ob. cit., p. 218).

Um tanto discutível esse posicionamento, bastando lembrar a lição de Theodomiro Dias Neto, em artigo que publicou sob o título *O direito ao silêncio: tratamento nos direitos alemão e norte-americano*: "No direito alemão, a presença do acusado no interrogatório e nas audiências não é somente um direito, mas uma obrigação que se aplica às diversas fases do procedimento. Como regra geral, não haverá audiência oral sem a presença do réu. Nestes casos se ordenará a sua condução coativa, ou se decretará ordem de prisão. Trata-se de um discutido instrumento de proteção do acusado" (*Revista Brasileira de Ciências Criminais*, São Paulo: RT, ano 5, n° 19, jul-set 1997, p. 184).

Vale lembrar que a análise da questão (se a nova norma é – ou não – favorável ao réu), não guarda mero interesse acadêmico, mas, ao revés, tem sério desdobramento de ordem prática. Assim, caso se entenda, como pareceu à comissão responsável pela reforma, que se trata de instrumento que visa favorecer o réu, por consequência terá que se concluir, também, que deve ele retroagir, alcançando todos aqueles acusados que não foram intimados pessoalmente da sentença de pronúncia que, agora, deverão ser julgados. Ao contrário, ao se admitir que a nova regra acarreta prejuízo ao acusado, consequentemente os processos nos quais ele não foi localizado, deverão permanecer paralisados, aguardando a prisão eventualmente decretada.

De resto, a forma de intimação da decisão de pronúncia é aquela preconizada pela nova redação do art. 420 do CPP, impondo-se a intimação pessoal do acusado (caso não encontrado, deverá ser intimado por edital, na forma do parágrafo único), do defensor nomeado (aqui incluído, por óbvio, o defensor público), e do Ministério Público. Já o defensor constituído, o querelante e o assistente de acusação, devem ser intimados na forma do § 1°, do art. 370, do CPP, ou seja, pela imprensa oficial. À falta de um *diário oficial*, a intimação poderá ser feita pelo próprio escrivão, conforme prevê o § 3°, do art. 370. Ou através de carta ou "por qualquer outro meio idôneo" (§ 2°), aí incluído *e-mail, fax, telefone*, etc.

Prazo do edital • O parágrafo único do dispositivo acabou por não definir um prazo para o edital. Por meio de uma análise sistemática, tem-se entendido que o prazo será de 15 dias. Com efeito, reza o art. 361 do Código que "se o réu não for encontrado, será citado por edital, com o prazo de 15 (quinze) dias". Já o art. 370, ao tratar da intimação do acusado, determina a observância, no que for aplicável, do disposto no capítulo anterior. Ora, nesse "capítulo anterior" se insere, exatamente, o art. 361 do *codex*, que, já ressaltamos, prevê o prazo de 15 dias para citação por edital, aplicável, por analogia, à intimação ficta.

JURISPRUDÊNCIA

» **Inexistência de violação ao princípio da ampla defesa**

"O artigo 420 do Código de Processo Penal, com a redação determinada pela Lei n.º 11.689/2008, não viola a ampla defesa, pois, ainda que procedida a intimação ficta por não ser o acusado encontrado para ciência pessoal da pronúncia, o ato foi precedido por anterior citação pessoal após o recebimento da denúncia, ainda na fase inicial do processo" (STF – RHC nº 108070-DF, Rel. Rosa Weber, j. 04.09.2012, DJe 05.10.2012).

» **Aplicação imediata mesmo para os crimes cometidos antes da entrada em vigor da Lei nº 11.689/2008**

INTIMAÇÃO DO ACUSADO DA DECISÃO DE PRONÚNCIA. ART. 420 DO CÓDIGO DE PROCESSO PENAL COM AS ALTERAÇÕES DA LEI 11.689/2008. APLICAÇÃO IMEDIATA – "O art. 420 do Código de Processo Penal, com a redação determinada pela Lei n.º 11.689/2008, como norma processual, aplica-se de imediato, inclusive aos processos em curso, e não viola a ampla defesa" (STF – RHC nº 108070-DF, Rel. Rosa Weber, j. 04.09.2012, DJe 05.10.2012).

"O artigo 420, parágrafo único, do Código de Processo Penal, alterado com a edição e entrada em vigor da Lei 11.689/2008, que permite a citação por edital do réu solto que não for encontrado, é norma de natureza processual, motivo pelo qual deve ser aplicada de forma imediata sobre os atos processuais pendentes. Precedentes. Dessa forma, não se vislumbra qualquer ilegalidade na intimação do recorrente por edital, já sua notificação ficta foi implementada quando já estava em vigor a Lei 11.689/2008" (STJ – RHC nº 35881-PE, Rel. Jorge Mussi, j. 02.05.2013, DJe 22.05.2013).

HABEAS CORPUS. CRIME CONTRA A VIDA. HOMICÍDIO QUALIFICADO PRATICADO ANTES DA ENTRADA EM VIGOR DA LEI N.º 11.689/08. INTIMAÇÃO POR EDITAL DA DECISÃO DE PRONÚNCIA. POSSIBILIDADE. NORMAS DE NATUREZA PROCESSUAL. APLICAÇÃO IMEDIATA. DESENVOLVIMENTO REGULAR DO FEITO. PRECEDENTES – "No âmbito do direito processual penal vige o princípio do efeito imediato da norma, 'tempus regit actum', conforme previsão contida no artigo 2º do Código de Processo Penal. Dentre as alterações promovidas pela entrada em vigor da Lei nº 11.689/08, está a possibilidade de intimação, por edital, da decisão de pronúncia do acusado solto, em lugar incerto e não sabido. Tais dispositivos possuem natureza processual, motivo pelo qual devem ser aplicados, imediatamente, sobre os atos pendentes. Precedentes" (STJ – HC nº 198263-ES, Rel. Adilson Vieira Macabu, j. 27.09.2011, DJe 01.02.2012).

» **Não aplicação para os crimes cometidos antes da entrada em vigor da Lei nº 9.271/96 e nos quais foi o réu citado por edital**

"O artigo 420, parágrafo único, do Código de Processo Penal, alterado com a edição e entrada em vigor da Lei 11.689/2008, que permite a citação por edital do réu solto que não for encontrado, é norma de natureza processual, motivo pelo qual deve ser aplicada de forma imediata sobre os atos processuais pendentes. Precedentes. Todavia, tal norma processual penal não pode ser aplicada aos fatos anteriores à Lei 9.271/1996, nas específicas hipóteses em que foi decretada a revelia do réu, uma vez que tal compreensão implicaria a sua submissão a julgamento pelo Tribunal do Júri sem que sequer se tenha certeza da sua ciência acerca da acusação que pesa contra si" (STJ – RHC nº 33059-RS, Rel. Jorge Mussi, j. 08.10.2013, DJe 16.10.2013).

"Já decidiu o STJ no sentido de que 'a nova redação conferida aos arts. 420, parágrafo único, e 457, ambos do CPP não pode ser aplicada aos processos submetidos ao rito escalonado do Júri, em que houve a citação por edital e o réu não compareceu em juízo ou constituiu advogado para defendê-lo, os fatos apurados ocorreram antes da Lei n.º 9.271/96 e ocorreu a paralisação do feito, decorrente da regra anterior inscrita no art. 414 do CPP. Os princípios constitucionais do devido processo legal – em seus consectários do contraditório e da ampla defesa – impossibilitam que um acusado seja condenado pelo Conselho de Sentença sem nunca ter tomado conhecimento da acusação' (STJ, HC 172.382/RJ, Rel. Ministro GILSON DIPP, QUINTA TURMA, DJe de 15/06/2011). Em igual sentido: STJ, HC 152.527/MG, Rel. Ministro OG FERNANDES, SEXTA TURMA, DJe de 18/09/2012" (STJ – REsp nº 1236707-RS, Rel. Assusete Magalhães, j. 10.09.2013, DJe 30.09.2013).

Art. 421. Preclusa a decisão de pronúncia, os autos serão encaminhados ao juiz presidente do Tribunal do Júri. (Redação dada pela Lei nº 11.689, de 2008)

Preclusão da decisão de pronúncia • Com o trânsito em julgado da decisão de pronúncia, segundo este dispositivo, o processo será encaminhado ao juiz presidente do Tribunal do Júri. Isso, é claro, nas hipóteses em que, segundo a lei de organização judiciária local, um juiz preside a primeira fase do procedimento e, outro, a segunda. Tratando-se do mesmo juiz, competente para ambas as fases do procedimento, não se aplica esse dispositivo.

§ 1º Ainda que preclusa a decisão de pronúncia, havendo circunstância superveniente que altere a classificação do crime, o juiz ordenará a remessa dos autos ao Ministério Público. (Incluído pela Lei nº 11.689, de 2008)

Circunstância superveniente • A "circunstância superveniente", mencionada neste dispositivo, capaz de alterar a classificação do crime ocorrerá, por exemplo, quando denunciado o réu por tentativa de homicídio, a vítima falece no transcurso do processo ou mesmo depois do trânsito em julgado da pronúncia. Cumprirá ao Ministério Público, nesse caso, ofertar o respectivo aditamento à denúncia, sendo novamente instaurado o contraditório e sobrevindo nova decisão (art. 421, § 2º). Insistimos na possibilidade de instauração do contraditório sempre que o caso concreto assim o exigir. Suponha-se que pretenda o réu demonstrar que a morte superveniente do ofendido não guardou nenhuma relação com o ataque inicial. Em outras palavras: que inexiste qualquer liame entre a primeira ação (que ensejou a denúncia por tentativa de homicídio) e a morte posterior da vítima. Daí ser de bom alvitre que se confira, à defesa, a possibilidade de se manifestar sobre eventual produção de prova, não bastando a mera abertura de vista ao Ministério Público.

§ 2º Em seguida, os autos serão conclusos ao juiz para decisão. (Incluído pela Lei nº 11.689, de 2008)

Decisão • A *decisão* aqui mencionada se refere o § 2º se verificará apenas na hipótese de surgimento de uma circunstância superveniente. Assim, tomando nosso exemplo acima, mesmo após a preclusão da decisão de pronúncia, outra deverá ser proferida, para incluir o réu como incurso na prática de um homicídio consumado e não mais tentado, como se cogitou originariamente. Não surgindo nada de novo, cabe ao juiz proferir despacho de mero expediente, em cumprimento ao disposto no artigo seguinte.

CAPÍTULO 4

Da Preparação do Processo para Julgamento em Plenário

(Redação dada pela Lei nº 11.689, de 2008)

Art. 422. Ao receber os autos, o presidente do Tribunal do Júri determinará a intimação do órgão do Ministério Público ou do querelante, no caso de queixa, e do defensor, para, no prazo de 5 (cinco) dias, apresentarem rol de testemunhas que irão depor em plenário, até o máximo de 5 (cinco), oportunidade em que poderão juntar documentos e requerer diligência. (Redação dada pela Lei nº 11.689, de 2008)

Rol de testemunhas • Em virtude da extinção do libelo e de sua respectiva contrariedade, passou a ser este o momento processual adequado para que as partes apresentem o rol de testemunhas que pretendem sejam ouvidas em plenário.

Essa petição deve ser apresentada no prazo de cinco dias e será formulada pelo Ministério Público, quando se tratar de crime de ação penal pública, em processo deflagrado mediante o recebimento da denúncia (o que ocorre na imensa maioria dos casos). Ou pode ser subscrita pelo querelante, na raríssima hipótese em que a acusação se deu por meio de queixa-crime, por ser o crime de ação penal exclusivamente privada ou de ação penal privada subsidiária da pública. Neste último caso, da ação penal privada subsidiária da pública, mantendo-se inerte o querelante, cumpre ao Ministério Público, em atendimento ao disposto no art. 29 do CPP, *"retomar a ação como parte principal"*, ofertando o rol de testemunhas.

Por óbvio, cabe a oferta dessa petição à defesa que, no mesmo prazo (cinco dias), poderá apresentar seu rol de testemunhas.

Assistente de acusação • De se ver que a lei silenciou quanto ao assistente de acusação, não fazendo referência a ele no cuidadoso rol de pessoas autorizadas a indicar testemunhas.

No que diz respeito a tal possibilidade, o debate é o mesmo que se instala quando se discute se ele possui a faculdade de arrolar testemunhas em todo e qualquer processo, havendo divergência doutrinária a respeito do tema.

Alguns entendem que o momento processual oportuno para que sejam arroladas as testemunhas de acusação é na denúncia. Ora, se o assistente somente pode ingressar no processo na "ação pública" (art. 268 do código), após, portanto, o recebimento da denúncia, não encontrará lugar para indicar suas testemunhas. Outros admitem que o assistente arrole testemunhas, desde que não ultrapasse o número máximo previsto em lei. Ou seja, se num crime de homicídio o Promotor de Justiça arrolou três testemunhas, poderá o assistente completar esse rol com mais duas, de forma a não ultrapassar o limite máximo de cinco, previsto no art. 422. Uma terceira corrente é no sentido de admitir que o assistente arrole testemunhas sem ultrapassar o limite máximo previsto em lei, não estando impedido, porém, de, mesmo tendo o Ministério Público arrolado o número máximo de testemunhas (em nosso exemplo, cinco), ele assistente indique ao juiz testemunhas de seu interesse, para que sejam ouvidas como testemunhas do Juízo (art. 209). Há, contudo, nesse caso, de se salientar que, em relação às testemunhas arroladas, o juiz é obrigado a ouvi-las, sob pena de cerceamento de acusação ou defesa. Já as testemunhas indicadas encerram uma mera faculdade ao juiz, que determinará suas oitivas caso entenda necessário para a elucidação dos fatos. Parece ser este o entendimento mais correto e que homenageia, inclusive, o princípio da busca da verdade real, tão caro ao processo penal.

Especificamente no caso do Júri, não havia, até então, como se negar ao assistente a possibilidade de arrolar testemunhas, já que a ele era dado aditar o libelo (art. 271). Ocorre que o libelo desapareceu com a reforma do júri e, por consequência, essa faculdade que se conferia ao assistente. O panorama se complica ao se constatar, conforme já ressaltamos, que a lei foi omissa em apontar o assistente dentre os autorizados a ofertar o rol de testemunhas.

Conquanto presentes tais circunstâncias, somos de opinião, novamente invocando o princípio da busca da verdade real, que ao assistente é dado indicar testemunhas. Colhendo um exemplo do Júri, caso o Ministério Público indique quatro testemunhas para que sejam ouvidas em plenário, nada impede que o assistente complemente esse elenco, apontando mais uma. Se esgotado o número de testemunhas de acusação – insistimos – pode o assistente sugerir ao juiz que ouça outras na forma do art. 209 do CPP.

Cláusula de imprescindibilidade • As testemunhas apresentadas com essa petição podem ser diversas daquelas arroladas na inicial pela acusação ou na resposta, pela defesa do réu (art. 406, § 2º). Pretendendo efetivamente ouvir as testemunhas, devem as partes arrolá-las com cláusula de imprescindibilidade, ou seja, salientando ser indispensável sua oitiva e apontando seu endereço. Isso é necessário porque o art. 461 ressalta que a ausência da testemunha não será causa para adiamento do julgamento. Em suma: caso arrolada sem a cláusula de imprescindibilidade, a não localização da testemunha não impede a realização do Júri (*RT* 583/342). Ao contrário, se a testemunha é arrolada como imprescindível, não pode o juiz realizar o julgamento sem a sua presença (STF – *RT* 549/429), cabendo ao Magistrado, caso intimada a testemunha (*RT* 652/316), fazer cumprir o disposto no § 1º, do art. 461, suspendendo o julgamento e mandando buscá-la ou designando o julgamento para o primeiro dia útil seguinte. Caso não encontrada a testemunha para o julgamento que foi remarcado, o Júri se realizará mesmo com sua ausência (art. 461, § 2º).

Número de testemunhas em plenário • De se observar que, na primeira fase do procedimento do Júri, é de oito o número de testemunhas de acusação, ofertadas com a denúncia ou queixa (art. 406, § 2°), e oito testemunhas de defesa, na resposta do réu (art. 406, § 3°). Já em plenário há redução para cinco testemunhas (art. 422 do CPP).

Vítima • Atente-se que, ao contrário do que ocorre com a prova testemunhal, não é a vítima computada como testemunha numerária. Nesse sentido o ensinamento de Julio Fabbrini Mirabete, para quem "o ofendido não pode ser computado como testemunha, que não é, não prejudicando, assim, o número máximo de depoentes permitido em lei para cada tipo de procedimento penal" (*Processo penal*, ob. cit., p. 276). Assim, nada impede que, a título de exemplo, a acusação arrole cinco testemunhas para oitiva em plenário e mais duas vítimas, sem que, com isso, se extrapole o número legal.

Juntada de documentos e requerimento de diligências • Ainda nessa fase, *ex vi* do disposto na parte final do art. 422, podem as partes juntar documentos e requerer diligências. De forma que, pretendendo apresentar algum documento em plenário (por exemplo, folha de antecedentes ou cópia de outra denúncia contra o réu), cumpre às partes juntá-lo aos autos nessa fase procedimental, embora também possa fazê-lo mais à frente, com antecedência mínima de três dias úteis antes do julgamento (art. 479). As diligências são mais raras nesse estágio, porquanto foi o réu pronunciado, presumindo-se, assim, que todas as provas necessárias já foram produzidas. Poderia se imaginar pertinente, *v.g.*, a reconstituição do fato delituoso, que por alguma razão não pôde ser realizada na fase anterior do processo.

JURISPRUDÊNCIA

» **Inversão da ordem de intimação. Irrelevância**

"A inversão da ordem de intimação prevista no art. 422 do CPP não tem o condão de anular o julgamento pelo Tribunal do Júri, uma vez não ter sido comprovado nenhum prejuízo, além de ter ocorrido a preclusão consumativa" (STJ – Resp. nº 1.503.640 – PB, Rel. Gurgel de Faria, , j. 04.08.2015).

» **Possibilidade do indeferimento da oitiva de testemunhas**

"Inexiste ilegalidade flagrante a ser sanada, pois o magistrado, antes de indeferir a inquirição das testemunhas arroladas, solicitou, por duas vezes, que a defesa declinasse a relevância da oitiva de cada testemunha, visando não só evitar a procrastinação do feito como otimizar a produção das provas, o que não foi atendido, atraindo a incidência do art. 565 do Código de Processo Penal, que dispõe que 'ninguém pode arguir nulidade para a qual tenha concorrido ou dado causa'. Ao contrário do sustentado, o intento daquele julgador não era, em absoluto, a antecipação das teses a serem sustentadas pela defesa, tanto que o próprio magistrado explicou que a justificativa deveria se dar de forma sucinta, a fim de apenas demonstrar se a testemunha era presencial, 'de ouvir dizer' ou de antecedentes. O que se pretendia, portanto, era tão somente evitar a inquirição de testemunhas irrelevantes, impertinentes e protelatórias, ao menos para aquele momento processual, a teor do art. 400, § 1º, do Código de Processo Penal, uma vez que o juiz deixou claro que as testemunhas de antecedentes não deveriam ser arroladas na fase do judicium acusationis por não influir no julgamento da causa, mas apenas interessar 'na formação da convicção sobre as circunstâncias judiciais do art. 59 do CP'" (STJ – HC nº 180249-SP, Rel. Marco Aurélio Bellizze, j. 27.11.2012, DJe 04.12.2012).

» **Pode o assistente arrolar testemunhas**

É possível o arrolamento de testemunhas pelo assistente de acusação, respeitando-se o limite de 5 (cinco) previsto no art. 422 do CPP, visto que a legislação de regência lhe faculta propor meios de prova (art. 271 do CPP), notadamente quando já inseridos os nomes daquelas no rol da denúncia(STJ – Resp. nº 1.503.640 – PB, Rel. Gurgel de Faria, , j. 04.08.2015).

» **Não pode o assistente arrolar testemunhas intempestivamente**

CORREIÇÃO PARCIAL. TRIBUNAL DO JÚRI. ASSISTENTE DE ACUSAÇÃO. ARROLAMENTO DE TESTEMUNHAS APÓS A FASE DO ARTIGO 422 DO CÓDIGO DE PROCESSO PENAL. IMPOSSIBILIDADE – "Embora seja facultado ao assistente de acusação arrolar testemunhas, deve fazê-lo tempestivamente, na fase própria. Se a admissão do assistente de acusação ocorre após ultrapassada a fase de indicação de provas a serem produzidas em plenário (art. 422 do CPP), não poderá o assistente arrolar testemunhas, sob pena de inaceitável retrocesso na tramitação do processo. Correição Parcial nº 886514-3. – Nos termos do art. 269 do Código de Processo Penal, 'o assistente será admitido enquanto não passar em julgado a sentença e receberá a causa no estado em que se achar'" (TJPR – CP nº 8865143 – Rel. Jesus Sarrão, j. 12.04.2012).

» **Juntada de prova após a fase do art. 422. Quando se admite**

"Não se constata violação à ampla defesa e ao contraditório no deferimento de juntada de áudios e relatórios de interceptação telefônica após a fase do art. 422 do Código de Processo Penal, pois tais documentos, desaparecidos durante a instrução, foram anteriormente disponibilizados à Defesa, que teria, inclusive, feito uso da prova. Também não se constata preclusão, uma vez que a juntada dos documentos foi requerida pelo Ministério Público desde a denúncia e já havia sido deferida pelo Juízo, em decisão fundamentada e não impugnada" (STJ – RHC nº 35744-SE – Rel. Laurita Vaz, j. 24.04.2014, DJe 08.05.2014).

Art. 423. Deliberando sobre os requerimentos de provas a serem produzidas ou exibidas no plenário do júri, e adotadas as providências devidas, o juiz presidente:(Redação dada pela Lei nº 11.689, de 2008)

I – ordenará as diligências necessárias para sanar qualquer nulidade ou esclarecer fato que interesse ao julgamento da causa; (Incluído pela Lei nº 11.689, de 2008)

II – fará relatório sucinto do processo, determinando sua inclusão em pauta da reunião do Tribunal do Júri. (Incluído pela Lei nº 11.689, de 2008)

Ordenamento do processo • Terminada esta fase do procedimento, passa-se a observar o disposto no art. 423, pelo qual o juiz proferirá um despacho de ordenamento do processo, colocando o feito, portanto, em condições para ser levado a plenário. Através de tal despacho que, na visão de José Frederico Marques, guarda certa semelhança com o despacho saneador do processo civil (ob. cit., vol. III, p. 198), são realizadas diligências, mediante requerimento das partes ou determinadas de ofício pelo juiz, a fim de que sejam sanadas quaisquer nulidades ou esclarecidos fatos de interesse para o julgamento. Nessa fase, ao tempo da vigência da lei anterior, já se admitiu, por exemplo, que o juiz determinasse a oitiva, em plenário, de testemunhas não arroladas no libelo e tampouco em sua contrariedade (*RT* 569/308; STF-*RTJ* 80/444).

Relatório • Cabe ao Juiz, ainda, nesse despacho, incluir o feito na pauta de julgamento, em atendimento ao inc. II, do art. 423. Como novidade, prevê a lei a elaboração de "relatório sucinto do processo", determinação que não era prevista no revogado art. 425.

Interessante que a disciplina atual do Júri aboliu o relatório que era feito, pelo Juiz, em plenário, logo após o interrogatório do réu, na exata dicção do revogado art. 466. Mas, por outro lado, impôs que o jurado receba cópias da pronúncia e do relatório do processo, segundo a redação atual do parágrafo único, do art. 472, do CPP (medida que, antes, não era obrigatória, nos termos do revogado § 2°, do art. 466). Conclui-se, necessariamente, que o relatório a ser entregue ao jurado, em plenário, só pode ser o aqui tratado, elaborado nesta fase processual, após o trânsito em julgado da pronúncia.

O relatório do processo, a ser entregue ao jurado, em nada se distingue do relatório exigido quando da elaboração da sentença. No dizer de Tourinho Filho, citando Pontes de Miranda, "constitui o relatório a história relevante do processo. Processo sem relatório é como uma peça teatral em 3 ou mais atos, em que só é levado à cena o epílogo" (*Processo penal*, vol. 4, p. 226). Deve o juiz, portanto, ser claro, preciso, imparcial e sintético na elaboração do relatório, destacando os pontos de efetivo interesse no julgamento, evitando se perder em detalhes inúteis ou em divagações que servirão, apenas, para fatigar os jurados. Até porque a eles é conferida a faculdade de indagar, do juiz, algum ponto que restou obscuro e que exija esclarecimento (art. 480, §§ 1° e 2°).

Art. 424. Quando a lei local de organização judiciária não atribuir ao presidente do Tribunal do Júri o preparo para julgamento, o juiz competente remeter-lhe-á os autos do processo preparado até 5 (cinco) dias antes do sorteio a que se refere o art. 433 deste Código. (Redação dada pela Lei nº 11.689, de 2008)

Parágrafo único. Deverão ser remetidos, também, os processos preparados até o encerramento da reunião, para a realização de julgamento. (Redação dada pela Lei nº 11.689, de 2008)

Processo preparado • Prevê este dispositivo o envio do feito ao juiz que presidirá o julgamento em plenário, na hipótese do processo ter sido preparado por juiz diverso, em caso que parece raro nos dias de hoje, já que as normas de organização judiciária quase sempre contemplam a competência do mesmo juiz, tanto para o julgamento em plenário, quanto para a condução da primeira fase do processo (*judicium accusationis*).

CAPÍTULO 5

Do Alistamento dos Jurados

(Redação dada pela Lei nº 11.689, de 2008)

Art. 425. Anualmente, serão alistados pelo presidente do Tribunal do Júri de 800 (oitocentos) a 1.500 (um mil e quinhentos) jurados nas comarcas de mais de 1.000.000 (um milhão) de habitantes, de 300 (trezentos) a 700 (setecentos) nas comarcas de mais de 100.000 (cem mil) habitantes e de 80 (oitenta) a 400 (quatrocentos) nas comarcas de menor população. (Redação dada pela Lei nº 11.689, de 2008)

§ 1º Nas comarcas onde for necessário, poderá ser aumentado o número de jurados e, ainda, organizada lista de suplentes, depositadas as cédulas em urna especial, com as cautelas mencionadas na parte final do § 3º do art. 426 deste Código. (Incluído pela Lei nº 11.689, de 2008)

Sorteio e convocação dos jurados • A composição do Tribunal do Júri vem prevista no art. 447, e é constituída por um juiz togado, que o preside e por 25 jurados dentre os quais serão sorteados 7, para que componham o conselho de sentença de cada sessão de julgamento. O revogado art. 433 previa um número menor, de 21 jurados, que compunham o Júri.

Número de jurados • O número de jurados que se submetiam ao sorteio, determinado pelo antigo art. 439, achava-se um tanto desatualizado, vez que sugerido ao tempo da entrada em vigor do código, no ano de 1941, quando a realidade social era outra e os julgamentos pelo Júri muito menos frequentes do que se vê nos dias de hoje. Apenas para que se tenha uma ideia, na Capital do Estado de São Paulo, segundo consta do Provimento nº 744/2000, do Conselho Superior da Magistratura, são 38.000 jurados alistados para o sorteio, o que praticamente inviabiliza a realização de uma seleção criteriosa pelo juiz presidente e a fiscalização da lista pelo Ministério Público e advogados.

Tratou a reforma de atualizar esses números, nos termos do art. 425, determinando o alistamento anual da seguinte forma:

- de 800 a 1.500 jurados nas comarcas com mais de um milhão de habitantes;
- de 300 a 700 jurados nas comarcas com mais de cem mil de habitantes;
- de 80 a 400 jurados nas comarcas de menor população.

Desses serão sorteados 25 jurados que comporão cada reunião periódica do Júri (art. 432). Tal sorteio deve ser realizado entre o 15º e o 10º dia útil antecedente à instalação da reunião (art. 433, § 1º).

§ 2º O juiz presidente requisitará às autoridades locais, associações de classe e de bairro, entidades associativas e culturais, instituições de ensino em geral, universidades, sindicatos, repartições públicas e outros núcleos comunitários a indicação de pessoas que reúnam as condições para exercer a função de jurado. (Incluído pela Lei nº 11.689, de 2008)

Seleção dos jurados • Com o objetivo de aprimorar o Júri, conferindo-lhe o efetivo perfil democrático, tão caro aos defensores da instituição, prevê a nova legislação que o juiz, na convocação dos jurados, requisitará a indicação de nomes junto às autoridades locais, associações de classe e de bairro, entidades associativas e culturais, dentre outras exemplificadas no § 2°, do art. 425.

Trata-se de medida que veio em boa hora, sem embargo de que já encontrava previsão na parte final do revogado art. 439, *caput.* A diferença que se aponta é que, antes, o dispositivo legal utilizava a expressão "*poderá*", ou seja, atribuía ao juiz a faculdade de, entendendo conveniente e oportuno, requisitar das pessoas ali apontadas a indicação de cidadãos com aptidão para serem jurados. Agora parece que essa medida passa a ser obrigatória, quando o legislador emprega a expressão "*requisitará*".

O rol exemplificativo, além disso, foi um pouco ampliado, a fim de incluir associações de bairro, entidades associativas e culturais, instituições de ensino, inclusive superior, que não constavam da antiga redação do art. 439.

Critério na seleção dos jurados • A despeito da salutar iniciativa do legislador, não se ignora que a seleção dos jurados continuará sendo um dos pontos nucleares para o bom funcionamento do Júri. O ideal seria que o Magistrado pudesse manter um contato pessoal com cada um daqueles que foram arregimentados, capaz de sentir-lhes a vocação para o exercício do *munus* (não a tendência para condenar ou absolver) e, mais que isso, se, efetivamente, acham-se dispostos à prestação do serviço. Com o evidente declínio do Júri e a banalização da criminalidade, ser jurado, de há muito, deixou de importar em verdadeiro *atestado de idoneidade*, como concebido no início do século passado. Hoje, o cidadão, na maioria dos casos, longe de se sentir honrado pela escolha, torce fervorosamente para não ingressar na lista de jurados e, se dela não conseguir escapar, pelo menos para que não seja sorteado no dia da sessão. O ideal seria, portanto, que o juiz presidente conhecesse cada um dos candidatos, podendo, inclusive, a partir de sua impressão pessoal, excluir da lista aqueles menos vocacionados. Mas o gigantismo de muitas comarcas, o excesso de serviço e as dificuldades verificadas no cotidiano forense,tornam impossível essa espécie de iniciativa.

Como salientam Kai Ambos e Fauzi Hassan Choukr, "no que tange à escolha do jurado, poucas são as mudanças concretas. Com efeito, o contato direto entre as partes e o participante popular continua sendo tênue, limitando-se a uma mera aceitação ou recusa formal sem explicações ou fundamentada, nos já previstos casos de impedimento/suspeição previstos. Neste ponto teria sido melhor ousar, possibilitando um momento específico prévio ao julgamento onde as partes pudessem ter a oportunidade de perquirir as impressões pessoais do jurado ainda a ser escolhido e verificar sua eventual inclinação para preconceitos raciais, religiosos, econômicos, etc. Acrescente-se que tal hipótese não é desconhecida de legislações nas quais o júri é parte intrínseca do sistema, e não um apêndice isolado como no direito brasileiro" (*A reforma do Processo Penal no Brasil e na América Latina*, Método: São Paulo, 2001, p. 117).

JURISPRUDÊNCIA

» **Critério para seleção dos jurados**

"Não assiste ao Juiz Presidente do Tribunal do Júri a prerrogativa de escolher livremente entidades privadas (empresas) às quais possa requisitar diretamente nomes para a formação da lista anual de Jurados, visando à composição do futuro Conselho de Sentença, eis que deverá atender à indicação constante do art. 425, § 2º. do CPP; dest'arte, não lhe é abonada a faculdade de oficiar à direção de empresas privadas de sua escolha e lhes requisitar o pronto fornecimento de nomes de seus empregados, para atender à elaboração daquela listagem anual. O art. 425, § 2º. do CPP, ao apontar as entidades privadas a que o Juiz deve encaminhar a sua requisição, indica invariavelmente a sua natureza associativa, apontando a contrario sensu inadmitir-se a seleção direta de empresas privadas, ainda que se possa proclamar, como neste caso, o elevado propósito funcional de dinamização da formação da lista de Jurados, que a deliberação judicial claramente revestiu; a necessidade objetiva de acréscimo àquela listagem deverá, porém, observar a referida nota associativa, não se legitimando, assim, a inclusão direta de empresas privadas, de qualquer área econômica, naquele rol, mas sempre com a intermediação das respectivas entidades classistas. A composição do Tribunal de Júri, pela sua vocação democrática, deve refletir a pluralidade dos valores morais e das classes sociais em cujo meio irá ter atuação, pelo que se impõe coibir a possibilidade de predominância de qualquer ideologia grupal, viés ocupacional ou ideias preconcebidas: nenhum ente privado pode, isoladamente, fazer-se como que representado na lista anual de Jurados" (STJ – RMS nº 32205-ES, Rel. Napoleão Nunes Maia Filho, j. 18.11.2010, DJe 06.12.2010).

Art. 426. A lista geral dos jurados, com indicação das respectivas profissões, será publicada pela imprensa até o dia 10 de outubro de cada ano e divulgada em editais afixados à porta do Tribunal do Júri. (Redação dada pela Lei nº 11.689, de 2008)

§ 1º A lista poderá ser alterada, de ofício ou mediante reclamação de qualquer do povo ao juiz presidente até o dia 10 de novembro, data de sua publicação definitiva. (Incluído pela Lei nº 11.689, de 2008)

§ 2º Juntamente com a lista, serão transcritos os arts. 436 a 446 deste Código. (Incluído pela Lei nº 11.689, de 2008)

Sobre a lista de jurados, v. § 5º abaixo.

§ 3º Os nomes e endereços dos alistados, em cartões iguais, após serem verificados na presença do Ministério Público, de advogado indicado pela Seção local da Ordem dos Advogados do Brasil e de defensor indicado pelas Defensorias Públicas competentes, permanecerão guardados em urna fechada a chave, sob a responsabilidade do juiz presidente. (Incluído pela Lei nº 11.689, de 2008)

Urna fechada • De se aplaudir, outrossim, a disposição consistente em permitir que os nomes dos jurados alistados sejam guardados em urna fechada, na presença e sob a fiscalização não só do Ministério Público, mas de representantes da Ordem dos Advogados do Brasil e da Defensoria Pública (art. 426, § 3°). Com isso, se pretendeu democratizar o sistema, propiciando amplo acesso de todos os órgãos envolvidos no julgamento, em providência não cogitada pela legislação anterior que, no revogado art. 440, exigia a presença, apenas, do Ministério Público.

Com a reforma de 2008, não mais se cogitou da esdrúxula e anacrônica determinação legal, contida no revogado art. 428, no sentido de que o sorteio fosse realizado por um menor de 18 anos, a fim de "evitar toda e qualquer fraude que as paixões pudessem aconselhar", na lição de Pimenta Bueno (*Apontamentos sobre o processo criminal brasileiro*, p. 210).

§ 4º O jurado que tiver integrado o Conselho de Sentença nos 12 (doze) meses que antecederem à publicação da lista geral fica dela excluído. (Incluído pela Lei nº 11.689, de 2008)

Jurado *profissional* • Outra preocupação consistiu em se coibir a presença do *jurado profissional*. Mas não apenas dele, senão também daquele que – é comum nas pequenas comarcas – invariavelmente serve com o jurado, em *munus* que, por vezes, lhe é incômodo e mesmo nocivo ao desenvolvimento de suas atividades profissionais. Por isso, prevê o § 4°, do art. 426, a exclusão da lista geral do jurado que integrou o Conselho de Sentença no ano anterior. Mas é preciso que, efetivamente, tenha o jurado composto o conselho, não bastando, para justificar sua dispensa, o fato de ter ingressado na lista geral e, tampouco, de uma vez sorteado, ter sido recusado por uma das partes ou mesmo considerado suspeito ou impedido para o julgamento.

JURISPRUDÊNCIA

» **Nulidade absoluta**

"Deve ser reconhecida a nulidade absoluta de ação penal, desde a sessão de julgamento em Tribunal do Júri, na hipótese em que um dos jurados do Conselho de Sentença tenha integrado o júri de outro processo nos doze meses que antecederam à publicação da lista geral de jurados, considerando que o placar da votação tenha sido o de quatro a três em favor da condenação do réu, ainda que a defesa tenha deixado de consignar a insurgência na ata de julgamento da sessão. De acordo com o § 4º do art. 426 do Código de Processo Penal, não pode ser incluída na lista geral de jurados a pessoa que tenha integrado Conselho de Sentença nos doze meses que antecederem à publicação da lista" (STJ – AgRg no REsp n. 1363403-SP, Rel. Sebastião Reis Júnior, j. 17.11.2015, DJe 04.12.2015).

§ 5º Anualmente, a lista geral de jurados será, obrigatoriamente, completada. (Incluído pela Lei nº 11.689, de 2008)

Lista de jurados • Todo ano será elaborada uma lista de jurados, na forma e número previstos no art. 425, na qual conste o nome e profissão de cada um deles (art. 426), que deverá ser afixada na porta do Tribunal do Júri e publicada na imprensa, tudo sob a responsabilidade do juiz. A publicação na imprensa, contudo, tem sido dispensada pela jurisprudência (*RT* 504/389), desde que a mera afixação do edital tenha atingido sua finalidade, ou seja, o conhecimento público de quem são os jurados. Nesse sentido, STF – Pleno – HC 69.416 – Rel. Min. Celso de Mello – *DJU* 20.8.92, p. 13.4540.

Essa lista poderá ser alterada de ofício pelo juiz ou mediante reclamação de qualquer do povo (art. 426, § 1°). Cabe recurso em sentido estrito da decisão do juiz que incluiu ou excluiu algum jurado (art. 581, XIV). O prazo para tal recurso é de 20 dias (art. 586, parágrafo único) e ele é dirigido ao Presidente do Tribunal de Justiça (art. 582, parágrafo único). O termo *a quo* para esse recurso deve ser contado a partir do dia 10 de novembro, data em que a lista é publicada em caráter definitivo.

CAPÍTULO 6

Do Desaforamento

(Redação dada pela Lei nº 11.689, de 2008)

Art. 427. Se o interesse da ordem pública o reclamar ou houver dúvida sobre a imparcialidade do júri ou a segurança pessoal do acusado, o Tribunal, a requerimento do Ministério Público, do assistente, do querelante ou do acusado ou mediante representação do juiz competente, poderá determinar o desaforamento do julgamento para outra comarca da mesma região, onde não existam aqueles motivos, preferindo-se as mais próximas. (Redação dada pela Lei nº 11.689, de 2008)

Introdução • No que concerne ao desaforamento, não foram grandes as alterações trazidas pela nova disciplina do Júri de 2008. De forma que o desaforamento, antes, vinha previsto no art. 424 do CPP, cuja redação foi, praticamente, repetida nos atuais arts. 427 e 428. Procurou-se, com razão, atualizar as expressões empregadas pelo texto primitivo, como, *v.g.*, a utilização do vocábulo *Tribunal* (ao invés de *Tribunal de Apelação*), e a supressão do *termo* (pequena circunscrição, de competência limitada, presidida por pretores, não mais existente na organização judiciária pátria). Demais disso, algum entendimento jurisprudencial mais recente foi incorporado ao novo texto. Criou-se, ainda, uma nova hipótese de desaforamento, um tanto parecida, contudo, com aquela prevista no parágrafo único do antigo art. 424 do código. Na essência, porém, a ideia central foi preservada.

Conceito • O desaforamento vem previsto nos art. 427 e 428 do CPP e consiste na prática de um ato, pela Instância Superior, que modifica a regra de competência territorial nas hipóteses de Júri. Através do desaforamento, portanto, o réu, por motivos que a lei relaciona, é julgado em foro diverso daquele em que cometeu o crime, deixando de ser observada, assim, a competência pelo lugar da infração mencionada no art. 70 do código (competência *ratione loci*). Desaforar, pois, na precisa lição de Julio Fabbrini Mirabete, "é retirar o processo do foro em que está para que o julgamento se processe em outro" (*Processo penal*, ob. cit., p. 502).

Críticas • Há quem critique o desaforamento. Ora, a maior virtude da instituição do Júri – dizem- residiria, exatamente, em propiciar o julgamento do réu por seus pares, que o conhecem, que vivem no mesmo contexto social e que, assim, estariam aptos a proferir um julgamento justo, afastado, por vezes, da letra fria da lei, mais atento à realidade que os cerca. O Júri, argumentam seus defensores, possui esse viés democrático, verdadeiro reflexo da soberania popular, da autoridade suprema e poder absoluto do povo, nas palavras de Roberto Lyra, na introdução à obra de Ruy Barbosa (*O júri sob todos os aspectos*, p. 25).

Assim, não faria sentido o desaforamento, segundo a lição de Magarinos Torres, "porque a maior virtude do júri é o julgamento do homem pelos que o conheçam, ou estejam mais em condições de apreciar-lhe o caráter, pela ciência pessoal de seus antecedentes e os da vítima, do meio social e da moral aí dominante... julgar um homem fora do meio é proferir a justiça empírica dos técnicos, adstritos aos preceitos teóricos da lei uniforme, alheiados da realidade da vida e da desigualdade natural dos homens; é fazer do júri um simulacro de justiça, nada humana e ainda menos científica" (ob. cit, p. 257).

Quando é necessário • A despeito de tais críticas, é certo que, em determinadas situações, sempre em caráter excepcional, o desaforamento é medida que se impõe, máxime quando se constatar que a imparcialidade dos jurados, maior qualidade que se espera de um juiz, seja leigo ou togado, encontra-se por alguma razão viciada. Não se deve olvidar, ainda, que por vezes o desaforamento é deferido para preservar a integridade física do réu, tratando-se de cautela que prepondera sobre a conveniência do julgamento no local em que se deram os fatos. Por óbvio, é regra geral que o agente seja julgado por seus pares e que tal julgamento ocorra no local em que o crime foi praticado, onde foi atingida a ordem social. Mas por exceção – repita-se – guardada para situações muito peculiares, geralmente em comarcas pequenas (nas comarcas maiores, os crimes contra a vida, infelizmente, se banalizaram), é admitido o deslocamento da competência. Quanto à excepcionalidade do desaforamento, confira-se o entendimento do STF *in JSTF* 262/255 e *RT* 587/320, 701/408.

Requisitos • Ele é admitido em quatro hipóteses, na exata dicção dos arts. 427 e 428, do CPP, a saber: 1) por interesse da ordem pública; 2) quando pairar dúvida sobre a imparcialidade do Júri; 3) quando houver risco à segurança pessoal do acusado e 4) quando injustificadamente o Júri não se realizar no prazo de seis meses contado do trânsito em julgado da decisão de pronúncia.

Interesse da ordem pública • De sorte que o primeiro pressuposto a admitir o desaforamento é o *interesse da ordem pública*. Assim, o julgamento em plenário deve se cercar de serenidade, realizado em um ambiente tranquilo, imune a influências externas, tudo como forma de garantir a livre manifestação dos jurados (também por isso é prevista a *sala secreta*). Cuida-se de requisito que se exige para todo e qualquer julgamento, mas que tem sua relevância destacada quando se trata do Júri, na medida em que os jurados são leigos e não possuem, portanto, as mesmas garantias do juiz togado.

Mais do que o juiz profissional, assim, precisam se sentir seguros para julgarem. Uma vez comprovado que o julgamento poderá acarretar intranquilidade aos jurados e à sociedade, tirando-lhes a paz, graças ao estado de inquietação que se instalou na comarca, é possível o desaforamento. Porém, o alarde criado pela imprensa (*RT* 522/307, 663/364), ou a formação de duas correntes na comarca (uma a favor e outra contra o réu), por si só, não justificam a medida excepcional. Ressalte-se que, sob o fundamento do interesse da ordem pública, já se acolheu pedido de desaforamento formulado pelo juiz que se viu em frente a uma pauta extensa, com vários processos já preparados mas que demorariam mais de ano e meio para julgamento, estando os réus presos, conforme recorda Hermínio Marques Porto (*Júri*, São Paulo: RT, 6ª. ed., 1990, p. 108).

Dúvida sobre a imparcialidade dos jurados • O segundo pressuposto, que, na prática, fundamenta a imensa maioria dos pedidos de desaforamento, é a *dúvida sobre a imparcialidade dos jurados*. Ora, é sabido que se espera do juiz, quer togado, quer leigo, que aprecie a causa com imparcialidade. A imparcialidade é, por assim dizer, verdadeiro sinônimo de justiça, não se cogitando da existência de uma sem a outra. Por vezes, no entanto, a repercussão do crime ganha tamanha intensidade que é capaz de gerar dúvida quanto à condição dos jurados para proferirem um veredicto imparcial. O jurado, nesses casos, mesmo sem conhecer o processo a fundo, muitas vezes ignorando a prova dos autos e antes de ouvir os debates, já tem sua convicção previamente formada. Em outras palavras: ele já sai de casa com a conclusão precipitadamente estabelecida, seja para condenar, seja para absolver. Essa situação, vivida hoje em dia quase que apenas em pequenas cidades, deve ser evitada, como forma de preservação da imparcialidade do Júri e, para tanto, se prevê o desaforamento.

Exige-se, portanto, para o desaforamento, que a opinião do jurado esteja turvada pelo ódio contra o acusado em virtude do crime bárbaro que cometeu, tão intenso que se mostre capaz de retirar-lhe o equilíbrio, podendo ser citado, como exemplo, o réu que mata conhecido e estimado padre de pequena cidade, com vários anos de sacerdócio. Está *condenado* muito antes de ser julgado. E se o assassino do padre vem a ser morto, posteriormente, por um terceiro, munido de extraordinário espírito de vingança? Este Júri também estará contaminado, caso mantida a competência original, por contar o réu com enorme simpatia dos jurados, que fatalmente o levariam à absolvição, podendo, pois, ser desaforado. Pode ocorrer o inverso a justificar também o desaforamento. O prestígio do réu na cidade, sua influência política ou econômica, enfim, uma série de fatores que revelem a grande probabilidade de perda da isenção dos jurados, tendentes à absolvição.

Lembrem-se, ainda, situações em que a família do réu exerça grande influência, política e econômica, na pequena comunidade perante a qual será julgado, gerando um espírito de parcialidade nos jurados (*RT* 780/525, 728/587). Também foi acolhido o desaforamento quando a periculosidade do réu revelou-se tamanha a ponto de causar temor nos jurados (*RT* 756/628), embora já se tenha decidido em sentido contrário (*RT* 781/574). A fim de ressaltar, novamente, o caráter excepcional da medida, posto que o crime deve ser julgado no distrito da culpa, isto é, no local em que ocorreu (*"ubifacinus perpetravit, ibi poena reddita"*), registre-se interessante julgado no qual pessoas de prestígio na cidade (presidente da subsecção local da OAB, da Câmara Municipal, do Rotary Club, Prefeito Municipal e muitos de seus secretários), subscreveram manifestação atestando a boa índole do réu. Mesmo assim, manteve-se a competência original, indeferindo-se, em consequência, o desaforamento (*RT* 822/592). Meras conjecturas, assim, não autorizam o desaforamento, conforme já decidiu o STF (*RT* 603/425), sendo necessária prova clara calcada em dados objetivos (*RT* 787/582).

Por vezes, o longo tempo passado entre a prática do crime e a realização do Júri, faz com que a paixão e o ódio, capazes de inspirar negativamente o jurado, se diluam, não mais se justificando, então, a derrogação da competência (nesse sentido, *RT* 744/630). Ressalte-se, por derradeiro, que a possibilidade que se abre às partes de recusarem determinado jurado, já serve de poderoso filtro a eliminar aquele que, previamente, demonstra sua parcialidade para o julgamento.

Dúvida sobre a segurança pessoal do acusado • Justifica-se, ainda, o desaforamento, quando surgir *dúvida sobre a segurança pessoal do acusado*. De forma que, por mais grave e repugnante que tenha sido o crime praticado, deve seu autor submeter-se ao julgamento pelo Tribunal do Júri, através do respectivo processo legal, onde se preservem todas as garantias constitucionais, como, *v.g.*, a ampla defesa e o contraditório. Vai longe o tempo da chamada *vingança privada*, eis que hoje, qualquer que seja a sanção de ordem criminal, ela deve passar, necessariamente, pelo crivo do Estado, que detém, com exclusividade, o monopólio da Justiça. Jamais se admitiria, portanto, a entrega do réu à vingança do povo, muitas vezes animado pela comoção do crime e sedento em fazer justiça pelas próprias mãos. Assim, há situações em que a manutenção do Júri no local em que perpetrado o delito acarreta um grande risco à vida ou à incolumidade física do réu, como ocorre quando há promessa de linchamento promovido pela população enfurecida. Nesse caso, admite-se o desaforamento, segundo entendimento jurisprudencial (*RT* 610/459, 709/350).

Embora não se ignore o dever do Estado em propiciar a segurança do acusado, é induvidoso que em determinados casos, diante da revolta popular, quando nem mesmo a polícia consiga serenar os ânimos, a única solução plausível a derrogação da competência. Mas também aqui é necessária a existência de prova concreta, cabalmente demonstrada, quanto à insegurança da realização do Júri no local em que o crime foi cometido. Meras conjecturas, desprovidas de dados mais objetivos, não justificam o deslocamento da competência (*RT* 639/291, 745/632). De se ver que não apenas o risco de linchamento justifica o desaforamento, valendo recordar interessante exemplo trazido por Espínola Filho (*Código de processo penal brasileiro anotado*, vol. II, p. 339), quando se deferiu a medida em favor do réu que, acometido de doença grave, não tinha condições de ser atendido na cidade em que preso enquanto aguardava o julgamento. Foi então o Júri desaforado para comarca que reunia condições de propiciar-lhe tal atendimento.

Deslocamento da competência • Como consequência da acolhida do pedido, conforme dispõe a parte final do art. 427 do CPP, tem-se o desaforamento para "outra comarca da mesma região, onde não existam aqueles motivos, preferencialmente as mais próximas". Trata-se de redação mais moderna quando comparada àquela empregada pelo revogado art. 424, que previa a deslocamento da competência para comarca ou termo próximo. O *termo* (pequena circunscrição, de competência limitada, presidida por pretores), era figura desconhecida nas leis de organização judiciária e, por isso, andou bem o legislador ao excluir essa figura.

De se ver que a comarca para a qual será desaforado o julgamento não é, necessariamente, a mais próxima ou a vizinha. É que, por vezes, o crime acarreta uma comoção regional, com um impacto que transcende os limites da cidade onde perpetrado para atingir uma área territorial maior. Deve o desaforamento, nesse caso, ocorrer para uma comarca onde não subsistam os motivos que ensejaram a alteração da competência, como deixa claro o art. 424. Nesse sentido o entendimento do Supremo Tribunal Federal, no HC 84.651-PE, no qual foi relator o Min. Carlos Britto, que assim se posicionou: "Atende às exigências legais e jurisprudenciais o desaforamento, para comarca da Capital, de julgamento a envolver conflito entre famílias de grande influência na localidade do delito e também nas comarcas vizinhas" (HC nº 84.651-PE, *Diário da Justiça* nº 57, de 23.3.2007).

O anteprojeto do Código de Processo Penal, da lavra do Prof. José Frederico Marques, criava o *Júri regional*, sediado em cidades maiores, com competência para julgamento dos crimes ocorridos em uma área mais extensa e com jurados tirados de cada cidade da região. Tudo com o objetivo de livrar os jurados das pressões políticas e garantir-lhes a imparcialidade, conforme salienta Hermínio Marques Porto (ob. cit. p. 112). Não vingou a iniciativa, eis que o anteprojeto não se concretizou em um novo código.

De qualquer sorte, o desaforamento para a comarca *mais próxima* deve ser a regra (*JSTF*262/255), só se admitindo a realização do Júri em local mais distante quando situações excepcionais autorizarem a medida, até pelas dificuldades de ordem prática que ela acarreta (deslocamento de testemunhas, do réu, etc.). O STJ, apreciando questão tormentosa envolvendo policiais civis e militares em confronto com populares, relativa à posse de terras, acolheu o desaforamento para a Capital do Estado (*RT* 769/551).

JURISPRUDÊNCIA

» Excepcionalidade da medida

O desaforamento – que atua como causa derrogatória da competência territorial do júri – qualifica-se como medida de caráter excepcional, só devendo ser deferido quando houver prova inequívoca de que ocorre qualquer dos pressupostos taxativamente referidos no art. 424 do Código de Processo Penal. – O réu deve ser julgado no lugar em que supostamente cometeu o delito cuja prática lhe foi imputada. A mera alegação de parcialidade do júri, desacompanhada de qualquer comprovação idônea e eficaz, não basta para justificar o desaforamento. – A manifestação do juiz que afirma a "relevância social" do julgamento a ser realizado pelo Tribunal do Júri não basta, só por si, para descaracterizar a imparcialidade dos jurados e, consequentemente, justificar o desaforamento do julgamento" (STF – HC nº 91617-RJ – Rel. Celso de Mello, j. DJe 16.10.2007, DJ 07.12.2001).

» Cabimento

"A fixação da competência para o julgamento dos crimes dolosos contra a vida, em regra, se dá no local onde se consumou a infração penal, de acordo com o disposto no artigo 70, primeira parte, do Código de Processo Penal. Admite-se, de forma excepcional, a modificação desta competência em razão da verificação de eventos específicos elencados no artigo 427 do Código de Processo Penal. No caso em apreço, 11 (onze) dos jurados sorteados pleitearam a dispensa de comparecimento ao Tribunal do Júri, por motivos diversos, sendo que alguns deles expressamente mencionaram que teriam sido procurados pelos familiares do réu, circunstâncias que levaram a magistrada singular a crer que a população estaria se sentindo ameaçada e intimidada. Demonstrados elementos concretos e específicos passíveis de interferir na imparcialidade dos jurados e aptos a justificar o deslocamento da competência para o julgamento do paciente, não se vislumbra o alegado constrangimento ilegal" (STJ – HC nº 200398-MG, Rel. Jorge Mussi, j. 20.06.2013, DJe 06.08.2013).

"Estando suficientemente comprovado que grande parte da lista dos jurados é composta por funcionário público municipal nomeado pelo paciente, na qualidade de prefeito, acertada a decisão que acolhe pleito de desaforamento requerido pelo Ministério Público, ao fundamento de existência de forte dúvida a respeito da imparcialidade dos membros que poderão integrar o Tribunal do Júri. Sob pena de comprometimento da lisura no julgamento popular, a existência de motivos concretos e objetivos quanto à ligação dos jurados com o paciente, é motivo bastante a gerar dúvida pertinente à imparcialidade dos juízes leigos, autorizadora do deslocamento do Tribunal do Júri para outra comarca, sem, por isso, caracterizar constrangimento ilegal" (STJ – HC nº 90801-ES, Rel. Jorge Mussi, j. 26.08.2008, DJe 10.11.2008).

"Hipótese em que o Tribunal a quo deferiu pedido de desaforamento do julgamento do paciente, ex-prefeito municipal, denunciado pela suposta prática de homicídio qualificado e ocultação de cadáver. Paciente que é possuidor de grande prestígio na comunidade local, e, sendo alguns dos jurados sorteados para compor o Conselho de Sentença moradores da Comarca, a isenção no julgamento dos fatos delituosos imputados ao paciente poderia ficar comprometida. Configura-se, objetiva e concretamente, a ocorrência das hipóteses legais autorizadoras do desaforamento, o qual não foi fundado apenas em meras suposições ou alegações que não sejam baseadas em fatos concretos" (STJ – HC nº34819-GOO – Rel. Gilson Dipp – LEXSTJ 183/308).

» **Quando não é cabível**

"Se o interesse da ordem pública o reclamar ou houver dúvida Sobre a imparcialidade do júri ou sobre a segurança pessoal do acusado, o Tribunal de Justiça estadual, a requerimento do órgão ministerial, de eventual assistente ou do próprio acusado, ou mesmo mediante representação do juiz competente, poderá determinar o desaforamento do julgamento para outra comarca da mesma região, onde não existam aqueles motivos, consoante o disposto no art. 427 do Código de Processo Penal. Na espécie dos autos, a Corte estadual fundamentou, concretamente, a impossibilidade de desaforamento do julgamento do paciente para outra comarca, sob o argumento de que não veio para estes autos qualquer prova ou mesmo indício de predisposição do juiz do júri contra o requerente, o mesmo se podendo dizer dos alegados maus tratos, de maneira que se mostra inviável acolher-se o pleito de desaforamento do julgamento do paciente, como pretendido" (STJ – HC nº 243121-SP, Rel. Sebastião Reis Júnior, j. 11.06.2013, DJe 27.06.2013).

"O desaforamento é medida excepcional que altera a competência territorial, fazendo-se necessária para tanto que estejam presentes concretamente uma das hipóteses previstas no art. 427 do CPP, quais sejam: o interesse da ordem pública, a imparcialidade do júri e o risco à segurança pessoal do acusado. Os elementos acostados aos autos – matéria jornalísticas – não têm concretude suficiente a fim de se concluir sobre eventual interferência no ânimo dos jurados, de modo a colocar em dúvida a imparcialidade do Conselho de Sentença" (STJ – HC nº 214914-SP, Rel. Marilza Maynard, j. 09.04.2013, DJe 15.04.2013).

"A incerteza sobre a imparcialidade do júri que leva a se excepcionar a aplicação do princípio do juiz natural – de matiz constitucional –, por meio de derrogação de competência territorial, deve decorrer de comoção social grave, que não se confunde com a veiculação em imprensa acerca do fato, tampouco a pacata manifestação de familiares ou pessoas próximas à vítima, até mesmo porque natural, sobretudo em pequenas cidades, tendo em vista a perda de entes queridos. Na realidade, a dúvida que compromete a isenção do julgamento pelo corpo de jurados capaz de motivar o desaforamento deve ser importante, é dizer, deve ser séria, de forma a não merecer contestação razoável ou aceitável. Em outras palavras, a indignação ou repulsa gerada pela notícia do crime deve ser de tal monta que já revele uma predisposição concreta da população contra o acusado, o que, no caso vertente, não restou comprovada" (STJ – HC nº 151053-BA, Rel. Haroldo Rodrigues, j. 04.05.2010, DJe 28.06.2010).

"Por se tratar de medida excepcional, o desaforamento somente deve ser admitido quando demonstrada, com dados objetivos, a ocorrência de qualquer das hipóteses previstas no art. 424 do CPP. Meras suposições ou ilações abstratas sobre a influência ou prestígio político da família do réu ou do seu defensor, sem qualquer menção a fatos concretos, não bastam, por si sós, para justificar o deslocamento do processo por abalada a imparcialidade dos juízes de fato" (STJ – HC nº 29163-MG, Rel. José Arnaldo da Fonseca, RSTJ 192/485).

"A repercussão do delito na imprensa e a movimentação de familiares da vítima pedindo 'justiça' ao caso não consubstanciam motivos suficientes para o desaforamento, mormente havendo nos autos informação do juiz oficiante atestando a normalidade do feito e a inexistência de motivos para a medida " (STJ – HC nº18873-PE – Rel. Gilson Dipp, j. 27.11.2001, DJ 25.02.2002, p. 423).

"O fato de as Autoridades locais estarem empreendendo esforços para chamar a população do distrito da culpa, mediante utilização de carro de som, para comparecer ao julgamento do paciente, não é capaz de prejudicar a imparcialidade do Conselho de Sentença de comarcas vizinhas" (STJ – HC nº 55570-SE, Rel. Gilson Dipp, j. 06.06.2006, DJ 01.08.2006, p. 494).

» **Não importa em violação ao princípio do juiz natural**

"O desaforamento do julgamento perante o Tribunal do Júri não viola o Princípio do Juiz Natural, nem configura tribunal de exceção (ad hoc). Trata-se, tão somente, de garantia à isenção e imparcialidade do julgamento. Poderá ser realizado sempre que houver interesse da ordem pública, comprometimento da imparcialidade dos jurados, dúvida sobre a segurança do réu ou atraso injustificável na realização do julgamento popular" (STJ – HC nº 163800-MG, Rel. Laurita Vaz, j. 17.03.2011, DJe 04.04.2011).

» **Desaforamento do segundo Júri. Possibilidade**

"Evidenciada a ocorrência de ameaças a testemunhas, bem como pelo fato de os pacientes já terem sido julgados perante o Tribunal Popular e absolvidos, com a determinada de anulação do Júri, pela ocorrência de julgamento contrário à prova dos autos, restam configuradas, objetiva e concretamente, as hipóteses legais autorizadoras do desaforamento, o qual não foi fundado apenas em meras suposições ou alegações que não sejam baseadas em fatos concretos" (STJ – HC nº 40004-PB, Rel. Gilson Dipp, j. 08.03.2005, DJ 08.03.2005, p. 301).

» **Momento adequado para o pedido**

"O desaforamento, que implica apenas na realização do julgamento em comarca distinta daquela do distrito da culpa, pressupõe estar o processo pronto para ser submetido ao Tribunal do Júri, sendo, por isso, prematuro seu deferimento na pendência de recurso contra a pronuncia" (STF – HC nº 690554-MT – Rel. Celso Borja – RTJ 139/242).

» **Após o julgamento já não mais cabe o pedido**

"Pedido de desaforamento prejudicado pela realização do julgamento. Deferi-lo, após essa realização, importaria em, via obliqua, invalidar o pronunciamento do júri. Interpretação do art.424 do C.P.P" (STF – Rel. Oscar Correa – RTJ 103/368).

» **Desaforamento para comarca mais próxima**

a) quando é cabível

"Evidenciado que a influência do réu é restrita ao Município no qual ocorreram os fatos, não se podendo falar em interesse da ordem pública, tampouco em dúvida acerca da parcialidade dos jurados ou em ameaça à segurança do acusado em qualquer das comarcas vizinhas ao distrito da culpa. O desaforamento do julgamento deve ser "para comarca ou termo próximo", a não ser que a causa que justificou a transferência do Júri subsista neste local, devendo tal situação ser ressaltada na decisão de desaforamento, justificando, assim, o julgamento na capital. Havendo outras comarcas mais próximas do local do crime e não tendo sido fundamentada a transferência do julgamento para a capital, resta demonstrada a ocorrência de constrangimento ilegal" (STJ – HC nº 56246-RJ, Rel. Gilson Dipp, j. 20.06.2006, DJ 01.08.2006, p. 497).

b) quando se admite exceção

"Conforme a redação do art. 427 do CPP, o desaforamento é autorizado, mediante comprovação calcada em fatos concretos, quando o interesse da ordem pública o reclamar ou quando houver dúvida sobre a imparcialidade do júri ou, ainda, sobre a segurança pessoal do acusado. A partir das circunstâncias delimitadas nos autos - o fato de o paciente ser 'conhecido e influente na comunidade local, com vida social intensa e, em princípio, com potencial de influência sobre as provas do processo', além de haver manifestação favorável do Juiz condutor do feito – , é possível concluir pela configuração de dúvida quanto à imparcialidade dos jurados, o que, por sua vez, autoriza a medida sempre excepcional do desaforamento. A competência será deslocada para o local mais próximo daquele em que originariamente tramitava o feito, caso ali não persistam os mesmos motivos que ensejaram a medida, pois, se persistirem, e desde que o Tribunal o faça de forma fundamentada, o julgamento poderá ocorrer em localidades mais remotas (precedentes). Exsurgindo dos autos que os motivos que autorizaram o desaforamento extravasaram os limites da comarca em que iniciada a ação penal, correta se mostra a remessa do feito para julgamento na Comarca da Capital" (STJ - HC n. 323880-MG, Rel. Felix Fischer, j. 15.10.2015, DJe 26.10.2015).

"Esta Corte Superior de Justiça já decidiu que o artigo 427 do Código de Processo Penal não impõe que o desaforamento seja feito para localidade mais próxima da original, mas apenas que seja escolhida comarca da mesma região, na qual o julgamento possa ser efetivado de forma isenta" (STJ – HC nº 200398-MG, Rel. Jorge Mussi, j. 20.06.2013, DJe 06.08.2013).

"Consoante o disposto pelo art. 427 do CPP, é autorizado o desaforamento do Tribunal do Júri quando o interesse da ordem pública o reclamar ou houver dúvida sobre a imparcialidade do júri ou a segurança pessoal do acusado. A competência, a partir do desaforamento, será deslocada para o local mais próximo daquele no qual originariamente tramitava o feito, caso ali não persistam os mesmos motivos que ensejaram a medida. Na hipótese de persistência de tais motivos também nas comarcas circunvizinhas, é possível o desaforamento para localidades mais afastadas" (STJ – HC nº 255898-GO, Rel. Alderita Ramos de Oliveira, j. 21.03.2013, DJe 04.04.2013).

§ 1º O pedido de desaforamento será distribuído imediatamente e terá preferência de julgamento na Câmara ou Turma competente. (Incluído pela Lei nº 11.689, de 2008)

Processamento • O pedido de desaforamento só é possível após o trânsito em julgado da sentença de pronúncia, ou seja, quando tal decisão se mostrar definitiva. Portanto, não deve ser admitido antes, conforme visto acima, já que ele se volta contra o *julgamento* e não contra o sumário de culpa.

Nas hipóteses relacionadas no *caput* do art. 427 (interesse da ordem pública, dúvida sobre a imparcialidade dos jurados e risco à segurança do réu), o desaforamento pode ser requerido por qualquer das partes (Ministério Público, assistente, querelante ou acusado) e mesmo por representação do próprio juiz-presidente e seu julgamento está afeto aos Tribunais de Justiça estaduais ou aos Tribunais Regionais Federais, quando se tratar de um Júri de competência da justiça federal.

O réu tem interesse no desaforamento podendo requerê-lo, através de seu defensor, na hipótese, *v.g.*, em que há parcialidade do Júri, fartamente constatada, eis que os jurados já se manifestaram no sentido de sua condenação. O Ministério Público também detém legitimidade para o pedido quando a parcialidade dos jurados, ao contrário, se inclina pela absolvição do réu. Também lhe é reconhecida legitimidade para pleitear o desaforamento em favor do réu, quando, por exemplo, sua segurança está em risco (*RT* 759/653) ou mesmo quando revelada a parcialidade dos jurados contra o acusado. É que, antes de ser parte, o promotor é fiscal da lei, a quem cumpre velar, sobretudo, pela realização da justiça. Nessa tarefa de promover a justiça, se concebe um pedido de desaforamento *in favor rei*, a exemplo do que ocorre no pedido de absolvição, de arquivamento do inquérito policial, na interposição de recurso ou *habeas corpus* em prol do acusado, etc. Também ao querelante, nas raríssimas hipóteses em que ofertada queixa-crime (em uma ação penal privada subsidiária da pública), se reconhece legitimidade para propor o pedido de desaforamento. Nem poderia ser diferente, na medida em que, afinal, é o autor da ação penal.

Dúvida perdurava quanto à legitimidade do assistente de acusação para a formulação do pedido. A jurisprudência mais recente, inclusive do STF (*RT* 600/453, 649/357), era no sentido de não admitir tal legitimidade, já que o art. 271 do CPP, que trata das hipóteses de sua intervenção, não faz qualquer alusão ao desaforamento.

A questão se acha superada, pois, como já salientamos, a lei foi expressa em atribuir ao assistente legitimidade para o pedido. E com acerto. Mesmo que se admitisse que o assistente tenha por objetivo único a condenação, só por isso já se devia identificar sua possibilidade de requerer o desaforamento. Imaginemos o exemplo, outras vezes citado, em que o réu, por prestígio extraordinário que possui na comarca, está, por assim dizer, *absolvido*, antes mesmo de ser julgado. Ora, se o assistente tem interesse em sua condenação, para fins de posterior ressarcimento no âmbito cível, não havia como negar-lhe o direito de pedir o deslocamento do Júri para outra comarca. Comungava dessa opinião a doutrina majoritária, conforme ensinam Hermínio Marques Porto (ob. cit., p. 113), Julio Fabbrini Mirabete (ob. cit, p. 505) e Tourinho Filho (*Processo penal*, vol. 4, p. 79). Especificamente a respeito do tema, vale que se confira artigo da lavra de Welton Roberto, publicado na Revista Síntese de Direito Penal e Processual Penal, nº 23, p. 59 (*Assistente da acusação: legitimidade para requerer desaforamento*). O legislador do novo Júri brasileiro, sensível ao posicionamento doutrinário, expressamente conferiu ao assistente legitimidade para ajuizar o pedido de desaforamento.

Interessante notar que, na hipótese de desaforamento prevista no parágrafo único do art. 428, não tem o juiz legitimidade para formular o pedido. Ora, se a demora na realização do julgamento não pode ser creditada à inércia do juiz mas, ao revés, ao volume excessivo de trabalho ou à pauta carregada de julgamentos, deveria se admitir que o Magistrado, preocupado com a correta distribuição da justiça e zeloso de sua função, pudesse, através de petição fundamentada e devidamente documentada, provocar o tribunal no sentido do deslocamento do Júri para outra comarca menos assoberbada de serviço. Caso se vislumbrasse, com tal iniciativa, eventual intenção do juiz em se esquivar do trabalho, cumpriria à corregedoria adotar as medidas cabíveis à espécie. Não se previu, contudo, essa possibilidade.

Órgão julgador do pedido • O pedido de desaforamento é dirigido, conforme dispõe o art. 427, ao *Tribunal*. Segundo as normas de organização judiciária hoje em vigor e pelos critérios de competência que regem a matéria, tem-se que o pedido deve ser apreciado pelos Tribunais de Justiça dos respectivos estados, quando o crime, como ocorre na imensa maioria dos casos, for de competência da Justiça Estadual. Caso seja da competência da Justiça Federal, deve apreciá-lo o Tribunal Regional Federal da respectiva região.

Oitiva do Ministério Público em 2º grau • Em ambas as hipóteses, segundo texto expresso da lei revogada, era colhida a manifestação do Ministério Público: do Procurador-Geral de Justiça no âmbito estadual ou do Procurador-Chefe no âmbito federal. Desse teor era o primitivo art. 424 do CPP, ao utilizar a expressão "... ouvido sempre o procurador-geral ...". Ocorre que, não se sabe se propositadamente ou por cochilo do legislador, simplesmente foi retirado do novo texto qualquer menção ao Ministério Público, de tal forma que, na literalidade da lei, a oitiva do *parquet*, que atua perante a 2ª. instância, não é mais obrigatória. Mas deixando de lado a mera leitura fria do texto legal e atento a uma análise mais ampla, que leve em conta o sistema, pensamos que nada impede que os regimentos internos dos respectivos Tribunais continuem facultando a participação do Procurador-Geral (no regimento interno do Tribunal de

Justiça de São Paulo a matéria é tratada em seu art. 724). Aliás, é medida que se recomenda, máxime quando se constata que nos pedidos de desaforamento que tenham por base as hipóteses do *caput* do novo art. 427, não há previsão, tampouco, de oitiva do promotor de justiça. A ausência de qualquer manifestação do Ministério Público, em ambos os graus de jurisdição, conforme concebida pelo legislador, importa em franca violação ao princípio do contraditório, a merecer reparação pela jurisprudência que, decerto, se formará a respeito do tema.

§ 2º Sendo relevantes os motivos alegados, o relator poderá determinar, fundamentadamente, a suspensão do julgamento pelo júri. (Incluído pela Lei nº 11.689, de 2008)

Efeito suspensivo • O desaforamento, por ausência de previsão legal nesse sentido, não tinha efeito suspensivo, significava dizer que nada impedia a realização do julgamento em plenário na pendência de apreciação do pedido, conforme já decidira o STF (*RT* 592/444). Não parecia, entretanto, fosse prudente essa conduta. Imaginemos a inusitada situação na qual o réu fosse condenado pelo Júri antes do Tribunal apreciar seu pedido de desaforamento e, logo em seguida à condenação, sobreviesse a notícia de que a superior instância acolheu o desaforamento. Para evitar esse inconveniente, era melhor que o juiz adiasse o julgamento em plenário até o julgamento do desaforamento pelo Tribunal. Por isso mesmo, o STF deferiu liminar para suspensão do Júri enquanto não apreciado o pedido (*RT* 551/413).

Agora a questão vem solucionada pelo § 2°, do art. 427, ao autorizar que o relator suspenda a realização do julgamento pelo Júri, desde que relevantes os motivos alegados. De qualquer forma, como decidiu o STJ, "realizado o julgamento do paciente perante o Tribunal do Júri, não merece reparo acórdão que julga prejudicado pedido de desaforamento, em virtude da perda do seu objeto" (HC n. 57.368-MS. Rel. Min. Arnaldo Esteves Lima, 5ª. T., *v.u.*, j. 03.08.2006, Boletim do STJ nº 15, 1ª. quinzena de outubro de 2006).

§ 3º Será ouvido o juiz presidente, quando a medida não tiver sido por ele solicitada. (Incluído pela Lei nº 11.689, de 2008)

Manifestação do juiz e das partes • Fundamental, na exata dicção do § 3°, do art. 427, do CPP, que o juiz-presidente do Júri se manifeste a respeito do pedido, a menos, é claro, que tenha sido dele a iniciativa do desaforamento. É que vivendo a realidade da comarca, conhecedor, portanto, da sociedade e de seu cotidiano, ninguém melhor que o juiz para, com imparcialidade e serenidade, opinar sobre a conveniência do desaforamento. Nesse sentido, *RT* 696/323 e 595/325.

Embora não haja previsão legal a respeito, parece de bom tom que se ouçam as partes a respeito do pedido, em homenagem aos princípios do contraditório e ampla defesa.

Assim, quando formulado pelo Ministério Público, deve ser colhida a manifestação da defesa (STF-*RT* 613/418). Nesse sentido, inclusive, a Súmula 712 do STF, ao enunciar que "é nula a decisão que determina o desaforamento de processo da competência do Júri sem audiência da defesa". E, se manejado o pedido pela defesa, ouvido o *parquet*, conquanto entendamos, nesse último caso, que eventual falta de intervenção possa ser suprida pela manifestação do Procurador-Geral. Quando o desaforamento é proposto pelo juiz, ambas as partes – e, inclusive, eventual assistente de acusação – devem ser consultados.

Tais entendimentos, prestigiados pela doutrina e jurisprudência,poderiam ter sido incluídos no novo texto legal, por se revelarem em consonância com os princípios constitucionais da ampla defesa e do contraditório, tão caros ao processo penal. Infelizmente o legislador se omitiu nesse aspecto. Mais prudente, nesse tópico, foi o Tribunal de Justiça de São Paulo, que em seu regimento interno prevê tais cautelas, como se depreende da leitura de seu art. 725, *in verbis*: "No pedido de desaforamento requerido pelo Ministério Público ou solicitado pelo juiz, será assinada a dilação de dez dias ao réu, para que possa responder às razões deduzidas".

JURISPRUDÊNCIA

» **Relevância da manifestação do juiz e das partes**

"Segundo a jurisprudência do Supremo Tribunal, a definição dos fatos indicativos da necessidade de deslocamento para a realização do júri – desaforamento – dá-se segundo a apuração feita pelos que vivem no local. Não se faz mister a certeza da parcialidade que pode submeter os jurados, mas tão somente fundada dúvida quanto a tal ocorrência. A circunstância de as partes e o Juízo local se manifestarem favoráveis ao desaforamento, apontando-se fato 'notório' na comunidade local apto a configurar dúvida fundada sobre a parcialidade dos jurados, justifica o desaforamento do processo (Código de Processo Penal, art. 424)" (STF – HC nº 109023-SP, Rel. Dias Toffoli, j. 13.12.2011, DJe 27.02.2012).

"Conforme precedentes desta Corte, a opinião do magistrado de primeiro grau, devido a proximidade com os fatos da causa, tem enorme relevância quando da verificação da necessidade do desaforamento" (STJ – AgRg no AREsp nº 335533-MG, Rel. Regina Helena Costa, j. 05.11.2013, DJe 11.11.2013).

"A manifestação do Juiz singular é de extrema importância no deslinde do desaforamento, pois, por estar inserido na comunidade onde ocorreu o crime, é capaz de averiguar, com maior precisão, o sentimento social que circunda o caso" (STJ – HC nº 40486-PE, Rel. Gilson Dipp, j. 07.04.2005, DJ 02.05.2005, p. 392).

» **Contraditório no desaforamento**

V. Súmula nº 712 do STF: "É nula a decisão que determina o desaforamento de processo da competência do Júri sem audiência da defesa"

CONTRADITÓRIO – "A defesa há de ser ouvida quanto a pedido de desaforamento formulado pelo Ministério Público" (STF – HC 71059-PE – Rel. Marco Aurélio, j. 09.08.1994, DJ 23.09.1994, p. 25314).

"A manifestação da defesa é imprescindível diante do pedido de desaforamento formulado pelo Ministério Público e a sua falta compromete a ampla defesa e o próprio contraditório " (STJ – HC nº 15925-GO – Rel. Felix Fischer – RSTJ 150/483).

» **Mas não vincula o Tribunal**

"O Tribunal, ao examinar o pedido de desaforamento, não está vinculado, exclusivamente, à informação do juiz, já que esta, apesar de sua enorme valia, deve ser analisada em conjunto com os demais elementos probatórios" (STF – HC 80226-PA – Rel. Ilmar Galvão, j. 15.08.2000, DJ 10.11.2000, p. 81).

§ 4º Na pendência de recurso contra a decisão de pronúncia ou quando efetivado o julgamento, não se admitirá o pedido de desaforamento, salvo, nesta última hipótese, quanto a fato ocorrido durante ou após a realização de julgamento anulado. (Incluído pela Lei nº 11.689, de 2008)

Inadmissibilidade do pedido • O § 4º, do art. 428, veda seja o pedido de desaforamento formulado "na pendência de recurso contra a decisão de pronúncia ou quando efetivado o julgamento". E nem poderia ser diferente. Se a decisão de pronúncia pende de recurso, significa dizer que ainda não há certeza quanto à realização do Júri e, portanto, o desaforamento é mesmo incabível, pois, como já ressaltamos, apenas o julgamento em plenário pode ser desaforado. De outra parte, se tal julgamento já se realizou, o pedido de desaforamento perde, por consequência, seu objeto (nesse sentido, STJ – HC 57.368-MS, Rel. Min. Arnaldo Esteves Lima, j. 3.8.2006, Boletim do Superior Tribunal de Justiça nº 15, da 1ª. quinzena de outubro de 2006). Nessa última hipótese, como excepciona o texto legal, é possível o desaforamento, desde que venha a ser anulado o julgamento.

Trata-se de medida judicial • Bem se vê, por outro lado, que o desaforamento é medida de cunho judicial, a exigir, portanto, um provimento jurisdicional, de caráter decisório. Por isso o STJ anulou determinação, de natureza administrativa, de Conselho Superior da Magistratura que, preocupado com o acúmulo de serviço na comarca, determinara o deslocamento da competência do Júri para outro local (*RT* 747/617).

Art. 428. O desaforamento também poderá ser determinado, em razão do comprovado excesso de serviço, ouvidos o juiz presidente e a parte contrária, se o julgamento não puder ser realizado no prazo de 6 (seis) meses, contado do trânsito em julgado da decisão de pronúncia. (Redação dada pela Lei nº 11.689, de 2008)

Atraso na realização do julgamento • Por derradeiro, defere-se a medida quando o Júri não se realizar no prazo de seis meses contado do trânsito em julgado da decisão de pronúncia, conforme dispõe a atual redação do *caput* do art. 428 do CPP. Era diverso o texto antes da reforma, pois se autorizava o desaforamento quando, no prazo de um ano contado da data em que recebido o libelo, não fosse realizado o julgamento. Agora, com a extinção do libelo, alterou-se, por consequência, o termo *a quo*, a ser contado – insiste-se – a partir do trânsito em julgado da pronúncia.

Vale observar que, ao tempo da legislação anterior, era dificílimo que um Júri fosse realizado no prazo acima mencionado. Ao contrário, estivesse solto ou mesmo quando preso o réu, a regra era a não observância de tal lapso temporal, o que revelava o pequeno alcance prático do dispositivo legal. Aliás, a jurisprudência vinha se firmando no sentido de que não se exigia observância ao prazo de um ano para realização do julgamento, estando o réu solto, já que, com tal demora, ele não experimentava qualquer espécie de constrangimento (*RT* 774/582).

Não cremos que o quadro deva sofrer grande alteração. Ao contrário, parece pouco provável que o Júri se realize no prazo de seis meses, em face da considerável redução incorporada pelo estatuto novel (repetimos, antes o prazo era de um ano), sobretudo não tendo o legislador feito qualquer distinção entre réu preso e solto. De qualquer forma não se deve deixar de aplaudir a *ratio legis*, que manifestou franca preocupação com a celeridade do processo, inclusive ao reduzir de um ano para seis meses, o prazo para a realização do Júri. A intenção do legislador, nesse passo, autoriza que se formule uma releitura do enunciado da Súmula 21 do Superior Tribunal de Justiça, assim plasmada: "Pronunciado o réu, fica superada a alegação do constrangimento ilegal da prisão por excesso de prazo na instrução". Tal verbete, que causa, para dizer o mínimo, enorme estranheza, parece merecer urgente revisão. Máxime porque aprovado em dezembro de 1990, muito antes, portanto, da Emenda Constitucional n° 45, de dezembro de 2004, que introduziu o inc. LXXVIII ao art. 5° do texto maior, assegurando a razoável duração do processo e os meios que garantam a celeridade de sua tramitação. Aliás, o art. 8º, 1, da Convenção Americana sobre Direitos Humanos (Pacto de São José da Costa Rica), aprovada pelo Congresso Nacional, através do Decreto-Legislativo nº 27, de 26.05.1992, já introduzira em nosso ordenamento jurídico a questão da duração razoável do processo.

§ 1º Para a contagem do prazo referido neste artigo, não se computará o tempo de adiamentos, diligências ou incidentes de interesse da defesa. (Incluído pela Lei nº 11.689, de 2008)

Demora acarretada pela defesa • Excepciona o dispositivo as hipóteses em que a demora ocorreu no interesse da defesa quando, então, não se cogita do desaforamento. Assim, por exemplo, se após o trânsito em julgado da pronúncia o advogado requer a instauração de incidente de insanidade mental, acarretando adiamento do julgamento já designado. Não será essa uma razão para o desaforamento. Procura-se, aqui, evitar qualquer espécie de manobra que tenha por objetivo precipitar o desaforamento. Suponha-se que, não interessando à defesa a realização do Júri em determinada comarca, comece, então, a manejar pedidos procrastinatórios, acarretando o *estouro* do prazo de seis meses. Em adoção ao conhecido brocardo segundo o qual ninguém deve se beneficiar da própria torpeza, o almejado desaforamento, neste caso, não será deferido.

Não se entende, contudo, por qual razão o § 1° do art. 428 faz menção, apenas, ao atraso acarretado no interesse da defesa. Por vezes o atraso pode ser atribuído ao Ministério Público, ao assistente de acusação, aos funcionários da justiça e ao próprio juiz e, nesses casos, também não deveria ser autorizado o desaforamento. Suponha-se o exemplo no qual o juiz, não querendo realizar o Júri em sua comarca, provoca indevido retardamento, designando o julgamento para um ano após o trânsito em julgado da decisão de pronúncia. Ou que o promotor de justiça, temeroso quanto ao vigor do debate que, fatalmente, se desenvolverá em plenário, formule pedidos que impeçam a realização do Júri no curtíssimo prazo de seis meses. Parece claro que, nessas hipóteses, o desaforamento não deve ser admitido, embora a lei – repita-se – vede o atraso apenas quando debitado à defesa.

§ 2º Não havendo excesso de serviço ou existência de processos aguardando julgamento em quantidade que ultrapasse a possibilidade de apreciação pelo Tribunal do Júri, nas reuniões periódicas previstas para o exercício, o acusado poderá requerer ao Tribunal que determine a imediata realização do julgamento. (Incluído pela Lei nº 11.689, de 2008)

Pedido do réu • O dispositivo faculta ao réu a possibilidade de requerer a realização imediata do júri, quando inexistente qualquer razão que justifique a demora, quer por excesso de serviço ou porque existentes outros julgamentos a serem realizados. Ignora-se, na prática, sua utilização, por parecer pouco provável que o réu tenha interesse em antecipar seu julgamento. Caso solto, decerto que preferirá continuar nessa situação. Estando preso, fatalmente se valerá de um habeas-corpus não para provocar a realização do júri, mas para responder em liberdade do processo.

Cautela • A cautela, portanto, deverá inspirar o Tribunal quando da análise de pedidos de desaforamento com fulcro nesta última hipótese que autoriza o deferimento da medida. Sob pena, inclusive, de se premiar (para ficarmos com os exemplos acima), o juiz menos zeloso ou o promotor de justiça intimidado, comportamento que, ressaltamos, importam em absoluta exceção à regra. Ainda nessa linha de raciocínio, observamos que, por vezes, o desaforamento com base no excesso de serviço poderá acarretar uma mera transferência do problema. Colha-se o exemplo no qual todas as comarcas da região apresentem excesso de serviço relativo ao Júri, o que não é improvável em virtude do expressivo número de crimes contra a vida que são perpetrados de forma indiscriminada. Ora, pura e simplesmente se desaforar o Júri da comarca *A* para a *B*, importará em *resolver* o problema daquela primeira, mas criar um inconveniente para esta última. Em suma, a ponderação e o bom senso deverão inspirar a Superior Instância na apreciação do pedido de desaforamento, neste caso específico. Aliás, eram raros, ao tempo da legislação anterior, pedidos de desaforamento decorrentes da não realização do Júri no prazo de um ano. A imensa maioria deles se fundava na imparcialidade dos jurados.

Numerus clausus • São esses, portanto, os pressupostos que autorizam o desaforamento que, por se tratar de medida de exceção, não pode ser estendido a outras hipóteses que não as mencionadas em lei, importando, assim, em verdadeiro *numerus clausus*. Por isso, ao tempo da legislação anterior, se indeferiu pedido formulado pelo juiz que alegava ausência de instalações adequadas para a realização do Júri (*RT* 548/307), embora, pelo mesmo motivo, já se tenha acolhido o desaforamento (*RT* 547/321).

Desaforamento, crimes conexos e concurso de agentes • Desnecessário salientar que o desaforamento, quando acolhido, atinge também os crimes conexos aos delitos dolosos contra a vida que, em virtude da regra da unidade do processo e julgamento (arts.

78, inc. I e 79 do CPP), são atraídos para o Júri. Também por isso, havendo concurso de agentes para a prática do delito, todos os corréus são atingidos pelo desaforamento, mesmo aqueles que não se enquadrem em uma das causas que justificam a medida. Tome-se o exemplo em que um homicídio é perpetrado por duas pessoas. A primeira delas de imenso poder econômico e político na cidade, capaz de influir decisivamente na convicção dos jurados, tirando-lhes a imparcialidade. Já a segunda se trata de um estranho, desconhecido na pequena comunidade, onde nunca estivera. Embora somente em relação ao primeiro réu se justifique o desaforamento, também o segundo será julgado em outra comarca, caso deferida a medida. É que não se admite, aí, o desmembramento do processo.

Alcance • Saliente-se que o desaforamento só é possível nos crimes de competência do Júri (*RT* 477/327). Quando se tratar de julgamento afeto ao juiz singular e caso se verifique sua parcialidade, deve a parte prejudicada se valer das exceções de suspeição ou impedimento, conforme o caso concreto, que também podem ser conhecidas de ofício (*RT* 477/327). Por outro lado, o desaforamento atinge, apenas, o *julgamento*, conforme expresso no art. 427, ou seja, a realização do plenário propriamente dito. Os atos de instrução, anteriores à pronúncia e presididos pelo juiz togado, por óbvio que não estão sujeitos à derrogação da competência (*RT* 541/410, 507/373), não podendo o juiz, *v.g.*, deixar de apreciar a causa sob o argumento de que pressionado pela fúria da população, devendo se valer, se for o caso, da providência prevista no § 1º, do art. 792 do código.

Não se aplaude, assim, o entendimento de Borges da Rosa, para quem "o desaforamento pode compreender também os atos do processo anterior ao julgamento, isto é, os atos de instrução criminal" (*Processo penal brasileiro*, vol. III, p. 17). Imaginar-se dessa forma implicaria em concluir, de forma absurda, que em todo e qualquer processo (não apenas do Júri), presidido por um juiz togado, seria cabível o desaforamento. Aliás, quando o legislador incluiu o desaforamento no capítulo do código que trata, especificamente, do Júri é porque não quis estender a possibilidade de sua aplicação a outras hipóteses.

***Habeas corpus* e desaforamento** • Contra a decisão que acolhe ou rejeita o desaforamento, não há previsão de qualquer recurso. Indeferido, somente poderá ser renovado o pedido com fundamento em novos fatos diversos daqueles que embasaram o primeiro pedido. Admite a jurisprudência, no entanto, a utilização do *habeas corpus*, sobretudo em face do caráter amplo que historicamente se tem conferido a tal instituto no direito brasileiro (*RSTJ* 114/417), tendo o STF, conforme destacamos acima, concedido liminar a fim de que se suspendesse o julgamento em plenário até que fosse apreciado o *writ* (*RT* 551/413).

Reaforamento • Como *reaforamento*, na precisa lição de Borges da Rosa, se entende "a volta do processo ao conhecimento do foro do delito, donde fora retirado em virtude de decisão judicial" (*Comentários ao código de processo penal*, p. 521). Ou seja, é a possibilidade de, após ter sido desaforado o julgamento, ele torne ao foro original, onde foi cometido o crime. O reaforamento não é tolerado em nosso sistema, nem mesmo quando as causas que concorreram para o desaforamento desapareçam. Tomemos o exemplo no qual o julgamento é desaforado em virtude do risco quanto à segurança do réu, já que a comarca era desprovida de policiamento. Meses depois, tal comarca vê-se aparelhada de notável contingente policial, em virtude de numeroso batalhão que ali se instalou. Seria possível tornar o julgamento à comarca original? A resposta que se impõe é negativa, pelo simples fato que inexiste previsão legal amparando essa possibilidade. É que, no magistério de Eduardo Espínola Filho, "definitivos são os efeitos do desaforamento, e, assim, se proscreve o reaforamento, mesmo quando, antes do julgamento, tenham desaparecido as causas que o determinaram" (ob. cit. p. 342).

O que já admitiu a jurisprudência do STF, porém, foi o reaforamento quando preenchidos dois requisitos: no novo foro persistirem as razões que justificaram o desaforamento (em nosso exemplo acima, também não existir policiamento suficiente na comarca para qual desaforado o julgamento) e, no foro original, desaparecerem as causas que autorizaram a mudança da competência (chegada de grande número de policiais capazes de garantir a segurança do réu). Nesse sentido, *RT* 581/390. Em um caso apreciado pelo STF, o primeiro Júri foi anulado em virtude de tumulto causado pela platéia, na tentativa de agressão ao réu, fato que justificou o desaforamento do segundo julgamento (*RT* 610/459).

JURISPRUDÊNCIA

» **Reaforamento**

"É curial que a decisão concessiva de desaforamento não é imutável. Se no novo foro há, também motivos que autorizam o desaforamento, outro há de ser eleito, nada impedindo, inclusive, o reaforamento, se não mais subsistirem as razões que determinaram o deslocamento da competência anterior, principalmente quando tais razões foram de ordem meramente material, como falta de instalações adequadas" (STF – Rel. Néri da Silveira – RT 581/390).

CAPÍTULO 7

Da Organização da Pauta

(Incluído pela Lei nº 11.689, de 2008)

Art. 429. Salvo motivo relevante que autorize alteração na ordem dos julgamentos, terão preferência: (Redação dada pela Lei nº 11.689, de 2008)

I – os acusados presos; (Incluído pela Lei nº 11.689, de 2008)

II – dentre os acusados presos, aqueles que estiverem há mais tempo na prisão; (Incluído pela Lei nº 11.689, de 2008)

III – em igualdade de condições, os precedentemente pronunciados. (Incluído pela Lei nº 11.689, de 2008)

§ 1º Antes do dia designado para o primeiro julgamento da reunião periódica, será afixada na porta do edifício do Tribunal do Júri a lista dos processos a serem julgados, obedecida a ordem prevista no caput deste artigo. (Redação dada pela Lei nº 11.689, de 2008)

§ 2º O juiz presidente reservará datas na mesma reunião periódica para a inclusão de processo que tiver o julgamento adiado. (Redação dada pela Lei nº 11.689, de 2008)

Ordem do julgamento • A ordem de realização das sessões do Júri vem prevista neste dispositivo, de forma que os réus presos tenham prioridade no julgamento (inc. I). Havendo mais de um, julga-se primeiro aquele que estiver preso há mais tempo (inc. II). Estando todos em igualdade de condições, são julgados aqueles que tiverem sido pronunciados primeiro (inc. III).

Nada mais justo, assim, que o réu preso, que já experimenta verdadeira *antecipação da pena*, seja julgado antes daquele que se acha solto. De se salientar, porém, que essa ordem pode ser alterada por *"motivo relevante"* (a redação anterior do art. 431 falava em *"motivo de interesse público"*), conforme exceção prevista no próprio *caput* do art. 429.

Exceções • Como exemplo poderia ser citada a antecipação de um Júri de um réu solto, a ser realizado antes do julgamento de um réu preso, em vista da possibilidade de se verificar a prescrição e consequente extinção da punibilidade. Mas não apenas o *interesse público* justificava a alteração da ordem normal dos julgamentos, pelo que andou bem o legislador ao acrescentar o *motivo relevante*. Assim, por vezes a viagem do defensor marcada para a data do Júri ou o acúmulo, para o promotor, de dois plenários de difícil realização em dias seguidos, são situações exemplificadas pela doutrina que recomendariam a antecipação ou postergação do plenário. Cumpre ao juiz presidente analisar caso a caso, de forma criteriosa, máxime quando se sabe que do despacho que designa o julgamento não cabe nenhum recurso (*RT* 706/348); que não há prazo para a realização do plenário e, mais, quando a jurisprudência firmou entendimento no sentido de que, uma vez pronunciado o réu, não há mais que se cogitar de constrangimento ilegal por excesso de prazo ante a demora na realização do Júri (Súmula 21 do STJ; STF – *RT* 756/502).

Publicação da pauta • A publicação da pauta, conforme determina o § 1°, do art. 429, deverá ser feita com afixação, na porta do edifício do Tribunal do Júri, da lista de processos que serão submetidos a plenário, com as respectivas datas de julgamento.

Em cautela desconhecida pela legislação anterior, determina o § 2°, do art. 429, que o juiz reserve algumas datas, na mesma reunião, para que sejam julgados processos que foram, antes, adiados.

Art. 430. O assistente somente será admitido se tiver requerido sua habilitação até 5 (cinco) dias antes da data da sessão na qual pretenda atuar. (Redação dada pela Lei nº 11.689, de 2008)

Assistente e advogado • Vale lembrar que o assistente de acusação é a própria vítima ou as pessoas relacionadas neste dispositivo ("seu representante legal, ou, na falta, qualquer das pessoas mencionadas no art. 31), ou, ainda, outros entes, mencionados abaixo sob o item "rol exemplificativo". É muito comum, porém, principalmente em processos de Júri, que em dado momento se conceda à palavra ao "assistente de acusação". Em verdade, quem ocupará a tribuna é o *advogado* constituído pelo assistente e não ele próprio. *Assistente*, nesse caso, é, por exemplo, a vítima da tentativa de homicídio ou seu filho se consumado o delito, e não o advogado. Salvo, em hipóteses raríssimas, nas quais a própria vítima ostente a condição de advogado, habilitado, pois, a se manifestar em juízo.

Função do assistente • Duas teorias explicam a função do assistente de acusação no processo penal. Em uma visão mais clássica e conservadora, o objetivo do assistente se restringiria unicamente à obtenção de uma condenação criminal que ensejasse, mais adiante, sua execução no âmbito cível. Afinal, dispõe o art. 475-N, do Código de Processo Civil, que são títulos executivos judiciais, "II – a sentença penal condenatória transitada em julgado". É dizer: suponha-se que o réu foi condenado pela prática de um homicídio doloso, no qual, em sua defesa, negou a autoria dos disparos da arma de fogo que mataram a vítima. Transitada em julgado essa decisão proferida no âmbito criminal, não se irá reabrir a discussão no processo cível, sob pena, caso fosse o contrário, da possibilidade de duas decisões conflitantes, em evidente desprestígio da justiça. Basta se imaginar que, em hipotético processo cível, o juiz ao final sentenciasse no sentido de que os tiros não foram disparados pelo réu, a despeito da decisão criminal que o condenou. Não é assim.

No âmbito civil não mais se discutirá a autoria dos disparos, já definida no processo-crime antecedente. Tampouco se é obrigação do réu indenizar ou não os familiares da vítima, por se tratar de consequência natural da sentença penal condenatória, mas apenas o "quantum" deve ser pago à título de indenização. Nesse aspecto, aliás, o art. 935 do Código Civil, *in verbis*: "A responsabilidade civil é independente da criminal, não se podendo questionar mais sobre a existência do fato, ou sobre quem seja o seu autor, quando estas questões se acharem decididas no juízo criminal". Em outras palavras, que o condenado deve indenizar não há dúvida, posto que um dos efeitos da sentença penal condenatória consiste, exatamente, em tornar certa a obrigação de fazê-lo, pelo réu, quanto ao dano causado pelo crime (art. 91, inc. I, do Código Penal) (v., ainda, art. 63 do CPP). Apenas se discutirá, no cível, o valor a ser pago. Lembre-se, em acréscimo, que já na sentença penal condenatória, deve o juiz fixar um valor mínimo à título de reparação, na dicção do art. 387, inc. IV do CPP, sem prejuízo de que a parte, entendendo insuficiente esse valor, busque na esfera civil, sua complementação. Nisto restringiria, para essa primeira corrente, a função do assistente.

Pensamos que se possa avançar um pouco. Vislumbramos, no assistente, a figura também de um colaborador da justiça, a quem interessa não apenas uma condenação, mas uma condenação com pena justa e proporcional ao fato cometido. Suponha-se que em, delito de homicídio triplamente qualificado, tenha o juiz fixado a pena do réu em 13 anos de reclusão. Quem adota a primeira tese, acima exposta, concluirá, necessariamente, que o assistente, na inércia do Ministério Público, não poderá recorrer para majorar a pena, eis que a condenação que buscava foi alcançada, pouco importando o "quantum" de pena cominado. Para nós, não basta ao assistente – insistimos – uma mera condenação, mais uma condenação justa e proporcional à gravidade do fato ocorrido, não fazendo sentido, assim, em nome dessa noção de justiça, que um condenado pela prática de um homicídio triplamente qualificado, mereça pena tão branda. Daí admitirmos o apelo do assistente visando o aumento da pena, conforme, a propósito, tem sido reconhecido por nossos Tribunais Superiores, como se vê da jurisprudência colacionada ao art. 271 abaixo. Nesse sentido, ainda, do STF, confira-se: *RTJ* 101/1.140, 83/55, 78/923. Em sentido contrário, nos tribunais estaduais: *RT* 565/383, 540/417, 520/436.

Habilitação do assistente • Caso pretenda atuar no plenário do Júri, deve o assistente do Ministério Público requerer sua habilitação no prazo de cinco dias antes da data do julgamento. É o que dispõe o atual art. 430 do CPP, que, nesse aspecto, dilatou, com acerto, o prazo anteriormente previsto, que era de três dias, nos termos do revogado parágrafo único do art. 447. O Senado Federal, por meio de substitutivo enviado à Câmara Federal, propôs alteração desse prazo, para que fosse mantido o lapso do texto original, de três dias. Essa modificação, porém, não foi acolhida pelo relator do projeto naquela casa de leis, Deputado Flávio Dino, pois, como ressaltou, "o prazo mais longo (de 5 dias antes da realização de sessão, conforme o texto aprovado pela Câmara) tem por objetivo evitar incidentes processuais em data muito próxima à realização de sessão. Além disso, o prazo mais longo tornará mais viável o conhecimento do requerimento por parte da defesa".

É óbvio que essa disposição somente se aplica ao assistente ainda não habilitado nos autos. Pode ocorrer, inclusive, que ele já tenha se manifestado nos autos (v. § 6°, do art. 411), quando, então, será desnecessária nova habilitação apenas para atuar em plenário.

Admissão do assistente • A admissão do assistente, no processo penal, exige a análise dos arts. 268 e 269 do CPP. De sorte que o art. 268 autoriza a participação do assistente "em todos os termos da ação penal pública". Ora, *ação penal pública* se configurará apenas após o recebimento da denúncia formulada pelo Ministério Público. Já o art. 269 estende essa participação enquanto não transitada em julgado a sentença penal. Daí se concluir que a participação do assistente não é admissível nem na fase de inquérito policial e, tampouco, no âmbito da execução da pena. Na primeira, durante as investigações, porque não há ainda ação penal pública deflagrada, isto é, não há acusação pública que permita a participação de um assistente de acusação. Quanto à fase de execução da pena, das duas uma: ou o réu foi definitivamente absolvido e a função do assistente e do Ministério Público se esgotou (até porque o nosso direito não admite a revisão criminal "pro societate"), ou foi o réu condenado. Neste último caso, entende-se que a função do assistente não é mais admissível a partir da obtenção do título judicial que permite sua execução na esfera cível, razão pela qual a posterior execução da pena criminal é matéria que interessa apenas ao Ministério Público, órgão que atuará em todos os seus termos. Nesse sentido, aliás, o art. 67 da Lei de Execução Penal (Lei n° 7.210/84).

Oitiva do Ministério Público • Sobre esse pedido de habilitação, conforme disposto no art. 272 do CPP, o Ministério Público deve ser, obrigatoriamente, ouvido a respeito. Cumprirá ao membro do *parquet* avaliar se estão preenchidos os requisitos de ordem formal para admissão do assistente, como, por exemplo, se está legitimado para tanto, se seu advogado acha-se munido do instrumento de procuração, etc. Não poderá, no entanto, valer-se de argumentos subjetivos para negar o auxílio do assistente, como, por exemplo, alegar que seu advogado não possui experiência em plenário do Júri e que, por isso, sua presença somente irá dificultar a acusação.

Irrecorribilidade • O art. 273 do CPP é claro ao não cogitar de qualquer espécie de recurso da decisão que admite ou nega a intervenção do assistente de acusação. A doutrina é unânime, contudo, quanto à possibilidade de utilização do mandado de segurança, desde que líquido e certo o direito daquele prejudicado pela decisão que admitiu ou rejeitou sua participação no feito. Nesse sentido também a jurisprudência (RT 481/299, 577/386). Também já se admitiu a correição parcial contra decisão que excluiu assistente dos autos (RT 618/294).

Prazo para recorrer • A possibilidade do assistente recorrer depende da análise de duas situações, a saber, se ele já estava habilitado nos autos como tal ou, ao contrário, se apenas se habilitou após a sentença, que ainda não transitou em julgado. Caso não habilitado, deve ser observada a regra do art. 598 do CPP, que faculta ao ofendido e às pessoas enumeradas no art. 31 do código, a possibilidade de recurso, na hipótese do Ministério Público não recorrer. Nesse caso, o prazo para recurso será de 15 dias e correrá a partir do término do prazo para o Ministério Público (v. Súmula 448 do STF), que, portanto, deverá ser intimado antes da decisão. É o que dispõe o parágrafo único do art. 598 do código. Pode ocorrer, porém, que o assistente já participasse do processo, isto é, já estivesse habilitado nessa condição. Nesse caso o prazo para recurso será de 5 dias, adotando-se a regra geral do art. 593 do CPP.

JURISPRUDÊNCIA

» Procuração ao advogado do assistente

a) não exige poderes especiais

"Ao assistente de acusação não se faz necessária a outorga de procuração com poderes especiais a que se refere o art. 44, do CPP, bastando, para tanto, procuração com poderes ad judicia, desde que não restritos à área cível (Precedente do Pretório Excelso)" (STJ – HC n° 35912-PA, Rel. Felix Fischer, j. 19.10.2004, DJ 17.12.2004, p. 586).

b) exige poderes especiais

"Nos termos do art. 44, do CPP é necessário que a parte outorgue ao advogado, que irá intervir como assistente do Ministério Público, procuração com poderes especiais" (STJ – REsp n° 231382-MS, Rel. José Arnaldo da Fonseca, j. 02.12.1999, DJ 21.02.2000, p. 166).

» Prazo para o assistente recorrer

a) se habilitado no processo: 5 dias

"A jurisprudência dos Tribunais Superiores há muito é pacífica no entendimento de que o prazo de interposição do recurso de apelação para o assistente de acusação habilitado nos autos é de 5 (cinco) dias, a contar da sua intimação. Inteligência do artigo 598 do Código de Processo Penal" (STJ – REsp n° 235268-SC, Rel. para o acórdão Hamilton Carvalhido, j. 25.03.2008, DJe 04.08.2008).

"O prazo de Assistente de acusação para apelar é de cinco dias, após a sua intimação da sentença, e findo o prazo para o Ministério Público apelar, consoante orientação firmada pelo Supremo Tribunal Federal" (STJ – RE nº 90991 – RS, Rel. Anselmo Santiago, j. em 19.11.96).

b) se não habilitado: 15 dias

"Se o Assistente está habilitado no processo, o prazo para recorrer é de cinco dias, não se aplicando à hipótese o parágrafo único do art. 598 do Código de Processo Penal, devendo ser intimado da sentença. Se o Assistente não estiver habilitado no processo, aplica-se o disposto no parágrafo único do art. 598 do Código de Processo Penal, sendo o prazo para interposição do recurso de quinze dias e correrá do dia em que terminar o do Ministério Público" (STF – HC nº 69439 – RJ, Rel. Neri da Silveira, j. em 27.10.92).

» Termo *a quo* para início do prazo recursal

"O prazo para recurso do assistente de acusação, intimado da sentença, começa a fluir imediatamente após o prazo do Ministério Público independentemente de nova intimação. O pressuposto para sua contagem é tão-somente a intimação da sentença" (TACrimSP, Rel. Marrey Neto, RJD 02/175).

Assistente do Ministério Público – Habilitação no curso do processo – Prazo para interposição de recurso supletivo – Entendimento – Inteligência: art. 391 do Código de Processo Penal, art. 598, parágrafo único do Código de Processo Penal, Súmula nº 448 do Supremo Tribunal Federal 13 – "Quando se trata de Assistente habilitado nos autos, o prazo para a interposição de recurso supletivo conta-se: a) do dia imediato ao término do prazo do Ministério Público, se, antes do 'dies a quem', já intimado da sentença o Assistente; b) da intimação, quando esta se verificou após o trânsito em julgado para o Ministério Público (CPP, art. 391 e Súmula nº 448 do STF)" (TACrimSP, Rel. Corrêa de Moraes, RJD 26/48).

Prazo – Assistente de acusação que, habilitado no processo, é intimado no mesmo dia em que o representante do Ministério Público – Contagem que começa a fluir do dia do trânsito em julgado para este – Inteligência: art. 391 do Código de Processo Penal – "O prazo recursal para o Assistente de acusação inicia-se com a data da sua intimação da sentença. Entretanto, como este não pode recorrer concomitantemente com o representante do Ministério Público, há duas hipóteses: se o Assistente é intimado após o trânsito em julgado da sentença para o Ministério Público o prazo recursal se inicia na data da intimação; se antes ou no mesmo dia da intimação do representante do Parquet, começa a fluir do dia em que a sentença transitar em julgado para este" (TACrimSP, Rel. Almeida Braga, RJD 5/158).

» Poderes do assistente

a) pode arrolar testemunhas e postular sua substituição

"A jurisprudência do Supremo Tribunal Federal permite ao assistente de acusação, com a concordância do Ministério Público, propor meios de prova, inclusive arrolar testemunhas, não constituindo ilegalidade sua admissão pelo juiz (HC 55.419). Ainda que de vício formal se tratasse, haveria de ser arguido na oportunidade própria, sob pena de preclusão" (STF – HC n° 72484-GO – Rel. Ilmar Galvão, j. 31.10.1995, DJ 1°.12.1995, p. 275).

"Embora a atuação do Assistente da Acusação seja limitada, a Lei lhe faculta propor meios de prova (art. 271 do CPP), razão pela qual não lhe é defeso postular a substituição da testemunha não encontrada, desde que o pedido seja ratificado pelo dominus litis, como ocorreu no caso concreto. A possibilidade de o Assistente da Acusação arrolar testemunhas já foi admitida pelo STF e por esta Corte, inexistindo, portanto, qualquer impedimento de que postule a substituição daquela que não foi encontrada (STJ-HC 74.467/MG, Rel. Min. FELIX FISCHER, DJU 04.06.07 e STF-HC 72484/GO, Rel. Min. ILMAR GALVÃO, DJU de 01.12.95)" (STJ – HC n° 102082-GO, Rel. Napoleão Nunes Maia Filho, j. 27.05.2008, DJ 17.11.2008).

b) tem legitimidade para recorrer

"A assistente de acusação tem legitimidade para recorrer da decisão que absolve o réu nos casos em que o Ministério Público não interpõe recurso. A manifestação do promotor de justiça, em alegações finais, pela absolvição da Paciente e, em seu parecer, pelo não conhecimento do recurso não altera nem anula o direito da assistente de acusação recorrer da sentença absolutória" (STF – HC n° 102085-RS, Rel. Cármen Lúcia, j. 1.06.2010, DJe 27.08.2010).

"A assistente da acusação tem legitimidade para recorrer da absolvição pelo Júri, notadamente se não há recurso do Ministério Público" (STJ – HC n° 265036-AM, Rel. Maria Thereza de Assis Moura, j. 17.10.2013, DJe 29.10.2013).

"O assistente de acusação tem legitimidade para recorrer quando o Ministério Público abstiver-se de fazê-lo ou quando o seu recurso for parcial, não abrangendo a totalidade das questões discutidas" (STJ – REsp n° 828418-AL, Rel. Laurita Vaz, DJ 23.04.2007).

c) inclusive extraordinariamente

Súmula n° 210 do STF: "O assistente do Ministério Público pode recorrer, inclusive extraordinariamente, na ação penal, nos casos dos artigos 584, parágrafo 1º e 598 do Código de Processo Penal".

"Admissível o recurso extraordinário interposto pelo servidor ofendido e regularmente admitido como assistente da acusação na ação penal pública condicionada, quando o MP não recorre contra acórdão do STJ que acolhe tese rejeitada pelo STF, em recurso ordinário em habeas corpus, e anula a ação penal. O reconhecimento da legitimidade concorrente, pelo plenário do STF (INQ 726-AgR, Rel. Min. Sepúlveda Pertence, DJ 29.04.94), implica na impossibilidade de ser o servidor ofendido prejudicado em decorrência da opção feita" (STF – RE n° 387974-DF, Rel. Ellen Gracie, j. 14.10.2003, DJe 26.03.2004, p. 25).

d) inclusive contra decisão que extingue a punibilidade

"Conforme o disposto no artigo 271, combinado com o artigo 584, parágrafo 1º, e com o artigo 581, inciso VIII, todos do Código de Processo Penal, afere-se que o assistente da acusação tem legitimidade para interpor recurso contra a decisão que julga extinta a punibilidade" (STJ – REsp n° 1113955-RJ, Rel. Maria Thereza de Assis Moura, j. 20.08.2009, DJe 08.09.2009).

e) da sentença de pronúncia que não acolhe por completo a denúncia

"Desclassificação de homicídio qualificado para simples. Ausência de recurso do Ministério Público. Recurso do assistente provido pelo tribunal, a fim de reintroduzir as qualificadoras imputadas na denúncia. Matéria controvertida na doutrina e na jurisprudência. Escassos precedentes do STF: RE 64.327, RECr 43.888. Tendência de tratamento liberal da Corte em matéria recursal. Interesse do ofendido, que não está limitado a reparação civil do dano, mas alcança a exata aplicação da justiça penal. Princípio processual da verdade real. Amplitude democrática dos princípios que asseguram a ação penal privada subsidiaria e o contraditório, com os meios e recursos a ele inerentes, art. 5., LV e LIX, CF. Pedido conhecido, mas indeferida a ordem de "habeas corpus", diante da legitimidade do assistente para interpor recurso em sentido estrito da sentença de pronuncia, irrecorrida pelo Ministério Público, para obter o reconhecimento da qualificação do homicídio " (STF – HC nº 71453-GO, Rel. Paulo Brossard, j. 06.09.1994, DJU de 27.10.1994, p. 29163).

"Se o Juiz acolhe parcialmente a denúncia, quando da pronúncia, e o Ministério Público não recorre no prazo legal, é permitido ao Assistente fazê-lo para o restabelecimento da acusação contida na peça vestibular. Se o Juiz acolhe integralmente a denúncia, dando na pronúncia a capitulação ali contida, não há interesse recursal do Ministério Público, por consequência, não subsiste ao assistente igual interesse. Interposto recurso do assistente para que seja dada nova capitulação aos fatos, diversa da denúncia e da pronúncia, este não pode ser conhecido, pois lhe falta interesse para fazê-lo" (STJ – HC nº 118673-RJ, Rel. Jane Silva, j. 02.12.2008, DJe 19.12.2008).

"O assistente de acusação tem legitimidade para, no silêncio do Ministério Público, interpor recurso em sentido estrito contra sentença de pronúncia, objetivando o reconhecimento de causa de qualificação do homicídio" (STJ – REsp nº 299730-PR, Rel. Vicente Leal, RSTJ 156/560).

f) da decisão de impronúncia

"O assistente de acusação tem legitimidade para interpor, em caráter supletivo ao Ministério Público, recurso em sentido estrito da decisão de impronúncia (Precedentes)" (STJ – HC nº 56722-SP, Rel. Felix Fischer, j. 24.10.2006, DJ 05.02.2007, p. 274).

Obs.: o recurso cabível, atualmente, é a apelação (art. 416 do CPP).

g) tem legitimidade para pleitear a majoração da pena

"Preenchido o requisito do art. 598 do Código de Processo Penal, pode o assistente de acusação interpor recurso de apelação para o fim de aumentar a pena" (STJ – HC nº 169557-RJ, Rel. Maria Thereza de Assis Moura, j. 29.08.2013, DJe 12.09.2013).

"A legitimidade do assistente de acusação para apelar, quando inexistente recurso do Ministério Público, é ampla, podendo impugnar tanto a sentença absolutória quanto a condenatória, visando ao aumento da pena imposta, já que a sua atuação justifica-se pelo desejo legítimo de buscar justiça, e não apenas eventual reparação cível. Doutrina. Precedentes do STJ e do STF" (STJ – HC nº 137339-RS, Rel. Jorge Mussi, j. 09.11.2010, DJe 01.02.2011).

"O Processo penal, complexo de relações jurídicas que têm por objetivo a aplicação da lei penal. Não há partes, pedido ou lide, nos termos empregados no processo civil. Juridicamente, acusação e defesa conjugam esforços, decorrência do contraditório e defesa ampla, para esclarecimento da verdade real. Ninguém pode ser condenado sem o devido processo legal. O assistente também, interessado na averiguação da verdade substancial. O interesse não se restringe aquisição de título executório para reparação de perdas e danos. O direito de recorrer, não o fazendo o Ministério Público, se dá quando a sentença absolveu o réu, ou postulado aumento da pena. A hipótese não se confunde com a justiça privada. A vítima, como o réu, tem direito a decisão justa. A pena, por seu turno, a medida jurídica do dano social decorrente do crime" (STJ – REsp nº 135549-RJ, Rel. Luiz Vicente Cernicchiaro, j. 02.04.1998, DJ 26.10.1998, p. 168).

h) pode apresentar razões diretamente no Tribunal

"Se o art. 600, § 4º, do CPP prevê expressamente a possibilidade do apelante de apresentar as razões recursais em segundo grau, sem qualquer ressalva, é legítima a atuação do assistente da acusação que, interpondo recurso de apelação, requer a apresentação de suas razões em segunda instância" (STJ – REsp nº 649665-BA, Rel. Gilson Dipp, j. 02.02.2006, DJ 06.03.2006, p. 429).

i) pode opor embargos declaratórios

ASSISTENTE DA ACUSAÇÃO – HABEAS-CORPUS – INTERPOSIÇÃO DE DECLARATÓRIOS – "Nas hipóteses de que cogita a parte final do artigo 271, "caput", do Código de Processo Penal, possível e a interposição de recurso pelo assistente da acusação" (STF – Edcl no HC nº 70274-RJ – Rel. Marco Aurélio, j. 10.05.1994, DJ 24.06.1994, p. 16637).

Art. 431. Estando o processo em ordem, o juiz presidente mandará intimar as partes, o ofendido, se for possível, as testemunhas e os peritos, quando houver requerimento, para a sessão de instrução e julgamento, observando, no que couber, o disposto no art. 420 deste Código. (Redação dada pela Lei nº 11.689, de 2008)

Intimações • Uma vez ordenado o processo, o juiz determinará a intimação das partes, do ofendido, das testemunhas e peritos, para a sessão de julgamento. Como o art. 431 remete ao art. 420, tem-se, por consequência, que a intimação do acusado, de seu defensor (quando nomeado) e do Ministério Público, deve ser pessoal.

Tratando-se de defensor constituído, do querelante e do assistente de acusação, a intimação deve ser feita na forma dos §§ 1° e 2°, do CPP, ou seja, por meio da imprensa oficial ou mesmo por mandado, através do escrivão, carta ou qualquer outro meio eficaz. Já os jurados serão convocados na forma dos arts. 432 a 435 do Código.

JURISPRUDÊNCIA

» **Não localizado o réu, basta a intimação de seu defensor constituído**

"Esta Corte Superior de Justiça já decidiu que, em se tratando de decisão de pronúncia e não tendo sido o acusado localizado para ser intimado da decisão, basta a intimação do defensor constituído. O mesmo entendimento se aplica à intimação da sessão de julgamento do Tribunal do Júri, uma vez que o art. 431 do Código de Processo Penal, ao disciplinar a intimação das partes da sessão de julgamento do Júri, faz referência à aplicação, no que couber, ao disposto a respeito da intimação da decisão de pronúncia" (STJ – HC nº 215956-SC, Rel. Sebastião Reis Júnior, j. 02.10.2012, DJe 16.10.2012).

CAPÍTULO 8

Do Sorteio e da Convocação dos Jurados

(Incluído pela Lei nº 11.689, de 2008)

Art. 432. Em seguida à organização da pauta, o juiz presidente determinará a intimação do Ministério Público, da Ordem dos Advogados do Brasil e da Defensoria Pública para acompanharem, em dia e hora designados, o sorteio dos jurados que atuarão na reunião periódica. (Redação dada pela Lei nº 11.689, de 2008)

Art. 433. O sorteio, presidido pelo juiz, far-se-á a portas abertas, cabendo-lhe retirar as cédulas até completar o número de 25 (vinte e cinco) jurados, para a reunião periódica ou extraordinária. (Redação dada pela Lei nº 11.689, de 2008)

§ 1º O sorteio será realizado entre o 15º (décimo quinto) e o 10º (décimo) dia útil antecedente à instalação da reunião. (Incluído pela Lei nº 11.689, de 2008)

§ 2º A audiência de sorteio não será adiada pelo não comparecimento das partes. (Incluído pela Lei nº 11.689, de 2008)

§ 3º O jurado não sorteado poderá ter o seu nome novamente incluído para as reuniões futuras. (Incluído pela Lei nº 11.689, de 2008)

Art. 434. Os jurados sorteados serão convocados pelo correio ou por qualquer outro meio hábil para comparecer no dia e hora designados para a reunião, sob as penas da lei. (Redação dada pela Lei nº 11.689, de 2008)

Parágrafo único. No mesmo expediente de convocação serão transcritos os arts. 436 a 446 deste Código. (Incluído pela Lei nº 11.689, de 2008)

Art. 435. Serão afixados na porta do edifício do Tribunal do Júri a relação dos jurados convocados, os nomes do acusado e dos procuradores das partes, além do dia, hora e local das sessões de instrução e julgamento. (Redação dada pela Lei nº 11.689, de 2008)

Sorteio • Em disposição antiquada, determinava a lei revogada, em seu art. 428, que o sorteio fosse feito por um menor de 18 anos, a fim de "evitar toda e qualquer fraude que as paixões pudessem aconselhar", na lição de Pimenta Bueno (*Apontamentos sobre o processo criminal brasileiro*, Rio de Janeiro: J. Ribeiro dos Santos, 1922, 5ª. ed., p. 210). Claro que o sorteio realizado pelo próprio juiz configurava mera irregularidade. O STF, a propósito, entendeu válido o sorteio realizado por oficial de justiça (HC 70.418-2-RS – *DJU* de 17.7.94, p. 15.722). Não havia razão, destarte, para tal cuidado, máxime quando o sorteio era realizado *"a portas abertas"*. Aliás, se o juiz presidente sorteava os 7 jurados que compunham o Conselho de Sentença, porque atribuir a um menor o sorteio dos 21 jurados que funcionariam na reunião do Júri?

Essa vetusta imposição legal foi, a bom tempo, revogada pela atual disciplina do Júri. Embora determinando que as portas permaneçam abertas (em atendimento ao princípio da publicidade), o sorteio dos 25 jurados passa a ser presidido pelo juiz.

Outra disposição, com o nítido objetivo de garantir maior transparência ao sorteio, consiste em se determinar a intimação do Ministério Público e de membros da Ordem dos Advogados do Brasil e da Defensoria Pública, para que acompanhem o ato.

Convocação • Findo o sorteio, passa-se à convocação dos jurados. Determinava o antigo art. 429 que a intimação dos jurados devesse ser pessoal, através de oficial de justiça, a menos que não encontrado o jurado, quando o mandado poderia ser deixado em sua casa (art. 429, § 2º). Mais atento à realidade atual, permite o art. 434, sejam os jurados intimados pelo correio "ou por qualquer outro meio hábil". Como tal se pode entender um *e-mail*, *fax*, telefone, etc. Caso atendida a finalidade do ato, ou seja, comparecendo o jurado à sessão de julgamento, parece claro que o ato é válido, já que inexistente qualquer prejuízo.

CAPÍTULO 9

Da Função do Jurado

(Incluído pela Lei nº 11.689, de 2008)

Art. 436. O serviço do júri é obrigatório. O alistamento compreenderá os cidadãos maiores de 18 (dezoito) anos de notória idoneidade. (Redação dada pela Lei nº 11.689, de 2008)

§ 1º Nenhum cidadão poderá ser excluído dos trabalhos do júri ou deixar de ser alistado em razão de cor ou etnia, raça, credo, sexo, profissão, classe social ou econômica, origem ou grau de instrução. (Incluído pela Lei nº 11.689, de 2008)

Jurado • Na definição de Firmino Whitaker, jurado "é o cidadão incumbido pela sociedade de declarar se os acusados submetidos a julgamento do júri são culpados ou inocentes" (*O jury*, p. 15). Essa definição merece ressalvas de José Frederico Marques, onde o autor aproveita, inclusive, para demonstrar seu desprezo pela instituição do Júri, a qual não poupava críticas (*O júri no direito brasileiro*, p. 237). Assim, contesta a afirmação de que o jurado é *incumbido pela sociedade* de julgar o réu, pelo que não há que se invocar os postulados da democracia para justificar a existência do Júri. Afinal – alertava – o que determina a escolha do jurado é um sorteio, verdadeira *lotteria*, no dizer de Carrara, no qual nenhuma representação popular lhe é outorgada.

Adotando-se os conceitos de José Frederico Marques, poderia se definir o jurado como a pessoa leiga que compõe o Poder Judiciário e é investida por lei na função de julgar os delitos submetidos ao Júri. A palavra *jurado*, segundo nos ensina Magarino Tôrres (ob. cit., p. 17), deriva do juramento que fazem os cidadãos no qual se comprometem a proferir uma decisão de acordo com suas consciências *"e os ditames da justiça"*.

A função do jurado, na observação de Câmara Leal (ob. cit., p. 138), é, a um só tempo, *direito* e *dever*. Dever, na medida em que nenhum cidadão regularmente alistado poderá recusar-se a exercer a função (art. 436), sob pena de perda dos direitos políticos (art. 438) e imposição de multa pelo não comparecimento (art. 442), sem prejuízo de eventual responsabilização penal pela prática de crime de desobediência (art. 330 do CP). Direito porque é dada ao cidadão, inclusive, a possibilidade de, exercendo um dever cívico, tido como honroso, recorrer da decisão que não o incluiu, ou o excluiu, da lista de jurados (art. 581, inc. XIV do CPP).

Requisitos objetivos • Elenca o art. 436 dois requisitos de ordem objetiva exigidos do jurado: deve ser cidadão e contar mais de 18 anos.

Por *cidadão* se entende aquele nascido no Brasil ou naturalizado brasileiro e que se encontra no gozo de seus direitos políticos. De se ver que os cargos privativos de brasileiro nato são aqueles relacionados no § 3º, do art. 12 da Constituição, em enumeração que é taxativa, não admitindo, portanto, qualquer espécie de ampliação. Nesse rol não se encontra óbice para que o naturalizado exerça a função de juiz de direito (só não pode ser Ministro do STF – inc. IV).

Ora, inexistindo razão que o impeça de compor o Poder Judiciário, como juiz togado, também não há impedimento para que seja jurado, exercendo *munus* de juiz leigo. Impedido está o estrangeiro, a quem não se defere a possibilidade de exercer função jurisdicional. Aquele que perde ou tem suspensos seus direitos políticos, em uma das hipóteses previstas no art. 15 da Carta Magna, deixa de ser cidadão e, por consequência, também está impedido de funcionar como jurado.

Isenção do maior de 70 anos • Quanto à idade cronológica, vale observar que o revogado art. 434 isentava o maior de 60 anos da função de jurado. Essa idade máxima foi majorada, com a reforma de 2008, para 70 anos (inc. IX, do art. 437). Outra medida salutar, afinal, conforme acentua Guilherme de Souza Nucci, "permitir que o maior de 60 anos continue ligado aos interesses da sua comunidade, valendo-se de sua experiência da vida para julgar o semelhante, é conduta positiva"(ob. cit., p. 638).

Vale observar que o maior de 70 anos não está impedido de ser jurado, mas apenas não é obrigado. São coisas diferentes. Enquanto o maior de 18 anos, preenchidos os demais requisitos legais, é obrigado a servir como jurado, o maior de 70 servirá se quiser, não é obrigado e tampouco está impedido. Porém, não pretendendo exercer o *munus*, deve pleitear ao juiz sua dispensa, na exata dicção do inc. IX, do art. 437, do CPP. Caso não o faça, se obrigará a compor o Tribunal do Júri.

Idade mínima • No que se refere à idade mínima, a legislação anterior, no art. 434, determinava que somente os maiores de 21 anos poderiam servir como jurados.

Com o advento do Código Civil de 2002, que conferiu capacidade plena ao maior de 18 anos, já se entendia que a restrição cronológica quanto à função de jurado não mais subsistia. Nesse sentido, Ronaldo Batista Pinto (*Alguns reflexos do novo código civil no direito processual penal*, Revista Síntese de Direito Penal e Processual Penal, 24/10). Agora, a atual disciplina do Júri, inaugurada coma reforma de 2008 e em consonância com a mais recente legislação civil, permite que, a partir de 18 anos, possa o cidadão ser jurado, conforme posicionamento que prevaleceu no texto final aprovado pela Câmara dos Deputados, mas que foi alvo de crítica pelo Senado Federal, que apresentou emenda (não aprovada), alertando da dificuldade de se "aferir a notória idoneidade daquele que acabou de atingir a maioridade". A solução alvitrada pela Câmara pareceu a mais adequada. Salutar, com efeito, que se confira ao maior de 18 anos (apto a escolher, pelo voto, seus representantes nos Poderes Legislativo e Executivo, imputável penalmente, capaz de conduzir veículo automotor. etc.), a possibilidade de ser jurado. Sua "notória idoneidade" pode sim ser aferida, a despeito da tenra idade. Basta, para tanto, que se colham informações entre seus pares (na escola em que frequenta, no clube do qual é sócio, etc.), e mesmo que se busquem informações, junto ao Cartório da Infância e Juventude, sobre seus antecedentes enquanto menor, tudo com o objetivo de se apurar se ele, efetivamente, reúne as condições que se aguardam de um jurado.

Por interesse histórico, de se ver, sob a égide da legislação anterior, que, em relação ao menor de 21 anos, doutrina e jurisprudência eram unânimes em ressaltar seu impedimento para compor o conselho de sentença, tendo sido declarada a nulidade de julgamento onde seu voto foi decisivo (*RT* 751/636), mas mantido o veredicto quando sua presença não influiu no resultado (STF – *RT* 620/396; 732/659). Podia se concluir, assim, que se tratava de nulidade relativa, a exigir a comprovação do prejuízo. Também ao menor de 21 anos que, por algum motivo, adquiriu a maioridade civil (pelo casamento, por exemplo), não se permitia que participasse do Júri. Nesse sentido, *RT* 596/314, 464/412.

Ainda como critério objetivo, esqueceu-se o legislador de indicar que apenas o cidadão residente na comarca pode ser jurado. Ora, se o Júri se caracteriza pelo julgamento do réu por seus pares, diretamente atingidos por sua ação delituosa e se, conforme o STF, "o cidadão é jurado por ter íntima ligação com o meio em que vive" (*RTJ* 44/646), não faz sentido que morador de fora componha o conselho de sentença.

Requisitos subjetivos • Ao lado dos requisitos objetivos, tem-se um requisito de ordem subjetiva e, por isso mesmo, de difícil definição, que é a "*notória idoneidade*", exigida do jurado nos termos do *caput* do art. 436 (parte final). Na lição de Borges da Rosa, "idoneidade significa aptidão, capacidade. Pode ser moral e intelectual. Tem idoneidade moral, o cidadão que se conduz de maneira conforme à Lei, à Moral e aos bons costumes. Tem idoneidade intelectual o cidadão que possui conhecimentos suficientes para exercer satisfatoriamente a função de jurado (...) tanto vale dizer que o corpo de jurados se deve compor dos cidadãos mais notáveis do Município por seus conhecimentos, experiência, retidão de conduta, independência e elevação de caráter" (*Comentários ao código de processo penal*, p. 531). E Espínola Filho destaca que "além da moralidade, da compostura, é preciso capacidade intelectual, descortino, bom senso, pois nada há mais pernicioso do que o juiz genial, mas sem um perfeito equilíbrio na forma de examinar as situações de fato, para encaixá-las nas regras de direito" (ob. cit., p. 366).

Antiga legislação que tratava do Júri (Decreto-lei nº 167 de 1938), em seu art. 7º, era mais detalhista ao dispor que "*os jurados devem ser escolhidos dentre os cidadãos que, por suas condições, ofereçam garantias de firmeza, probidade e inteligência no desempenho da função*". Daí a observação de Ary Azevedo Franco, para quem "o Estado considera o jurado a alma da instituição, que só vive a atende aos seus fins, na medida do valor pessoal, da inteireza do caráter, da nitidez, da linha ética dos homens chamados a formar o Conselho Julgador" (*O júri no estado novo*, p. 21).

Impedido é por razões óbvias, o surdo, não por se tratar de verdadeiro *imbecil*, como já se quis adjetivá-lo (Firmino Whitaker, ob. cit., pp. 15, 16 e 22), ou um *idiota*, no forte linguajar de Souza Lima (*RT* 557/316), mas somente porque impossibilitado de ouvir o discurso das partes. O cego, impedido de examinar provas que por vezes são apresentadas em plenário (fotografias, perícias, etc.), embora com a capacidade intelectual plenamente preservada, também não está habilitado a servir como jurado. E, por último, parece evidente, deve o jurado gozar de higidez mental que o habilite a exercer tão relevante função. A participação no Júri, com efeito, de um jurado esquizofrênico, foi causa de nulidade do julgamento, segundo entendeu o STF em antigo julgado (HC 51.834-PB – 2a. T. – j. em 29.4.1974 – Rel. Min. Thompson Flores – *DJU* de 28.6.74).

Vedação à discriminação • Embora possa, a *priori*, parecer desnecessária a disposição contida no § 1°, já que deita suas raízes em preceito constitucional, não há como se negar o caráter didático do texto, a vedar, expressamente, qualquer exclusão dos trabalhos do Júri que decorram de condições subjetivas do candidato.

Jurado analfabeto • Anteriormente à reforma do Júri, de 2008, exigia-se que o jurado contasse mais de 21 anos e que possuísse notória idoneidade (art. 436 na sua redação original). A partir da reforma, foi incluído o § 1°parágrafo a tal dispositivo, pelo qual ninguém poderá ser excluído da função por conta de seu "grau de instrução". Indaga-se, então, se um analfabeto estaria habilitado a exercer a função. Entendemos, certamente, que não. É verdade que os trabalhos do Júri se orientam, em sua maioria, pela oralidade, onde prevalecem os debates orais diante dos escritos. E, claro, para se entender o que é dito não se exige que o jurado seja letrado, mas apenas que tenha a compreensão de toda e qualquer pessoa comum (compreensão, aliás, que por vezes é mais lúcida para um analfabeto, mas com experiência de vida, do que para um graduado).

Ocorre que, em situações cruciais do julgamento, que se dão fora do palco do debate, a necessidade de leitura se imporá. Assim, por exemplo, ao receber a cédula de votação, nos termos do art. 486 do CPP, terá que identificar os vocábulos *sim* ou *não* para, a partir daí, formar sua convicção. Demais disso, antes mesmo do debate, os jurados receberam cópias da pronúncia e um relatório do processo (art. 472, parágrafo único), providência inútil em se tratando de um analfabeto. Também a faculdade que possuem os jurados de pedir ao orador que indique folhas dos autos referentes a algum tema (art. 480), não teria qualquer aplicação nesse caso. De resto, qualquer manifestação do jurado analfabeto, a pedir, por exemplo, algum esclarecimento que seu baixo grau de instrução não atinge, fatalmente acarretaria a quebra do sigilo do voto, que guarda proteção constitucional (art. 5°, inc. XXXVIII, 'b" da CF).

De sorte que, por mais que se enalteça o caráter democrático do Júri, onde ricos julgam pobres, letrados analfabetos, humildes poderosos, há, por outro lado, de se exigir um mínimo de preparo do jurado, que o habilite a compreender o que se passa em plenário e o veredicto que está prestes a formar. Não que se pretenda, em visão elitista, formar um corpo de jurados composto apenas por graduados, em evidente afronta ao caráter democrático da instituição. Mas, de outro lado, é necessário um entendimento mínimo para enfrentar questões que, não raras vezes, se mostram complexas e que, decerto, escaparão à compreensão do analfabeto.

JURISPRUDÊNCIA

» **Réu que pretende ser julgado por pessoas de sua raça. Inviabilidade**

"Não encontra amparo jurídico a pretensão formulada em prol do paciente consistente na tese de que em sendo ele negro, o Conselho de Sentença competente para o julgamento do homicídio por ele praticado deveria ser exclusivamente formado por pessoas da mesma raça. Tal discriminação, por ele proposta, mostra-se desarrazoada, conflitante com o princípio da isonomia. Como bem enfatizado pelo Parquet: a pretensão em que o réu seja julgado por quem pertença à sua cor ou raça, ou contrário de atender ao postulado da igualdade material, contraria o princípio da isonomia assegurado no artigo 5º da CF, já que parte de uma premissa apriorística, a parcialidade do 'outro'" fundada na raça ou cor; ademais, não se ajusta ao objetivo preconizado no art. 3º, I, da CF, de se construir uma "sociedade solidária"; finalmente, vai de encontro aos expressos termos do § 1º do art. 436 do CPP (na redação dada pela Lei nº 11.689/08): 'Nenhum cidadão poderá ser excluído dos trabalhos do júri ou deixar de ser alistado em razão de cor ou etnia, raça, credo, sexo, profissão, classe social ou econômica, origem ou grau de instrução'. Ademais, o crime praticado não possui qualquer conotação racial, capaz de sustentar a dúvida levantada, no sentido de que a decisão dos jurados teria sido tomada em decorrência de concepções preconceituosas em desfavor da raça negra. Trata-se, ao que parece, de crime passional comum" (STJ – HC nº 121813-SC, Rel. Felix Fischer, RT 897/565).

» **Conselho composto somente por mulheres. Irrelevância**

"Quanto ao pedido de decretação de nulidade do processo, a partir do Edital de Convocação dos Jurados, em razão do Conselho de Sentença ter sido composto exclusivamente por mulheres, melhor sorte não assiste ao impetrante, visto que a defesa não apontou qualquer irregularidade no momento oportuno, tratando-se de questão preclusa, arguida somente após a condenação. Como é sabido, a imparcialidade é condição para compor o Conselho de Sentença, independentemente do sexo, raça, credo religioso, poder econômico, orientação sexual etc; portanto, não se vislumbra nenhuma ilegalidade no julgamento do paciente" (STJ – HC nº 45511-RO, Rel. Og Fernandes, j. 10.03.2009, DJe 30.03.2009).

» **Conselho composto por alunos de Direito. Irrelevância**

"A suposta nulidade na seleção dos jurados, em razão de a lista de escolha ser composta de alunos de duas faculdades de direito do Município, não foi arguida em Plenário. Além disso, o Impetrante não demonstrou em que consistiria o prejuízo na seleção dos jurados dentre alunos de faculdades de direito. Alegações genéricas de nulidade, desprovidas de demonstração do concreto prejuízo, não podem dar ensejo à invalidação da ação penal. É imprescindível a demonstração de prejuízo, pois o art. 563, do Código de Processo Penal, positivou o dogma fundamental da disciplina das nulidades – pas de nullité sans grief" (STJ – HC nº 209838-GO, Rel. Laurita Vaz, j. 05.11.2013, DJe 19.11.2013).

» **Acesso do MP à vida pregressa do jurado. Legalidade**

Júri. Lista geral de jurados. Investigação da vida pregressa dos jurados pelo Ministério Público através do sistema consultas integradas. Ausência de ilegalidade ou abuso de poder. Alegado direito líquido e certo não evidenciado – "Não vejo, também, em princípio, ilegalidade na conduta dos Promotores de Justiça, que atuando como fiscais da lei, utilizaram-se do acesso disponibilizado ao sistema, para apurar a aptidão dos jurados, pois ter "notória idoneidade" é requisito obrigatório para exercer tal função, considerado serviço público relevante. Na prática, sabe-se que a 'notória idoneidade' acaba sendo apurada apenas pela ausência de antecedentes criminais, pois é o que está ao alcance do magistrado nas grandes Comarcas. Veja-se que nas comarcas interioranas, o juiz, tendo ciência de outros elementos, componentes da conduta social do indivíduo, pode pautar-se pelas informações que obtém privadamente junto à comunidade. Assim, nada mais justo que o Ministério Público se utilize do sistema, para trazer mais subsídios ao magistrado. Aliás, segundo o disposto no art. 426, § 1º, do CPP, qualquer pessoa do povo pode impugnar o jurado, sob a alegação de inidoneidade, por exemplo, cabendo ao juiz decidir" (TJRS – AGR nº 70056759152 – Rel. Gaspar Marques Batista, j. 14.10.2013).

» **Acesso também à defesa**

"Quanto ao pedido alternativo, para que a defesa tenha acesso às mesmas informações obtidas pelo Ministério Público, penso que é da mais absoluta justiça. O Sistema Consultas Integradas não deve ser um privilégio de policiais e promotores, devendo qualquer pessoa ter amplo acesso, principalmente juízes e desembargadores, para que saibam quem estão julgando. A ocultação da qualidade de criminoso, que hoje se alardeia necessária, por equivocada interpretação da Constituição, é fator de aumento da criminalidade e deve ser revista, já que o crime continua sendo um comportamento execrável e não uma opção de vida, que o Direito Penal persiste em tentar banir do meio social" (TJRS – AGR nº 70056759152 – Rel. Gaspar Marques Batista, j. 14.10.2013).

§ 2º A recusa injustificada ao serviço do júri acarretará multa no valor de 1 (um) a 10 (dez) salários mínimos, a critério do juiz, de acordo com a condição econômica do jurado. (Incluído pela Lei nº 11.689, de 2008)

Recusa imotivada • Na maioria das vezes, a recusa do cidadão quanto ao exercício do *munus* de jurado terá alguma justificativa. Poderá ser de caráter religioso, filosófico ou político, nos termos do art. 438 do código. Nesses casos, não se aplica exatamente uma sanção, mas o dever de prestar um serviço alternativo, como previsto no *caput* do mencionado dispositivo. Sucede que, em hipóteses raras, pode o jurado negar-se ao serviço sem que, para tanto, tenha invocado nenhuma razão ou, a tendo alegado, não se mostrou plausível. Suponha-se que, convocado, o jurado alegue impossibilidade por falta de tempo ou que não tem paciência par ouvir os debates. Nesses casos, poderá ser-lhe imposta a multa prevista neste dispositivo legal, cujo valor, inspirado em um critério de razoabilidade, deve considerar a condição econômica do jurado.

Art. 437. Estão isentos do serviço do júri: (Redação dada pela Lei nº 11.689, de 2008)

I – o Presidente da República e os Ministros de Estado; (Incluído pela Lei nº 11.689, de 2008)

II – os Governadores e seus respectivos Secretários; (Incluído pela Lei nº 11.689, de 2008)

III – os membros do Congresso Nacional, das Assembléias Legislativas e das Câmaras Distrital e Municipais; (Incluído pela Lei nº 11.689, de 2008)

IV – os Prefeitos Municipais; (Incluído pela Lei nº 11.689, de 2008)

V – os Magistrados e membros do Ministério Público e da Defensoria Pública; (Incluído pela Lei nº 11.689, de 2008)

VI – os servidores do Poder Judiciário, do Ministério Público e da Defensoria Pública; (Incluído pela Lei nº 11.689, de 2008)

VII – as autoridades e os servidores da polícia e da segurança pública; (Incluído pela Lei nº 11.689, de 2008)

VIII – os militares em serviço ativo; (Incluído pela Lei nº 11.689, de 2008)

IX – os cidadãos maiores de 70 (setenta) anos que requeiram sua dispensa; (Incluído pela Lei nº 11.689, de 2008)

X – aqueles que o requererem, demonstrando justo impedimento. (Incluído pela Lei nº 11.689, de 2008)

Hipóteses de isenção • Sem embargo da relevância da função de jurado, há outros cargos igualmente importantes e que, por isso, a lei isenta seus titulares do serviço do Júri. São os ocupantes dos cargos relacionados nos incs. I a VIII, do art. 437, como o Presidente da República e os Ministros de Estado, membros do Congresso, da Magistratura, do Ministério Público, prefeitos municipais, etc. Esses já vinham previstos no revogado art. 436, que tratava da matéria. Como novidade se incluíram os membros da Defensoria Pública e seus funcionários (incs. V e IV), bem como os funcionários do Ministério Público (inc. VI). Além disso, foi aumentada para 70 anos (ao invés de 60, como previsto no revogado art. 434), a idade a partir da qual o jurado está isento da função.

Foram abolidas, ainda, outras previsões anacrônicas de dispensa, previstas no texto original do Código, como a dos *médicos* e *ministros de confissões religiosas* e os *farmacêuticos* e *parteiras*, previstos nas alíneas *a* e *b*, do inc. XI, do revogado art. 436. Também a mulher que exerça função pública ou doméstica, não é mais passível de dispensa, revogado, assim, o inc. IX, do art. 436, do CPP.

Outra novidade é observada no inc. X, do art. 437, do CPP, ao determinar que estão isentos do Júri "aqueles que o requerem, demonstrando justo impedimento". Trata-se de cláusula aberta, vinda em boa hora, que deixa a critério do Juiz, inspirado no bom senso, decidir se é caso ou não de dispensa, à vista do caso concreto. Mas, insistimos, impõe-se o bom senso, a fim de evitar que qualquer razão de somenos justifique a dispensa. A isenção indiscriminada, sem maior critério, com base nesse dispositivo, acarretará uma avalanche de pedidos, sobretudo nos tempos atuais quando são poucos os que se dispõem a servir como jurados. Como exemplo de isenção não prevista no rol do art. 437, mas que parece razoável, poderíamos citar o pesquisador que, ao tempo da realização das sessões, estará no exterior, em estudos. Ou daquele impedido por séria doença que o acomete. Ou, quem sabe, de pessoa abalada pela recente perda de um familiar. Já a recusa "fundada em convicção religiosa, filosófica ou política", não poderá ser aceita, pois sujeita o cidadão à prestação de serviço alternativo ou perda ou suspensão dos direitos políticos (art. 438 do CPP).

O revogado inc. X, do art. 436, previa a isenção do serviço do Júri ao jurado que tivesse funcionado no período anterior e fosse novamente convocado, no prazo de um ano. Trata-se de dispositivo que vem previsto, agora, no § 4°, do art. 426, que exclui da lista geral de jurados, pelo prazo de dois anos, aquele que "tiver integrado o Conselho de Sentença no ano anterior".

Art. 438. A recusa ao serviço do júri fundada em convicção religiosa, filosófica ou política importará no dever de prestar serviço alternativo, sob pena de suspensão dos direitos políticos, enquanto não prestar o serviço imposto. (Redação dada pela Lei nº 11.689, de 2008)

§ 1º Entende-se por serviço alternativo o exercício de atividades de caráter administrativo, assistencial, filantrópico ou mesmo produtivo, no Poder Judiciário, na Defensoria Pública, no Ministério Público ou em entidade conveniada para esses fins. (Incluído pela Lei nº 11.689, de 2008)

§ 2º O juiz fixará o serviço alternativo atendendo aos princípios da proporcionalidade e da razoabilidade. (Incluído pela Lei nº 11.689, de 2008)

Obrigatoriedade • A confirmar o caráter de *obrigatoriedade* do Júri, o art. 438 comina com a perda dos direitos políticos àquele que se negar a ser jurado, por questões religiosas, filosóficas ou políticas, a menos que se submeta à prestação de *serviço alternativo*, em vista da *"recusa de cumprir obrigação a todos imposta"*, nos termos do inc. IV, do art. 15 da Constituição. É o que se chama de *escusa de consciência*.

Convicção religiosa, filosófica ou política • Por questão religiosa já nos deparamos, em nossa experiência de promotores criminais, com jurados, de orientação católica, que afirmaram que "apenas a Deus cabia condenar". Já espíritas, da linha Kardecista, alegaram que o destino da vítima e de seu algoz já estavam previamente definidos, antes mesmo de nascerem, não cabendo, por isso, nenhuma punição ao criminoso. Quanto à escusa por convicção filosófica ou política, a abranger ambos os conceitos, imaginemos um anarquista, que professe corrente de pensamento segundo a qual nenhuma espécie de governança deva ser admitida. Decerto que não acreditará, também, na instituição do Júri e, como tal, poderá validamente, recusar-se ao exercício da função de jurado.

Escusa de consciência • Trata-se de dispositivo que já vinha previsto no revogado art. 435 do CPP, mas que não tinha aplicação prática. De sorte que o mencionado inc. IV, do art. 15 da CF, prevê a cassação dos direitos políticos a quem se recusar a cumprir obrigação a todos imposta, como, por exemplo, a função de jurado ou o serviço militar obrigatório (v., também, art. 5°, inc. VIII, da CF). Como opção àquele que se recusa é possível o cumprimento de *prestação alternativa*, conforme expressamente previsto nos dois dispositivos constitucionais mencionados.

Para a recusa ao serviço militar obrigatório, a Lei n° 8.239/91 prevê a prestação alternativa a ser imposta (atividades de caráter administrativo, assistencial, filantrópica, etc.). Já em relação ao Júri, jamais fora editada uma lei disciplinando no que consistiria essa prestação alternativa. Agora, com na atual disciplina do Júri, essa questão se acha superada, porquanto o § 1°, do art. 438, do CPP, define, exatamente, do que se trata essa prestação alternativa, que se constituirá no "exercício de atividades de caráter administrativo, assistencial, filantrópico ou mesmo produtivo, no Tribunal de Justiça, na Defensoria Pública, no Ministério Público ou na entidade conveniada para esses fins". Recomenda, ainda, o § 2°, do mesmo artigo de lei, que, na fixação da medida, o juiz atenda aos princípios da proporcionalidade e razoabilidade.

Art. 439. O exercício efetivo da função de jurado constituirá serviço público relevante e estabelecerá presunção de idoneidade moral. (Redação dada pela Lei nº 12.403, de 2011).

Art. 440. Constitui também direito do jurado, na condição do art. 439 deste Código, preferência, em igualdade de condições, nas licitações públicas e no provimento, mediante concurso, de cargo ou função pública, bem como nos casos de promoção funcional ou remoção voluntária. (Redação dada pela Lei nº 11.689, de 2008)

Art. 441. Nenhum desconto será feito nos vencimentos ou salário do jurado sorteado que comparecer à sessão do júri. (Redação dada pela Lei nº 11.689, de 2008)

Privilégios do jurado • A relevância da função do jurado lhe concede algumas regalias, mas impõe, igualmente, ônus e obrigações. Assim, por exemplo, "*nenhum desconto será feito nos vencimentos ou salário do jurado sorteado que comparecer à sessão do júri*", conforme dispõe o artigo em análise, em benefício que também se estende à testemunha (art. 459). E, de fato, não teria sentido que o jurado, exercendo serviço público relevante (art. 439), ainda tivesse descontado de seu salário o dia que faltou para servir ao Júri. Vale anotar que não se exige a efetiva participação no conselho de sentença para que se proíba o desconto, bastando o mero comparecimento à sessão do Júri.

Na doutrina, Magarinos Torres propõe, de *lege ferenda*, o pagamento das despesas com transporte, alimentação, etc., bem como de diárias principalmente aos profissionais liberais, lembrando, do alto de sua experiência de juiz presidente do Tribunal do Júri do então Distrito Federal, no Rio de Janeiro, do exemplo de um notável dentista que, "a cada vez que era sorteado para servir em conselho, pedia fosse telefonado à sua secretária ordenando desmarcasse todas as horas já pagas pelos clientes; e não tinha nenhum ressarcimento do sacrifício, assim proporcionado ao funcionários públicos, cujos proventos a lei assegura" (ob. cit., p. 439). Trata-se de sugestão que não foi acolhida pela nova disciplina do Júri e que, convenhamos, seria de difícil aplicação na prática, ante (apenas para ficar com um exemplo) a quase impossibilidade de se apurar o *quantum* um profissional liberal deixou de perceber naquele dia em que foi chamado a exercer a função de jurado.

Ainda no âmbito das vantagens, o art. 439, após conferir a definição de serviço público relevante à função de jurado, diz que ela estabelece presunção de idoneidade moral e assegura prisão especial ao jurado enquanto responder a processo criminal.

É preciso, no entanto, que tenha ocorrido exercício efetivo da função de jurado, significa dizer, que o cidadão tenha composto o conselho de sentença, não aproveitando tais mercês àqueles que não foram sorteados ou, se sorteados, se deram por impedidos ou suspeitos ou mesmo foram recusados pelas partes. Nesse sentido, a lição de Magarino Torres (ob. cit., p. 105). Em sentido contrário, isto é, que basta o atendimento à convocação para a sessão, independentemente de ter sido ou não sorteado ou quando recusado, é o ensinamento de Espínola Filho (ob. cit., p. 374). Mas esse último posicionamento parece superado ante os termos expressos do art. 439, a exigir "*o exercício efetivo da função de jurado*".

Tais regalias se estendem a todo o território nacional, perdurando por tempo indeterminado e não apenas durante o período das reuniões do Júri, só as perdendo o jurado que foi excluído da lista por desmerecimento ou aquele que incorreu na prática dos crimes elencados no art. 445 do código. Há doutrina, contudo, que entende, parece com razão, que os privilégios devam perdurar enquanto o jurado compuser a lista anual, desaparecendo quando ele for excluído, qualquer que seja a razão. Embora certo que os arts. 439 e 440 não façam tal restrição, parece absurdo que o jurado retirado da lista por razão indigna ou processado criminalmente, possa ainda ser beneficiado com vantagens oriundas da função que, durante seu exercício, não honrou.

Ainda perduraria a prisão especial para o jurado? • Discute-se na doutrina se, com a reforma do júri, que alterou sua sistemática, ainda perduraria o privilégio da prisão especial em favor do jurado. Explicamos: a redação original do art. 437 do CPP, assegurava ao jurado o direito à prisão especial. Com o advento da Lei n. 12.403/2011, a matéria passou a ser tratada no art. 439 do código que, porém, retirou a menção que fazia à prisão especial. Teria o jurado, então, perdido esse privilégio ou prevaleceria a regra do art. 295, inc. X do código que lhe garante a prisão especial?

Pensamos que está mantida a prisão especial para o jurado. Destaque-se, de plano, que esse privilégio é da tradição de nosso direito e já era previsto antes mesmo do advento do Código de Processo Penal, como se observa do art. 8º., do Decreto-lei n. 167/1938 que, até então, tratava do júri. Pois bem. A Lei n. 12.403/2011, foi minuciosa em sua redação, tendo revogado diversos artigos do CPP que ela indica expressamente. Quisesse o legislador, efetivamente, retirar do jurado esse privilégio e, decerto, o teria feito expressamente, bastando que fizesse menção ao art. 295, inc. X do código, onde a mercê é prevista. Assim agiu em relação a outros dispositivos que foram expressamente revogados, total ou parcialmente (arts. 298, 313, 319, 321, 323, 324, 325, 393 e 595). Esse raciocínio, sob nossa compreensão, afasta o argumento de que a lei posterior (o atual art. 439), teria revogado tacitamente a lei anterior (o art. 295, inc. X).

Vale atentar, em acréscimo, que nos termos do art. 2º., § 1º., do Decreto-lei n. 4.657/1942, "a lei posterior revoga a anterior quando expressamente o declare, quando seja com ela incompatível ou quando regule inteiramente a matéria de que tratava a lei anterior". *In casu*, não houve, como já alertamos, revogação expressa. Tampouco se verifica incompatibilidade entre um e outro artigo de lei ou alteração expressiva da matéria tratada. A propósito, o § 2º., do mesmo dispositivo da Lei de Introdução às normas do Direito Brasileiro, dispõe que "a lei nova, que estabeleça disposições gerais ou especiais a par das já existentes, não revoga nem modifica a lei anterior".

Temos dúvida, outrossim, se a regra do art. 439 pode ser considerada *especial* quando comparada à norma *geral* do art. 295, inc. X, o que levaria à revogação deste último dispositivo, segundo entendimento de alguma doutrina que se formou sobre o tema. Como lei especial deve ser entendida aquela que prevê uma situação determinada, específica, quando comparada à lei geral, de abrangência genérica. No conflito que se estabeleça entre ambas, tem primazia a *lex specialis*, porque mais restrita (*lex posterior generalis non derogat legi priori speciali*). Ocorre que, se o art. 439 é específico em relação ao jurado, o art. 295 traz também uma situação de especificidade, quando, ao fugir da regra geral, lista situações nas quais, dependendo da condição da pessoa, ela terá direito à prisão especial.

De se observar, por último, que a despeito de toda crítica que se possa estabelecer em relação à prisão especial, ela se constitui em um direito subjetivo conferido àqueles apontados no Código de Processo Penal e mesmo em legislação esparsa. Como tal, a interpretação desse dispositivo não deve ser formulada de maneira a restringir esse direito mas, ao revés, de privilegiá-lo. Retirar do jurado, assim, tal privilégio, sem que a lei posterior expressamente o tenha declarado, parece-nos equivocado, pelo que entendemos como intacta a regra do art. 295, inc. X do código, mantida, pois, a prisão especial para o jurado.

A presunção de idoneidade moral • A *presunção de idoneidade moral* referida no art. 439, já é prevista como verdadeiro pressuposto para a função de jurado, conforme consta do art. 436 e, na prática, não tem nenhuma aplicação, pois, em um concurso público, por exemplo, tal comprovação (da idoneidade moral), é realizada através de juntada de certidões, informações, etc.

Prisão especial • A *prisão especial* assegurada ao jurado pelo art. 295, inc. X, do código, durante o transcurso do processo, também não chega a configurar grande vantagem, na medida em que, até hoje, não há legislação capaz de definir o que se considera uma *prisão especial*. De qualquer sorte, o § 3º., do art. 295 do CPP, determina que a cela especial "poderá consistir em alojamento coletivo, atendidos os requisitos de salubridade do ambiente, pela concorrência dos fatores de aeração, insolação e condicionamento térmico adequados à existência humana". Em termos práticos, esse privilégio, previsto, dentre outros, aos titulares dos cargos mencionados no art. 295 do CPP, lhes garante o recolhimento a uma cela composta por pessoas de menor periculosidade, geralmente devedores de alimentos, autores de crimes menos graves e, por incrível que possa parecer, acusados de delitos contra a liberdade sexual.

JURISPRUDÊNCIA

» **Tem direito à prisão especial jurado com efetivo exercício da função**

EXERCÍCIO EFETIVO DA FUNÇÃO DE JURADO. DIREITO ASSEGURADO ATÉ O TRÂNSITO EM JULGADO DA DECISÃO CONDENATÓRIA – "O exercício da função de jurado assegura o direito à prisão especial, que só cessa com o trânsito em julgado da condenação (CPP, arts. 437 e 295, X)" (STF – HC nº 75811-RJ, Rel. Ilmar Galvão, j. 31.10.1997, DJ 12.12.1975, p. 65568).

» **Não o tem jurado que somente constou da lista**

"O exercício o efetivo da função de jurado, para assegurar o benefício da prisão especial, pressupõe tenha o acusado integrado o conselho de sentença em algum julgamento pelo júri, não bastando a mera inclusão de seu nome na lista geral de jurados" (STJ – HC nº 2674-MG, Rel. Assis Toledo, j. 28.04.1993, DJ 24.05.1993, p. 10011).

» **Separação dos demais presos em local adequado já é suficiente**

"Não se me afigura presente o alegado constrangimento ilegal, porquanto, a teor do art. 295, §§ 1º, 2º e 3º, do Código de Processo Penal, com a redação dada pela Lei nº 10.258/2001, a garantia reservada para aqueles que tem direito à prisão especial está adstrita ao recolhimento em local distinto da prisão comum ou, inexistindo estabelecimento específico, em cela distinta, garantida a salubridade do ambiente. Assim, não havendo vagas ou inexistindo na localidade unidades prisionais que se prestam exclusivamente para a guarda de presos especiais, a manutenção do acautelamento em acomodações que atendem esses requisitos cumpre as exigências legais, sendo descabido deferir a prisão domiciliar" (STF – HC nº 117959-SP, Rel. Luiz Fux, j. 25.03.2014, DJe 09.04.2014).

"Nos termos do art. 295 do CPP, o direito subjetivo do militar da reserva, assim como de qualquer outro preso especial, é restrito à garantia do recolhimento individualizado em local distinto da prisão comum. Não havendo estabelecimento específico, é suficiente que ele fique segregado em cela separada dos demais presos" (STJ – HC nº 30553-PA, Rel. Felix Fischer, j. 15.06.2004, DJ 16.08.2004, p. 272).

"Não havendo vagas nos quartéis e nas unidades que se prestam para a guarda de presos especiais, como ocorreu no caso em tela, a manutenção do acautelamento em acomodações que atendam os requisitos de salubridade do ambiente, com aeração, insolação e temperaturas adequadas à existência humana, devidamente separadas da prisão comum, ou em cela distinta, cumpre as exigências legais" (STJ – HC nº 34480-PA, Rel. Laurita Vaz, j. 08.06.2004, DJ 02.08.2004, p. 462).

"A teor do art. 295, §§ 1º, 2º e 3º, do Código de Processo Penal, com a redação dada pela Lei n.º 10.258/2001, a garantia reservada para aqueles que tem direito à prisão especial está adstrita ao recolhimento em local distinto da prisão comum ou, inexistindo estabelecimento específico, em cela distinta, garantida a salubridade do ambiente. Assim, não havendo vagas ou inexistindo na localidade unidades prisionais que se prestam exclusivamente para a guarda de presos especiais, a manutenção do acautelamento em acomodações que atendam esses requisitos cumpre as exigências legais, sendo descabido deferir a prisão domiciliar" (STJ – HC nº 231768-SP, Rel. Laurita Vaz, j. 06.11.2012, DJe 16.11.2012).

Preferência em licitações, em concursos públicos e na promoção ou remoção funcional • Terá o jurado, sim, preferência, quando em igualdade de condições, nas licitações. Sempre pareceu que tal condição se limitava às licitações (ou, para utilizar a expressão anterior, às concorrências). Pela disciplina anterior, não se estendia essa vantagem aos concursos públicos, como entendia Espínola Filho (ob.cit., p. 373), pois se tratando de norma de exceção, que de alguma forma tangencia o princípio da isonomia, deveria ser interpretada de maneira restrita, sem que se admitissem ampliações não previstas pelo legislador.

Agora, contudo, a lei foi expressa ao outorgar preferência ao jurado no provimento de cargo mediante concurso público, desde que tenha empatado com outro candidato que não detenha a mesma condição. Exagerou o legislador nessa inovação. Com efeito, por mais que se pretenda valorizar a condição do jurado, com a criação de condições que o torne estimulado ao exercício de tão espinhosa missão, conferir-lhe preferência em um concurso público, em igualdade de condições, com outro candidato se mostra demasiado. O mesmo se diga no que concerne à outra regalia, também prevista no art. 440, quando assegura ao jurado, que exerça função pública, prioridade na *"promoção funcional"* ou *"remoção voluntária"*. São novidades que afrontam o princípio da isonomia e que, por desproporcionais e irrazoáveis no *discrimen*, decerto serão afastadas em eventual discussão a respeito de sua constitucionalidade.

Obrigações • De outro lado os jurados podem ser responsabilizados pela prática de crimes, na mesma forma que são os juízes, segundo o art. 445. É que o jurado, embora transitoriamente e sem remuneração, exerce função pública, razão pela qual é considerado funcionário público na definição ampla do art. 327 do CP. O revogado art. 438, indicava os crimes nos quais os jurados poderiam atuar como sujeito ativo, a saber concussão, corrupção ou prevaricação. A nova disciplina do Júri preferiu não indicar os artigos de lei nos quais pode incorrer o jurado. Mas é possível afirmar que, além daqueles três delitos, acima apontados, o jurado (e, também, o suplente, nos termos do art. 446), está sujeito a cometer todo e qualquer crime contra a administração pública, dentre os previstos nos arts. 312 *usque* 326 do CP.

Dependendo do caso concreto, pode ainda o jurado ser processado pelo crime de desobediência, como na hipótese em que, apesar de regularmente intimado, deixar de comparecer à sessão de julgamento (*RJDTACrimSP* 5/244).

Sanções de ordem administrativa, consistentes na imposição de pena de multa ao jurado negligente, não foram recepcionadas pela reforma do Júri. Aplicavam-se nas hipóteses de injustificada ausência do jurado (revogado art. 443, § 1º), por sua retirada antes da dispensa pelo juiz (revogado art. 443, § 2º), ou por quebra da incomunicabilidade (revogado art. 458, § 1º).

Art. 442. Ao jurado que, sem causa legítima, deixar de comparecer no dia marcado para a sessão ou retirar-se antes de ser dispensado pelo presidente será aplicada multa de 1 (um) a 10 (dez) salários mínimos, a critério do juiz, de acordo com a sua condição econômica. (Redação dada pela Lei nº 11.689, de 2008)

Falta sem justificação e multa • Àquele que, sem motivo justificado, deixa de comparecer, é aplicada multa que varia entre um e dez salários-mínimos, dependendo de sua condição econômica. Mais grave ainda pode ser a conduta daquele que, tendo comparecido, retira-se do júri sem autorização do juiz-presidente. Basta imaginar o transtorno causado pelo jurado que, compondo o conselho de sentença, no intervalo do julgamento, deixa o recinto, comprometendo, com essa conduta, a continuidade dos trabalhos. Para imposição da multa presume-se, contudo, que a falta ou saída do jurado não seja por um motivo justificado. Ao contrário, havendo razão para essa conduta, não há porque se aplicar qualquer sanção. Imagine-se o jurado que foi acometido de um mal súbito que o impeça de comparecer ou, tendo comparecido, o obrigue a deixar o local. Caberá à Fazenda Pública da União a cobrança da multa, conforme, a propósito, previa o revogado art. 444 do CPP.

Art. 443. Somente será aceita escusa fundada em motivo relevante devidamente comprovado e apresentada, ressalvadas as hipóteses de força maior, até o momento da chamada dos jurados. (Redação dada pela Lei nº 11.689, de 2008)

Comunicação quanto à falta • A falta do jurado, deverá, quando possível, ser comunicada até o momento da chamada, admitindo-se, para tanto, qualquer forma de comunicação. Claro que há que se ressalvar um motivo de força maior, a impedir que o jurado comunique sua falta antes da chamada. Basta lembrar da possibilidade do jurado, durante o deslocamento até o prédio do fórum, ter sofrido um acidente de trânsito, no qual, ferido, foi levado ao hospital, onde permaneceu internado.

JURISPRUDÊNCIA

» **Escusa ofertada após o julgamento. Multa mantida**

"À falta de prova do justo motivo alegado, cujo pedido de dispensa foi reapresentado intempestivamente, consoante dispõe o artigo 443 do Código de Processo Penal, não há falar em revogação da multa cominada ao jurado faltoso. Força maior é o evento imprevisto, não se ajustando ao conceito legal a consulta médica previamente agendada. Afora inexistir demonstração inequívoca de que o jurado não teve ciência do indeferimento de dispensa, em sendo obrigatório o serviço do júri, permanece a obrigação de tomar parte do corpo de jurados até autorização expressa do juiz presidente" (STJ – RMS nº 31619-SP, Rel. Hamilton Carvalhido, j. 26.10.2010, DJe 10.12.2010).

Art. 444. O jurado somente será dispensado por decisão motivada do juiz presidente, consignada na ata dos trabalhos. (Redação dada pela Lei nº 11.689, de 2008)

Decisão quanto à dispensa do jurado • Apresentada a justificativa, caberá ao juiz analisar sua pertinência e, acolhendo-a, deverá fazer constar da ata esse incidente (art. 495, inc. III do CPP). Dando por injustificada a falta, o juiz, em consequência, aplicará a pena pecuniária prevista no art. 442 acima.

Art. 445. O jurado, no exercício da função ou a pretexto de exercê-la, será responsável criminalmente nos mesmos termos em que o são os juízes togados.(Redação dada pela Lei nº 11.689, de 2008)

V., acima, os comentários ao art. 441, sob a rubrica "obrigações".

Art. 446. Aos suplentes, quando convocados, serão aplicáveis os dispositivos referentes às dispensas, faltas e escusas e à equiparação de responsabilidade penal prevista no art. 445 deste Código. (Redação dada pela Lei nº 11.689, de 2008)

Suplentes • O dispositivo se explica por si só, ao estabelecer que, aos suplentes, se aplicam as mesmas regras atinentes ao jurado titular.

CAPÍTULO 10

Da Composição do Tribunal do Júri e da Formação do Conselho de Sentença

(Incluído pela Lei nº 11.689, de 2008)

Art. 447. O Tribunal do Júri é composto por 1 (um) juiz togado, seu presidente e por 25 (vinte e cinco) jurados que serão sorteados dentre os alistados, 7 (sete) dos quais constituirão o Conselho de Sentença em cada sessão de julgamento. (Redação dada pela Lei nº 11.689, de 2008)

Art. 448. São impedidos de servir no mesmo Conselho: (Redação dada pela Lei nº 11.689, de 2008)

I – marido e mulher; (Incluído pela Lei nº 11.689, de 2008)

II – ascendente e descendente; (Incluído pela Lei nº 11.689, de 2008)

III – sogro e genro ou nora; (Incluído pela Lei nº 11.689, de 2008)

IV – irmãos e cunhados, durante o cunhadio; (Incluído pela Lei nº 11.689, de 2008)

V – tio e sobrinho; (Incluído pela Lei nº 11.689, de 2008)

VI – padrasto, madrasta ou enteado. (Incluído pela Lei nº 11.689, de 2008)

§ 1º O mesmo impedimento ocorrerá em relação às pessoas que mantenham união estável reconhecida como entidade familiar. (Incluído pela Lei nº 11.689, de 2008)

Suspeição ou impedimento • Sujeitam-se os jurados às mesmas causas de suspeição e impedimento cominadas ao juiz togado, conforme menção feita pelo art. 448, § 2º, do CPP, tudo com o objetivo de garantir a imparcialidade do julgador, requisito fundamental e indispensável, a ser exigido tanto do Magistrado de carreira, como do leigo.

Tomando-se a lição do saudoso Julio Fabbrini Mirabete, pode-se afirmar que a *suspeição* resulta do vínculo do juiz com quaisquer das partes, enquanto o *impedimento* decorre da relação de interesse do juiz com o objeto do processo. (*Código de processo penal interpretado*, p. 394).

Especificidades do Júri • Em relação, especificamente, ao Júri, o art. 448 determina que estão impedidos de servir no mesmo Conselho: a) marido e mulher; b) ascendente e descendente; c) sogro e genro ou nora; d) irmãos e cunhados, durante o cunhadio; e) tio e sobrinho; f) padrasto e madrasta ou enteado.

Estão, ainda, impedidos de funcionar no mesmo Conselho as pessoas que mantenham união estável reconhecida como entidade familiar, nos termos do § 1°, do art. 448, do CPP. Antes da reforma, a matéria era discutível na doutrina, parte entendendo que as causas de impedimento encerravam *numerus clausus* e, por consequência, não poderiam se estender para situações não previstas em lei, como a da união estável. E, outra parte, adotando a analogia, no sentido de que os impedimentos deveriam alcançar, também, os conviventes que, de resto, têm a mesma situação de fato do marido e da mulher. Com a reforma, conclui-se que o legislador optou, com todas as letras, por esta última corrente.

§ 2º Aplicar-se-á aos jurados o disposto sobre os impedimentos, a suspeição e as incompatibilidades dos juízes togados. (Incluído pela Lei nº 11.689, de 2008)

Impedimento do juiz aplicável ao jurado • As causas de impedimento se encontram no art. 252 do CPP. Está, assim, impedido de atuar como jurado, no processo em que: a) tiver funcionado seu cônjuge ou parente, consanguíneo ou afim, em linha reta ou colateral até o terceiro grau, inclusive, como defensor ou advogado, órgão do Ministério Público, autoridade policial, auxiliar da justiça ou perito; b) ele próprio houver desempenhado qualquer dessas funções ou servido como testemunha; c) tiver funcionado como juiz de outra instância, pronunciando-se, de fato ou de direito, sobre a questão.

Causas de impedimento do juiz • Com visto acima, pressuposto fundamental para a atuação do juiz em determinado processo consiste em sua imparcialidade. O art. 252 elenca situações objetivas nas quais o legislador entende estar o juiz impedido de atuar. Pouco importa a análise se, em determinado caso, por exemplo, a despeito da defensora ser esposa do juiz, ele ainda assim manteria sua imparcialidade. Prefere o legislador que não se faça essa espécie de indagação, razão pela qual, adiantando-se, impede o juiz de atuar, por mais isento que pudesse ser sua postura diante do feito.

Rol taxativo • A doutrina é unânime em apontar o rol do artigo em exame como taxativo, encerrando, assim, verdadeiro "numerus clausus". Significa dizer, portanto, que salvo as hipóteses previstas expressamente neste dispositivo, não há que se cogitar do impedimento do juiz.

Causas de impedimento do juiz (aplicáveis ao jurado) • Dispõe o inc. I, do art. 252 do código, que não poderá exercer jurisdição o juiz que "tiver funcionado seu cônjuge ou parente, consanguíneo ou afim, em linha reta ou colateral até o terceiro grau, inclusive, como defensor ou advogado, órgão do Ministério Público, autoridade policial, auxiliar da justiça ou perito".

Cônjuge • Se cônjuge ou parente do juiz atuou no processo na condição defensor ou advogado, órgão do Ministério Público, autoridade policial, auxiliar da justiça ou perito, o Magistrado, por consequência, estará impedido de oficiar no processo. *Cônjuge* é aquele com quem o juiz é legalmente casado, não havendo maior dificuldade na compreensão do conceito.

Parentesco por consanguinidade • É aquele que se estabelece entre pessoas descendentes de um tronco comum, também chamado parentesco natural ou biológico. Assim, por exemplo, pai, avô e bisavô (na linha ascendente), ou filho, neto e bisneto (na linha descendente)

Parentesco por afinidade • Ocorre quando há vinculação com o parente do cônjuge ou companheiro, como dispõe o art. 1.595 do Código Civil, *in verbis*: "Cada cônjuge ou companheiro é aliado aos parentes do outro pelo vínculo da afinidade". São exemplos de parentes por afinidade o cunhado, sogra, enteado, padrasto, etc. Vale destacar a ressalva contida no art. 255 abaixo, pela qual cessa o impedimento ou suspeição decorrente da afinidade com a dissolução do casamento, salvo se advinda prole. Mas mesmo com o divórcio ou morte de um dos cônjuges, o juiz não deve funcionar nos casos específicos de sogro, padrasto, cunhado, genro ou enteado.

Linha reta • Nos termos do art. 1.591 do Código Civil, "são parentes em linha reta as pessoas que estão umas para com as outras na relação de ascendentes e descendentes".

Linha colateral • Segundo o art. 1.592 do Código Civil, "são parentes em linha colateral ou transversal, até o quarto grau, as pessoas provenientes de um só tronco, sem descenderem uma da outra".

Grau de parentesco • Na linha reta, são contados "os graus de parentesco pelo número de gerações", na dicção do art. 1.594 do Código Civil. Na linha colateral se dá da mesma forma, "subindo de um dos parentes até ao ascendente comum, e descendo até encontrar o outro parente", nos termos da parte final do mencionado dispositivo.

Síntese • Deve o juiz, por óbvio, se dar por impedido caso tenha atuado no feito, em uma das funções indicadas neste dispositivo, seu cônjuge. O mesmo ocorre para hipótese de parentesco, por consanguinidade ou afinidade, mas até terceiro grau. Significa que, por exemplo, que o juiz está impedido de atuar no processo no qual o bisavô oficiou como promotor de justiça. Ou quando ele (juiz), for bisneto do advogado. Isso quando se tratar de parentesco em linha reta. Na hipótese de parentesco na linha colateral, a regra é a mesma, isto é, o juiz estará impedido até o terceiro grau. A forma de contagem dos graus, para os casos de colateralidade, foi acima mencionada: considerando-se que, inexiste colateral de 1° grau, são considerados colaterais de 2° grau os irmãos e, de 3° grau, os tios e sobrinhos.

Juiz como testemunha • Reza o inc. II, do art. 252 do CPP que está impedido o juiz que, antes, atuou como "defensor ou advogado, órgão do Ministério Público, autoridade policial, auxiliar da justiça ou perito" ou serviu como testemunha.

O dispositivo não exige maiores esclarecimentos. É intuitivo que o juiz está impedido de julgar um feito no qual, anteriormente, ofertara a denúncia, então na condição de membro do Ministério Público. O mesmo ocorre se antes ele atuou como advogado, delegado de polícia, serventuário da justiça ou perito.

Também se serviu como testemunha de um determinado fato delituoso, está impedido de julgá-lo, afinal não pode, a um só tempo, prestar-se como testemunha para, adiante, sopesar a credibilidade de seu próprio depoimento, agora na condição de juiz. Situação interessante, conquanto censurável sob o ponto de vista ético, ocorreria se, a fim de provocar o impedimento de determinado juiz, a parte o arrolasse como testemunha. Assim, sabedor de antemão que determinado Magistrado é extremamente rigoroso no julgamento de traficantes de drogas, cujos acusados invariavelmente condena, a defesa o indica como testemunha, pretendendo provocar seu impedimento. Como resolver o impasse? O Código de Processo Penal português, em seu art. 39, 2, traz expressa solução para o problema. Assim, após afirmar que o juiz está impedido de atuar em processo no qual é testemunha, ele deve declarar "por despacho nos autos, se tem conhecimento de factos que possam influir na decisão da causa". Em caso afirmativo, ou seja, tendo conhecimento dos fatos, ele está impedido. Caso contrário, isto é, ignorando os fatos, ele "deixa de ser testemunha". A mesma solução pode ser adotada entre nós, por não se conceber possa o juiz ficar à mercê de tão vil conduta. Se foi testemunha, deve espontaneamente declarar-se impedido. Se nada sabe, deve negar o pedido da defesa e prosseguir no comando do processo, proferindo, ao final, a sentença.

Juiz que atuou no feito anteriormente • O inc. III, do art. 252, do CPP, veda a participação do juiz se, antes, ele funcionou como "juiz de outra instância, pronunciando-se, de fato ou de direito, sobre a questão". O objetivo da lei é claro. Não faria sentido, assim, que um juiz que atuou no feito em primeira instância, uma vez promovido ao Tribunal, fosse julgar eventual recurso contra aquela primeira decisão por ele proferida. Ou que fosse julgar, em 2° grau, "habeas corpus" ou revisão criminal decorrente de decisão que proferiu quando ainda em exercício em 1° grau de jurisdição. Em afronta ao princípio do duplo grau de jurisdição e sob pena de violação à imparcialidade do juiz, haveria uma forte tendência desse Magistrado em manter a decisão anterior, embora a retratação pudesse, em tese, ocorrer. É assim no recurso em sentido estrito, quando, em juízo de retratação, é admitido que o juiz reveja sua própria decisão. Também os embargos infringentes ou de nulidade admitem que um desembargador que julgou a apelação em um determinado sentido, reformule seu voto quando da apreciação do recurso. O legislador, de qualquer forma, preferiu não correr qualquer risco e, prudentemente, impôs esta causa de impedimento.

A causa de impedimento, como no exemplo acima, será mais frequente quando do julgamento em instância superior. Nada impede, porém, que ocorra o inverso, isto é, o juiz convocado ao Tribunal julgou um recurso e, posteriormente, tenha que apreciar a causa em 1° grau. Suponha-se que determinado desembargador, convocado para atuar perante o Superior Tribunal de Justiça, tenha participado de um julgamento no qual se decretou a nulidade de acórdão. Tornando esse feito ao tribunal de origem e uma vez cessada a convocação do desembargador, ele está impedido de julgar o recurso.

De se ver, porém, que o impedimento, para restar configurado, deve ocorrer no mesmo processo, no qual o juiz se pronunciou sobre a questão em julgamento. Assim, não haverá impedimento, como visto na jurisprudência abaixo colacionada, caso o juiz criminal tenha, antes, atuado em processo cível. Num exemplo: suponha-se que, no cível, o juiz apreciou uma ação de nulidade de título extrajudicial com cancelamento de protesto, determinando, na sentença, que fossem os autos remetidos à polícia para apuração de um crime de falsidade do cheque. O mesmo juiz, nesse caso, não se acha impedido de julgar eventual ação criminal posteriormente deflagrada em virtude desse fato. Tampouco há impedimento do juiz que julgou – e condenou – o réu em determinado processo, para que venha a julgá-lo em outro feito criminal, deflagrado por fato diverso. É comum, aliás, em comarcas pequenas, que o juiz se depare diversas vezes com o mesmo acusado, em processos distintos, não se podendo afirmar que uma condenação anterior o tornará impedido (e mesmo suspeito) de julgá-lo ainda mais uma vez.

E mesmo quando a atuação se deu no mesmo feito, nem sempre restará caracterizado o impedimento. Assim, condenado o réu em 1° grau e anulado o feito em grau de recurso, o mesmo juiz que proferiu a sentença anulada deverá julgar novamente o processo. Em antiga jurisprudência do STF, abaixo lembrada, ocorreu a hipótese na qual, inicialmente, foi rejeitada a denúncia. Em grau de recurso se obteve a reforma dessa decisão, para receber a acusação. Não há impedimento para que aquele juiz que rejeitará a denúncia continue no comando do processo, cabendo a ele proferir a sentença.

Lembre-se, ainda, que para restar caracterizado o impedimento é necessário que o juiz tenha praticado algum ato de cunho decisório no processo. Assim, o juiz que decretou a prisão preventiva do réu em um feito, promovido ao tribunal, está impedido para julgar eventual recurso. Com mais razão, já vimos, aquele que sentenciou o réu. Pode ocorrer, porém, que a atuação do juiz se restrinja à prática de atos meramente ordinários, de impulso processual, sem caráter decisório. Em nosso exemplo anterior, se o desembargador que julgará o recurso do réu limitou-se, quando atuava em 1° grau, a devolver os autos à polícia em um pedido de prazo para conclusão do inquérito, ele não estará impedido. Nesse sentido, aliás, o regimento interno do Tribunal de Justiça do Estado de São Paulo ao dispor, em seu art. 109, § 1°, que "simples despacho de ordenação processual ou de colheita de prova, em primeira instância, não determina o impedimento do desembargador que o tenha praticado, quando deva oficiar, no Tribunal, no mesmo processo ou em seus incidentes". Tampouco o juiz de 1° grau se, discordando do pedido de arquivamento formulado pelo Ministério Público, adotou a providência do art. 28 do CPP, tendo o procurador-geral determinado a oferta de denúncia.

Entrevista à imprensa • Questão interessante diz respeito à possibilidade do juiz se manifestar publicamente a respeito de uma questão e, posteriormente, encontrar-se habilitado a julgar determinado fato concreto, que verse sobre o mesmo tema. De início, cumpre invocar o disposto no art. 36, inc. III da Lei Orgânica da Magistratura (Lei Complementar n° 35/1979), pelo qual é vedado ao Magistrado "manifestar, por qualquer meio de comunicação, opinião sobre processo pendente de julgamento, seu ou de outrem, ou juízo depreciativo sobre despachos, votos ou sentenças, de órgãos judiciais, ressalvada a crítica nos autos e em obras técnicas ou no exercício do magistério".

Pensamos que os termos do dispositivo legal sirvam de parâmetro seguro para o enfrentamento da questão. Por óbvio que o juiz que irá presidir um Júri, não poderá, antes, conceder uma entrevista, enaltecendo a gravidade do crime e a crueldade demonstrada por seu autor. Com isso, estará manifestando opinião sobre processo pendente de julgamento, sob sua responsabilidade, além de influenciar o ânimo dos jurados. Agora, caso se limite a manifestar sua opinião de forma genérica, sem qualquer menção, por mínima que seja, ao fato concreto, não vemos razão que justifique seu impedimento ou suspeição. Fosse assim e um juiz que concedesse entrevista no sentido de que é favorável à redução da maioridade penal ou mesmo da pena de morte, dificilmente poderia continuar julgando feitos criminais. Ou um ministro do STF (como ocorreu efetivamente), que se posicionasse a favor da Lei da Ficha Limpa, não poderia julgar, adiante, processos que envolvessem esse diploma. O Magistrado é, antes de tudo, um cidadão e não um ser alheio à realidade que o cerca e, nessa condição, pode externar seu pensamento. O que não se admite é extrapolar, fazendo menção específica sobre determinado fato concreto que, adiante, julgará, antecipando sua opinião a respeito. Respeitado esse limite, não vemos razões para taxar o juiz de impedido ou suspeito.

Parte ou interessado no feito • A última causa de impedimento está prevista no inc. IV, do art. 252 do CPP, vedando jurisdição ao juiz quando "ele próprio ou seu cônjuge ou parente, consanguíneo ou afim em linha reta ou colateral até o terceiro grau, inclusive, for parte ou diretamente interessado no feito". Por tudo quanto já exposto na análise deste artigo, não teria mesmo cabimento que o juiz oficiasse em processo no qual ele e a pessoas indicadas no dispositivo, fossem partes. "Parte", aqui, deve ser entendida em um sentido amplo, que por vezes não corresponde aquele oriundo do processo civil. Assim, se a vítima (que, a rigor, não é parte no processo), é a esposa do juiz, não fará sentido ele julgar o feito. Sobre a definição de parentesco, consanguíneo ou afim, em linha reta ou colateral até o terceiro grau, v. inc. I acima.

Causas de suspeição do juiz (aplicáveis ao jurado) • As causas que determinam a suspeição, aplicáveis ao juiz, seja togado ou leigo, são as relacionadas no art. 254 do Código e serão, em seguida, analisadas uma a uma.

Amizade íntima • É suspeito, nos termos do inc. I, do art. 254, o juiz que "for amigo íntimo ou inimigo capital" de qualquer das partes. Como *amizade íntima* do juiz com algumas das partes, deve se entender, por exemplo, a relação de familiaridade, frequência assídua à casa da pessoa, compadrio, etc. Trata-se de conceito que nem sempre será fácil delimitar seu alcance. Mas, na lição de Carvalho Santos, "a amizade íntima, a que alude a lei, é aquela que uma pessoa nutre por outra, como se fosse um parente próximo, ou, melhor esclarecendo, é aquela que poder-se-ia qualificar de fraternal, capaz de levar um amigo a todos os sacrifícios pelo outro. Mesmo porque só essa amizade, que não enxerga sacrifícios, poderá legitimar a suspeição" (*Código de Processo Civil Interpretado*, 1940, vol. III, p. 69/70),

Inimizade capital • É um sentimento de ódio, rancor, vingança do juiz com a parte. Também aqui o conceito é um tanto subjetivo, valendo, por isso, a observação de Eduardo Espínola Filho, ao afirmar que "do que não resta dúvida é que a simples antipatia, o asco provocado pela vida desregrada de algumas das partes não são suficientes para configurar-se essa inimizade capital" (ob. cit., vol. I, p. 259).

Anterior procedimento enérgico do juiz com o réu, como a condenação à pena exacerbada, não traduz inimizade. Tampouco precedente discussão do juiz com o advogado ou promotor. A maioria da doutrina entende que a amizade íntima e inimizade capital que tornam o juiz suspeito devem se referir à parte, isto é, ao o réu e à vítima. Se tais sentimentos são nutridos em relação ao membro do Ministério Público ou ao advogado, não há suspeição. Para configuração da suspeição, basta que tais sentimentos se refiram a um dos corréus, quando todo o processo será transferido a outro Magistrado, não havendo que se cogitar em desmembramento do feito.

Processo por fato análogo • Nos termos do inc. II, do art. 254 do CPP, há ainda suspeição "se ele [juiz], seu cônjuge, ascendente ou descendente, estiver respondendo a processo por fato análogo, sobre cujo caráter criminoso haja controvérsia". Nesse caso, o juiz é indiretamente interessado pois tenderia a uma decisão favorável ao réu para não se considerasse criminoso fato semelhante praticado por ele ou parente. Assim, por exemplo, possuindo o juiz um filho que responde pelo furto de coisa de pequeno valor, não deve julgar um fato idêntico, onde é invocado o princípio da insignificância.

Quando ele ou parente promova ou responda processo que tenha que ser julgado por qualquer das partes • O inc. III do art. 254 do código indica suspeição se o juiz ou "seu cônjuge, ou parente, consanguíneo, ou afim, até o terceiro grau, inclusive, sustentar demanda ou responder a processo que tenha de ser julgado por qualquer das partes". O juiz, com efeito, não teria imparcialidade para julgar a parte a quem coubesse, em outro processo, julgar a ele próprio ou a uma das pessoas mencionadas no dispositivo legal. Como *parente* inclua-se, aqui, companheira, filho adotivo, etc. Imagine-se a situação do juiz criminal que fosse obrigado a julgar um caso em que a vítima é outro Magistrado, que atua no cível, a quem cumprirá apreciar um pedido de investigação de paternidade movido contra o juiz criminal. A falta de isenção nesse caso leva ao reconhecimento da suspeição.

Aconselhamento de qualquer das partes • Causa suspeição, nos termos do inc. IV, do art. 254, se o juiz, antes do processo ser distribuído a ele para julgamento, aconselhou uma das partes, ele perde a isenção de ânimo para o julgamento. De se ver, porém, que a simples recomendação à contratação de advogado ou mero esclarecimento de forma genérica, sem adentrar no mérito, não configura suspeição. Tampouco a explicação quanto à vantagem de uma conciliação (possível nos crimes contra a honra e previsto nos Juizados Especiais Criminais – Lei n° 9.099/95), inibirá o juiz de, frustrado o acordo, prosseguir à frente do processo.

Credor, devedor, tutor e curador • O juiz é suspeito, na dicção do inc. V, do art. 254 do CPP, se "for credor ou devedor, tutor ou curador, de qualquer das partes". Quando o juiz possui algum interesse no resultado do julgamento, interesse que pode ser afetivo ou financeiro, ele deve ser afastado do processo. Claro, o juiz que é credor ou devedor do réu não possui isenção de ânimo para julgá-lo. Nem o teria fosse ele o curador ou tutor da vítima do delito.

Sócio, acionista ou administrador de sociedade interessada no processo • Por último, nos termos do inc. VI, do art. 254 do CPP, causa a suspeição do juiz, "se for sócio, acionista ou administrador de sociedade interessada no processo". Os motivos são os mesmos acima mencionados. Busca-se, sempre, preservar a imparcialidade do juiz, comprometida caso julgasse feito no qual é interessada sociedade da qual participa.

Trata-se de hipótese bastante improvável, pois, nos termos do art. 36, incs. I e II, da Lei Complementar nº 35/79 (Lei Orgânica da Magistratura Nacional), é vedado ao magistrado: I – exercer o comércio ou participar de sociedade comercial, inclusive de economia mista, exceto como acionista ou quotista; II – exercer cargo de direção ou técnico de sociedade civil, associação ou fundação, de qualquer natureza ou finalidade, salvo de associação de classe, e sem remuneração.

A propósito, o Conselho Nacional de Justiça, ao interpretar esse dispositivo, na análise do Pedido de Providências n° 775, em 14.11.2006, no qual foi relator o Conselheiro Marcus Faver, assentou, por maioria de votos, que "não pode, consequentemente, um juiz ser presidente ou diretor de Rotary, de Lion, de APAEs, de ONGs, de Sociedade Espírita, Rosa-Cruz etc., vedado também ser grão-mestre da maçonaria; síndico de edifício em condomínio; diretor de escola ou faculdade pública ou particular".

Foro íntimo • A par das situações abaixo relacionadas pelo legislador, a doutrina aponta mais uma que, embora não prevista expressamente no Código de Processo Penal, pode ser suscitada pelo juiz. Consiste em seu afastamento do processo por razões de foro íntimo. No dizer de Pontes de Miranda, "motivo íntimo é qualquer motivo que o juiz não quer revelar, talvez não deva mesmo revelar" (*Comentários ao Código de Processo Civil*, Forense, 1974, vol. II, p. 408). De se ver, aliás, que essa causa de suspeição vem prevista no parágrafo único do art. 135 do Código de Processo Civil, que tem aplicação no processo penal (art. 3° do CPP). Exatamente por se tratar de razões que se referem à intimidade do juiz, somente ele próprio pode suscitá-las, não cabendo a nenhuma das partes fazê-lo. Também porque intimas, não deve o juiz decliná-las nos autos e, tampouco, é dado a seu substituto legal, a quem foi enviado o processo, formular qualquer espécie de apreciação a esse respeito.

A propósito, confira-se o art. 272, parágrafo único, do regimento interno do Superior Tribunal de Justiça: "Poderá o Ministro, ainda, dar-se por suspeito se afirmar a existência de motivo de ordem íntima que, em consciência, o iniba de julgar".

Comunicação a órgão superior • Em vista de algum abuso constatado pelo Conselho Nacional de Justiça, quanto à utilização de um número elevado de declarações de suspeição por razões de foro íntimo, aquele órgão editou a Resolução n° 82, de 09 de junho de 2009, determinando que "o magistrado de primeiro grau fará essa afirmação nos autos e, em ofício reservado, imediatamente exporá as razões desse ato à Corregedoria local ou a órgão diverso designado pelo seu Tribunal [...] No caso de suspeição por motivo íntimo, o magistrado de segundo grau fará essa afirmação nos autos e, em ofício reservado, imediatamente exporá as razões desse ato à Corregedoria Nacional de Justiça".

Mandado de segurança, impetrado por desembargador do Tribunal de Justiça do Distrito Federal e dos Territórios, contra a resolução (MS 28089), foi considerado meio inábil para discutir a questão, pelo que não lhe foi dado seguimento, segundo voto do Relator Luís Roberto Barroso (cf. *Notícias STF* de 15.10.2014).

Juízos coletivo se incompatibilidades • O art. 253 do CPP relaciona as causas de incompatibilidades. Assim, na composição de turmas, seções, câmaras, grupos, ou seja, de juízos coletivos, conforme previsto no regimento interno dos respectivos tribunais, há impedimento para que parentes atuem simultaneamente perante o mesmo órgão julgador. Também para a hipótese do colégio recursal da Lei nº 9.099/95 (Juizados Especiais Criminais), se aplica este dispositivo. Como ensina Câmara Leal, "os laços de parentesco próximo geram uma certa afinidade entre as pessoas, determinando uma possível comunhão de ideias, podendo essa comunhão influir diretamente no julgamento. Para impedir essa consequência nociva aos interesses da justiça, foi que a lei achou conveniente tolher o funcionamento conjunto de juízes reciprocamente ligados pelo parentesco muito próximo" (ob. cit., vol. II, p. 124).

Talvez porque à época da edição do código (1941), fossem pouquíssimos os caos de desembargadoras ou ministras de tribunais superiores, deixou o legislador de estender o impedimento ao cônjuge, como o fizera no artigo anterior. Mas é claro que, em juízos coletivos, não poderão atuar marido e mulher. Nesse sentido, a propósito, o regimento interno do Tribunal de Justiça do Estado de São Paulo ao dispor, em seu art. 60, que "não poderão participar do mesmo Grupo ou Câmara cônjuges, conviventes e parentes, consanguíneos ou afins, na linha ascendente ou descendente e, na linha colateral, até o terceiro grau, inclusive".

JURISPRUDÊNCIA

» **Rol taxativo**

"Processual Penal. Habeas Corpus. Impedimento. Imparcialidade do julgador. Intervenção probatória do magistrado em procedimento de delação premiada. Não configuração das hipóteses taxativas. Inocorrência. Art. 252 do CPP. Precedentes. Ordem Denegada. As hipóteses de impedimento elencadas no art. 252 do Código de Processo Penal constituem um numerus clausus. Precedentes (HC nº 92.893/ES, Tribunal Pleno, Relator o Ministro Ricardo Lewandowski, DJ de 12/12/08 e RHC nº 98.091/PB, 1ª Turma, Relatora a Ministra Cármen Lúcia, DJe de 16/4/10" (STF – HC nº 97553-PR, Rel. Dias Toffoli, RT 902/490).

"No âmbito do processo penal, as circunstâncias ensejadoras da declaração de impedimento do julgador, por serem de direito estrito, são enumeradas taxativamente, de modo exaustivo, nos arts. 252 e 253 do CPP, sendo defeso ao intérprete abrandar o conceito de jurisdição (ou de instância) para abarcar situações como a do paciente, pois se estaria ampliando as hipóteses legalmente previstas" (STJ – HC nº 42249-RJ, Rel. Gilson Dipp, j. 28.06.2005, DJe 01.08.2005, p. 497).

» **Impedimento do juiz em processo cujo filho exerceu funções de Ministério Público**

"Nos termos do então vigente art. 252, inciso I, do Código de Processo Penal, o Magistrado não pode exercer jurisdição no processo em que tiver funcionado seu parente, consanguíneo ou afim, em linha reta, até o terceiro grau, como Membro do Ministério Público. Constatado que o Promotor de Justiça que ofereceu a denúncia em desfavor do Paciente é filho do Desembargador Relator do acórdão que julgou o apelo defensivo, impõe-se cassar o julgado" (STJ – HC nº 118507-GO, Rel. Laurita Vaz, j. 24.03.2009, DJe 20.04.2009).

"É da letra do artigo 252, inciso I, do Código de Processo Penal que não pode o juiz exercer jurisdição no processo em que seu filho tiver funcionado como órgão do Ministério Público" (STJ – HC nº 18301-MS – Rel. Hamilton Carvalhido, j. 20.05.2003, DJ 30.06.2003, p. 314).

» **Não configura impedimento prévia atuação em**

a) processo administrativo

"Não há impedimento de magistrado para o julgamento da ação penal na hipótese em que participou do julgamento do processo administrativo disciplinar relativo ao mesmo acusado, pois tal situação não está prevista dentre as hipóteses taxativamente previstas no artigo 252 do CPP, cujo inciso III prevê impedimento apenas nos casos em que o juiz atuou no feito em outro grau de jurisdição, como forma de evitar ofensa ao princípio do duplo grau, não incluindo sua participação em feito disciplinar" (STJ – AgRg no Ag nº 1430977-SP, Rel. Maria Thereza de Assis Moura, j. 04.06.2013, DJe 12.06.2013).

b) processo administrativo com a prática de atos ordinatórios

b1) possibilidade

"A realidade fática delimitada no acórdão recorrido revela que a magistrada efetivou atos ordinatórios, em cumprimento de ordem de autoridade judiciária superior, em procedimento administrativo ligado aos mesmos fatos que desencadearam a ação penal. Os fatos descritos não se subsumem perfeitamente às hipóteses previstas no art. 254 do Código de Processo Penal, contudo, o rol de suspeições é exemplificativo, sendo, assim, imprescindível, para o reconhecimento da suspeição do magistrado, não a adequação perfeita da realidade à uma das proposições do referido dispositivo legal, mas sim, a constatação do efetivo comprometimento do julgador com a causa. As intimações realizadas pela magistrada revelam apenas duas finalidades primordiais: regularizar a tramitação e promover o andamento de processo atribuído à autoridade judicante superior que delegou a realização de atos meramente ordinatórios" (STJ – REsp nº 1379140-SC, Rel. Marco Aurélio Bellizze, j. 27.08.2013, DJe 03.09.2013).

b2) impossibilidade se praticou atos decisórios

"É defeso o julgamento de ação penal por magistrado que, anteriormente, participa de processo administrativo, propondo e obtendo, inclusive, a penalização do servidor público. Aplicação do disposto no art. 253, inc. III, do Código de Processo Penal" (STJ – HC nº 48248-MG, Rel. Laurita Vaz, j. 14.06.2007, DJ 06.08.2007, p. 547).

c) processo cível

"No tocante a alegação de nulidade do julgamento da apelação por estar impedido Juiz que dele participou apesar de ter exercido jurisdição em ação civil pública movida contra os réus pelas fraudes ocorridas na LBA, e ela improcedente, porquanto as causas, enumeradas no artigo 252 do Código de Processo Penal, que dão margem a impedimento, dizem respeito ao mesmo processo e não, como ocorre no caso, a outro. O inciso III desse artigo se refere ao impedimento de Juiz que, no mesmo processo, mas em outra instância, se houver pronunciado, de fato ou de direito, sobre a questão. Ademais, as causas de impedimento são taxativas e as normas que as enumeram em "numerus clausus" são de direito estrito" (STF – HC nº Rel. Moreira Alves, j. 03.10.1995, DJ 17.05.1996, p. 16324).

"As causas de impedimento e suspeição de magistrado estão dispostas taxativamente no Código de Processo Penal, não comportando interpretação ampliativa. O disposto no art. 252, III, do CPP aplica-se somente aos casos em que o juiz atuou no feito em outro grau de jurisdição, como forma de evitar ofensa ao princípio do duplo grau. Não há impedimento quando o juiz exerce, na mesma instância, jurisdição criminal, após ter proferido sentença em ação civil pública" (STJ – HC nº 99945-SP, Og Fernandes, RT 881/557).

d) processo criminal na mesma instância

APELAÇÃO CONTRA DECISÃO DO TRIBUNAL DO JÚRI POSTERIORMENTE ANULADA. SUBMISSÃO DO RÉU A NOVO JULGAMENTO. INTERPOSIÇÃO DE NOVA APELAÇÃO. IMPEDIMENTO DOS DESEMBARGADORES QUE ATUARAM NO JULGAMENTO DO PRIMEIRO APELO. INEXISTÊNCIA. PRECEDENTES DO STJ E DO STF. ORDEM DENEGADA – "A regra do art. 252, inciso III, do Código de Processo Penal não admite interpretação ampliativa, razão pela qual não há impedimento do Magistrado que atuou anteriormente no feito, porém, na mesma instância. Precedentes do STJ e do STF. Sendo assim, não se reconhece o impedimento dos Desembargadores que apreciaram a apelação interposta contra a primeira decisão do Tribunal do Júri, posteriormente anulada pelo Supremo Tribunal Federal, para julgarem o apelo manifestado contra a sentença proferida no segundo julgamento do réu pelo Júri popular" (STJ – HC nº 162358-SP, Rel. Laurita Vaz, j. 16.09.2010, DJe 11.10.2010).

e) apelação e posterior análise do cabimento de recurso extraordinário

"Nada obsta que o Desembargador Relator do recurso de apelação exerça, após assumir a Presidência (ou a Vice-Presidência, conforme o caso) do Tribunal de 2º Grau, o juízo de admissibilidade dos recursos de índole extraordinária interpostos contra o acórdão por ele próprio Relatado. Precedente. Nessa hipótese, não há que se falar em impedimento, pois a vedação do inciso III do mencionado dispositivo legal é de atuação do mesmo Magistrado no mesmo processo, mas em Instâncias diferentes, além de que, no juízo de admissibilidade dos recursos, não se aprecia o mérito (acerto ou desacerto) do aresto recorrido, mas tão-somente os requisitos legais previstos para o recebimento dos recursos" (STJ – HC nº 87132-SP, Rel. Jane Silva, j. 18.12.2008, DJe 19.12.2008).

"O desembargador que participou no julgamento da ação penal originária não está impedido de proferir o juízo de admissibilidade dos recursos especial e extraordinário correspondentes, visto que ambos os provimentos são emitidos na mesma instância, de competência do Tribunal de justiça" (STJ – HC nº 89157-SP, Rel. Arnaldo Esteves Lima, j. 27.11.2007, DJ 07.02.2008, p. 1).

f) inquérito policial

"Não é possível interpretar extensivamente o inciso III de modo a entender que o juiz que atua em fase pré-processual ou em sede de procedimento de delação premiada em ação conexa desempenha funções em outra instância (o desempenhar funções em outra instância é entendido aqui como a atuação do mesmo magistrado, em uma mesma ação penal, em diversos graus de jurisdição) [...] Atuação do magistrado: preside o inquérito, apenas como um administrador, um supervisor, um coordenador, no que concerne à montagem do acervo probatório e às providências acautelatórias, agindo sempre por provocação, jamais de ofício. Não exteriorização de qualquer juízo de valor acerca dos fatos ou das questões de direito emergentes na fase preliminar que o impeça de atuar com imparcialidade no curso da ação penal" (STF – HC nº 97553-PR, Rel. Dias Toffoli, j. 16.06.2010, DJe 10.09.2010).

g) do juiz que devolveu ao MP pedido de arquivamento do inquérito

"Ao devolver os autos ao Parquet para reavaliação da 'opinio delicti' não está o Juiz impedido de atuar no processo-crime que venha a ser instaurado, porque age como fiscal do princípio da obrigatoriedade da ação penal, sem malferir sua imparcialidade de julgador. Inteligência do art. 28 do Código de Processo Penal" (STJ – HC nº 58502-PR, Rel. Laurita Vaz, j. 12.08.2008, DJe 08.09.2008).

h) do juiz que praticou ato meramente ordinatório

"O Desembargador que, quando juiz de primeiro grau, atuou na condução da ação penal em que restou condenado o paciente, praticando, 'ab initio', ato meramente ordinatório, não se encontra impedido para apreciar posteriormente o recurso de apelação" (STJ – HC nº 77868-SP, Rel. Felix Fischer, RT 870/581).

i) do juiz que rejeitara a denúncia

"A reforma, pelo Tribunal, de despacho que rejeitou a denúncia, não torna o seu prolator suspeito ou impedido, para presidir a instrução criminal e sentenciar no feito" (TJSP – Rel. Bernardes Junior – RT 154/53).

» Impedimento do juiz em revisão criminal de sentença por ele proferida

"É nulo o julgamento de revisão criminal do qual participou genitor do Juiz prolator da sentença condenatória, ex vi do art. 252, I, do CPP, que veda o exercício da jurisdição no processo em que tiver funcionado parente até o terceiro grau" (STJ – HC nº 10612-SP, Rel. para o acórdão Vicente Leal, j. 15.02.2001, DJ 09.09.2002, p. 247).

» Impedimento para atuar como desembargador

"O juiz que a) na fase policial da investigação do caso, decretou a prisão preventiva do paciente; b) recebeu a denúncia; c) interrogou o paciente e outros corréus; d) por duas vezes indeferiu pedidos de revogação de prisão preventiva formulados em prol do paciente; e) recusou uma exceção de suspeição que lhe foi oposta pelo próprio paciente, uma vez promovido a desembargador, não poderia, como ocorrido, participar do julgamento do recurso em sentido, no qual se ratificou a pronúncia" (STJ – HC nº 190754-PA, Rel. Maria Thereza de Assis Moura, j. 20.06.2013, DJe 01.07.2013).

"Se o juiz que condenou o réu participa do julgamento da apelação, onde, por unanimidade, foi confirmado o édito de primeiro grau, há violação ao art. 252, III do Código de Processo Penal, que prevê regra de impedimento, rendendo ensejo à decretação de nulidade do acórdão respectivo, por infração à lei processual e, em última ratio, à própria imparcialidade, garantia constitucional visada pelo dispositivo" (STJ – HC nº 172009-SP, Rel. Maria Thereza de Assis Moura, j. 23.11.2010, DJe 17.12.2010).

IMPEDIMENTO DO JULGADOR. MAGISTRADA QUE ATUOU NA PRIMEIRA INSTÂNCIA RECEBENDO A DENÚNCIA E REALIZANDO OUTROS ATOS INSTRUTÓRIOS, INCLUSIVE INTERROGATÓRIO, E, QUANDO DO JULGAMENTO DA APELAÇÃO, ATUA COMO REVISORA. VIOLAÇÃO AOS PRINCÍPIOS DO DEVIDO PROCESSO LEGAL E IMPARCIALIDADE DOS JULGADORES. CONSTRANGIMENTO ILEGAL CARACTERIZADO – "O impedimento e a suspeição de Magistrado são circunstâncias que afetam a garantia constitucional da imparcialidade do julgador. No caso, a Magistrada titular da Vara Criminal atuou na instrução, recebendo a denúncia, procedendo ao interrogatório e, posteriormente, recebendo o apelo defensivo. Mesmo não tendo sido ela a prolatora da sentença, não se pode afastar que sua participação criaria empecilhos à sua atuação em outra instância, a teor do que estabelece o art. 252, III, do Código de Processo Penal. De se ressaltar, ainda, que hoje em dia se confere primordial atenção ao interrogatório, tanto que, após as reformas processuais, se explicitou o princípio da identidade física do julgador. Assim, está configurada a ofensa aos princípios do devido processo legal e também da imparcialidade dos julgadores. Ratificar tais condutas, por certo, refogem ao modelo penal garantista, compatível com nossa Constituição" (STJ – HC nº 121416-RS, Rel. Og Fernandes, j. 15.10.2009, DJe 03.11.2009).

» É impedido o juiz que concedeu entrevista manifestando-se sobre o crime

"Sobressai a parcialidade do Juiz Presidente do Tribunal do Júri para a condução do julgamento do paciente, se evidenciado que o Magistrado exarou manifestação prévia sobre um fato que seria levado a julgamento sob a sua presidência – tanto quando do debate televisivo, em que fez considerações sobre o paciente, quanto na oportunidade em que ressaltou, aos jurados da causa, detalhes do caso a ser levado a julgamento, possivelmente avançando na análise do fato criminoso" (STJ – HC nº 25416-MG, Rel. Gilson Dipp, j. 07.10.2003, DJ 03.11.2003, p. 331).

Quanto à inimizade de membro do Ministério Público , v. art. 258 abaixo

» Inimizade deve ser com a parte não com o defensor

"Exceção de suspeição – Juiz – Inimizade capital com o advogado da parte. Improcedência manifesta. Indeferimento liminar. Inexistindo qualquer irresignação pessoal dos acusados a pessoa do magistrado, com fulcro no citado art. 254, do Código de Processo Penal, mas somente a inimizade com o advogado, certa é a falta de legitimidade ativa 'ad causam' do causídico para a via processual eleita, uma vez que a exceção de suspeição destina-se a apurar eventual parcialidade do juiz pelo seu vínculo – positivo ou negativo – com uma das partes. Não obstante possa o magistrado considerar tal situação como motivo íntimo que recomende o seu afastamento. Exceção não conhecida." (TJGO – Exceção de Suspeição nº 262-0/138, Rel. G. Leandro S. Crispim, DJ 14841 de 18.09.2006).

Juiz que remete cópias de inquérito policial à OAB não é suspeito

"O simples fato de ter o Magistrado determinado a extração de cópia do inquérito policial que no qual o recorrente, advogado, restou indiciado e o seu envio à Ordem dos Advogados do Brasil, não demonstra, por si só, qualquer a suspeição daquele, notadamente em virtude de não haver requisição de abertura de qualquer procedimento administrativo à OAB, nem de ter sido anotada qualquer infração disciplinar eventualmente praticada" (STJ – REsp nº 603915-SP, Rel. Felix Fischer, j. 07.10.2004, DJ 03.11.2004, p. 233).

» Comportamento enérgico do juiz

"O procedimento acaso enérgico do juiz não justifica seja averbado de suspeito" (TJSP – Rel. Mario Guimarães – RT 163/544).

» Rol exemplificativo nas causas de suspeição

"Os fatos descritos não se subsumem perfeitamente às hipóteses previstas no art. 254 do Código de Processo Penal, contudo, o rol de suspeições é exemplificativo, sendo, assim, imprescindível, para o reconhecimento da suspeição do magistrado, não a adequação perfeita da realidade à uma das proposições do referido dispositivo legal, mas sim, a constatação do efetivo comprometimento do julgador com a causa" (STJ – REsp nº 1379140-SC, Rel. Marco Aurélio Bellizze, j. 27.08.2013, DJe 03.09.2013).

"As causas de suspeição previstas no artigo 254 do Código de Processo Penal não se referem às situações em que o magistrado está impossibilitado de exercer a jurisdição, relacionando-se, por outro lado, aos casos em que o togado perde a imparcialidade para apreciar determinada causa, motivo pelo qual doutrina e jurisprudência majoritárias têm entendido que o rol contido no mencionado dispositivo legal é meramente exemplificativo" (STJ – HC nº 172819-MG, Rel. Jorge Mussi, j. 28.02.2012, DJe 16.04.2012).

"Tanto o impedimento quanto a suspeição buscam garantir a imparcialidade do Magistrado, condição sine qua non do devido processo legal, porém, diferentemente do primeiro, cujas hipóteses podem ser facilmente pré-definidas, seria difícil, quiçá impossível, ao legislador ordinário prever todas as possibilidades de vínculos subjetivos (juiz e partes) susceptíveis de comprometer a sua imparcialidade. Para atender ao real objetivo do instituto da suspeição, o rol de hipóteses do art. 254 do CPP não deve, absolutamente, ser havido como exaustivo. É necessária certa e razoável mitigação, passível de aplicação, também e em princípio, da cláusula aberta de suspeição inscrita no art. 135, V, do CPC c/c 3º do CPP" (STJ – HC nº 146796-SP, Rel. Arnaldo Esteves Lima, j. 04.03.2010, DJe 08.03.2010).

» Rol taxativo

"O discurso empolgado, a utilização de certos termos inapropriados Em relação aos réus, além da manifestação de indignação no tocante aos crimes, não configura, por si, causa de suspeição do julgador. Não bastasse, o rol previsto no art. 254 do Código de Processo Penal, segundo a jurisprudência dominante desta Corte, não admite alargamento e interpretação extensiva" (STJ – REsp nº 1315619-RJ, Rel. Campos Marques, j. 15.08.2013, DJe 30.08.2013).

» Suspeição superveniente. Validade os atos até então praticados

"A suspeição por foro íntimo, em razão de causa superveniente à instauração da ação penal, não gera a nulidade dos atos processuais precedentes, sendo desnecessário que o magistrado decline os motivos que o levaram a assim se declarar. À míngua de qualquer nulidade, se a suspeição exsurge no decorrer do procedimento, os atos até então praticados devem ser tidos como válidos" (STJ – HC nº 95311-AM, Rel. Jorge Mussi, j. 28.04.2009, DJe 25.05.2009).

» Juiz que se reuniu previamente com o réu

"Improcede a alegação de suspeição do Juiz de primeiro grau pelo fato de haver se reunido com o acusado, atendendo a pedido deste, fora das dependências do fórum, em gabinete do Procurador-Geral de Justiça do Estado. Da dita reunião não se extraiu, pelos elementos de cognição contidos neste habeas corpus, aconselhamento jurídico levado a efeito pelo magistrado. O fato de o encontro ter ocorrido fora das dependências do fórum, por si só, não acarreta a suspeição do magistrado, visto que o conteúdo e o alcance da conversação, presenciada, inclusive, pelo Procurador-Geral de Justiça, ficou bem delineada nos autos, e, de seu conteúdo, não se constata a existência de palavra ou atitude comprometedora de isenção do juiz. Em direito processual, é vedado às partes a adoção de comportamentos contraditórios (nemo venire contra factum proprium). Na espécie, foi o réu quem solicitou, com insistência, o encontro com o juiz. Inadmissível que, agora, pretenda acoimar o ato de suspeito" (STJ – HC nº 206706-PR, Rel. Og Fernandes, j. 27.09.2011, DJ 21.03.2012).

» Suspeição do jurado aluno do defensor. Inexistência

"Configura constrangimento ilegal a presunção de que o jurado, por ser aluno do defensor, ipso facto é suspeito. Na hipótese, seria necessário, para se inquinar de nulidade o julgamento, que fossem apresentados dados concretos que evidenciassem a propalada sujeição ilícita do discente perante seu mestre. Ordem concedida para cassar o acórdão atacado, restabelecendo-se a sentença absolutória" (STJ – HC nº 103223-SP, Rel. Maria Thereza de Assis Moura, j. 04.09.2008, DJe 22.09.2008).

» **Foro íntimo**

"Não ocorre nulidade se o juiz criminal se afirmar suspeito para julgar determinado processo e não indicar suas razões para tal decisão. Presumir-se-á, nesse caso, que o fez por motivo de foro íntimo, os quais, se insatisfatórios, poderão sujeitá-lo a punição disciplinar, aplicada pelo Conselho Superior da Magistratura" (TJSP – Rel. Paulo Costa – RT 190/72).

Art. 449. Não poderá servir o jurado que: (Redação dada pela Lei nº 11.689, de 2008)

I – tiver funcionado em julgamento anterior do mesmo processo, independentemente da causa determinante do julgamento posterior; (Incluído pela Lei nº 11.689, de 2008)

II – no caso do concurso de pessoas, houver integrado o Conselho de Sentença que julgou o outro acusado; (Incluído pela Lei nº 11.689, de 2008)

III – tiver manifestado prévia disposição para condenar ou absolver o acusado. (Incluído pela Lei nº 11.689, de 2008)

Impedimentos • Este dispositivo enumerou mais três causas de impedimento, não podendo o jurado servir no Conselho de Sentença quando: a) tiver funcionado no julgamento anterior do mesmo processo, independentemente da causa determinante do julgamento anterior; b) em caso de concurso de pessoas, houver integrado o Conselho de Sentença que julgou o outro acusado; c) tiver manifestado prévia disposição para condenar ou absolver o réu.

Quanto à primeira das causas acima, vale observar que o revogado § 3º, do art. 607, impedia que no segundo julgamento, decorrente de protesto por novo júri (hoje extinto), participasse jurado que funcionou no primeiro. Mas a doutrina, de forma maciça, entendia que esse impedimento deveria se estender a todo e qualquer novo julgamento, mesmo que fosse por consequência de apelação no qual foi anulado o primeiro Júri. Esse entendimento, inclusive, culminou com a edição da Súmula 206 do STF, *in verbis*: "É nulo o julgamento ulterior pelo júri com a participação de jurado que funcionou em julgamento anterior do mesmo processo". Foi esse espírito que o legislador trouxe, expressamente, para o texto legal, cujo objetivo claro é garantir a imparcialidade do jurado, que poderá apreciar os fatos sem ideias previamente concebidas, com base nos dados que lhe forem apresentados durante os debates e sem qualquer influência de um julgamento anterior.

Essa foi também a ideia que inspirou o impedimento do inc. II, do art. 449. Assim, perpetrado o delito em concurso de pessoas e havendo desmembramento dos autos (cf. § 1°, do art. 469), o jurado que participou do primeiro julgamento de um dos acusados, não poderá participar, posteriormente, do julgamento do outro réu. Procura-se, novamente, liberar o jurado de todo e qualquer preconceito, estando livre para julgar segundo sua consciência e sem a influência do outro julgamento.

Por último, outra novidade trazida pela reforma de 2008, é o impedimento do jurado que, de alguma forma, tiver manifestado previamente sua intenção de condenar ou absolver o réu. Novamente é a imparcialidade que se busca, imparcialidade que estaria seriamente arriscada na hipótese, por exemplo, em que um jurado, antes do julgamento, concedesse uma entrevista à imprensa adiantando seu veredicto. Ou mesmo que, em pequena comarca, em um círculo de amigos, procedesse da mesma forma, antecipando sua convicção, pouco importando se tal revelação seja no sentido da condenação ou absolvição do acusado.

Casuística • Decidiu a jurisprudência pelo impedimento dos jurados nas seguintes hipóteses: quando funcionaram, no mesmo conselho de sentença, tio e sobrinho, ainda que por afinidade (*RT* 580/397); cunhados entre si (*RT* 514/436), sogro e genro (*RT* 480/358), e cunhados (*RT* 514/436); jurado cujo filho participou do julgamento anterior (*RJTJSP* 74/292); tio do advogado do réu (*RT* 494/302); escrivão que atuou no inquérito policial (*RT* 432/318); irmão do oficial de justiça (*RT* 573/365); de jurado que, antes, participou de julgamento do corréu (*RT* 636/274). Admitiu-se, por outro lado, a participação de jurado que é comissário de menores (*RT* 534/345); de primo do advogado do réu (*RT* 492/312); de marido da intérprete que atuou no processo (*RT* 590/436); de concunhados no mesmo conselho de sentença (*RT* 396/95); de funcionário público (*RT* 771/635); de irmão de jurado que participou de julgamento anterior (*RT* 455/424), de irmão de escrevente que funcionou no processo (*RT* 425/350) ou daquele que foi jurado em processo diverso contra o mesmo réu (*JTJ* 186/280).

Manifestação espontânea do jurado ou provocada pela parte • A suspeição e o impedimento devem ser revelados espontaneamente pelo jurado, assim que sorteado, conforme intui o art. 466, cabendo ao juiz decidir sobre a pertinência dos fundamentos apresentados. Na eventual omissão, cabe à parte interessada suscitá-la na dicção do art. 106 do código, ou seja, oralmente, assim que sorteado o jurado, sob pena de preclusão (STF – *RT* 590/436). De forma que, sorteado o jurado, deve a exceção ser oposta oralmente, produzindo-se, se possível, prova a respeito do alegado (por exemplo, a apresentação de certidão dando conta de que marido e mulher participarão do conselho de sentença). O jurado, então, pode reconhecer o impedimento, a suspeição ou a incompatibilidade. Não o fazendo, cumpre ao juiz, de plano, decidir o incidente. Caso rejeitada a arguição, o julgamento prosseguirá normalmente (art. 460), devendo, porém, constar o incidente da ata, a fim de permitir que se invoque a nulidade do Júri em eventual recurso de apelação (art. 564, I). Acolhida a exceção, está excluído o jurado, sorteando-se outro.

Influência do voto do jurado impedido ou suspeito • De se observar, que, pela disciplina anterior do Júri, o impedimento, suspeição ou incompatibilidade do jurado, somente quando decisivas para a obtenção do veredicto, seriam capazes de determinar a anulação do julgamento. Assim, por exemplo, se dois irmãos atuassem no mesmo conselho de sentença, mas o resultado fosse unânime (7 x 0) ou, ainda 6 x 1 ou 5 x 2, não haveria razão para se reconhecer a nulidade, ante a inexistência de prejuízo. Nesse sentido, era o posicionamento do STF: *RT* 590/437, 611/328. Atualmente, porém, face à redação do art. 483, a votação é encerrada quando obtida a maioria dos votos (mais de três), sendo proibida a divulgação total do resultado, como forma de preservar o sigilo das votações, que era obviamente quebrado quando de uma votação unânime, quer pela absolvição, quer pela condenação. Sendo assim, para ficarmos com nosso exemplo inicial, não temos dúvida em afirmar que, hoje, a presença de dois irmãos no mesmo conselho de sentença acarreta nulidade absoluta do julgamento, ante a impossibilidade de se apurar se o voto de um deles (ou de ambos), foi ou não decisivo.

Participação em segundo julgamento • O art. 452, de sua parte, também praticamente repete o antigo art. 463, permitindo que os membros do Conselho de Sentença que participaram de um julgamento, desde que estejam de acordo, componham outra sessão, no mesmo dia. Na prática tal conduta ocorre, por vezes, quando no primeiro julgamento o Promotor de Justiça pede a absolvição do réu, abreviando, assim, o tempo de debate e facilitando a decisão dos jurados (claro, que poderão não aceitar o pedido), já que não se utiliza todo o tempo disponível de debates, não há apartes e tampouco incidentes, dispensando-se a réplica, resultando em um julgamento curto o suficiente que permita, após pequeno intervalo, a realização de outro. Nesse segundo julgamento, porém, deve ser novamente colhido o compromisso dos jurados a que alude o art. 462 do Código.

JURISPRUDÊNCIA

V. Súmula nº 206 do STF: "É nulo o julgamento ulterior pelo júri com a participação de jurado que funcionou em julgamento anterior do mesmo processo".

» **Jurado que participou de anterior julgamento do réu não está impedido**

"O disposto no art. 449 do Código de Processo Penal elenca o impedimento do jurado que (I) tiver funcionado em julgamento anterior do mesmo processo, (II) houver integrado o Conselho de Sentença que julgou outro ou outros acusados, no caso de concurso de pessoas, (III) que tiver manifestado prévia disposição para condenar ou absolver o acusado. Esta última hipótese não pode ser aferida a partir de julgamento de processo diverso, mas isto sim, desde que tenha manifestado, por qualquer forma, a predisposição para condenar ou absolver o réu. Na espécie, a defesa apenas recusou um dos jurados, não tendo nada alegado a respeito dos outros três que haviam composto o Conselho de Sentença por diferente processo do paciente. A hipótese caracteriza-se como possível suspeição, e não impedimento, circunstância que, a teor do art. 571, inciso VIII, do Código de Processo Penal deveria ter sido arguida no primeiro momento, em plenário, propiciando-se ao juiz-presidente decidir sobre o incidente, nos moldes do art. 106 do mesmo diploma legal, sob pena de convalescimento da eventual nulidade" (STJ – HC nº 139835-SP, Rel. Campos Marques, j. 27.08.2013, DJe 02.09.2013).

Art. 450. Dos impedidos entre si por parentesco ou relação de convivência, servirá o que houver sido sorteado em primeiro lugar. (Redação dada pela Lei nº 11.689, de 2008)

Ordem de manifestação de suspeição ou impedimento • Segundo este dispositivo, dos jurados impedidos entre si por parentesco ou relação de convivência, servirá o que foi primeiramente sorteado. Trata-se de dispositivo que praticamente repete o antigo § 2º, do art. 458. De sorte que sorteado, de início, o homem e, em seguida, sua companheira, é esta última que deve proclamar seu impedimento, afastando-se do julgamento no qual permanecerá aquele primeiro.

Art. 451. Os jurados excluídos por impedimento, suspeição ou incompatibilidade serão considerados para a constituição do número legal exigível para a realização da sessão. (Redação dada pela Lei nº 11.689, de 2008)

***Quorum* mínimo** • O Júri, nos termos do que dispõe o art. 447 do código, é composto por 25 jurados. Mas comparecendo pelo menos 15 jurados, já se pode dar início ao julgamento, segundo o art. 463 do CPP. Esse é o chamado *quorum* mínimo, de 15 jurados, que permite a realização da sessão de julgamento. Suponha-se que formado este *quorum* mínimo, 3 jurados se deram por impedidos, restando, pois, 12 jurados. Nem por isso se deixará de realizar a sessão, segundo este dispositivo, eis que os jurados excluídos por impedimento, suspeição ou incompatibilidade, apesar desse alijamento, serão computados para formação do *quorum* mínimo.

Art. 452. O mesmo Conselho de Sentença poderá conhecer de mais de um processo, no mesmo dia, se as partes o aceitarem, hipótese em que seus integrantes deverão prestar novo compromisso. (Redação dada pela Lei nº 11.689, de 2008)

Outro Júri no mesmo dia • O dispositivo abre a possibilidade da realização de mais de um plenário no mesmo dia, desde que haja concordância das partes. É comum, sobretudo nos grandes centros, que, sabendo de antemão que um júri será de fácil solução (em virtude, por exemplo, do pedido de absolvição a ser formulado pelo Ministério Público), o juiz marque, para o mesmo dia, outro julgamento. Nesse caso, é possível o aproveitamento do Conselho de Sentença que funcionou no primeiro júri, renovando-se, apenas, o compromisso do jurado (art. 472 do CPP).

CAPÍTULO 11

Da Reunião e das Sessões do Tribunal do Júri

(Incluído pela Lei nº 11.689, de 2008)

Art. 453. O Tribunal do Júri reunir-se-á para as sessões de instrução e julgamento nos períodos e na forma estabelecida pela lei local de organização judiciária. (Redação dada pela Lei nº 11.689, de 2008)

Reunião e sessões • Não há que se confundir reunião com sessão. *Reunião* é a época em que o Tribunal do Júri é realizado. Assim, por exemplo, no Estado de São Paulo, nas Comarcas menores, de 1ª. entrância, as reuniões ocorrem nos meses pares (fevereiro, abril, junho, etc.). *Sessão* é o julgamento propriamente dito, o funcionamento diário do Júri, podendo se dizer, tomando de empréstimo o exemplo de Tourinho Filho, que "na reunião do Tribunal do Júri do mês de março ... houve treze sessões" (*Código de processo penal comentado*, vol. 2, p. 61).

A reforma do Júri não tratou do assunto, deixando de determinar o período nos quais devam ser realizadas as reuniões ou sessões. E era mesmo desnecessário fazê-lo, porquanto não cabe ao Código definir os períodos nos quais se realizarão os julgamentos pelo Júri. Cumpre, isto sim, à lei de organização judiciária local, atenta às suas peculiaridades próprias, indicar qual a época mais adequada para os julgamentos.

Art. 454. Até o momento de abertura dos trabalhos da sessão, o juiz presidente decidirá os casos de isenção e dispensa de jurados e o pedido de adiamento de julgamento, mandando consignar em ata as deliberações. (Redação dada pela Lei nº 11.689, de 2008)

Isenção e dispensa • Suponha-se que, convocado um jurado que conte mais de 70 anos de idade, ele comunique esse fato ao juiz, requerendo sua isenção, com base no art. 437, inc. IX do CPP. Ou que um jurado, porque acometido de um mal súbito, peça sua dispensa. Caberá ao juiz, antes da abertura dos trabalhos, decidir a respeito. Deverá constar da ata os casos de isenção ou adiamento, bem como de adiamento, como dispõe o art. 495, incs. IV e VI, do CPP.

Pedido de adiamento formulado pelas partes • Há quem sustente a possibilidade do juiz, atendendo a pedido consensualmente formulado pelas partes, deferir o adiamento da sessão, desde que não cause prejuízo ao réu. Discordamos desse posicionamento. Não faz sentido e chegaria mesmo arranhar a imagem da justiça que, uma vez preparado o júri, com a presença dos jurados que deixaram seus afazeres, com toda estrutura montada para esse tipo de julgamento, pudesse um singelo pedido de adiamento, ainda que firmado em consenso pelas partes, ser atendido. Ou estão presentes motivos relevantes que justifiquem o adiamento ou, à sua falta, deve ser realizada a sessão, irrelevante, aqui, se solto ou preso o réu.

Art. 455. Se o Ministério Público não comparecer, o juiz presidente adiará o julgamento para o primeiro dia desimpedido da mesma reunião, cientificadas as partes e as testemunhas. (Redação dada pela Lei nº 11.689, de 2008)

Parágrafo único. Se a ausência não for justificada, o fato será imediatamente comunicado ao Procurador-Geral de Justiça com a data designada para a nova sessão.(Incluído pela Lei nº 11.689, de 2008)

Ausência do Ministério Público • O dispositivo em exame cuida da ausência do Ministério Público. Se justo o motivo para o não comparecimento, o julgamento será adiado para o primeiro dia vago, na mesma reunião periódica, cientificadas as partes e as testemunhas. Caso injustificada a ausência, deve o fato, nos termos do § 1°, do dispositivo legal em estudo, ser comunicado ao Procurador-Geral, para que sejam, inclusive, adotadas medidas de cunho disciplinar, eventualmente cabíveis em decorrência da falta imotivada. Lembre-se que, nos termos do art. 43, inc. V da Lei Orgânica do Ministério Público (Lei n° 8.625/1993), é obrigação do "parquet" "assistir aos atos judiciais, quando obrigatória [...] a sua presença". O certo é que, justificado ou não o motivo da ausência do membro do *parquet*, o Júri deverá ser, necessariamente, adiado

A legislação anterior, no parágrafo único, do art. 448, previa a possibilidade de nomeação de um promotor *ad hoc*, caso injustificada a ausência do Ministério Público e inexistindo substituto legal. O mesmo ocorria na hipótese em que o promotor, dentro do prazo legal, não ofertasse o libelo (antigo art. 419). A reforma tratou de afastar essa possibilidade, que era objeto de crítica doutrinária e jurisprudencial, ante o impedimento de pessoas externas à carreira do Ministério Público exercerem suas funções, *ex vi* do disposto no art. 129, § 2º, da CF e na Lei nº 8.625, de 12.2.93 (Lei Orgânica Nacional do MP). Conferir nesse sentido, *Informativo do STF*, nº 97.

JURISPRUDÊNCIA

» **Ministério Público como titular exclusivo da ação penal pública**

"A Constituição Federal deferiu ao Ministério Público o monopólio da ação penal pública (art. 129, I). O exercício do jus actionis, em sede processual penal, constitui inderrogável função institucional do Ministério Público, a quem compete promover, com absoluta exclusividade, a ação penal pública. A cláusula de reserva, pertinente à titularidade da ação penal pública, sofre apenas uma exceção, constitucionalmente autorizada (art. 5º, LIX), na hipótese singular de inércia do Parquet. Não mais subsistem, em consequência, em face da irresistível supremacia jurídica de que se reveste a norma constitucional, as leis editadas sob regimes constitucionais anteriores, que deferiam a titularidade do poder de agir, mediante ação penal pública, a magistrados, a autoridades policiais ou a outros agentes administrativos" (STF – RHC nº 68314-DF, Rel. Celso de Mello, j. 20.09.1990, DJ 15.03.1991, p. 2648).

"Tendo o artigo 129 da atual Carta Magna considerado como função institucional do Ministério Público a promoção privativa da ação penal pública, ficaram revogadas as normas anteriores que admitiam – como sucede com relação aos crimes militares em causa, no âmbito do Exercito e das Policias Militares – se desencadeasse a ação penal pública sem a participação do Ministério Público, na forma da lei" (STF – RHC nº 68265-DF, Rel. Sydney Sanches, j. 19.02.1991, DJ 15.03.1991, p. 2648).

» Promotor *ad hoc*

a) possibilidade em situações excepcionais

"O art. 129, I e seu § 2º, da Constituição diz que é função institucional do Ministério Público "promover, privativamente, a ação penal pública, na forma da lei"; o art. 55, "caput", da Lei Complementar nº 40/91, proíbe a nomeação de promotor "ad hoc"; e o art. 448 do C.P.P., ao tratar do julgamento pelo Júri, dispõe, em "caráter excepcional", que pode haver nomeação de promotor "ad hoc" quando houver ausência ilegal do Ministério Público. 2. Em casos excepcionais, como este, é possível dar um rendimento residual ao art. 448 do C.P.P., sob pena de se permitir, como consequência de movimento paredista ilegal, a paralisação do Poder Judiciário, o que seria um mal maior" (STF – HC nº 71198-GO, Rel. Maurício Corrêa, j. 21.02.1995, DJ 30.06.2000, p. 39).

"Embora a Lei Orgânica Nacional do Ministério Público e a Constituição da República Federativa do Brasil, estabeleçam regras de que as funções do Ministério Público são privativas dos integrantes da carreira, em casos excepcionais, como a paralisação da classe, é de se dar como válidos os atos praticados por promotor ad hoc, dado que ninguém pode obstaculizar o funcionamento do Poder Judiciário" (STF –Rel. Pedro Acioli – LEXSTJ 50/300).

b) impossibilidade quando viola o princípio do promotor natural

"O Promotor ou o Procurador não pode ser designado sem obediência ao critério legal, a fim de garantir julgamento imparcial, isento. Veda-se, assim, designação de Promotor ou Procurador ad hoc no sentido de fixar prévia orientação, como seria odioso indicação singular de magistrado para processar e julgar alguém. Importante, fundamental é prefixar o critério de designação. O Réu tem direito público, subjetivo de conhecer o órgão do Ministério Público, como ocorre com o juízo natural" (STF – RC nº 8513-BA, Rel. Luiz Vicente Cernicchiaro, j. 20.05.1999, DJ 28.06.1999, p. 154).

c) Impossibilidade de criação por ato da Corregedoria de Justiça

MINISTÉRIO PÚBLICO - PROMOTOR AD HOC - IMPROPRIEDADE CONSTITUCIONAL – "A criação, por Corregedoria-Geral da Justiça, da figura do promotor ad hoc conflita com o disposto nos artigos 127, § 2º, 128, cabeça, parágrafos e inciso I, e 129, §§ 2º e 3º, da Constituição da República. Inconstitucionalidade da alínea "e" do artigo 196 da Consolidação dos Atos Normativos da Corregedoria Geral da Justiça do Estado de Goiás" (STF – ADIn nº 2874-GO, Rel. Marco Aurélio, j. 28.08.2003, DJ 03.10.2003, p. 10).

Art. 456. Se a falta, sem escusa legítima, for do advogado do acusado, e se outro não for por este constituído, o fato será imediatamente comunicado ao presidente da seccional da Ordem dos Advogados do Brasil, com a data designada para a nova sessão. (Redação dada pela Lei nº 11.689, de 2008)

§ 1º Não havendo escusa legítima, o julgamento será adiado somente uma vez, devendo o acusado ser julgado quando chamado novamente. (Incluído pela Lei nº 11.689, de 2008)

§ 2º Na hipótese do § 1º deste artigo, o juiz intimará a Defensoria Pública para o novo julgamento, que será adiado para o primeiro dia desimpedido, observado o prazo mínimo de 10 (dez) dias. (Incluído pela Lei nº 11.689, de 2008)

Ausência do advogado • Quanto à ausência do advogado do réu, aplica-se, de início, o art. 456, ou seja, o julgamento é automaticamente adiado, independentemente de se perquirir se justificada ou não a falta, ante a impossibilidade de se nomear, imediatamente, um defensor *ad hoc*, em evidente prejuízo à defesa do acusado.

Se, todavia, justificável a ausência, o advogado funcionará, normalmente, no segundo plenário designado. Caso injustificável a falta, cabe ao juiz, inicialmente, combinando os arts. 456, *caput* e o seu § 1°, comunicar a ausência à Ordem dos Advogados do Brasil. É que essa ausência, dependendo do caso concreto, pode configurar a infração disciplinar prevista no inc. XI, do art. 34, da Lei n° 8.906/94 (Estatuto da Advocacia), consistente no abandono da causa "sem justo motivo ou antes de decorridos 10 (dez) dias da comunicação da renúncia". Deve, ainda, intimar a Defensoria Pública, para que atue no novo julgamento, eis que o primeiro, pela ausência do advogado, foi adiado, conforme previsto no § 2° do dispositivo em exame. Parece mais conveniente que, ao invés de intimar, de plano, a Defensoria Pública, o juiz abra oportunidade para que o réu constitua advogado de sua preferência, intimando-o para tanto, conforme, aliás, previa a parte final do parágrafo único do art. 449, já revogado.

JURISPRUDÊNCIA

» **Abandono do plenário pelo defensor**

AGRAVO REGIMENTAL NO RECURSO ORDINÁRIO EM MANDADO DE SEGURANÇA. MULTA DO ART. 265 DO CPP. CONSTITUCIONALIDADE. MANUTENÇÃO DA MULTA PELO TRIBUNAL DE ORIGEM AO ARGUMENTO DE QUE OS DEFENSORES PERMANECERAM NO LOCAL, TRIBUNAL DO JÚRI, MAS SE RECUSARAM A DEFENDER O RÉU. AGRAVO REGIMENTAL NÃO PROVIDO. - "Esta Corte Superior de Justiça entende ser constitucional o artigo 265 do Código de Processo Penal" (STJ - AgRg no RMS n. 43022-SP, Rel. Leopoldo de Arruda Raposo, j. 17.09.2015, DJe 28.09.2015).

"Julgamento de acusados por suposta invasão e homicídios na antiga Casa de Detenção do Carandiru Abandono do plenário levado a efeito pela defesa Multa imposta pelo magistrado que merece mantida Conduta reprovável a frustrar a conclusão de complexo julgamento Abandono indireto da causa, a justificar imposição da penalidade Exegese do art. 265 do CPP Precedentes do STJ e desta Corte Razoabilidade do montante fixado, considerada a complexidade do caso e os recursos públicos despendidos Ordem denegada" (TJSP – MS n° 2038828-46.2014.8.26.0000 – Rel. Ivan Sartori, j. 24.05.2014).

» **Intimação da Defensoria Pública**

"Não havendo escusa legítima, o julgamento será adiado somente uma vez, devendo o acusado ser julgado quando chamado novamente. Nesse caso, o Juiz deverá intimar a Defensoria Pública para o novo julgamento, que será adiado para o primeiro dia desimpedido, observado o prazo mínimo de 10 dias (art. 456, §§ 1º. e 2º. do CPP). As medidas ou atitudes adotadas pela defesa do paciente, consubstanciados (i) no não comparecimento dos procuradores, devidamente intimados, à sessão plenária previamente designada, (ii) na renúncia do Advogado no dia do segundo Júri e (iii) na indicação tardia de novo causídico, também, no mesmo dia do julgamento, evidenciam que se tratava de estratégia da defesa para procrastinar o feito e frustrar o julgamento do réu pelo Tribunal do Júri. O Processo Penal não é um fim em si mesmo e objetiva, sobretudo, garantir o respeito a princípios constitucionais considerados fundamentais; todavia, em vista mesmo de sua importância e dos postulados a serem resguardados, devem ser repelidas tentativas de sua utilização como forma de prejudicar ou impedir a atuação jurisdicional. Por isso, no momento em que fica patente que se trata de tentativa da defesa para prolongar ou evitar a conclusão do processo, o Poder Judiciário não a pode tolerar, sob pena de postergação da eficiência da Justiça Criminal. O prazo dado à Defensoria para estudo dos autos, além de ter sido maior do que os 10 dias fixados em lei (art. 456, § 2º. do CPP), em momento algum, teve seu elastério requerido pelo Defensor Público. Não há que se falar em deficiência de defesa técnica se o paciente, mediante prévia anuência, é representado com esmero pela Defensoria Pública, que dispensou jurados, requereu a leitura de partes do processo e defendeu a tese de absolvição do réu por uma hora e meia na tribuna" (STJ – HC nº 178797-PA, Rel. Napoleão Nunes Maia Filho, j. 15.02.2011, DJe 08.04.2011).

Art. 457. O julgamento não será adiado pelo não comparecimento do acusado solto, do assistente ou do advogado do querelante, que tiver sido regularmente intimado. (Redação dada pela Lei nº 11.689, de 2008)

§ 1º Os pedidos de adiamento e as justificações de não comparecimento deverão ser, salvo comprovado motivo de força maior, previamente submetidos à apreciação do juiz presidente do Tribunal do Júri. (Incluído pela Lei nº 11.689, de 2008)

Ausência do réu solto • Dentre as inovações trazidas pelo novo procedimento do Júri, uma das mais relevantes é a que trata, exatamente, da ausência do réu no plenário.

Antes, ausente o réu solto e justificada sua falta, o julgamento era adiado (antigo art. 451). A menos que se tratasse de crime afiançável, de reduzida incidência prática, quando então o julgamento era realizado mesmo sem a presença do acusado (§ 1º, do revogado art. 451), desde que injustificável a ausência. Sendo inafiançável o delito, era impossível o julgamento do réu à sua revelia, segundo entendimento que sempre prevaleceu na doutrina e que recebia apoio, inclusive, do STF (HC 71.923-6-PE, *DJU* de 24.2.95, p. 3.678), que considerou *indispensável* a presença do réu em plenário. Cabia, nesse caso, a decretação de sua prisão preventiva, ainda conforme entendimento da mais alta Corte do país (*RT* 542/443).

A reforma de 2008 inovou nesse sentido, já que o réu "poderá exercer a faculdade de não-comparecimento como um corolário lógico do direito ao silêncio constitucionalmente assegurado", no dizer de Rui Stoco (ob. cit., p. 218). Remetemos o leitor, nesse tema, ao item acima *intimação da pronúncia*, quando dos comentários tecidos ao art. 420 do código.

Trata-se, contudo, de regra que não escapou à crítica da doutrina, formulada á época, ainda, da discussão do anteprojeto. Nesse sentido é a lúcida lição de Kai Ambos e Fauzi Hassan Choukr, ao salientarem que "a opção pela possibilidade da ausência do réu vai de encontro à tradição do direito pátrio que a admitia apenas nas hipóteses dos crimes afiançáveis, o que tornava seu emprego prático escasso. No entanto, algumas ponderações no tocante às justificativas apresentadas para o texto merecem ser feitas. Num primeiro plano é de ser questionada a propalada sinonímia entre direito ao silêncio e possibilidade de ausência que, se levada ao limite, pode acarretar o puro e simples escanteamento do réu da ciência da relação processual. Outrossim, estimular a ausência do réu significa diminuir a possibilidade do exercício da auto-defesa que, ao lado da defesa técnica, formam o sustentáculo de uma participação efetiva na relação jurídica de direito processual. Ainda, deve ser sempre lembrado que é o corpo de jurados o juiz natural dos crimes dolosos contra a vida e que a sessão de julgamento é o primeiro (e único) momento em que o acusado pessoalmente se fará conhecer (e conhecerá) pelos seus julgadores [...] Há nesse tratamento legislativo projetado a preocupante possibilidade do acusado ser submetido a um julgamento sem o contato direto com o juiz natural da causa. Ainda que se argumente que tal pode se dar no rito perante o juiz monocrático (ex.: réu citado e que espontaneamente não comparece para os atos processuais) a situação perante o júri popular é substancialmente diferente pela própria natureza da estrutura valorativa e procedimental que ornamentam a participação popular na administração da Justiça" (ob. cit., pp. 111-2).

Sem embargo da profundidade da crítica, optou o legislador por trilhar outro caminho. Assim, a ausência do réu solto, qualquer que seja o motivo, não mais determina o adiamento do Júri, conforme se conclui da redação do *caput* do art. 457 do CPP. Torna-se, portanto, facultativa sua presença, pouco importando se afiançável ou inafiançável o delito a ser julgado. Pareceu um tanto rigorosa essa inovação. Ora, se o réu solto se ausenta, mas justifica sua falta (por inúmeros motivos: doença, um acidente, um problema no meio de transporte que o impediu de chegar a tempo, etc.), o mais razoável seria o adiamento da sessão, na medida em que é direito do acusado acompanhar o julgamento, para que possa, interrogado, dar sua versão dos fatos, conhecer as provas produzidas em plenário, comunicar-se com o defensor, enfim exercer em sua plenitude o direito de defesa. A realização do Júri, ante a ausência justificada do réu, afronta esses princípios, o que torna, sob esse aspecto, discutível a constitucionalidade do art. 457.

Já se o réu estiver solto e não justificar sua ausência previamente ao Juiz, nos termos previstos no § 1°, do art. 457, o plenário deve ser realizado.

Ausência do assistente • O assistente de acusação, caso não esteja habilitado nos autos, conforme já ressaltamos, pretendendo atuar em plenário, deve requerer nesse sentido, fazendo-o com antecedência mínima de cinco dias da realização do julgamento, na exata dicção do atual art. 430 do CPP. Antes esse prazo era mais reduzido, de três dias, nos termos do antigo parágrafo único, do art. 447 do CPP.

Vale salientar que a ausência do advogado do assistente de acusação, qualquer que seja o motivo, não é causa para adiamento da sessão (art. 457), desde que regularmente intimado do julgamento. Nesse sentido a jurisprudência anterior à reforma (*RT* 447/339). Parece um tanto rigorosa essa disposição. Melhor seria que, ausente o advogado do assistente, mas por uma razão plenamente justificável, fosse adiado o julgamento.

Ausência do advogado do querelante • A ausência do advogado do querelante, que a legislação primitiva denominava *acusador particular* (antigo art. 451), não é causa de adiamento do Júri, conforme dispõe a nova redação do art. 457 do CPP.

Conforme já alertamos, é possível, embora raríssimo na prática, que o procedimento do Júri se deflagre por meio de queixa. Ou porque inerte o Ministério Público, o que ensejou à vítima – ou seus sucessores, representantes legais ou curador – a oferta de uma queixa apta a substituir a denúncia do *parquet* (ação penal privada subsidiária da pública prevista no art. 29 do código), ou mesmo ante o cometimento, em conexão, de um crime de ação penal pública e outro de ação penal privada, a exigir, quanto a este último, a oferta de queixa.

A ausência do advogado do querelante, assim, deve ser analisada sob esses dois prismas.

Em se tratando de processo movimentado através de queixa-crime, em uma ação penal privada subsidiária da pública (art. 29 do CPP), a ausência do advogado do querelante, qualquer que seja o motivo, impede a realização do Júri, não se aplicando, portanto, o disposto no art. 457. Cumpre, desta forma, por analogia ao art. 455 do Código, que trata da ausência do Ministério Público, seja designada nova data para o julgamento.

É verdade que o antigo art. 452, previa o não adiamento do julgamento, cabendo ao promotor, ante a falta do chamado *acusador particular*, imediatamente, assumir a acusação em plenário. Essa última solução não nos parecia a mais adequada. Imagine-se um processo movimentado, desde seu início, por meio de queixa, tendo como titular o querelante e que, exatamente no dia do julgamento em plenário, seu advogado, sem razão plausível, falta à sessão. Impedir-se o adiamento e entregar-se a acusação, de imediato, ao promotor, é solução que tomaria o órgão acusador de surpresa, vez que, por certo, não estaria preparado para os debates cuja incumbência, até então, era do advogado do querelante. Por isso, à míngua de previsão legal e a fim de garantir o contraditório e o direito de acusação, melhor que se adie o julgamento, qualquer que seja o motivo para a ausência do advogado do autor.

Pode se verificar, no entanto, a existência de uma queixa na ação penal *exclusivamente* privada, como ocorre quando há conexão entre dois crimes, um de ação penal pública e outro de ação penal privada. Exemplo que pode ser lembrado é de uma tentativa de homicídio (para a qual o Ministério Público ofertou uma denúncia), perpetrado em conexão com um crime contra a honra, que foi objeto de queixa ofertada pela vítima. Nesse caso, a acusação em plenário, quanto ao crime contra a honra, é incumbência do advogado do querelante. Se ele falta à sessão, mas justifica sua ausência, entendemos exagerada a disposição do art. 457, parecendo mais adequado o adiamento do julgamento para a sessão seguinte, solução que já era preconizada pelo revogado art. 451, *caput*. Ao contrário, se não há justa causa para a falta, ocorrerá, em relação ao crime de ação penal privada, a perempção (art. 60, inc. III do CPP), e, como consequência, a extinção da punibilidade do réu em relação ao delito contra a honra (art. 107, inc. IV do CP).

§ 2º Se o acusado preso não for conduzido, o julgamento será adiado para o primeiro dia desimpedido da mesma reunião, salvo se houver pedido de dispensa de comparecimento subscrito por ele e seu defensor. (Incluído pela Lei nº 11.689, de 2008)

Ausência do réu preso • Para o acusado preso e inspirado nos mesmos fundamentos invocados quando da análise, acima, da ausência do réu solto, a redação do § 2º, do art. 457, torna também facultativa sua presença. Optando, porém, pela ausência, deve ser elaborado expresso pedido de dispensa, firmado pelo próprio réu e por seu advogado. Procurou-se, assim, cercar de maior segurança essa opção do réu preso: é facultativa sua presença, mas somente será válida sua manifestação nesse sentido desde que o pedido de dispensa preencha as cautelas acima elencadas. Note-se que a lei exige que o pedido de dispensa seja assinado pelo réu *e* por seu defensor, vale dizer, por ambos conjuntamente e não apenas por um deles apenas. Impasse decerto surgirá na hipótese na qual o réu preso, por motivos que não importam, se recuse a comparecer em plenário, firmando declaração nesse sentido, mas que o advogado, entendendo fundamental essa presença, por estratégia defensiva, insista em tal comparecimento. Subsistirá a vontade do réu que, maior interessado no deslinde da causa, abriu mão, espontaneamente, de comparecer em plenário ou, ao contrário, prevalecerá a manifestação do defensor que, técnico, se mostra capaz de analisar, com conhecimento, a relevância dessa presença e os efeitos nefastos que a ausência do acusado pode acarretar no espírito dos jurados leigos (fato que, certamente, será explorado pela acusação durante os debates)?

Como tentativa de se encontrar uma boa saída para a questão, poderia ser invocado um raciocínio analógico com o enunciado da Súmula 705 do STF, cujo verbete é o seguinte: "A renúncia do réu ao direito de apelação, manifestada sem a assistência do defensor, não impede o conhecimento da apelação por este interposta". A lição jurisprudencial, plasmada por meio de súmula da mais alta Corte do país, deixa evidente que no eventual conflito entre a vontade do réu (leigo) e a intenção do defensor (técnico), deve prevalecer esta última. É o posicionamento que, à primeira vista, parece mais correto. Todavia, não se pode negar, por outro lado, o quanto seria desastroso para a defesa a presença do réu em plenário contra sua vontade, por insistência do defensor. Aliás, se imporia, no caso, sua condução coercitiva, já que, de início, afirmou que não compareceria. Lembremos que os jurados são leigos e, por isso mesmo, facilmente influenciados por detalhes que, na maioria das vezes, guardam pouca relevância com a prova dos autos. Tão nociva à defesa será a contrariada presença do acusado preso como sua ausência, que, sem exigir maior habilidade, pode ser invocada pela acusação, como forma de se esquivar da responsabilidade, em argumentação que, seguramente, calará no espírito do jurado.

De qualquer sorte, sem olvidar a dificuldade de se cogitar de uma solução que contemple ambos os interesses, parece que deva mesmo prevalecer, nesse caso, a vontade do réu. Tendo optado por abrir mão do direito de auto-defesa que lhe é inerente, deixando espontaneamente, por isso, de comparecer ao julgamento, deverá ser realizado o Júri, sem que haja lugar para que o defensor insista na presença do acusado. Eventual condução coercitiva do réu fere o espírito da reforma, cujo objetivo foi de tornar facultativa sua presença em plenário, "como corolário lógico do direito ao silêncio constitucionalmente assegurado", na observação de Rui Stoco (*Tribunal do Júri e o projeto de reforma de 2001*, Revista Brasileira de Ciências Criminais, RT: São Paulo, ano 9, nº 36, out-dez 2001, p. 218). Consigne-se, aliás, nessa linha de raciocínio, o ensinamento de José Francisco de Fyschinger e Rodrigo Oliveira de Camargo, em artigo publicado no Boletim do IBCCrim nº 187, de junho de 2008, p. 16, para quem "em observância ao princípio *nemo tenetur se degetere*, não se pode submeter o acusado preso a uma intervenção, mesmo que da natureza do deslocamento para o local de audiência, sem o seu prévio consentimento. Em outras palavras, não pode sofrer nenhum prejuízo jurídico, ou até mesmo corporal, por omitir-se de colaborar em uma atividade probatória da acusação por exercer seu direito de silêncio quando do interrogatório" (*A condução coercitiva para o ato do interrogatório do acusado preso e o constitucional direito da defesa pessoal negativa*).

Não havendo pedido de dispensa, eventual ausência do réu preso (por razões, v.g., como a falha administrativa em sua condução até o plenário ou a greve deflagrada por servidores públicos que impediu tal transporte) é causa para o adiamento do julgamento, nos termos do mesmo dispositivo legal.

JURISPRUDÊNCIA

» **Ausência do réu solto**

"Pela atual redação do art. 457, caput, do Código de Processo Penal a ausência do réu (solto) à sessão do Júri não é motivo para adiar o julgamento. Na espécie, a defesa técnica já tinha conhecimento do dia em que seria o Júri realizado e o réu foi intimado com tempo suficiente para se deslocar até a comarca onde foi o ato realizado. Não o fazendo, não pode suscitar nulidade que, em tal caso, se apresenta desarrazoada" (STJ – HC nº 186396-PB, Rel. Maria Thereza de Assis Moura, j. 21.03.2013, DJe 02.04.2013).

"O paciente possuía ciência da ação que lhe era movida, pois foi citado e, posteriormente, intimado da decisão de pronúncia, pessoalmente. Sendo opção do réu participar ou não da sessão de julgamento perante a Corte Popular e possuindo o paciente plena ciência da ação penal em curso, pois citado e intimado pessoalmente da pronúncia, não há falar em violação à garantia da plenitude de defesa. À época do julgamento, o paciente se encontrava em lugar incerto e não sabido – com mandado de prisão expedido em seu desfavor – , fato que justificou sua intimação por edital para a sessão do Tribunal do Júri, não se verificando qualquer mácula em tal Procedimento" (STJ – HC nº 216684-MS, Rel. Jorge Mussi, j. 18.09.2012, DJe 03.10.2012).

"Constatado que o paciente foi intimado da sessão plenária e não pode valer-se de sua torpeza para eximir-se de suas responsabilidades. Se o paciente tem efetivo conhecimento da existência da ação penal, nenhuma irregularidade existe no julgamento sem a sua presença" (STJ – HC nº 179929-RJ, Rel. Alderita Ramos de Oliveira, j. 12.06.2012, DJe 20.06.2012).

Art. 458. Se a testemunha, sem justa causa, deixar de comparecer, o juiz presidente, sem prejuízo da ação penal pela desobediência, aplicar-lhe-á a multa prevista no § 2º do art. 436 deste Código. (Redação dada pela Lei nº 11.689, de 2008)

Desobediência • A falta da testemunha, sem a oferta de qualquer escusa, nos termos deste dispositivo, configura, em tese, o crime de desobediência, previsto no art. 330 do Código Penal. Para tanto, por óbvio, é necessário que a falta seja imotivada. Havendo razão para a ausência (mal súbito, acidente de trânsito no trajeto, morte de algum familiar, etc.), não se cogitará da prática de nenhum crime e, tampouco, da imposição de multa. Determinará, ainda, a imposição de multa, no valor de 1 a 10 salários mínimos, segundo sua condução econômica (v. § 2º, do art. 436 do CPP).

Art. 459. Aplicar-se-á às testemunhas a serviço do Tribunal do Júri o disposto no art. 441 deste Código. (Redação dada pela Lei nº 11.689, de 2008)

Proibição de desconto • A exemplo do que ocorre com o jurado, "nenhum desconto será feito nos vencimentos ou salário" da testemunha que, atendendo ao chamamento judicial, compareceu a Juízo (pouco importando, aqui, se foi ou não ouvida).

Art. 460. Antes de constituído o Conselho de Sentença, as testemunhas serão recolhidas a lugar onde umas não possam ouvir os depoimentos das outras. (Redação dada pela Lei nº 11.689, de 2008)

Separação das testemunhas • Parece óbvio que cada uma das testemunhas deva ser ouvida separadamente em audiência, a fim de que umas não saibam do teor dos depoimentos das outras, garantindo-se, assim, maior fidelidade na colheita da prova, que deve, na medida do possível, se aproximar o quanto mais da realidade. Repete-se, aqui, a redação do art. 210 do código, que trata mais especificamente da prova testemunhal.

O parágrafo único, do art. 210, dispõe que "antes do início da audiência e durante a sua realização, serão reservados espaços separados para a garantia da incomunicabilidade das testemunhas". Esse dispositivo, conquanto não repetido neste capítulo, tem plena aplicação também no júri. É que ele tem por objetivo preservar, de um lado, a incomunicabilidade das testemunhas e, de outro, sua própria segurança, embora, é verdade, a lei não faça expressa menção quanto a este último aspecto. Não seria salutar, assim, que em um mesmo ambiente permanecessem as testemunhas de defesa (por vezes um comparsa inimputável do réu ou um parente seu), juntamente com as testemunhas de acusação (o policial responsável pela prisão, um vizinho que a tudo assistiu). Mas eventual quebra dessa incomunicabilidade configurará nulidade relativa, a depender, portanto, de arguição oportuna e da demonstração do prejuízo advindo dessa omissão.

Art. 461. O julgamento não será adiado se a testemunha deixar de comparecer, salvo se uma das partes tiver requerido a sua intimação por mandado, na oportunidade de que trata o art. 422 deste Código, declarando não prescindir do depoimento e indicando a sua localização. (Redação dada pela Lei nº 11.689, de 2008)

§ 1º Se, intimada, a testemunha não comparecer, o juiz presidente suspenderá os trabalhos e mandará conduzi-la ou adiará o julgamento para o primeiro dia desimpedido, ordenando a sua condução. (Incluído pela Lei nº 11.689, de 2008)

§ 2º O julgamento será realizado mesmo na hipótese de a testemunha não ser encontrada no local indicado, se assim for certificado por oficial de justiça. (Incluído pela Lei nº 11.689, de 2008)

Ausência da testemunha • Ausentando-se a testemunha, arrolada com cláusula de imprescindibilidade, cumpre ao juiz, em aplicação ao disposto no atual § 1°, do art. 461 do CPP, determinar sua condução coercitiva, podendo, ainda, adiar o julgamento "para o primeiro dia desimpedido, ordenando a sua condução".

É possível, no entanto, que haja *justa causa* para a ausência da testemunha. Nesse caso, duas alternativas se abrem: se ela foi arrolada com cláusula de imprescindibilidade e intimada por mandado, o juiz deve, inicialmente, tentar sua condução coercitiva. Infrutífera tal diligência, o julgamento será adiado para o primeiro dia desimpedido. Agora, se ao arrolar a testemunha a parte deixou de requerer sua intimação por mandado e não apontou ser imprescindível sua oitiva, conforme previsto no *caput* do art. 461, o julgamento será realizado a despeito da falta, não cabendo, nesse caso, qualquer adiamento. É a leitura que se faz do art. 461 e seu § 1°, do CPP.

No segundo julgamento, realizado por força do adiamento acima referido, tem incidência o § 2°, do art. 461: não sendo encontrada a testemunha, conforme certificado pelo oficial de justiça, o júri será realizado.

Precatória • A testemunha residente fora da comarca não deve ser arrolada para depoimento em plenário, face ao conhecido posicionamento jurisprudencial no sentido de que, em tais condições, seu comparecimento não é obrigatório. Para esses casos, o projeto de lei que deu ensejo a reforma de 2008, inovara, como consta pela leitura do parágrafo único, do art. 422, da redação original, prevendo a oitiva da testemunha por carta precatória, que deveria ser juntada aos autos com antecedência de, no mínimo, cinco dias úteis da realização do plenário. Havendo pedido das partes e dos jurados, seria possível a leitura do teor dessa precatória em plenário, na exata dicção do § 3°, do art. 473 do CPP. Tal salutar medida, porém, foi alterada pelo Senado Federal, sob o argumento de que "poderia se consubstanciar em causa de adiamento do julgamento por tempo indefinido, bastando, para tanto, o arrolamento de testemunha em locais distantes e de difícil cumprimento de cartas precatórias". A sugestão foi acolhida na votação da Câmara e, com isso, ficou de fora da redação final do texto. Manteve-se, assim, a disciplina da matéria conforme previsto na legislação anterior, ou seja, não é obrigatório o comparecimento da testemunha ouvida por precatória, por maior relevância que tal depoimento possa exprimir. Nada impede, contudo, que ouvida essa testemunha na primeira fase do procedimento (o que também é difícil imaginar, dada à concentração de todas as provas em uma única audiência, conforme previsto nos atuais arts. 406 *usque* 412), a parte interessada faça alusão a tal depoimento, prestado por precatória.

JURISPRUDÊNCIA

» **Ausência da testemunha não é causa de nulidade, ainda que arrolada com caráter de imprescindibilidade**

"Nos termos dos §§ 1º e 2º do artigo 461 do Código de Processo Penal, não há nulidade do julgamento pelo Tribunal do Júri quando a testemunha arrolada com caráter de imprescindibilidade não é inquirida por não haver sido encontrada no endereço constante dos autos. Precedentes. Na espécie, embora a testemunha tenha sido arrolada com cláusula de imprescindibilidade, foi intimada e não compareceu ao julgamento, tendo a magistrada singular suspendido a sessão para que o oficial de justiça a conduzisse coercitivamente, não tendo sido ela encontrada no endereço declinado no processo, o que afasta a mácula suscitada na impetração" (STJ – HC n. 282691-SP, Rel. Leopoldo de Arruda Raposo, j. 06.08.2015, DJe 18.08.2015).

Art. 462. Realizadas as diligências referidas nos arts. 454 a 461 deste Código, o juiz presidente verificará se a urna contém as cédulas dos 25 (vinte e cinco) jurados sorteados, mandando que o escrivão proceda à chamada deles. (Redação dada pela Lei nº 11.689, de 2008)

Art. 463. Comparecendo, pelo menos, 15 (quinze) jurados, o juiz presidente declarará instalados os trabalhos, anunciando o processo que será submetido a julgamento. (Redação dada pela Lei nº 11.689, de 2008)

Abertura do julgamento • Após a realização das diligências relacionadas nos arts. 454 a 461, acima analisadas, o juiz presidente procede à abertura do julgamento, regido pelos arts. 462 e ss., do código.

Com efeito, verifica, na urna própria, a existência de 25 cédulas com os nomes de todos os jurados sorteados. Conforme já salientamos, a atual redação do art. 462 aumentou o número de jurados de que compõem o Tribunal do Júri, passando-se dos 21 anteriormente previstos pelo revogado art. 433, para os atuais 25.

O juiz determina, em seguida, que o escrivão promova a chamada dos jurados, cumprindo a cada um se identificar assim que mencionado seu nome. Verificando a presença de, pelo menos, 15 jurados, o juiz presidente instala a sessão, ordenando, ainda, que seja feito o pregão.

§ 1º O oficial de justiça fará o pregão, certificando a diligência nos autos. (Incluído pela Lei nº 11.689, de 2008)

Pregão • É o chamamento, em voz alta, feito pelo oficial de justiça, que deverá certificar a respeito. No cotidiano forense por vezes é dispensado, eis que as partes (promotor, defensor, assistente), já se instalaram, via de regra, no plenário, cada uma ocupando seu lugar. As testemunhas, por seu turno, se encontram em uma sala própria, isoladas (art. 460), sem que haja qualquer necessidade de seu chamamento. E o réu já se encontra no recinto, em sala isolada ou mesmo no plenário. Sua falta, em nossa compreensão, configura mera irregularidade ou, quando muito, nulidade relativa, na improvável comprovação do prejuízo advindo da ausência do pregão.

Relevante observar, porem, que as nulidades ocorridas após a pronúncia devem ser arguidas, sob pena de preclusão, nesse instante, isto é, logo depois de apregoadas as partes, nos termos do inc. V, do art. 571 do código. Demais disso, menção ao pregão deve ser feita na ata de julgamento, na letra do art. 495, inc. VIII do CPP.

§ 2º Os jurados excluídos por impedimento ou suspeição serão computados para a constituição do número legal. (Incluído pela Lei nº 11.689, de 2008)

***Quorum* mínimo** • Repete-se, aqui, a redação do art. 451 do código, ao qual remetemos o leitor.

JURISPRUDÊNCIA

"Instaurada a sessão plenária com o número de jurados legalmente exigido, é desinfluente a posterior dispensa de jurados em quantidade que não impede o direito de recusa das partes e a correta formação do Conselho de Sentença. Possíveis irregularidades havidas no sorteio dos jurados, por constituírem nulidade relativa, devem ser arguídas em momento oportuno, sob pena de preclusão" (STJ –HC n° 217542-MT, Rel. Og Fernandes, j. 20.08.2013, DJe 06.09.2013).

Art. 464. Não havendo o número referido no art. 463 deste Código, proceder-se-á ao sorteio de tantos suplentes quantos necessários, e designar-se-á nova data para a sessão do júri. (Redação dada pela Lei nº 11.689, de 2008)

Art. 465. Os nomes dos suplentes serão consignados em ata, remetendo-se o expediente de convocação, com observância do disposto nos arts. 434 e 435 deste Código. (Redação dada pela Lei nº 11.689, de 2008)

Mínimo de 15 jurados • Não se contando, porém, com esse número mínimo de 15 jurados, deve ser designada nova data para a sessão do Júri (art. 464). Inviável, aqui, conforme já decidiu o STF (ao tempo da legislação anterior), se pretender aproveitar jurados convocados de outro plenário, quando não atingido o número mínimo de jurados necessários para a instalação da sessão. Nesse sentido:"Dada a relevância para as partes do conhecimento prévio dos jurados convocados para a sessão do Júri e que, assim, poderão compor o Conselho de Sentença, é de observância imprescindível o art. 442 C.Pr.Penal, segundo a qual a instalação da sessão depende do comparecimento de pelo menos 15 jurados, *quorum* que, se não atingido, implica nova convocação para o dia útil imediato. Daí que, não alcançando o quorum legal entre os convocados para determinado julgamento, é inadmissível, para atingi-lo a chamada de jurados incluídos na lista convocada para outros julgamentos previstos para a mesma data em diferentes *plenários* do mesmo Tribunal do Júri" (HC 88.801-SP, Rel. Min. Sepúlveda Pertence, j. 6.6.2006, Diário da Justiça n° 173 de 8.9.2006).

Assim, não atingido o número mínimo de 15 jurados, deve ser adiado o julgamento, procedendo-se, ainda, ao sorteio dos suplentes (art. 464). A forma de convocação do suplente é a mesma preconizada para o jurado, prevista no art. 434. Seus nomes também serão afixados na porta do edifício do Tribunal do Júri (art. 435), tudo conforme determinado pelo art. 465.

JURISPRUDÊNCIA

» **Jurado tomado de empréstimo de outro plenário. Possibilidade**

"Não enseja nulidade a complementação do número regulamentar mínimo de 15 jurados, por suplentes do mesmo Tribunal do Júri (Precedentes) (HC-20.221/SP, Relator Ministro Hamilton Carvalhido, DJ de 23.6.03). Na hipótese presente, consta na ata de julgamento que não houve qualquer irresignação por parte da defesa técnica acerca da convocação dos jurados, o que acarreta a preclusão da matéria De mais a mais, o conselho de sentença não contou com nenhum dos jurados que haviam sido 'tomados por empréstimo' de outro Plenário. Assim, descabe falar em constrangimento ilegal". (STJ – HC nº 132292-SP – Rel. Og Fernandes, j. 07.06.2011, DJe 22.06.2011).

Art. 466. Antes do sorteio dos membros do Conselho de Sentença, o juiz presidente esclarecerá sobre os impedimentos, a suspeição e as incompatibilidades constantes dos arts. 448 e 449 deste Código. (Redação dada pela Lei nº 11.689, de 2008)

Esclarecimento sobre impedimento, suspeição e incompatibilidade • Antes de realizar o sorteio, cabe ao juiz, na forma deste artigo, esclarecer aos jurados das causas de impedimento, suspeição e incompatibilidade, que já foram objeto de nossa análise (art. 448 do CPP). Cumpre ao jurado, nesse momento, identificando alguma causa capaz de retirar-lhe a imparcialidade, dentre as relacionadas em lei, comunicar o fato ao juiz. Nada impede, porém, que mais adiante, ao ser efetivamente sorteado (art. 467), o jurado o faça.

Quanto aos impedimentos do juiz togado, que se aplicam também ao jurado, nos termos do § 2°, do art. 448 do código, remetemos o leitor aos comentários tecidos a este dispositivo legal.

Será esse o momento oportuno, ainda, para que o juiz aprecie eventual justificativa para falta do jurado. Tais escusas são aquelas referidas no art. 443, ou seja, explicação que o jurado apresentou, geralmente por escrito, capaz de justificar sua ausência. Por exemplo, um atestado médico, levado por terceiro, dando conta de grave doença que acomete o jurado. Quando possível, devem ser apresentadas no momento em que se procede à chamada do jurado. Quando não, dentro de prazo que, antes a omissão da lei, pode ser o de 48 horas previsto no revogado § 4°, do art. 443.

§ 1º O juiz presidente também advertirá os jurados de que, uma vez sorteados, não poderão comunicar-se entre si e com outrem, nem manifestar sua opinião sobre o processo, sob pena de exclusão do Conselho e multa, na forma do § 2º do art. 436 deste Código. (Redação dada pela Lei nº 11.689, de 2008)

§ 2º A incomunicabilidade será certificada nos autos pelo oficial de justiça. (Redação dada pela Lei nº 11.689, de 2008)

Incomunicabilidade • Na mesma oportunidade, o juiz advertirá os jurados quanto à incomunicabilidade que devem guardar durante todo o julgamento. Algo já foi visto a respeito quando tratamos, dentre os princípios que regem o Júri, do sigilo das votações. De forma que, assim que sorteado e aceito pelas partes, o jurado "se constitui juiz", no dizer de Firmino Whitaker, devendo, por isso, se conservar incomunicável, "podendo somente dirigir-se ao presidente por ofício ou em voz alta perante o público" (ob. cit., p. 21).

Ratio legis • A intenção do legislador foi de garantir um voto livre e espontâneo, fruto, exclusivamente, da consciência do jurado, imune a qualquer espécie de influências externas ou sugestionamentos espúrios, que, por certo, ocorreriam caso se autorizasse que, durante o julgamento, pudesse o julgador conversar livremente com seus pares ou com pessoas estranhas ao Conselho de Sentença.

É por isso mesmo que, em nosso sistema, não se admite que, uma vez suspenso o julgamento (dado ao adiantado da hora, por exemplo), possa o jurado tornar à sua casa. Ao contrário, em homenagem à incomunicabilidade, deve permanecer no prédio do Fórum, dormindo em local apropriado, fazendo suas refeições e atendendo suas necessidades ali mesmo, em situações que, não raras vezes, acarretam enorme transtorno e desconforto (v. art. 497, VIII). Mas, de qualquer sorte, são contratempos decorrentes do sistema de Júri adotado em nosso país e que impõe a incomunicabilidade entre os jurados. Antigas penalizações, previstas no revogado art. 458, § 1º e impostas ao jurado que quebrasse a incomunicabilidade (exclusão do Conselho de Sentença e pagamento de multa), foram revogadas na legislação atual.

Razoabilidade na interpretação do conceito de incomunicabilidade • Mas é preciso que se aplique de forma razoável esse preceito, a fim de coibir exageros em sua adoção, evitando o excessivo rigor naquilo que se interpreta como *incomunicabilidade*. Aliás, a própria lei não decreta uma incomunicabilidade absoluta ao permitir que o jurado formule perguntas diretamente ao ofendido e às testemunhas (art. 473, § 2°) e, por meio do juiz, ao réu (art. 474, § 2°), requeira acareações, reconhecimentos e esclarecimentos dos peritos (art. 473, § 3°), manifeste sua habilitação para o julgamento (art. 480, §§ 1° e 2°), etc.

O que visa o legislador, em verdade, é impedir o jurado de exteriorizar o seu voto, influindo na convicção dos demais (*RT* 432/299). Isso não implica em se decretar um isolamento absoluto do jurado, a quem é permitido, com a fiscalização do Juiz, por exemplo, manter diálogo na sala secreta desde que a respeito de assunto alheio ao julgamento (*RT* 427/351), mesmo que seja com o advogado de defesa (*RT* 562/358).

Em interessante julgado, esclarecendo o alcance da previsão legal de incomunicabilidade, assim se manifestou o STJ: "A incomunicabilidade não é isolamento do jurado, vedado comentar o fato em julgamento. Simples telefonema, por si só, não é vedado, notadamente quando dado antes dos debates. Além disso, só acarreta nulidade demonstrado o prejuízo" (REsp 1.052-RS, Rel. Min. Luiz Vicente Cernicchiaro, j. 16.4.1991, *DJ* 6.5.1991, p. 5673). Mas já se entendeu de forma diversa, quanto ao telefonema (*RT* 581/299).

Também no STF a matéria foi ventilada, quando se tratou de interpretar de forma razoável a exata extensão do vocábulo *incomunicabilidade*, valendo que se confira:

"Relativamente à segunda alegação, considerou-se que, de acordo com a ata da sessão de julgamento, o juiz-presidente suspendera a sessão durante 5 minutos para que os jurados comunicassem a terceiros que iriam participar do julgamento, sendo que as ligações teriam sido realizadas diante de todos os presentes na sessão, sem nenhuma referência ao processo por julgar. Ressaltou-se, também, que a incomunicabilidade dos jurados, nos termos do § 1º do art. 458 do CPP, não se revestiria de caráter absoluto, porquanto diria respeito apenas a manifestações atinentes ao processo" (AO nº 1047-RR – Rel. Joaquim Barbosa – *Informativo do STF* nº 490, de 26 a 30 de novembro de 2007).

De se ver, ainda, que a quebra da incomunicabilidade entre os jurados é causa de nulidade, conforme previsto no art. 564, III, *j*, do código. Não se exige, porém, a lavratura de um *termo de incomunicabilidade*, nem que ela seja certificada por oficial de justiça e conste da ata de julgamento (*RT* 735/559; *RSTJ* 89/460). Cumpre ao juiz, tornamos a salientar, velar pela incomunicabilidade entre os jurados e é por conta dessa incumbência que se critica o comportamento de alguns Magistrados que, de forma negligente, deixam o plenário por tempo exagerado, em ausência que impede qualquer fiscalização e que já deu causa, inclusive, à nulidade do julgamento (*RT* 452/350).

JURISPRUDÊNCIA

» **Comunicação permitida**

"Não se constitui em quebra da incomunicabilidade dos jurados o fato de que, logo após terem sido escolhidos para o Conselho de Sentença, eles puderam usar telefone celular, na presença de todos, para o fim de comunicar a terceiros que haviam sido sorteados, sem qualquer alusão a dados do processo. Certidão de incomunicabilidade de jurados firmada por oficial de justiça, que goza de presunção de veracidade. Desnecessidade da incomunicabilidade absoluta. Precedentes. Nulidade inexistente" (STF – AO nº 1047-RO, Rel. Joaquim Barbosa, j. 28.11.2007, DJe 11.04.2008).

"Não se constitui em quebra da incomunicabilidade dos jurados o fato de que, logo após terem sido escolhidos para o Conselho de Sentença, eles puderam usar telefone celular, na presença de todos, para o fim de comunicar a terceiros que haviam sido sorteados, sem qualquer alusão a dados do processo que seria julgado. Certidão de incomunicabilidade de jurados firmada por oficial de justiça, que goza de presunção de veracidade. Precedentes. Nulidade inexistente" (STF – AO nº 1046-RO, Rel. Eros Grau, RTJ 202/472).

GARANTIA DA INCOMUNICABILIDADE. OPINIÃO EMANADA POR JURADO EM RELAÇÃO A FATOS ESTRANHOS AO MÉRITO DA CAUSA. INFLUÊNCIA NO RESULTADO DE JULGAMENTO. NÃO OCORRÊNCIA – "A garantia da incomunicabilidade entre os jurados relaciona-se à decisão propriamente dita, referindo-se às opiniões sobre o mérito da causa, evitando-se qualquer espécie de pressão sobre a deliberação do Conselho de Sentença. Na espécie, o pronunciamento do jurado, além de não guardar nenhuma pertinência com os fatos do processo, em nada prejudicou o convencimento dos seus pares, inexistindo teratologia a ser sanada. Precedente" (STJ – HC nº 168620-SP, Rel. Marco Aurélio Bellizze, j. 25.06.2013, DJe 01.07.2013).

"Hipótese em que se alega a quebra da incomunicabilidade de jurado que atendeu a ligação telefônica, durante o intervalo do julgamento. Não se justifica a anulação do julgamento quando não demonstrado efetivo prejuízo à defesa, especialmente se apurado – através da declaração de oficial de justiça – que a incomunicabilidade do jurado não fora quebrada, eis que seu contato com o ambiente externo ao do julgamento restringiu-se a assuntos não relacionados ao caso" (STJ – REsp nº 468719-RS, Rel. Gilson Dipp, j. 13.05.2003, DJ 04.08.2003, p. 371).

» **Irregularidades no sorteio devem ser arguidas desde logo**

"As eventuais irregularidades havidas no ato de sorteio de jurados e de convocação de suplentes devem ser concebidas como nulidades relativas, que merecem ser levantadas no momento oportuno, qual seja, antes da sessão de julgamento pelo Tribunal do Júri, sob pena de preclusão, o que não ocorreu no caso concreto, conforme se depreende do trecho transcrito do acórdão ora combatido" (STJ – HC nº 127207-SP – Rel. Adilson Vieira Macabu, j. 06.12.2011, DJe 25.05.2012).

Art. 467. Verificando que se encontram na urna as cédulas relativas aos jurados presentes, o juiz presidente sorteará 7 (sete) dentre eles para a formação do Conselho de Sentença. (Redação dada pela Lei nº 11.689, de 2008)

Art. 468. À medida que as cédulas forem sendo retiradas da urna, o juiz presidente as lerá, e a defesa e, depois dela, o Ministério Público poderão recusar os jurados sorteados, até 3 (três) cada parte, sem motivar a recusa. (Redação dada pela Lei nº 11.689, de 2008)

Parágrafo único. O jurado recusado imotivadamente por qualquer das partes será excluído daquela sessão de instrução e julgamento, prosseguindo-se o sorteio para a composição do Conselho de Sentença com os jurados remanescentes. (Incluído pela Lei nº 11.689, de 2008)

Sorteio dos jurados e recusas • Transposto o art. 466, passa-se ao sorteio dos sete jurados que formarão o Conselho de Sentença, conforme previsto neste dispositivo. A reforma manteve o número de sete jurados, que é da tradição do nosso Tribunal do Júri, embora com a advertência de José Frederico Marques, no sentido de que, em outros países, se opta, quase sempre, por um número par de jurados, "para que as decisões condenatórias sejam mais difíceis por exigirem sempre uma diferença mínima de dois votos. O número tradicional é, aliás, doze" (*O Júri no Direito brasileiro*, São Paulo: Saraiva, 1955, 2ª. ed., p. 61).

Recusas motivadas • No art. 468 trata o código das recusas. Elas podem ser *motivadas* ou *imotivadas*, estas últimas também conhecidas como *peremptórias*. A recusa motivada é aquela que advém da suspeição, do impedimento ou da incompatibilidade dos jurados. Assim, se por acaso o Promotor de Justiça percebe que o irmão do réu foi sorteado, não tendo ele espontaneamente se dado por impedido para funcionar como jurado, cabe à acusação suscitar o impedimento, na forma prevista no art. 106, ou seja, oralmente, assim que realizado o sorteio. Há, nesse caso, uma recusa motivada, pela qual não se aceita a participação do jurado no Conselho de Sentença. O juiz deve julgar de plano a recusa que, desacolhida, dá ensejo ao prosseguimento do julgamento (art. 470) e, se acolhida, impõe o sorteio de outro jurado.

Recusas imotivadas ou peremptórias • Como o nome indica, é aquela que pode ser manejada independentemente de qualquer fundamentação. Aqui não se exige uma razão, como na recusa motivada, em que a lei relaciona os casos em que ela é cabível. Basta a singela manifestação da acusação e da defesa. Assim, sorteado o jurado (é de praxe que se levante)e lido seu nome em voz alta, pode primeiro a defesa e depois a acusação, recusá-lo, em número máximo de três. De se ver que o limite máximo de três recusas, previsto no artigo em exame, diz respeito às recusas imotivadas. Havendo motivo para a recusa, nas hipóteses de suspeição, impedimento ou incompatibilidade, a parte interessada poderá recusar quanto jurados entender pertinente, cabendo ao juiz julgar, de plano, a exceção (art. 470).

Críticas à recusa peremptória • Há quem critique a possibilidade de recusa do jurado sem qualquer motivação. É famosa uma crônica da lavra de Olavo Bilac, publicada no *Correio Paulistano* de 2 de dezembro de 1907, na qual ele relata a agrura do jurado que, sem qualquer explicação, é recusado por uma das partes. Diz o poeta que "não há figura mais triste, mais desajeitada, mais vexada do que a de um jurado que, chamado pelo presidente do Tribunal e pondo-se a caminho do seu posto, é detido no meio da sala por um seco e insultuoso – recuso! – proferido pelo promotor público ou pelo defensor do réu. Por que me não aceita como jurado o defensor de um acusado? Por que sou um homem sério e verdadeiro, que é incapaz de dizer que é um anjo um patife que tem as mãos sujas de sangue humano? Mas é de seriedade e sinceridade de que mais se precisa ali ! E por que recusa o meu auxílio o acusador desse mesmo acusado? Por que sou um homem justo e tolerante, incapaz de condenar um inocente, ou pelo simples prazer de fazer mal, carregar a mão no julgamento de um pobre diabo, que muitas vezes só foi preso e só é julgado porque é pobre e humilde? Mas o papel de jurado não é papel de algoz e o sentimento de justiça não é incompatível com o sentimento de humildade ! ... Em quaisquer dos casos, devo ter o direito de saber por que é que sou recusado" (*apud* Espínola Filho, ob. cit. 412).

Posição favorável à recusa peremptória • A maioria da doutrina, porém, se posiciona no sentido de que é salutar a possibilidade de recusa do jurado sem qualquer espécie de justificação, como na clássica lição de Ruy Barbosa: "O direito à recusação peremptória é ingênito ao júri e dele inseparável. Nasceu com a instituição, com ela existiu sempre, e, a ela inerente, a acompanha por toda a parte. Para mostrar como este direito constitui um dos elementos primários dessa entidade, a que ponto entre, por assim dizer, no seu plasma orgânico, bastará notar que, realizando-se ela conforme os povos que a adotaram, em dois tipos, distintos a vários respeitos, o britânico e o francês, num e noutro se manteve com a mesma amplitude e a mesma irrecusabilidade, esse caráter, essa raiz comum, que os irmana..." (*apud* César de Faria Júnior, *Ruy Barbosa, o júri e a responsabilidade penal dos juízes (o crime de hermenêutica)*, Revista Brasileira de Ciências Criminais, nº 34, abril-junho 2001, p. 273).

A propósito, à época em que elaborada a crônica de Bilac, no início do século passado, decerto que a recusa acarretava inegável desconforto ao jurado. Nos dias de hoje, contudo, com a banalização do Júri e seu inegável declínio, é comum que o próprio jurado, pouco antes do sorteio, se acerque do promotor de justiça e do defensor pedindo para ser recusado, invocando os mais diversos *problemas particulares* que o impediriam de atuar no Conselho de Sentença. È nítida, aliás, a sensação de alívio e conforto que o jurado expressa quando recusado, pois vislumbra no Júri, na maioria das vezes, um trabalho enfadonho, para o qual não se acha preparado a enfrentar. O que outrora era motivo de honra, capaz de distinguir o jurado entre seus pares na sociedade, hoje, para maioria deles, não passa de tarefa desimportante, que rouba seu tempo, prejudica suas atividades profissionais e, não raras vezes, sobretudo em pequenas cidades, o incompatibiliza com familiares e amigos do réu ou da vítima. De tal forma que, atualmente, é motivo de comemoração o jurado constatar haver terminado o sorteio, sem que ele tenha sido escolhido, tamanho o desprestígio que o júri, por motivos já expostos, experimenta.

De outro lado, há situações que, embora não se encaixando entre as hipóteses de suspeição e impedimento elencadas pelo código, podem perfeitamente interferir na imparcialidade do Júri. Imagine-se o exemplo no qual o jurado é inimigo capital do advogado de defesa. Levando-se em conta que é taxativo o rol do art. 254 do CPP, a não admitir ampliação (*RT* 689/327), tem-se que essa inimizade não é causa de suspeição do juiz leigo (*RT* 706/314). Sendo assim, o defensor, em flagrante prejuízo ao réu, não poderia recusar o jurado, não fosse a possibilidade de fazê-lo independentemente de qualquer motivação.

Daí a oportuna observação do Marques de São Vicente, ao salientar que "pode haver ódios, antipatias, ou fundadas, ou nascidas somente de prevenções, preconceitos que não se podem explicar, e menos provar, e que, entretanto, exerçam influência e impressões incômodas e aflitivas sobre o espírito do acusado, ou acusador. Podem haver motivos ocultos, que não se possam nem ao menos expressar, porque ofendam conveniências públicas, ou graves interesses. É por isso que a lei não obriga, e, até, proíbe expor as razões das recusações peremptórias; e certamente que o contrário fora reduzi-las aos únicos casos de suspeição e ilegitimidade, é destruir uma das condições que purificam e mais ilustram a instituição" (*apud*, Ruy Barbosa, *"O júri sob todos os aspectos"*, p. 127).

Assistente de acusação • Saliente-se que não se concede ao assistente do Ministério Público a possibilidade de recusar jurados, senão de sugerir ao promotor eventual negação, que poderá ser aceita ou não. Contudo, em hipótese apreciada pelo STJ, abaixo transcrita, considerou-se como relativa a nulidade decorrente de recusa manifestada pelo assistente. Da mesma forma, se iniciado o processo através de queixa, na ação penal privada subsidiária da pública (art. 29 do CPP), apenas o querelante poderá exercer o direito de recusa e não o promotor.

JURISPRUDÊNCIA

» **Recusa peremptória pelo assistente. Nulidade relativa**

SENTENÇA CONDENATÓRIA - RECURSO DEFENSIVO - PRELIMINAR DE NULIDADE - RECUSAS PEREMPTÓRIAS - NULIDADE RELATIVA - "Assevera-se a existência de violação ao princípio da igualdade das partes, mas sequer pode-se valer dessa garantia, vez que as defesas juntas recusaram cinco e a acusação também cinco no total. Ainda que a d. Procuradoria-Geral de Justiça opine pelo acolhimento da preliminar, e, de consequência, a realização de novo júri, diante de alegado malferimento do procedimento com a participação da figura supletiva do Assistente de Acusação nas recusas peremptórias, a questão comporta mera irregularidade alcançada pela preclusão, nos termos do art. 571, VIII, c.c, art. 572, do CPP. (...) Dispõe o art.566 do CPP: 'Não será declarada a nulidade de ato processual que não houver influído na apuração da verdade substancial ou na decisão da causa'.Diga-se, ademais, que fora formado um único Conselho de Sentença para três acusados, cada qual com a sua defesa, cabendo-lhes 3 recusas peremptórias, cada, nos termos do 468 do CPP [...] Outrossim, possíveis irregularidades havidas no sorteio dos jurados, por constituírem nulidade relativa, devem ser arguídas em momento oportuno, sob pena de preclusão. Na espécie, consoante se depreende do excerto transcrito da ata, não houve manifestação da defesa acerca da recusa dos jurados pelo assistente de acusação e pelo Ministério Público no momento próprio, razão pela qual está preclusa a matéria.Ademais, em tema de nulidades, vige o princípio *pas de nullité sans grief* (art.

563 do CPP), cabendo ao interessado demonstrar objetivamente o prejuízo suportado pelo ato que aponta como processualmente inválido, o que não ocorreu na hipótese" (STJ – HC nº 217542-MS – Rel. Og Fernandes, j. 20.08.2013).

Art. 469. Se forem 2 (dois) ou mais os acusados, as recusas poderão ser feitas por um só defensor. (Redação dada pela Lei nº 11.689, de 2008)

§ 1º A separação dos julgamentos somente ocorrerá se, em razão das recusas, não for obtido o número mínimo de 7 (sete) jurados para compor o Conselho de Sentença. (Incluído pela Lei nº 11.689, de 2008)

§ 2º Determinada a separação dos julgamentos, será julgado em primeiro lugar o acusado a quem foi atribuída a autoria do fato ou, em caso de co-autoria, aplicar-se-á o critério de preferência disposto no art. 429 deste Código. (Incluído pela Lei nº 11.689, de 2008)

Recusas em caso de mais de um réu • O dispositivo em exame disciplina as recusas quando no julgamento houver mais de um réu. Sendo um único defensor para vários réus, o número de recusas não se aumenta, isto é, o advogado somente poderá recusar, sem motivação, três jurados. Se, no entanto, os réus são defendidos por advogados distintos, é possível, mediante prévio acordo entre eles, que apenas um tenha a incumbência de realizá-las, quando será mantido o número máximo de três recusas. É o que se extrai do vocábulo *poderão*, empregado no artigo em análise, a indicar que se trata de mera faculdade, vale dizer, se concordes os defensores, apenas um se incumbirá das recusas. Não havendo tal ajuste, cada defensor poderá exercer, de *per si*, seu direito de recusa.

Nesse caso e ainda na hipótese de corréus, aceito o jurado por um réu, negado por outro e, por fim, aceito pela acusação, o julgamento será, necessariamente, desmembrado. A atual disciplina do Júri, no § 2°, do art. 469, indicou critérios que definem qual dos réus será primeiramente julgado. Tem prioridade aquele a quem se atribui a autoria. Tratando-se de coautoria, aplica-se o critério do art. 429 (julga-se primeiro o que estiver preso; ambos presos, a preferência é do que estiver mais tempo na prisão; igualando-se todos os critérios anteriores, o que foi inicialmente pronunciado). Na hipótese, não rara, de todos os critérios coincidirem (afinal, o crime e seus autores são os mesmos), caberá às partes, sob a orientação do juiz, o ajuste quanto ao réu que será julgado.

JURISPRUDÊNCIA

» **Cada réu tem direito a três recusas**

PENAL. AGRAVO CONVERTIDO EM RECURSO ESPECIAL. TRIBUNAL DO JÚRI. RECUSA DE TRÊS JURADOS FEITA PELO DEFENSOR PARA A DEFESA COMO UM TODO. ALEGAÇÃO DE VIOLAÇÃO DA PLENITUDE DE DEFESA. DIREITO DE RECUSA INDIVIDUAL DE CADA UM DOS RÉUS. JULGAMENTO DO TRIBUNAL DO JÚRI ANULADO. – "O direito às três recusas imotivadas é garantido ao acusado, e não à defesa, ou seja, cada um dos réus terá direito às suas três recusas imotivadas, sob pena de violação da plenitude de defesa" (STJ – REsp n. 1540151-MT, Rel. Sebastião Reis Júnior, j. 08.09.2015, DJe 29.09.2015).

Art. 470. Desacolhida a arguição de impedimento, de suspeição ou de incompatibilidade contra o juiz presidente do Tribunal do Júri, órgão do Ministério Público, jurado ou qualquer funcionário, o julgamento não será suspenso, devendo, entretanto, constar da ata o seu fundamento e a decisão. (Redação dada pela Lei nº 11.689, de 2008)

Desacolhimento da recusa • Acolhida a recusa, o jurado (ou o juiz presidente, o órgão do Ministério Público ou qualquer funcionário), é afastado e se procede ao sorteio de outro jurado. Não acolhida a exceção, o julgamento deve prosseguir normalmente, devendo constar da ata (art. 495, inc. XII do CPP), porém, a fundamentação da decisão do juiz, a fim de possibilitar, inclusive, que adiante a matéria seja novamente enfrentada, em eventual preliminar de apelação.

Art. 471. Se, em consequência do impedimento, suspeição, incompatibilidade, dispensa ou recusa, não houver número para a formação do Conselho, o julgamento será adiado para o primeiro dia desimpedido, após sorteados os suplentes, com observância do disposto no art. 464 deste Código. (Redação dada pela Lei nº 11.689, de 2008)

Estouro da urna • Se em virtude do impedimento, suspeição, incompatibilidade, dispensa ou recusa, não for atingido o número mínimo de jurados, naquilo que a doutrina denomina *estouro da urna*, proceder-se-á na forma do art. 471, ou seja, o julgamento será adiado para o primeiro dia desimpedido, com o sorteio dos suplentes.

Art. 472. Formado o Conselho de Sentença, o presidente, levantando-se, e, com ele, todos os presentes, fará aos jurados a seguinte exortação: (Redação dada pela Lei nº 11.689, de 2008)

Em nome da lei, concito-vos a examinar esta causa com imparcialidade e a proferir a vossa decisão de acordo com a vossa consciência e os ditames da justiça.

Os jurados, nominalmente chamados pelo presidente, responderão:

Assim o prometo.

Parágrafo único. O jurado, em seguida, receberá cópias da pronúncia ou, se for o caso, das decisões posteriores que julgaram admissível a acusação e do relatório do processo. (Incluído pela Lei nº 11.689, de 2008)

Compromisso do jurado • Este dispositivo prevê a tomada do compromisso dos jurados, no qual o juiz os concitará para que julguem com imparcialidade, segundo suas consciências e os ditames da justiça. Cada um deles, de pé (inclusive o juiz e todos os presentes), após a chamada, repetirá em voz alta *"assim o prometo"*.

Não há necessidade de se levantar a mão, como ainda determinam, vez ou outra, alguns juízes. Esse requisito, previsto no Decreto-lei nº 167, de 1938, mais parecia um gesto fascista ou integralista, no dizer de Magarino Torres (ob. cit., p. 334), e, talvez por isso, tenha sido abolido no código em vigor. Não mais se trata de um *juramento* (de onde adveio a expressão *jurado*), como exigia o Código de Processo Criminal do Império (art. 278), onde, após a exortação do juiz, o jurado respondia *"assim o juro"*. Mas de compromisso obtido do leigo, a fim de que julgue de forma imparcial, de acordo com sua consciência e os ditames da justiça.

Sua falta gera nulidade relativa, que depende da improvável demonstração de prejuízo suportado pela parte que a invocar. Na verdade, o objetivo do compromisso é de estabelecer uma forma solene, que confira maior credibilidade ao Júri e advirta o jurado da responsabilidade e relevância da missão que terá pela frente. Mesmo o compromisso, saliente-se, não escapou da crítica doutrinária, como se observa da opinião de Câmara Leal, para quem "não são as frases abundantes que influem na consciência do júri, para um julgamento reto, imparcial e justo. Cada jurado deve estar compenetrado de seu dever e animado do melhor propósito em fazer justiça, desde o momento em que toma assento no conselho de sentença. As exortações que lhe são dirigidas pelo presidente são antes ofensivas, do que estimulatórias, porque presumem uma certa dúvida em relação à imparcialidade e retidão do jurado" (ob. cit., vol. III, p. 197). Da ata do Júri, conforme se observa do art. 495, inc. XIII do código, deverá constar menção ao termo de compromisso prestado pelos jurados.

O jurado receberá, nesse instante, cópias da pronúncia ou, se for o caso, "das decisões posteriores que julgarem admissível a acusação" (a única que se imagina é o acórdão da superior instância que, dando provimento à apelação manejada contra a sentença de impronúncia ou de absolvição sumária – art. 416 da reforma – houve por bem enviar o réu a Júri). Já o relatório é aquele previsto no inc. II, do art. 423 do CPP, elaborado pelo juiz e que tem por objetivo coibir a enfadonha e desnecessária leitura de peças em plenário, objeto de nossa análise mais adiante.

JURISPRUDÊNCIA

» **Quando não deve ser entregue cópia da pronúncia aos jurados**

"Reconhecido o excesso de linguagem no acórdão que confirmou a sentença de pronúncia, é vedado entregar aos jurados, após prestarem juramento, cópia da referida peça processual, sob pena nulidade do julgamento pelo Conselho de Sentença, consoante dispõe o parágrafo único do artigo 472 do Código de Processo Penal. Ordem concedida de ofício para, mantida a confirmação da sentença de pronúncia pela instância superior, reconhecer o excesso de linguagem no acórdão impugnado e anular a condenação proferida pelo Tribunal do Júri, determinando-se seja o réu submetido com brevidade a novo julgamento, devendo o acórdão ser desentranhado dos autos e lacrado, ficando inacessível aos jurados e certificando-se a confirmação da sentença de pronúncia pelo Tribunal" (STJ – HC nº 193734-SP, Rel. Marco Aurélio Bellizze, j. 11.06.2013, DJe 21.06.2013).

CAPÍTULO 12

Da Instrução em Plenário

(Incluído pela Lei nº 11.689, de 2008)

Art. 473. Prestado o compromisso pelos jurados, será iniciada a instrução plenária quando o juiz presidente, o Ministério Público, o assistente, o querelante e o defensor do acusado tomarão, sucessiva e diretamente, as declarações do ofendido, se possível, e inquirirão as testemunhas arroladas pela acusação. (Redação dada pela Lei nº 11.689, de 2008)

§ 1º Para a inquirição das testemunhas arroladas pela defesa, o defensor do acusado formulará as perguntas antes do Ministério Público e do assistente, mantidos no mais a ordem e os critérios estabelecidos neste artigo. (Incluído pela Lei nº 11.689, de 2008)

§ 2º Os jurados poderão formular perguntas ao ofendido e às testemunhas, por intermédio do juiz presidente. (Incluído pela Lei nº 11.689, de 2008)

Oitiva da vítima e de testemunhas • Tomado o compromisso dos jurados, terá início a instrução em plenário, nos termos dos arts. 473 e ss., do CPP.

No mencionado dispositivo legal está prevista a oitiva da vítima e das testemunhas. Na oitiva do ofendido e das testemunhas de acusação, após as perguntas formuladas pelo juiz presidente, é facultado que o Ministério Público, o assistente, o querelante e o defensor do réu também dirijam suas indagações, *"sucessiva e diretamente"*. Para testemunhas de defesa (§ 1º), após as perguntas do juiz, a ordem se inverte, ou seja, primeiro são feitas as indagações do defensor, depois da acusação (Ministério Público ou querelante) e, por último, do assistente.

Cross-examination • Debate que se estabelecia frequentemente se referia à possibilidade das partes e dos jurados formularem perguntas, *diretamente*, às testemunhas e ao ofendido. Havia, praticamente, unanimidade de entendimento que a legislação anterior, nesse ponto, abandonara o sistema presidencialista (ou italiano), pelo qual a pergunta é dirigida, inicialmente, ao juiz que, deferindo-a, em seguida, a formula à testemunha, nos moldes do art. 212 do CPP.

Com efeito, em se tratando de Júri, em vista da regra específica, era adotado o sistema anglo-americano, também conhecido como *cross-examination*, que autoriza a inquirição direta das testemunhas, sem antes passar pelo filtro do juiz. Explica Hermínio Marques Porto a vantagem desse procedimento, eis que "em Plenário, a inquirição direta da testemunha mostra ser a fórmula acertada e necessária para a melhor aferição do valor do depoimento pelos jurados que não possuem, a tal respeito, a mesma experiência do Juiz singular; na inquirição direta, o jurado, que é Juiz, observa melhor a testemunha ao inquiri-la, bem como quando é ela inquirida pelas partes" (ob. cit., p. 131).

É este também o sentir de Antonio Magalhães Gomes Filho, para quem "na técnica da *cross examination* evidenciam-se as vantagens do contraditório na coleta do material probatório, uma vez que após o exame direto, abre-se à parte contrária, em relação à qual a testemunha é presumidamente hostil, um amplo campo de investigação; no exame cruzado, é possível fazer-se uma reinquirição a respeito dos fatos já abordados no primeiro exame (*cross examination as to facts*), como também formular questões que tragam à luz elementos para a verificação da credibilidade do próprio depoente ou de qualquer outra testemunha (*cross examination as to credit*)" (*Direito à prova no processo penal*, São Paulo: RT, 1997, pp. 152-3).

Filtro pelo juiz • Com a reforma do Júri do 2008, nenhuma dúvida mais persiste, pois o legislador, francamente, autorizou que as partes, segundo dicção do art. 473, se dirijam *"diretamente"* ao ofendido e às testemunhas, formulando as perguntas que entender pertinentes. Isso, por óbvio, não inibe o juiz de, na condição de presidente dos trabalhos, coibir a formulação de perguntas impertinentes e despropositadas ou que não guardem nenhuma relação com o debate, sem interesse de ordem prática ou que tenham por objetivo direcionar a resposta do depoente, apenas para citar alguns exemplos. Insistimos: a possibilidade que se abre às partes de perguntar diretamente não importa em verdadeira franquia, capaz de autorizá-las às mais descabidas indagações. Continua o juiz com o poder de filtrar as perguntas, quer por meio de protesto da parte adversa, quer de ofício, prescindido de qualquer reclamação. Eventual indeferimento deve constar da ata (art. 495, inc. XV do CPP), havendo pedido nesse sentido, a fim de que, mais adiante, em sede de preliminar de eventual apelação, se possa argumentar cerceamento de defesa ou acusação.

Sistema tradicional • Nada impede, outrossim, que, preferindo, as partes se valham do sistema tradicional, dirigindo as perguntas ao juiz que, em seguida, as formulará ao depoente. Ao tempo da legislação anterior, se decidiu que a oitiva de testemunhas na forma tradicional, ou seja, com as perguntas sendo dirigidas, inicialmente, ao juiz, não era causa de nulidade do feito, posto que improvável a comprovação do prejuízo (*RT* 456/325).

Perguntas dos jurados • Também os jurados poderão dirigir perguntas à vítima e às testemunhas, conforme já previam, aliás, os antigos arts. 467 e 468. Com uma diferença, expressa no § 2°, do art. 473: as perguntas dos jurados são formuladas por intermédio do juiz presidente. Essa última restrição, feita aos jurados, que os impede de perguntar diretamente, por certo tem como objetivo evitar que, dependendo do tom da indagação, se deixe escapar o voto, adiantando o veredicto, quebrando, assim, o princípio constitucional do sigilo das votações. Além disso, sendo o conselho de sentença, em sua maioria, formado por leigos, revela-se mais prudente permitir que o juiz interprete a pergunta do jurado para, a partir daí, formulá-la ao ofendido ou à testemunha.

Falso testemunho em plenário • Eventual crime de falso testemunho cometido em plenário, embora não havendo disposição legal expressa a respeito, deve ser objeto de um quesito especial a ser apreciado pelos jurados (*RT* 583/330), sem embargo de entendimento no sentido de que o delito independa da declaração de falsidade feita pelo Conselho de Sentença (*RT* 627/285). Discute-se, também, sobre a quem cabe a iniciativa de propor a inclusão do quesito sobre o falso testemunho. Hermínio Marques Porto (ob. cit., p. 133), entende que apenas os jurados podem fazê-lo, vedando às partes e ao juiz presidente essa faculdade. Para Magalhães Noronha, ao contrário, a propositura, pelo jurado, de tal quesito, ensejaria a quebra do sigilo das votações (ob. cit., p. 367). Já Ary Azevedo Franco entende que é do juiz presidente, exclusivamente, essa iniciativa (*O júri e a constituição de 1946*, p. 274). Parece mais correto deferir-se a iniciativa quanto à votação de quesito referente ao falso testemunho apenas às partes, isto é, Ministério Público e eventual assistente, querelante e defensor. O juiz presidente tomar essa iniciativa importaria em inequívoca intromissão, capaz de refletir no ânimo dos jurados. Estes, de sua parte, se o fizerem, estarão quebrando o sigilo das votações e a incomunicabilidade. Melhor que a parte que se viu prejudicada pela mentira – e somente ela, como destacam Marrey, Franco e Stoco – peça a inclusão do quesito (ob. cit., p. 313).

É o posicionamento, também, de Antonio Carlos da Ponte, ao ressaltar que "dadas as peculiaridades do Tribunal do Júri, a melhor solução aponta para a iniciativa da parte prejudicada, que deverá requerer a elaboração do quesito especial. Afirmada a ocorrência do crime de falso testemunho, a testemunha mendaz, ao término do julgamento, deverá ser apresentada à Autoridade Policial para a lavratura do competente auto de prisão em flagrante delito. Tal conclusão, embora possa parecer radical para alguns, é a que decorre da preocupação com a isenção do julgamento popular e, sobretudo, com a efetiva aplicação da lei penal. Um Estado, que se intitula Democrático de Direito, não pode conviver de forma passiva com a mendacidade, mormente quando esta é exteriorizada em um Tribunal Popular, representante maior do anseio de Justiça de nosso povo" (*Falso testemunho no procedimento do júri*. Revista do Instituto de Pesquisas e Estudos, Bauru, n. 44, p. 12, set./ dez. 2005).

Reconhecida, pelos jurados, a prática do delito, aplica-se o disposto no parágrafo único do art. 211, ou seja, deverá a testemunha ser apresentada imediatamente à autoridade policial. Discute-se a respeito da possibilidade da prisão em flagrante da testemunha, recomendada por Antonio Carlos da Ponte. Para Espínola Filho "essa apresentação é para efeito da instauração do inquérito, não traduzindo prisão, que não pode ser efetuada em flagrante, de vez que, entre o depoimento e a emanação da decisão, há, infalivelmente, um transcurso de tempo bastante para interromper a continuidade entre a execução do crime e a ordem de prisão. Não fica vedada, porém, a conveniência da decretação da prisão preventiva" (ob. cit., vol. III, p. 120).

Retratação • A retratação do depoente, capaz de livrá-lo da imputação (art. 342, § 3º, do CP), a nosso juízo, pode ser realizada até a votação dos quesitos. Discordamos, aqui, do posicionamento de Hermínio Marques Porto, para quem a retratação é possível até a sentença publicada, em plenário, pelo juiz presidente (ob. cit., p. 133). Esta apenas acolhe o veredicto dos jurados, aplicando a pena em caso de condenação. Ora, uma retratação, após a votação dos quesitos e antes de elaborada a sentença, já não teria efeito prático nenhum, ante a impossibilidade de, a essa altura, modificar-se o veredicto. Se o objetivo da retratação é de propiciar que se atinja a veracidade dos fatos, nenhuma eficácia resultará de sua realização depois de colhidos os votos.

JURISPRUDÊNCIA

» **Corréus ouvidos como vítimas. Quando se admite**

CORRÉUS OUVIDOS EM PLENÁRIO NA CONDIÇÃO DE VÍTIMAS. POSSIBILIDADE. PREVISÃO DO ART. 473 DO CPP – "O procedimento previsto no art. 473 do Código de Processo Penal assegura que sejam colhidas as declarações da vítima, quando possível, em plenário do Tribunal do Júri. Hipótese em que os corréus, anteriormente julgados e absolvidos, foram ouvidos em plenário na condição de vítimas" (STJ – AgRg no AREsp n. 122969-RS, Rel. Rogério Schiett Cruz, j. 10.11.2015, DJe 25.11.2015).

» **Transmissão da sessão por rádio e TV. Validade**

"O artigo 792, do Código de Processo Penal dispõe que as sessões serão, em regra, públicas. Vislumbro que não foi determinado o sigilo do julgamento e houve prévia autorização judicial para a gravação da sessão, conforme afirmam os defensores que estavam em plenário e não fizeram constar em ata qualquer irresignação. É notório que a participação da imprensa é garantia ainda maior de que há transparência e acesso às informações de interesse público. Acrescente-se que a mera alegação de constrangimento aos jurados não é motivo apto a declarar a nulidade, considerando que os réus não fizeram prova de efetivo prejuízo, nos termos do artigo 563, do Código de Processo Penal" (TJGO – Ap. Crim. n. 40515- 72 .20 11 .8.09.0 129 – Rel Ivo Favaro, j. 14.04. 2015).

> § 3º As partes e os jurados poderão requerer acareações, reconhecimento de pessoas e coisas e esclarecimento dos peritos, bem como a leitura de peças que se refiram, exclusivamente, às provas colhidas por carta precatória e às provas cautelares, antecipadas ou não repetíveis. (Incluído pela Lei nº 11.689, de 2008)

Acareação • Já analisamos, no curso deste estudo, essa modalidade de prova (v. art. 411 acima). Salientamos, em acréscimo, quanto à acareação, que em relação ao Júri, seu valor probatório é reduzidíssimo, já que a tendência é de cada acareado sustentar o que dissera antes. Isso talvez explique porque é rara a produção dessa espécie de prova em plenário.

Especificamente em relação ao Júri, vigorava certa dúvida doutrinária, quanto às pessoas que poderiam ser acareadas. Assim, face aos termos restritos do revogado art. 470, havia entendimento de que somente testemunhas poderiam ser acareadas. Outros, porém, entendiam que as pessoas que podiam ser submetidas a essa prova eram aquelas elencadas no *caput* do art. 229. Tal dúvida não mais persiste, na medida em que o legislador tratou do tema de forma ampla, sem qualquer distinção entre procedimentos comuns e do Júri, pelo que se conclui que podem ser acareadas as pessoas relacionadas no *caput* do art. 229.

Reconhecimento • Quanto ao reconhecimento, sendo ele realizado em plenário, não há que se exigir se produzam as formalidades previstas no art. 226 do CPP. Tais formalidades (descrição da pessoa a ser identificada, sua colocação ao lado de outras semelhantes, etc.), somente são reclamadas na fase administrativa, em sede de inquérito policial. Em Juízo, basta, por exemplo, que a testemunha se dirija ao réu, identificando-o como o autor do fato, para que a prova tenha validade, cabendo aos jurados conferirem a tal reconhecimento o valor probatório cabível. Aliás, em relação ao júri, o parágrafo único, do art. 226 do código, é expresso em dispensar qualquer formalidade no reconhecimento, quando realizado em plenário.

Esclarecimentos do perito • Por último, serão colhidos os esclarecimentos dos peritos, caso tenha se protestado por essa prova. De se ressaltar que, ainda na fase inicial do procedimento, podem ser ouvidos os expertos, conforme autoriza o art. 411, em prova, contudo, que exige o prévio requerimento e deferimento pelo juiz.

Parece que a intenção do legislador, aqui, foi propiciar à acusação e à defesa (e aos jurados) que indaguem do perito das razões que o levaram a concluir em determinado sentido, refutando a conclusão ou reforçando-a, segundo interesse de cada um. As partes, caso queiram ouvir o perito em plenário, deverão formular esse pedido na fase do art. 422 do código. Ocorre que, como a faculdade de requerer esclarecimentos do perito se estende, também, aos jurados, a rigor todo *expert*, que tenha atuado no feito, deveria ser avisado, de antemão, quanto à possibilidade de ser chamado, evitando-se, com isso, o adiamento do Júri na eventualidade de sua não localização. Na prática, porém, em face, inclusive, do desinteresse dos jurados, que é a regra, dificilmente será pedida essa diligência.

Salienta Antonio Magalhães Gomes Junior, que "no sistema anglo-americano, ao contrário disso, o perito é introduzido no processo como uma testemunha da parte (*expert witness*) e presta um depoimento oral, sujeito às mesmas *rules of evidence* pertinentes à prova testemunhal comum; assim, através da inquirição direta e cruzada das partes, evita-se que possa trazer informações que não sejam de seu conhecimento pessoal, o que constituiria violação da *hearsay rule*" (ob. cit., p. 156).

Leitura de peças • Prevê, ainda, esse dispositivo, a possibilidade de leitura de peças em plenário. Vale atentar, neste tópico, que o relatório feito oralmente pelo juiz, logo após o interrogatório do réu, conforme previa o art. 466 do CPP, não mais subsiste na reforma do Júri. Foi ele substituído por um relatório escrito, previsto no inc. II, do art. 423, cuja cópia será entregue ao jurado, logo após a tomada de seu compromisso, nos termos do parágrafo único, do atual art. 472.

Sistema anterior • Em boa hora o legislador teve a iniciativa de disciplinar a leitura de peças em plenário. Tal matéria, antes, era tratada no § 1º, do art. 466, que deixava a critério das partes a indicação de peças a serem lidas. Essa leitura de peças, quando pleiteada de forma ponderada e comedida, se traduzia em medida salutar, pois permitia aos jurados um primeiro contato com dados relevantes do processo. As partes, por seu turno, segundo seus interesses, procuravam chamar a atenção para algum ponto específico que, embora viesse ser objeto do debate que se seguiria, podia desde logo influir no espírito dos jurados. Estes, já orientados pelo relatório formulado pelo juiz, se familiarizavam, ainda mais, com o caso a ser julgado. Isso quando a leitura de peças era orientada pelo bom senso. Infelizmente, nem sempre era assim.

Já se viu, no meio forense, promotor de justiça que, a fim de obter tempo hábil para o estudo do caso, requeria a leitura de *todo* o processo. Ou advogado que, pretendendo cansar os jurados e assim, baralhando-lhes o raciocínio, segundo sua ótica distorcida, facilitar a absolvição do réu, se utilizar do enfadonho expediente.

Sistema atual • Agora as peças que podem ser objeto de leitura, em plenário, são expressamente apontadas pelo legislador. Com tal medida se coibiu o abuso antes verificado. Saliente-se, outrossim, que a entrega ao jurado de cópia da sentença de pronúncia e do relatório (parágrafo único, do atual art. 472), bem como a faculdade que lhe é aberta de solicitar algum esclarecimento do juiz (art. 480, §§ 1° e 2°), são medidas que suprem, com folga, a proibição da cansativa leitura de peças.

Com efeito, as peças que as partes e os jurados poderão requerer sua leitura são: a) aquelas colhidas por carta precatória; b) as provas cautelares; c) as provas antecipadas e d) as provas não repetíveis. Com isso, preocupou-se o legislador em garantir aos jurados o acesso e conhecimento às provas que, em plenário, não serão produzidas.

Carta precatória • De se recordar, assim, que o parágrafo único, do art. 422, prevê que a testemunha residente fora da comarca deva ser ouvida por carta precatória, cuja juntada ocorrerá com antecedência mínima de cinco dias úteis antes do julgamento. Levando em conta que essa testemunha não deporá em plenário, é que o legislador previu a possibilidade da leitura de seu depoimento.

Prova cautelar • É, outrossim, bastante ampla a noção de *prova cautelar*. De qualquer sorte, nela se pode identificar a presença dos requisitos que caracterizam essa modalidade de prova, a saber o *fumus boni juris* e o *periculum in mora*. Assim, havendo indício da prática de um delito, a urgência pode justificar a produção da prova cautelar, de índole preparatória da ulterior ação penal, como ocorre, *v.g.*, na busca e apreensão, na interceptação telefônica, na quebra do sigilo bancário, etc. Já que essa prova não se sujeitou ao contraditório – se o fizesse perderia sua eficácia, na medida em que desfeita a surpresa que tal espécie de diligência requer – e, de outro lado, sendo impossível sua repetição em plenário, previu o legislador a possibilidade de leitura das peças que a constituem.

Prova antecipada • É, por exemplo, aquela referida no art. 225 do CPP. Assim, havendo indício de que, por enfermidade ou velhice, a testemunha (e, acrescentamos, a vítima) não possa, posteriormente, depor em plenário, é possível que o juiz, de ofício ou mediante requerimento, a ouça antecipadamente. Trata-se da prova denominada *ad perpetuam rei memoriam,* produzida antes do momento processual oportuno, prevista, como ressaltado, no art. 225 e também no art. 156, inc. I, do CPP, pela redação que lhe foi conferida pela Lei n° 11.690/2008. Trata-se, ainda, de providência expressamente contemplada no Código de Processo Civil, que cuida, em seus arts. 846 a 851, da chamada produção antecipada de provas.

Também aqui é cabível a leitura desse depoimento, desde que – parece claro – a testemunha não tenha acabado de depor em plenário, já que a *ratio legis*, como salientamos, é de permitir o conhecimento de determinado depoimento que não foi produzido durante o julgamento.

Prova não repetível • Como o nome sugere, é aquela impossível de ser renovada em plenário, como, por exemplo, a prova pericial, a exumação do cadáver, a reconstituição, etc., que, via de regra, são produzidas ainda na fase de inquérito policial, sem que sejam submetidas ao contraditório. Quaisquer das partes, bem como os jurados, podem requerer a leitura de peças que se refiram a essa espécie de prova.

São, com efeito, provas que, por sua própria natureza, não permitem reprodução em Juízo. Nesses casos, embora produzidas extrajudicialmente, pode o juiz basear sua decisão em tais provas. Imagine-se um caso de homicídio. O exame necroscópico a ser sopesado pelo julgador é aquele realizado no âmbito administrativo, ainda durante o inquérito policial. Não se reclamará, decerto, que passados três ou quatro anos da prática do crime, vá se reproduzir a perícia em plenário, em face, inclusive, do total desaparecimento do material a ser levado a exame. A prova válida e eficaz será aquela produzida ainda na fase policial, embora – insistimos – sem contar com as garantias do contraditório e da ampla defesa, exigíveis, apenas, para o processo criminal.

É o que dispõe, a propósito, o art. 155 do CPP, ao determinar que o juiz "formará sua convicção pela livre apreciação da prova produzida em contraditório judicial, não podendo fundamentar sua decisão exclusivamente nos elementos informativos colhidos na investigação, *ressalvadas as provas cautelares, não repetíveis e antecipadas*" (grifamos).

JURISPRUDÊNCIA

Sobre a prova colhida na fase policial e a decisão de pronúncia, bem como a decisão do júri, v. jurisprudência acima, nos comentários acima ao art. 413.

» Cabimento da medida

"Havendo previsão expressa no sentido da possibilidade de se ouvir determinadas pessoas antes da instrução processual, não se pode afirmar que não teria sido observado o rito previsto no artigo 396 do Código de Processo Penal, uma vez que o artigo 225 do referido diploma legal permite, excepcionalmente, a colheita antecipada de elementos de convicção que podem vir a se perder, comprometendo o desfecho da ação penal. No caso dos autos, o pedido de antecipação da produção da prova oral fundamentou-se no fato de que a vítima e uma das testemunhas de acusação viajariam para o exterior sem data marcada para retornar, circunstância que autoriza a sua oitiva antecipada, sem que se possa falar em violação à ordem procedimental estatuída" (STJ – HC nº 166409-BA, Rel. Jorge Mussi, j. 13.12.2011, DJe 01.02.2012).

"Não há impedimento legal e nem importa em maltrato ao princípio do contraditório, dada a nomeação pelo Juiz de defensor *ad hoc* para o ato, a colheita antecipada de provas, consistentes no depoimento de testemunhas e vítimas, motivada por evidente urgência do caso relacionado com o eventual desaparecimento do local de todos os envolvidos" (STJ – Rel. Fernando Gonçalves – *RT* 750/579).

"Vigorando no processo penal o princípio da busca da verdade real, há de se ponderar que ao Juiz compete produzir as provas que sejam urgentes, mesmo que de forma antecipada. Destarte, o tempo sempre é inimigo da memória e da capacidade de explicitar como os fatos ocorreram" (TJSP – Rel. Segurado Braz – *RT* 750/580).

Art. 474. A seguir será o acusado interrogado, se estiver presente, na forma estabelecida no Capítulo III do Título VII do Livro I deste Código, com as alterações introduzidas nesta Seção. (Redação dada pela Lei nº 11.689, de 2008)

§ 1º O Ministério Público, o assistente, o querelante e o defensor, nessa ordem, poderão formular, diretamente, perguntas ao acusado. (Redação dada pela Lei nº 11.689, de 2008)

§ 2º Os jurados formularão perguntas por intermédio do juiz presidente. (Redação dada pela Lei nº 11.689, de 2008)

Interrogatório • Na linha da legislação mais moderna, que vislumbra no interrogatório um meio de defesa, a reforma do Júri prevê a realização desse ato por último, após a produção das demais provas (testemunhal, oitiva da vítima, etc.). Como ressalta Antonio Scarance Fernandes, "com a posição de que é [o interrogatório] manifestação de autodefesa garantida constitucionalmente, melhor inseri-lo, no procedimento, como ato posterior ao da inquirição das testemunhas" (*Teoria geral do procedimento e procedimento no processo penal*, São Paulo: RT, 2005, p. 141).

Assim, prevê o artigo em exame, o interrogatório do acusado. Esse dispositivo legal indica que o interrogatório, em plenário, deve ser realizado na forma estabelecida no Capítulo III do Título VII do Livro I deste Código, com as alterações introduzidas nesta Seção. Em suma, conforme previsto nos arts. 185 e ss., *no que for aplicável*. E, de fato, o interrogatório, no Júri, tem peculiaridades próprias. Ademais, não se devem perder de vista as importantíssimas alterações trazidas pela Lei nº 10.792, de 1º de dezembro de 2003, que deu nova roupagem ao interrogatório, atingindo, em consequência, esse ato também quando realizado em plenário.

Destinatários da prova • Vale atentar inicialmente, com efeito, que o interrogatório, embora presidido pelo juiz togado, tem como destinatário os jurados leigos. Explicamos melhor: enquanto nos procedimentos comuns, o interrogatório é importante meio de prova para formação da convicção do juiz togado (embora seja, também, meio de defesa, o que lhe confere um caráter misto), no Júri ele influenciará muito mais os jurados que, por exemplo, se impressionarão com a confissão do réu feita de viva voz em plenário. Não que essa confissão seja irrelevante para o juiz togado, tanto que a levará em conta quando da dosagem da pena. Mas ela gera seus efeitos, de forma mais contundente, na convicção dos juízes leigos.

Expressões que parecem claras ao técnico, podem confundir o leigo. Detalhes que para o primeiro são insignificantes, assumem especial relevância sob a ótica do segundo. Teses exóticas e que não mereceriam o apoio do juiz presidente tivesse ele que proferir a sentença (por exemplo, a legítima defesa da honra), assumem especial importância no Júri, dada à plenitude de defesa que nele se instala. Daí o cuidado redobrado que deve inspirar o juiz no momento da colheita dessa prova.

Em suma, a prova que deflui do interrogatório será analisada não por quem a preside, mas por quem a ouve. Por isso correta a observação de Hermínio Marques Porto, ao salientar que "a postura do Juiz Presidente do Tribunal do Júri na realização do interrogatório em Plenário, deve estar voltada, e centralmente, para a informação do jurado, que é leigo e, em regra, sem experiência de tais momentos, por isso competindo ao Juiz Presidente não olvidar que está sendo o instrumento informativo de terceiros, também juízes, além de um especial policiamento de suas expressões, pois podem, então indevidamente, refletir o convencimento pessoal e crítico sobre a versão defensiva ou parte dela" (ob. cit., p. 123).

Outro dado deve ser acrescido. O princípio da plenitude da defesa se refere tanto à autodefesa, verificada no interrogatório do réu, como à defesa técnica, realizada por seu advogado. Daí se entender que, na hipótese de contradição entre uma e outra (por exemplo, o réu nega a autoria no interrogatório enquanto que o advogado sustenta a legítima defesa), ambas as teses devem ser objeto do questionário a ser respondido pelos jurados (nesse sentido, *RT* 754/557; *JTJ* 183/311). É mais um argumento a sugerir cautela do juiz togado ao presidir o interrogatório. Por força de tais cuidados, foi censurada a postura de alguns juízes consistente em, pura e simplesmente, se reportarem ao interrogatório do réu realizado no sumário de culpa, gerando, com essa omissão, nulidade do feito (*RT* 621/352, 458/335).

Perguntas dos jurados • Também como característica típica do julgamento em plenário, tem-se a possibilidade do jurado formular perguntas ao réu, hipótese, é verdade, rara no cotidiano forense. Claro que deverá agir com cautela, velando para que, ao indagar o réu, não deixe escapar seu convencimento, tão precocemente estabelecido, mas capaz de gerar a nulidade do julgamento, posto que quebrado o princípio do sigilo das votações e da incomunicabilidade dos jurados. Daí a prudência do legislador ao impor que a pergunta passe pelo filtro do juiz presidente, que a reformulará ao réu (art. 474, § 2°).

Imprescindibilidade • Trata-se, outrossim, de ato processual imprescindível, cominando o código de nulidade a sua falta (art. 564, inc. III, *e*). Antes, especificamente em plenário, não havia qualquer motivo que justificasse sua não realização, já que a presença do réu era sempre obrigatória (salvo se afiançável o delito). Agora, com a possibilidade do julgamento à revelia do acusado, o interrogatório somente será realizado quando presente o réu. Mesmo assim, no exercício do direito à não auto-incriminação, nada impede que o réu se negue a ser interrogado ou, submetendo-se a tal ato, permaneça em silêncio, cumprindo aos jurados interpretar essas opções da forma que bem entenderem.

Interrogatório e as alterações trazidas pela Lei nº 10.792/03 • Cumpre sejam analisadas, agora, as alterações trazidas pela Lei nº 10.792, de 1º de dezembro de 2003, em confronto com a legislação anterior, no que tange, especificamente, ao interrogatório realizado em plenário.

A atual redação do *caput* do art. 185, traz como alteração, no que tange à norma anterior, a obrigatoriedade da presença de advogado, constituído ou nomeado, que deve acompanhar o réu no ato do interrogatório. Tal determinação não tem nenhum reflexo no plenário do Júri pois, conforme já vimos, inexiste qualquer possibilidade do réu ser julgado sem que conte com um defensor. Se não o tiver – o que é absolutamente improvável em se tratando de Júri, pois o acusado já vem sendo defendido por um advogado, constituído ou dativo – deverá ser adiada a sessão. A mesma providência será tomada na eventual falta do defensor, justificada ou não (art. 456 do CPP).

De se ver, assim, que a inovação contida no § 1º, do art. 185, não tem qualquer aplicação para o plenário do Júri. E mesmo aquela lançada no § 2º, que garante a prévia entrevista do defensor com o réu, antes do interrogatório, é de abrangência limitada, eis que, chegando o procedimento do Júri em seu ponto culminante com a realização dos debates, decerto o advogado já manteve anterior contato com o réu.

A antiga redação do art. 186 enunciava a possibilidade do réu permanecer em silêncio, cabendo ao juiz ressalvar, porém, que tal silêncio poderia ser interpretado em seu desfavor. Tratava-se de advertência que já vinha sendo criticada pela jurisprudência (*RT* 755/719, 725/604, 709/313), por não se compatibilizar com a garantia constitucional prevista no art. 5º , inc. LXIII, da Carta Magna, no que se convencionou denominar de *silêncio constitucional*. Claro, como se admitir que o réu, valendo-se de um direito previsto na Constituição, venha a ser penalizado ao exercê-lo. Por isso, a nova redação do art. 186, em seu *caput*, mantém a observação que o juiz deve fazer ao réu quanto ao direito de se calar. Mas no parágrafo único é enfático ao dispor que, primeiro, o silêncio não importará em confissão e, segundo, jamais poderá ser interpretado contra o réu.

Essa disposição tem eficácia bastante abrandada nos julgamentos pelo Júri. É que o juiz leigo julga livremente, segundo critérios que jamais serão conhecidos, posto que proibido de manifestar e fundamentar seu voto. Sendo assim, revela-se impossível a tarefa daquele que pretenda impedir o jurado de, por exemplo, se incomodar ante o silêncio do réu em plenário, interpretando tal inércia, em consequência, como verdadeira confissão. Pode parecer ao jurado, sim, que a reação normal de quem é inocente consista, exatamente, em proclamar essa inocência, sobretudo quando na presença de seu defensor e do juiz. A opção pelo silêncio, ao leigo, soará estranha e jamais ninguém saberá se foi ela decisiva, ou não, na formação de sua convicção. É, portanto, disposição que não se aplica ao Júri.

Já o novo art. 187, bastando que se atente à sua leitura, tem plena aplicação em plenário, cumprindo ao juiz, inicialmente, dirigir perguntas ao acusado de caráter subjetivo (residência, profissão, oportunidades, etc.) e, depois, sobre o fato propriamente dito, objeto do julgamento.

Contraditório no interrogatório? • A mais profunda alteração na nova disciplina do interrogatório, sem dúvida, foi trazida pelo art. 188, ao determinar que o juiz, após proceder ao interrogatório, "*indagará das partes se restou algum fato para ser esclarecido, formulando as perguntas correspondentes, se o entender pertinente e relevante*". A doutrina surgida após o advento da nova lei animou-se em apontar que, finalmente, se estabeleceu o contraditório nesse relevante ato processual, "ao permitir a ativa participação da acusação e da defesa no interrogatório judicial", conforme salienta Rogério Schietti Machado Cruz, em bem elaborado artigo publicado no Boletim do *IBCCrim* nº 135 (*A Lei nº 10.792/03, o contraditório e o conservadorismo*). Segundo publicação da mesma revista, sob o título *Publicidade, ampla defesa e contraditório no novo interrogatório judicial*, nessa linha foi também uma das conclusões do grupo de estudos do *IBCCrim* que se dedicou ao estudo da matéria.

Temos dúvida, porém, se o legislador chegou tão longe. Com efeito, lendo atentamente o texto de lei, constata-se que o juiz, após interrogar o réu, indagará às partes se há algo a ser esclarecido, formulando, em caso positivo, as perguntas que entender cabíveis. Não se trata, assim, de permitir às partes a formulação de verdadeiro rol de perguntas, estabelecendo a possibilidade do mais amplo e ilimitado contraditório. Tampouco deter-se na primeira parte do interrogatório, referente aos dados qualificativos do réu (art. 187, § 1º), para, logo em seguida, abrir às partes a possibilidade de perguntas, quanto ao fato em si, aludidas no § 2º do mesmo dispositivo legal. O objetivo da lei, ao que parece, foi de permitir a participação das partes no interrogatório, não mais limitando sua atuação à prática de meros atos de fiscalização, como se admitia pela disciplina anterior. Mas uma atuação muito mais supletiva, isto é, visando esclarecer um ou outro ponto que não restou bem explicado, um dado ou outro que ficou obscuro, algum detalhe esquecido, sanando alguma contradição. Inegável o avanço e salutar a iniciativa do legislador. Daí, porém, a se dizer que se instalou o mais amplo contraditório, parece haver certa distância.

Imagine-se situação na qual o réu, interrogado pelo juiz, optasse pelo silêncio, em comportamento, agora, incapaz de acarretar-lhe qualquer prejuízo, face ao teor do parágrafo único do art. 186. Em seguida, indagado pelo promotor de justiça, insistisse em permanecer calado, atitude que deve ser admitida, já que, podendo silenciar quando perguntado pelo juiz, parece óbvio possa manter a mesma postura quando provocado pelo Ministério Público. Ato contínuo, dada a palavra à defesa, aí sim, passasse a responder apenas às perguntas de seu advogado, previamente preparadas quem sabe até na entrevista que antecedeu o interrogatório (art. 185, § 2º). A se admitir esse comportamento, teríamos que concluir, necessariamente, que o interrogatório passou a se constituir, única e exclusivamente, em um *meio de defesa*, muito mais que antes, quando ao réu era dado silenciar, apenas, quando interrogado pelo juiz. Agora, poderia deixar de responder às perguntas do juiz, do promotor de justiça, do assistente de acusação, do querelante na ação penal privada, para atender as indagações que lhe fossem formuladas apenas por seu defensor. Terá sido essa a intenção do legislador ?

Ora, quisesse o legislador, efetivamente, instalar o contraditório em sua plenitude, teria repetido as expressões utilizadas pelo art. 212, que trata da colheita da prova testemunhal. Ali sim, com todas as letras, o legislador indica que *"as perguntas das partes serão requeridas ao juiz"* que *"não poderá recusar as perguntas ..."*, salvo se impertinentes. Da forma que redigido o novo dispositivo, parece – repita-se – que se abriu a oportunidade para esclarecimento, mas não para reperguntas. Avançou-se muito mais em relação à antiga disciplina do interrogatório. Mas não ao ponto de transformar o réu em verdadeira testemunha.

Em se tratando do interrogatório em plenário essa cautela deve ser redobrada. A argúcia do promotor de justiça ou a sutileza de raciocínio do advogado, ao dirigirem – diretamente – uma pergunta ao réu, durante seu interrogatório, podem acarretar uma influência no espírito dos jurados leigos que, se tratasse do julgamento afeto ao juiz togado, não teria o mesmo efeito. Em síntese: parece que, de forma salutar, se autorizou uma intervenção supletiva das partes, pedindo para que um ou outro dado seja esclarecido. Não, porém, a formulação de perguntas e reperguntas sem maior critério, atribuindo-se ao interrogatório campo fértil para o contraditório, a exemplo do que ocorre na colheita da prova testemunhal. Não se trata, como se vê, de mera discussão semântica ou de interesse estritamente acadêmico. Mas de questão relevante que merecerá a apreciação da doutrina e o enfrentamento pelos Tribunais.

Ordem de perguntas • Interessante observar que ao permitir às partes a formulação de reperguntas, a Lei nº 10.792/03, quando alterou a redação do art. 188 do CPP, deixou de indicar a ordem a ser seguida, ou seja, quem tomaria, de início, a palavra. Formou-se, no cotidiano forense, a práxis de, após as perguntas do Juiz, facultar-se a manifestação da acusação (Ministério Público ou querelante), assistente e defensor, nessa ordem. Tal conduta, decorrente da omissão do art. 188 do CPP, não escapou à crítica doutrinária. Em artigo publicado no Boletim do IBCCrim n° 183, de fevereiro de 2008, p. 19, Roberto Delmanto formula a seguinte observação: "O interrogatório do acusado é, antes de tudo, um meio de defesa, tanto que ele tem o direito constitucional de permanecer em silêncio, se assim o quiser (CF, art. 5º, inc. LXIII), direito este também assegurado pelo Código de Processo Penal (art. 186, *caput*), não importando o silêncio 'em confissão' nem podendo 'ser interpretado em prejuízo da defesa' (art. 186, parágrafo único). Pensamos, por isso, que ao interrogatório judicial deverá ser aplicado, por analogia, o que a lei adjetiva penal estabelece para as testemunhas de defesa (CPP, art. 468), que, ao contrário das de acusação (CPP, art. 467), são reperguntadas *primeiro* pelo defensor e só *depois* pela acusação. Isto porque, é a parte que as arrolou que sabe os motivos de tê-lo feito e a prova que pretende produzir, cabendo à parte contrária o direito de reperguntar" (*O art. 188 do código de processo penal em face das garantias constitucionais do contraditório e da ampla defesa*).

A nova disciplina do Júri dissipou qualquer dúvida, que pudesse ainda subsistir, a respeito do tema. De sorte que, no § 1° do art. 474 do CPP, estabeleceu, de forma expressa, a ordem na qual poderão as partes formulas reperguntas, a saber, primeiro o Ministério Público, depois o assistente, o querelante e o defensor. A aplicação da analogia, portanto, à prova defensiva, conforme sugerido na doutrina acima, não mais tem lugar, em face dos termos peremptórios estabelecidos pelo atual regramento do Júri. Analogia, aliás, poderá ser utilizada, agora, de forma inversa. Quando surgir alguma dúvida, nos procedimentos comuns, a respeito da ordem a ser concedida a palavra para reperguntas, deverá o Magistrado, invocando a nova redação do § 1° do art. 474 do CPP, observar a orientação deste último dispositivo.

Pelas mesmas razões que consignamos quando da análise da prova testemunhal (e das perguntas ao ofendido), eventual repergunta formulada pelo jurado deverá se submeter, antes, ao filtro do juiz presidente, a quem cabe, depois de ouvi-la, endereçá-la ao acusado, conforme indica o § 2° do art. 474 em exame.

JURISPRUDÊNCIA

» **Direito ao silêncio não impede que as partes e o juiz formulem perguntas ao réu**

APELAÇÃO-CRIME. HOMICÍDIO QUALIFICADO TENTADO E ROUBO MAJORADO. JÚRI. **INTERROGATÓRIO EM PLENÁRIO. EXERCÍCIO DO DIREITO AO SILÊNCIO. OPÇÃO DO RÉU QUE NÃO IMPEDE A FORMULAÇÃO DE PERGUNTAS PELO AGENTE MINISTERIAL.** INOCORRÊNCIA DE REFERÊNCIA AO SILÊNCIO EM PREJUÍZO DO ACUSADO. INEXISTÊNCIA DE NULIDADES. VEREDICTO CONDENATÓRIO. FARTA PROVA ORAL A CORROBORAR A VERSÃO DA ACUSAÇÃO PÚBLICA. SOBERANIA DA DECISÃO POPULAR. MANUTENÇÃO DO QUANTUM DAS PENAS. Apelo improvido. (TJRS - Apelação Crime Nº 70047055918 Primeira Câmara Criminal, Tribunal de Justiça do RS, Relator: Manuel José Martinez. (TJRS - Apelação Criminal n. 70047055918, Rel. Manuel José Martinez Lucas, j. 11.07.2012, DJE 01.08.2012).

INTERROGATÓRIO. **DIREITO DE SILENCIAR. QUESTIONAMENTOS. O EXERCÍCIO DO DIREITO AO SILÊNCIO ESTÁ LIMITADO AO RESPEITO À OPÇÃO DO RÉU DE RESPONDER OU NÃO AOS QUESTIONAMENTOS QUE LHE FOREM DIRIGIDOS, MAS, ABSOLUTAMENTE, NÃO IMPEDE QUE O JUIZ, O PROMOTOR OU A PARTE OS FAÇAM.** PRELIMINAR REJEITADA. APELAÇÃO DEFENSIVA IMPROVIDA" (TJRS - Apelação Criminal nº 70036420412, Rel. Newton Brasil de Leão, j. 02.09.2010).

§ 3º Não se permitirá o uso de algemas no acusado durante o período em que permanecer no plenário do júri, salvo se absolutamente necessário à ordem dos trabalhos, à segurança das testemunhas ou à garantia da integridade física dos presentes. (Incluído pela Lei nº 11.689, de 2008)

Uso de algemas • Veda este dispositivo que o acusado, durante o plenário, permaneça algemado, "salvo se absolutamente necessário á ordem dos trabalhos, à segurança das testemunhas ou à garantia da integridade física dos presentes".

O debate sempre mereceu entendimentos antagônicos na doutrina. Assim, Antônio Magalhães Gomes Filho, posicionava-se frontalmente contrário à utilização de algemas durante o julgamento. Para ele "esse tipo de tratamento imposto ao acusado, além de aviltar os direitos humanos mais elementares, compromete a igualdade das partes que caracteriza o processo acusatório e é condição primeira do *fair hearing* nos países civilizados, afirmado pelos textos internacionais, sem o qual não será possível atingir-se uma decisão correta e imparcial" (Revista Brasileira de Ciências Criminais, São Paulo: RT, número de lançamento, p. 115).

Diz-se, ainda, que a utilização das algemas seria capaz de acarretar uma *má apresentação do acusado diante de seus julgadores* que, leigos, poderiam se impressionar com a cena e, desde logo, emitirem um juízo de valor desfavorável ao réu. Assim, ficaria a critério do juiz, como manifestação do poder de polícia que lhe é inerente (art. 497), decidir sobre a conveniência ou não de se manter o réu algemado. Esse argumento é bem refutado na obra de Marrey, Franco e Stoco (*Teoria e prática do júri*, p. 277), para quem, à exceção do interrogatório, a manutenção do réu algemado não importa em qualquer espécie de constrangimento.

Na jurisprudência prevalecia o entendimento que autorizava o uso de algemas em plenário. Nesse sentido, *RT* 744/645, 675/371, 694/318. No STF, RHC 65.465-SP – j. em 5.9.78, Rel. Min. Cordeiro Guerra. No STJ, confira-se RHC nº 6922-RJ – j. em 10.11.97, Rel. Min. Vicente Leal, *DJ* de 9.12.97, p. 64.777. Em posicionamento minoritário, tem-se *RT* 643/285, 785/692. Merece destaque ainda, nessa linha, artigo publicado na *Revista Síntese de Direito Penal e Processual Penal*, 16/11, da lavra de Luis Guilherme Vieira.

De se ver, inicialmente, que a matéria não está prevista em lei. O art. 199 da Lei de Execuções Penais (Lei nº 7.210/84), anterior à Constituição em vigor, com efeito, deixou para um decreto federal a disciplina a respeito do uso de algemas, que, até agora, sem embargo da relevância do tema, não foi editado (cf., Sérgio Marcos de Moraes Pitombo, *Emprego de algemas – Notas em prol de sua regulamentação – RT* 592/275).

Influência do uso de algemas para o jurado • Dizer-se que a manutenção do réu algemado é cena capaz de influir no espírito do julgador leigo, não parece totalmente correto. Há situações, aliás, que se verifica exatamente o contrário, ou seja, uma certa compaixão do jurado com a figura do réu que, cabisbaixo e por vezes choroso, ingressa em plenário imobilizado pelas algemas. De qualquer sorte, a se privilegiar esse entendimento, não poderia o acusado ocupar o chamado *banco dos réus*, porque os jurados seriam sugestionados com esse posicionamento. Ademais, nem de réu ou acusado deveria ser chamado, sob pena de se violar o princípio da presunção de inocência. Tampouco a utilização do uniforme cedido pelo estabelecimento prisional seria admitido, ante a má impressão que o traje causaria ao conselho de sentença. E mesmo a presença de policiais ao seu lado, por si só, já ensejaria a antecipação de um veredicto condenatório, sem contar no inadmissível vexame acarretado ao réu com tão incômoda presença. Parece óbvio o equívoco de tais entendimentos, a merecer uma análise desapaixonada e mais consentânea com o atual estágio de violência que assola o país.

Textos internacionais • Pois bem. A afirmativa de que *textos internacionais* inibiriam sua utilização não é totalmente correta. De sorte que o art. 33 das Regras Mínimas da Organização das Nações Unidas (ONU), impede o uso de *"algemas, correntes, grilhões, e camisas-de-força"*, como sanção ou meio de coerção, admitindo, no entanto, sua utilização *"como medida de precaução contra fuga"*, embora devendo ser retirados quando na presença da autoridade judicial. Ora, quando o réu se submete a julgamento pelo Júri, ela não se encontra, apenas, na presença do Magistrado, mas em contato com o acusador (por quem, decerto, não nutre grande simpatia), com seu defensor, com os serventuários da Justiça, com os jurados e, não raras vezes, com um público numeroso que ocupa o auditório. Assim, a precaução que deve ser adotada pelo juiz é muito maior do que aquela observada, por exemplo, quando o réu é levado à sua presença para interrogatório em uma sala de audiências, acompanhado de dois ou três policiais que se revelam suficientes para garantir a segurança das poucas pessoas que se encontram no local.

Fixação de um critério mais objetivo • Cabe, portanto, que se fixe um critério, o mais objetivo possível, que fuja da discricionariedade total que se propõe seja deferida ao juiz, para decidir a respeito da utilização das algemas, atitude que, por vezes, acarreta enorme tumulto já no início da sessão de julgamento. Entendemos que, durante o interrogatório, devam ser retiradas as algemas do réu. Claro: mantê-lo com as mãos imobilizadas inibiria seu direito de defesa, na medida em que impedido de expor, com a clareza que por vezes os gestos propiciam, a forma como se deram os fatos. Assim, por exemplo, o réu que alegue ter agido em legítima defesa, em vista de um ataque com utilização de faca que lhe desferira a vítima, por certo necessitará das mãos livres para explicar seu ato defensivo e o posterior revide. Algemado, restaria impedido de, com maior precisão e riqueza de detalhes, ofertar sua versão defensiva. Já durante a realização do plenário, com o calor dos debates, o cansaço atingindo a todos, parece mais conveniente que se estabeleça a seguinte regra: se o réu responde solto ao processo, não há razão, por óbvio, de que seja algemado durante o julgamento, a menos que apresente comportamento inconveniente que justifique a medida. Ao revés, se está preso, deve ser mantido em ferros no plenário.

Réu solto • Vale dizer: se o réu se acha nessa condição é porque não reuniu os pressupostos ensejadores da decretação de sua prisão preventiva. Se preso em flagrante, foi posteriormente beneficiado com a liberdade provisória. Tampouco se mostrou necessária essa cautela quando proferida a sentença de pronúncia. A despeito do crime cometido, não demonstrou, pelo menos até então, periculosidade que impusesse a necessidade do uso de algemas durante o plenário.

Réu preso • O mesmo não se pode dizer do réu preso. Nessa condição é porque, quase sempre, ostenta maus antecedentes. Quando não, é em virtude do cometimento de um crime hediondo. Ou então porque se trata de réu que, por seu comportamento, mereceu ter decretada a prisão preventiva. Ora, se é assim, parece evidente que deva o réu permanecer algemado durante os debates. Invocar-se aqui o princípio da presunção de inocência temos como inoportuno. Afinal, em se tratando de julgamento pelo Júri, o réu já passou pelo filtro da sentença de pronúncia, capaz de identificar, no mínimo, indícios de autoria e materialidade do delito. Além disso, se jamais se investiu contra a presença do réu algemado em audiências presididas pelo juiz singular (STJ – HC nº 25.856-PR – j. em 17.6.03, Rel. Min. Gilson Dipp, *DJ* de 25.8.03, p. 336), onde a segurança pode ser mantida com muito mais facilidade, dado ao número pequeno de pessoas na sala, ao seu tamanho exíguo, etc., porque se reclamar dessa cautela em se tratando de um julgamento pelo Júri, onde a preocupação com a incolumidade das pessoas (jurados, populares e demais presentes), deva ser infinitamente superior? Mais: se o Magistrado tem o poder até de ordenar a retirada do acusado do plenário (art. 497, inc. VI), não se vê motivo razoável que o impeça de manter o réu algemado durante os trabalhos.

O Supremo Tribunal Federal, em acórdão relatado pela Ministra Cármen Lúcia, assim se posicionou sobre o tema: "O uso legítimo de algemas não é arbitrário, sendo de natureza excepcional, a ser adotado nos casos e com as finalidades de impedir, prevenir ou dificultar a fuga ou reação indevida do preso, desde que haja fundada suspeita ou justificado receio de que tanto venha a ocorrer, e para evitar agressão do preso contra os próprios policiais, contra terceiros ou contra si mesmo" (HC nº 89429-RO, j. em 22.8.2006, Diário da Justiça nº 24 de 02.02.2007).

Conclusão • Apartando-se de um critério de extremo subjetivismo, parece razoável que o juiz, na qualidade de presidente dos trabalhos, se oriente pela regra que propusemos: se o réu responde o processo em liberdade, deve ser mantido solto durante o plenário, a menos que situações supervenientes autorizem a adoção de medida mais drástica. Ao contrário, se preso ao longo do processo, assim deve ser mantido, devidamente algemado, durante a sessão do Júri.

JURISPRUDÊNCIA

Quanto à proibição de referência ao uso de algemas, v. art. 478, inc. I, abaixo.

Sobre a necessidade de constar da ata de julgamento o uso de algemas, v. art. 495 abaixo.

» Quando não se permite o emprego de algemas

ALGEMAS – UTILIZAÇÃO. O uso de algemas surge excepcional somente restando justificado ante a periculosidade do agente ou risco concreto de fuga. JULGAMENTO – ACUSADO ALGEMADO – TRIBUNAL DO JÚRI – "Implica prejuízo à defesa a manutenção do réu algemado na sessão de julgamento do Tribunal do Júri, resultando o fato na insubsistência do veredicto condenatório" (STF – HC nº 91952-SP, Rel. Marco Aurélio, j. 07.08.2008, DJe 19.12.2008).

"Configura constrangimento ilegal a determinação de uso de algemas durante o julgamento pelo Tribunal do Júri sem a devida fundamentação em elementos concretos que demonstrem a existência de risco à ordem dos trabalhos, à segurança das testemunhas ou à garantia da integridade física dos presentes na sessão de julgamento, mormente quando consignado em ata o bom comportamento carcerário do acusado" (STJ – HC n. 142.428-SP, Rel. Nefi Cordeiro, j 10.11.2015, DJe 25.11.2015).

» Quando é admitido

"O emprego de algemas é excepcional, sendo que a sua utilização depende de motivada decisão judicial, como na espécie, em que o juiz bem se desincumbiu quando fundamentou a restrição nas peculiaridades do local em que realizado o ato processual e na insuficiência de policiamento. Súmula vinculante n.º 11" (STJ – HC n. 288116-MG, Rel. Maria Thereza de Assis Moura, j. 17.11.2015, DJe 30.11.2015).

"O uso de algemas durante a sessão de julgamento do Tribunal do Júri ficou devidamente justificada em razão da periculosidade do réu – já condenado por homicídio anteriormente –, do seu desaparecimento por 16 anos após fugir da cadeia local em que esperava a realização do julgamento e da impossibilidade de se garantir a segurança dos presentes à sessão reconhecida pelo chefe da escolta policial" (STJ – HC nº 234684-SP, Rel. Og Fernandes, j. 20.08..2013, DJe 06.09.2013).

"Esta Corte tem reiteradamente decidido não configurar constrangimento ilegal a utilização de algemas, desde que devidamente fundamentada em elementos concretos que se amoldem às circunstâncias previstas na Súmula Vinculante 11/STF (de resistência e de fundado receio de fuga ou de perigo à integridade física própria ou alheia, por parte do preso ou de terceiros)" (STJ – HC nº 185561-RS, Rel. Sebastião Reis Júnior, j. 26.02.2013, DJe 06.03.2013).

"O emprego de algemas, como constante da súmula vinculante 11, e, mais recentemente do § 3.º do art. 474 do Código de Processo Penal, é excepcional. A sua utilização, em plenário de júri, depende de motivada decisão judicial. In casu, bem se desincumbiu a autoridade que presidira a assentada, quando motivou a restrição nas peculiaridades do local em que realizado o julgamento e nas observações realizadas pelos agentes da segurança. O prédio do fórum encontrava-se em reforma, tendo sido efetuada a sessão no auditório da OAB – espaço claramente improvisado. Ademais, o paciente, de acordo com o relato dos responsáveis pela escolta, demonstrava, pelo seu retrospecto, condições pessoais que conduziam à necessidade da providência constritiva" (STJ – HC nº 189619-SP, Rel. Maria Thereza de Assis Moura, j. 07.02.2013, DJe 20.02.2013).

» Gravidade do delito justifica a utilização de algemas

"Nulidade – Indeferimento de pedido de retirada de algema – Não ocorreu a pretendida nulidade, posto que a permanência do paciente algemado visou garantir a segurança de todos os presentes, ante a gravidade dos delitos a ele imputados, além da resistência por ele perpetrada, vez que logo após a suposta prática de homicídio, foi surpreendido por guardas civis e em pleno salão de bailes, passou a disparar tiros na direção destes – Súmula 11, do STF" (TJSP – HC nº 990.10.207879-5, Rel. Machado de Andrade, j . 29.07.2010).

» **Utilização de algemas não faz presumir a responsabilidade do réu**

"Os jurados, embora leigos, são pessoas de inteligência média, eles têm discernimento suficiente para saber que devem julgar pelas provas, pela força dos argumentos da acusação e da defesa, e não pela aparência do acusado, pelo modo como ele se apresenta em Plenário. Eles prestam compromisso de examinar a causa com imparcialidade e decidir de acordo com a consciência deles e os ditames da justiça (art. 472 do CPP). Eles têm consciência de que o uso de algemas não constitui presunção de culpa, mas decorrência do fato de o réu estar preso, e de que a prisão é imposição da lei. Se não se entender assim, não haverá razão para a subsistência do Tribunal do Júri, porque estar-se-ia reconhecendo que os juízes leigos não têm capacidade para julgar seus pares, pois facilmente influenciáveis pelas aparências das pessoas que lhes são submetidas a julgamento" (TJSP – Aoelação nº 990.09.265490-0, Rel. Paulo Rossi, j. 28.02.2011).

» **Quando é admitido no procedimento ordinário**

"O uso de algemas durante a audiência de instrução e julgamento encontra-se devidamente fundamentado nas circunstâncias em que o crime ocorreu e pelo modus operandi que denotam a periculosidade do Acusado, tendo as instâncias ordinárias apontado elementos concretos que demonstram a necessidade de manter as algemas em audiência, sobretudo, pela violência desmedida perpetrada contra as vítimas" (STJ – HC nº 133696-SP, Rel. Laurita Vaz, j. 15.12.2011, DJe 02.02.2012).

Art. 475. O registro dos depoimentos e do interrogatório será feito pelos meios ou recursos de gravação magnética, eletrônica, estenotipia ou técnica similar, destinada a obter maior fidelidade e celeridade na colheita da prova. (Redação dada pela Lei nº 11.689, de 2008)

Parágrafo único. A transcrição do registro, após feita a degravação, constará dos autos. (Incluído pela Lei nº 11.689, de 2008)

Registro dos atos probatórios • Admite a lei, expressamente, que o teor do interrogatório e dos testemunhos seja registrado *"pelos meios ou recurso de gravação magnética, eletrônica, estenotipia ou técnica similar"*. No entanto, ainda à época da legislação anterior, foi reconhecida a nulidade de julgamento no qual a estenotipista deixou o plenário antes de realizar a transcrição dos depoimentos, o que impossibilitou a defesa de ter acesso à prova produzida, em manifestou cerceamento de sua tarefa (*RJTJSP* 127/274).

JURISPRUDÊNCIA

» **Ausência da degravação. Nulidade relativa**

"Consoante os termos do acórdão recorrido, a gravação contendo os depoimentos das testemunhas e os debates orais ocorridos no julgamento estavam a disposição da defesa que contou ainda com a presença, nos autos, de ata de julgamento contendo os detalhes principais ocorridos em plenário. Ademais, o entendimento consagrado desta Corte é no sentido de que a nulidade do art. 475 do Código de Processo Penal, para ser declarada, deve haver demonstração inequívoca do prejuízo sofrido pelo Acusado, sob pena de se convalidar. Precedentes" (STJ – HC nº 148499-DF, Rel. Laurita Vaz, j. 06.12.2011, DJe 19.12.2011).

» **Prova colhida na primeira fase do procedimento e repetida em Plenário. Validade**

"Tratando-se de processo da Competência do Tribunal do Júri, a colheita da prova efetuada na primeira fase poderá ser repetida em Plenário, podendo, nessa etapa, incidir o art. 475, parágrafo único do CPP." (HC n. 247920-RS, Rel. Marila Maynard, DJe 18.06.2014).

CAPÍTULO 13

Dos Debates

(Incluído pela Lei nº 11.689, de 2008)

Art. 476. Encerrada a instrução, será concedida a palavra ao Ministério Público, que fará a acusação, nos limites da pronúncia ou das decisões posteriores que julgaram admissível a acusação, sustentando, se for o caso, a existência de circunstância agravante. (Redação dada pela Lei nº 11.689, de 2008)

§ 1º O assistente falará depois do Ministério Público. (Incluído pela Lei nº 11.689, de 2008)

Ordem das falas • Nos debates, falará, inicialmente, a acusação, por meio do Ministério Público, pelo prazo de uma hora e meia, conforme previsto no *caput* do art. 477. Se contar com um assistente de acusação, a distribuição do tempo deve ser combinada entre ambos. Não havendo acordo sobre esse aspecto, cumpre ao juiz decidir (art. 477, § 1º). Não são incomuns, na prática, discussões a respeito da divisão do tempo, quando, por vezes, o promotor de justiça acaba *invadindo* o tempo do assistente, tudo a reclamar a pronta intervenção do Juiz. Ressalte-se que eventual tempo tomado pelo promotor do assistente, não será restituído em favor deste último, sob pena de configuraçao de evidente prejuízo à defesa. De qualquer forma, o assistente falará, sempre, depois do *parquet* (art. 476, § 1º, do CPP).

Manifestação da acusação • Dispõe este artigo que, uma vez encerrada a instrução, será aberta vista à ao Ministério Público para que, nos limites da pronúncia, sustente sua acusação.

O revogado art. 471 impunha a leitura do libelo. Hoje, com a supressão do *libellum*, tal obrigação, por consequência, não mais subsiste. Tampouco será necessária a leitura da pronúncia, pois, à essa altura, os jurados já terão recebido cópia dessa decisão, como determina o parágrafo único do art. 472 do CPP.

Pedido de absolvição • Houve tempo em que se discutia a possibilidade do Ministério Público, em plenário, requerer a absolvição do réu ou sustentar tese contrária ao libelo que, de alguma forma, beneficiasse o acusado (*v.g.*, o homicídio privilegiado). Doutrinadores de renome como Borges da Rosa entendiam que fosse o caso, efetivamente, de absolvição, então deveria o réu, antes, ser absolvido sumariamente ou, então, impronunciado e até operada a desclassificação. A partir do momento que o debate alcançou o plenário, já pronunciado o réu através de decisão transitada em julgado, cumpriria ao acusador sustentar a condenação, sob pena, inclusive, de nulidade absoluta do feito (art. 564, inc. III, *l*).

Para o festejado autor, "a lei manda dar a palavra ao promotor para fazer a acusação, isto é, para demonstrar a culpabilidade do réu, o que quer dizer, que não é para fazer a sua defesa ... se o promotor, invadindo as atribuições da defesa, solicitar a absolvição do réu, cumpre ao Juiz presidente do Tribunal declarar vaga a cadeira da acusação ... a única concessão que se pode fazer, na hipótese questionada, é tolerar que o agente do Ministério Público, exposto o fato e as suas circunstâncias em face da prova existente nos autos, limite-se a pedir justiça, naqueles casos em que os autos não lhe fornecem elemento algum para acusar" (ob. cit., p. 567).

Era também a opinião de José Frederico Marques, segundo o qual "o Ministério Público é parte no processo penal, e não órgão judiciário. Sua função é a de acusar, e não a de julgar; e se em procedimentos perante o juiz singular, é admissível que peça a absolvição, o mesmo não acontece relativamente ao plenário do júri, visto já existir uma sentença de pronúncia declarando admissível a acusação por ser o réu suspeito de crime" (*O júri no direito brasileiro*, p. 205). Já Ary Azevedo Franco (ob. cit., p. 109), entendia que, se a prova fosse fraca e incapaz de alicerçar a condenação do réu, caberia ao promotor *pedir justiça*, mas jamais a absolvição.

Tal posicionamento, hoje, não encontra mais nenhuma ressonância, quer na doutrina, quer na jurisprudência. Eduardo Espínola Filho, em contrapartida às lições acima, destaca que "outra é a opinião de Whitaker, frisando, muito bem, que o libelo é a base do pedido de punição (Júri, 6ª. ed, 1930, p. 95). Proclama, entretanto, ser dever do promotor 'pela dignidade do cargo', considerar-se vencido, confessando lealmente a impotência da acusação', se o réu demonstrar à evidência sua inocência ou seu direito. A causa da justiça ... é a causa da verdade" (ob. cit., vol. II, p. 452).

Este é a tese que comungamos. A um, em virtude que eventual pedido de absolvição formulado pelo promotor de justiça, em absoluto obriga os jurados a acolhê-lo. Investidos na condição de juízes, aos jurados se aplica a regra contida no art. 385 do CPP, que permite a condenação mesmo em face de pedido de absolvição do Ministério Público. A dois, porque se trata de uma visão antiga e ultrapassada em relação às funções do Ministério Público. Já não se mede mais o bom promotor de justiça, por exemplo, segundo o número de condenações que, naquele mês, obteve no Júri, em uma análise fria da estatística. Já não é mais um acusador profissional. Ao contrário, é hoje o promotor, sobretudo, um defensor da sociedade, atuando, antes da acusação, como *custos legis*, conquanto o cinema e a televisão, por vezes, insistam em apresentá-lo dessa forma. Ora, à sociedade, por certo, não interessa a condenação de um inocente e o promotor, como defensor que é da sociedade, deve, nessas hipóteses, pedir a absolvição do réu em plenário. É esse o posicionamento que tem prevalecido na jurisprudência (*RT* 496/265).

Como destaca Jorge Americano, "obrigado a intervir, o Ministério Público estuda o fato e fiscaliza a aplicação do direito. Expõe os seus argumentos com sobriedade de firmeza, com precisão e energia, mas sem paixão nem violência. Tem em vista a moralidade e a justiça. Responde aos argumentos dos diversos interessados, sem jamais sacrificar a verdade. Poupa a reputação alheia. Abandona os gracejos e os doestos, economiza a adjetivação. Encara o episódio como um fato jurídico e não como questão pessoal contra os demais interessados." (*Apud* Roberto Lyra, Teoria e Prática da Promotoria Pública, coedição da Sergio Antonio Fabris Editor e Escola Superior do Ministério Público do Rio Grande do Sul, Porto Alegre, 1989, p. 74).

§ 2º Tratando-se de ação penal de iniciativa privada, falará em primeiro lugar o querelante e, em seguida, o Ministério Público, salvo se este houver retomado a titularidade da ação, na forma do art. 29 deste Código. (Incluído pela Lei nº 11.689, de 2008)

Queixa-crime • Tratando-se de queixa-crime (em hipóteses raríssimas), na improvável existência de uma ação penal privada subsidiária da pública se sucede o mesmo. Primeiro fala o querelante e, depois, o Ministério Público. O dispositivo ressalva a possibilidade de a ação ter sido retomada pelo Ministério Público. Suponha-se uma tentativa de homicídio que, dada à inércia do promotor, tenha a vítima ofertado queixa-crime, naquilo que a doutrina denomina *ação penal privada subsidiária da pública*. Caso o querelante, por algum motivo, abandone a ação, cumpre ao Ministério Público, na exata dicção do art. 29 do código, retomá-la como parte principal. Nesse caso, a regra a ser observada é a do *caput* do art. 476.

Também a divisão do tempo entre os defensores deve ser decidida entre eles (art. 477, § 1°). Se por acaso o julgamento envolver mais de um réu, acresce-se uma hora para cada parte, bem como se dobra o tempo da réplica e tréplica (art. 477, § 2°). Sendo vários os réus, sob pena de ser-lhes cerceada a defesa, parece mais conveniente a separação dos julgamentos (art. 80).

§ 3º Finda a acusação, terá a palavra a defesa. (Incluído pela Lei nº 11.689, de 2008)

Manifestação da defesa • Remetemos o leitor, de início, ao tópico *princípios que regem o Júri*, em comentários ao Capítulo II acima, quando destacamos a *plenitude de defesa*, como um dos pilares da instituição. Em virtude dos princípios constitucionais da ampla defesa e do contraditório (art. 5º, inc. LV), e do contido no art. 261 do código, tem-se a impossibilidade do réu estar em Juízo sem a presença de um defensor. Por óbvio, como *defensor* deve ser entendido o advogado, único legitimado a atuar em juízo. A nomeação de um leigo importa em afronta ao princípio do contraditório, na medida em que desrespeitada a paridade que deve imperar entre as partes, pois colocaria, de um lado, o promotor de justiça (nas ações penais públicas, que são a imensa maioria), com formação técnica para o debate e, de outro, um jejuno desprovido de conhecimento jurídico. Apesar disso, mesmo o STF, em virtude da inexistência de advogado não impedido na Comarca, tolerou a nomeação de um leigo (*RT* 532/445), em posição também adotada por outros Tribunais (*RT* 618/285, 613/316, 591/359).

Na lição de Borges da Rosa, "os piores criminosos, mesmo aqueles que as multidões alarmadas e possuídas de justa indignação desejam lapidar ou linchar na praça pública, têm sempre direito a uma defesa, por fraca que seja" (ob. cit., p. 570). Esse antigo ensinamento somente não tem aplicação, hoje, quando se satisfaz com uma defesa *fraca*. Assim já não basta a mera defesa formal na qual o advogado desempenhe uma simples função contemplativa de espectador inerte do processo. Mais que isso, sem exigir brilhantismo, é preciso, para atender aos princípios constitucionais regentes da matéria, que o advogado atue efetivamente na tutela do réu, suscitando as teses defensivas cabíveis ao caso concreto, apresentando a defesa preliminar, participando da audiência, enfim, revelando a prática de uma defesa concreta, sob pena de ser o réu considerado indefeso. Esse é o atual posicionamento do STF, valendo que se confiram: *JSTJ* 166/294; *RT* 583/408. Afinal, "a presença formal de um defensor dativo, sem que a ela corresponda a existência efetiva de defesa substancial, nada significa no plano do processo penal e no domínio tutelar das liberdades públicas" (HC nº 68.929-9-SP – Rel. Min. Celso de Mello, *DJ* de 28.8.1992, seção I, p. 582).

No que concerne especificamente ao Júri, essa exigência se fortalece. Com efeito, sendo leigos os jurados mais facilmente podem ser sugestionados. Uma defesa falha em um processo comum pode ser suprida, com cautela, pelo juiz togado que a saberá relevar, dando ao réu, por vezes, aquilo que passou despercebido aos olhos de seu advogado. Em plenário essa fragilidade se potencializará: a pobreza do discurso pode ser facilmente detectada pelos jurados ou aproveitada pela acusação, tudo em evidente prejuízo ao réu. Já presenciamos plenário no qual, tamanha era debilidade do advogado, que o juiz se viu na obrigação de, dissolvendo o Conselho de Sentença logo que iniciado o discurso da defesa, designar novo julgamento, intimando-se o réu para constituição de outro defensor, conforme lhe é autorizado pelo art. 497, inc. V. Nesse sentido *RT* 590/388, 637/252. Também já se reconheceu nulidade no julgamento no qual o advogado ocupou a tribuna por apenas dez minutos (*RT* 564/367, 648/278), embora não se exija o esgotamento de todo o tempo (*RT* 759/589).

Vê-se, nessa linha de raciocínio, que à defesa não é dado concordar com o pedido de condenação formulado pela parte contrária. Assim agindo, fulminará de nulidade o processo, *ex vi* do disposto no art. 564, inc. III, *l*. Nada impede, porém, que, por exemplo, admita a autoria do disparo de arma de fogo desfechado pelo réu, pleiteando, porém, o reconhecimento do homicídio privilegiado ou, na mesma hipótese, a exclusão de alguma qualificadora. Significa dizer que a defesa não está obrigada, sempre, a pedir a absolvição do réu. Tal pedido, dependendo do caso concreto, soaria ridículo aos olhos dos jurados, culminando por desmoralizar todo o discurso defensivo. Mais conveniente que se bata pelas teses que guardem alguma credibilidade e possam, embora condenado o réu, minorar-lhe a situação. Aliás, o cotidiano do Júri está repleto de exemplos nos quais, embora condenado o réu, o veredicto foi-lhe altamente favorável. Assim, um advogado que assuma a defesa de réu pronunciado por homicídio duplamente qualificado e que deixe o plenário com uma condenação por homicídio privilegiado estará, seguramente, *satisfeito* com a condenação, convicto de que mais não poderia fazer ante a absoluta impossibilidade de se obter a absolvição. Esse foi o posicionamento do STF (*RTJ* 124/635).

***Acordo* entre as partes** • Outra questão que deve ser colocada diz respeito à possibilidade de um prévio *acordo* formulado entre a acusação e a defesa, tão comum no cotidiano forense. Através dele, as partes, de antemão, ajustam entre si as teses que sustentarão em plenário. Assim, por exemplo, pronunciado o réu por homicídio qualificado, combina-se que a acusação pedirá a condenação por homicídio simples, no que contará com o apoio da defesa. Ou, referindo-se a pronúncia a um homicídio simples, acusação e defesa concordam em uma condenação por homicídio privilegiado.

Diz-se que, com essa conduta, estaria violado o princípio da soberania dos veredictos, na medida em que subtraída do Conselho de Sentença a possibilidade de amplo acesso à prova. Entendemos, com a devida vênia, absolutamente equivocado tal raciocínio. Primeiro porque nada impede que os jurados decidam de forma diversa daquela que foi sugerida pelas partes, *ex vi* do disposto no art. 385 do código. Segundo, em razão de que o referido acordo não impede, em absoluto, que os jurados tenham acesso às provas, já que podem inquirir, diretamente, as testemunhas de acusação e defesa, determinar a acareação ou solicitar esclarecimentos do juiz, caso não se sintam habilitados ao julgamento. E mais, cabe ao juiz presidente, de ofício ou mediante requerimento dos jurados e com a cautela necessária, ordenar a realização de diligências destinadas ao esclarecimento da verdade (art. 497, inc. XI). Terceiro em razão de que, caso se entenda que o prévio ajuste entre as partes afrontaria a soberania dos jurados, jamais se poderia admitir o pedido de absolvição feito pelo promotor de justiça. Claro: se ele não pode acordar com a defesa uma solução que lhe parece conveniente (que é o menos), não poderá, decerto, pedir a absolvição do réu (que é o mais). Violaria o princípio da soberania dos veredictos, isto sim, o juiz que, ante o *acordo* celebrado entre as partes, dissolvesse o Conselho de Sentença, retirando deste último a competência constitucionalmente prevista de julgar o acerto – ou não – da tese que sustentaram. Aliás, e se a acusação for privada, em caso de conexão com um crime de ação penal pública, por acaso o pedido de absolvição formulado pelo querelante não importará em perempção, que o Júri deve obrigatoriamente reconhecer (art. 60, inc. III do CPP)?

Na verdade, a expressão *acordo* é empregada de um modo um tanto pejorativo, podendo dar a impressão de embuste ardilosamente tramado entre as partes, com fins escusos. Pode ocorrer, no entanto, exatamente o contrário. Ou seja, de ser a solução alvitrada pelas partes a mais justa, naquele caso concreto e que represente uma punição adequada para o réu, proporcional ao fato cometido. Fruto não de um ardil sordidamente preparado por elas, com o maquiavélico objetivo de enganar os jurados ou de abreviar o julgamento, mas de uma análise criteriosa e com base nas provas do processo. Quantas vezes, frente ao estudo aprofundado da hipótese dos autos, não se mostra de bom tamanho a condenação do réu pelo homicídio privilegiado, quando a pronúncia se referia a um homicídio simples. Ou por esse último crime, tendo a pronúncia insistido exageradamente em um homicídio qualificado. Havendo equívoco na proposta, os jurados que a rejeitem, não o juiz a quem falta competência legal para tanto. Essa alternativa – insistimos – a qual os jurados não se vinculam, presta-se por vezes, ademais, a abreviar os trabalhos, poupando todos os envolvidos no Júri de um cansaço excessivo que, no mais das vezes, levaria à mesma conclusão de início alvitrada por um *acordo* que não se concretizou. Ocorrendo malícia do promotor de justiça, que, com sua conduta, revelou-se negligente e desidioso no exercício de sua função, que seja ele submetido a eventual aplicação de sanções de ordem ética e disciplinar cabíveis à espécie. Equivocada, portanto, a afirmação no sentido de que a exposição em plenário, pelas partes, de teses idênticas, ofenderia a soberania do Tribunal do Júri.

Posição ocupada pelo Promotor de Justiça em plenário • Interessante debate, a guardar interesse prático, é travado quanto ao posicionamento a ser ocupado pelo Ministério Público no plenário do Júri. Por força da Lei Orgânica Nacional do Ministério Público (Lei nº 8.625/93), mais precisamente no inc. XI, do art. 41, constitui prerrogativa dos membros do *parquet* "tomar assento à direita dos Juízes de primeira instância ou do Presidente do Tribunal, Câmara ou Turma". Em razão desse dispositivo – e mesmo, por tradição, muito antes dele – o lugar reservado ao promotor de justiça, em plenário, é ao lado direito do juiz, mais abaixo, na mesma bancada, posicionada contígua ao assento ocupado pelo Magistrado.

O tema, em algumas ocasiões, foi submetido à apreciação dos Tribunais. Em medida cautelar intentada pela 57ª Subseção de Guarulhos da Ordem dos Advogados do Brasil – Seccional de São Paulo, objetivando a concessão de efeito suspensivo a recurso ordinário, o Superior Tribunal de Justiça analisou a questão (Medida Cautelar nº 12.417 – SP, j. 24.1.2007).

Segundo a inicial manejada pela OAB, esse posicionamento ofenderia a igualdade entre as partes, quando induz os jurados a pensarem que "[...] magistrado e promotor são uma só pessoa ou órgão, ou se trata da mesma equipe, situação absurda que viola gravemente o sagrado e consagrado princípio constitucional da isonomia". Violaria, ademais, o art. 6º da Lei nº 8.906/94 (Estatuto da OAB), que estabelece a inexistência de hierarquia ou subordinação entre "advogados, magistrados e membros do Ministério Público".

Outro argumento é de que a proximidade física entre o promotor e o juiz, sentados lado a lado, mantendo, por vezes, conversas em tom baixo, a revelar certa intimidade, seria nociva à defesa, posto que os jurados, impressionados com tamanha cumplicidade, poderiam conferir maior credibilidade ao discurso acusatório em prejuízo da defesa, cujo advogado tem como companheiro mais próximo o próprio réu.

Nessa linha, em entrevista concedida ao *site* Consultor Jurídico, em 31 de janeiro de 2007, o advogado criminal Alberto Zacharias Toron fez ver que "a regra prejudica a defesa porque o jurado tende a dar mais credibilidade a quem está ao lado do juiz, que representa a isenção. O ideal seria que defesa e acusação se colocassem à frente do juiz".

A despeito de tais argumentações, a liminar foi indeferida, parecendo ao relator Min. Francisco Peçanha Martins que "a prerrogativa de os membros do Ministério

Público tomarem assento à direita dos Juízes de primeira instância ou do Presidente do Tribunal, Câmara ou Turma decorre da própria legislação de regência (art. 41, XI, da Lei n. 8.625/93), a qual leva em conta a importância das funções desempenhadas pela instituição (arts. 127, caput; e 129, da Constituição Federal), inexistindo qualquer ofensa à igualdade entre as partes".

Em situação um pouco diversa, o tema foi abordado pelo Supremo Tribunal Federal (RMS 21844-DF, Rel. Min. Marco Aurélio, j. 17.5.1994, DJ 25.11.1994, p. 32302). O debate colocava, de um lado, o Código de Processo Penal Militar (art. 400) e, de outro, a Lei Orgânica do Ministério Público (art. 18, I, da Lei Complementar 75/93). Aquele primeiro determina que a bancada reservada aos Juízes é composta pelo presidente, sentando-se, à direita deste, o auditor e, à esquerda, os juízes leigos. Já a lei do *parquet* garante aos membros do Ministério Público tomar assento à direita do juiz.

Instalou-se, assim, o impasse: quem deveria ocupar o lado direito do juiz, o membro do Ministério Público ou o auditor militar?

Entendeu-se, desta feita, que esse lugar deve ser ocupado pelo juiz-auditor. É que a colocação do Ministério Público, na mesma bancada com os juízes, importaria em violação ao princípio que impõe a igualdade entre acusação e defesa. Os componentes da bancada julgadora, porque membros do Poder Judiciário, devem se posicionar na mesma bancada, reservando-se às partes (promotor e defensor), lugar separado, em igualdade de condições.

Afinal, como constou do voto do relator, "acusação e defesa devem estar em igualdade de condições, não sendo agasalhável, constitucionalmente, interpretação de normas reveladoras da ordem jurídica que desague em tratamento preferencial. A *par condicio* é inerente ao devido processo legal [...]dentre os deveres da Magistratura está o ligado à atuação que denote imparcialidade consideradas as partes do processo. A partir do momento em que a presunção, a girar em torno de um dever, fique de alguma maneira comprometida, surge o correspondente direito subjetivo à preservação".

Esse julgado contou, inclusive, com parecer de Ada Pellegrini Grinover, quando ressaltou que "vê-se daí que a Lei Processual Penal Militar revela o maior cuidado para com a situação de paridade das partes e equidistância que ambas devem manter em relação ao órgão judicante. Este, em bancada única, há de permanecer fisicamente reunido, até porque, inexistindo incomunicabilidade entre os Juízes, os leigos podem valer-se do Juiz-Auditor para o esclarecimento de questões de ordem jurídica, assim como o Juiz Togado pode valer-se dos demais membros do Conselho de Julgamento para dirimir eventuais dúvidas ligadas à vida militar".

O julgado acima mencionado serve de norte seguro à abordagem da questão. Talvez fosse mesmo mais aconselhável que, a exemplo do que se vê no Júri norte-americano, permanecesse o juiz isolado em sua bancada e as partes (acusação e defesa), em pé de igualdade, em mesas separadas, no mesmo nível e equidistantes do Magistrado. Com isso se evitaria uma proximidade entre a Magistratura e o Ministério Público capaz de influenciar o espírito do jurado que, leigo, se impressionaria com a aparente intimidade entre o primeiro que encarna a imparcialidade e, o segundo, que é, por definição, parte. A reforma, contudo, não tratou do tema, perdendo, neste aspecto, valiosa oportunidade para disciplinar tão relevante questão.

JURISPRUDÊNCIA

» **Pequena superação do tempo. Nulidade relativa**

"A superação, no caso, de sete minutos pelo Ministério Público do limite de uma hora e meia, previsto no artigo 477, caput, do CPP, somente poderia importar em nulidade, que é meramente relativa, se tivesse redundado em prejuízo efetivo para a parte contrária (como a negativa de igual acréscimo ao tempo da Defesa) e arguição oportuna da irregularidade na Ata" (TJSP – Apelação nº 990.09.148765-1, Rel. Renê Ricupero, j. 13.05.2010).

» **Dois promotores em plenário. Possibilidade**

"A presença de dois promotores de justiça na sessão de julgamento do Tribunal do Júri, ainda que sem designação expressa do Procurador Geral de Justiça para um deles não é causa de nulidade absoluta, tampouco resta demonstrada a existência de prejuízo para qualquer das partes, sendo certo que a maioria dos quesitos obteve expressiva votação (7 a 0 e/ou 6 a 1), evidenciando a certeza do conselho de sentença na condenação do paciente" (STJ – HC nº 9674-MG, Rel. Fernando Gonçalves, j. 30.06.1999, DJ 16.08.1999, p. 115).

» **Advogado distante do Juiz. Nulidade inexistente**

"É prerrogativa legal do membro do Ministério Público tomar assento à direito do juiz nas sessões de julgamento, inclusive do tribunal do júri. A alegação de nulidade disso decorrente, por uma pretensa quebra da paridade de armas, é imprópria ao veio do habeas corpus, porquanto não importa em direta relação com o direito de ir e vir do réu. Arguição de total despropósito. Ausência de ilegalidade a ser Amparada" (STJ – RHC n. 59978-RS, Rel. Maria Thereza de Assis Moura, j. 27.10.2015, DJe 13.11.2015).

"O fato de o defensor do réu não estar assentado ao lado do Juiz Presidente por ocasião de julgamento na Sessão Plenária do Tribunal do Júri não configura constrangimento ilegal à liberdade de ir e vir. A igualdade entre as partes, defesa e acusação, no Tribunal Popular, é verificada pelo mesmo tempo de que dispõem para que, em pé, da mesma forma, diante dos jurados, possam proferir suas alegações, sustentando a tese defensiva ou acusatória. A posição do patrono ao lado do réu possibilita a melhor comunicação entre eles, facilitando eventuais orientações e obtenção de informações para a promoção da defesa. O posicionamento do Ministério Público, que se coloca sentado ao lado do Magistrado Presidente do Tribunal do Júri, decorre da Lei 8.625/93, não significando superioridade em relação ao defensor" (RHC nº 13.729-SP, Rel. Min. Gilson Dipp. j. 6.10.2003).

§ 4º A acusação poderá replicar e a defesa treplicar, sendo admitida a reinquirição de testemunha já ouvida em plenário. (Incluído pela Lei nº 11.689, de 2008)

Reinquirição de testemunhas • É possível que, na fase de réplica e tréplica, sejam reinquiridas testemunhas (e, por óbvio, também a vítima) já ouvidas em plenário, nos termos do § 4º do art. 476. A *mens legis* vem bem apanhada por Espínola Filho ao salientar que "a providência visa, evidentemente, a conferir às partes o poder de chamar, novamente, à barra das testemunhas, alguém que, antes, deu o seu depoimento, a fim de anular algum argumento, ou algum elemento probatório, de que haja adversário lançado mão, na oração anterior. Assim, essa reinquirição, que apenas versará sobre o ponto ou os pontos em questão, fica subordinada ao desenvolvimento dos debates" (ob. cit., p. 466).

O pedido de reinquirição de testemunhas pode ser formulado pelas partes ou pelos jurados, na forma do art. 497, inc. XI (*RT* 771/517), ou determinada de ofício pelo juiz. Também aqui é permitida aos jurados a formulação de perguntas diretamente às testemunhas, não se anulando o julgamento, contudo, se as reperguntas forem formuladas pelo juiz (*RT* 446/463, 694/325). Pertinente a observação de Guilherme de Souza Nucci para quem a testemunha deve ser ouvida dentro do prazo de meia hora conferido a quem requereu seu depoimento (ob. cit., p. 670).

Trata-se de disposição de pouca utilização na prática. Com efeito, chegando o julgamento à sua parte final, com os oradores (e também os jurados) inevitavelmente cansados, não se encontra ânimo para se retomar a oitiva de testemunhas que – insiste-se – foram ouvidas há pouco, no mesmo plenário. Melhor que se deixe a prova como está, para que os jurados, com o acervo que contam até então, julguem o feito. A repetição enfadonha e por vezes desnecessária dos testemunhos, servirá apenas para adiar a conclusão, na vã tentativa de se retomar uma discussão que, à essa altura, já se imagina superada. Cuida-se, assim, de diligência que exige bom senso de quem a requerer e deve ser guardada para situações excepcionais, quando a reinquirição da testemunha se revelar, concretamente, medida indispensável. Sobretudo quando, antes, as partes puderam protestar pela realização de acareações, reconhecimento e esclarecimentos dos peritos, conforme permite o § 3°, do art. 473 do CPP. Fora tais situações, não sendo razoável o pedido, cumpre ao juiz presidente indeferir a realização da prova.

Art. 477. O tempo destinado à acusação e à defesa será de uma hora e meia para cada, e de uma hora para a réplica e outro tanto para a tréplica. (Redação dada pela Lei nº 11.689, de 2008)

§ 1º Havendo mais de um acusador ou mais de um defensor, combinarão entre si a distribuição do tempo, que, na falta de acordo, será dividido pelo juiz presidente, de forma a não exceder o determinado neste artigo. (Incluído pela Lei nº 11.689, de 2008)

Ver item *ordem das falas* acima, nos comentários ao art. 476.

§ 2º Havendo mais de 1 (um) acusado, o tempo para a acusação e a defesa será acrescido de 1 (uma) hora e elevado ao dobro o da réplica e da tréplica, observado o disposto no § 1º deste artigo. (Incluído pela Lei nº 11.689, de 2008)

Réplica e tréplica • Terminada a defesa do réu, cumpre ao juiz indagar, da acusação, se pretende fazer uso da réplica. Trata-se de mera faculdade – e não obrigação – que a acusação exerce livremente (*RT* 464/409, 547/326), como se depreende da leitura deste dispositivo e do art. 476 do CPP. Se responder afirmativamente, terá o prazo de mais uma hora para ocupar a tribuna, reforçando os argumentos inicialmente expendidos e refutando a tese sustentada pela defesa em sua fala. Sendo pública a acusação e havendo assistente, cabe a ambos, de comum acordo, ajustarem o tempo de cada um na réplica. Havendo mais de um réu, o prazo é dobrado (art. 477, § 2º), ou seja uma duas horas para cada parte. Pode o assistente de acusação replicar, a despeito da negativa do promotor de justiça, tendo sido decretada a nulidade de julgamento no qual, pleiteada a réplica pelo assistente, foi-lhe negado tal direito (*RT* 468/304).

A negativa quanto ao direito de réplica, formulado pela acusação, deve limitar-se a um simples "*não*". Se algo acrescer a essa negativa ("*a prova dos autos revelou-se mais que suficiente para a condenação do réu*" ou "*a acusação acha-se satisfeita já que a defesa não refutou seus argumentos*"), já estará dando ensejo, à defesa, de treplicar.

Aceita a réplica, aberta se acha a possibilidade da defesa exercer a tréplica. Discute-se se é obrigatória a ida da defesa para a tréplica. Para Espínola Filho, a tréplica encerra mera faculdade, da qual a defesa se valerá se entender cabível naquele momento. Segundo esse autor, "fica ao critério do defensor decidir se há conveniência em rebater os novos argumentos da acusação, relembrando, outrossim, os pontos da defesa, ou não. Muita vez, como demonstração de que a réplica é oca de significação, a abstenção do advogado de defesa, salientada numa declaração nesse sentido, é mais eloquente do que qualquer discurso. É tudo questão de oportunidade, de uma hábil exploração da situação" (ob. cit., p. 464). Nesse sentido, *RT* 547/326.

Já para Heráclito Mossin, uma vez apresentada a réplica, importa em verdadeira obrigação a defesa ocupar a tribuna para a tréplica. Explica o autor que, "embora seja facultado à defesa promover a tréplica, nada mais evidente salientar que, havendo a réplica, não há praticamente como o defensor deixar de rebater os argumentos colacionados pela acusação. Sua omissão implicaria, possivelmente, deixar o acusado indefeso ou enfraquecer sobremaneira as teses suscitadas pela defesa em plenário" (*Júri, crimes e processo*, p. 405). Parece ser mesmo o posicionamento mais correto, por render homenagem aos princípios do contraditório e da ampla defesa, que restariam violados caso o defensor se mantivesse inerte, após a réplica deduzida pela acusação.

Tréplica sem réplica? • A indagação, em outras palavras, é a seguinte: poderia a defesa se valer da tréplica sem que a acusação, antes, fizesse uso da réplica? A resposta óbvia é negativa, mas, por mais esdrúxulo que possa parecer, há quem sustente essa possibilidade. A um, porque, sob o ponto de vista semântico, se a tréplica consiste exatamente na resposta que se dá à réplica, como é possível imaginá-la sem esta última. É dizer: a réplica é o *principal* e, a tréplica, o *acessório*, que depende, para seu surgimento, da existência da primeira. E, a dois, em razão que a dicção do § 4º é clara em conceder à acusação a faculdade de se utilizar da réplica quando, somente a partir daí, se abre possibilidade de tréplica. Aliás, o Código de Processo Penal, em sua versão original, continha dispositivo idêntico, como se vê da redação do revogado art. 473 ("O acusador poderá replicar e defesa treplicar, sendo admitida a reinquirição de qualquer das testemunhas já ouvidas em plenário"). Tal redação, neste § 4º, foi praticamente repetida pela reforma do Júri de 2008.

Interessante que, por maior que seja a aberração, há um projeto de lei aprovado na Câmara dos Deputados, desde julho de 2013 (PL nº 5295/2009, da Deputada Dalva Figueiredo), que confere nova redação a este § 4º, nestes termos: "A acusação poderá replicar e a defesa, independentemente da utilização ou não do tempo pela acusação para réplica, treplicar, sendo admitida a reinquirição de testemunha já ouvida em plenário". Pretende-se instituir, assim, a possibilidade da tréplica sem a réplica.

Caso se torne lei, teríamos, na prática, o seguinte absurdo: a acusação, nos termos do art. 477, falaria por uma hora e meia e, a defesa, por igual tempo. Não sendo utilizada a faculdade da réplica pela acusação, segundo o infeliz projeto, teria a defesa mais uma hora para a *tréplica*.

Ou seja, enquanto a acusação discursaria por uma hora e meia, à defesa se daria o prazo de duas horas e meia. Haverá quem argumente que a acusação, então, que se valha da réplica, garantindo-se, dessa forma, a paridade de tempo para ambos os contendores. A se privilegiar esse entendimento, porém, a utilização da réplica deixaria de se traduzir em uma faculdade para se constituir em verdadeira obrigação. Melhor, então, que se extinguisse a possibilidade de réplica, a se encampar tão exótica proposta legislativa.

Inovação na tréplica • Questão altamente polêmica importa em avaliar se no procedimento do Júri, mais precisamente na tréplica, pode a defesa trazer ao debate tese jurídica até então inédita. Suponha-se, assim, que a linha defensiva venha se pautando no sentido da negativa de autoria. Poderia a defesa, já na tréplica, inovar a fim de sustentar a legítima defesa?

Embora reconhecendo o debate que se desenvolve em torno da questão, entendemos ser mesmo incabível deferir-se à defesa a possibilidade de, na tréplica, invocar tese nova, até então não ventilada nos debates.

Argumentação a favor da possibilidade de inovação • Os argumentos em sentido contrário, quando admitem a inovação, são basicamente os seguintes: a) o princípio do contraditório, de índole constitucional, garante a possibilidade da parte contrária se manifestar a respeito de alguma prova nova ou fato novo surgido no transcurso do processo, mas não obriga a oitiva do *ex adverso* se a novidade se referir a teses jurídicas. Tanto – argumentam os que admitem a inovação – que no procedimento comum, com o julgamento afeto a um juiz togado, se surgir nova tese invocada pela defesa em suas alegações finais, cumpre ao Magistrado proferir a sentença e não determinar o pronunciamento do órgão acusatório; b) vigora no procedimento do júri o princípio da *plenitude da defesa*, de maior abrangência do que a mera *ampla defesa*. Por conta disso, nenhum obstáculo deve ser tolerado capaz de afrontar esse princípio, que autoriza a sustentação de qualquer tese, a qualquer momento, desde que em favor do réu. Chegou-se a afirmar que "o Ministério Público, sim, tem que abrir o jogo. O réu pode surpreender o Ministério Público" (STJ, RE 5.329-GO, 6a. T., voto do min. Vicente Cernicchiaro, j. em 31.8.1992). Porém, é salientado que o juiz, percebendo que a tese nova, por ilógica, é capaz de prejudicar o réu, deve dá-lo por indefeso, dissolvendo o Conselho de Sentença; c) a possibilidade de apartes concedidos ao órgão acusatório, restabelece o contraditório; d) cabe ao promotor de justiça sustentar a pronúncia e não rebater os argumentos da defesa, sendo que, por isso, qualquer intervenção na tréplica formulada pela acusação seria inócua; e) a acusação jamais poderá alegar ter sido tomada de surpresa, pois cabe a ela *prever* os argumentos que serão utilizados pela defesa (*RT* 693/331).

Nosso posicionamento contra a possibilidade inovação • Cremos equivocada essa argumentação. É preciso, inicialmente, averiguar o alcance do princípio constitucional do contraditório. Segundo ensina a doutrina, o contraditório se constitui na "ciência bilateral dos atos e termos processuais e a possibilidade de contrariá-los", na exata lição de Joaquim Canuto Mendes de Almeida (*Princípios fundamentais do processo penal*, p. 80). Vê-se, portanto, que a preocupação desse princípio é, primordialmente, de garantir a igualdade entre as partes. A mesma arma que se concede a uma parte, deve, também, ser concedida a outra, de modo a garantir a absoluta igualdade entre ambas. Com efeito, como ensina Vicente Greco Filho, no contraditório "todos os atos do processo devem ser realizados de modo que a parte contrária possa deles participar ou, pelo menos, possa impugná-los em contramanifestação" (*Manual de processo penal*, p. 63). Daí discordamos de que a necessidade da audiência bilateral, tão cara aos romanos (*audiatur et altera pars*), se refira apenas a fatos ou provas novas e não a teses jurídicas novas. Uma tese jurídica, até então inédita, surgida no plenário apenas na tréplica, não deixa de ser um *fato novo* e, assim, deveria permitir a manifestação da parte contrária. Máxime quando se sabe que, no Júri, os jurados julgam, basicamente, questões de fato e não de direito. Daí a oportuna lição de Giovanni Leone, citado por Demercian e Maluly, para quem "o princípio do contraditório consiste no dever imposto ao juiz de ouvir todas as partes, assegurando-lhes que intervenham e exponham suas razões de convencimento" (*Curso de processo penal*, p. 46). Repita-se: o princípio do contraditório determina não apenas a audiência da parte contrária sobre fato ou prova, indo além para garantir a ampla manifestação a respeito de qualquer ponto do debate, quer se trate de questão fática ou jurídica. Aresto do STJ em que foi relator o Min. Sálvio de Figueiredo, coloca bem a matéria: "o princípio do contraditório, com assento constitucional, vincula-se diretamente ao princípio maior da igualdade substancial, sendo certo que essa igualdade, tão essencial ao processo dialético, não ocorre quando uma das partes se vê cerceada em seu direito de produzir prova ou debater a que se produziu" (*Informativo do STJ* nº 1/378). Se não há possibilidade dessa manifestação, sob pena de tornar-se infindável o debate, então que não se admita sua utilização, evitando, assim, tomar de surpresa a acusação.

A comparação que se pretende estabelecer entre o procedimento comum no qual o juiz não deve abrir vista à acusação para se manifestar sobre tese jurídica nova suscitada pela defesa, em sede de razões finais, e o procedimento do Júri, é absolutamente equivocada. A um, pois, na prática, quase sempre os juízes, preocupados com a igualdade processual, facultam sim a acusação a possibilidade de se manifestar sobre questão jurídica nova trazida pela defesa em suas alegações finais. E, a dois, em virtude de que uma decisão da lavra de um juiz togado revela contornos completamente diversos daquela proferida pelo Conselho de Sentença. Ora, os jurados, leigos que são nas coisas do Direito, decerto se impressionarão muito mais com uma tese jurídica nova trazida pela defesa, sobretudo quando apresentada por último e sem a possibilidade de contestação pela acusação. Já ao juiz togado o ineditismo não acarretará qualquer alteração em sua convicção. É, portanto, incabível a analogia que se pretende afirmar entre as duas situações, posto que fincadas em pressupostos distintos.

Também não aproveita o segundo dos argumentos elencados em favor da possibilidade de inovação, que se funda no princípio da plenitude de defesa, de maior abrangência se comparado à ampla defesa. Vale atentar, de início, que os constitucionalistas, em sua maioria, não identificam qualquer distinção entre os princípios da plenitude de defesa, previsto para o procedimento do Júri e o da ampla defesa, exigido para os demais procedimentos judiciais. Assim, Cretella Júnior ensina que "a plenitude de defesa do réu, ou acusado, diante do conselho de sentença e do juiz que preside ao julgamento, é princípio que, fixado no início do art. 5º, XXXVIII, 'a', desta Constituição de 5 de outubro de 1988, mais adiante se repete, em inciso do mesmo art. 5º sob nº LIV ('ninguém será privado da liberdade sem o devido processo legal') e sob número LV ('aos acusados, em geral, são assegurados o contraditório e a ampla defesa')" (*Comentários à constituição de 1988*, vol. I, p. 469). Alexandre de Moraes, de sua parte, ensina que "a plenitude de defesa encontra-se dentro do princípio maior da ampla defesa, previsto no art. 5º, LV, da Constituição Federal. Além disso, conforme salienta Pontes de Miranda, na plenitude de defesa inclui-se o fato de serem os jurados tirados de todas as classes sociais e não apenas de uma ou de algumas" (*Constituição do Brasil interpretada*, p. 307). Ora, todos esses exemplos de exercício da plenitude de defesa se aplicam, igualmente, ao princípio da ampla defesa. Aliás, não se entende por qual razão o constituinte teria optado por uma defesa *plena* para o Júri e, para os demais procedimentos, se contentaria apenas com uma defesa *ampla*, ferindo o princípio da isonomia em nítido prejuízo para o réu julgado pela prática de um crime doloso contra a vida.

Mas admitamos que o constituinte não pretendeu apenas reforçar a ideia de ampla defesa quando cogitou da plenitude da defesa. Que tenha, efetivamente, se preocupado em garantir uma defesa absoluta, sem qualquer restrição, muito mais abrangente de que a mera ampla defesa, que guardou para os demais procedimentos. Mesmo que tenha sido essa a *ratio legis*, será válida a inovação na tréplica? Continuamos entendendo que não.

De sorte que se estabelecer a plenitude de defesa não significa dizer que a intenção do constituinte tenha sido de livrar o réu de todo e qualquer regramento processual. A plenitude de defesa não deve jamais importar na implantação de um verdadeiro *vale-tudo*, desprovido de qualquer disciplina e em franca violação às normas processuais. A se privilegiar tal entendimento, se deveria permitir, por exemplo, que a defesa ocupasse a tribuna por quatro ou cinco horas, já que qualquer limitação contida no art. 477, feriria o princípio da plenitude da defesa. Sob essa ótica, ainda, não obstante o teor do art. 479, jamais poderia se impedir a defesa de apresentar documento novo em plenário, mesmo que tomando a acusação de surpresa. Também não seria plena a defesa se o juiz indeferisse o requerimento defensivo que pretendesse ouvir dez testemunhas em plenário, apesar do disposto no parágrafo único do art. 422. Ora, já decidiu o STF que "os princípios constitucionais que garantem o livre acesso ao Poder Judiciário, o contraditório e a ampla defesa, não são absolutos e hão de ser exercidos, pelos jurisdicionados, por meio das normas processuais que regem a matéria, não se constituindo negativa de prestação jurisdicional e cerceamento de defesa a inadmissão de recursos quando não observados os procedimentos estatuídos nas normas instrumentais" (STF – Pleno – Ag. Rg. Nº 152.676/PR – Rel. Min. Maurício Corrêa, *DJ*, Seção I, j. em 3.11.1995). Vê-se, portanto, que o mandamento constitucional que trata da *plenitude de defesa* não deve ser interpretado a ponto de isentar a defesa de submissão às regras do processo, sob pena de se estabelecer a balbúrdia, obstando, inclusive, o esgotamento da prestação jurisdicional.

Tampouco de isentar o defensor de um outro princípio que é típico do processo, a saber o que prega a *lealdade processual*. Com efeito, na lição de Cintra, Grinover e Dinamarco, "sendo o processo, por sua índole, eminente dialético, é reprovável que as partes se sirvam dele faltando ao dever de verdade, agindo com deslealdade e empregando artifícios fraudulentos. Já vimos que o processo é um instrumento posto à disposição das partes não somente para a solução de suas lides, como também para a atuação do direito. Diante desta sua finalidade, deve ele revestir-se de uma dignidade que corresponda a seus fins. O princípio que impõe esses deveres de moralidade e probidade a todos aqueles que participam do processo ... denomina-se princípio da lealdade processual" (*Teoria geral do processo*, pp. 38-9).

Indaga-se, então, agora com uma visão prática, tirada do cotidiano do Júri: qual a tese que, até então ignorada pela defesa, seria capaz de surgir apenas na tréplica? Que poder sobrenatural é esse que, assolando abruptamente o defensor, o inspiraria a ponto de cogitar de uma versão até então inédita? Ora, a experiência revela que a inovação na tréplica implica, isso sim, em estratégia desonesta, cujo objetivo é de ludibriar a acusação que, a essa altura, já não mais encontrará tempo hábil para refutá-la. Para se valer da mesma figura de linguagem utilizada no julgamento do STJ, cuja ementa foi acima transcrita, trata-se de carta tirada do bolso do colete,com que a defesa, astuciosamente, movida por intensa má-fé, pretende quebrar a regra do jogo.

Em nada enfraquece nosso posicionamento aventar-se com a possibilidade de apartes, suficientes para que a acusação contestasse a tese inédita. É que o apartes dependem de prévia concessão pelo Magistrado (art. 497, inc. inc. XII). Ora, bastaria que o juiz negasse a concessão de apartes para que a possibilidade de refutação restasse completamente prejudicada. Demais disso, os apartes devem ser curtos, precisos, limitados ao tempo de duração de três minutos, insuficientes, assim, para que a acusação, tomada de surpresa pela nova versão, possa refutar a nova e surpreendente argumentação.

São também equivocados os dois últimos argumentos favoráveis à inovação, quando se alega, primeiramente, que à acusação cumpre sustentar sua tese nos limites da pronúncia e não contrariar o discurso defensivo. Afinal, é típico do Júri e constitui-se mesmo em uma de suas características mais marcantes, a possibilidade de confronto entre as teses, da argumentação e contra-argumentação, no mais pleno exercício da dialética processual. Imaginar-se que o acusador deve, única e exclusivamente, limitar-se ao que foi objeto da pronúncia e ignorar todo o discurso defensivo revela, no mínimo, desconhecimento da instituição. O segundo argumento, preconizado em um julgado (*RT* 693/331), pelo qual deve o Promotor de Justiça *prever* os argumentos que serão utilizados pela defesa, somente pode ser interpretado seriamente quando se impede, exatamente, a possibilidade de apresentação da tese inédita. Claro: se a defesa mantiver uma linha de coerência, construída desde a fase do sumário de culpa, saberá a acusação, de antemão, qual a tese defensiva. Ao contrário, se surgir com nova tese, apenas na tréplica, se retira da acusação a possibilidade de *adivinhação* sugerida no aresto.

Conclusão • Em síntese, na lição de José Frederico Marques, "a réplica é um complemento da acusação, assim como a tréplica é um complemento da defesa, e uma decorrência da regra de que o acusado sempre fala em último lugar" (*O júri no direito brasileiro*, p. 204). Presta-se a tréplica, portanto, como o último momento processual conferido à defesa a fim de que reforce sua argumentação, tornando a contestar a oração do acusador, realçando algum ponto obscuro, valendo-se de alguma frase de efeito ou mesmo utilizando-se de algum dado ainda não explorado, mas constante dos autos. Jamais se admite, porém, a utilização da tréplica como verdadeira armadilha tramada pela defesa que teve à sua disposição todo o processo para invocar as mais variadas teses jurídicas e, ardilosamente, deixou somente para o último momento a apresentação da tese inédita. É da essência do Júri – repita-se – o confronto, conforme salienta Roberto Lyra, um de seus mais ardorosos defensores, para quem "toda tese tem sua antítese, toda crítica tem sua réplica, todo argumento tem seu contra-argumento" (introdução à obra de Ruy Barbosa, *O júri sob todos os aspectos*, p. 17). Com essa conduta desleal, a defesa priva a parte contrária do contraditório, cerceando seu direito de acusação, em atitude que deve ser coibida pelo Magistrado, a quem resta, como única alternativa, deixar de incluir no questionário quesito específico versando sobre a novidade trazida pela defesa.

JURISPRUDÊNCIA

» Inovação na tréplica

a) possibilidade

"Vem o júri pautado pela plenitude de defesa (Constituição, art. 5º, XXXVIII e LV). É-lhe, pois, lícito ouvir, na tréplica, tese diversa da que a defesa vem sustentando. Havendo, em casos tais, conflito entre o contraditório (pode o acusador replicar, a defesa, treplicar sem inovações) e a amplitude de defesa, o conflito, se existente, resolve-se a favor da defesa – privilegia-se a liberdade (entre outros, HC-42.914, de 2005, e HC-44.165, de 2007)" (STJ – HC nº 61615-MS, Rel. Hamilton Carvalhido, j. 10.02.2009, DJe 09.03.2009).

"Nos debates em plenário do Júri, é lícito à defesa, no ensejo da tréplica complementar a tese. Seja por reconhecer a falta de ressonância nos jurados quanto à linha seguida, ou a superioridade acusatória na réplica. Ou, mesmo, ocasionalmente, o surgimento de outra faceta que o desenvolvimento dos debates acaso suscite. Deve-se ter em conta que os debates tendem à conformação jurídica dos fatos com fundamento nas provas dos autos. Não há, portanto, violação ao princípio do contraditório na sustentação de nova tese na tréplica pela defesa. Ao contrário, constitui prejuízo à defesa, configurador de nulidade, o indeferimento de quesitos relativos àquela tese" (TJSP – Rel. Ary Belfort – RT 661/269).

b) impossibilidade

PENAL E PROCESSUAL. INOVAÇÃO DE TESE DEFENSIVA NA TRÉPLICA. IMPOSSIBILIDADE. OFENSA AO PRINCÍPIO DO CONTRADITÓRIO – "Esta Corte possui entendimento de que a inovação de tese defensiva na fase de tréplica, no Tribunal do Júri, viola o princípio do contraditório, porquanto impossibilita a manifestação da parte contrária acerca da quaestio" (STJ – AgRg no AREsp n. 538496-PA, Rel. Gurgel de Faria, j. 18.08.2015, DJe 01.09.2015).

"A inovação de tese defensiva na fase de tréplica, no Tribunal do Júri, viola o princípio do contraditório, porquanto impossibilita a manifestação da parte contrária acerca da quaestio" (STJ – AgRg no REsp n° 1306838-AP, Rel. Sebastião Reis Júnior, j. 28.08.2012, DJe 12.09.2012).

"É incabível a inovação de tese defensiva, na fase de tréplica, não ventilada antes em nenhuma fase do processo, sob pena de violação ao princípio do contraditório" (STJ – AgRg no REsp n° 65379-PR, Rel. Gilson Dipp, j. 15.04.2002, DJ 13.05.2002, p. 218).

"Não pode a defesa oferecer, na tréplica, tese que não fora anteriormente questionada, constituindo assim surpresa para o Ministério Público, sem mais oportunidade para refutá-la. Estabelecido o conflito entre o criminoso e a sociedade, tão sagrado são os direitos daquela como os desta" (TJMG – Rel. Otaviano Andrade – RT 602/393).

» **Réplica pelo assistente**

Produção da réplica pelo assistente de acusação. Nulidade – "Inocorre nulidade quando, em sede de julgamento pelo Tribunal do Júri Popular, apenas o Assistente de Acusação utiliza da faculdade de replicar, e o Ministério Público silenciar" (TJRO – Apelação n° 10150120050097135, Rel. José Antonio Robles, j. 25.01.2007).

» **A acusação não pode extrapolar o que foi decidido na pronúncia**

"Com o advento da Lei n. 11.689/2008, o legislador ordinário extirpou do ordenamento jurídico pátrio a figura do libelo-crime acusatório, restando como fonte principal do questionário a decisão de pronúncia, a qual, juntamente com a denúncia, fixa os limites da acusação. O Ministério Público não pode inovar sua tese principal durante o julgamento em Plenário, devendo ater-se ao que narrado na denúncia e contido na pronúncia, sob pena de ofensa ao contraditório expressamente garantido na Constituição Federal. Na hipótese, a pretensão do órgão acusatório de obter a condenação do paciente pela prática do crime de latrocínio já havia sido rechaçada pelo Tribunal de origem, por ocasião do julgamento do recurso em sentido estrito defensivo. Com a preclusão da decisão de pronúncia autorizando a submissão do paciente a julgamento pelo Tribunal do Júri pela suposta prática do crime de homicídio qualificado, encerrou-se o judicium accusationis, razão pela qual se mostra atentatória ao princípio do contraditório a sustentação pelo Ministério Público, por ocasião do julgamento em Plenário, da tese reclassificatória outrora afastada pelo Tribunal de origem. Ofensa à coisa julgada e à competência constitucional atribuída ao Tribunal do Júri" (STJ – HC n° 125069-SP, Rel. Jorge Mussi, j. 08.02.2011, DJe 29.08.2011).

Art. 478. Durante os debates as partes não poderão, sob pena de nulidade, fazer referências: (Redação dada pela Lei nº 11.689, de 2008)

I – à decisão de pronúncia, às decisões posteriores que julgaram admissível a acusação ou à determinação do uso de algemas como argumento de autoridade que beneficiem ou prejudiquem o acusado; (Incluído pela Lei nº 11.689, de 2008)

II – ao silêncio do acusado ou à ausência de interrogatório por falta de requerimento, em seu prejuízo. (Incluído pela Lei nº 11.689, de 2008)

Ratio legis • O objetivo da inovação trazida com a reforma de 2008, neste dispositivo, consiste em vedar às partes, durante os debates em plenário, qualquer menção ao silêncio do acusado no interrogatório, à utilização das algemas, à sentença de pronúncia ou acórdão que a confirmou.

Procura, dessa maneira, disciplinar a postura das partes, indicando tópicos que não podem ser objeto de comentários, impondo, assim, verdadeira e inaceitável censura. É claro que a disciplina deve sempre imperar. Parece, todavia, mais fácil deixar essa tarefa ao juiz presidente, na análise do caso concreto, do que se estabelecer, de antemão, assuntos proibidos.

De qualquer sorte, a justificativa alegada é no sentido de garantir um julgamento mais afeito à prova dos autos, no qual os jurados atentariam ao que de fato interessa e não a aspectos incidentais, como, por exemplo, ao fato do réu se achar algemado ou ter se mantido em silêncio quando do interrogatório.

Menção à pronúncia • Assim, procurou-se evitar que a acusação empregue de modo excessivo e inadequado a mera decisão de pronúncia, enaltecendo o fato de ter sido proferido por um juiz togado, pretendendo, desse modo, transformá-la em verdadeira sentença de mérito – o que não é.

Menção ao uso de algemas • Quanto às algemas, o objetivo é de inibir qualquer insinuação entre o fato do réu encontrar-se nesse estado de imobilização e representar um perigo à sociedade, devendo, só por isso, ser condenado. De se ver, porém, que o § 3°, do art. 474, limitou consideravelmente o emprego desse instrumento, relacionando as situações que justificariam sua utilização.

Menção ao silêncio do réu • Sendo dado ao réu a possibilidade de manter-se em silêncio e não sendo ele obrigado a produzir prova contra si mesmo, o legislador impede que a acusação aluda a essa inércia, no sentido de que, tivesse ele algo para alegar em sua defesa e, decerto, não permaneceria silente. Ou, em um linguajar mais coloquial, impede que a acusação invoque o proverbial "quem cala, consente".

Críticas • Por qual razão não poderia o promotor de justiça ressaltar a estranheza que causou o silêncio do réu ao ser interrogado pelo juiz? Alguém dirá que em virtude do disposto no parágrafo único, do art. 186, do Código, que proíbe seja o silêncio interpretado em prejuízo da defesa. Ora, mas essa orientação é dirigida ao juiz togado, no julgamento dos demais crimes que não os dolosos contra a vida. No Júri, já salientamos, o jurado não é obrigado a fundamentar seu voto e, por consequência, poderá atribuir ao silêncio o valor que sua consciência indicar, sem que jamais alguém saiba desse raciocínio desenvolvido.

Imaginemos, por outro lado, uma sentença de pronúncia que, afastando as qualificadoras incluídas na inicial, remeteu o acusado a Júri pelo homicídio simples. Tal decisão, em nosso exemplo, além de aplacar a ânsia acusatória, ainda fez forte menção à legítima defesa, transferindo, porém, na dúvida, para o Júri a decisão final. Por qual motivo a defesa não poderá fazer menção à dúvida que assolou o juiz togado ou ao apetite exagerado do acusador?

Demais disso, nada impede que o tema abordado por uma parte seja, na réplica ou na tréplica, refutado pela parte adversa. E mesmo, de pronto, através de apartes. Essa é a essência do Júri, um tanto tolhida pela inovação em comento.

No mais, especificamente quanto à leitura da decisão de pronúncia, o dispositivo parece de pouca eficácia, eis que os jurados, antes do início dos debates, recebem cópias dessa decisão, bem como "das decisões posteriores que julgaram admissível a acusação e do relatório do processo", nos termos do parágrafo único do art. 472 do CPP. É dizer: um jurado atento – como se presume deva ser – terá lido a decisão de pronúncia, independentemente da menção a ela que possa eventualmente ser deduzida pelos debatedores.

Padrão de discurso • Nesse quadro, constitui tarefa inglória se pretender estabelecer um padrão de discurso, seja para a acusação, seja para a defesa. Cada qual vai se valer dos argumentos, jurídicos ou não, que mais lhes parecer adequados para aquele momento. Não está o promotor adstrito às provas do processo. Tampouco a defesa. Uma frase de efeito ou uma tirada espirituosa, embora vazias de sentido, para o leigo valem mais do que o exame de corpo de delito ou o interrogatório do réu. Cada um, portanto, que utilize a arma mais eficaz para alcançar seu objetivo.

De qualquer forma, para atender a inovação e permitir, em sede de recurso, suscitar a nulidade como preliminar, deve a parte prejudicada requerer, de imediato, ao juiz que conste da ata a menção feita pelo *ex adverso*, de um dos temas que, agora, são intocáveis.

Argumento de autoridade • Vale destacar que o legislador impede a menção à pronúncia, às decisões posteriores que admitiram a acusação e ao uso de algemas (e, incluiríamos, também ao silêncio do réu), quando tal discurso é empregado como "argumento de autoridade". Como tal deve-se se entender o argumento que pretende se passar por irrefutável, que tenha sido praticamente o único a ser utilizado para fundamentar a tese sustentada pela acusação ou pela defesa. Por isso mesmo a jurisprudência vem mitigando o alcance da proibição, ao entender que a mera alusão a esses aspectos não é suficiente para decretar a nulidade do julgamento. Mais que isso, é preciso se demonstrar – o que, na prática, nem sempre será tarefa fácil – que tais menções foram decisivas para a formação da convicção do jurado. Assim, por exemplo, deverá constar da ata de julgamento um protesto da defesa, dando conta de que o discurso da acusação restringiu-se, quase que exclusivamente, ao teor da decisão de pronúncia. Caso se demonstre, ao contrário, que a menção foi meramente incidental (ou mesmo que a pronúncia, porque proferida em tons sóbrios, em nada poderia influir no julgamento), a jurisprudência, inclusive do STJ, não tem reconhecido a nulidade.

Numerus clausus • Há quem sustente que a proibição se estenda a outros temas que não apenas aqueles relacionados no dispositivo.

É a lição de Gustavo Henrique Badaró, ao destacar que "se a leitura do decreto de prisão preventiva ou da folha de antecedentes for feita com o objetivo de extrair uma 'presunção de culpa', haverá indevida influência no julgamento dos jurados e eventual veredicto condenatório será nulo. O art. 478 não constitui uma hipótese de *numerus clausus*. Não será apenas, única e exclusivamente, com essa finalidade que os jurados serão influenciados. Qualquer outra linha argumentativa, com finalidade persuasiva, mas que possa induzir o jurado a erro, implicará nulidade de julgamento. A diferença é que, nas hipóteses dos incisos I e II do novo art. 478, demonstrada a situação de base – o acusado foi pronunciado, ou o acusado está algemado, ou, ainda, o acusado permaneceu em silêncio, o que indica que seja culpado –, haverá nulidade, posto que o legislador, previamente, considera que neste caso haverá evidente prejuízo. No entanto, em qualquer outra hipótese, desde que se demonstre concretamente que linhas argumentativas seguidas pelas partes efetivamente influenciaram, de forma indevida e falaciosa, o convencimento dos jurados, a nulidade também será de se reconhecer. Aliás, mesmo antes do novo dispositivo, era isso o que a jurisprudência fazia no tocante a indevido argumento de presunção de culpa a partir da 'periculosidade' do acusado que estivesse algemado" (*Processo Penal.* Rio de Janeiro: Campus: Elsevir, 2012, p. 510).

Ousamos discordar. Primeiro, porque tendo o legislador relacionado todos os temas que não podem ser suscitados em plenário, significa dizer que, somente em relação a eles há o impedimento. Quisesse estender a limitação a outras hipóteses (leitura do decreto de prisão preventiva ou da folha de antecedentes, por exemplo), e o teria feito expressamente. Ou, então, deixado uma cláusula em aberto, para a análise no caso concreto e não especificado os casos de pronúncia, decisões posteriores, algemas e silêncio do réu. Segundo, em virtude de que uma norma que restringe deve ser interpretada de forma restritiva. E, terceiro, em função da enorme dificuldade prática em se disciplinar os trabalhos, já que o juiz ficaria constantemente preocupado em reprimir o discurso das partes, amordaçando sua argumentação em franca violação aos princípios da ampla defesa e da ampla acusação e em detrimento do debate, que representa a verdadeira *alma* do Júri.

Constitucionalidade do dispositivo • Há, na doutrina, que vislumbre nesse dispositivo nítida afronta a princípios constitucionais. Nesse sentido o posicionamento de Guilherme de Souza Nucci ao destacar que "a vedação imposta pelo art. 478 é inconstitucional. Cerceia-se o direito de qualquer das partes de explorar as provas lícitas constantes dos autos. Somente as ilícitas é que estão vedadas pela Constituição Federal (art. 5º, LVI). Por isso, a contrário senso, são admissíveis no processo todas as provas obtidas por meios lícitos." (Código de Processo Penal Comentado 8ª ed., pág. 802/803).

Pensamos de forma diversa. De sorte que, o fato – inconteste – da Constituição vedar a produção da prova ilícita não significa dizer que a norma infraconstitucional não possa, também, limitar alguma espécie de prova. Em outras palavras: afastando-se obrigatoriamente a prova ilícita, cuja produção é inadmissível, não significa que, a partir daí, se abra campo vasto para a produção de qualquer outra espécie de prova, em verdadeiro *vale-tudo*, sem regras e limitações, tudo em nome da soberania dos veredictos e no resguardo da livre convicção dos jurados.

Aliás, ao se privilegiar o entendimento pela inconstitucionalidade do dispositivo, teríamos obrigatoriamente que concluir pela inconstitucionalidade, também, do artigo seguinte (art. 479 do CPP), que veda a leitura de documento ou exibição de documento não juntado com antecedência de três dias. É dizer: mesmo o princípio que garante a mais ampla liberdade na produção da prova, previsto no art. 155 do CPP, contém exceções previstas em lei, sofrendo, assim, limitação.

Mais um exemplo: conquanto vigore, em nosso sistema, o princípio da ampla liberdade na produção da prova, o parágrafo único do art. 155 dispõe que, em relação ao estado das pessoas "serão observadas as restrições estabelecidas na lei civil". Assim, embora a Constituição garanta a ampla defesa, se no registro civil constar o agente como sendo maior de 18 anos, de nada adiantará a defesa pretender comprovar, por meio de testemunhas, que ele era inimputável.

Lembre-se, ainda, da chamada questão prejudicial obrigatória, de que cuida o art. 93 do CPP. Suponha-se que, durante a apuração de um crime de bigamia (art. 235 do CP), foi o processo criminal suspenso enquanto não decidido, no âmbito cível, se o agente era ou não casado, quando da celebração do segundo casamento. Ora, essa decisão do cível terá força de coisa julgada de tal forma que, declarado por este juiz a inexistência do primeiro casamento, será inútil o esforço da acusação em demonstrar, no campo penal, que o primeiro casamento era válido.

O que se deve ter presente, para exata compreensão do tema, é que não apenas a prova ilícita é vedada, por força de expresso preceito constitucional, mas também a chamada *prova ilegítima*, a saber aquela que importa em violação de uma norma processual. Concluímos, assim, que o legislador infraconstitucional, ao formular a limitação em análise, não afrontou a Carta, em dispositivo que, bem por isso, taxamos de constitucional.

JURISPRUDÊNCIA

» Leitura da decisão de pronúncia

a) inadmissibilidade

"Houve menção à decisão de pronúncia pelo Ministério Público Estadual no sentido de que 'se o juiz estivesse convicto da inocência do réu, não o pronunciaria'. O representante do Ministério Público local, impropriamente, declarou em plenário que a decisão de pronúncia traria, hipoteticamente, uma prévia convicção formada pelo juiz a respeito da culpabilidade do Acusado. Isso demonstra a utilização da pronúncia do Réu como argumento de autoridade capaz de influenciar os jurados. Precedente. Ordem concedida quanto ao pedido de realização de novo julgamento pelo Tribunal do Júri" (STJ – HC nº 148499-DF, Rel. Laurita Vaz, j. 06.12.2011, DJe 19.12.2011).

"Se a representante do Ministério Público declara, em Plenário, que pelo fato de o réu ter sido pronunciado deve ser condenado, configurada está a ofensa ao art. 478, inc. I, do Código de Processo Penal, pois tal declaração pode induzir o corpo de jurados ao entendimento de que a sentença de pronúncia significa um julgamento prévio, ao qual a decisão do conselho de sentença deve estar vinculada. A reforma do art. 478, inc. I do Código de Processo Penal, realizada pela 11.689/2008, vedando a referência à decisão de pronúncia, por ocasião dos debates no Tribunal do Júri, visou à reafirmação da soberania do corpo de jurados e independência de suas decisões, as quais devem ser tomadas sem influências tendenciosas e dirigidas a comprometer a imparcialidade dos jurados, em prejuízo do réu. Precedentes do STJ e do STF" (STJ – REsp nº 1198890-AC, Rel. Gilson Dipp, j. 16.12.2010, DJe 01.02.2011).

b) admissibilidade desde que não alterem a situação do réu

"A vedação constante do artigo 478, inciso I, do Código de Processo Penal, de não se poder fazer referência à pronúncia ou outras decisões que julgaram admissível a acusação durante os debates no Júri, tem por objetivo preservar a imparcialidade dos jurados. A jurisprudência do Superior Tribunal de Justiça, todavia, firmou entendimento no sentido de que a leitura da decisão de pronúncia não acarreta, necessariamente, a nulidade do julgamento, devendo o réu demonstrar o prejuízo sofrido. Na espécie, a observação feita pela acusação, de constar da pronúncia a existência de qualificadora, não teve o condão de influenciar ou comprometer a imparcialidade dos jurados e em prejuízo do réu, inexistindo a alegada nulidade" (STJ – AgRg no REsp . n. 1346253-SP, Rel. Jorge Mussi, j. 19.11.2015, DJe 25.11.2015).

"As referências ou a leitura da decisão de pronúncia não acarretam, necessariamente, a nulidade do julgamento, que somente ocorre se as referências forem feitas como argumento de autoridade que beneficiem ou prejudiquem o acusado, o que não ocorreu no caso, em que mencionou o Parquet o fato de que um testemunho favorável à defesa não teria impedido que o caso fosse apreciado pelo Júri" (STJ – AgRg no REsp nº 1235899-MG, Rel. Maria Thereza de Assis Moura, j. 05.11.2013, DJe 18.11.2013).

"A interpretação conjunta e sistemática dos dispositivos do Código de Processo Penal que disciplinam os debates em Plenário do Tribunal do Júri leva à conclusão de que a simples leitura da pronúncia ou demais decisões que julgaram admissível a acusação não conduz, por si só, à nulidade do julgamento, o que só ocorre quando a menção a tais peças processuais é feita como argumento de autoridade, de modo a prejudicar o acusado. Doutrina. Precedente" (STJ – HC nº 248617-MT, Rel. Jorge Mussi, j. 05.09.2013, DJe 17.09.2013).

"Não é literalmente qualquer referência à sentença de pronúncia em plenário que invalida um julgamento – isso sequer teria sentido, posto que os jurados recebem cópia de tal decisão, tendo acerca dela pleno conhecimento. A finalidade do legislador com esta nova regra processual foi a de evitar que tão-somente a eloquência do orador, com argumentos legalmente injustos e equivocados, pudesse ser suficiente para definir um julgamento. Com o novo texto dado ao inciso I do art. 478 do CPP, a mera capacidade de oratória das partes já não pode ser a única responsável para o resultado do julgamento; agora a retórica tem de estar, necessariamente, baseada em algo que efetivamente possa ser considerado prova – e a sentença de pronúncia não é prova, mas simples ato jurisdicional. Assim, apenas há possibilidade de anular um julgamento com base no artigo 478, I, do CPP quando restar claro que a parte se utilizou de um trecho da decisão de pronúncia (ou posterior que a tenha confirmado) a este conferindo um juízo de valor, interpretando-o de forma distorcida, com a clara finalidade de convencer os membros do Conselho de Sentença que o magistrado prolator da sentença estava "culpando" ou "inocentando" o réu. Do contrário, não vejo prejuízo algum a leitura de uma decisão imparcial que não expõe opinião pessoal do magistrado togado que a prolatou" (TJRS – Apelação nº 70027820588, Rel. Marcel Esquivel Hoppe, j. 18.03.2009).

c) admissibilidade da leitura do acórdão que anulou o julgamento anterior

PROCESSO PENAL. JÚRI – "Alegada nulidade por violação ao disposto no artigo 478, inciso I, do código de processo penal. Leitura em plenário, pelo Ministério Público, da ementa do acórdão que anulou julgamento anterior. Hipótese não prevista no art. 478, inciso I, do código de processo penal. Ausência de demonstração de prejuízo pela defesa. Nulidade inocorrente. Preliminar afastada" (TJSC – Apelação nº 2009.043370-1, Rel. José Antônio Torres Marques; DJ 02.12.2009, p. 388)

HOMICÍDIO DUPLAMENTE QUALIFICADO. INCONFORMIDADE DEFENSIVA – "Preliminar defensiva de nulidade posterior à pronúncia, por violação ao artigo 478, inciso I, do CPP, eis que o agente ministerial, em Plenário, leu aos Jurados o acórdão que anulou o primeiro julgamento do réu, igualmente rejeitada. O referido artigo é taxativo, em relação às peças que não poderão ser lidas em Plenário. Preliminares rejeitadas" (TJRS – Apelação nº 70027688902, Rel. José Antônio Cidade Pitrez, j. 19.02.2009, DO 07.04.2009, p. 116).

» Rol taxativo

"É sabido que as alegações de nulidade ocorridas quando da sessão de julgamento pelo Tribunal do Júri devem ser arguidas logo depois de sua ocorrência, devendo ser consignada na respectiva ata. – Na espécie, conforme se observa na ATA DE JULGAMENTO, no capítulo "INCIDENTES", não consta qualquer reclamação em relação a leitura ou menção à decisão de pronúncia ou a decisão que a confirmou, mas sim que foi dito em Plenário que o "... réu já havia sido julgado e condenado anteriormente ..." . Consequentemente, não tendo sido deduzida no momento oportuno, a matéria foi alcançada pela preclusão. Precedentes do Pretório Excelso e do Superior Tribunal de Justiça. – Temos que não há falar em nulidade. Esta Câmara Criminal, quando do julgamento da Apelação Crime n.º 70027668902, da relatoria do eminente Desembargador José Antônio Cidade Pitrez, deixou assentado que o disposto no artigo 478, inciso I, do Código de Processo Penal é taxativo quanto às peças que não poderão ser lidas em Plenário. Temos, no mesmo sentido, ainda, outros julgados desta Corte: Apelação Crime nº 70031888332, Primeira Câmara Criminal, Relator: José Antônio Hirt Preiss, Julgado em 09/12/2009; e, Apelação Crime nº 70028461911, Primeira Câmara Criminal, Relator: Marco Antônio Ribeiro de Oliveira, Julgado em 15/04/2009" (TJRS – Apelação nº Marco Aurélio de Oliveira Canosa, j. 13.10.2011).

» Inadmissível a leitura se a pronúncia apresenta excesso de linguagem

"O inciso I do art. 478 do Código de Processo Penal veda às partes fazerem referência à decisão de pronúncia e às posteriores que julgaram admissível a acusação, mas os jurados podem ter acesso aos autos e, obviamente, ao conteúdo da pronúncia, caso solicitem ao juiz presidente, consoante dispõe o art. 480, § 3º, do mesmo diploma legal. Portanto, haverá nulidade sempre que as referidas peças processuais apresentarem excesso de linguagem capaz de alterar o ânimo dos jurados, sobretudo quando a leitura, reforçada pelas palavras proferidas pelo Promotor ao final da sessão, resulta em evidente prejuízo à defesa, consubstanciado na condenação do réu, como ocorreu no presente caso (STJ – HC nº 193734-SP, Rel. Marco Aurélio Bellizze, j. 11.06.2013, DJe 21.06.2013).

» **Quando se admite a leitura**

"A reforma do artigo 478, inciso I, do Código de Processo Penal dada pela Lei nº 11.689/2008, vedando a referência à decisão de pronúncia durante os debates no Júri, reafirmou a soberania do julgamento pelo Tribunal Popular, cuja decisão deve ser tomada sem influências que possam comprometer a imparcialidade dos jurados e em prejuízo do réu. Todavia, as referências ou a leitura da decisão de pronúncia não acarretam, necessariamente, a nulidade do julgamento, até porque de franco acesso aos jurados, nos termos do artigo 480 do Código Penal, somente eivando de nulidade o julgamento se as referências forem feitas como argumento de autoridade que beneficiem ou prejudiquem o acusado. Não há nulidade decorrente da leitura de excerto da pronúncia que faz mera referência à competência do Júri para decidir acerca da configuração da qualificadora, porque não realizada como argumento de autoridade que prejudique o acusado" (STJ – REsp nº 1190757-DF, Rel. Maria Thereza de Assis Moura, j. 06.06.2013, DJe 14.06.2013).

» **Necessidade de se apurar se a leitura teve influência na votação**

"As disposições do artigo 472, parágrafo único, e artigo 478, ambos do Código de Processo Penal voltam-se para a preservação da hígida condução dos debates na segunda etapa do procedimento escalonado do júri, vedando apenas a utilização das peças processuais de forma capciosa, a macular o ânimo dos jurados, o que não se verificou na espécie" (STJ - HC n. 288116-MG, Rel. Maria Thereza de Assis Moura, j. 17.11.2015, DJe 30.11.2015).

» **Leitura da decisão de pronúncia pelos jurados. Possibilidade**

"Embora a alteração dada pela Lei 11.689/2008 no procedimento do júri, com relação à não referência à decisão de pronúncia (art. 478, I, do CPP), os jurados, caso solicitem, terão acesso aos autos e consequentemente à provisional (art. 480, § 3º, do CPP), razão pela qual pode exercer influência no ânimo do Tribunal Popular" (STJ – HC nº 92967-RJ, Rel. Jorge Mussi, j. 13.08.2009, DJe 13.10.2009).

"A lei processual não só permite, como determina, que aos jurados sejam entregues cópia da decisão de pronúncia, bem assim de eventuais decisões posteriores que julgaram admissível a acusação e do relatório do processo (artigo 472, parágrafo único, do CPP), providência necessária para proporcionar aos julgadores leigos o conhecimento de todo o processado até então. Por consequência, a mera proposição de leitura da sentença de pronúncia, sem mencionar ou enfatizar, mesmo que implicitamente, sobre a adequação ou a inadequação das razões de decidir, a meu ver, não é causa da nulidade, tal como requerido" (TJSP – Apelação nº 0004985-26.2011.8.26.0196, Rel. Sérgio Coelho, j. 21.11.2013).

» **Leitura de sentença que condenou corréu. Possibilidade**

HOMICÍDIO QUALIFICADO (ARTIGO 121, § 2º, INCISO II, DO CÓDIGO PENAL). APONTADA VIOLAÇÃO AO ARTIGO 478 DO CÓDIGO DE PROCESSO PENAL. LEITURA DA SENTENÇA QUE CONDENOU CORRÉU PELA PRÁTICA DO MESMO DELITO. AUSÊNCIA DE ÓBICE LEGAL. NULIDADE INEXISTENTE. "O caput do artigo 480 do Código de Processo Penal prevê a possibilidade de leitura de peças processuais pelas partes, podendo a acusação, a defesa e os jurados, a qualquer momento e por intermédio do Juiz Presidente, pedir que o orador indique a folha dos autos onde se encontra o trecho lido ou citado. Desse modo, não se pode afirmar que a leitura pelo membro do Ministério Público do édito repressivo prolatado contra corréu tenha se dado em dissonância com o que prevê a legislação processual penal pertinente, não se vislumbrando a ocorrência da eiva indicada pelos impetrantes" (STJ – HC nº 198574-SP, Rel. Jorge Mussi, j. 26.02.2013, DJe 12.03.2013).

» **Leitura da decisão que recebeu a denúncia e que decretou a preventiva. Possibilidade**

"A decisão por meio da qual a denúncia é recebida, assim como aquela que decreta a segregação cautelar do acusado, não constam dos incisos I e II do artigo 478 da Lei Processual Penal, inexistindo óbice à sua menção por quaisquer das partes. Aliás, o próprio caput do artigo 480 do Código de Processo Penal estabelece a possibilidade de leitura de peças processuais pelas partes, podendo a acusação, a defesa e os jurados, a qualquer momento e por intermédio do Juiz Presidente, pedir que o orador indique a folha dos autos onde se encontra o trecho lido ou citado. Desse modo, não se pode afirmar que a leitura pelo membro do Ministério Público da decisão que admitiu a inicial acusatória e decretou a custódia preventiva do paciente tenha se dado em dissonância com o que prevê a legislação processual penal pertinente, não se vislumbrando a ocorrência da eiva indicada pelos Impetrantes" (STJ – HC nº 153121-SP, Rel. Jorge Mussi, j. 23.08.2011, DJe 01.09.2011).

» **Leitura de *habeas corpus*. Possibilidade**

"Segundo entendimento desta Corte, a leitura de documentos em Plenário não implica, obrigatoriamente, a nulidade de julgamento, tendo em vista que os jurados possuem amplo acesso aos autos. Na hipótese, foi feita a leitura em Plenário de decisões de habeas corpus impetrados pelo réu cuja ordem fora denegada, não havendo falar em violação do art. 478, I, do CPP" (STJ – AgRg no REsp n. 1171968-RJ, Rel. Nefo Cordeiro, j. 13.10.2015, DJe 03.11.2015).

» **Leitura de procedimento administrativo. Possibilidade**

"Não se constata nulidade no fato de o Ministério Público ter feito a leitura de peças do procedimento administrativo que aplicou ao réu a pena de demissão do cargo de agente de serviço externo junto à Corte de origem, uma vez que, conforme ressaltado pelo acórdão recorrido, esta peça constava nos autos e, é sabido que aos membros do Conselho de sentença é assegurado o conhecimento de todo o conteúdo do processo" (STJ – AgRg no AREsp nº 42539-PR, Rel. Laurita Vaz, j. 02.02.2012, DJe 13.02.2012).

» **Menção à prova declarada ilícita. Impossibilidade**

"A realização de diligência já no curso da ação penal a pedido da acusação e que conte com a participação do acusado deve necessariamente preceder de intimação da defesa. No processo penal, o acusado não pode ser encarado como um mero objeto da lide, mas sim como parte e, por conseguinte, como sujeito de direitos. A ninguém é dado produzir provas contra seus próprios interesses. Inteligência do artigo 8, número 2, "g" do Pacto de São José da Costa Rica. Apesar de ser possível a produção de provas contra os interesses do acusado por ele próprio (cf. confissão espontânea), essa circunstância somente se valida caso contornada pela garantia constitucional da ampla defesa. Logo, não tendo sido a defesa intimada para a realização de diligência (requerida, deferida e realizada já no curso da ação penal) na qual o acusado, sob a condução da autoridade policial, apontou o local onde teria arremessado a arma supostamente utilizada na empreitada delitiva, essa prova é ilícita por ofensa ao contraditório e à ampla defesa, corolários do devido processo legal. Ademais, a defesa demonstrou satisfatoriamente qual seria o prejuízo por ela suportado, pois a prova em comento poderia obstar a dedução de algumas teses em plenário, tais como a negativa de autoria.Demonstrada a ilicitude da prova sob enfoque, ela deve ser desentranhada dos autos, vedando-se às partes sobre ela se manifestarem em plenário, sob pena de exercício de influência negativa ao Conselho de Sentença, o qual somente pode deliberar sobre provas licitamente colhidas" (STJ – HC nº 111972-RJ, Rel. Jane Silva, j. 18.12.2008, DJe 02.02.2009).

» **Menção à autoridade superior do Poder Judiciário. Impossibilidade**

"A norma processual penal relativa ao procedimento adotado no Tribunal do Júri é bastante particular e regrada. Em plenário, tais normas possuem grande relevância no desfecho do julgamento e visam assegurar a imparcialidade dos jurados, cidadãos leigos, que têm o dever, sob juramento, de examinar a causa e decidir segundo sua consciência e razão, sem qualquer influência do tecnicismo da justiça togada. Na hipótese, o Promotor de Justiça, para convencer os jurados sobre questão jurídica técnica, ao invés de explicar a teoria da prova e suas implicações no julgamento de um réu em processo criminal, buscando convencer os jurados quanto à validade da prova indiciária, recorreu ao argumento de que uma autoridade superior do Poder Judiciário já considerara válida a utilização das 'provas' inquisitoriais no julgamento do Tribunal do Júri do correu (argumento ad verecundiam), violando, assim, a regra inserta no art. 478, I, do Código de Processo Penal" (STJ – REsp n. 1239852-SC, Rel. para o acórdão Rogério Schietti Cruz, j. 08.09.2015, DJe 05.10.2015).

» **Prova emprestada**

"Não há nulidade por terem sido juntadas aos autos do processo principal – e eventualmente relevadas em julgamento plenário do Tribunal do Júri - provas emprestadas de outro processo-crime. Precedentes" (STF – HC nº 109909-SP, Rel. Cármen Lúcia, j. 12.03.2013, DJe 04.04.2013).

» **Decisão de recebimento da denúncia. Possibilidade de alusão**

"A decisão por meio da qual a denúncia é recebida, assim como aquela que decreta a segregação cautelar do acusado, não constam dos incisos I e II do artigo 478 da Lei Processual Penal, inexistindo óbice à sua menção por quaisquer das partes. Aliás, o próprio caput do artigo 480 do Código de Processo Penal estabelece a possibilidade de leitura de peças processuais pelas partes, podendo a acusação, a defesa e os jurados, a qualquer momento e por intermédio do Juiz Presidente, pedir que o orador indique a folha dos autos onde se encontra o trecho lido ou citado. Desse modo, não se pode afirmar que a leitura pelo membro do Ministério Público da decisão que admitiu a inicial acusatória e decretou a custódia preventiva do paciente tenha se dado em dissonância com o que prevê a legislação processual penal pertinente, não se vislumbrando a ocorrência da eiva indicada pelos impetrantes" (STJ – HC nº 153121-SP, Rel. Jorge Mussi, j. 23.08.2011, DJe 01.09.2011).

» **Impossível analisar, nos julgamentos pelo Júri, se a condenação se deu com base na prova produzida no inquérito policial**

"Após a produção das provas pela defesa e pela acusação na sessão plenária, a Corte Popular tão somente responde sim ou não aos quesitos formulados de acordo com a livre valoração das teses apresentadas pelas partes. Por esta razão, não havendo uma exposição dos fundamentos utilizados pelo Conselho de Sentença para se chegar à decisão proferida no caso, é impossível a identificação de quais provas foram utilizadas pelos jurados para entender pela condenação ou absolvição do acusado, o que torna inviável a constatação se a decisão baseou-se exclusivamente em elementos colhidos durante o inquérito policial ou nas provas produzidas em juízo, conforme requerido na impetração" (STJ – HC nº 175993-RJ, Rel. Jorge Mussi, j. 06.09.2011, DJe 21.09.2011).

Art. 479. Durante o julgamento não será permitida a leitura de documento ou a exibição de objeto que não tiver sido juntado aos autos com a antecedência mínima de 3 (três) dias úteis, dando-se ciência à outra parte. (Redação dada pela Lei nº 11.689, de 2008)

Parágrafo único. Compreende-se na proibição deste artigo a leitura de jornais ou qualquer outro escrito, bem como a exibição de vídeos, gravações, fotografias, laudos, quadros, croqui ou qualquer outro meio assemelhado, cujo conteúdo versar sobre a matéria de fato submetida à apreciação e julgamento dos jurados. (Incluído pela Lei nº 11.689, de 2008)

Exibição e leitura de documentos em plenário • A regra geral quanto à prova documental, nos termos do disposto no art. 231 do CPP, é a possibilidade de sua produção em qualquer fase do processo. Essa regra, no procedimento do Júri, sofre exceção, conforme se depreende do art. 479, ao permitir a produção de prova documental ou leitura de documentos somente quando dada à parte contrária, com antecedência de pelos menos três dias, a possibilidade de ter acesso a essa prova. A *ratio legis* é clara, já que se procura evitar que a parte adversa seja tomada de surpresa com a apresentação ou leitura de um documento, em plenário, cujo teor e autenticidade ignore, impedindo, portanto, sua contestação. Sem falar na surpresa que assaltará a parte contrária pela exibição de ou objeto até então desconhecido. Atende-se, assim, o princípio da lealdade processual que deve inspirar a conduta das partes.

O revogado art. 475, proibia a leitura de "*jornais ou qualquer escrito*", sem que, antes, se adotasse a cautela de comunicar a parte contrária (o prazo de antecedência, era o mesmo, de três dias). Mantida a necessidade de prévia comunicação ao adversário, a reforma foi adiante, pois além de proibir a leitura de jornais e escritos, vedou, também, "a exibição de vídeos, gravações, fotografias, laudos, quadros, croqui ou qualquer outro meio assemelhado, cujo conteúdo versar sobre a matéria de fato submetida à apreciação e julgamento dos jurados".

Leitura de doutrina e jurisprudência • Como explica Rui Stoco, "significa, a *contrario sensu*, que não se compreende na proibição deste artigo a leitura de jurisprudência ou compêndio de doutrina ou a distribuição de cópias de peças dos autos, desde que sem quaisquer anotações, grifos ou realces" (ob.cit., p. 220).

A exibição proibida, sem a prévia comunicação da parte contrária, é do documento que guarde pertinência com a causa • Saliente-se, porém, que somente se exige essa cautela quando o documento a ser exibido guarde alguma relação com a matéria de fato tratada no processo. Cuidando-se de questão genérica, sem relação direta com o objeto do processo, a exibição é autorizada, sem necessidade de prévia comunicação. Nesse sentido decidiu (antes da reforma) o Superior Tribunal de Justiça, ao permitir a apresentação de fita de vídeo sobre incêndio, de conteúdo, portanto, científico: "A lei processual penal é explícita ao referir que é proibida a produção de documento, cujo conteúdo verse sobre matéria de fato constante do processo, sem o conhecimento da outra parte. O julgamento só seria passível de anulação, se restasse evidenciada a relação direta entre o conteúdo da fita e o fato em julgamento, prejudicial à defesa" (REsp. nº 255787-PR, 5ª. T., Rel. Min. Gilson Dipp, j. em 21.5.2002, *DJ* 01.07.2002, p. 370).

Ciência à parte adversa • De se ver que não basta a juntada do documento com antecedência mínima de três dias. É preciso que a parte contrária tome ciência desse documento antes do tríduo legal. Assim, na lição de Edílson Mougenout Bonfim, anterior à mudança em estudo, "se o promotor junta documentos cinco dias antes da data designada para o julgamento, e não obstante, a defesa não é intimada, ou intimada a destempo ... claro está o impedimento da utilização de tal prova em plenário" (*Júri – do inquérito ao plenário*, São Paulo: Saraiva, 1994, p. 195).

Na doutrina havia entendimento de que bastava a juntada do documento aos autos no prazo legal, sendo irrelevante a data na qual a parte adversa, efetivamente, dele tomou ciência. Hoje a questão se encontra superada, pois a redação anterior do art. 475, que tratava da matéria, se satisfazia com a mera *comunicação* da parte adversa, enquanto que a redação atual, trazida com a reforma de 2008, é peremptória em exigir a *ciência* da parte contrária. A intimação do promotor de justiça e do defensor nomeado deve ser pessoal (art. 370, § 4º), razão pela qual, principalmente o primeiro, a fim de evitar o adiamento do julgamento ou ver-se na iminência de ser impedido de apresentar o documento, deverá redobrar a cautela, juntando-o com antecedência suficiente para que o advogado do réu dele tome conhecimento, através de mandado a ser cumprido por oficial de justiça, que poderá encontrar dificuldades na localização do defensor. Perdura o cuidado do Ministério Público sendo constituído o advogado, já que deverá ser intimado pela imprensa ou, em sua falta, por mandado ou carta com aviso de recebimento (art. 370, § 2º).

Nulidade relativa • Eventual desobediência a esse dispositivo, porém, enseja nulidade relativa, a depender, assim, de oportuna arguição (STF – *RT* 589/432, 589/431), bem como da comprovação do prejuízo. De sorte que, se apresentado um documento sem a prévia audiência da parte contrária, mas que não contenha nenhum dado relevante, incapaz, por isso, de influenciar no ânimo dos jurados, não se reconhecerá a nulidade. Ou ainda, se o documento, embora não avisado o *ex adverso*, deixou de ser lido em plenário (*JSTJ* 213/322), ou foi apreendido pelo juiz (*RT* 742/618), não há ensejo para nulidade.

Prova documental. Introdução • Mittermaier, em seu tratado, ensina que a lei romana já estabelecia que determinadas condenações deveriam vir fundadas em prova documental (*Tratado da prova em matéria criminal*, 1996, p. 300). Parece, contudo, que a prova documental é mais recente, merecendo prestígio a partir da invenção da imprensa, no século XV, por Gutemberg. Foi a partir daí, também, que os códigos passaram a dedicar especial atenção a tal espécie de prova, de tal modo que a doutrina, a esse tempo, pugnava pela prevalência da prova documental sobre a testemunhal, por ser a primeira "mais segura, não sujeita aos efeitos da memória humana e da corrupção possível entre os homens", na precisa lição de Adalberto Camargo Aranha (*Da prova no processo penal*, 1987, p. 192).

Conceito de documento • Tradicionalmente, a doutrina toma o termo *documento* em duas acepções: uma ampla, segundo o qual documento é tudo aquilo do qual se pode extrair a existência de um fato, isto é, qualquer coisa apta a representar um fato. Em um sentido mais restrito, porém, documento é o escrito, isto é, "aquilo que abriga a expressão gráfica de um fato", na definição de Hélio Tornaghi (*Curso de processo penal*, 1990, vol. 1, p. 440), ou, em outras palavras, documento é o objeto que contém um escrito, "uma expressão gráfica de valor probatório", segundo Magalhães Noronha (*Curso de direito processual penal*, 1983, p. 126).

É nessa acepção mais restrita que o código, no *caput* do art. 232, define documento como "quaisquer escritos, instrumentos ou papéis, públicos ou particulares". Entretanto embora preferindo restringir o conceito de documento, é certo que o legislador, em outras passagens, acaba aludindo à fotografia, desenhos, esquemas, etc. (arts. 165 e 170). Cremos, assim, que se deva adotar um conceito mais amplo, a abranger não só os escritos propriamente ditos, mas todo e qualquer elemento capaz de expressar determinado fato.

Especificamente no que tange ao júri, para o parágrafo único do art. 479, contudo, documento não é apenas um escrito, instrumento ou papel. Mais que isso, documento, em um sentido amplo, é "qualquer objeto hábil para provar uma verdade" (*RT* 588/393). O próprio dispositivo legal, como já salientamos, amplia esse conceito, compreendendo, nessa proibição, "a leitura de jornais ou qualquer escrito", bem como de vídeos, gravações, etc. Ainda sobre a prova documental, confiram-se os comentários tecidos acima ao § 3°, do art. 406.

Classificação • Apontam-se diversas classificações para documento. Dentre as mais frequentes, tem-se aquela que leva em conta a autoria e, por isso, divide-se em documento *público* e documento *particular*. O primeiro, como o próprio nome indica, é aquele emanado de funcionário público ou de quem lhe faça as vezes, segundo a forma legal. São exemplos: uma certidão de nascimento, uma escritura de compra e venda lavrada pelo tabelião. Particular é o documento que não é público, isto é, elaborado por pessoa que não exerce função pública. São exemplos, a carta contendo ameaças ou juras de amor, um contrato de locação, uma declaração de pobreza, etc.

Outra classificação relevante é a que considera a forma do documento. Documento *original* é aquele em sua forma genuína, observando Espínola Filho que "também se reputa original o primeiro traslado, ou certidão, das escrituras lavradas nos livros de notas" (*Código de processo penal brasileiro anotado*, 1976, vol. 3, p. 161). *Cópia* é a reprodução do documento original, que pode se dar através de traslado, certidão, extrato, pública-forma, xerocópia, *fax*, microfilme, bem como a fotografia do documento, prevista no art. 232 do código.

Valor probatório • Para que o documento tenha eficácia probatória exigem-se, basicamente, dois requisitos: *autenticidade* e *veracidade*. A autenticidade refere-se ao aspecto externo do documento, ou seja, à sua forma. Deve-se, assim, analisar se o documento é, de fato, proveniente daquele que o firmou, ou seja, se há coincidência entre o autor aparente e o autor real. Saliente-se, ainda, que os documentos públicos gozam de presunção de autenticidade, enquanto que os particulares dependem de autenticação.

Veracidade é a qualidade do documento consistente em retratar a realidade. Em síntese, o documento pode ser autêntico (realmente elaborado pela pessoa que o subscreveu), mas não ser veraz, posto não retratar a verdade. Ou pode ser veraz, sem ser autêntico, quando, embora dizendo a verdade, não foi subscrito pela pessoa apontada como seu autor. Como meio valioso de prova, contudo, deve o documento reunir, repita-se, ambos os requisitos: certeza de quem o elaborou (autenticidade) e realidade do fato nele contido (veracidade).

Atualmente, sob o império do sistema da livre convicção do juiz – em contraposição ao sistema da prova legal ou tarifado – a prova documental tem valor idêntico a qualquer outra, máxime não tendo nosso código, conforme já salientado, estabelecido qualquer hierarquia entre as provas.

Casuística • A partir do conceito de documento, de forma casuística, a jurisprudência elenca uma série de exemplos, nos quais se admitiu, ou não, a exibição do documento em plenário sem o prévio conhecimento da parte contrária. São julgados colhidos antes da reforma de 2008, mas que ainda se revelam atuais, justificando, por isso, a pertinência de sua menção.

Assim, já se permitiu a leitura de notícia de jornal, referente ao crime praticado, sem a prévia comunicação à parte adversa, sob o argumento de que se tratava de fato notório (*RT* 513/326, 460/314). Parece absolutamente equivocado esse posicionamento, já que a parte final do revogado art. 475, proibia expressamente tal leitura.

De outro lado, a leitura de notícia veiculada pela imprensa referente a fatos que não são objeto do processo (alto índice de criminalidade, fatores sociais que colaboram para isso, inaptidão do cárcere para a recuperação do preso, etc.), exatamente por tratarem de questões estranhas ao julgamento em si, são permitidas, sem a necessidade de comunicação ao *ex adverso* (*RT* 504/326, 645/281).

Também por isso é admitida a leitura de livros técnicos contendo questões genéricas, de ordem filosófica, ética ou jurídica (STF – RT 593/460; *RT* 634/300). Também da arma utilizada pelo réu (*RT* 774/563, 632/289). Vacila a jurisprudência quanto à reconstituição do crime, vez a autorizando sem conhecimento prévio da outra parte (*RT* 630/289; *JSTJ* 32/327), vez exigindo a prévia comunicação (*RT* 544/346).

A utilização, pelas partes, de métodos para melhor esclarecer a dinâmica dos fatos, como *croquis* (*RT* 494/374), bonecos articulados (*RT* 588/322), gráficos (*RT* 516/298) e fotografias (*RT* 565/313), era admitida sem a exigência de qualquer cautela prévia. A partir da inovação trazida com o parágrafo único do art. 479, a exibição de tais documentos exigirá a comunicação prévia da parte adversa.

Já a reprodução de programa televisivo ou de fita gravada, relacionada ao fato, exigia, segundo a jurisprudência, a comunicação à parte contrária (*JTJ* 156/298; *RT* 511/326). Como também de cartas (*RT* 554/405), e de parecer médico-legal (*JSTJ* 19/235). Com a inovação se reforça essa exigência.

Quanto à exibição de folha de antecedentes, quer do réu, quer da vítima, entendemos necessária a ciência da parte contrária, se tal documento não estiver juntado aos autos (*RT* 610/338). Ao contrário, se o documento constar dos autos, sendo, portanto, de conhecimento das partes, a ele pode se fazer qualquer alusão sem que se fira o dispositivo legal em estudo. A exibição de outro processo movido contra o réu, sem o conhecimento da parte contrária, deu ensejo à nulidade do feito (*RT* 581/285). Memoriais escritos entregues aos jurados, antes da sessão, também foram considerados ilegais (*RT* 589/323), inclusive por afrontar o princípio da oralidade que inspira o Júri (*RT* 627/287).

Calhou ao Supremo Tribunal Federal, no HC nº 85682-PR, julgado em 29.8.2006, no qual foi o relator o Ministro Cezar Peluso, ressaltar que "não ofende o disposto no art. 475 do Código de Processo Penal, nem outra norma qualquer, a leitura, durante sessão do tribunal do júri, de cópia ou extrato de sentença condenatória do réu noutro processo, se tal documento já constava dos autos na certidão de antecedentes" (*Diário da Justiça* nº 188, de 29.9.2006).

O argumento de que já se valeu a doutrina no sentido de que cumpre ao juiz coibir a utilização da folha de antecedentes, alertando o conselho de sentença a respeito da presunção de inocência do réu, é absolutamente equivocado. Ora, estando o documento juntado aos autos, ele passa a ser público e, por isso, cada parte o utiliza da forma que parecer mais conveniente à sustentação de seus argumentos. Cabe aos jurados, e somente a eles, a análise da pertinência ou não das teses sustentadas com base naquele documento. A intervenção do juiz alertando aos jurados de que, embora da folha de antecedentes do réu constem inúmeros processos, deve ser presumida sua inocência, importaria em inequívoca interferência no ânimo dos leigos, que ficariam impressionados com aquela manifestação, em evidente prejuízo à acusação.

Da mesma forma, não se concebe a conduta do juiz que, interrompendo a defesa ou mesmo na sala secreta, informe aos jurados que a folha de antecedentes da vítima não se constitui em dado relevante para o deslinde do caso. Uma atuação pautada por tal comportamento, afrontaria a própria essência do Júri, que se caracteriza pela soberania dos veredictos, sem que se exija dos jurados a fundamentação de seus votos, último resquício do sistema da íntima convicção do julgador. Se a condenação ou absolvição se fundamentar, indevidamente, na folha de antecedentes do réu ou da vítima – hipótese que, na prática, parece de difícil comprovação – cabe à parte prejudicada apelar ao Tribunal de Justiça a fim de que outro julgamento seja realizado, anulado o primeiro com fulcro no art. 593, III, *d*, do código.

JURISPRUDÊNCIA

» Observância do prazo mínimo

"O prazo estabelecido no art. 479 do Código de Processo Penal ('Durante o julgamento não será permitida a leitura de documento ou a exibição de objeto que não tiver sido juntado aos autos com a antecedência mínima de 3 (três) dias úteis, dando-se ciência à outra parte') difere bastante dos demais prazos processuais, a começar pelo fato de a contagem ser feita para trás. Além disso, ainda há a peculiaridade de ser contado apenas em "dias úteis". Outrossim, a parte contrária deve ser imediatamente intimada, de modo a garantir-se-lhe a paridade de armas para o exercício do contraditório. E o mais importante: a regra geral do § 1.º do art. 798 ('Não se computará no prazo o dia do começo, incluindo-se, porém, o do vencimento') é mitigada, na medida em que o prazo para juntada de documento ou objeto a ser utilizado em julgamento no Plenário do Júri estabelece 'antecedência mínima' a ser observada. Concluiu-se, pois, que o prazo em tela estabelece um interstício mínimo entre a juntada de documento ou objeto e a respectiva sessão de julgamento perante o Tribunal do Júri. Assim, se o julgamento está aprazado para segunda-feira (como no caso), o material deve ser juntado pela parte até a terça-feira da semana anterior, termo final do prazo, de modo a respeitar o interstício mínimo de três dias úteis entre esse ato e o julgamento" (STJ – REsp nº 1307166-SP, Rel. Laurita Vaz, j. 27.08.2013, DJe 06.09.2013).

» Folha de antecedentes não constitui *documento* ou *objeto*

"A proibição constante no art. 479 do CPP diz respeito diretamente à situação fática tratada nos autos e submetida à apreciação dos jurados. Visa evitar que a parte seja colhida de surpresa, de forma a prejudicar a sua linha de argumentação, evitando-se, assim, lesão aos princípios do contraditório e da ampla defesa. A certidão de antecedentes criminais não tem o condão de colocar um inocente indevidamente no sítio dos fatos. É documento que ordinariamente integra o processo, utilizada pelo juiz togado no cálculo da pena e fixação do regime" (STJ – AgRg no REsp n. 1403161-SP, Rel. Reynaldo Soares da Fonseca, j. 20.08.2015, DJe 28.08.2015).

"A proibição prevista no parágrafo único do atual art. 479 do Código de Processo Penal se refere a documentos 'cujo conteúdo versar sobre a matéria de fato submetida à apreciação e julgamento dos jurados'. Ora, a certidão de antecedentes não se enquadra nessa vedação, pois, além de não constituir matéria de fato sobre o processo, seu conteúdo influi tão-somente na aplicação do quantum da pena, o que é feito pelo magistrado e não pelos jurados" (TJSP – Apelação nº 9000002-06.1999.8.26.0597, Rel. Paulo Rossi, j. 27.06.2012)

» Vídeo de programa televisivo. Necessidade de prévia juntada aos autos

"O impetrante alega que a exibição do programa 'Linha Direta' no plenário do Tribunal do Júri, além de ilegal, feriria o princípio da igualdade de partes e da paridade de armas, contaminando, inclusive, a imparcialidade do Conselho de Sentença. Na espécie, foi respeitado o prazo de três dias de antecedência para a comunicação da parte contrária do deferimento da exibição do vídeo. Ademais, os advogados do paciente não se insurgiram contra a decisão. Nesse ponto, portanto, não há que se falar em violação legal alguma. A exibição do vídeo contendo o programa 'Linha Direta' também não possui o condão de violar os princípios da igualdade de partes e da paridade de armas, como pretende a impetração. Nas palavras da Procuradoria-Geral da República: "Se tal fita dispõe de cunho tendencioso, fantasioso, dramatizado, emocional, conforme alega o impetrante, tal não é de forma alguma fator impeditivo para, a priori, inviabilizar a exibição pretendida. Isso porque será permitido à defesa, em Plenário, esclarecer tal fato ao Conselho de Sentença, competindo a este último por derradeiro, em sua soberania constitucional (que, aliás, restaria vulnerada acaso aprioristicamente afastada a exibição), avaliar a relevância e pertinência de tal prova"" (STF – HC nº 102970-BA, Rel. Ellen Gracie, j. 14.12.2010, DJe 07.02.2011).

» **Trena. Necessidade de prévia juntada aos autos**

"Nos termos do artigo 479 do Código de Processo Penal, na redação dada pela Lei 11.689/2008, já em vigor quando da realização da sessão plenária em apreço, a exibição de objeto perante o Tribunal do Júri por quaisquer das partes pressupõe a sua juntada aos autos com a antecedência mínima de 3 (três) dias úteis. Conquanto a defesa tenha se manifestado dentro dos três dias úteis anteriores ao julgamento, verifica-se que os patronos do acusado apenas noticiaram que pretendiam usar uma trena na sessão de julgamento, sem contudo, proceder à sua juntada aos autos, para que fosse conhecida pela acusação e pela própria Juíza Presidente, circunstância que evidencia o descumprimento do disposto no mencionado dispositivo da legislação processual penal" (STJ – HC nº 153121-SP, Rel. Jorge Mussi, j. 23.08.2011, DJe 01.09.2011).

» **Esqueleto não configura "documento"**

"No julgamento pelo Tribunal do Júri, a exibição de cópia de esqueleto humano em Plenário, com o intuito de ilustrar as regiões em que a vítima foi atingida, não está condicionada à prévia comunicação da parte contrária, uma vez que o conceito de documento, para os efeitos do art. 475 do CPP, restringe-se à peça contendo elementos gráficos em que se expressa o pensamento de determinada pessoa" (TJSP – Rel. José Damião Pinheiro Machado Cogan – RT 836/541).

» **Apólice de seguro. Desnecessidade de prévia juntada aos autos**

"As nulidades ocorridas antes da sessão de julgamento do Tribunal do Júri devem ser arguidas na primeira oportunidade, sob pena de preclusão, nos termos do art. 571, V, do Código de Processo Penal. Na hipótese, registrou o Tribunal a quo que a defesa teve ciência do documento exibido em plenário, apólice de seguro de vida da vítima em favor do acusado, antes do início do julgamento, mas se quedou inerte, arguindo a nulidade apenas ao final da sessão de julgamento" (STJ - AgRg no REsp n. 1152714-AP, Rel. Nefi Cordeiro, j. 13.10.2015, DJe 03.11.2015).

» **Organograma e power point não configuram "documentos"**

"O organograma nada mais é que um roteiro, conferindo maior clareza à exposição dos fatos constantes dos autos, o qual, por óbvio, não configura documento, não sendo necessária assim, a observância de antecedência de 3 dias úteis para a sua juntada e ciência à parte contrária (art. 479, parágrafo único). A utilização de recurso de informática, como o power point, ou a exibição de organograma explicitando de forma sucinta os acontecimentos vislumbrados durante a marcha processual, no plenário, constitui exercício de liberdade de manifestação, de modo a facilitar a intelecção do Conselho de Sentença, não configurando ofensa ao contraditório" (STJ – HC nº 174006-MS, Rel. Alderita Ramos de Oliveira, j. 14.08.2012, DJe 27.08.2012).

» **Leitura de jornais. Quando não se admitiu**

O art. 479 do Código de Processo Penal não permite, durante o julgamento em Plenário do Júri, a leitura de documento ou a exibição de objeto que não tiver sido juntado aos autos com antecedência mínima de três dias, quando o seu conteúdo versar sobre matéria de fato constante do processo. 5. No caso, em respeito aos princípios do contraditório e da ampla defesa, o Juiz singular indeferiu a exibição e leitura de material jornalístico acerca de homicídios ocorridos na região em circunstâncias semelhantes à dos autos, a fim de evitar qualquer surpresa à acusação, sendo autorizada a referência aos documentos na sessão plenária, a fim de amparar a tese de negativa de autoria sustentada pela defesa" (STJ – REsp. nº 1.503.640 – PB, Rel. Gurgel de Faria, , j. 04.08.2015).

» **Leitura de repertório de jurisprudência. Possibilidade**

TRIBUNAL DO JÚRI. VIOLAÇÃO AO ART. 479 DO CPP. NÃO OCORRÊNCIA. LEITURA AOS JURADOS DE REPERTÓRIOS DE JURISPRUDÊNCIA QUE NÃO SE REFEREM AO CASO EM JULGAMENTO.

JUNTADA DENTRO DO TRÍDUO LEGAL. DESNECESSIDADE – "Se o documento ou objeto não guarda relação direta com os fatos retratados nos autos e imputados ao agente, desnecessária sua juntada dentro do tríduo legal. 3. Referência doutrinárias e repertórios jurisprudenciais que não digam respeito ao caso submetido a julgamento não estão abrangidos pela proibição constante do art. 479 do CPP" (REsp n. 1339266-DF, Rel. Maria Thereza de Assis Moura, DJe 24.06.2014).

» **Leitura de doutrina. Possibilidade**

RECONHECIMENTO. VIOLAÇÃO AO ART. 479 DO CPP. NÃO VERIFICADA. LEITURA DE REFERÊNCIA DOUTRINÁRIA PELO PARQUET DURANTE SESSÃO DE JULGAMENTO DO JÚRI. POSSIBILIDADE – "Referências doutrinárias não podem ser equiparadas aos documentos cuja leitura ou exibição são vedadas no art. 479 do CPP" (EDcl no AgRg no AREsp n. 82143-MG, Rel. Marco Aurélio Bellizze, j. 06.11.2012, DJe 14.11.2012).

Art. 480. A acusação, a defesa e os jurados poderão, a qualquer momento e por intermédio do juiz presidente, pedir ao orador que indique a folha dos autos onde se encontra a peça por ele lida ou citada, facultando-se, ainda, aos jurados solicitar-lhe, pelo mesmo meio, o esclarecimento de fato por ele alegado. (Redação dada pela Lei nº 11.689, de 2008)

Indicação da folha dos autos referida no discurso • É possível que, feita referência a determinada peça constante do processo, seja pedida a indicação da folha dos autos onde conste a mencionada peça. Trata-se, assim, de conferir se aquilo que é dito por um dos debatedores se acha, efetivamente, no processo. Pela sistemática anterior, apenas aos jurados era concedida essa faculdade. A reforma de 2008 a estendeu à defesa e à acusação (aqui incluído o assistente de acusação). Podem os jurados, ainda, caso tenham alguma dúvida, pedir esclarecimento ao orador sobre determinado fato objeto do discurso. Essa última possibilidade se defere apenas aos jurados. A parte adversa, caso tenha dúvida, deve rebatê-la em sua fala ou por meio de apartes.

Tratando-se de jurados, dada ao reduzido interesse que o júri é capaz de despertar-lhes, é raro o pedido de esclarecimentos ou de esclarecimentos. Era assim antes de 2008 e continua sendo, atualmente, da mesma forma. De qualquer sorte, se formulado o pedido pelo jurado, deve ter a cautela de, na manifestação, não adiantar o seu voto e, tampouco, influenciar na convicção de seus pares.

§ 1º Concluídos os debates, o presidente indagará dos jurados se estão habilitados a julgar ou se necessitam de outros esclarecimentos. (Incluído pela Lei nº 11.689, de 2008)

§ 2º Se houver dúvida sobre questão de fato, o presidente prestará esclarecimentos à vista dos autos. (Incluído pela Lei nº 11.689, de 2008)

Recolhimento dos jurados à sala secreta • Com o término da manifestação da defesa, após a fala da acusação, encerram-se os debates, cumprindo ao juiz indagar dos jurados se estão habilitados ao julgamento da causa. Caso algum jurado não se sinta habilitado, poderá solicitar do juiz esclarecimento sobre "questão de fato". Como destaca Espínola Filho, "é preciso tenha o jurado, para poder manifestar a sua decisão, com pleno, completo e perfeito conhecimento de causa, todos os esclarecimentos, que o possam orientar, na pesquisa da verdade e numa conclusão para a qual é proscrita toda influência estranha, tomando por guia, apenas, a consciência, servida pelo critério, pelo bom senso e pela inteligência ..." (ob, cit., p. 478).

Entende-se como "questão de fato" a que se refira à matéria probatória, podendo o juiz, por isso, esclarecer o jurado sobre o depoimento de alguma testemunha, indicar-lhe nos autos a página para leitura, etc. Com a pergunta não deve o jurado, de forma alguma, adiantar a sua convicção, sob pena de quebrar a incomunicabilidade do julgamento, fulminando-o de nulidade. Tal explicação, por outro lado, deve ser dada de maneira cautelosa, velando o juiz para, com a resposta, não influenciar no ânimo do leigo. Deve o juiz, porém, negar qualquer esclarecimento sobre questões jurídicas ("questão de direito"), proibido que se encontra, assim, *v. g.*, de esclarecer se o réu agiu ou não em legítima defesa, se houve ou não excesso culposo, etc., sob pena de nulidade do julgamento (*RT* 558/289). Procura-se, aqui, ressaltar a clássica divisão entre a *questão de fato* (a ser dirimida pelo jurado) e a *questão de direito* (a ser enfrentada pelo juiz togado), contra a qual se voltava José Frederico Marques, entendendo que constituía erro clamoroso a afirmativa de que os jurados só decidiam matéria de fato. Dizia o saudoso autor: "na atualidade, impossível é defender a vigência do absurdo princípio. Quem quer que medite um pouco sobre os assuntos que no júri são resolvidos, não pode endossar tamanha baboseira. Tantas e tantas são as questões de direito a que respondem os jurados, através das perguntas contidas no questionário, que seria ocioso arrolá-las. Como notou Jiménez de Asúa, a própria indagação sobre o chamado fato principal envolve uma questão jurídica, pois ao respondê-la o jurado está julgando da existência do primeiro elemento jurídico do crime, que é o fato típico" (*Estudo de Direito Processual Penal*, Forense: Rio, s.d., p. 230)

JURISPRUDÊNCIA

» **Esclarecimento não pode adiantar o voto**

"A solicitação de esclarecimentos pelos membros do Tribunal do Júri é perfeitamente viável, cabendo ao Juiz Presidente controlar o conteúdo das expressões empregadas pelos jurados, evitando que manifestem, por meio de suas dúvidas, opinião quanto ao mérito da causa. No caso dos autos, um dos jurados elaborou pergunta que, da forma como externada, demonstrou aos demais membros do Conselho de Sentença qual era a sua convicção a respeito do crime em análise. Tendo a defesa se insurgido tempestivamente sobre o referido questionamento, faz-se necessária a anulação do julgamento, restando evidente o prejuízo suportado pelo paciente, que foi condenado por membros do júri que decidiram sob a influência da opinião de um deles, enunciada indevidamente ao tentar sanar uma dúvida" (STJ – HC nº 163197-MS, Rel. Jorge Mussi, RSTJ 224/549).

» **Esclarecimentos pelo juiz. Possibilidade**

"Não há ilegalidade ou abuso de poder pela interferência do Juiz Presidente no momento da votação para esclarecimento de quesitos, prevenindo-se, dessa forma, contra eventual declaração de nulidade do julgamento por incoerência do veredicto com a instrução do processo" (TJSP – HC nº 990.10.158883-8, Rel. Willian Campos, j. 17.10.2010).

§ 3º Os jurados, nesta fase do procedimento, terão acesso aos autos e aos instrumentos do crime se solicitarem ao juiz presidente. (Incluído pela Lei nº 11.689, de 2008)

Acesso aos autos • Terão os jurados, ainda nesta fase, acesso aos autos e aos instrumentos do crime, desde que o solicitem ao juiz presidente, nos termos do dispositivo acima. Tomados, contudo, pelo cansaço decorrente das horas de debate e ansiosos em colocar um ponto final no julgamento, parece pouco provável que utilizem tal faculdade, prevista, aliás, no revogado art. 476 do texto original.

JURISPRUDÊNCIA

» **Acesso aos autos pelos jurados**

"Não há constrangimento ilegal pelo fato de o Juiz Presidente do Tribunal do Júri, nos exatos termos do art. 480 do Código de Processo Penal, reservar o acesso dos jurados aos autos após concluídos os debates, mormente quando indemonstrado prejuízo à defesa, como na espécie" (STJ – HC nº 187467-ES, Rel. Laurita Vaz, j. 25.06.2013, DJe 01.08.2013).

Art. 481. Se a verificação de qualquer fato, reconhecida como essencial para o julgamento da causa, não puder ser realizada imediatamente, o juiz presidente dissolverá o Conselho, ordenando a realização das diligências entendidas necessárias. (Redação dada pela Lei nº 11.689, de 2008)

Dissolução do Conselho de Sentença • O artigo acima trata da possibilidade de dissolução do Conselho de Sentença, quando a verificação de algum fato, "reconhecida como essencial para o julgamento da causa, não puder ser realizada imediatamente". Lembra a doutrina, como exemplos, a elaboração de um *croquis* a respeito da dinâmica do tiro ou a realização de um exame a fim de apurar a sanidade mental do réu. Pode ocorrer, portanto, que, encerrados os debates, as partes peçam ao juiz a verificação de algum fato que restou inconcluso ou, então, que os jurados reputem necessária tal verificação. Tratando-se de requerimento formulado pelas partes, cumprirá ao juiz, *ex vi* do disposto no art. 497, inc. XI, decidir a respeito, deferindo ou indeferindo o pedido.

E se o jurado entender necessária alguma diligência? Duas correntes se formam a respeito: a primeira entende que resta ao juiz, apenas, determinar sua realização, explicando antes, por óbvio, da relevância e conveniência do pedido. Mas, se o jurado insistir no esclarecimento, mesmo que impertinente, caberá ao juiz atendê-lo, caso contrário o jurado não se revelará habilitado para o julgamento, nos termos do art. 480, § 1º, tratando-se de questão de foro íntimo, a não admitir qualquer discussão. Nessa linha, Ary Azevedo Franco, *Código de processo penal*, p. 111.

Corrente diversa (Magarino Torres, ob. cit., p. 362), é no sentido de que cabe ao juiz analisar a pertinência ou não do pedido também quando formulado pelo jurado. Este, de sua parte, não pode escusar-se de proferir seu voto, sob o pretexto de não esclarecidos os fatos. É que se ao juiz togado, no procedimento comum, não é dado deixar de sentenciar porque falta algum esclarecimento, também não se pode permitir ao juiz leigo essa espécie de omissão. Que "dê o seu voto, com a consciência e o sossego de quem se pronunciou, com os dados de que dispôs", sugere Espínola Filho (ob. cit., p. 475). Estamos com essa corrente. Não faria sentido obrigar-se o juiz-presidente a deferir toda e qualquer diligência, por mais absurda que fosse, somente porque o jurado a sugeriu. Máxime porque importaria na dissolução do Conselho de Sentença e a consequente perda de todo o trabalho até então desenvolvido, a ser renovado em outra sessão. De sorte que, revelando-se impertinente, deve ser indeferida a diligência, cabendo ao jurado julgar com os dados até então constantes do processo e com base na argumentação exposta pelos debatedores.

Deferida a realização da diligência, duas questões surgem: se a diligência puder ser realizada em tempo razoável (por exemplo, a reinquirição de uma testemunha ou a acareação), cabe ao juiz suspender a sessão pelo período necessário à sua concretização, conforme determina o art. 497, inc. VII do código. Ao contrário, se a diligência não puder ser realizada imediatamente, incide o art. 481 em estudo, ou seja, é dissolvido o Conselho de Sentença, formulados os quesitos referentes a tais diligências e designado novo julgamento, com jurados diversos, componentes de outro conselho. É que, não fosse assim, estaria quebrado o princípio da incomunicabilidade dos jurados, vital à existência do Júri.

Cuida-se de medida rara nos dias atuais, face ao notório inconveniente que acarreta, em virtude, como já salientado, da dissolução do Júri na parte final dos trabalhos e a necessidade de repetição de tudo que foi feito em novo julgamento, com outros jurados (Súmula 206 do STF). Isso quando não esconder a verdadeira motivação do jurado consistente em livrar-se do julgamento. Por isso, ao juiz cumpre fazer ver aos jurados que devem julgar com as provas até então produzidas e, às partes, demonstrarem seus argumentos com os dados constantes do processo. De qualquer sorte, caso insista o jurado na realização da diligência e em face de sua inevitável demora, ao juiz, entendendo razoável o pedido, não restará outra alternativa senão, jogando fora tudo que até então foi produzido, dissolver o Conselho de Sentença.

Lembre-se de outras hipóteses onde é possível a dissolução do Conselho de Sentença: quando ocorre quebra da incomunicabilidade entre os jurados. Ou quando o juiz der o réu como indefeso (art. 497, inc. V) e ainda quando um jurado e mesmo o juiz e as partes, falecerem ou sentirem-se mal.

> Parágrafo único. Se a diligência consistir na produção de prova pericial, o juiz presidente, desde logo, nomeará perito e formulará quesitos, facultando às partes também formulá-los e indicar assistentes técnicos, no prazo de 5 (cinco) dias. (Redação dada pela Lei nº 11.689, de 2008)

Prova pericial • Interessante destacar que, uma vez dissolvido o Conselho de Sentença, para produção de prova pericial, o juiz, de imediato, nomeará o perito, formulando quesitos e facultando, às partes, também formulá-los. É o que consta deste dispositivo, que não traz grande diferença com a antiga redação do art. 477. A inovação surge, porém, quando se permite às partes a indicação de assistentes técnicos, figura até então ignorada em nosso sistema.

A reforçar, ademais, essa ideia, vale observar que na primeira fase do procedimento do Júri, com trâmite perante o juiz togado, o legislador prevê a oitiva do perito em Juízo (art. 411), não fazendo, no entanto, qualquer menção ao assistente técnico. Depois, já em plenário, novamente se abre a possibilidade de ouvida do perito (art. 473, § 3º), sem que uma linha sequer seja dita a respeito do assistente. Estranho que somente nesta fase, quando se reconhece a necessidade de alguma diligência (diga-se, raramente vista na prática), venha prever sua participação, ainda que para emissão de parecer.

Trata-se, na prática, de medida raramente aplicada, sendo mesmo difícil imaginar uma situação na qual seja necessária a produção de uma prova pericial, após os debates em plenário, quando, antes, as partes já tiveram a oportunidade de protestar por essa espécie de prova.

CAPÍTULO 14

Do Questionário e sua Votação

(Incluído pela Lei nº 11.689, de 2008)

Art. 482. O Conselho de Sentença será questionado sobre matéria de fato e se o acusado deve ser absolvido. (Redação dada pela Lei nº 11.689, de 2008)

Parágrafo único. Os quesitos serão redigidos em proposições afirmativas, simples e distintas, de modo que cada um deles possa ser respondido com suficiente clareza e necessária precisão. Na sua elaboração, o presidente levará em conta os termos da pronúncia ou das decisões posteriores que julgaram admissível a acusação, do interrogatório e das alegações das partes. (Incluído pela Lei nº 11.689, de 2008)

Quesitação • Os quesitos, seguindo mandamento legal, versarão sobre questões de fato e indagarão se o acusado deve ser absolvido. Devem ser redigidos em proposições afirmativas (nunca na forma negativa), simples e distintas, de modo que cada um deles possa ser respondido com suficiente clareza e necessária precisão. Veremos em seguida que o legislador quis simplificar a quesitação aos jurados, mas não se pode perder de vista que fundamental – insistimos – é a clareza e a precisão que se possam obter em suas respostas. Na sua elaboração, o juiz presidente levará em conta os termos da pronúncia (que delimita os debates em plenário) ou das decisões posteriores que julgaram admissível a acusação (acórdão que manda o réu a julgamento do júri), do interrogatório do réu, em ato de autodefesa e das alegações das partes, externadas no plenário do júri, durante os debates.

Explica Borges da Rosa que "a expressão 'quesito' vem do latim, de 'quaesitum' que significa pergunta, ponto a que se tem que responder, questão interrogativa sobre que se há de emitir julgamento, parecer, voto ou opinião" (ob. cit., p. 571). Já o questionário é o conjunto de quesitos que será respondido pelos jurados.

O júri brasileiro, tradicionalmente, adotou o sistema francês, através do qual o veredicto é obtido por meio das respostas dos jurados aos quesitos, que versam sobre o tema debatido nos autos e no plenário, formulados pelo juiz presidente. Apartou-se, assim, do sistema americano (ou inglês), em que uma única indagação é feita aos julgadores leigos, de forma clara e objetiva, qual seja, se o réu tem ou não culpa (*guilty or not guilty*). Considerando os princípios norteadores do júri brasileiro, sobretudo o sigilo da votação e a incomunicabilidade entre os jurados, o sistema francês parece, de fato, o mais adequado.

Com o advento, porém, da Lei 11.689/2008, apesar de persistirem os princípios gerais, os dois sistemas passaram a coexistir no ordenamento jurídico brasileiro. Assim, entre as várias formulações dirigidas ao Conselho de Sentença, típicas do sistema francês, haverá um quesito próprio indagando se o acusado deve ser absolvido, próprio do sistema anglo-americano, como veremos logo abaixo.

JURISPRUDÊNCIA

» **Tese sustentada pelo réu mas não por seu advogado deve ser objeto de quesitação**

"O direito à plenitude de defesa é garantido aos Réus submetidos ao Tribunal do Júri, cabendo ao magistrado incluir no questionário tese levantada pelo Réu no momento de seu interrogatório, ainda que não apresentada pela defesa técnica, sob pena de nulidade, nos termos do art. 484, inciso III, do Código de Processo Penal (com redação anterior à vigência da Lei n.º 11.689/2008) e por força do art. 482, parágrafo único, do referido estatuto" (STJ – REsp nº 737824-CE, Rel. Laurita Vaz, j. 19.11.2009, DJe 15.12.2009).

» **Quesito sobre aborto. Quando é válido**

"O quesito elaborado com a seguinte redação: "O aborto foi realizado sem o consentimento da gestante?", relativo ao art. 125, CP, não viola o art. 482, CPP, sendo certo, ademais, que a defesa não arguiu a suposta nulidade no momento oportuno, nem demonstrou, objetivamente, qual o prejuízo sofrido com tal formulação" (STJ - REsp. nº 1.503.640 - PB, Rel. Gurgel de Faria, , j. 04.08.2015).

Art. 483. Os quesitos serão formulados na seguinte ordem, indagando sobre: (Redação dada pela Lei nº 11.689, de 2008)

I – a materialidade do fato; (Incluído pela Lei nº 11.689, de 2008)

II – a autoria ou participação; (Incluído pela Lei nº 11.689, de 2008)

III – se o acusado deve ser absolvido; (Incluído pela Lei nº 11.689, de 2008)

IV – se existe causa de diminuição de pena alegada pela defesa; (Incluído pela Lei nº 11.689, de 2008)

V – se existe circunstância qualificadora ou causa de aumento de pena reconhecidas na pronúncia ou em decisões posteriores que julgaram admissível a acusação. (Incluído pela Lei nº 11.689, de 2008)

§ 1º A resposta negativa, de mais de 3 (três) jurados, a qualquer dos quesitos referidos nos incisos I e II do caput deste artigo encerra a votação e implica a absolvição do acusado. (Incluído pela Lei nº 11.689, de 2008)

§ 2º Respondidos afirmativamente por mais de 3 (três) jurados os quesitos relativos aos incisos I e II do caput deste artigo será formulado quesito com a seguinte redação: (Incluído pela Lei nº 11.689, de 2008)

O jurado absolve o acusado?

§ 3º Decidindo os jurados pela condenação, o julgamento prossegue, devendo ser formulados quesitos sobre: (Incluído pela Lei nº 11.689, de 2008)

I – causa de diminuição de pena alegada pela defesa; (Incluído pela Lei nº 11.689, de 2008)

II – circunstância qualificadora ou causa de aumento de pena, reconhecidas na pronúncia ou em decisões posteriores que julgaram admissível a acusação. (Incluído pela Lei nº 11.689, de 2008)

§ 4º Sustentada a desclassificação da infração para outra de competência do juiz singular, será formulado quesito a respeito, para ser respondido após o 2º(segundo) ou 3º (terceiro) quesito, conforme o caso. (Incluído pela Lei nº 11.689, de 2008)

§ 5º Sustentada a tese de ocorrência do crime na sua forma tentada ou havendo divergência sobre a tipificação do delito, sendo este da competência do Tribunal do Júri, o juiz formulará quesito acerca destas questões, para ser respondido após o segundo quesito. (Incluído pela Lei nº 11.689, de 2008)

Ordem de quesitação • O legislador, na construção do questionário (conjunto de quesitos), modificou a estrutura anterior, demasiadamente prolixa e que ensejava inúmeras nulidades, determinando a formulação dos quesitos em proposições simples e distintas, de maneira a se evitar a ambiguidade e a complexidade.

Com fundamento nessa estrutura, os quesitos devem atender à seguinte ordem:

a) **materialidade:** inaugurando o rol de perguntas, os jurados decidirão, em conformidade com a pronúncia, o interrogatório e as alegações das partes, sobre a conduta criminosa, o resultado (evento) e o nexo causal.

Tratando-se de um crime consumado, a depender do caso concreto, parece-nos prudente o juiz dividir a indagação em dois quesitos separados, como ocorria no sistema anterior, proporcionando ao jurado a oportunidade de se manifestar a respeito de concausas (absoluta ou relativamente independentes). Se a defesa, com efeito, nega a relação de causalidade entre a conduta e o resultado, o questionário não pode ignorar essa tese defensiva, apresentando a seguinte arquitetura:

1º) No dia 10 de janeiro de 2014, na Rua Azul, Bairro Verde, nesta cidade, "A" recebeu disparos de arma de fogo, sofrendo as lesões descritas no laudo de fls.?

2º) Essas lesões foram a causa eficiente da sua morte?

A resposta negativa de mais de três jurados ao primeiro quesito encerra a votação, com a consequente absolvição do acusado, posto que reconhecida a inexistência do fato. Se negarem, por maioria, apenas a segunda indagação, a votação prossegue, pois os jurados, apesar de anunciarem que o resultado não pode ser imputado ao acusado, reconheceram a lesão, sendo necessário analisar a sua autoria e finalidade (lesão corporal ou morte tentada).

Por que a necessidade do segundo quesito, ainda sobre a materialidade? Porque a vítima pode ter sofrido lesão provocada, por exemplo, por um disparo de arma de fogo, mas sua morte não ter decorrido dessa lesão, e sim de outra causa totalmente independente da conduta do agente (concausa absolutamente independente).

Em um exemplo: a vítima foi atingida por um disparo, mas sua morte decorreu de traumatismo craniano gerado por desabamento causado por um terremoto (que é uma concausa absolutamente independente da conduta do agente).

Há controvérsia acerca da necessidade desse desdobramento e há quem sustente que o propósito da reforma processual de 2008 foi o de simplificar a votação, evitando que o jurado seja submetido a procedimento confuso, do qual lhe surjam dúvidas que dificultem a tomada de decisão. Pensamos, todavia, que a simplificação do procedimento não pode ser de tal forma ampliada a ponto de desvirtuar a técnica processual e impedir que indagação imprescindível seja apreciada pelo Conselho de Sentença. Ora, se o defensor do acusado não nega a existência do fato, mas argumenta sobre a incidência de uma concausa, é preciso que os jurados apreciem esta alegação, o que se torna impossível se a materialidade (abrangendo o nexo) for questionada em quesito único. E não nos parece tampouco correto que esta apreciação se transfira para a autoria sob a alegação de que, incidente a concausa, o acusado não poderia ser considerado o autor responsável pelo resultado. A proposta é equivocada posto que, no quesito relativo à autoria, questiona-se se o agente foi autor da lesão, não se esta foi a causa do resultado. Reiteramos, portanto, que, em nome da precisão e da boa técnica processual, o juiz, na análise do caso concreto, desdobre o quesito para tratar separadamente o nexo causal.

Note-se, por fim, que este dispositivo, ao tratar expressamente de "materialidade", não pode ser sempre interpretado literalmente sob pena de tornar impossível, em certas situações, a quesitação. Efetivamente, no caso, por exemplo, de tentativa branca de homicídio, em que o agente, embora pretendesse matar a vítima, disparou contra ela, mas sequer a atingiu, não haverá materialidade. Neste caso, a indagação será formulada com base na concreta possibilidade de que a vítima sofresse lesão.

Por exemplo: No dia 10 de janeiro de 2014, na Rua Azul, Bairro Verde, nesta cidade, Fulano de tal foi alvo de disparo de arma de fogo, sem que fosse atingido?

b) **autoria ou participação:** nesta segunda oportunidade de manifestação, os jurados serão indagados sobre autoria, coautoria ou participação. Por exemplo:

Autor: "A" foi o autor dos disparos que causaram a morte da vítima?

Partícipe: "B", ao induzir o atirador, concorreu, de qualquer modo, para a realização dos disparos que causaram a morte na vítima?

A resposta negativa, de mais de três jurados, a este quesito encerra a votação e implica na absolvição do acusado, concluindo-se pela negativa de autoria, de coautoria ou de participação.

Em regra, a votação absolutória relativa a um dos agentes não prejudica a apreciação pelos jurados da conduta dos demais. É plenamente possível que, imputado um homicídio em coautoria, os julgadores absolvam um dos autores e condenem outro. Tratando-se, todavia, de participação, em que se imputa a alguém, por exemplo, o fornecimento da arma de fogo ao autor do homicídio, negada a materialidade ou a autoria do crime contra a vida, resta prejudicado o julgamento sobre a conduta do partícipe, pois, sendo acessória a participação, sua punição há de ser decorrente do reconhecimento do crime e de sua autoria. Com efeito, se os jurados consideram inexistente o fato ou afastam a autoria, não é possível condenar isoladamente o partícipe por ter auxiliado alguém a cometer um crime que, na verdade, não ocorreu ou por ter auxiliado alguém que não cometeu crime nenhum (nesse sentido, STJ – RHC nº 14097-MG – Rel. Paulo Medina – j. 02/06/2005 – DJ 01/08/2005; STF – HC nº 69741-DF – Rel. Francisco Rezek, j. 15.12.1992 – DJ 19.02.1993).

c) **desclassificação, tentativa e divergência sobre a tipificação do delito:**

Desclassificação • No julgamento em plenário, é possível à defesa aventar a desclassificação do crime para outro que não seja de competência do Tribunal do Júri. Neste caso, determina o § 4º do art. 483 que se formule quesito específico, a ser apreciado após estabelecidas a materialidade e a autoria do delito.

A desclassificação pode ser:

a) *própria*: quando o Conselho de Sentença desclassifica o crime para outro que não seja de sua competência, mas não se manifesta acerca de qual infração efetivamente ocorreu. É o caso, por exemplo, em que se reconhece a materialidade, estabelece-se a autoria, mas se afasta a tentativa de homicídio. Os jurados desclassificam mas não apontam a infração remanescente, competindo ao juiz, neste caso, apreciar a conduta à luz das normas penais, sem vínculo com a decisão do Conselho;

b) *imprópria*: neste caso, o Conselho de Sentença desclassifica mas aponta qual a infração penal resultante da conduta. É o caso, por exemplo, em que se afasta o dolo de matar, estabelecendo-se o homicídio culposo. Adstrito à decisão do Conselho, resta ao juiz condenar o acusado por ter causado involuntariamente a morte da vítima.

Por exemplo: "A" causou o resultado morte (descrito no primeiro quesito) de forma culposa (ou não intencional)? Sendo afirmativa a resposta a esse quesito, está desclassificada a infração para homicídio culposo (não intencional), competindo ao juiz presidente proferir a sentença adequada à desclassificação (imprópria) dos jurados.

Tentativa • É possível, ainda, que ao acusado esteja sendo imputado um crime tentado (§ 5º). Neste caso, uma vez estabelecidas a materialidade e a autoria delitivas, deve ser formulado um quesito específico a respeito do *conatus*.

Por exemplo: "A", assim agindo, deu início à execução de um crime de homicídio que não se consumou por circunstâncias alheias à sua vontade, consistente no pronto e eficaz socorro médico prestado à vítima?

Divergência sobre a tipificação do delito • Existe a possibilidade de a defesa do acusado provocar a divergência a respeito da tipificação do delito, sustentando a ocorrência de outra infração, igualmente de competência do Tribunal do Júri (§ 5º), como ocorre na situação em que a acusada sofre imputação de homicídio, mas o defensor argumenta ter ela cometido infanticídio. Também aqui se formula quesito após a votação positiva a respeito da materialidade e da autoria.

Por exemplo: "A" agiu sob influência do estado puerperal, matando o próprio filho durante ou logo após o parto?

d) **o jurado absolve o acusado?** Se o Conselho de Sentença se manifesta positivamente a respeito dos quesitos relativos à materialidade e à autoria, recusando teses de desclassificação, não se impõe, ainda,a condenação, pois, conforme estabelece o art. 483, inciso III e § 2º, indaga-se se o jurado absolve o acusado por outras causas. Ressaltamos, apenas, que a ordem aqui referida quanto à desclassificação pode ser alterada a depender da qualidade que a defesa atribua a esta tese. É que, sendo a desclassificação a única tese defensiva, será quesitada em terceiro lugar, antes, portanto, do quesito obrigatório (o jurado absolve o réu); se, todavia, for tese subsidiária a um pedido expresso de absolvição, será quesitada em quarto lugar, ou seja, posteriormente à indagação sobre se o jurado absolve o acusado.

Este quesito (o jurado absolve o réu), como já tivermos a oportunidade de mencionar, é novidade introduzida pela Lei nº 11.689/08, responsável por atrair ao procedimento do júri brasileiro uma característica inerente ao sistema criminal americano, despertando, no entanto, indisfarçável controvérsia acerca de sua compatibilidade com o nosso sistema.

A novidade veio sob a justificativa de tornar mais simples o procedimento de votação nos crimes dolosos contra a vida ao facilitar a elaboração e, principalmente, a compreensão dos quesitos pelos jurados. Parece-nos, todavia, que o propósito não foi cumprido porque, além de permanecer a necessidade de se elaborarem diversos outros quesitos, anteriores e posteriores a este, para estabelecer a materialidade, a autoria, a tentativa, a incidência de minorantes, de qualificadoras e de majorantes, a generalização que caracteriza o novo quesito proporciona diversas situações, no mínimo, inusitadas, que, por sua natureza, podem contrariar a Constituição Federal.

Vejamos, separadamente, os principais questionamentos surgidos com a introdução desta nova regra.

Formulação do quesito • A crítica primeira que deve recair sobre este quesito é a de que os termos em que formulado claramente induzem o jurado a votar pela absolvição. Não só porque indaga se o jurado absolve o acusado, direcionando a resposta, como porque inverte os termos até então aplicados à quesitação: sobre materialidade e autoria, os jurados votaram "sim"; em seguida, para que mantenham a mesma orientação, devem votar "não", ou seja, devem afirmar que, para condenar, não absolvem. Vê-se, portanto, que a forma de elaboração do quesito, no mínimo, conduz ao equívoco. E colabora para isso o fato de a indagação ser genérica, sem especificar as teses a que a defesa tenha recorrido durante os debates no plenário. Imagine o leitor a cena de um julgamento: o Ministério Público faz sua explanação; a defesa expõe suas teses; na réplica, o órgão da acusação contradita tais teses, em seguida reiteradas na tréplica. Após algumas horas submetidos a densa argumentação jurídica, os jurados são indagados simplesmente se absolvem o acusado e têm de recordar todos os argumentos lançados, sem nenhuma referência. É, efetivamente, o caminho certo para a inexatidão.

Pluralidade de teses defensivas • A maioria da doutrina leciona que o novo quesito abrange todas as teses argumentadas pela defesa. Assim, se em plenário o defensor do acusado sustenta a legítima defesa e obediência hierárquica, ambas devem ser apreciadas conjuntamente no momento em que os jurados votam o quesito genérico relativo à absolvição.

Não nos parece, entretanto, que seja assim tão simples.

Quando uma só tese defensiva foi sustentada (legítima defesa, por exemplo), não há maiores questionamentos. Uma vez afirmativa a resposta da maioria, está encerrado o julgamento com absolvição do acusado (sem nenhuma dúvida sobre a tese acolhida pelos jurados). Nesse caso não pairam controvérsias sobre as consequências jurídicas, extraídas a partir da simples análise da tese defendida: o Ministério Público poderá, se o caso, interpor apelação quando convencido de que a decisão foi manifestamente contrária à prova dos autos.

O mesmo não ocorre, no entanto, se em favor do réu são sustentadas duas ou mais teses em plenário (não raras vezes colidentes). Se o defensor invoca a legítima defesa e a dirimente da obediência hierárquica, por exemplo, saber se a absolvição se deu por força da primeira tese (legítima defesa) ou em virtude da segunda (obediência hierárquica) é de suma importância: qual será a base recursal da parte sucumbente? Ora, feita a pergunta por meio de um único questionamento ("O jurado absolve o acusado"?), fica o Ministério Público sem saber qual o alcance da decisão do Conselho de Sentença e, consequentemente, sem saber se contrariou (ou não) a prova dos autos.

Como resolver esse problema?

Destacamos, inicialmente, a patente falta de técnica do legislador ao introduzir a obrigatoriedade de apenas um quesito relativo à absolvição. E o propósito da reforma, sem dúvida, foi o de submeter todas as teses da defesa a este único quesito, pois, do contrário, a lei não o teria imposto, mas, como faz a respeito de outras teses debatidas, estabeleceria a formulação de quesitos específicos conforme a natureza dos argumentos aventados em plenário (como, aliás, fazia a lei revogada).

Ocorre que esta imposição é absolutamente despropositada porque ignora por completo os fundamentos do júri. Efetivamente, a votação é sigilosa, razão pela qual, no caso de absolvição, não é possível que se saiba qual foi a tese adotada se não houver quesito específico. A nova sistemática, portanto, ignora o princípio do contraditório, pois, como já destacamos, se o órgão acusatório não tem ciência da tese de absolvição consagrada, como poderá interpor recurso? Não se pode olvidar, na mesma esteira, a clara ofensa ao princípio da paridade de armas, vez que à acusação é imposto um óbice processual, desprovido de qualquer fundamento técnico, ao qual a defesa passará imune.

Há quem sustente, nesta situação de pluralidade de teses defensivas, a necessidade de que a acusação, caso pretenda recorrer da decisão, ataque, nas razões de insurgência, todas as teses veiculadas em plenário. A sugestão, porém, é despropositada não somente porque, uma vez mais, contraria-se a equidade processual (sobrecarregando-se a acusação), como também porque se mostra de todo ineficaz, já que o tribunal, ao analisar o recurso, também não saberá qual tese merece acolhida e, por óbvio, não poderá dar provimento amparando a todas elas, nem poderá aleatoriamente optar por qual lhe pareça mais adequada. Aqui, aliás, surge outra potencial afronta à Constituição Federal, pois esta indefinição põe em sério risco a soberania do júri.

Não bastasse, há outro aspecto nefasto nessa forma de quesitação das teses defensivas. Resumidas todas numa única indagação, é possível, a depender do número de teses debatidas, que o acusado seja absolvido sem que nenhuma delas tenha sido adotada pela maioria dos jurados. Se o defensor propuser, por exemplo, quatro teses de absolvição, nada impede que 4 dos 7 jurados sintam-se seduzidos, porém cada um por uma tese distinta. Consagra-se a absolvição, em que pese as teses da defesa tenham sido rechaçadas por 6 dos 7 jurados.

Dados os contornos que assume a imposição deste quesito, parece-nos que, na verdade, o propósito da reforma foi o de introduzir e consagrar a possibilidade de que o Conselho de Sentença possa absolver a qualquer custo, o que se nos afigura de todo absurdo porque equivale a sustentar a possibilidade de que se julgue sem abrigo na prova dos autos.

A nosso ver, como forma de mitigar a clara deficiência da lei e garantir o pleno exercício da função julgadora do tribunal do júri, constitucionalmente assegurada, impõe-se, desde que sustentadas duas ou mais teses defensivas, a individualização dos argumentos de defesa em quesitos próprios, prevalecendo a individualização das teses como forma de levar o Conselho de Sentença a se manifestar sobre cada uma isoladamente (sem desdobramentos outros), permitindo que se saibam as razões da absolvição para que as providências daí decorrentes possam ser adotadas com segurança. Assim, no mesmo exemplo já citado, em que o defensor argumenta sobre a legítima defesa e sobre a obediência hierárquica, possibilita-se ao acusador conhecer as razões da improcedência da acusação para subsidiar eventual peça recursal.

Dessa forma, se o patrono do acusado sustentou em plenário a legítima defesa e a obediência hierárquica, o Conselho de Sentença deverá ser indagado:

a) o jurado absolve o acusado por ter ele, usando moderadamente dos meios necessários, repelido injusta agressão, atual ou iminente, a direito seu ou de outrem?

b) o jurado absolve o acusado por ter ele cometido o fato em estrita obediência a ordem, não manifestamente ilegal, de superior hierárquico?

Alguns certamente criticarão nossa sugestão em vista da "complexidade" dos quesitos acima (na verdade, mera reprodução de artigos de lei). Não vemos problema na simplificação da sua redação, desde que individualizadas as teses defensivas:

a) o jurado absolve o acusado pela legítima defesa?

b) o jurado absolve o acusado pela obediência hierárquica?

A resposta positiva da maioria num ou noutro sentido absolve o réu. Negados ambos os quesitos que acabam de ser sugeridos, a votação prossegue (porque o acusado não foi absolvido, ao contrário, foi condenado).

A americanização (na verdade, a adoção do sistema inglês, que foi transportado para os EUA) do quesito simplificado pretendido pelo legislador ("O jurado absolve o acusado"?) deve ser bem compreendida. No sistema inglês (ou americano) os jurados se comunicam e buscam em todo momento o consenso (a unanimidade). Tudo pode ser resumido a um só quesito ("Guilty or not guilty?") porque em torno de todas as teses expostas pela defesa os jurados promovem o mais aprofundado debate, até se chegar a um consenso. No Brasil vigora a incomunicabilidade dos jurados, de modo que um não pode tentar influenciar o outro a adotar essa ou aquela tese. Daí a imperiosa necessidade de individualização das teses defensivas, em quesitos próprios.

Tese negativa de autoria • O quesito relativo à absolvição é, sem nenhuma dúvida, obrigatório. As redações do *caput* do art. 482 e do art. 483, inciso III e § 2º são claras: os jurados serão indagados a respeito da absolvição.

Pois bem. Imaginemos a situação em que a única tese defensiva verse sobre a negação da autoria delitiva, argumentando-se extensamente, em plenário, entre acusação e defesa, a concorrência do réu para a prática criminosa. Pela ordem estabelecida no art. 483, inicialmente os jurados votam sobre a materialidade e, em seguida, sobre a autoria. Submetido o segundo quesito a votação, os jurados negam a tese da defesa e decidem que o acusado foi o autor daquele crime posto em julgamento. Por imperativo lógico, diante dessa decisão, a votação deveria prosseguir apenas quanto às circunstâncias do crime cuja materialidade e autoria acabaram de ser estabelecidas. Não obstante, impõe-se que se indague se os jurados absolvem o acusado. Ora, absolvem por qual motivo? Afinal, não acabaram de estabelecer, decidindo com base na única tese defensiva (negativa de autoria) que o crime ocorreu e que o acusado foi o seu autor? Indagar, logo em seguida, se o jurado absolve o acusado é verdadeira teratologia, aliada, ademais, à esdrúxula situação em que, para condenar, votaram "sim" nos dois primeiros quesitos e, no terceiro, para manter a condenação, devem votar "não".

Há quem sustente que o defensor tem o dever de amparar o pedido de absolvição em mais de uma tese, o que nos parece absurdo porque embaraça o mister da defesa, a quem compete, com exclusividade, eleger os argumentos que considera adequados para que a imputação seja refutada. Se, diante dos fatos concretamente postos em julgamento, o defensor pensa apropriado sustentar uma única tese, não é possível obrigá-lo a estender sua estratégia apenas para contornar a evidente inadequação da lei.

Além do mais, embora não haja, é certo, impossibilidade técnica que o defensor argumente em plenário,por exemplo, não ter sido o acusado o autor do crime e, subsidiariamente, busque o reconhecimento da legítima defesa, na prática do tribunal do júri essa manobra pode funcionar em sentido absolutamente contrário aos interesses do acusado, pois, para juízes leigos, não versados, portanto, em matéria jurídica, soa incoerente o defensor sustentar, por quase todo o tempo de explanação, que o acusado não foi o autor do crime e, no final, dizer que, se foi, atuou nos limites da legítima defesa. Reiteramos, portanto, não ser adequado obrigar o defensor a lançar mão de uma tese que pode contrariar os interesses do réu somente porque a lei contém uma inegável impropriedade.

Recusada pelos jurados a tese única de negação da autoria, há orientações no sentido de que, com base no quesito da absolvição, seja possível ao Conselho de Sentença, afastando-se da legalidade estrita, absolver por qualquer razão, inclusive por compaixão. Trata-se, no entanto, de mais uma proposta descabida. Inicialmente, porque, ignorando-se os fatos, sobre os quais, aliás, os jurados já assentaram a materialidade e a autoria delitivas, consagra-se o direito penal do autor. Não fosse isso o bastante, é a legalidade estrita que garante ao acusado o devido processo legal, que, se num extremo impede a absolvição por simples sentimento de compaixão, noutro impede a condenação em virtude de mera antipatia. O contrário, para absolver ou para condenar, seria odioso porque, na absolvição infundada, a sociedade se veria desamparada diante do cometimento comprovado do mais grave dos crimes; na condenação vazia, teríamos o tolhimento da liberdade de um indivíduo em razão da simples e irrelevante impressão que sua personalidade despertasse nos jurados.

Considerando, porém, que o quesito é obrigatório, mesmo nas situações em que a negação da autoria é a única tese, refutada quando da votação relativa ao segundo quesito, não se afasta a possibilidade de que a absolvição ocorra infundadamente. E, neste caso, já decidiu o STJ que o juiz não pode sequer advertir os jurados a respeito da contradição com o quesito anterior para que nova votação seja efetuada, pois, sendo obrigatória a indagação a respeito da absolvição, o júri é soberano para decidir. Neste caso, segundo aquele tribunal, resta à acusação recorrer sustentando que a decisão foi manifestamente contrária à prova dos autos (HC n. 233420-DF, Rel. Min. Jorge Mussi, j. 19.09.2013, DJe 26.09.2013). Vê-se, portanto, o absurdo provocado pela introdução deste quesito: o juiz, percebendo a inequívoca contradição e constatando que todo o trabalho desenvolvido até aquele momento poderá se tornar imprestável, não poderá se manifestar e terá de admitir a conclusão absurda; o Ministério Público deverá então recorrer; caso seja provido o apelo, novo julgamento será realizado simplesmente porque a mesma lei que prevê o recurso contra a decisão manifestamente contrária à prova dos autos permite abertamente que os jurados decidam de forma manifestamente contrária a estas mesmas provas!

Não apreciação do excesso culposo • Imposta a quesitação única para as teses da defesa, não existe indagação específica sobre a caracterização de eventual excludente da ilicitude. Imaginemos um caso de legítima defesa. Na sistemática anterior, os jurados eram indagados especificamente, razão por que poderiam se manifestar de forma expressa a respeito do eventual excesso ao considerar que o agente não usou moderadamente os meios necessários. Atualmente, com a simples pergunta se o jurado absolve o acusado, não é possível a avaliação do excesso na medida em que não se aprecia a moderação dos meios utilizados, no que pode constituir um prejuízo à própria defesa.

Isto porque, no plenário, é possível que o defensor sustente a legítima defesa mas não invoque, subsidiariamente, o excesso culposo. Como antes os jurados eram instados a se manifestar especificamente sobre a moderação dos meios, podiam afastar a justificante e reconhecer o excesso culposo, mesmo sem provocação. Agora, a indagação, pura e simples, sobre a absolvição fere a plenitude de defesa, pois os jurados podem, por exemplo, votar contrariamente à absolvição porque consideraram desproporcional a reação do acusado, embora não o quisessem condenar pelo homicídio doloso. Mas se não apreciam a moderação dos meios, não poderão, por sua própria iniciativa, considerar o excesso.

E mesmo no caso em que a defesa faça referência expressa ao excesso, a única forma de contornar o óbice imposto aos jurados é a introdução de quesito específico após a votação negativa da absolvição, o que mais uma vez revela a absoluta impropriedade da nova sistemática porque este quesito simplesmente não encontra amparo legal. Na letra fria da lei, se os jurados condenam, a votação prossegue quanto às minorantes, qualificadoras e majorantes; se absolvem, encerra-se a votação.

Inimputabilidade • Corroborando a inconveniência do quesito único de absolvição, vejamos o que acontece quando o defensor sustenta inimputabilidade por doença mental em conjunto com outra tese de absolvição.

O defensor, em plenário, baseado em exame pericial, argumenta para os jurados que o acusado, no momento da ação, em razão de doença mental, não entendia o caráter ilícito do fato e não podia se determinar de acordo com este entendimento. A par desse argumento, o defensor alega que a vítima atacou desmotivadamente o acusado, que apenas se limitou a repelir a injusta agressão (legítima defesa).

Encerrados os debates, os jurados votarão os quesitos. Na pergunta obrigatória "o jurado absolve o acusado?", o Magistrado resolve não individualizar as teses defensivas (legítima defesa e inimputabilidade). Obtida a maioria pela absolvição, *quid iuris*? Considera-se reconhecida a legítima defesa ou a inimputabilidade? A absolvição foi própria (sem sanção penal) ou imprópria (com sanção penal, da espécie medida de segurança)?

Diante da inadequação da nova sistemática, que simplesmente ignora a possibilidade de absolvição imprópria, sustentamos, novamente, que o mais adequado seja o juiz formular quesitos individualizados relativos a cada uma das teses defensivas. Embora não encontre amparo direto no texto do art. 483, esta é a única forma de permitir a apuração adequada da decisão do Conselho de Sentença e de garantir a soberania dos veredictos, que tem fundamento constitucional. A proposta de desdobramento garante que a manifestação do Conselho de Sentença seja inteiramente compreendida e proporciona um julgamento verdadeiramente justo.

No dia a dia forense, em casos semelhantes, percebemos que a maioria dos juízes formula o quesito obrigatório ("o Jurado absolve o réu?"). Se os jurados votarem favoravelmente, reconhece-se a legítima defesa; se votarem pela condenação, o juiz formula um novo quesito a respeito da inimputabilidade, esclarecendo o Conselho.

e) **causa de diminuição de pena alegada pela defesa:** Superada a votação dos quesitos iniciais e estabelecida a condenação, os jurados serão instados sobre eventuais causas de diminuição de pena alegadas pela defesa. É consectário do princípio da plenitude da defesa que estas circunstâncias sejam votadas antes das qualificadoras e das majorantes, alegadas pela acusação, como, aliás, já ocorria antes da reforma.

Inicialmente, recordamos que, embora se trate de uma minorante, a tentativa não é votada neste momento, pois o respectivo questionamento é submetido a votação após o segundo quesito, relativo à autoria.

As postulações mais comuns concernentes a causas de diminuição de pena são o privilégio no homicídio, a semi-imputabilidade e a participação de menor importância. É possível também que se submetam a votação, por exemplo, o erro inescusável sobre a ilicitude do fato e a embriaguez incompleta decorrente de caso fortuito ou de força maior.

No que concerne ao privilégio no homicídio, deve-se destacar que sua admissão pelo Conselho de Sentença necessariamente provoca o afastamento das qualificadoras de natureza subjetiva. Sabemos que a jurisprudência firmou o entendimento de que o homicídio qualificado-privilegiado é possível, desde que as qualificadoras sejam de natureza objetiva (art. 121, § 2.º, incs. III e IV), vez que o privilégio será sempre subjetivo. Por isso, se ao acusado estiver sendo imputado homicídio qualificado pelo motivo fútil e pelo emprego de tortura, invocado pelo defensor, com sucesso, motivo de relevante valor moral, sequer será votada a futilidade que pudesse ter movido o homicida.

A fim de que bem se especifiquem quais causas de diminuição serão rejeitadas pelo Conselho de Sentença, hão de ser formulados quesitos individualizados para cada uma delas. Por exemplo:

a) "A" agiu sob domínio de violenta emoção, logo em seguida a injusta provocação da vítima?

b) "A", em virtude de perturbação de saúde mental ou por desenvolvimento mental incompleto ou retardado, era relativamente capaz de entender o caráter ilícito do fato ou de determinar-se de acordo com esse entendimento?

Pergunta-se: reconhecido o privilégio pelos senhores jurados (ex: domínio de violenta emoção), pode o juiz quesitar o feminicídio?

Como vimos acima, apesar da sua posição topográfica, mostra-se perfeitamente possível a coexistência das circunstâncias privilegiadoras (§ 1º do art. 121), todas de natureza subjetiva, com qualificadoras de natureza objetiva.

f) **circunstância qualificadora ou causa de aumento de pena reconhecida na pronúncia ou em decisões posteriores que julgaram admissível a acusação:** votadas as causas de diminuição de pena alegadas pela defesa, o juiz submeterá a votação as circunstâncias qualificadoras e as causas de aumento de pena que tenham sido reconhecidas na sentença de pronúncia ou na decisão de eventual recurso em sentido estrito interposto contra aquele *decisum*. Não é possível, portanto, que a acusação articule qualificadora ou majorante apenas em plenário para que sejam votadas após os debates. É pressuposto que tenham sido objeto de cognição na primeira fase do rito procedimental do júri.

Neste caso também devem ser individualizados os quesitos relativos a circunstâncias qualificadoras e causas de aumento de pena que tenham sido alegadas em conjunto. Por exemplo:

a) "A" agiu por motivo torpe consistente na ganância?

b) "A", mediante reiteração de golpes, usou de meio cruel para matar a vítima?

c) A vítima era maior de sessenta anos, conhecendo o agente essa circunstância?

Feminicídio • A Lei 13.104/15 alterou o art. 121 do CP para nele incluir o "feminicídio" (§ 2º., inc. VI), entendido como a morte de mulher em razão da condição do sexo feminino (leia-se, baseada no gênero). A incidência da qualificadora reclama situação de violência praticada contra a vítima, em situação de vulnerabilidade e em contexto caracterizado por relação de poder e submissão, tendo como sujeito ativo homem ou mulher.

Com a novel Lei, o feminicídio passa a configurar o inciso VI do § 2º do crime de homicídio, punido com pena de reclusão de 12 a 30 anos, etiquetado como delito hediondo, sofrendo os consectários da Lei 8.072/90.

O § 2º-A também foi acrescentado para esclarecer quando a morte da mulher deve ser considerada em razão da condição do sexo feminino: *I – violência doméstica e familiar; II – menosprezo ou discriminação à condição de mulher.*

O esclarecimento, no entanto, além de inútil, causa confusão. Explico.

Feminicídio, comportamento objeto da Lei em comento, pressupõe violência baseada no gênero, agressões que tenham como motivação a opressão à mulher. É imprescindível que a conduta do agente esteja motivada pelo menosprezo ou discriminação à condição de mulher da vítima. A previsão deste (infeliz) parágrafo, além de repisar pressuposto inerente ao delito, fomenta a confusão entre feminicídio e femicídio. Matar mulher, na unidade doméstica e familiar (ou em qualquer ambiente ou relação), sem menosprezo ou discriminação à condição de mulher é FEMICÍDIO. Se a conduta do agente é movida pelo menosprezo ou discriminação à condição de mulher, aí sim temos FEMINICÍDIO.

A nova Lei, por fim, acrescentou ao art. 121 mais um parágrafo (§ 7º), aumentando a pena do feminicídio em 1/3 até 1/2 se o crime for praticado: *I – durante a gestação ou nos 3 (três) meses posteriores ao parto; II – contra pessoa menor de 14 (catorze) anos, maior de 60 (sessenta) anos ou com deficiência; III – na presença de descendente ou de ascendente da vítima.*

Pode figurar como vítima do feminicídio pessoa transexual? • Inicialmente, como bem ressaltam Cristiano Chaves de Farias e Nelson Rosenvald, "o transexual não se confunde com o homossexual, bissexual, intersexual ou mesmo com o travesti. O transexual é aquele que sofre uma dicotomia físico-psíquica, possuindo um sexo físico, distinto de sua conformação sexual psicológica. Nesse quadro, a cirurgia de mudança de sexo pode se apresentar como um modo necessário para a conformação do seu estado físico e psíquico" (*Direito civil – Teoria geral*, p. 115).

Em eventual resposta à indagação inicial, podem ser observadas duas posições: uma primeira, conservadora, entendendo que o transexual, geneticamente, não é mulher (apenas passa a ter órgão genital de conformidade feminina), e que, portanto, descarta, para a hipótese, a proteção especial; já para uma corrente mais moderna, desde que a pessoa portadora de transexualismo transmute suas características sexuais (por cirurgia e modo irreversível), deve ser encarada de acordo com sua nova realidade morfológica, eis que a jurisprudência admite, inclusive, retificação de registro civil. Rogério Greco, não sem razão, explica: "Se existe alguma dúvida sobre a possibilidade de o legislador transformar um homem em uma mulher, isso não acontece quando estamos diante de uma decisão transitada em julgado. Se o Poder Judiciário, depois de cumprido o devido processo legal, determinar a modificação da condição sexual de alguém, tal fato deverá repercutir em todos os âmbitos de sua vida, inclusive o penal" (*Curso de direito penal*, vol. III, p. 530).

Temos que alertar que a doutrina aponta alguns critérios para definir o que se pode considerar mulher para os efeitos desta qualificadora: a) psicológico: o indivíduo nasce do sexo masculino, mas, psicologicamente, não aceita esta condição e se identifica com o sexo oposto. É o que move os transexuais a buscar a o procedimento de reversão genital; b) biológico: identifica-se a mulher por sua constituição genética e suas implicações físicas externas; c) jurídico: para este critério, é mulher quem é assim reconhecido juridicamente, ou seja, quem exibe em seu registro civil identidade do gênero feminino, ainda que não tenha nascido nesta condição, nem exiba as características próprias do sexo feminino. É o que normalmente ocorre com os transexuais, que, após a reversão, buscam também alterar seu registro civil.

A nosso ver, a *mulher* de que trata a qualificadora é aquela assim reconhecida juridicamente. No caso de transexual que formalmente obtém o direito de ser identificado civilmente como mulher, não há como negar a incidência da lei penal porque, para todos os demais efeitos, esta pessoa será considerada mulher. A proteção especial não se estende, todavia, ao travesti, que não pode ser identificado como pessoa do gênero feminino. Se a Lei Maria da Penha tem sido interpretada extensivamente para que sua rede de proteção se estenda à pessoa que, embora não seja juridicamente reconhecida como mulher, assim se identifique, devemos lembrar que a norma em estudo tem natureza penal, e a extração de seu significado deve ser balizada pela regra de que é vedada a analogia *in malam partem*. E, ao contrário do que ocorre com outras qualificadoras do homicídio em que se admite a interpretação analógica, neste caso não se utiliza a mesma fórmula, nem há espaço para interpretação extensiva, pois não é o caso de ampliar o significado de uma expressão para que se alcance o real significado da norma. *Mulher*, portanto, para os efeitos penais desta qualificadora, é o ser humano do gênero feminino. A simples identidade de gênero não tem relevância para que se caracterize a qualificadora.

Qual a natureza jurídica da qualificadora (objetiva ou subjetiva)? Defendemos, nas edições passadas, que a qualificadora do feminicídio é subjetiva, pois pressupõe motivação especial: o homicídio deve ser cometido contra a mulher por razões da condição de sexo feminino; não é o homicídio contra a mulher que atrai a qualificadora, mas o homicídio cometido porque se trata de uma mulher. Matar mulher, na unidade doméstica e familiar ou em qualquer ambiente ou relação, sem menosprezo ou discriminação à condição de mulher é feminicídio. Se a conduta do agente é movida pelo menosprezo ou discriminação à condição de mulher, aí sim temos feminicídio. Mesmo no caso do inciso I do § 2º-A, o fato de a conceituação de violência doméstica e familiar ser um dado objetivo – extraído da lei – não afasta a subjetividade. Isso porque o § 2º-A é apenas explicativo; a qualificadora está verdadeiramente no inciso VI, que, ao estabelecer que o homicídio se qualifica quando cometido por razões da condição do sexo feminino, deixa evidente que isso ocorre pela motivação, não pelos meios de execução.

Mas, logo após a inserção da qualificadora, o Tribunal de Justiça do Distrito Federal decidiu que sua natureza é objetiva, pois, do contrário, afastam-se outras circunstâncias que qualificam o homicídio pelo motivo (torpe ou fútil) e desprestigia-se o esforço legislativo para tornar mais grave a pena do homicídio praticado contra a mulher em razão de sua condição:

"A inclusão da qualificadora agora prevista no art. 121, § 2º, inciso VI, do CP, não poderá servir apenas como substitutivo das qualificadoras de motivo torpe ou fútil, que são de natureza subjetiva, sob pena de menosprezar o esforço do legislador. A Lei 13.104/2015 veio a lume na esteira da doutrina inspiradora da Lei Maria da Penha, buscando conferir maior proteção à mulher brasileira, vítima de condições culturais atávicas que lhe impuseram a subserviência ao homem. Resgatar a dignidade perdida ao longo da história da dominação masculina foi a *ratio essendi* da nova lei, e o seu sentido teleológico estaria perdido se fosse simplesmente substituída a torpeza pelo feminicídio. Ambas as qualificadoras podem coexistir perfeitamente, porque é diversa a natureza de cada uma: a torpeza continua ligada umbilicalmente à motivação da ação homicida, e o feminicídio ocorrerá toda vez que, objetivamente, haja uma agressão à mulher proveniente de convivência doméstica familiar. 3 Recurso provido. (Acórdão n 904781, 20150310069727RSE, Relator: GEORGE LOPES LEITE, 1ª Turma Criminal, Data de Julgamento: 29/10/2015, Publicado no DJE: 11/11/2015. Pág.: 105).

Ao que parece, o STJ tende a aderir à mesma tese. No julgamento do HC 430.222/MG (j. em 15/03/2018), o tribunal negou a ordem sob – dentre outros – o argumento de que as qualificadoras do motivo torpe e do feminicídio não são incompatíveis porque não têm a mesma natureza: enquanto a primeira é subjetiva, esta última é dotada de índole objetiva:

"Sobre o assunto, Guilherme de Souza Nucci, ao tratar do feminicídio esclarece que se trata de 'uma qualificadora objetiva, pois se liga ao gênero da vítima: ser mulher", advertindo que "o agente não mata a mulher somente porque ela é mulher, mas o faz por ódio, raiva, ciúme, disputa familiar, prazer, sadismo, enfim, por motivos variados que podem ser torpes ou fúteis; podem, inclusive, ser moralmente relevantes', não se descartando, 'por óbvio, a possibilidade de o homem matar a mulher por questões de misoginia ou violência doméstica; mesmo assim, a violência doméstica e a misoginia proporcionam aos homens o prazer de espancar e matar a mulher, porque esta é fisicamente mais fraca', tratando-se de 'violência de gênero, o que nos parece objetivo, e não subjetivo' (Curso de Direito Penal. Parte Especial. Volume 2. Rio de Janeiro: Forense, 2017, p. 46/47).

Na mesma esteira tem se orientado a jurisprudência deste Sodalício, extraindo-se do REsp 1.707.113/MG, de Relatoria do Ministro Felix Fischer, publicado no dia 7.12.2017, que, "considerando as circunstâncias subjetivas e objetivas, temos a possibilidade de coexistência entre as qualificadoras do motivo torpe e do feminicídio. Isso porque a natureza do motivo torpe é subjetiva, porquanto de caráter pessoal, enquanto o feminicídio possui natureza objetiva, pois incide nos crimes praticados contra a mulher por razão do seu gênero feminino e/ou sempre que o crime estiver atrelado à violência doméstica e familiar propriamente dita, assim o animus do agente não é objeto de análise".

De quem é a competência para o sumário da culpa no feminicídio? • Ocorrido um homicídio qualificado na forma do inciso VI do § 2º do art. 121, resta-nos saber de quem será a competência para a condução do sumário de culpa e eventual prolação da sentença de pronúncia.

Competente será o juiz apontado pelas respectivas leis de organização judiciária como tal. Poderá ser o juiz da vara exclusiva do Júri, como ocorre na capital do Estado de São Paulo, a quem cabe a condução de todo o procedimento, desde o recebimento da acusação até o julgamento em plenário. Naquelas onde não há vara privativa do Júri, competente será o juiz de uma vara criminal, a quem caberá preparar o processo e, a partir do trânsito em julgado da sentença de pronúncia, enviá-lo ao juiz do Júri. Ou poderá, quem sabe, ser o próprio juiz dos Juizados de Violência Doméstica e Familiar contra a Mulher, desde que regra de organização judiciária disponha nesse sentido.

Quanto à fase denominada *judicium causae*, que se finda com o julgamento em plenário, não resta nenhuma dúvida de que a competência será mesmo do Tribunal do Júri, em face da disposição constitucional que assegura a competência mínima desse tribunal para o julgamento dos crimes dolosos contra a vida (art. 5.º, XXXVIII, *d*).

JURISPRUDÊNCIA

» Quesito obrigatório

"Segundo a jurisprudência do Superior Tribunal de Justiça, o quesito previsto no art. 483, III, do Código de Processo Penal, é obrigatório e, dessa forma, não pode ser atingido pela regra da prejudicialidade descrita no parágrafo único do art. 490 do mesmo diploma legal. Precedentes" (STJ – HC nº 206008-SP, Rel. Marco Aurélio Bellizze, j. 18.04.2013, DJe 25.04.2013).

"O art. 483, III, do CPP, após a alteração promovida pela Lei 11.689/2008, prevê o quesito de absolvição genérica, independentemente da tese sustentada pela defesa em plenário. Trata-se de quesito obrigatório, não se revelando contraditório com a resposta afirmativa ao primeiro e segundo quesitos de materialidade e autoria" (STJ – AgRg no REsp n. 1215688-DF, Rel. Nefi Cordeiro, j. 13.10.2015, DJe 03.11.2015).

» Quesito obrigatório ainda que não haja pedido expresso de absolvição pela defesa

"No Tribunal do Júri, o Conselho de Sentença pode absolver o réu mesmo quando inexistente pedido expresso formulado pela defesa ou pela promotoria, em razão do quesito absolutório genérico superveniente, previsto no art. 483, III, § 2º, do Código de Processo Penal. Apesar da única tese defensiva sustentada em plenário versar acerca do homicídio privilegiado – não se explicitando hipótese de legítima defesa – , a resposta positiva do Conselho de Sentença sobre o terceiro quesito (absolvição), *in casu*, não contradiz as provas colhidas nos autos, a ratificar a soberania dos veredictos proferidos pelo Tribunal do Júri" (STJ – REsp nº 1262366-DF, Rel. Sebastião Reis Júnior, j. 27.08.2013, DJe 12.09.2013).

» **Quesito obrigatório mesmo quando reconhecida autoria e materialidade**

"Nos termos do § 2º do artigo 483 do Código de Processo Penal, sendo respondidos afirmativamente os quesitos referentes à materialidade e à autoria ou participação, passa-se ao questionamento relativo à absolvição do réu. O quesito referente à absolvição é obrigatório, devendo ser elaborado mesmo quando a defesa se limite a negar a autoria ou a participação do acusado nos fatos narrados na denúncia. Doutrina. Precedentes" (STJ – HC nº 223044-ES, Rel. Jorge Mussi, j. 27.08.2013, DJe 17.09.2013).

"Segundo estabelece a atual redação do art. 483 do Código de Processo Penal, após responderem a respeito da materialidade e do crime, os jurados decidirão se é o caso ou não de absolver o acusado, sem necessidade de explicitar qual das alegações defensivas foi acolhida" (STJ – HC nº 187919-MS, Rel. Laurita Vaz, j. 25.06.2013, DJe 01.08.2013).

» **Falta do quesito. Nulidade absoluta**

"Com o advento da Lei 11.689/2008, modificou-se a forma de elaboração dos quesitos de defesa, concentrando-se em um único questionamento – o que indaga se os jurados absolvem o réu – todas as teses sustentadas pelo acusado e por seu patrono em Plenário. O quesito referente à absolvição é obrigatório, devendo ser elaborado mesmo quando a defesa se limite a negar a autoria ou a participação do acusado nos fatos narrados na denúncia. Doutrina. Precedentes. No caso dos autos, ao apreciarem o questionário relativo ao paciente, os jurados, embora tenham respondido afirmativamente às proposições referentes à materialidade, à participação e à tentativa, houveram por bem absolvê-lo, tendo o Tribunal de Justiça do Distrito Federal e Territórios anulado tal decisão, sob o argumento de que, sendo a negativa de autoria a única tese defensiva, não poderia o Juiz Presidente formular a indagação relativa à absolvição. Tal entendimento contraria o artigo 483 da Lei Penal Adjetiva, que dispõe ser obrigatório o quesito referente à absolvição, não havendo que se falar em contradição pelo simples fato de os jurados haverem afirmado a materialidade e a participação do acusado, e em seguida o absolvido" (STJ – HC nº 233420-DF, Rel. Jorge Mussi, j. 19.09.2013, DJe 26.09.2013).

"A quesitação relativa à absolvição do acusado decorre expressamente da lei (art. 483, § 2º, do CPP), portanto sua formulação é obrigatória, em razão da garantia constitucional da plenitude de defesa. Precedente. Considerando-se que o quesito da absolvição é obrigatório, tem incidência a Súmula 156/STF e, em se tratando de nulidade absoluta, mostra-se irrelevante o fato de não ter sido suscitada em momento oportuno" (STJ – HC nº 254568-PB, Rel. Sebastião Reis Júnior, j. 12.03.2013, DJe 19.03.2013).

» **Vícios nos quesitos devem ser invocados após sua leitura**

"No Tribunal do Júri, a alegação de nulidade por vício na quesitação deverá ocorrer no momento oportuno, isto é, após a leitura dos quesitos e explicação dos critérios pelo Juiz presidente (art. 571 do CPP), sob pena de preclusão (precedentes do STJ e do STF)" (STJ - AgRg no AREsp n. 718871-MT, Rel. Sebastião Reis Júnior, j. 05.11.2015, DJe 24.11.2015).

» **Absolvição pode ser amparada em qualquer tese defensiva, ainda que os jurados, antes, tenham reconhecido a autoria e materialidade do delito**

"Esta Corte tem decidido que, embora os jurados tenham respondido positivamente aos quesitos da autoria e da materialidade, é possível a absolvição do réu amparada em qualquer tese defensiva, ainda que não sustentada em plenário, como decorrência lógica do sistema da íntima convicção e consagrado na norma insculpida no inciso III do art. 483 do Código de Processo Penal (Precedente)" (STJ - AgRg no AgRg no REsp n. 1308258-DF, Rel. Ribeiro Dantas, j. 13.10.2015, DJe 22.10.2015).

» **Desnecessidade de quesitação versando sobre todas as teses defensivas**

"A ausência de realização de quesitação específica, no Tribunal de Júri, sobre tese defensiva alternativa ou subsidiária, não gera nulidade, pois no art. 483, inciso III, § 2º do CPP, dispõe ser obrigatória apenas a apresentação de quesito único acerca da absolvição do réu, o qual subsume todas as teses defensivas. Somente a forma de quesitação restou unificada pela norma legal, mantendo-se garantida a exposição, perante do Conselho de Sentença, de todas as teses, alternativas ou subsidiárias, voltadas para a absolvição do réu, razão pela qual não há se falar em ofensa ao princípio da ampla defesa. O juiz-processante formulou quesitos de acordo com o disposto no art. 483, inciso III, § 2º do CPP, com a redação dada pela Lei n.º 11.689/08, apresentando indagações acerca da possibilidade de absolvição do acusado, nas quais foram abrangidas todas as teses expostas pela defesa, razão pela qual inexistente a nulidade na presente hipótese" (STJ – EDcl no HC nº 202190-DF, Rel. Gilson Dipp, j. 22.11.2011, DJe 01.12.2011).

» **Quesito da legitima defesa deve preceder o da desclassificação**

"Estando a defesa assentada em tese principal absolutória (legítima defesa) e tese subsidiária desclassificatória (ausência de animus necandi), e havendo a norma processual permitido a formulação do quesito sobre a desclassificação antes ou depois do quesito genérico da absolvição, a tese principal deve ser questionada antes da tese subsidiária, pena de causar enorme prejuízo para a defesa e evidente violação ao princípio da amplitude da defesa" (STJ – Resp. n. 1509504-SP, Rel. Maria Thereza de Assis Moura, j. 27.102015, DJe 13.11.2015).

» **Réu absolvido como mandante do crime. Continuidade da quesitação sobre participação de modo diverso. Possibilidade**

"A resposta negativa a quesito que indagava se o paciente foi o mandante do crime não impede que se prossiga na formulação dos demais quesitos, com a finalidade de definir se houve participação na morte da vítima de forma diversa, observados os limites traçados pela pronúncia e pelo libelo" (STJ – HC n. 144945, Rel. Gurgel de Faria, j. 06.10.2015, DJe 22.10.2015).

» **Resposta afirmativa ao quesito não impede que se reconheça, pelo Tribunal de Justiça, que o julgamento foi contrário à prova dos autos**

"O Paciente foi pronunciado pela suposta prática do delito de homicídio qualificado e, por ocasião da Sessão do Tribunal de júri, os jurados responderam afirmativamente as assertivas relativas à materialidade e à autoria delitivas. Em seguinte, eles também responderam positivamente ao quesito constante do § 2.º do art. 483 do Código de Processo Penal ('O jurado absolve o acusado?'). Prolatada sentença absolutória, a Corte a quo deu provimento ao apelo ministerial para cassar o decisum, determinando a submissão do Réu a novo julgamento. A resposta afirmativa ao precitado quesito não se reveste de caráter absoluto, a ponto de eliminar, completamente, a possibilidade de o Tribunal de origem cassar a decisão dos jurados manifestamente contrária à prova dos autos" (STJ – HC nº 217651-MG, Rel. Laurita Vaz, j. 05.11.2013, DJe 19.11.2013).

"Na atual sistemática de quesitação dada pela Lei 11.689/08, todas as questões relativas às excludentes de ilicitude e de culpabilidade integram, necessariamente, o quesito da absolvição. Daí, independentemente da possibilidade da apresentação de tese inovadora pela defesa, seja na tréplica ou mesmo após, no caso concreto não há falar em nulidade por ausência de quesitação defensiva, uma vez que os jurados responderam negativamente para a absolvição do réu" (STJ – HC nº 207158-SP, Rel. Jorge Mussi, j. 04.10.2011, DJe 13.10.2011).

» **Legítima defesa putativa. Quesito desnecessário**

"Não há nulidade no julgamento realizado pelo Tribunal do Júri na hipótese em que não houve elaboração de quesito específico sobre a ocorrência de legítima defesa putativa, pois, com a alteração dada pela Lei 11.689/08, faz-se necessária apenas a elaboração de pergunta genérica, questionando-se 'o jurado absolve o acusado?' (artigo 483, III, e §2º, do CPP)" (STJ – REsp nº 1359316-DF, Rel. Campos Marques, j. 12.03.2013, DJe 15.03.2013).

» **Indagação: "O réu deve ser absolvido?". Mera irregularidade**

"No Júri, os quesitos devem ser formulados em proposições simples e bem definidas, para que possam ser respondidos com suficiente clareza, de modo a não causar, nos jurados leigos, dúvidas ou perplexidade. Assim, quesitos complexos ou com formulação deficiente geram a nulidade do julgado. No caso, embora não tenha sido empregada a redação especificada no § 2.º do art. 483 do Código de Processo Penal, não se detecta a apontada nulidade, uma vez que se formulou o quesito referente à absolvição com conteúdo similar ao mencionado no texto legal. Com efeito, ao perguntar 'O réu deve ser absolvido?', o Juiz Presidente do Tribunal do Júri submeteu aos jurados o questionamento genérico de absolvição, sendo certo que a não observância da forma exatamente prevista no § 2.º do art. 483 do Código de Processo Penal configurou mera irregularidade que não prejudicou a intelecção dos senhores jurados leigos" (STJ – HC nº 199438-CE, Rel. Laurita Vaz, j. 15.12.2011, DJe 01.02.2012).

» **Má formulação dos quesitos. Inocorrência**

"Apenas pode-se considerar nulo o julgamento realizado pelo Tribunal do Júri quando os quesitos forem apresentados com má redação ou, ainda, com redação complexa, a ponto de dificultar o entendimento dos jurados" (HC 53512/MG, Rel. Min. NEFI CORDEIRO, Sexta Turma, DJe 27/3/2015). Os quesitos impugnados não se contradizem, uma vez que se referem ao reconhecimento da autoria (3º quesito) e à presença das qualificadoras pelas quais o paciente foi pronunciado: mediante paga ou promessa de recompensa (4º quesito) e usando de emboscada, dissimulação ou outro recurso que dificulte ou torne impossível a defesa do ofendido (5º quesito). Pelos resultados obtidos nos referidos quesitos, observa-se que o conselho de sentença reconheceu a autoria do paciente, mas afastou as qualificadoras, motivando o édito condenatório pela prática do homicídio simples" (STJ - HC n. 143653-GO, Rel. Gurgel de Faria, j. 25.08.2015, DJe 11.09.2015)..

» **Explicação, pelo juiz, do conceito de "motivo fútil"**

"A mera leitura, pelo magistrado togado, de uma ficha contendo a orientação jurisprudencial dos Tribunais sobre a noção jurídica de motivo fútil, não configura, só por si, causa ensejadora de nulidade processual. Nada impede que o Juiz-Presidente do Tribunal do Júri, objetivando esclarecer os jurados, forneça-lhes, até mesmo *ex officio*, informações sobre conceitos de natureza jurídico-legal" (STF – HC nº 69072-SP, Rel. Celso de Mello, j. 13.04.1992, DJe 04.09.1992, p. 14091).

» **Explicação, pelo juiz, do "quantum" de pena a ser aplicado. Possibilidade**

"A simples explicação acerca do quantum de pena a ser aplicado, acaso se configure o homicídio simples ou o homicídio qualificado, não tem, por si só, o condão de influenciar no ânimo dos jurados, os quais, não obstante serem juízes leigos, podem ser conscientizados acerca da repercussão da votação dos quesitos" (STJ – AgRg no REsp nº 715022-DF, Rel. Maria Thereza de Assis Moura, j. 23.02.2010, DJe 15.03.2010).

» **Quesitação quanto à tentativa**

"É obrigatória quesitação referente à tentativa, antes da pergunta sobre a eventual absolvição do réu, a teor do art. 483, § 5.º, do Código de Processo Penal. No caso em tela, muito embora o Ministério Público somente tenha arguido o vício de quesitação em sede recursal, constata-se que não se trata de mera irregularidade ou mesmo defeito na formulação de quesito – hipóteses que se sujeitam à preclusão quando não arguidas oportuno tempore – , mas de efetiva inexistência de quesito obrigatório, sem o qual resta irremediável e absolutamente nula a decisão. Inteligência da Súmula n.º 156 do Supremo Tribunal Federal. Precedente" (STJ – HC nº 232236-SP, Rel. Laurita Vaz, j. 28.05.2013, DJe 06.06.2013).

» **Quesitação da tentativa deve preceder o que trata da absolvição do réu**

"É obrigatória quesitação referente à tentativa, antes da pergunta sobre a eventual absolvição do réu, a teor do art. 483, § 5º, do Código de Processo Penal (HC n. 232.236/SP, Ministra Laurita Vaz, Quinta Turma, DJe 6/6/2013)" (STJ - AgRg no AREsp n. 694673 RJ, Rel. Sebastião Reis Júnior, j. 03.09.2015, DJe 23.09.2015).

» **Reconhecida a tentativa, resta prejudicado quesito sobre a desclassificação**

"Se, na votação referente à ocorrência de tentativa, reconheceu-se a prática do homicídio tentado, ficou prejudicada a tese de desclassificação da conduta, não havendo necessidade de que sobre ela fosse formulado quesito específico" (STJ - AgRg no AREsp n. 694673-RJ, Rel. Sebastião Reis Júnior, j. 03.09.2015, DJe 23.09.2015).

» **Quesito da desclassificação não precisa indicar o crime menos grave**

"Não há falar em ocorrência de nulidade absoluta no julgamento pelo Tribunal do Júri, por ausência de quesito obrigatório, na hipótese em que houve a efetiva quesitação acerca da tese da desclassificação, ainda que sem indicação expressa de qual crime menos grave a recorrente quis participar" (STJ - .REsp. n. 1501270-PR, Rel. Maria Thereza de Assis Moura, j. 01.10.2015, DJe 23.10.2015).

§ 6º Havendo mais de um crime ou mais de um acusado, os quesitos serão formulados em séries distintas. (Incluído pela Lei nº 11.689, de 2008)

Quesitos em séries • Seguindo a fórmula já existente antes da Lei nº 11.689/08, o § 6º do art. 483 dispõe que serão formuladas séries distintas de quesitos se houver mais de um crime ou mais de um acusado. Observada essa regra, se um réu estiver sendo julgado por homicídio e estupro, por exemplo, haverá uma série de quesitos relativos a materialidade, autoria, absolvição, causas de diminuição, qualificadoras e causas de aumento para o crime doloso contra a vida, e outra série destacada para o crime contra a dignidade sexual.

Assim é porque o contrário acarretaria evidente prejuízo. Fossem votados os dois crimes na mesma série, os jurados seriam obrigados a condenar ou a absolver em conjunto, panorama inadmissível. Separadamente, individualiza-se a apreciação dos elementos probatórios pelo Conselho de Sentença, que poderá livremente votar pela condenação em um delito e pela absolvição em outro. Além disso, todas as circunstâncias das infrações de que é acusado o agente são analisadas em detalhes, o que possibilita aos jurados a decisão específica acerca de circunstâncias que possam aumentar ou diminuir a pena de cada crime.

Com maior razão, os quesitos também devem ser formulados em séries distintas se houver mais de um acusado. Houvesse a apreciação conjunta da imputação contra dois ou mais agentes, seria impossível individualizar as condutas criminosas de acordo com a efetiva responsabilidade de cada um, outra possibilidade que se afasta peremptoriamente.

Lembramos, por fim, que na quesitação não mais figuram as circunstâncias agravantes e atenuantes, que passam à atribuição do juiz presidente, desde que tenham sido debatidas em plenário, a teor do art. 492, I, "b" do código.

JURISPRUDÊNCIA

» **Quando é desnecessária a elaboração de mais de uma série de quesitos**

"Na forma descrita na denúncia, a prática do homicídio teria ocorrido pelo auxílio do recorrido a terceiro que disparou a arma de fogo e por disparos por ele próprio efetuados, tudo no mesmo contexto fático. A elaboração de um só quesito para questionar a prática de ambas as ações pelo recorrido não se mostrou confusa ou apta a gerar dúvida na interpretação dos jurados, mas refletiu a própria narração dos fatos efetivada pelo órgão acusatório. Desnecessidade, diante das circunstâncias concretas, de que houvesse a elaboração de quesitos distintos para cada uma das ações, não procedendo a alegação de nulidade, por erro de quesitação, do julgamento que não reconheceu a autoria delitiva" (STJ – REsp.n. 1313525-RS, Rel. Sebastião Reis Júnior, j. 13.10.2015, DJe 05.11.2015).

» **Circunstância atenuante. Atribuição do juiz-presidente**

"Com o advento da Lei n. 11.689/2008, é competência do juiz-presidente e não do Conselho de Sentença considerar as circunstâncias atenuantes que foram objeto dos debates, não havendo que se falar em ausência de quesito obrigatório relativo à atenuante da confissão alegada nas razões do recurso especial" (STJ – EDcl no AgRg no AREsp nº 245469-RS – Rela. Marilza Maynard, j. 25.06.2013, DJe 1.08.2013).

Art. 484. A seguir, o presidente lerá os quesitos e indagará das partes se têm requerimento ou reclamação a fazer, devendo qualquer deles, bem como a decisão, constar da ata. (Redação dada pela Lei nº 11.689, de 2008)

Parágrafo único. Ainda em plenário, o juiz presidente explicará aos jurados o significado de cada quesito. (Redação dada pela Lei nº 11.689, de 2008)

Leitura dos quesitos • Determina o artigo em estudo que, estando os jurados habilitados ao julgamento, cumpre ao juiz proceder à leitura dos quesitos em plenário, embora a prática de tal ato na sala secreta tenha sido considerada mera irregularidade (RT 603/400, 518/348). A formulação dos quesitos deve ser a mais clara possível, permitindo uma resposta positiva ou negativa, evitando-se a utilização de termos técnicos, capazes de causar confusão no raciocínio do jurado ou a redação ambígua que traga perplexidade ao leigo (RT 619/376, 766/580, 777/675). Na explicação dos quesitos, como de resto em todo o julgamento, deve o juiz ter a cautela de não deixar transparecer sua opinião sobre o fato, evitando, assim, influenciar no ânimo dos jurados. Dessa forma, não pode sugerir aos jurados qual a tese que merece maior credibilidade (RT 661/271). Permite-se, no entanto, explicação a respeito da pena a ser imposta ao réu caso acolhida determinada qualificadora (RT 767/672).

Lidos os quesitos, o juiz indagará das partes se têm algum requerimento ou reclamação, nos termos da parte final do art. 484. Esse é o momento processual oportuno para que se formule alguma reclamação referente ao questionário, sendo que eventual silêncio inibirá posterior arguição de nulidade (JSTF 252/272; RT 770/520, 749/631). Em seguida, os jurados são encaminhados para a sala especial a que se refere o art. 485, conhecida como sala secreta, na qual estarão presentes também os acusadores e defensores, que não poderão, entretanto, intervir nas votações (RT 578/331, 536/292), sob de pena de ser-lhes determinada a retirada do recinto (art. 483).

JURISPRUDÊNCIA

» **Explicação do quesito na sala secreta. Nulidade relativa**

"Não há falar em ofensa ao artigo 479, atual artigo 484 do Código de Processo Penal, em virtude de o juiz presidente ter procedido à explicação de quesito na sala secreta, ante a ausência de prejuízo. A simples explicação acerca do quantum de pena a ser aplicado, acaso se configure o homicídio simples ou o homicídio qualificado, não tem, por si só, o condão de influenciar no ânimo dos jurados, os quais, não obstante serem juízes leigos, podem ser conscientizados acerca da repercussão da votação dos quesitos" (STJ – AgRg no REsp n° 715022-DF, Rel. Maria Thereza de Assis Moura, j. 23.02.2010, DJe 15.03.2010).

Art. 485. Não havendo dúvida a ser esclarecida, o juiz presidente, os jurados, o Ministério Público, o assistente, o querelante, o defensor do acusado, o escrivão e o oficial de justiça dirigir-se-ão à sala especial a fim de ser procedida a votação. (Redação dada pela Lei nº 11.689, de 2008)

§ 1º Na falta de sala especial, o juiz presidente determinará que o público se retire, permanecendo somente as pessoas mencionadas no caput deste artigo.(Incluído pela Lei nº 11.689, de 2008)

§ 2º O juiz presidente advertirá as partes de que não será permitida qualquer intervenção que possa perturbar a livre manifestação do Conselho e fará retirar da sala quem se portar inconvenientemente. (Incluído pela Lei nº 11.689, de 2008).

Encaminhamento à sala especial • Lidos e explicados os quesitos, os jurados devem ser encaminhados para a sala especial a que se refere o art. 485, conhecida como sala secreta, na qual estarão presentes também a acusação e a defesa, além do escrivão e do oficial de justiça. O Ministério Público e o defensor, embora devam estar presentes para, juntamente com os demais, assegurar a lisura da votação, não poderão efetuar nenhuma intervenção, sob de pena de lhes ser determinada a retirada daquele recinto. Note-se, no entanto, que a proibição do ingresso do promotor de justiça e do advogado na sala secreta enseja a nulidade do julgamento (RT 568/284).

A lei anterior determinava que os acusadores e os defensores permanecessem em seus lugares, o que, embora não esteja mais expresso, nos parece ainda adequado, pois a livre circulação de interessados no deslinde da votação pode constranger os jurados, especialmente se tais indivíduos se posicionarem proximamente. A fim de que se evite, portanto, desnecessário tumulto, é prudente que o juiz estabeleça o local onde devem permanecer aqueles que, sem tomar parte na votação, devem acompanhá-la.

Há quem sustente que o fato de a votação ocorrer em sala especial, apartada do público, contraria a regra constitucional da publicidade dos julgamentos (art. 93, inciso IX, da Constituição Federal). A controvérsia, no entanto, não é relevante, pois superada tanto pela doutrina quanto pela jurisprudência, que, ponderando os interesses em pauta, consideram que o sigilo das votações e a imparcialidade dos jurados justificam que o procedimento ocorra reservadamente.

De fato, o art. 93, inciso IX, da Constituição Federal estabelece a publicidade dos julgamentos, ao passo que o art. 5º, inciso XXXVIII da Carta, ao assegurar a instituição do júri, garante o sigilo das votações. Embora pareça haver colisão, é certo que as normas constitucionais não podem ingressar em círculo conflitante, cabendo ao operador compatibilizar os sentidos possíveis de normas aparentemente colidentes.

Neste caso, a publicidade dos julgamentos é garantida na medida em que seja assegurado, durante os trabalhos em plenário, o ingresso de qualquer pessoa que deseje acompanhar o julgamento. O fato de os jurados se recolherem em sala secreta apenas e tão somente para proceder à votação não contraria a regra constitucional, mas, ao revés, garante que a manifestação dos jurados ocorra em ambiente isento, adequado à expressão da livre convicção na interpretação das provas, sem o possível constrangimento a que estariam submetidos se fossem obrigados a votar aos olhos de todos os presentes no plenário. Imaginemos a situação em que dois indivíduos sejam julgados pelo cometimento de um homicídio e de um estupro, com o plenário repleto de populares e familiares da vítima. Durante a votação da primeira série de quesitos, os jurados absolvem o acusado. Fosse a votação, não obstante secreta, em recinto aberto, é evidente que os jurados seriam imediatamente submetidos a toda sorte de manifestações contrárias ao veredicto, situação que com razoável probabilidade os poderia conduzir ao decreto condenatório do segundo acusado, mesmo que, inicialmente, houvessem se inclinado no sentido da absolvição. Ainda na hipótese em que, diante das manifestações exacerbadas, o juiz determinasse o esvaziamento do plenário, o constrangimento já estaria consumado. Há de se ter em consideração que os jurados são juízes leigos, sem preparo para suportar determinadas pressões que ao juiz togado passariam por irrelevantes. A regra de que a votação seja efetuada em sala secreta tem, portanto, o propósito de evitar constrangimentos dessa natureza e de garantir que o resultado, este sim proferido publicamente, não seja influenciado por manifestações de terceiros.

JURISPRUDÊNCIA

» **Intervenção indevida**

"Qualquer intervenção, da defesa ou da acusação, com propósito de influenciar os jurados por ocasião da votação dos quesitos na sala secreta pode acarretar a nulidade do julgamento, exigindo-se apenas que a parte prejudicada faça constar em ata o seu protesto. Constatada a intervenção indevida do defensor, consubstanciada na reafirmação das suas teses perante os jurados reunidos na sala secreta, tem-se configurado o prejuízo causado à acusação, violando-se o disposto no artigo 481 do Código de Processo Penal" (STF – RHC nº 81061-RO, Rel. Maurício Corrêa, j. 18.09.2001, DJ 12.04.2002, p. 53).

Art. 486. Antes de proceder-se à votação de cada quesito, o juiz presidente mandará distribuir aos jurados pequenas cédulas, feitas de papel opaco e facilmente dobráveis, contendo 7 (sete) delas a palavra *sim*, 7 (sete) a palavra *não*. (Redação dada pela Lei nº 11.689, de 2008).

Votação • Para que os jurados se manifestem em votação a respeito das teses elaboradas pela acusação e pela defesa, é necessário que lhes sejam distribuídas cédulas apropriadas. Como os quesitos são elaborados na forma interrogativa, são confeccionadas, em papel opaco e facilmente dobrável, sete cédulas com a palavra "sim" e outras sete com a palavra "não". Adotou o código o uso de cédulas "feitas de papel opaco e facilmente dobráveis", abolindo, assim, antiga fórmula segundo a qual a votação se dava através de bolas brancas e pretas, que invariavelmente acarretavam confusão, pois não se definia qual servia para condenar e qual para absolver.

O texto anterior do art. 486 determinava que o juiz, no instante em que fosse proceder à votação relativamente a determinado quesito, lesse aos jurados o quesito que seria objeto da resposta. Não há, atualmente, referência a esta providência na lei processual, mas se recomenda a sua manutenção a fim de que se assegure a correta compreensão dos jurados em relação a cada uma das várias tarefas que se seguirão.

Embora não haja disposição legal expressa, é interessante que o juiz recomende aos jurados a adoção de cautela no manejo das cédulas, especialmente no momento em que as depositarão na urna, a fim de que seja assegurado o sigilo da votação.

Art. 487. Para assegurar o sigilo do voto, o oficial de justiça recolherá em urnas separadas as cédulas correspondentes aos votos e as não utilizadas. (Redação dada pela Lei nº 11.689, de 2008)

Art. 488. Após a resposta, verificados os votos e as cédulas não utilizadas, o presidente determinará que o escrivão registre no termo a votação de cada quesito, bem como o resultado do julgamento. (Redação dada pela Lei nº 11.689, de 2008)

Parágrafo único. Do termo também constará a conferência das cédulas não utilizadas. (Incluído pela Lei nº 11.689, de 2008)

Recolhimento dos votos • Elaborados os quesitos, o juiz, em cumprimento ao disposto no art. 486, distribui aos jurados as cédulas, "contendo sete delas a palavra *sim* e sete a palavra *não*". A necessidade de manutenção do sigilo das votações e a impossibilidade das partes se manifestarem nesse momento, já foram anteriormente analisadas.

Ainda nos termos do primitivo art. 486, eram dois os oficiais de justiça que atuavam na colheita das cédulas: um primeiro a quem cabe recolher os votos proferidos pelos jurados, que eram depositados em um receptáculo próprio, denominado "urna de votação" ou "urna de carga". Esses são os votos válidos, que definiram o destino do réu. E um outro meirinho que recolhia os votos descartados. A redação atual do art. 487, em sua parte final, faz alusão a somente um oficial de justiça, a quem cumpriria, assim, recolher todos os votos, tanto os válidos como os descartados ("urna de descarga"). Tendo em vista que a inovação tem menos alcance prático, importando em demora na condução dos trabalhos, nada impede que se mantenha a antiga praxe, funcionando dois oficiais de justiça no momento da colheita dos votos. Por cautela, podem ser ouvidas as partes a respeito, sendo difícil imaginar alguma oposição que venha a ser apresentada quanto à forma de condução dos trabalhos.

Abertos pelo juiz, serão anunciados em voz alta e ditados ao escrivão, a quem cabe lavrar o termo de votação ("termo especial", a que se refere o art. 488). Ato contínuo, um outro oficial de justiça (ou o mesmo, segundo a redação atual), passará recolhendo os votos que sobraram, depositando-os em urna diversa da primeira, que também deverá ser aberta pelo juiz, permitindo, assim, a fiscalização quanto à correta distribuição das cédulas. De tudo será lavrado um termo, referente a cada quesito específico.

JURISPRUDÊNCIA

» **Falta de assinaturas. Nulidade relativa**

Nulidade. Omissão de formalidade. Falta de assinaturas nos termos do julgamento. Ausência de arguição – "A omissão de formalidade (art. 564, IV, do CPP), tal como deve ser concebida a falta de assinatura dos jurados e do juiz em atos do julgamento, deve ser considerada sanada se não arguida no tempo oportuno (art. 572, I, do CPP).O tribunal não pode acolher a nulidade e, em consequência, anular o julgamento que absolveu o réu se o recurso da acusação a ela não se referiu, no tempo oportuno" (STJ – REsp nº 9775-RS – Rel. William Patterson – RSTJ 26/507).

» **Desnecessidade de fundamentação**

"A Constituição Federal, em seu artigo 5º, inciso XXXVIII, Alíneas 'b' e 'c', conferiu ao Tribunal do Júri a soberania dos seus veredictos e o sigilo das votações, tratando-se de exceção à regra contida no inciso IX do artigo 93, razão pela qual não se exige motivação ou fundamentação das decisões do Conselho de Sentença, fazendo prevalecer, portanto, como sistema de avaliação das provas produzidas, a íntima convicção dos jurados" (STJ – RHC nº 257629-ES, Rel. Jorge Mussi, j. 04.06.2013, DJe 12.06.2013).

Art. 489. As decisões do Tribunal do Júri serão tomadas por maioria de votos. (Redação dada pela Lei nº 11.689, de 2008)

Maioria • Trata-se de disposição desnecessária, na medida em que, sendo impar o número de jurados, o empate jamais se verificará. Ao tempo em que o número de jurados era de 12, eventual empate era decidido pelo juiz presidente, a quem cabia proferir o voto de Minerva.

Considerando serem sete os jurados encarregados de proceder à votação, obtidos quatro votos em determinado sentido, encerra-se o procedimento. Além disso, pela própria estrutura exposta no art. 483, que determina o encerramento da votação se obtidos mais de três votos em favor da condenação ou da absolvição, sabe-se que em nenhuma hipótese haverá decisão unânime.

Aliás, embora o art. 483 trate expressamente sobre o encerramento da votação apenas quanto à materialidade e à autoria delitivas (§§ 1º e 2º), entende-se que o mesmo procedimento se aplica à votação de todos os quesitos, sempre como forma de garantir o sigilo.

Art. 490. Se a resposta a qualquer dos quesitos estiver em contradição com outra ou outras já dadas, o presidente, explicando aos jurados em que consiste a contradição, submeterá novamente à votação os quesitos a que se referirem tais respostas. (Redação dada pela Lei nº 11.689, de 2008)

Parágrafo único. Se, pela resposta dada a um dos quesitos, o presidente verificar que ficam prejudicados os seguintes, assim o declarará, dando por finda a votação. (Incluído pela Lei nº 11.689, de 2008)

Contradição nas respostas • Segundo este dispositivo, verificada alguma contradição na resposta aos quesitos, cabe ao juiz explicar aos jurados no que consistiu tal incongruência, renovando a votação daquele quesito específico. Assim, por exemplo, se os jurados reconhecem que o réu agiu de forma imoderada na legítima defesa, deverão, em consequência, admitir também a existência do excesso doloso ou culposo. E se acaso, apesar da explicação, os jurados insistirem no erro na segunda votação do quesito? A doutrina pouco trata dessa hipótese. Ensina Câmara Leal que "se esta nova resposta for ainda contraditória, o presidente, explicando melhor a contradição existente, e o modo pelo qual a resposta deve ser dada para evitar a incongruência apontada, procederá a uma terceira votação, de modo a desaparecer a contradição" (ob. cit., p. 238). Caso o juiz não adote essa medida, resta à parte prejudicada apelar ao Tribunal de Justiça, a quem cumpre, por tratar-se de nulidade absoluta, *ex vi* do disposto no art. 564, parágrafo único (RT 716/429), reconhecer o vício e determinar a realização de novo julgamento.

Não se reconheceu, na jurisprudência, qualquer contradição quando os jurados, sendo diversas as vítimas, entenderam que o réu cometeu o delito contra uma delas, absolvendo-o, assim, em relação às demais (RT 513/371, 590/365). Tampouco na hipótese em que, sendo diversos os autores, apenas um foi condenado (RT 516/391). Ou quando os jurados, condenando o réu por homicídio, o absolvem pelo crime conexo de lesão corporal (RT 445/362). Ou, ainda, quando reconheceram a atenuante da violenta emoção após o excesso culposo (RT 434/334). Foi, ainda, considerado válido o julgamento no qual os jurados, após admitirem o homicídio privilegiado, reconheceram a qualificadora da surpresa (RT 525/350), da traição (RT 414/341), da crueldade (RT 430/339). Perfeito é também o julgamento no qual se rejeita o homicídio privilegiado mas se reconhece a atenuante genérica do art. 65, III, *a*, do CP, consistente em ter o agente cometido o crime por relevante valor moral ou social (RT 556/316).

De outra parte foi declarada a contradição nas seguintes hipóteses em que se admitiu: legítima defesa cometida por motivo torpe (RT 504/338, 531/321); homicídio privilegiado qualificado pelo motivo fútil (RT 585/420, 545/431); homicídio privilegiado qualificado pela surpresa (RT 593/338); homicídio privilegiado qualificado pelo meio cruel (RT 593/338); tentativa de homicídio em um crime culposo (RT 451/374); atenuante da violenta emoção em crime culposo (RT 436/335).

Destacamos que o juiz deve observar, antes que ocorra a contradição, se o quesito seguinte por si contraria o resultado dos anteriores e, se o caso, deve julgar prejudicada a votação. Nos exemplos citados no parágrafo anterior, em que as contradições foram reconhecidas em recursos, as nulidades seriam evitadas se aqueles que tomaram parte nos julgamentos houvessem empregado a diligência necessária para evitar a óbvia incompatibilidade entre a votação de uma excludente da ilicitude e de uma qualificadora relativamente ao mesmo fato; ou entre a votação do privilégio e de uma qualificadora subjetiva no homicídio; ou, com maior razão, entre a votação da tentativa e da culpa.

Como indica o parágrafo único do art. 490, pode ocorrer, ainda, que a votação de um determinado quesito torne prejudicados os quesitos seguintes, quando caberá ao juiz, então, dar por encerrada a votação. Assim, por exemplo, se os jurados reconhecem a negativa de autoria, não há qualquer razão que justifique a apreciação de teses subsidiárias (RT 662/273). Ou, para aqueles que rejeitam a possibilidade da existência do chamado homicídio qualificado-privilegiado, quando os jurados admitem o privilégio, não há que se perquirir a respeito das qualificadoras (RT 478/300). Ou quando operada a desclassificação própria (RT 776/678), que será objeto de análise em seguida. É nulo, ainda, o julgamento no qual os jurados reconhecem a legítima defesa e, logo em seguida, são indagados a respeito das qualificadoras (RT 531/321, 504/338). Cumpria ao juiz – repita-se – ter encerrado a votação, assim que reconhecida a causa excludente da ilicitude.

JURISPRUDÊNCIA

» Alcance do dispositivo

"O fato de a decisão dos jurados se distanciar das provas coletadas durante a instrução criminal não justifica a renovação da votação ou caracteriza contrariedade entre as respostas. Eventual discordância da acusação deve ser ventilada por meio do recurso próprio, nos termos do art. 593, inciso III, alínea d, do Código de Processo Penal. Os jurados são livres para absolver o acusado, ainda que reconhecida a autoria e a materialidade do crime, e tenha o defensor sustentado tese única de negativa de autoria. Não cabe ao Juiz Presidente, a pretexto de evitar a contradição entre os quesitos, pela influência direta que exerceria na formação da convicção dos jurados, fazer considerações sobre a suficiência das provas, pois a matéria se insere na competência do órgão revisional, em recurso de apelação" (STJ – HC nº 200440-SP, Rel. Marco Aurélio Bellizze, RSTJ 226/734).

» Absolvição do réu tendo os jurados admitido autoria e materialidade. Validade, ainda que a única tese defensiva seja a negativa de autoria

"Em observância à regra do artigo 483 do Código de Processo Penal, não há problemas em os jurados absolverem o acusado mesmo tendo respondido afirmativamente aos quesitos anteriores, sobre materialidade e autoria, ainda que a negativa desta tenha sido a única tese sustentada pela defesa. Isso porque, após a reforma da Lei 11.689/2008, o quesito genérico do § 2º, do art. 483, do Código de Processo Penal só pode ser formulado se os jurados responderem afirmativamente aos quesitos anteriores, que tratam da materialidade e autoria delitivas. Caso contrário, nem se chegaria ao quesito genérico da absolvição, por uma questão lógica sequer se confirmaria a existência do crime e a participação do acusado. E, neste entendimento, não é de se supor razoável que os jurados não tenham liberdade de responder tanto sim quanto não ao quesito sobre a absolvição, por qualquer razão que entenderem pertinente, ainda que extrajurídica. A soberania do veredicto deve ser preservada, não ocorrendo a alegada nulidade ou contradição, a não ser que se observasse uma grande injustiça no caso concreto, o que não ocorreu" (TJSP – Apelação nº nº 990.10.250952-4, Rel. Otávio de Almeida Toledo, j. 16.04.2013).

"Com a redação imposta pela Lei 11.689/08, exigido agora a formulação de quesito obrigatório quanto à absolvição do réu, em observância, segundo as justificativas apresentadas no texto de lei, da simplificação da votação e o perfeito entendimento dos senhores jurados. E esse quesito (art. 483, III 'se o acusado deve ser absolvido') é feito obrigatoriamente após os senhores jurados responderem afirmativamente aos dois primeiros (pois se responderem negativamente a qualquer um deles finda estará a votação, com a absolvição do réu). Essa disposição obriga reconhecer que, mesmo sendo afirmado os dois primeiros quesitos, poderá ocorrer a absolvição do réu, sem que se veja nesse resultado uma contradição. Trata-se de quesito que engloba todas as teses defensivas, não mais sendo obrigado o magistrado a formular quesitos individuais para cada uma das teses. O sistema atual é mais benéfico ao acusado pois, não estando os jurados vinculados ao julgamento técnico, poderão externar sua convicção absolutória mesmo por motivos outros, diferentes daqueles debatidos em plenário. Daí porque, e por esse motivo, pelo sistema atual, impossível também vislumbrar julgamento contrário a prova dos autos no resultado do julgamento, mesmo que afastada a tese defensiva da negativa de autoria, vindo o réu a ser absolvido. O quesito obrigatório sobre a vontade dos jurados absolverem o réu destaca-se, sem dúvida, e entre tantas modificações, a mais importante, pois outorga ao Conselho de Sentença a capacidade plena de absolvição do réu, quer pelo acolhimento das teses defensivas, ou por qualquer outro motivo, o que implica reconhecer que, desta forma, o legislador faz valer, no seu mais amplo sentido, o comando constitucional quanto a soberania do Tribunal do Júri" (TJSP – Apelação nº 0006748-73.2011.8.26.0063, Rel. Newton Neves, j. 07.08.2012).

Art. 491. Encerrada a votação, será o termo a que se refere o art. 488 deste Código assinado pelo presidente, pelos jurados e pelas partes. (Redação dada pela Lei nº 11.689, de 2008)

Termo • Colhidas as respostas dos jurados é elaborado um termo, segundo o art. 488 do código, que deverá conter a votação de cada um dos quesitos propostos aos leigos. Esse termo, conforme o artigo em análise, deverá ser assinado pelo juiz-presidente e pelas partes. A redação original do art. 491 determinava a assinatura apenas dos jurados e do juiz-presidente. Com a inclusão das partes, trazida pela reforma de 2008, conferiu-se maior publicidade ao ato e expandiu-se a possibilidade de sua fiscalização. Tendo atuado assistente de acusação, temos como de bom alvitre que se colha também sua assinatura. Já a assinatura do réu parece desnecessária, pois se trata de ato que teve o acompanhamento de seu advogado, sob e presidência do juiz togado e fiscalização do membro do Ministério Público, a conferir credibilidade em sua realização.

Saliente-se, porém, que a ausência de alguma das assinaturas configura mera irregularidade ou, quando muito, uma nulidade relativa, a reclamar, portanto, de sua arguição no momento oportuno e da demonstração de prejuízo decorrente da omissão. Confira-se, nesse sentido, a jurisprudência colacionada aos comentários ao art. 488 acima.

CAPÍTULO 15

Da Sentença

(Incluído pela Lei nº 11.689, de 2008)

Sentença absolutória ou condenatória • A sentença oriunda do Júri, prevista no art. 492, se diz *subjetivamente complexa* ou de *formação complexa*, isto porque envolve dois órgãos jurisdicionais diversos. Um, o Conselho de Sentença que aprecia o fato e suas circunstâncias e outro o juiz togado, a quem cabe aplicar a pena. Tratando-se de sentença absolutória própria, cabe ao juiz determinar a imediata soltura do réu, a menos que se encontre preso pela prática de outro delito. Tratando-se de sentença absolutória imprópria, assim entendida aquela que conclui pela incapacidade do agente em entender o caráter ilícito do fato que cometeu, cumpre ao juiz aplicar a medida de segurança cabível à espécie, dentre aquelas previstas no art. 96 do Código Penal.

Sendo pela condenação a conclusão dos jurados, a sentença do juiz deverá atentar ao disposto no artigo em análise. Ele se diferencia, em caso de condenação, da sentença tratada no art. 387 do CPP. Primeiro, por dispensar a elaboração do relatório e, segundo, por não exigir fundamentação.

Óbvio que a dispensa de fundamentação se restringe ao mérito da decisão que, tomada pelo Conselho de Sentença, tem como característica o sigilo. Quanto à dosimetria da pena, cumpre ao juiz motivar as razões que o levaram a dosá-la, em atenção ao sistema trifásico adotado pelo art. 68 do Código Penal.

Art. 492. Em seguida, o presidente proferirá sentença que: (Redação dada pela Lei nº 11.689, de 2008)

I – no caso de condenação: (Redação dada pela Lei nº 11.689, de 2008)

Fixação da pena privativa de liberdade • O Código Penal, em seu artigo 68, adotou o sistema trifásico, proposto por Nelson Hungria, para o cálculo da pena privativa de liberdade. Assim, sobre a pena cominada (prevista no tipo penal), numa primeira fase, estabelece-se a pena-base atendendo às circunstâncias judiciais elencadas pelo artigo 59 do CP. Em seguida, fixada a pena-base, sobre ela incidirão eventuais circunstâncias agravantes e atenuantes (arts. 61, 62, 65 e 66 do CP). Por fim, encerrando o *quantum* da reprimenda, serão consideradas as causas de diminuição e aumento de pena previstas tanto na parte geral como na especial do Código.

É importante notar que as qualificadoras não fazem parte das etapas de fixação da pena, pois integram o preceito secundário do tipo penal e, deste modo, são consideradas como ponto de partida para a dosimetria da reprimenda. Assim, se no crime de homicídio simples a aplicação da pena parte do limite entre 6 a 20 anos, no homicídio qualificado o cálculo da reprimenda penal considera a pena entre 12 a 30 anos, sobre a qual incidirão as circunstâncias de cada uma das três etapas.

O método trifásico de aplicação da pena tem por objetivo viabilizar o exercício do direito de defesa, pois explica ao réu os parâmetros que conduziram o juiz à determinação da reprimenda.

Depois de calculada a pena privativa de liberdade, deve o Magistrado anunciar o regime inicial para seu cumprimento, bem como a possibilidade (ou não) de substituição da pena por medidas alternativas (restritivas de direitos, multa ou suspensão condicional da execução da pena – *sursis*).

JURISPRUDÊNCIA

» **Individualização da pena**

"O art. 59 do CP encerra conquista histórica, impulsionada pelos movimentos, hoje, conhecidos por Direitos Humanos. Vários séculos são passados. Da vingança privada, quando o ofendido respondia ao ofensor, como quisesse, ou pudesse. A pena de talião, na ótica atual, exemplo de barbárie, em seu tempo, representou conquista lenta e pesarosa. Delimitou a sanção: dente por dente, olho por olho, braço por braço. A história da Criminologia é o relato das causas da delinquência a fim de a sanção ser adequada, justa e oportuna. Nessa linha o positivismo de Lombroso, o sociologismo de Ferri, a busca do delito natural de Garofalo, a Criminologia Clínica de Di Tullio, Sociologia Criminal, com a célebre Escola de Chicago, retornando a teoria da 'anomia' de Durkhein. Firma-se a moderna sociologia americana, devendo ser realçado o surgimento do instituto, hoje, universalmente reconhecido – 'white collar' – que lembra sempre as pesquisas de Sutherland. Não se olvidem ainda as tendência socialistas com esteio nas ideias de Carlos Marx. Apesar das diversas ideologias, notadamente do ponto de partida, voltam-se pra o mesmo fim: disciplinar a atuação do Estado, presente no processo penal, e que a sanção penal, ao contrário do início, da vingança privada, tenha – utilidade social. Além disso, com a experiência ainda das consequências iníquas e funestas da mencionada etapa histórica, policiar o próprio Estado – detentor do poder (não é simples direito) de punir. Em síntese, a atividade judicial de aplicar a pena e – discricionária. Discricionária quanto a matéria. Vinculada na forma. O juiz precisa explicar (fundamentar, enfim) todos os seus passos. E, para tanto, cativo a este raciocínio: adequar o fato à norma. Esta é extensa (sentido lógico do termo). O fato, por seu turno, posto nessa extensão. Em outras palavras, o ser compreendido no dever-ser. Dessa forma, na motivação o juiz precisa adequar o fato à norma. E mais. Fazê-lo expressamente. Não há fundamentação implícita. O Código de Processo Penal, nessa linha histórico-política, comanda no art. 381: 'A sentença conterá ... III – a indicação dos motivos de fato e de direito em que se fundar a decisão'. E – importante – no inc. IV – acrescenta – 'a indicação dos artigos de lei aplicados' (...) No caso *sub judice*, a pena-base foi majorada 'pela intensidade do dolo'. Essa qualificação é normativamente inadequada. Além do mais, ainda que tais considerações não se façam procedentes dada a exigência da fundamentação explícita, o juiz precisaria motivar a referida intensidade. Termo que, ontologicamente, contém graus. Aliás, a lei vigente não menciona mais – intensidade do dolo – como se referira a Parte Geral revogada do Código Penal. Abandonou-se a teoria da causalidade. Ainda que permitido fosse invocar a antiga nomenclatura, impunha-se, pelo mencionado art. 381, III, 'a indicação dos motivos do fato'. Esta referência genérica, sem dúvida, reclama, no caso concreto, descrição do acontecimento histórico em julgamento. Se assim não o fizer, limitar-se-ia a indicar – o artigo de lei. A nulidade, porque instituto de exceção, deve alcançar somente o que não for aproveitável. Na espécie, somente o tópico da individualização da pena evidencia vício. Nessa extensão deverá ser recepcionada" (STJ, Rel. Luiz Vicente Cernicchiaro, *RBCCrim* 28/300).

» **Não observância do sistema trifásico**

a) nulidade da sentença

Sentença criminal – Nulidade – Cálculo da pena – Falha de fundamentação – Desobediência ao critério trifásico – Invalidação – Inteligência da Lei 7.209/94 – "Cumpre ao juiz, na sentença, destacar, motivadamente, os fatores que explicam o alvitre da pena-base acima do mínimo legal. O Código Penal, com a inovação da Lei 7.209/84, tornou obrigatório o critério trifásico para o cálculo da reprimenda (art. 68)" (STF, Rel. Francisco Rezek, RT 606/420) .

Pena – Critério trifásico – Art. 68 do Código Penal – "Na fixação da pena final, descabe considerar, a um só tempo, os antecedentes criminais (circunstância judicial) e a reincidência (agravante, disciplinados, respectivamente, nos artigos 59 e 61 do CP). O vício de procedimento não é afastado pelo fato de a pena final haver ficado acima, em apenas um ano, da mínima prevista para o tipo. O preceito do art. 68 do CP tem como escopo maior viabilizar o exercício do direito de defesa pelo condenado, consubstanciando, assim, princípio a ser observado. Violar um princípio é muito mais grave que transgredir uma norma qualquer (Celso Antônio Bandeira de Mello – Curso de Direito Administrativo, 5a. ed., pag. 451)" (STF, Rel. Marco Aurélio, RJ 219/85).

Sentença condenatória – Individualização da pena – Método trifásico não observado – Nulidade – "Nulo é o capítulo da individualização da pena, na sentença condenatória, quando, num só momento, ao fixar a pena-base, considera a agravante da reincidência" (STF, Rel. Sepúlveda Pertence, RBCC 10/218).

"Na fixação da reprimenda mister se faz que o Juiz haja com observância do critério trifásico estabelecido no artigo 68 do CP, devendo fazer a correta especificação da pena-base na primeira etapa (circunstância judicial); as agravantes e atenuantes na segunda (circunstância legal), e, por fim, as causas de aumento ou diminuição da pena. Ordem que se concede para que nova sentença seja proferida com observância do artigo 68 do CP" (STJ, Rel. Fláquer Scartezzini, RT 720/539).

b) não é nula quando fixada a pena no mínimo legal

"A inobservância do critério trifásico não é, em si, conducente à nulidade da sentença, se a pena for fixada no mínimo legal. Precedentes do STF. Nulidade que ocorre, na espécie, porque a pena foi majorada em função da reincidência, circunstância legal que deve ser apreciada destacadamente das circunstâncias judiciais mencionadas no art. 59 do CP" (STF, Rel. Francisco Rezek, RBCCrim 2/239).

"O não estabelecimento da pena-base, por inobservância do critério trifásico para aplicação da pena, arts. 59 e 68 do CP, não implica em nulidade quando a condenação e o aumento pelas qualificadoras são aplicados nos mínimos legais, porque não há prejuízo para o réu. Só há nulidade quando a pena base ou as qualificadoras são aplicadas acima do mínimo legal sem fundamentação" (STF – HC nº 70884 – CE – Rel. Paulo Brossard – D.J 23.09.1994, p. 25328).

"Pena-base fixada com observância do disposto no art. 59 do Código Penal. Inexistindo circunstâncias agravantes ou atenuantes e causas de aumento ou diminuição da pena, não há falar em exigência do critério trifásico" (STF, Rel. Carlos Velloso, RJTACrim 36/603).

c) prevalece a condenação, decretando-se a nulidade apenas da parte da sentença que não observou o sistema trifásico

"O método trifásico é de obrigatória aplicação na fixação da pena, notadamente quando superior ao mínimo legal, sendo nulas as decisões que o desatendem. O vício da individualização da pena não afeta a condenação, restringindo-se o pronunciamento de nulidade à dosagem da reprimenda. Ordem conhecida e deferida em parte, para anular o acórdão na parcela voltada à fixação da pena privativa de liberdade, sem prejuízo da condenação e mantida a prisão do paciente" (STF, Rel. Paulo Brossard, RBCCrim 7/211).

REsp – Penal – Pena – Individualização – "A individualização deve obedecer ao sistema trifásico e ao roteiro do art. 59 do Código Penal. Desrespeitado, gera nulidade dessa parte da sentença" (STJ, Rel. Luiz Vicente Cernicchiaro, RBCCrim 21/304).

d) não é nula se beneficia o réu

"Se a fixação da pena, numa única operação e não pelo método trifásico, não resulta em prejuízo para o réu, não há como proclamar a nulidade da decisão" (STF – HC nº 72272 – SP, Rel. Maurício Correa, j. em 04.08.95).

a) fixará a pena-base; (Incluído pela Lei nº 11.689, de 2008)

Primeira fase de aplicação da pena • Como já alertado, a primeira etapa de aplicação da sanção privativa de liberdade tem por finalidade fixar a pena-base, partindo do preceito secundário simples ou qualificado estampado no tipo incriminador, sobre o qual incidirão as circunstâncias judiciais previstas no artigo 59 do Código Penal: *culpabilidade, antecedentes, conduta social, personalidade do agente, motivos, circunstâncias e consequências do crime, bem como o comportamento da* vítima. Caso exista mais de uma circunstância qualificadora do crime (por exemplo, homicídio qualificado pela torpeza e meio cruel, art. 121, § 2º, I, e III, do CP), somente uma delas deverá ser aplicada como ponto de partida, ficando a outra relegada à segunda fase de aplicação da pena, encontrando previsão legal nas agravantes do artigo 61 do Código Penal. Nota-se que o Código Penal não fixou o *quantum* de aumento para as circunstâncias judiciais desfavoráveis ao sentenciado. Esse montante, portanto, fica a critério do juiz, que deverá sempre fundamentar a sua decisão. De se ver que a pena-base fixada acima do mínimo sem fundamentação dá ensejo à anulação da sentença nesse ponto, devendo o Tribunal reconhecer a nulidade e remeter os autos para que o juiz proceda à nova aplicação da pena, desta vez de forma motivada. Meras referências genéricas às circunstâncias judiciais não são suficientes.

A jurisprudência sugere 1/6 para cada circunstância presente; a doutrina, 1/8. De todo modo, nesta etapa, o juiz está atrelado aos limites mínimo e máximo abstratamente previstos no preceito secundário da infração penal (art. 59, II, CP), não podendo suplantá-los.

Com essa orientação, o magistrado sentenciante deve partir da pena mínima para, reconhecendo presente circunstância desfavorável ao réu, dirigir-se rumo à pena máxima. Não havendo circunstâncias judiciais relevantes (ou presentes somente circunstâncias favoráveis), a pena base deverá ser fixada no mínimo legal, respeitando, sempre, o limite mínimo trazido pelo preceito punitivo. A pena-base somente se afastará do patamar mínimo se estiverem presentes circunstâncias judiciais desfavoráveis.

Concurso entre circunstâncias judiciais favoráveis e desfavoráveis • No concurso entre circunstâncias judiciais favoráveis e desfavoráveis, sugere a doutrina que o magistrado deva invocar, por analogia, o artigo 67 do Código Penal (aplicando a preponderante). Concordamos com o raciocínio, desde que, porém, favoreça o réu, pois se o prejudicar, estaremos diante de analogia *in malam partem*, em franca violação ao princípio da legalidade.

Imaginemos um homicídio qualificado (pena de 12 a 30 anos). Não havendo circunstâncias judiciais relevantes, a pena-base deve ser fixada no mínimo (12 anos); só havendo circunstâncias judiciais favoráveis, pena-base também deve ser imposta no mínimo (12 anos), pois, nesta fase, o juiz está atrelado aos limites mínimo e máximo abstratamente previstos no preceito secundário; só havendo circunstâncias judiciais desfavoráveis, a pena-base deve ser fixada acima do mínimo, sendo que o "quantum" de aumento fica a critério do juiz, exigindo fundamentação idônea para a majoração (12 anos + 1/6 = 14 anos); por fim, no concurso de circunstâncias favoráveis e desfavoráveis, é possível aplicar o art. 67 do CP, por analogia, desde que não prejudique o réu.

JURISPRUDÊNCIA

» **Necessidade de fundamentação na aplicação da pena**

"A exigência de motivação da individualização da pena – hoje garantia constitucional do condenado (CF, arts. 5º, XLVI, e 93, IX) – , não se satisfaz com a existência na sentença de frases ou palavras quaisquer, a pretexto de cumpri-la: a fundamentação há de explicitar a sua base empírica e essa, de uma vez, há de guardar relação de pertinência, legalmente adequada, com a exasperação da sanção penal, que visou justificar. É nula, no ponto, a sentença na qual o Juiz, explicitando os dados de fato em que assentou a exacerbação da pena – no caso, ao ponto de quadruplicar o mínimo da cominação penal, desvela o subjetivismo dos critérios utilizados, de todo distanciados dos parâmetros legais" (STF, Rel. Sepúlveda Pertence, RTJ 143/600).

"Não responde à exigência de fundamentação de individualização da pena-base e da determinação do regime inicial de execução de pena a simples menção aos critérios enumerados em abstrato pelo art. 59, CP, quando a sentença não permite identificar os dados objetivos e subjetivos a que eles se adequariam, no fato concreto, em desfavor do condenado" (STF – HC 68.751 – Rel Sepúlveda Pertence – *DJU* de 1.11.91, p. 15.569).

"A jurisprudência do STF acolhe a tese de que a condenação de primário a pena superior ao mínimo, sem maus antecedentes nem circunstâncias graves, deve ser expressamente motivada na sentença, porque o discricionarismo na fixação da pena-base não se confunde com arbítrio do Juiz, segundo sua apreciação subjetiva pura e simples" (STF, Rel. Aliomar Baleeiro, RTJ 66/79).

"Na fixação da pena, hão de ser observados os preceitos pertinentes, seguindo-se a ordem prevista no artigo 68 do Código Penal. Mostra-se insubsistente o decreto condenatório em que a exacerbação da pena não restou fundamentada. Segundo jurisprudência do Supremo Tribunal Federal, fulmina-se parte da decisão proferida, mantendo-se a condenação e determinando-se a baixa dos autos para que se complemente a prestação jurisdicional. Registro necessário em face da convicção pessoal sobre consubstanciar o provimento um todo indivisível" (STF, Rel. Marco Aurélio, RJTACrim 29/497).

"A pena privativa de liberdade deve ser fixada com fundamentação concreta e vinculada tal como exige o princípio do livre convencimento fundamentado (arts. 157, 381 e 387 do CPP c.c. o art. 93, IX, segunda parte da Carta Magna). Ela não pode ser fixada acima do mínimo com fulcro em suposição de ação em andamento que redundou inclusive, em absolvição ou com base em expressões vagas e infundadas ('personalidade voltada para o crime', processo sentenciado e ação em andamento). O regime inicial, a eventual suspensão da pena e, agora, as penas restritivas (Lei nº 9.714/98) devem merecer, sempre que for o caso, uma apreciação fundamentada. *Habeas corpus* parcialmente concedido" (STJ, Rel. Felix Fischer, Bol. IBCCrim 85/ 406).

» **Necessidade de fundamentação na aplicação da pena acima do mínimo legal**

"Incabível a fixação da pena além do mínimo, se não houver fundamentação para justificar fosse ela exacerbada. Nulidade da decisão condenatória, para que outra seja proferida" (STF, Rel. Aldir Passarinho, JUTACRIM 89/477).

"Indispensável sob pena de nulidade, a fixação da pena com apreciação e fundamentação das circunstâncias judiciais do art. 59 do CP sempre que a reprimenda for fixada acima do mínimo legal" (STF, Rel. Célio Borja, RT 641/378).

"O habeas-corpus como instrumento tutelador e garantidor da liberdade das pessoas, é instrumento próprio para se anular a sentença que, fixando a pena acima do mínimo legal, o faz sem dar os motivos pelos quais chegou aos limites da reprimenda. Fica, como é óbvio, mantida a condenação, devendo ser corrigida, apenas, a fixação em quantidade das penas" (STJ, Rel. Jesus Costa Lima, Boletim IBCC 19/64).

"A simples referência do art. 59 do CP, sem análise das circunstâncias nele contidas, é insuficiente para se considerar motivada a adequação da pena fixada acima do mínimo legal, mesmo porque fica o condenado impedido de conhecer as razões da reprimenda imposta" (STJ, Rel. Fernando Gonçalves, RT 747/621).

» **Pena fixada acima do mínimo legal sem fundamentação. Possibilidade de correção pelo Tribunal**

"A falta de fundamentação quanto às penas aplicadas acima dos mínimos legais deixa de constituir nulidade, quando, em sede de apelo, as sanções retrocedem aos limites inferiores, assim desaparecendo eventual prejuízo" (TACrimSP, Rel. Haroldo Luz, RJD 6/133).

"Inexiste nulidade de sentença que impõe ao réu, sem justificar, a pena a maior, pois tal omissão pode ser suprida, em sede apelatória, com a redução da reprimenda a seu patamar menor" (TACrimSP, Rel. Barbosa de Almeida, RJD 16/114).

» Desnecessidade de fundamentação quando aplicada pena no mínimo legal

"Quando a pena base é fixada no mínimo, dispensa-se a fundamentação" (STF, Rel. Sepúlveda Pertence, Boletim RBCCrim 29/97).

"A sentença criminal deve conter fundamentação suficiente, e não abundante. A parte da sentença que diz respeito à fixação da pena deve ser fundamentada, entretanto, se a pena foi fixada na quantidade mínima, sem prejudicar o réu, não se anula a decisão" (STF, Rel. Antônio Nader, RTJ 68/348).

"Tendo sido a pena fixada no mínimo legal, não há que se falar em nulidade em favor do réu por falta de fundamentação em sua dosagem" (STF, Rel. Moreira Alves, RT 675/447).

"O julgado contém a fundamentação exigida, tendo sido a pena fixada no mínimo, o que não o torna nulo. Nulidade que, em suma, não lhe traria proveito, eis que a reprimenda não poderia ser inferior ao que a lei estabelece, a menos que ocorresse causa especial de diminuição" (STJ, Rel. Jesus Costa Lima, RBCC 8/224).

» Pena fixada aquém do mínimo legal

a) impossibilidade

"Circunstâncias agravantes e atenuantes genéricas, tais como a confissão espontânea, examinadas na segunda fase do método trifásico de aplicação da pena, não podem reduzir a pena aquém do mínimo legal ou aumentá-la em patamar superior aos limites previstos na lei penal. Precedentes: HC 100.371/CE, Relator Min. Ricardo Lewandowski, Primeira Turma, Julgamento em 27/4/2010, HC 93.946/RS, Relator Min. Joaquim Barbosa, Segunda Turma, Julgamento em 19/8/2008, HC 94.409/RS, Relator Min. Ayres Britto, Primeira Turma, Julgamento em 17/6/2008" (STF – HC nº 99266-SP, Rel. Luiz Fux, j. 25.10.2011, DJe 22.11.2011).

"É firme a jurisprudência desta Suprema Corte no sentido de que, ao contrário do que ocorre com as causas de diminuição, as circunstâncias atenuantes não podem reduzir a pena aquém do mínimo legal. Precedentes" (STF – HC nº 94446-RS, Rel. Ricardo Lewandowski, j. 14.10.2008, DJe 31.10.2008).

"O Juiz não pode, mesmo considerando as diversas circunstâncias atenuantes genéricas (a menoridade do réu, inclusive) fixar a sanção penal definitiva em limite abaixo do mínimo legalmente autorizado" (STF, Rel. Celso de Mello, RT 707/410).

"A atenuante da menoridade do agente não pode ser considerada para efeito de redução da pena fixada em seu grau mínimo. Fixada a pena privativa de liberdade no mínimo legal, inviável cogitar de qualquer redução em razão de circunstâncias atenuantes legais ou judiciais" (STF, Rel. Maurício Corrêa, RT 735/535).

"O sistema adotado pelo CP impede que, estabelecida a pena-base consideradas as circunstâncias judiciais, existindo circunstância atenuante, o Juiz diminua a pena abaixo do estabelecido em lei. Portanto, fixada a pena-base no mínimo legal, mesmo levando em conta a menoridade do réu, a pena não pode ser reduzida para quantidade inferior ao mínimo abstratamente considerada. É que as circunstâncias legais influem sobre o resultado a que se chega na primeira fase, cujos limites, mínimo e máximo, não podem ser ultrapassados. Apenas na terceira fase, quando incidem as causas de diminuição e de aumento, é que aqueles limites podem ser ultrapassados" (STJ, Rel. Jesus Costa Lima, RSTJ 73/348).

b) possibilidade

"No processo trifásico de individualização da pena é possível a sua fixação definitiva abaixo do mínimo legal na hipótese em que a pena-base é fixada no mínimo e se reconhece a presença de circunstância atenuante, em face da regra imperativa do art. 65, do Código Penal, que se expressa no comando literal de que tais circunstâncias sempre atenuam a pena" (STJ, Rel. Vicente Leal, Bol. IBCCrim 84/398).

"O princípio da individualização da pena (Constituição, art. 5º, XLVI), materialmente, significa que a sanção deve corresponder às características do fato, do agente e da vítima, enfim, considerar todas as circunstâncias do delito. A cominação, estabelecendo grau mínimo e grau máximo, visa a esse fim, conferindo ao Juiz, conforme o critério do art. 68 do CP, fixar a pena in concreto. A lei trabalha com o gênero. Da espécie cuida o magistrado. Só assim, ter-se-á direito dinâmico e sensível à realidade, impossível, formalmente, ser descrita em todos os pormenores. Imposição ainda da justiça do caso concreto, buscando realizar o direito justo. Na espécie sub judice, a pena-base foi fixada no mínimo legal. Reconhecida, ainda, a atenuante da confissão espontânea (CP, art. 65, III, d). Todavia, desconsiderada porque não poderá ser reduzida. Essa conclusão significa desprezar a circunstância. Em outros termos, não repercutir na sanção aplicada. Ofensa ao princípio e ao disposto no art. 59 do CP, que determina ponderar todas as circunstâncias do crime" (STJ, Rel. Luiz Vicente Cernicchiaro, RBCCrim 23/258).

Penal – Pena – Individualização – Atenuante – Fixação abaixo do mínimo legal – "... Coloca-se então a pergunta: se, apesar de aplicada no mínimo, a pena, dada excepcional circunstância (não é excludente de ilicitude, nem excludente de culpabilidade) recomendar sanção ainda mais mitigada, pode o Juiz fixá-la em patamar favorável ao réu? Impõe-se resposta positiva. O Juiz promove a adequação do normativo com a experiência jurídica. A lei, insista-se, não esgota o Direito. Inexiste, por isso, qualquer afronta do princípio da individualização. Ao contrário, consagra a eficácia do próprio princípio. Ademais, deixa patente, os Poderes são independentes, contudo, harmônicos. O legislador trabalha com o gênero. Da espécie cuida o Magistrado. Só assim ter-se-á o Direito dinâmico e sensível à realidade, impossível ser descrita em todos os pormenores por quem elabora a lei. Não se trata de mero pieguismo. Ao contrário, realização de justiça material. O Judiciário, com essa orientação, realizará o Direito Justo" (STJ, Rel. Vicente Cernicchiaro, RSTJ 90/384).

b) considerará as circunstâncias agravantes ou atenuantes alegadas nos debates; (Incluído pela Lei nº 11.689, de 2008)

Segunda fase de aplicação da pena • A segunda fase de aplicação da pena tem por finalidade encontrar a pena intermediária. O seu ponto de partida é a pena-base, fixada na etapa anterior, fazendo incidir sobre ela as circunstâncias agravantes (arts. 61 e 62 do CP) e atenuantes (arts. 65 e 66 do CP) previstas na parte geral do Código Penal.

Por encontrarem previsão na parte geral do Código, estas circunstâncias são chamadas de genéricas. Ressalte-se que nada impede que a legislação especial traga, para os crimes de que dispuser, atenuantes e agravantes próprias. É o que ocorre, por exemplo, com a Lei de Crimes Ambientais, que prevê agravantes e atenuantes específicas para estes crimes. Assim, as agravantes e atenuantes genéricas podem ser definidas como circunstâncias objetivas ou subjetivas que não integram a estrutura do tipo penal, mas se vinculam ao crime, devendo ser consideradas pelo juiz no momento de aplicação da pena.

O Código Penal, a exemplo da primeira fase, não fixou o "quantum" de aumento ou diminuição para as circunstâncias agravantes e atenuantes, deixando ao prudente arbítrio do juiz, que deverá sempre fundamentar a sua decisão. Consagrou-se, na jurisprudência, que a fração deve ser de 1/6. Nesse contexto, se o magistrado concluir pela aplicação de fração outra, está obrigado a fundamentar sua decisão de maneira adequada, sob pena de nulidade. É o que entende o STJ: *"Nos termos da jurisprudência desta Corte, a aplicação de fração superior a 1/6 pela reincidência exige motivação idônea"* (HC nº 229.371 – Rel. Laurita Vaz – DJe 04.09.2013).

Também nesta etapa, apesar de não haver previsão legal, entende a doutrina, seguida pela jurisprudência, que o juiz está atrelado aos limites mínimo e máximo abstratamente previstos no preceito secundário da infração penal, não podendo suplantá-los. Nesse sentido a Súmula 231 do STJ. Esta orientação, no entanto, merece críticas, pois, ante a ausência de previsão legal, a proibição viola a legalidade. Aliás, não permitir ao juiz reduzir a pena intermediária aquém do mínimo quando diante de uma atenuante, significa impedi-lo de individualizar a reprimenda, culminando, não raras vezes, por tratar sentenciados com condições distintas, com penas iguais, em afronta ao princípio da isonomia.

Em suma, o magistrado deve partir da pena-base, fixada na etapa anterior, para, reconhecendo presente circunstância agravante, dirigir-se rumo à pena máxima. Havendo somente atenuantes, a pena intermediária caminha na direção do mínimo abstratamente previsto no preceito secundário (lembrando que, no caso da pena-base ter sido fixada no mínimo, não se aplica a atenuante). Não existindo circunstâncias relevantes (agravantes ou atenuantes), a pena intermediária simplesmente confirmará a pena-base.

Concurso entre circunstâncias agravantes e atenuantes • No concurso de agravantes e atenuantes, aplica-se o artigo 67 do Código Penal, devendo a pena intermediária aproximar-se do limite indicado pelas circunstâncias preponderantes, entendendo-se como tais as que resultam dos motivos determinantes do crime, da personalidade do agente e da reincidência.

Ordem de preponderância no concurso de agravantes e atenuantes • Analisando o a redação do art. 67 do CP, a jurisprudência estabeleceu a seguinte ordem: **1º**) atenuantes da *menoridade* e da *senilidade*; **2º**) agravante da reincidência; **3º**) atenuantes e agravantes subjetivas; **4º**) e, por fim, atenuantes e agravantes objetivas.

Imaginemos um homicídio simples, punido com reclusão de 6 a 20 anos. Não havendo circunstâncias judiciais relevantes, a sua pena-base deve ser fixada no mínimo (6 anos). Partindo para a segunda etapa, o juiz, detectando que o sentenciado é reincidente, agrava a pena em 1/6, fixando a reprimenda intermediária em 7 anos; não havendo agravantes e atenuantes, a pena intermediária confirmará a reprimenda-base (6 anos); ainda que o magistrado se depare somente com atenuante, a pena intermediária será também de 6 anos, pois, nesta fase, o juiz está atrelado aos limites mínimo e máximo abstratamente previstos no preceito secundário; por fim, no concurso de circunstâncias agravantes e atenuantes, aplica-se o art. 67 do CP.

Das agravantes • Analisadas as regras gerais das circunstâncias que devem ser considerados pelo magistrado na segunda etapa do cálculo da pena privativa de liberdade, passa-se, agora, ao estudo das agravantes. Desde logo, alertamos que as agravantes genéricas estão previstas nos arts. 61 e 62, ambos do CP, num rol taxativo, não se admitindo, por isso, o emprego da analogia para ampliar as hipóteses legais.

As agravantes sempre agravam a pena? • O artigo 61, *caput*, do CP, antes de apresentar as circunstâncias que agravam a pena, anuncia: "São circunstâncias que sempre agravam a pena, *quando não constituem ou qualificam o crime*[...]". A regra, portanto, avisa que as agravantes sempre aumentam a pena, havendo, porém, exceções, descritas nos exemplos abaixo:

1ª) Para evitar a dupla valoração em prejuízo do réu (*bis in idem*), o legislador veda a incidência de agravante quando a circunstância já constitua elementar do crime ou sua qualificadora.

Exemplo: João, com intenção de causar o aborto do feto de Maria, desfere socos em sua barriga. Ele responderá por aborto não consentido (art. 125 do CP), não incidindo a agravante do "crime contra a mulher grávida" (art. 61, inc. II, "h", do CP), pois esta condição da vítima já figura como elementar do crime.

2ª) Lembramos, ainda, que, por força de interpretação jurisprudencial, a pena intermediária não pode extrapolar a sanção máxima cominada ao tipo penal. Em outras palavras, na segunda fase de aplicação da pena, o juiz está adstrito aos limites previstos no tipo penal. Assim, se a pena-base for fixada no máximo, a agravante não incidirá.

Exemplo: Num crime de homicídio (art. 121, *caput*, do CP), o juiz, analisando as circunstâncias judiciais abundantemente desfavoráveis ao réu, fixa a pena-base no máximo (20 anos). Na segunda fase, contudo, apesar de o réu ser reincidente, não pode essa circunstância agravar a pena, pois resultaria em uma sanção intermediária acima do máximo abstratamente previsto para o crime.

3ª) Por fim, atento ao disposto no artigo 67 do Código Penal, constatado o concurso entre agravantes e atenuantes, não incidem aquelas quando estas forem preponderantes.

Exemplo: Num crime de homicídio doloso simples (art. 121 do CP), o juiz, analisando as circunstâncias judiciais desfavoráveis ao réu, fixa a pena-base acima do mínimo (6 anos e 6 meses). Na segunda fase, a despeito da reincidência do agente, verifica-se que ele contava menos de 21 anos à época dos fatos. Esta circunstância, relativa à menoridade, deve preponderar para fins de atenuação da pena.

As agravantes incidem em todos os crimes? • Em regra, só incidem sobre os crimes dolosos (devendo ficar demonstrado que o agente tinha conhecimento da sua existência). Excepciona-se a agravante da reincidência, também aplicável nos culposos.

Agravante não articulada na denúncia pode ser reconhecida? • Dispõe o art. 385 do Código de Processo Penal, que "*n*os crimes de ação pública, o juiz poderá proferir sentença condenatória, ainda que o Ministério Público tenha opinado pela absolvição, bem como reconhecer agravantes, embora nenhuma tenha sido alegada". Entende-se perfeitamente possível reconhecer circunstância agravante não articulada na denúncia. Nesse sentido: STJ – REsp nº 857066 – Rel. Hamilton Carvalhido – DJe 14.04.2008. Em sentido contrário: "Circunstância agravante referente ao cometimento, pelo agente, do crime 'com abuso de poder ou violação de dever inerente a cargo, ofício, ministério ou profissão', não descrita sequer implicitamente na denúncia, não pode ser reconhecida na sentença, sob pena de violação aos princípios do contraditório, da ampla defesa e da correlação entre imputação e condenação" (STJ – HC nº 94472 – Rel. Jorge Mussi – DJe 04.08.2008).

Das atenuantes • Esgotadas as circunstâncias agravantes, passemos às circunstâncias que atenuam a pena (arts. 65 e 66, do CP).

As atenuantes sempre reduzem a pena? • A regra geral indica que as atenuantes sempre reduzem a pena, por previsão expressa do artigo 65, *caput*, do Código Penal. A doutrina, porém, destaca a existência de exceções, algumas um tanto questionáveis. Assim:

1ª) Não incide a atenuante quando a circunstância já constitui ou privilegia o crime. Trata-se de exceção criada pela doutrina e que merece atenção. Estudamos que a razão de a agravante não incidir quando também qualifica ou constitui o crime objetiva evitar o *bis in idem*. Em se tratando de atenuantes, não existe esse risco. Logo, sem previsão legal, nos parece que esta exceção ofende o princípio da legalidade, configurando analogia *in malam partem*.

2ª) Por força de interpretação jurisprudencial, a pena intermediária não pode ficar aquém da sanção mínima cominada ao tipo penal. Em outras palavras, na segunda fase de aplicação da pena, o juiz está adstrito aos limites previstos no tipo penal. Assim, se a pena-base for fixada no mínimo, a atenuante não incidirá. Nesse sentido anuncia a Súmula 231 do STJ: "A *incidência da circunstância atenuante não pode conduzir à redução da pena abaixo do mínimo legal*".

Como já ressaltamos, porém, a orientação contida na súmula, sem amparo legal, ofende ao menos três princípios constitucionais: da legalidade, da isonomia e da individualização da pena. Vejamos o nosso raciocínio com a ajuda de um exemplo.

João (22 anos) e Antonio (19 anos) são condenados por homicídio (art. 121 do CP, com pena abstrata de 6 a 20 anos). Ao aplicar a pena, o Magistrado não vislumbrou circunstâncias judiciais relevantes, sendo ambos primários e apresentando bons antecedentes. Apenas Antonio apresenta circunstância atenuante (da menoridade), não existindo agravantes. Ausentes, outrossim, causas de aumento e diminuição de pena, eis o caminho percorrido pelo Juiz:

	Condenado JOÃO (22 anos)	Condenado ANTONIO (19 anos)
1ª fase	PENA-BASE = 6 anos (circunstâncias judiciais favoráveis)	PENA-BASE = 6 anos (circunstâncias judiciais favoráveis)
2ª fase	PENA INTERMEDIÁRIA = 6 anos	PENA INTERMEDIÁRIA = 6 anos (o juiz identificou uma circunstância atenuante, da menoridade, porém não pode aplicá-la, já que a pena-base havia sido fixada no mínimo)
3ª fase	PENA DEFINITIVA = 6 anos	PENA DEFINITIVA = 6 anos

Percebam que, apesar de João e Antonio apresentarem condições distintas (este último era menor de 21 anos ao tempo do crime), foram ambos tratados de forma igual, ferindo a isonomia material. O juiz, com efeito, viu-se impedido de individualizar a pena em relação a Antonio, ignorando suas condições pessoais, tudo em nome de uma vedação criada pela doutrina, sem amparo legal.

Discorrendo sobre o tema, Cezar Roberto Bitencourt esclarece que "o entendimento contrário à redução da pena para aquém do mínimo cominado partia de uma interpretação equivocada, que a dicção do atual art. 65 do Código Penal não autoriza. Com efeito, esse dispositivo determina que as circunstâncias atenuantes 'sempre atenuam a pena', independentemente e já se encontrar no mínimo cominado [...]. O equivocado entendimento de que 'circunstância atenuante' não pode levar a pena para aquém do mínimo cominado ao delito partiu de interpretação analógica desautorizada, baseada na proibição que constava no texto original do parágrafo único do art. 48 do Código Penal de 1940, não repetido, destaque-se, na Reforma de 1984 (Lei nº 7.209/84) (*Tratado de Direito Penal*, 17ª ed. São Paulo: Saraiva, 2012. p. 765-6).

3ª) Por fim, atento ao disposto no artigo 67 do Código Penal, constatado o concurso entre agravantes e atenuantes (assunto já estudado), não incidem estas últimas quando aquelas primeiras forem preponderantes.

Exemplo: Num crime de homicídio (art. 121 do CP), o fato de o agente ter cometido o crime sob a influência de multidão é circunstância atenuante de pena. No entanto, o juiz, ao analisar as condições pessoais do sentenciado, constata ser o mesmo reincidente. Assim, na segunda fase, deve prevalecer a agravante da reincidência, circunstância preponderante.

As atenuantes incidem em todos os crimes? • Sim. Diferente das agravantes, as atenuantes incidem nos crimes dolosos, culposos e preterdolosos.

Circunstâncias atenuantes inominadas • Depois de elencar circunstâncias específicas que atenuam a pena, o legislador deu margem, com o artigo 66 do Código Penal, à atenuação da pena por conta de "circunstância relevante anterior ou posterior ao crime, embora não prevista em lei". É a atenuante da clemência (ex.: confissão voluntária, não abrangida pelo art. 65, III, "d", do CP, restrito à confissão espontânea).

JURISPRUDÊNCIA

» Atenuante deve ser aplicada independentemente de quesitação específica

"A partir do advento da Lei n.º11.689/2008, não há mais a exigência de submeter ao Conselho de Sentença quesitos sobre a existência de circunstâncias atenuantes ou agravantes, cabendo ao magistrado togado, no momento de proferir a sentença, decidir pela aplicação, ou não, das circunstâncias atenuantes e agravantes, desde que alegadas pelas partes e debatidas em Plenário" (STJ – HC nº 243571-MG, Rel. Laurita Vaz, j. 11.04.2013, DJe 17.04.2013).

"Segundo entendimento doutrinário de escol, os quesitos sobre atenuantes não são mais obrigatórios, podendo o juiz presidente aplicá-las ao fazer a dosimetria da pena, desde que tenham sido suscitadas pela defesa, nuance que não tem condições de ser averiguada na espécie, dada a total ausência de documentos (prova pré-constituída)" (STJ – HC nº 186396-PB, Rel. Maria Thereza de Assis Moura, j. 21.03.2012, DJe 02.04.2013).

» Reconhecimento da atenuante ainda que não debatida em plenário

a) possibilidade

"Pode o Juiz Presidente do Tribunal do Júri reconhecer a atenuante genérica atinente à confissão espontânea, ainda que não tenha sido debatida no plenário, quer em razão da sua natureza objetiva, quer em homenagem ao predicado da amplitude de defesa, consagrado no art. 5º, XXXVIII, "a", da Constituição da República. É direito público subjetivo do réu ter a pena reduzida, quando confessa espontaneamente o envolvimento no crime. A regra contida no art. 492, I, do Código de Processo Penal, deve ser interpretada em harmonia aos princípios constitucionais da individualização da pena e da proporcionalidade" (STF – HC nº 106376-MG, Rel. Cármen Lúcia, j. 01.03.2011, DJe 01.06.2011).

b) impossibilidade

"Com a reforma introduzida pela Lei nº 11.698/08 não há mais necessidade de submeter aos jurados quesitos acerca da existência de circunstâncias agravantes ou atenuantes. Não obstante, embora tenha sido transferido o exame da presença das referidas circunstâncias ao Juiz Presidente do Tribunal do Júri, elas somente serão consideradas na dosimetria da pena desde que suscitadas nos debates orais, a teor do que prescreve o art. 492, inciso I, alínea b do CPP" (STJ – REsp nº 1157292-MG, Rel. Felix Fischer, j. 02.09.2010, DJe 04.10.2010).

"A partir do advento da Lei n.º 11.689/2008, não há mais a exigência de submeter ao Conselho de Sentença quesitos sobre a existência de circunstâncias atenuantes ou agravantes, cabendo ao magistrado togado, no momento de proferir a sentença, decidir pela aplicação, ou não, das circunstâncias atenuantes e agravantes, desde que alegadas pelas partes e debatidas em Plenário" (STJ – HC nº 194737-PB, Rel. Sebastião Reis Júnior, j. 11.12.2012, DJe 19.12.2012).

c) imporá os aumentos ou diminuições da pena, em atenção às causas admitidas pelo júri; (Incluído pela Lei nº 11.689, de 2008)

Terceira fase de aplicação da pena • A última fase do cálculo da pena tem como finalidade a fixação da reprimenda definitiva. Considera como ponto de partida a pena intermediária da etapa anterior, fazendo sobre ela incidir as causas de aumento e de diminuição de pena.

Também denominadas *majorantes* e *minorantes*, estão situadas tanto na parte geral quanto na parte especial do Código Penal, podendo ainda, ter previsão na legislação extravagante. São facilmente identificadas, porque estabelecem um *quantum* (geralmente em fração) para o aumento ou diminuição. Este *quantum* pode ser fixo ou variável, conforme a previsão legal.

Não há de se confundir, sob qualquer aspecto, as causas de aumento e de diminuição de pena com as circunstâncias agravantes e atenuantes. Podemos dizer que a principal diferença entre elas é o efeito: as majorantes e minorantes podem elevar a pena para além do patamar máximo, bem como reduzir para aquém do limite mínimo da pena cominada, enquanto as agravantes e atenuantes, como visto, não têm esse condão.

A causa de aumento também se distingue da qualificadora. A primeira majora a pena; a segunda qualifica o crime, dando-lhe novo preceito secundário. O tipo qualificado, como já mencionado, é utilizado como ponto de partida na primeira fase de fixação da pena (tal qual o tipo simples). Caracteriza-se por estabelecer novos patamares mínimo e máximo para a reprimenda penal em abstrato (ex: homicídio simples, pena de 6 a 12; homicídio qualificado, pena de 12 a 20). As causas de aumento de pena, por sua vez, são manejadas na terceira fase e incidem sobre a pena intermediária.

Havendo uma só causa de aumento ou uma só causa de diminuição, alternativa não resta ao Magistrado: com base no "quantum" previsto em lei, deve aumentar a pena do crime ou diminuí-la, fundamentando sua decisão quando se tratar "quantum" variável, lembrando que, nesta etapa, não está adstrito aos limites mínimo e máximo previstos no preceito secundário.

É possível, no entanto, concurso entre causas de aumento (pluralidade de majorantes) ou concurso de causas de diminuição (pluralidade de minorantes) ou concurso de causas de aumento e de diminuição (majorante concorrendo com minorante).

Vejamos como proceder em cada hipótese.

Concurso (homogêneo) de causas de aumento

a) Causas de aumento previstas na Parte Geral

Quando previstas na parte geral do Código Penal, o juiz, sem escolha, deve aplicar as duas, observando, no entanto, o *princípio da incidência isolada*, isto é, o segundo aumento recai sobre a pena precedente, não sobre a pena já aumentada.

Exemplo: Pena-intermediária de 6 anos. Sobre ela incidirão duas causas de aumento previstas na parte geral: uma majora de 1/3, a outra de 1/2. A operação se resume: 6 anos + 1/3 de 6 anos (2 anos) + 1/2 de 6 anos (3 anos) = 11 anos de prisão (6 + 2 + 3). Percebam que o juiz primeiro aumenta a pena de 1/3 (6 anos + 1/3 = 8 anos). O segundo aumento (1/2) recai também sobre a pena-intermediária de 6 anos, somando-se, em seguida, os dois resultados.

Atenção: não se aplica, no caso, o princípio da *incidência cumulativa* (segundo aumento recai sobre a pena já aumentada), pois prejudicaria o réu, como se nota da operação: 6 anos + 1/3 de 6 anos (2 anos) = 8 anos. 8 anos + 1/2 de 8 anos (quatro anos) = 12 anos de prisão (6 + 2 + 4).

b) Causas de aumento previstas na Parte Especial

Quando previstas na parte especial, o art. 68, parágrafo único, do CP anuncia: "No concurso de causas de aumento (...) previstas na parte especial, pode o juiz limitar-se a um só aumento (...), prevalecendo, todavia, a causa que mais aumente (...)".

Segundo essa orientação, o juiz, atento aos fins da pena, escolhe aplicar as duas (observando o princípio da incidência isolada) ou apenas uma, elegendo, nesse caso, a que mais aumenta.

c) Causas de aumento, uma na Parte Geral e outra na Parte Especial

Se previstas uma na Parte Geral e outra na Parte Especial, deve o juiz aplicar as duas, observando, no entanto, o *princípio da incidência isolada*, isto é, o segundo aumento recai sobre a pena precedente, não sobre a pena já aumentada. Atenção: não incide a regra do art. 68, parágrafo único, do CP, que exige ambas na Parte Especial.

Concurso (homogêneo) de causas de diminuição

a) Causas de diminuição previstas na Parte Geral

Previstas na parte geral do Código Penal, o juiz, sem escolha, deve aplicar as duas, observando, no entanto, o *princípio da incidência cumulativa*, isto é, a segunda diminuição recai sobre a pena já diminuída.

Exemplo: Pena-intermediária de 6 anos. Sobre ela incidirão duas causas de diminuição previstas na parte geral: as duas minorantes têm a mesma fração (1/2). A operação se resume: 6 anos – 1/2 de 6 anos (3 anos). 3 anos – 1/2 de 3 anos (1 ano e 6 meses) = 1 ano e 6 meses de prisão (6 – 3 – 1 ano e 6 meses). Percebam que o juiz primeiro diminui a pena de 1/2 (6 anos – 1/2 = 3 anos). A segunda diminuição (1/2) recai sobre a pena já diminuída (3 anos – 1/2).

Atenção: não se aplica, no caso, o princípio da *incidência isolada* (segunda diminuição recai sobre a pena precedente, e não sobre a pena diminuída), pois resultaria no risco de pena zero (0), como se nota da operação: 6 anos – 1/2 de 6 anos (3 anos) – 1/2 de 6 anos (3 anos) = 0 (6 – 3 – 3).

b) Causas de diminuição previstas na Parte Especial

Quando previstas na parte especial, o artigo 68, parágrafo único, do CP anuncia: "No concurso de causas (...) de diminuição previstas na parte especial, pode o juiz limitar-se (...) a uma só diminuição, prevalecendo, todavia, a causa que mais (...) diminua".

Dentro desse espírito, o juiz, atento aos fins da pena, escolhe aplicar as duas (observando o *princípio da incidência cumulativa*) ou apenas uma, escolhendo, todavia, a que mais diminua.

c) Causas de diminuição, uma na Parte Geral e outra na Parte Especial

Quando previstas uma na Parte Geral e outra na Parte Especial, deve o juiz aplicar as duas, observando, no entanto, o *princípio da incidência cumulativa*, isto é, a segunda diminuição recai sobre a pena já diminuída. Atenção: não incide a regra do art. 68, parágrafo único, do CP, que exige ambas na Parte Especial.

d) Concurso (heterogêneo) de causas de aumento e de diminuição

Deparando-se com uma causa de aumento concorrendo com uma causa de diminuição (não importando em qual parte do Código estão estampadas), o juiz deve aplicar as duas, observando, na operação, o *princípio da incidência cumulativa*. Por fim, alertamos que o juiz deve desprezar as frações de dia (as horas), nos exatos termos do que disposto no art. 11 do CP.

Regime inicial de cumprimento de pena • Recordando, são *três* as espécies de penas privativas de liberdade: *reclusão* e *detenção*, em se tratando de crimes, e *prisão simples*, exclusiva das contravenções penais.

Após ser fixada a reprimenda definitiva, o juiz determinará, na própria sentença, o regime inicial para seu cumprimento.

Trata-se de etapa importante na missão de individualização da pena, devendo ser analisada também à luz do art. 112 da Lei de Execução Penal, que impõe o sistema progressivo de cumprimento da sanção privativa de liberdade. Presentes os requisitos subjetivos e objetivos, o condenado migra do regime fixado na sentença para outro, menos rigoroso. Conclusão: o regime estampado na sentença é apenas o inicial (e não o regime de cumprimento integral da reprimenda).

O juiz atenderá aos seguintes fatores para identificar o regime inicial mais justo e coerente com os fins da pena: **(a)** espécie de pena; **(b)** quantidade da pena definitiva; **(c)** condições especiais do condenado; **(d)** circunstâncias judiciais (art. 59, CP).

Três são os regimes iniciais de cumprimento da pena, a saber:

Regime fechado • A pena, no regime fechado, deve ser cumprida em penitenciárias, que não se confundem com as cadeias públicas, estas destinadas aos presos provisórios, na dicção do art. 102 da LEP. O condenado, ao menos consoante proclama a Lei de Execução Penal, deve ser alojado em cela individual, salubre e aerada, com dormitório, aparelho sanitário e lavatório, além de área mínima de seis metros quadrados (arts. 87 e 88 da LEP).

Nesse regime mais rigoroso, o condenado será submetido, no início do cumprimento da pena, a exame criminológico de classificação para a individualização da execução (art. 34, *caput*, CP).

Em regra, o preso fica sujeito a trabalho durante o dia e o isolamento à noite (art. 34, §1º, CP). A labuta se realiza dentro do próprio estabelecimento prisional e de acordo com as aptidões do reeducando. A lei admite, em caráter excepcional, o trabalho externo, desde que autorizado pelo juiz ou diretor do estabelecimento, a ser realizado em obras ou serviços públicos. Pressupõe, no entanto, que o condenado tenha demonstrado aptidão, bem como cumprido, pelo menos, um sexto da pena, tomando-se as cautelas contra a fuga e em favor da disciplina (art. 34, §3º, CP e art. 37 da LEP).

É importante lembrar que o trabalho carcerário é, ao mesmo tempo, um dever (art. 39 da LEP) e um direito (art. 41 da LEP) do reeducando, mesmo no regime mais rigoroso. Dever no sentido de que o preso tem a obrigação de contribuir com o Estado para sua ressocialização; direito porque a cada três dias trabalhados resgata um dia de cumprimento de pena, na chamada remição (art. 126, § 1°, II, LEP). Esse trabalho não está sujeito ao regime de Consolidação das Leis do Trabalho (art. 28, § 2°, da LEP), mas será remunerado, com as garantias da previdência social.

Também é possível falar em *remição pelo estudo*. À míngua de previsão legal, a jurisprudência já havia reconhecido esta possibilidade, o que se consolidou através da Súmula nº 341 do STJ: "A frequência a curso de ensino formal é causa de remição de parte do tempo de execução de pena sob regime fechado ou semi-aberto". A Lei nº 12.245/2010, nessa linha, alterou o artigo 83 da Lei de Execução Penal, para autorizar a instalação de salas de aulas nos presídios. Por fim, com o advento da Lei nº 12.433/11 essa espécie de remição foi positivada, sendo cabível nos três regimes (fechado, semiaberto e aberto) e no livramento condicional (art. 126, § 6º, LEP). Agora, a cada 12 (doze) horas de frequência escolar, divididas, no mínimo, em 3 (três) dias, elimina-se um dia de pena (126, § 1º, I, LEP), permitindo-se, ainda, a cumulação entre a remição por estudo e por trabalho (art. 126, §3º da LEP). As atividades de estudo poderão ser desenvolvidas de forma presencial ou a distância, desde que certificadas (art. 126, § 2º, LEP) e a conclusão do ensino fundamental, médio ou superior, durante o cumprimento da pena, gera bônus (art. 126, § 5º, LEP).

Regime semiaberto • O regime semiaberto (intermediário) será cumprido em colônia agrícola, industrial ou similar, podendo o apenado ser alojado em compartimento coletivo, desde que atendidas às condições adequadas à existência humana previstas para as celas individuais próprias do regime fechado.

O trabalho será comum durante o período diurno, realizando-se dentro do estabelecimento, com a possibilidade de ser realizado no ambiente externo, inclusive na iniciativa privada (a jurisprudência tem exigido, nesse caso, prévia autorização judicial). Não há previsão para o isolamento durante o período do repouso noturno.

Admite-se, por fim, mesmo que fora do estabelecimento prisional, a frequência a cursos supletivos profissionalizantes, de instrução de segundo grau ou superior (art. 35, §2º, CP).

Regime aberto • O regime aberto (menos rigoroso) se baseia na autodisciplina e senso de responsabilidade do condenado (art. 36 do CP). Como bem observa Bitencourt, "o maior mérito do regime aberto é manter o condenado em contato com a sua família e com a sociedade, permitindo que o mesmo leve uma vida útil e prestante"(ob. cit., p. 558).

Com efeito, o condenado deverá, fora do estabelecimento e sem vigilância, frequentar curso ou exercer outra atividade autorizada, permanecendo recolhido durante o período noturno e nos dias de folga (art. 36, §1º, CP).

O recolhimento dar-se-á, em regra, no estabelecimento denominado Casa de Albergado, prédio que deverá se situar em centro urbano, separado dos demais estabelecimentos, e caracterizado pela ausência de obstáculos físicos contra a fuga. Em cada região haverá, pelo menos, uma Casa do Albergado, a qual deverá conter, além dos aposentos para acomodar os presos, com local adequado para cursos e palestras (arts. 94 e 95 da LEP).

A legislação prevê, ainda, duas outras possibilidades para o cumprimento do regime aberto: 1ª) na falta de Casa do Albergado, *estabelecimento adequado* (art. 33, § 1º, do CP) e 2ª) conforme as condições pessoais do reeducando, *prisão domiciliar* (art. 117, LEP).

A prisão domiciliar, portanto, é espécie do gênero regime aberto, cabível quando o condenado tem mais de 70 (setenta) anos, é portador de doença grave, tem filho deficiente físico ou mental que dele dependa efetivamente, ou se trate de reeducanda gestante. A propósito do tema, decidiu o STJ: "Os argumentos de superlotação e de precárias condições da casa de albergado não permitem, por si sós, a concessão do benefício pleiteado [prisão domiciliar], mormente quando tais situações não foram reconhecidas pelo Tribunal de origem" (HC 240.715, Quinta Turma, Rel. Min. Laurita Vaz, DJe 02/05/2013).

Critérios para fixação do regime • Identificadas as características de cada um dos regimes (fechado, semiaberto e aberto), é preciso analisar os critérios a serem observados pelo juiz sentenciante, lembrando, desde logo, que variam principalmente, de acordo com a espécie de pena privativa de liberdade prevista para a infração penal (reclusão, detenção ou prisão simples).

Pena de reclusão • A pena de reclusão deve ser cumprida, inicialmente, em regime fechado, semiaberto ou aberto (art. 33, *caput*, 1ª parte, CP).

Regime fechado • Quando imposta na sentença pena *superior a 8 (oito) anos*, o Código Penal não distinguiu entre condenado reincidente ou primário, determinando o início do cumprimento da pena em *regime fechado*. Fica claro que o legislador compreende ser incompatível pena tão elevada com os demais regimes, mais brandos, independentemente das condições pessoais do réu ou do tipo de crime.

Regime semiaberto • Sendo a pena *superior a 4 (quatro) anos e não superior a 8 (oito) anos*, poderá ser fixado o regime inicial semiaberto, desde que o condenado seja primário, pois, se reincidente, o regime inicial deverá ser o fechado.

Regime aberto • Se, na sentença, for fixada pena *igual ou inferior a 4 (quatro) anos*, o regime para início do cumprimento da reprimenda poderá ser o aberto, condicionado, também, à primariedade do agente. Caso seja reincidente, o regime inicial será o fechado ou semiaberto, a depender das circunstâncias judiciais, se favoráveis ou não. Lembre-se, nesse sentido, do teor da Súmula nº 269 do STJ, *in verbis*: "É admissível a adoção do regime prisional semiaberto aos reincidentes condenados a pena igual ou inferior a quatro anos se favoráveis as circunstâncias judiciais.

A opinião do julgador sobre a gravidade em abstrato do crime não constitui motivação idônea para a imposição de regime mais severo do que o permitido segundo a pena aplicada (Súmula 718 do STF). A imposição de regime de cumprimento mais severo exige motivação idônea, leia-se, com base na gravidade em concreto do delito (cf. Súmula 719 do STF).

Nada impede que o magistrado fixe a pena base no mínimo legal e, no momento de determinação do regime de cumprimento da pena, entenda ser cabível regime mais grave do que a pena aplicada sugeriria, à luz das alíneas "a", "b" e "c" do Código Penal. É que o artigo 59 do Código Penal é critério orientador da aplicação da pena tanto na primeira etapa de aplicação da pena quanto no momento de fixação do regime. Guilherme de Souza Nucci, entretanto, discorda: "Pensamos ser muito difícil para o magistrado separar completamente os requisitos do art. 59 em duas fases distintas, conseguindo argumentos suficientes para dar pena mínima, ao mesmo tempo em que extrai outros para estabelecer regime mais severo. Afinal, se o crime é grave – não pela simples descrição típica, mas pelos aspectos fáticos que envolve –, a pena não deveria situar-se no mínimo, atendendo-se ao disposto nos elementos 'circunstâncias e consequências do crime', previstos no art. 59" (*Manual de Direito Penal*.6ª ed. São Paulo: RT, 2009, p. 402).

De todo modo, o que se exige do magistrado, mais uma vez, é a fundamentação adequada, compatível com as circunstâncias concretas, e não com a compreensão abstrata que se tem acerca do delito. Nesse sentido, o STJ: "Fixada a pena-base no mínimo legal, é vedado o estabelecimento de regime prisional mais gravoso do que o cabível em razão da sanção imposta, com base apenas na gravidade abstrata do delito"(Súmula nº 440).

Leis especiais • Algumas leis especiais subtraem do magistrado a possibilidade de fixar o regime inicial de cumprimento da pena. É o que fazem a Lei de Crimes Hediondos (art. 2º da Lei nº 8.072/90) e a Lei de Tortura (art. 1º, § 7º da Lei nº 9.455/97), determinando, para esses crimes, obrigatoriamente o regime inicialmente fechado, independentemente da pena e das condições pessoais do condenado. Não obstante a dicção legal, ressaltamos, mais uma vez, que o STF, nos autos do HC nº 111.840, em decisão do Tribunal Pleno, julgou inconstitucional o artigo 2º, §1º, da Lei nº 8.072/90, determinando ao juiz que analise as circunstâncias do caso concreto para a fixação do justo regime inicial de cumprimento da pena.

Pena de detenção • Em se tratando de detenção, a pena será cumprida inicialmente em regime semiaberto ou aberto (art. 33, *caput*, 2ª parte). Isso não significa dizer que o cumprimento da pena de detenção não possa ocorrer no fechado, sendo perfeitamente possível por meio da regressão (art. 118 da LEP).

Aplicada pena *superior a 4 (quatro) anos*, o juiz sentenciante fixará o regime inicial semiaberto, seja o condenado primário ou reincidente. Quando imposta pena *não superior a 4 (quatro) anos*, o regime inicial poderá ser o aberto, desde que primário o condenado. Na hipótese de réu reincidente, o regime inaugural deve ser o semiaberto (o mais para o tipo de pena).

Regime de cumprimento de pena do índio • Uma vez praticado crime por índio não integrado, impõe-se a sanção penal, cujos rigores, de acordo com a legislação própria, podem ser abrandados.

Nesse sentido, o Estatuto do Índio (Lei nº 6.001/73) estabelece o regime especial de semi-liberdade para os silvícolas, consoante se transcreve: "As penas de reclusão e de detenção serão cumpridas, se possível, em regime especial de semi-liberdade, no local de funcionamento do órgão federal de assistência aos índios mais próximos da habitação do condenado"(art. 56, parágrafo único).

Regime especial para o cumprimento de pena pela mulher • Alerta o artigo 37 do Código Penal: "As mulheres cumprem pena em estabelecimento próprio, observando-se os deveres e direitos inerentes à sua condição pessoal". A norma está alinhada com mandamento constitucional previsto no artigo 5º, inc. XLVIII ("a pena será cumprida em estabelecimentos distintos, de acordo com a natureza do delito, a idade e o sexo do apenado") e no inc. L ("às presidiárias serão asseguradas condições para que possam permanecer com seus filhos durante o período de amamentação").

Desse modo, é garantido às mulheres não apenas lugar diverso do destinado aos homens para cumprimento da pena, mas também o contato com os filhos no período de amamentação (isso não significa que as lactantes tenham direito absoluto de cumprir pena em domicílio, mas, ao contrário, pressupõe recolhimento ao estabelecimento prisional público).

Fixação do regime inicial de cumprimento da pena e detração • Computam-se, na pena privativa de liberdade e na medida de segurança, o tempo de prisão provisória, no Brasil ou no estrangeiro, o de prisão administrativa e o de internação (art. 42 do CP). É o fenômeno da detração, matéria de competência do juiz da execução penal (art. 66, III, "c", LEP), tendo como finalidade evitar o *bis in idem* no cumprimento da sanção penal.

Sempre se ensinou que o instituo não influenciava o magistrado sentenciante na fixação do regime prisional. Ao dissertar sobre o tema, Guilherme de Souza Nucci advertia: "A aplicação da detração não deve influenciar o juiz na fixação do regime inicial de cumprimento da pena. Desse modo, por exemplo, se o agente ficou preso 2 anos, preventivamente, para depois ser condenado a 9 anos de reclusão (que exige a fixação do regime fechado inicial), não há como o magistrado da condenação fazer o desconto referente à detração, a fim de considerar que tenha ele apenas mais 7 anos para cumprir, impondo-lhe o regime semiaberto" (Ob. cit. p. 416).

Essa lição, hoje, não mais se sustenta. A Lei 12.736/12, alterando a redação do art. 387 do CPP, anuncia no seu §2º: "O tempo de prisão provisória, prisão administrativa ou de internação, no Brasil ou no estrangeiro, será computado para fins de determinação do regime inicial de pena privativa de liberdade."

O legislador, desse modo, antecipou a análise da detração para o momento da sentença, mais especificamente para fins de fixação do regime inicial de cumprimento da pena. De acordo com a atual sistemática, deve o magistrado proceder à aplicação da reprimenda normalmente, seguindo o disposto no artigo 68 do Código Penal. Obtida a pena apropriada, na determinação do regime inicial, deve ser observado o tempo de prisão processual. Não se trata, pois, de considerar a detração na aplicação da pena (etapa já encerrada, cabendo, agora, ao juiz da execução), mas tão somente, como expressa o texto legal, de admiti-la para estabelecer um regime inicial justo diante da constrição da liberdade anterior ao trânsito em julgado.

Alertamos, porém, que a detração, nessa fase, só é capaz de permitir regime prisional menos rigoroso se o tempo de prisão provisória, administrativa ou internação coincidir com o requisito temporal da progressão, sem desconsiderar outros requisitos *objetivos* inerentes ao incidente, como a reparação do dano nos crimes contra a administração pública.

Pensamos que o exemplo a seguir explica nossa conclusão. João, depois de permanecer 5 meses preso preventivamente, é condenado por tentativa de homicídio a pena de 8 anos e 4 meses de reclusão. Antes da Lei 12.736/12, por conta da pena imposta na sentença, a lei determinava o regime inicial fechado (art. 33, § 2º, "a", do CP). Com a nova ordem legal, o magistrado, na etapa da fixação do regime inaugural, deve computar o tempo de prisão cautelar (5 meses). Esse cômputo, culminando com pena inferior a 8 anos, pode redundar no regime semiaberto (art. 33, § 2º, "b", do CP), *desde que presentes os requisitos objetivos da progressão, em especial, o requisito temporal*. É dizer: o tempo de prisão cautelar redunda em regime menos severo quando igual ao tempo necessário para a progressão de regime (1/6 da pena, salvo quando se tratar de crime hediondo ou equiparado, que exige 2/5, se primário o agente, ou 3/5, se reincidente).

Qualquer preso condenado a 8 anos e 4 meses de reclusão, iniciando o seu cumprimento no regime fechado, teria que cumprir mais de 1 ano e 4 meses para galgar regime menos severo. Ora, como pode João, preso provisoriamente por 5 meses, conquistar a semiliberdade? Raciocínio diverso cria campo fértil para a insuficiente e ineficaz proteção do Estado ao cidadão, bem como ofensa ao sistema progressivo de cumprimento de pena.

d) observará as demais disposições do art. 387 deste Código; (Incluído pela Lei nº 11.689, de 2008)

Introdução • Um dos efeitos da sentença penal condenatória consiste em tornar certa a obrigação do autor do crime em indenizar o dano causado pelo crime, nos termos do art. 91, inc. I, do Código Penal. De tal forma que, uma vez transitada em julgado a sentença condenatória proferida pelo juízo penal, pode a vítima, seu representante legal ou seus herdeiros, promover, no âmbito civil, a ação de reparação de dano, conforme prevê expressamente este dispositivo em análise.

De sorte que, firmada a responsabilidade do agente pela prática de um crime, diz-se que essa sentença criminal faz coisa julgada no cível, onde será apenas liquidada. Assim, se é reconhecido, em um processo criminal, que o réu cometeu homicídio culposo ao atravessar um sinal vermelho, vindo a colher a vítima, matando-a, transitada em julgado essa sentença condenatória, o debate não pode ser reaberto no âmbito cível. Não teria cabimento que o juiz criminal afirmasse ter o réu agido com culpa e, em juiz cível, ao contrário, dissesse que o réu não rompeu o sinal vermelho. A questão relativa à culpa, portanto, ficou definitivamente resolvida, com o trânsito em julgado da sentença penal condenatória. No juízo cível se irá apenas executar a sentença penal condenatória, já que ela tem a natureza de título executivo judicial (art. 475-N do Código de Processo Civil), isto é, podendo se discutir, apenas, o "quantum" deverá ser pago pelo réu aos herdeiros da vítima e não mais sua responsabilidade pelo pagamento.

Fixação da reparação decorrente do dano (art. 387 do CPP) • A reforma de 2008 incluiu o parágrafo único do art. 63 do CPP, para dispor que "transitada em julgado a sentença condenatória, a execução poderá ser efetuada pelo valor fixado nos termos do inciso IV do caput do art. 387 deste Código sem prejuízo da liquidação para a apuração do dano efetivamente sofrido". Com efeito, conforme ressaltado acima, pela nova redação do art. 387, em seu inc. IV, cumpre ao juiz, ao condenar o réu, fixar um valor mínimo, em prol do ofendido, para reparação dos danos causados pela infração, considerados os prejuízos sofridos. Não se trata de um *quantum* a ser liquidado na esfera civil, mas de um valor certo e determinado que, por isso, enseja sua execução por quantia certa. É a esse valor que se refere o dispositivo em exame. A execução deverá se processar no âmbito cível, conclusão que se extrai, inclusive, pela localização topográfica do artigo de lei, inserido no título "da ação civil".

Nosso sistema, aliás, sempre se orientou nesse sentido, estabelecendo nítida separação entre os juízos criminal e civil, ou seja, a condenação proferida no primeiro vale como título judicial a ser executado no segundo (art. 63 do CPP e art. 475-N, inc. II do CPC). Nesse sentido, ainda, o art. 630 do CPP, que trata da revisão criminal, ao determinar que, reconhecido o direito à indenização do autor, a liquidação (ainda não se trata de execução) se dará no juízo cível. Mesmo a lei dos Juizados Especiais Criminais (Lei nº 9.099/95), que importou em inegável avanço, prevê que a composição dos danos civis, uma vez homologada em juízo, tem eficácia de título judicial, a ser executado no juízo civil competente.

A fixação, por outro lado, pelo juiz criminal, de um "quantum" determinado, a ser executado no juízo civil, onde prescindirá de prévia liquidação, não é estranha em nosso sistema, embora se reconheça a timidez com o legislador ainda enfrenta a questão. A Lei n.º 9.503/97, que instituiu o Código de Trânsito Brasileiro, dela cogita expressamente (art. 297), ao prever a chamada "multa reparatória", a ser paga em favor do ofendido. Também o Código Penal, por conta de alteração promovida em seu art. 45, pela Lei nº 9.714/98, contempla o pagamento de "prestação pecuniária" em valores que estabelece entre 1 e 360 salários mínimos.

Valor mínimo • Na sentença condenatória, deverá o juiz fixar um "valor mínimo". Duas observações: primeiro, se pressupõe, nesse caso, que da prática da infração penal tenha decorrido alguma espécie de prejuízo para o ofendido. Uma tentativa de furto, na qual o agente é rapidamente preso em flagrante, na posse do dinheiro subtraído à vítima, que lhe é integralmente restituído, não dará ensejo a qualquer espécie de indenização, posto que ausente o prejuízo. De se atentar que o art. 387, inc. IV do CPP, faz alusão aos "danos causados pela infração". Dano de cunho patrimonial que, em nosso exemplo, inocorreu, nada impedindo o ofendido, contudo, de buscar, na esfera cível, eventual ressarcimento pelo dano moral. Segundo, a inovação se refere a um "valor mínimo", o que significa dizer, que o ofendido não se acha inibido de, discordando deve valor, manejar no juízo cível pedido buscando sua complementação. Claro que o valor imposto na esfera criminal deverá ser abatido do *quantum* arbitrado no âmbito civil, a exemplo do que prevê o Código de Trânsito Brasileiro (art. 297, § 3º da Lei n.º 9.503/98) e o Código Penal (art. 54, § 1º, parte final), sob pena de configuração de indesejável *bis in idem*.

A menção a um "valor mínimo" e a possibilidade de se buscar, no cível, a complementação, não significam dizer que o juiz deva arbitrar um valor meramente simbólico, como efeito da sentença condenatória que proferiu. Mais que isso, cumpre investigar o alcance do prejuízo, de cunho material, suportado pena vítima para, a partir daí, fixar um valor que mais se aproxime do devido, propiciando, assim, uma reparação que seja satisfatória e que desestimule a propositura de ação no cível, com toda demora e dissabores que são conhecidos. É dizer: se a questão, mesmo que de índole pecuniária, pode ser resolvida já no âmbito criminal, quanto melhor para o ofendido, a quem cumprirá executar o título no cível, livrando-se, assim, da ação de conhecimento.

Por vezes, porém, a quantificação desse valor não será tarefa fácil atribuída ao juiz. Imagine-se uma apropriação indébita, de grandes proporções, perpetrada contra poderosa empresa. Deflagrada a ação penal pelo Ministério Público, sua preocupação primordial será com a prova do fato, autoria e elemento subjetivo. Não cabe ao *parquet*, nem seria de nossa tradição, investigar com extrema profundidade, o valor correto do prejuízo. Claro que se tratando de um crime patrimonial, esse prejuízo deverá ser demonstrado em juízo. Mas sua real extensão, com a fixação exata do quanto a ser ressarcido, é algo que chega quase a desinteressar o juízo criminal. É irrelevante, para a configuração do tipo penal, se o acusado se apropriou de dois milhões ou de três milhões. Melhor, nesses casos, que o ofendido se habilite como assistente de acusação e, a partir daí, municie o juiz de dados que, uma vez condenado o réu, permitam a fixação do valor a ser pago a título de reparação. Caso contrário, não restará ao juiz outra alternativa senão arbitrar um valor mínimo, facultando, ao prejudicado, a busca, pelas vias ordinárias, da satisfação total dos prejuízos que experimentou.

Pedido deve constar da denúncia ou queixa? • Interessante acrescentar, porém, que o Tribunal de Justiça de São Paulo, em diversos julgados, vem exigindo que o valor a ser eventualmente fixado pelo juiz, em caso de condenação, conste expressamente da denúncia ou queixa, a fim de que o réu tenha condições de rebater pontualmente essa pretensão. Já outros arestos chegam mesmo a negar validade a este dispositivo, frente à impossibilidade de se estabelecer, no âmbito penal, o adequado contraditório, que permita se fixar o valor adequado, inclusive em face da condição econômica do réu, em debate que encontrará lugar na esfera cível.

Quanto a este último tópico, cremos que algumas observações são pertinentes: primeiro, parece ser dispensável que, da peça acusatória, conste o pedido de imposição de um valor a ser pago, em prol da vítima, pelo réu condenado. Ora, se dentre os requisitos da denúncia, relacionados no art. 41 do código, não se encontra nem mesmo a necessidade de um pedido expresso de condenação, muito menos há que se exigir que nela se inclua uma menção específica à reparação do dano. Quisesse o legislador impor esse requisito à denúncia ou queixa e, decerto, o teria feito expressamente. Segundo: também não nos parece correta a alegação genérica no sentido de que, na sentença criminal, não se deva impor um valor mínimo a título de reparação da vítima. Tudo dependerá do caso concreto, como já alertamos anteriormente. Caso a condenação se refira, por exemplo, a um furto de bicicleta que não foi recuperada, basta que se atente ao valor a ela conferido no auto de avaliação, razão pela qual afrontaria, inclusive, o princípio da economia processual, obrigar o ofendido que, nesse caso, fosse ao cível buscar o ressarcimento de seu prejuízo. Ao revés, se a natureza do delito não permite que se estabeleça adequadamente o quantum a ser indenizado, quer, *v.g.*, por se tratar de um crime contra a honra (a ensejar a condenação por dano moral), quer em face da própria complexidade do fato e da quantificação do prejuízo, melhor mesmo que se remeta a vítima ao juízo civil a fim de satisfazer seu direito.

JURISPRUDÊNCIA

» Aplicação aos crimes perpetrados antes da entrada em vigor da Lei nº 11.719/2008

a) inaplicabilidade

"A regra do art. 387, inciso IV, do Código de Processo Penal, que dispõe sobre a fixação, na sentença condenatória, de valor mínimo para reparação civil dos danos causados ao ofendido, é norma híbrida, de direito processual e material, razão pela que não se aplica a delitos praticados antes da entrada em vigor da Lei n.º 11.719/2008, que deu nova redação ao dispositivo" (STJ – REsp nº 1193083-RS, Rel. Laurita Vaz, j. 20.08.2013, DJe 27.08.2013).

"A inovação legislativa introduzida pela Lei nº 11.719/2008, que alterou a redação do inciso IV, do art. 387 do Código de Processo Penal, possibilitando que na sentença seja fixado valor mínimo para a reparação dos prejuízos sofridos pelo ofendido em razão da infração, ao contemplar norma de direito material mais rigorosa ao réu, não pode ser aplicada a fatos praticados antes de sua vigência, como no caso dos autos, em que a conduta delituosa ocorreu em 15/5/2003" (STJ – HC nº 1206635-RS, Rel. Marco Aurélio Bellizze, j. 02.10.2012, DJe 09.10.2012).

b) aplicação aos processos em curso

PROCESSUAL PENAL. INDENIZAÇÃO DO ART. 387, IV, DO CPP. APLICABILIDADE À AÇÃO PENAL EM CURSO QUANDO A SENTENÇA CONDENATÓRIA FOR PROFERIDA EM DATA POSTERIOR À VIGÊNCIA DA LEI N. 11.719/2008 – "A regra estabelecida pelo art. 387, IV, do Código de Processo Penal, por ser de natureza processual, aplica-se a processos em curso" (STJ – REsp nº 1176708-RS, Rel. Sebastião Reis Júnior, RT 926/831).

"A Lei 11.719, de 20 de junho de 2008, publicada em 23 de junho de 2008, entrou em vigor 60 (sessenta) dias após a data de sua publicação. No presente caso, na sentença, proferida em 10/09/2008, isto é, quando já vigente a norma em questão, o Juiz reconheceu a incidência da nova redação do inciso IV do art. 387 do Código de Processo Penal, fixando valor para reparação de danos causados pela infração. A norma de Direito Processual Penal se aplica imediatamente às sentenças proferidas após a sua entrada em vigor. Sendo assim, a norma do art. 387, IV, do CPP deve ser aplicada ao presente caso, em que a sentença condenatória foi proferida quando já vigente a lei que modificou os dispositivos da lei adjetiva penal" (STJ – REsp nº 1208510-RS, Rel. Gilson Dipp, j. 24.05.2011, DJe 15.06.2011).

» Necessidade do trânsito em julgado

"A executoriedade da sentença penal condenatória (CPP, art. 63) ou seu aproveitamento em ação civil ex delicto (CPP, art. 64; CPC, arts. 110 e 265, IV) depende da definitividade da condenação, ou seja, da formação da coisa julgada criminal, até mesmo pela máxima constitucional de que ninguém poderá ser considerado culpado antes do trânsito em julgado de sentença penal condenatória (CF, art. 5º, LVII)" (STJ – REsp nº 678143-MG, Rel. Raul Araújo, j. 22.05.2012, DJe 30.04.2013).

» Fixação do valor

a) deve constar da denúncia

"Para que seja fixado na sentença o início da reparação civil, com base no art. 387, IV, do Código de Processo Penal, deve haver pedido expresso do ofendido ou do Ministério Público e ser possibilitado o contraditório ao réu, sob pena de violação do princípio da ampla defesa" (STJ – AgRg no REsp nº 1383261-DF, Rel. Sebastião Reis Júnior, j. 17.10.2013, DJe 14.11.2011).

"Este Tribunal sufragou o entendimento de que deve haver pedido expresso e formal, feito pelo parquet ou pelo ofendido, para que seja fixado na sentença o valor mínimo de reparação dos danos causados à vítima, a fim de que seja oportunizado ao réu o contraditório e sob pena de violação ao princípio da ampla defesa" (STJ – AgRg no AREsp nº 389234-DF, Rel. Maria Thereza de Assis Moura, j. 08.10.2013, DJe 17.10.2013).

"Insta observar que a condenação dos apelantes a reparar os danos dos ofendidos deve ser afastada, posto que como não houve pedido expresso na denúncia de valor mínimo de indenização, não é devida a reparação dos danos causados pela infração prevista no artigo 387, inciso IV, do Código de Processo Penal, nos moldes do determinado na r. decisão recorrida (Nesse sentido: Apelação Criminal nº 0001420-13.2010.8.26.0318, Rel. Des. Nuevo Campos, julgado em 04/10/2012)" (TJSP – Apelação nº 0054898-42.2008.8.26.0564. Rel. Nelson Fonseca Junior, j. 12.12.2013).

"Como não houve requerimento de reparação de danos pelas partes ofendidas e entendendo não ser devido o arbitramento de ofício pelo Juiz, revogo a indenização fixada na r. sentença monocrática, sem prejuízo de que as partes possam requerê-la no Juízo Cível" (TJSP – Apelação nº 0034465-65.2012.8.26.0050, Rel. Paulo Rossi, j. 11.12.2013).

b) desnecessidade de pedido expresso na denúncia

"Especificamente à fixação do montante indenizatório, pelo sentenciante, nada mais fez do que observar o disposto no art. 387 do CPP, que tornou aquela medida integrante do ato condenatório, como o são a imposição de pena, a consideração de circunstâncias agravantes e atenuantes e tudo o mais que deva ser levado em conta na sua fixação; a aplicação de eventual interdição de direitos e medidas de segurança; a determinação de publicação do 'decisum' e fundamentação acerca de manutenção ou imposição de prisão preventiva ou de outra medida cautelar. Como efeito da condenação, a ausência de pedido expresso na peça vestibular, ou discussão a respeito, no decorrer do feito, não obsta sua imposição, assim como a ausência de discussão acerca dos demais efeitos do ato condenatório, como a imposição de pena, por exemplo, não impossibilita sua aplicação" (TJRS – Ap. nº 70055000954, Rel. Fabianne Breton Baisch, j. 11.09.2013).

» Não deve ser feita a fixação de valores no Juízo Criminal

"Afasta-se a imposição de reparação dos danos (artigo 387, inciso IV, do Código de Processo Penal, com a redação dada Lei 11.719, de 20 de junho de 2008), por seu caráter nitidamente indenizatório, que se antecipa a eventual propositura de ação civil, onde se instauraria o contraditório específico para apuração da responsabilidade indenizatória e seu montante. A fixação de um valor reparatório demanda a análise de elementos de prova que permitam aferir o real prejuízo sofrido pelas vítimas em contraposição à situação econômica dos réus, aspectos esses de difícil disponibilização no âmbito penal. Ademais, a fixação dos referidos valores depende da realização de pedido formal pelos ofendidos, seu advogado ou pelo próprio órgão acusador e de instrução específica para a respectiva apuração monetária, sem os quais é defeso ao julgador optar por qualquer cifra, porquanto nítida seria a ofensa ao princípio da ampla defesa" (TJSP –Apelação nº 0005437-39.2010.8.26.0368. Rel. Marco de Lorenzi, j. 19.12.2013).

"Para haver condenação à indenização, é necessário que haja pedido da vítima/família ou do Ministério Público, bem como instrução processual específica a fim de oportunizar ao agente as garantias constitucionais do contraditório e da ampla defesa." (TJSP – Apelação nº 2010.029366-8, Rel. João Carlos Brandes Garcia, j. 25.10.2010).

» Reconhecida a prescrição, extingue-se também a condenação pecuniária

"Extinta a condenação pela prescrição, extingue-se também a condenação pecuniária fixada como reparação dos danos causados à vítima, nos termos do art. 387, IV, do Código de Processo Penal, pois dela decorrente, ficando ressalvada a utilização de ação cível, caso a vítima entenda que haja prejuízos a serem reparados" (STJ – EDcl no AgRg no REsp nº 1260305-ES, Rel. Sebastião Reis Júnior, j. 12.03.2013, DJe 19.03.2013).

» **Impossibilidade de discussão na via do *habeas corpus***

"A via processual do habeas corpus não é adequada para impugnar a reparação civil fixada na sentença penal condenatória, com base no art. 387, inciso IV, do Código de Processo Penal, tendo em vista que a sua imposição não acarreta ameaça, sequer indireta ou reflexa, à liberdade de locomoção" (STJ – HC nº 184929-DF, Rel. Laurita Vaz, j. 04.12.2012, DJe 11.12.2012).

e) mandará o acusado recolher-se ou recomendá-lo-á à prisão em que se encontra, se presentes os requisitos da prisão preventiva; (Incluído pela Lei nº 11.689, de 2008)

Prisão imediata ou recurso em liberdade? • Uma vez condenado o réu, em plenário, cabe ao juiz-presidente decidir se ele deve ser mantido preso ou, se solto, se cabe sua prisão de imediato. Este dispositivo, a nosso ver, deve ser interpretado em consonância com o § 1º, do art. 387 do código, que impõe ao juiz, em caso de condenação, decidir "fundamentadamente, sobre a manutenção ou, se for o caso, a imposição de prisão preventiva ou de outra medida cautelar, sem prejuízo do conhecimento de apelação que vier a ser interposta". Pode-se afirmar, de plano, que a prisão deixa de ser um efeito natural da sentença condenatória (art. 393, inc. I do CPP), passando a exigir fundamentação idônea que a justifique. Essa opção do legislador atinge, diretamente, o art. 594 do CPP, que, aliás, foi expressamente revogado pela Lei nº 11.791/08. Quis o legislador demonstrar, com isso, que a regra geral consiste na possibilidade de se recorrer em liberdade. Caso mantida (ou determinada) a prisão, cumpre ao juiz esclarecer, de maneira fundamentada, os motivos que justificam a medida de exceção.

O raciocínio aqui desenvolvido é o mesmo que expusemos quando da análise acima ao art. 413, § 3º do código, ao qual remetemos o leitor. Naquela ocasião comentamos da manutenção ou decretação da prisão do réu em caso de pronúncia. A orientação que naquela oportunidade nos pareceu razoável é no sentido de que: 1) tendo o réu respondido solto ao processo implica dizer que ele não deu causa à revogação de sua liberdade provisória, caso tenha sido preso em flagrante ou à decretação de sua prisão preventiva. Ora, ausentes os requisitos ensejadores da prisão preventiva, é justo que, uma vez condenado, possa em liberdade recorrer. Já se respondeu ao processo preso, não faz qualquer sentido seja, depois de condenado em plenário, colocado em liberdade. Claro: se antes já se reuniam os elementos justificadores da prisão provisória, agora, em face da condenação, com mais razão ainda deve ser ele mantido no cárcere, enquanto aguarda o julgamento.

Essa a orientação que parece inspirar os tribunais superiores, mas que reclama, sempre, a análise do caso concerto, não podendo, assim, ser tomada como absoluta. Queremos dizer, com isso, que nada impede ao juiz que, na análise específica do caso, identifique a necessidade do imediato recolhimento do réu à prisão, ainda que tenha respondido em liberdade ao processo. Suponha-se a presença de forte indício de que, porque condenado, o réu empreenderá fuga. Ora, a partir de fundamentação idônea, nada impede que o juiz, como forma de garantir a aplicação da lei penal (art. 312 do CPP), determine desde logo a prisão do condenado que, antes, respondera solto ao processo. Sobre a possibilidade do réu que respondeu, até então, a primeira fase do processo em liberdade, ser preso com a pronúncia, v. acima comentários ao art. 413, § 3º do CPP.

Decisões do Júri e prisão imediata do réu • É sabido que no julgamento em que foi relator o Ministro Marco Aurélio, o Pleno do Supremo Tribunal Federal, em 05.10.2016, ao apreciar as medidas cautelares nas ações diretas de constitucionalidade 43 e 44, decidiu, por maioria de votos, no sentido de que, uma vez confirmada a sentença condenatória por um colegiado de 2º grau, admite-se a imediata execução da pena, sem que isto implique em afronta ao princípio constitucional da presunção de inocência, esculpido no inc. LVII, do art. 5º da Carta. Com esse entendimento, confirmou o que já decidira antes, no célebre julgamento do HC n. 126.292, de 17.02.2016, no qual foi relator o Ministro Teori Zavascki e que vem assim ementado: "A execução provisória de acórdão penal condenatório proferido em grau de apelação, ainda que sujeito a recurso especial ou extraordinário, não compromete o princípio constitucional da presunção de inocência afirmado pelo artigo 5º, inciso LVII da Constituição Federal".

Ao que parece fortemente influenciado por esse posicionamento, o Ministro Luis Roberto Barroso, compondo a 1ª Turma do STF, no julgamento do HC 118.770, em 07.03.2017, abriu divergência que foi acolhida por maioria de votos. Destacou Sua Excelência que "[...] a presunção de inocência é princípio (e não regra) e, como tal, pode ser aplicada com maior ou menor intensidade, quando ponderada com outros princípios ou bens jurídicos constitucionais colidentes. No caso específico da condenação pelo Tribunal do Júri, na medida em que a responsabilidade penal do réu já foi assentada soberanamente pelo Júri, e o Tribunal não pode substituir-se aos jurados na apreciação de fatos e provas (CF/1988, artigo 5º, XXXVIII, c), o princípio da presunção de inocência adquire menor peso ao ser ponderado com o interesse constitucional na efetividade da lei penal, em prol dos bens jurídicos que ela visa resguardar (CF/1988, artigos 5º, caput e LXXVIII e 144). Assim, interpretação que interdite a prisão como consequência da condenação pelo Tribunal do Júri representa proteção insatisfatória de direitos fundamentais, como a vida, a dignidade humana e a integridade física e moral das pessoas".

Partiu-se, portanto, da premissa de que, face à soberania que é inerente ao Tribunal do Júri, decorrente de expresso texto constitucional nesse sentido (art. 5º, inc. XXXVIII, "c" da Carta), seria admitida a imediata prisão do réu, assim que condenado pelo Tribunal popular. Conquanto oriundo de um de seus mais ilustres Ministros, temos, com a devida vênia, por equivocado esse posicionamento.

O alcance do princípio da soberania do Júri e a apelação • De se ver, inicialmente, que se conferiu ao princípio da soberania do Júri um alcance que aparentemente ele não ostenta. De sorte que, embora com previsão constitucional, esse princípio é relativo, sofrendo forte mitigação quando a lei permite, na dicção do art. 593, III, "d", do Código de Processo Penal, que o Tribunal de Justiça mande o réu a novo Júri, acolhendo apelação e reconhecendo que a decisão dos jurados foi manifestamente contrária à prova dos autos. E nem poderia ser diferente, já que embora se admitindo a soberania dos veredictos, há que se ter um meio de revisão das decisões evidentemente equivocadas. Não que ao Tribunal de Justiça se autorize, por meio de uma apelação, condenar ou absolver o réu. Mas poderá, sem arranhar o aludido princípio constitucional, determinar que outro julgamento seja realizado. Nesse sentido o posicionamento do STF: "A soberania dos veredictos do Júri - não obstante a sua extração constitucional - ostenta valor meramente relativo, pois as decisões emanadas do Conselho de Sentença não se revestem de intangibilidade jurídico-processual. A competência do Tribunal do Júri, embora definida no texto da Lei Fundamental da República, não confere, a esse órgão especial da Justiça comum, o exercício de um poder incontrastável e ilimitado. As decisões que dele emanam expõem-se, em conseqüência, ao controle recursal do próprio Poder Judiciário, a cujos Tribunais compete pronunciar-se sobre a regularidade dos veredictos. A apelabilidade das decisões emanadas do Júri, nas hipóteses de conflito evidente com a prova dos autos, não ofende o postulado constitucional que assegura a soberania dos veredictos do Tribunal Popular" (STF – HC nº 81423-SP, Rel. Celso de Mello, j. 18.12.2001, DJe 19.04.2001). Daí porque já foi denominado esse recurso, quando manejado contra decisões provenientes do Júri, de apelação sui generis, já que atua como verdadeiro juízo de cassação, posto que, segundo lição de José Frederico Marques, "a soberania continua a existir, mas desaparece a onipotência arbitrária" (Elementos de Direito Processual Penal, Campinas: Bookseller, 1997, vol. IV, p. 228).

O alcance do princípio da soberania do Júri e a revisão criminal • A reforçar o entendimento acima, demonstrando, mais uma vez, que o princípio em análise não tem um caráter dogmático, devendo ser interpretado *cum grano salis*, tem-se que, em sede de revisão criminal, conforme admitido pela maioria da doutrina, é cabível a absolvição do réu, desconstituindo-se, dessa forma, uma sentença proveniente do Tribunal do Júri. É que, assim como a soberania dos veredictos, o direito à liberdade também tem previsão constitucional e, por isso, é possível o ajuizamento da revisão. Opta-se, assim, por corrigir um erro em benefício da liberdade da pessoa a se manter uma decisão injusta, em nome da soberania dos veredictos. Imagine-se a situação na qual a suposta vítima de um homicídio apareça viva. Teria cabimento que se impedisse a revisão criminal para que se absolvesse o réu condenado definitivamente pela prática do crime? Parece claro que não. E nem seria lógico mandá-lo a novo julgamento pela prática de um crime que não ocorreu. A injustiça da solução contrária não se encontra em eventual manutenção do réu preso. Isto poderia ser facilmente corrigido, através de habeas corpus ou mesmo de um pedido liminar dirigido ao relator que, de imediato, ordenaria a soltura do réu. O absurdo é se determinar um novo julgamento pela prática de um homicídio estando o ofendido vivo. Aliás, não teria cabimento se admitir uma forma de correção para a decisão do juiz togado, que possui conhecimento técnico e, portanto, se encontra presumivelmente preparado para julgar e se conferisse caráter de intangibilidade à decisão do leigo que, na maioria das vezes, não ostenta qualquer preparo teórico a respeito do direito. Homens e, portanto, falíveis, são tanto o togado como o leigo. Este mais que àquele, por ignorar as coisas do Direito.

A propósito, ainda recentemente (em abril de 2017), na sua conhecida Jurisprudência de Teses, o Superior Tribunal de Justiça firmou dois entendimentos, cristalizados nas teses ns. 13 e 14, segundo os quais "não viola o princípio da soberania dos veredictos a cassação da decisão do Tribunal do Júri manifestamente contrária à prova dos autos" e "a soberania do veredicto do Tribunal do Júri não impede a desconstituição da decisão por meio de revisão criminal".

Apelação e julgamento de questões de fato – Da análise dos julgados do Supremo Tribunal Federal que passaram a admitir a execução provisória da pena, um de seus mais fortes fundamentos é extraído da circunstância de que, na pendência do recurso especial ou extraordinário, não mais se cogita da análise do fato, mas apenas do direito: no primeiro quando contrariar tratado ou lei federal e, no segundo, por afronta à própria Constituição. Bem por isso, tais recursos não possuem efeito suspensivo, a admitir, na visão da mais alta Corte do país – insistimos – a imediata prisão do condenado, desde que confirmado por um órgão colegiado de 2º grau. Sucede que, em se tratando de decisão do Júri, penderá ainda uma análise de questões de fato (e não apenas de direito, como nos recursos especial ou extraordinário). Claro, se o réu apela sob o fundamento de que a decisão dos jurados foi manifestamente contrária à prova dos autos, o Tribunal de 2º grau fará, necessariamente, uma análise da prova dos autos. Não, por óbvio, para absolver o réu, mas para submetê-lo a um novo julgamento, no eventual triunfo do apelo. Daí o equívoco que detectamos no julgado em exame. Com efeito, enquanto nos demais julgamentos a sentença condenatória foi confirmada por um Tribunal, remanescendo aos Tribunais Superiores (STF e STJ), apenas a análise do direito, as decisões emanadas do Júri admitem uma segunda análise do fato. Cremos, assim, inviável a singela utilização dos argumentos que justificaram a execução provisória da pena, segundo o Supremo, para os julgamentos do Júri, na medida em que se fundam em pressupostos diversos.

A título de conclusão • Quer em virtude de que o princípio da soberania dos veredictos não possui o alcance que tanto impressionou a decisão do Supremo Tribunal Federal, quer em razão de que, nas condenações do Júri, remanesce ainda a possibilidade de uma apelação na qual questões de fato serão enfrentadas (não havendo que se falar, portanto, em uma decisão de 2º grau definitiva), pensamos que o julgado em análise não se pautou pelo costumeiro acerto que orienta os votos dos ilustres Ministros que o proferiram, não sendo de se admitir a imediata prisão do réu após sua condenação em plenário.

JURISPRUDÊNCIA

» **Réu que respondeu ao processo preso se apelar deve ser assim mantido**

"A orientação pacificada nesta Corte Superior é no sentido de que não há lógica em deferir ao condenado o direito de recorrer solto quando permaneceu preso durante a persecução criminal, se presentes os motivos para a segregação preventiva. Não se vislumbra incompatibilidade entre a negativa de recorrer em liberdade e a fixação do regime aberto, caso preenchidos os requisitos do art. 312 do Código de Processo Penal, pois os institutos são diferenciados. Entretanto, faz-se necessário compatibilizar a manutenção da custódia cautelar com o regime inicial determinado na condenação, sob pena de se estar impondo ao acusado modo de execução mais gravoso tão somente pelo fato de ter optado pela interposição de recurso. Habeas corpus não conhecido, concedendo-se, contudo, a ordem de ofício, nos termos do art. 654, § 2º, do CPP, apenas para determinar que o paciente aguarde o julgamento de eventual recurso em estabelecimento adequado ao regime fixado na condenação" (STJ – HC nº 231430-CE, Rel. Jorge Mussi, j. 25.06.2013, DJe 01.08.2013).

"A despeito do princípio da presunção de inocência, não tem direito de recorrer em liberdade o acusado que permaneceu justificadamente preso durante toda a instrução criminal, em razão do entendimento de que 'não há lógica em permitir que o réu, preso preventivamente durante toda a instrução criminal, aguarde em liberdade o trânsito em julgado da causa, se mantidos os motivos da segregação cautelar' (STF, HC 89.824/MS, 1.ª Turma, Rel. Min. CARLOS BRITTO, DJe de 28/08/2008)" (STJ – HC nº 218668-SP, Rel. Laurita Vaz, j. 06.08.2013, DJe 13.08.2013).

» **Réu que respondeu ao processo solto somente em situações excepcionais deve ser preso**

"Tendo o réu permanecido solto durante toda a instrução criminal, por não se entender, em momento algum do processo, pela necessidade da prisão antecipada, comparecendo a todos os atos judiciais quando intimado, mostra-se injustificada a segregação ordenada na sentença com base unicamente na gravidade dos crimes em que condenado e na sua personalidade, tida por isso como negativa. Não havendo indicação de que, durante o tempo em que esteve em liberdade, tenha o réu atentado contra a ordem pública, reiterando em práticas delitivas, atrapalhado a conveniência da instrução criminal ou dado mostras de que pretendia furtar-se à aplicação da lei penal, tem-se por ilegal a negativa de recorrer em liberdade" (STJ – HC nº 255154-RJ, Rel. Jorge Mussi, j. 21.05.2013, DJe 06.06.2013).

» **Primariedade, bons antecedentes, residência fixa e profissão lícita não asseguram, por si só, o recurso em liberdade**

PRISÃO PREVENTIVA MANTIDA NA SENTENÇA CONDENATÓRIA. GARANTIA DA ORDEM PÚBLICA, DA ORDEM ECONÔMICA E PARA ASSEGURAR A APLICAÇÃO DA LEI PENAL. DECISÃO DEVIDAMENTE FUNDAMENTADA – "A primariedade, os bons antecedentes, a residência fixa e a profissão lícita são circunstâncias pessoais que, de per se, não são suficientes ao afastamento da prisão preventiva" (HC 112.642, Segunda Turma, Relator o Ministro Joaquim Barbosa, DJ de 10.08.12). No mesmo sentido: HC 106.474, Primeira Turma, Relatora a Ministra Rosa Weber, DJ de 30.03.12; HC 108.314, Primeira Turma, Relator o Ministro Luiz Fux, DJ de 05.10.11; HC 103.460, Primeira Turma, Relator o Ministro Luiz Fux, DJ de 30.08.11; HC 106.816, Segunda Turma, Relatora a Ministra Ellen Gracie, DJ de 20.06.11; HC 102.354, Segunda Turma, Relator o Ministro Joaquim Barbosa, DJ de 24.05.11, entre outros)" (STF – HC nº 114841-SP, Rel. Luiz Fux, j. 10.09.2013, DJe 24.09.2013).

» **Condição econômica do condenado e suposta possibilidade de fuga não impedem seu apelo em liberdade**

"A sentença condenatória não se reveste de idônea motivação, na parte em que negou ao paciente o direito de recorrer em liberdade, pois baseou-se em meras conjecturas e simples presunções, sem se reportar a nenhum fato indicativo da necessidade da custódia antecipada da liberdade individual. A condição econômica do réu e a suposta possibilidade de fuga não constituem motivos suficientes para a imposição de prisão cautelar, notadamente se o paciente respondeu ao processo em liberdade" (STJ – HC nº 162952-SP, Rel. Og Fernandes, j. 23.04.2013, DJe 30.04.08.2013).

» **Reincidência por si só não justifica a prisão**

"A reincidência, por si só, é indicação vaga e que não se presta a justificar a decretação da prisão cautelar na sentença, principalmente na hipótese em que o réu respondeu ao processo em liberdade" (STJ – HC nº 213822-PR, Rel. Maria Thereza de Assis Moura, j. 08.10.2013, DJe 17.10.2013).

» **Garantia da aplicação da lei penal**

"A quebra dos compromissos assumidos quando da concessão da liberdade provisória, a fuga do distrito da culpa e a indicação de endereço falso no termo de compromisso são fundamentos mais do que suficientes para a decretação da prisão preventiva, máxime quando o paciente permanece foragido, já que evidenciam o risco à aplicação da lei penal" (STF – HC nº 106000-MG, Rel. Gilmar Mendes, j. 28.02.2012, DJe 26.03.2012).

"É válido o decreto de prisão preventiva baseado na constatação concreta de que a fuga do réu, apontado como coautor de crime de receptação qualificada, coloca em risco a aplicação da lei penal e compromete a instrução criminal" (STF – HC nº 106438-MG, Rel. Cármen Lúcia, j. 22.02.2011, DJe 25.03.2011).

"O risco de evasão dos recorrentes, comprovadamente demonstrado nos autos – eis que estrangeiros sem vínculo com o país – , é motivação suficiente a embasar a manutenção da custódia cautelar, ordenada também para garantir a instrução criminal e a aplicação da lei penal" (STJ – RHC nº 36905-SP, Rel. Jorge Mussi, j. 25.06.2013, DJe 01.08.2013).

» **Réu deve apelar preso se:**

a) representa risco à segurança da vítima

"Não fere o princípio da presunção de inocência e do duplo grau de jurisdição a vedação do direito de recorrer em liberdade, se ocorrentes os pressupostos legalmente exigidos para a custódia do paciente na prisão. Mostra-se devida a vedação do apelo em liberdade em razão da necessidade de se preservar a integridade das vítimas, quando há notícias de constantes ameaças, inclusive de morte, e o risco de que essas ameaças se concretizem é efetivo, dada a personalidade violenta do condenado, agravada pela sua condição de dependente químico. Verifica-se a necessidade da prisão antecipada para acautelar a ordem pública da reiteração criminosa, já que há informação de que o paciente é reincidente, revelando a propensão a atividades ilícitas e demonstrando a sua periculosidade social e a real possibilidade de que, solto, volte a delinquir" (STJ – HC nº 256535-SP, Rel. Jorge Mussi, j. 11.06.2013, DJe 20.06.2013).

NEGATIVA DE RECURSO EM LIBERDADE. DESCUMPRIMENTO DE COMPROMISSO FIRMADO. GARANTIA DE APLICAÇÃO DA LEI PENAL. CONSTRANGIMENTO ILEGAL NÃO EVIDENCIADO. "A decisão que negou ao paciente o direito de recorrer em liberdade trouxe fundamentação idônea que respalda a necessidade da segregação cautelar para se garantir a aplicação da lei penal, levando em consideração o descumprimento de obrigação assumida quando da concessão da liberdade provisória no curso da instrução processual" (STJ – HC nº 242143-BA, Rel. Og Fernandes, j. 28.05.2013, DJe 17.06.08.2013).

b) reincidente

"A negativa do direito de recorrer em liberdade encontra-se devidamente fundamentada. O Apenado permaneceu preso durante toda a instrução criminal e foi condenado, com reconhecida reincidência, pelas infrações penais acima indicadas. Tais circunstâncias evidenciam a pertinência da manutenção da constrição cautelar, como forma de garantir a ordem pública, dado o risco concreto de reiteração delitiva" (STJ – HC nº 226574-MG, Rel. Laurita Vaz, j. 15.08.2013, DJe 26.08.2013).

c) descumpriu as condições da liberdade provisória

"Descumpridas as condições judiciais impostas para a concessão de liberdade provisória, no caso, revelia injustificada da paciente, não caracteriza constrangimento ilegal a sentença condenatória que restabelece, fundamentadamente, a prisão cautelar do condenado. A Lei nº 11.464/07, que alterou o art. 2º da Lei nº 8.072/90, não derrogou o obstáculo ao deferimento do benefício ora em análise, pois a Lei nº 11.343/06, legislação especial, possui dispositivo expresso no sentido da vedação da liberdade provisória aos delitos de tráfico de drogas. Em síntese, tratando-se de crime hediondo, previsto na Lei nº 11.343/06, a prisão cautelar é a regra, sem qualquer nuance de ilegalidade, regra que pode ser afastada excepcionalmente pelo julgador, no caso concreto, se evidenciada situação de desnecessidade da medida extrema" (STJ – HC nº 234053-SP, Rel. Marco Aurélio Bellizze, j. 15.08.2013, DJe 22.08.2013).

f) estabelecerá os efeitos genéricos e específicos da condenação; (Incluído pela Lei nº 11.689, de 2008)

Efeitos penais da condenação • O principal efeito da sentença penal condenatória é, sem dúvida, submissão do condenado à execução forçada da sanção imposta. A condenação, todavia, possui outras consequências que atingem a pessoa do condenado, como a reincidência, a interrupção do prazo prescricional do crime praticado, tornar certa a obrigação de reparar do dano, podendo, inclusive, fazer com que o sentenciado venha a perder o cargo, função pública ou mandato eletivo.

Nota-se, portanto, que os efeitos da sentença condenatória transitada em julgado não estão circunscritos ao campo penal, havendo consequências extrapenais.

Os *efeitos penais* são divididos em *principais* (imposição da sanção penal e sua execução forçada) e *secundários* (maus antecedentes e reincidência como condições desfavoráveis do agente, a conversão das penas restritivas de direitos, a interrupção do prazo prescricional, revogação do "sursis" e do livramento condicional etc.).

Os *efeitos extrapenais* são também repartidos em dois: *genéricos*(art. 91 do CP) e *específicos* (art. 92 do CP).

Efeitos extrapenais genéricos • O artigo 91 do Código Penal preceitua os efeitos extrapenais denominados genéricos. Como bem observa Cleber Masson, "a interpretação a *contrario sensu* do artigo 92, parágrafo único, do Código Penal, mostra serem tais efeitos automáticos, ou seja, não precisam ser expressamente declarados na sentença. Toda condenação os produz" (*Direito Penal Esquematizado – Parte Geral*. 2ª ed. São Paulo: Método, 2009, p. 791).

Tornar certa a obrigação de indenizar • O tema foi objeto de nossa análise acima.

Confisco dos instrumentos e produtos do crime • O artigo 91, inc. II, do Código Penal, relaciona os bens que devem ser perdidos como efeito da condenação, *in verbis*:

> "São efeitos da condenação: [...] II – a perda em favor da União, ressalvado o direito do lesado ou de terceiro de boa-fé:
>
> a) dos instrumentos do crime, desde que consistam em coisas cujo fabrico, alienação, uso, porte ou detenção constitua fato ilícito;
>
> b) do produto do crime ou de qualquer bem ou valor que constitua proveito auferido pelo agente com a prática do fato criminoso.
>
> § 1º Poderá ser decretada a perda de bens ou valores equivalentes ao produto ou proveito do crime quando estes não forem encontrados ou quando se localizarem no exterior.
>
> § 2º Na hipótese do § 1º, as medidas assecuratórias previstas na legislação processual poderão abranger bens ou valores equivalentes do investigado ou acusado para posterior decretação de perda.".

A finalidade do confisco é óbvia: a) impedir a propagação dos instrumentos idôneos para a prática de crimes; b) não permitir o enriquecimento ilícito do criminoso; c) e, por fim, desmantelar as organizações criminosas, destruindo a sua célula nervosa, consistente em sua impressionante capacidade financeira, ainda que localizada no exterior.

O artigo em comento começa anunciando que devem ser perdidos em favor da União os instrumentos crime, isto é, os utensílios que serviram ao agente na execução do delito. Como bem alerta Bitencourt, a lei "não admite o confisco indistintamente de todo e qualquer instrumento do crime, mas tão somente daqueles instrumentos cujo fabrico, alienação, uso, porte ou detenção constitua fato ilícito (art. 91, I, "a", do CP). Na verdade, confiscam-se aqueles instrumentos que, por sua destinação específica, são usados na prática de crimes, ou cujo uso ou porte sejam proibidos. Com essa previsão, nosso legislador visou evitar o confisco de utensílios profissionais, de trabalho, de estudo, enfim, objetos de uso lícito. Assim, o bisturi do médico, o automóvel que atropela e mata a vítima, a navalha do barbeiro, embora 'instrumenta sceleris', não podem ser confiscados". (Ob. cit, página 826).

Também será confiscado o produto do crime, entendido como qualquer bem ou valor que represente o proveito auferido pelo agente com a prática do fato delituoso. Importante anotar que o Código de Processo Penal, nos seus artigos 125 a 144, dispõe sobre as *medidas cautelares reais de natureza penal* (medidas assecuratórias), dotando o Magistrado de meios para evitar que o réu se desfaça dos bens produto do crime, bem como dos valores auferidos com ele. O diploma processual permite, com tais medidas, a constrição do patrimônio do acusado, seja ele ilícito ou lícito, sempre com a finalidade de, ao término do processo, garantir os efeitos da condenação.

Nos dois casos (confisco dos instrumentos ou produto do crime) a lei ressalva *o direito do lesado ou de terceiro de boa-fé*. Suponhamos que o agente, depois de se apoderar arbitrariamente da arma de um colecionador, pratica um roubo. O instrumento utilizado no crime, em tese, é coisa cujo porte constitui fato ilícito. Nesse caso, o colecionador ficará sem seu objeto de coleção? Parece-nos justo que se o dono da arma tem permissão para possuir o material bélico, afasta-se a natureza ilícita, pressuposto do confisco, restituindo-se o bem ao real proprietário.

E se o produto ou proveito do crime não for encontrado ou estiver localizado no exterior? • A Lei nº 12.694/12, definindo organização criminosa (bem como seu processo e julgamento por colegiado em primeiro grau de jurisdição), alterou a redação do art. 91 do Código Penal, acrescentando-lhe dois parágrafos, autorizando, nesses casos, o confisco de bens ou valores equivalentes.

Efeitos extrapenais específicos • Previstos no artigo 92 do Código Penal, os efeitos extrapenais específicos não são automáticos, devendo ser motivadamente declarados na sentença condenatória (art. 92, parágrafo único, CP). Têm apenas caráter preventivo, assegurando a eficácia da reprimenda principal, prevenindo a reincidência. São eles:

Perda de cargo, função pública ou mandato eletivo • O inciso inaugural do art. 92 anuncia efeitos da condenação de natureza administrativa (perda de cargo e função pública) e política (perda de mandato eletivo).

Efeitos administrativos da condenação • Os efeitos administrativos abrangem os crimes praticados por servidores ocupantes de cargo público ou que desempenham função pública, variando os seus pressupostos de acordo com a espécie de crime praticado pelo agente.

Nos crimes praticados com abuso de poder ou violação de dever para com a Administração Pública, é imprescindível a aplicação de pena privativa de liberdade por tempo igual ou superior a um ano. Já em se tratando de crime comum, a pena aplicada deve ser privativa de liberdade por tempo superior a 4 (quatro) anos. Nas duas situações, cumpre ao magistrado sentenciante examinar a extensão de sua gravidade para decidir se absolutamente incompatível a permanência do agente nos quadros da Administração.

Apesar de a condenação à pena restritiva de direitos, multa ou privativa de liberdade inferior a 1 ano (nos crimes com abuso ou violação de dever funcional) ou não superior a 4 anos (nos demais casos), não gerar o efeito do art. 92 do CP, nada impede a perda do cargo público na esfera administrativa (improbidade), ante a independência das instâncias.

Efeitos políticos da condenação • Com o advento da Constituição Federal de 1988, mais precisamente em face do disposto no seu artigo 15, inciso III, a perda do mandato eletivo já não mais se submete às regras do Código Penal, sendo consequência de toda e qualquer condenação criminal transitada em julgado, mesmo que não declarada expressamente na sentença. Independe, ainda, da natureza do crime, da qualidade e "*quantum*" da pena efetivamente imposta. Nem mesmo o fato de ter sido o agente, eventualmente, beneficiado com a suspensão condicional da pena impede a perda do mandato eletivo.

Apesar de ser reconhecida a auto aplicabilidade do art. 15, inc. III, da CF, encontramos decisões restringindo a sua aplicação, entendendo que a suspensão dos direitos políticos do condenado somente se permite quando o cumprimento da reprimenda corporal torne inviável o exercício de tais direitos, ou quando houver limitações que impliquem horários de recolhimento ao cárcere, não se aplicando, por exemplo, às hipóteses de *sursis*.

Especificamente com relação aos congressistas (deputados federais e senadores) que, no exercício dos mandatos, forem condenados criminalmente, a Constituição é dúbia.

O art. 55, ao elencar as hipóteses de perda do mandato eletivo, estabelece, no inciso IV, que tal ocorre em relação ao parlamentar "que perder ou tiver suspensos os direitos políticos"; em seguida, no inciso VI, impõe idêntica consequência para aquele "que sofrer condenação criminal em sentença transitada em julgado".

Para a hipótese do inciso IV, o § 3º do art. 55 dispõe que "a perda será declarada pela Mesa da Casa respectiva, de ofício ou mediante provocação de qualquer de seus membros, ou de partido político representado no Congresso Nacional, assegurada ampla defesa", ao passo que em decorrência da condenação criminal definitiva (inc. VI) o § 2º estabelece que "a perda do mandato será decidida pela Câmara dos Deputados ou pelo Senado Federal, por maioria absoluta, mediante provocação da respectiva Mesa ou de partido político representado no Congresso Nacional, assegurada ampla defesa".

Ocorre que, conforme já mencionamos anteriormente, o art. 15, inc. III, da Constituição Federal, elege a condenação criminal transitada em julgado como causa de suspensão dos direitos políticos (trata-se de suspensão porque a privação dos direitos políticos vigora apenas enquanto incidentes os efeitos da condenação). Diante disso, instala-se a celeuma: a perda do mandato eletivo é consequência natural da condenação criminal definitiva, bastando à Mesa da Casa Legislativa respectiva declará-la, ou deve haver deliberação do Plenário para decretar a perda do mandato?

A controvérsia foi intensamente debatida pelo Supremo Tribunal Federal em duas ações penais originárias.

Na primeira delas, a ação penal nº 470, por unanimidade, concluiu aquela Corte pela suspensão dos direitos políticos de todos os condenados, em decorrência do disposto no art. 15, inc. III, da Constituição Federal. Por maioria (5x4), decidiu pela decretação da perda dos mandatos dos parlamentares condenados, cabendo à respectiva Casa Legislativa apenas e tão somente declará-la, sem qualquer votação sobre o mérito da cassação. Assim foi sintetizada a decisão do tribunal: "Assinalou-se que as hipóteses de perda ou suspensão de direitos políticos seriam taxativas (CF, art. 15) e que o Poder Legislativo poderia decretar a perda de mandato de deputado federal ou senador, com fundamento em perda ou suspensão de direitos políticos, bem assim em condenação criminal transitada em julgado (CF, art. 55, IV e VI). Ressaltou-se que esta previsão constitucional estaria vinculada aos casos em que a sentença condenatória não tivesse decretado perda de mandato, haja vista não estarem presentes os requisitos legais (CP, art. 92), ou por ter sido proferida anteriormente à expedição do diploma, com o trânsito em julgado ocorrente em momento posterior. Afastou-se, na espécie, a incidência de juízo político, nos moldes do procedimento previsto no art. 55 da CF, uma vez que a perda de mandato eletivo seria efeito irreversível da sentença condenatória. Consignou-se, ademais, a possibilidade de suspensão do processo, com o advento da EC 35/2001, para evitar que o parlamentar fosse submetido à perseguição política. Entretanto, não ocorrida a suspensão, o feito seguiria trâmite regular. Frisou-se que esses réus teriam cometido crimes contra a Administração Pública quando no exercício do cargo, a revelar conduta incompatível com o exercício de mandato eletivo" (*Informativo do STF* n° 693).

Em sua intervenção, o Min. Celso de Mello asseverou que a regra impositiva da votação sobre a perda do mandato "aplicar-se-ia a condenações criminais que não envolvessem delitos apenados com sanções superiores a 4 anos ou que, embora inferiores a este patamar, não dissessem respeito a infrações cujo tipo penal contivesse como elementar ato de improbidade administrativa. Destacou competir à Casa a que pertencesse o congressista meramente declarar o fato extintivo já reconhecido e integrado ao próprio título condenatório".

Em outra oportunidade, passados poucos meses, o Supremo Tribunal Federal voltou a se debruçar sobre a perda do mandato de parlamentares condenados, agora na ação penal n° 565. Ocorre que, nesta ocasião, o tribunal estava com sua composição modificada, ante a posse de dois novos ministros. Desta feita, a anterior minoria transmudou-se em maioria (6x4), pois se decidiu competir à Casa Legislativa deliberar a respeito da perda do mandato do parlamentar condenado. Aqueles ministros que haviam votado, na ação penal n° 470, pela deliberação do Parlamento a respeito da cassação, reiteraram seus argumentos, lastreados, basicamente, na separação dos Poderes da República. Para tais julgadores, a decretação da perda do mandato pelo próprio tribunal constituiria ingerência do Judiciário em seara exclusiva do Legislativo. Os dois novos ministros que não haviam votado na ação penal anterior assentaram: a) que a condenação criminal transitada em julgado conteria como efeito secundário, natural e necessário, a suspensão dos direitos políticos, que independeria de declaração. De outro passo, ela não geraria, necessária e naturalmente, a perda de cargo público. No caso específico dos parlamentares, essa consequência não se estabeleceria. No entanto, isso não dispensaria o congressista de cumprir a pena (Teori Zavascki); b) a literalidade do art. 55, § 2°, da Constituição Federal não se coaduna com a orientação anteriormente adotada pela Corte (Luís Roberto Barroso) – Informativo n° 714 do STF.

Parece-nos mais acertada a primeira conclusão a que chegou o Tribunal.

Data maxima venia, não se afigura razoável admitir que um parlamentar tenha seus direitos políticos suspensos em decorrência de condenação criminal e, ao mesmo tempo, mantenha seu mandato legislativo até que haja pronunciamento da Câmara dos Deputados ou do Senado Federal a respeito da perda. E não é razoável porque se instaura o sério risco de que tenhamos a escatológica figura do parlamentar-presidiário diante da possibilidade de que a Câmara ou o Senado votem contrariamente à cassação, como, aliás, ocorreu em passado recente, em que o Supremo Tribunal Federal condenou um deputado federal (AP n° 396), mas não se pronunciou sobre a perda do mandato. Coube, pois, à Câmara dos Deputados votar a respeito, e, diante da falta de votos suficientes, a cassação do mandato não prosperou e o condenado iniciou o cumprimento da pena em regime fechado mantendo seu *status* de parlamentar.

Ademais, a interpretação literal da Constituição conduz tanto num como noutro sentido. Ora, o art. 15, inc. III, da Constituição Federal é expresso ao determinar a suspensão dos direitos políticos dos criminalmente condenados em definitivo, moldando-se, pois, ao disposto no art. 55, § 3º, no sentido de que basta a declaração da perda pela Mesa da Casa Legislativa. Já o art. 55, § 2º impõe a deliberação do Plenário nos casos de condenação criminal.

Compete ao Supremo Tribunal Federal, em casos tais, conferir a interpretação que mais bem se harmonize com o sistema constitucional. Nesse contexto, considerada a suspensão dos direitos políticos como consectário da condenação criminal, é decorrência lógica a perda do mandato, devendo o Parlamento apenas declará-la. Como podemos aceitar que um parlamentar exerça seu ofício sem estar no pleno gozo dos direitos políticos se, nesta condição, sequer poderia se lançar candidato? Esta interpretação certamente não favorece a unidade da Constituição Federal, tratada na seara constitucional como princípio segundo o qual a Lei Maior deve ser interpretada de forma que se lhe confira plena efetividade na medida em que se afastam eventuais antinomias.

Deve-se ressaltar que este tema se estende aos parlamentares estaduais e distritais, *ex vi* do disposto nos artigos 27, § 1° e 32, § 3°, ambos da CF.

Não tendo a Carta Maior previsto regra específica sobre os parlamentares municipais, aplica-se a regra geral do afastamento automático, cabendo ao Presidente da Câmara apenas declarar a sua extinção.

Por fim, deve ser observada a "Lei da Ficha Limpa", que dispõe sobre diversas situações de inelegibilidade decorrentes da prática de crimes, reconhecidas em decisão com trânsito em julgado ou decisão por órgão colegiado (art. 1°, I, "e", da Lei Complementar n° 64/90, alterada pela Lei Complementar nº135/10).

Incapacidade para o exercício do pátrio poder (poder familiar), tutela ou curatela • É também efeito específico da condenação a incapacidade do condenado para o exercício do poder familiar, tutela ou curatela (art. 92, inc. II, do CP) – Pressupõe agente condenado definitivamente por crime doloso, punido com reclusão (não importando o "quantum"), praticado contra filho, tutelado ou curatelado. O Código Civil, no seu art. 1.637, parágrafo único, prevê *a suspensão do exercício do poder familiar ao pai ou à mãe condenados por sentença irrecorrível, em virtude de crime cuja pena exceda a dois anos de prisão.* Diferentemente do Código Penal, a norma exige apenas que haja sentença irrecorrível por crime cuja pena suplanta 2 (dois) anos de prisão, sem qualquer distinção sobre a sua espécie (reclusão ou detenção). Também não é necessário, no regramento civil, que o crime tenha sido praticado contra o próprio filho. O instituto, portanto, não se confunde com a perda do poder familiar, efeito específico da condenação.

A incapacidade não exige como requisito o abuso do poder familiar, tutela ou curatela, presumindo-se a incompatibilidade para o seu exercício.

Discute-se se a incapacidade se estende aos outros filhos (não vítimas do crime).

Segundo Guilherme de Souza Nucci a presente consequência da condenação incide somente sobre a relação entre o condenado e a vítima, não alcançando outros filhos. Exemplifica o autor: "O pai agride um de seus seis filhos; condenado por lesão corporal grave a uma pena de um ano de reclusão, pode o juiz determinar a incapacidade para o exercício do poder familiar em relação àquela vítima. Os outros cinco filhos podem perfeitamente continuar sob sua tutela" (Ob. cit., p. 554). Cleber Masson, pensamos que com razão, discorda, argumentando que "essa incapacidade pode ser estendida para alcançar outros filhos, pupilos ou curatelados, além da vítima do crime. Não seria razoável, exemplificativamente, decretar a perda do poder familiar somente em relação à filha de dez anos e idade estuprada pelo pai, aguardando fosse igual delito praticado contra as outras filhas mais jovens, para que só então se privasse o genitor desse direito" (Ob. cit., p. 798).

A inabilitação para dirigir veículo, quando utilizado como meio para a prática de crime doloso • Não se confunde essa consequência da condenação com a suspensão de autorização ou de habilitação para dirigir veículo automotor, pena alternativa cumulativamente aplicada aos crimes de trânsito (culposos ou dolosos), previstos no Código de Trânsito brasileiro (Lei nº 9.503/97).A inabilitação para dirigir veículo utilizado como meio para a prática de crime doloso é também efeito extrapenal não automático estampado no art. 92, inc. III, do CP. São requisitos desta consequência: a) condenação definitiva por crime doloso; b) ser o veículo utilizado como instrumento do crime. Nota-se que a inabilitação não se restringe aos veículos automotores, alcançando embarcações e aeronaves.

II – no caso de absolvição: (Redação dada pela Lei nº 11.689, de 2008)

a) mandará colocar em liberdade o acusado se por outro motivo não estiver preso;

Soltura imediata do réu • O júri, como já vimos, pode ser realizado sem a presença física do réu em plenário. Ou, então, estando presente, na condição de solto, porque respondendo o processo em liberdade ou preso, em virtude de flagrante, preventiva ou por algum processo diverso ao qual responde. De qualquer sorte, uma vez absolvido em plenário, o réu deve, de imediato, ser colocado em liberdade, posto que eventual recurso contra essa decisão não é recebido no efeito suspensivo. Em outras palavras: a decisão absolutória produz efeitos de pronto, dentre os quais a imediata soltura do réu preso. Nesse sentido, a propósito, o teor do art. 596 do CPP, *in verbis*: "a apelação da sentença absolutória não impedirá que o réu seja posto imediatamente em liberdade". Há apenas uma ressalva: pode ocorrer que o réu esteja preso por um outro processo que não o do júri, pelo qual acaba de ser absolvido. Nesse caso, sua liberação, por óbvio, não é cabível, por depender de decisão em processo diverso. Profere o juiz, então, a conhecida decisão pela qual "solte-se o réu, se por al não estiver preso".

As Normas da Corregedoria Geral do Tribunal de Justiça do Estado de São Paulo, em seu art. 417, § 1º, permitem que, uma vez absolvido o réu em plenário, seja ele, a critério do juiz, solto de imediato, "sendo dispensada a escolta e comunicada a soltura à autoridade responsável pelo presídio, cadeia ou distrito policial de origem do réu". E por qual razão essa imediata liberação ficaria "a critério do juiz"? Primeiro, porque há que se perquirir se ele não está preso, também, por outro processo. Segundo, em virtude de que, por vezes, a saída do réu, por assim dizer, pela *porta da frente* do plenário, pode não ser conveniente, inclusive para sua segurança pessoal. Imagine-se um júri de grande repercussão, assistido por inúmeros familiares e amigos da vítima e o risco de represálias oriundo da absolvição. E, terceiro, por uma questão de ordem prática mesmo. Por vezes o réu tem a necessidade de retornar ao cárcere, para pegar seus pertences, cumprir algum requisito de ordem burocrática, etc., e, só por isso, não é imediatamente solto, devendo ser escoltado, porém, à essa altura, já sem algemas, eis que absolvido.

JURISPRUDÊNCIA

"Segundo consta no art. 386, par. único, e art. 596, ambos do CPP, um dos efeitos da sentença absolutória é colocar o réu imediatamente em liberdade, independente de existir recurso pendente, exceto se for o caso de estar preso por outro motivo ou na hipótese do art. 411 do CPP. Em caso de ter sido absolvido, o réu não precisa aguardar o julgamento de recurso, e, ainda que assim fosse, teria que aguardar em estabelecimento prisional compatível com sua condição de preso provisório e não na penitenciária, local próprio dos condenados" (TJMA, Rel. Mário Barros Ferraz, RT 784/660).

b) revogará as medidas restritivas provisoriamente decretadas; (Redação dada pela Lei nº 11.689, de 2008)

Revogação das medidas restritivas • É possível que, além da prisão do réu, ainda durante o transcurso do processo, outras medidas restritivas tenham sido-lhe impostas. De se ver, porém, que as medidas provisórias consistentes na interdição de direitos, bem como aquelas previstas nos arts. 373 *usque* 380 do CPP, não mais subsistem. Tais medidas constituem, atualmente, efeitos da sentença penal condenatória, pressupondo, portanto, uma condenação. Isto é: não mais podem ser decretadas, de forma precária, durante o curso do processo, exigindo, para sua implantação, uma condenação.

Sucede, porém, que ao réu, durante o processo, podem ser impostas medidas cautelares, em substituição à prisão preventiva, na dicção do § 6°, do art. 282 do código. Suponha-se que, como alternativa à prisão preventiva, tenha sido determinada a prisão domiciliar do réu enquanto responde ao processo (art. 317 do CPP). Ou, mais especificamente, que tenha o réu se submetido a algumas das medidas cautelares elencadas no art. 319 do código. Uma vez absolvido, não faz sentido, por exemplo, que continue obrigado a comparecer em juízo para justificar suas atividades (inc. I), ou que seja proibido de ausentar-se da comarca (inc. IV), ou que se submeta a monitoramento eletrônico (inc. IX).

Também as medidas assecuratórias, eventualmente decretadas, devem ser revogadas. Assim, é caso de levantamento do sequestro a absolvição do réu, nos termos do art. 131, inc. III do CPP. Também "o arresto será levantado ou cancelada a hipoteca", na hipótese de absolvição do acusado (art. 141 do código). São essas as medidas provisórias, de cunho restritivo, que, uma vez absolvido o réu, devem ser revogadas.

JURISPRUDÊNCIA

"Diante da absolvição do Acusado, a presunção deve agora operar em seu favor. Se antes havia indícios da autoria delitiva a justificar o sequestro dos bens, agora há sentença penal, amparada na prova colhida na fase instrutória, afirmando a sua inocência. Nessa esteira, mostra-se escorreita a decisão judicial que determinou o levantamento dos bens constritos, por ser o que determina o art. 386, parágrafo único, inciso II, do Código de Processo Penal (com redação dada pela Lei n.º 11.690/08). Precedente" (STJ – AgRg no REsp nº 1254603-PR, Rel. Laurita Vaz, j. 17.10.2013, DJe 29.10.2013).

c) imporá, se for o caso, a medida de segurança cabível. (Redação dada pela Lei nº 11.689, de 2008)

Sentença absolutória imprópria • É possível que, nos termos do art. 26 do Código Penal, conquanto identificada tipicidade e antijuridicidade na conduta do agente, seja ele considerado inimputável, posto que "por doença mental ou desenvolvimento mental incompleto ou retardado, era, ao tempo da ação ou da omissão, inteiramente incapaz de entender o caráter ilícito do fato ou de determinar-se de acordo com esse entendimento".

Trata-se da chamada da chamada "sentença absolutória imprópria", que não importa em cominação de uma pena, mas de uma medida de segurança, impondo ao réu sua internação em hospital de custódia ou a submissão a tratamento ambulatorial (art. 96, I, do Código Penal). Ela não inibe a propositura da ação civil. É que nela se reconhece que o fato foi típico e ilícito, somente não se aplicando a pena em virtude da ausência de culpabilidade do agente. É o pensar de Clovis Bevilacqua, para quem "a isenção de responsabilidade criminal não indica a da responsabilidade civil; tal é o caso dos inimputáveis por imbecilidade nativa ou enfraquecimento senil [...]. Isentos de qualquer punição, na ordem penal, nem por isso estarão isentos de indenizar, civilmente, os prejuízos que causaram" (*Código Civil do Brasil Comentado*, vol. 5°, 1926, p. 306). Sobre o tema, v., ainda, os comentários acima ao art.415, parágrafo único, sob a rubrica *inimputabilidade.*

JURISPRUDÊNCIA

» **A medida de segurança pressupõe a prática de fato típico**

"Para a absolvição do réu em razão da inimputabilidade e consequente aplicação de medida de segurança, não basta prova da doença mental ou perturbação da saúde mental, visto que indispensável o pressuposto de que tenha ele praticado um fato típico punível. Assim, antes de indagar do elemento culpabilidade, a sentença deve apreciar a existência do fato típico, quer quanto a autoria, bom como a ocorrência ou não de alguma cláusula de exclusão de ilicitude do fato, sendo nula a decisão que assim não procede" (TACrimSP, Rel. Gomes de Almeida, RJD 8/215).

"Entre os pressupostos para aplicação da medida de segurança se inclui o de ter praticado o agente fato previsto como crime. Se afirmada a falta de provas da autoria, não há como ser imposta a medida" (TACrimSP, Rel. P. Costa Manso, JUTACrim 97/254).

"A medida de segurança pressupõe a prática de fato previsto como crime e a periculosidade do agente. Não basta, pois, somente este último requisito para impô-la. Necessário e imprescindível que o inimputável, na condição de agente ativo, cometa um crime, ou seja, um fato típico punível definido em lei" (TJSP, Rel. Weiss de Andrade, RT 507/375).

» **Absolvido o réu por insanidade mental é obrigatória a imposição de medida de segurança**

"Embora a prática de delito punível abstratamente com pena de reclusão imponha a adoção de medida de segurança de internação, se o réu considerado inimputável em razão de oligofrenia não revela periculosidade, deve ser concedido tratamento ambulatorial se este se adapta melhor à sua situação" (TJMG, Rel. Odilon Ferreira, RT 791/664).

» **Ainda que punido com detenção o delito**

"Na fixação da medida de segurança – por não se vincular à gravidade do delito perpetrado, mas à periculosidade do agente – , cabível ao magistrado a opção por tratamento mais apropriado ao inimputável, independentemente de o fato ser punível com reclusão ou detenção, em homenagem aos princípios da adequação, da razoabilidade e da proporcionalidade" (STJ – REsp nº 1266225–PI, Rel. Sebastião Reis Júnior, j. 16.08.2012, DJe 03.09.2012).

OUTRAS CONSEQUÊNCIAS

Isenção de custas • Como consequência, ainda, da sentença absolutória, embora não prevista neste dispositivo, tem-se a isenção do pagamento de custas ao réu, posto que "vencedor" no processo. É o que se extrai, "contrario sensu", da letra do art. 804 do CPP, pela qual "a sentença ou o acórdão, que julgar a ação, qualquer incidente ou recurso, condenará nas custas o vencido".

Devolução da fiança • Uma vez absolvido o réu impõe-se, ainda, seja-lhe devolvido o valor da fiança, devidamente atualizado, nos termos do art. 337 do CPP.

> § 1º Se houver desclassificação da infração para outra, de competência do juiz singular, ao presidente do Tribunal do Júri caberá proferir sentença em seguida, aplicando-se, quando o delito resultante da nova tipificação for considerado pela lei como infração penal de menor potencial ofensivo, o disposto nos arts. 69 e seguintes da Lei nº 9.099, de 26 de setembro de 1995. (Redação dada pela Lei nº 11.689, de 2008)

Desclassificação • Deve o juiz, ainda, decidir a respeito de desclassificação do crime operada pelo Conselho de Sentença. Tal sentença não se confunde com aquela prevista no art. 419, proferida na primeira fase do procedimento do Júri, quando o juiz entende que o delito apontado na denúncia ou queixa não se inclui dentre aqueles de competência do Tribunal do Júri. Agora a decisão pela desclassificação é do Júri, havendo que se aplicar o disposto nos §§ 1° e 2°, do art. 492.

Desclassificação própria • Essa desclassificação se diz *própria* quando o Júri desclassifica o crime para outro que não é de sua competência, sem especificar qual o crime, "assumindo o juiz presidente a capacidade decisória sobre o fato sem estar condicionado pela manifestação do Conselho de Sentença", na precisa lição de Julio Fabbrini Mirabete (*Processo penal*, p. 540). Assim por exemplo, quando os jurados não reconhecem a tentativa de homicídio, cabe ao juiz o julgamento da lesão corporal (gravíssima ou grave). Vale atentar que, uma vez operada a desclassificação própria, o juiz se acha liberado para julgar de forma absolutamente livre, sendo dada a ele, inclusive, a possibilidade de absolver o réu (*RT* 731/578). Mesmo as circunstâncias atenuantes não mais devem ser objeto de indagação aos jurados, cabendo ao juiz apreciá-las (*RT* 776/678).

Desclassificação imprópria • A desclassificação se diz *imprópria* quando os jurados reconhecem sua incompetência para julgar o crime, mas indicam o delito cometido pelo réu. Ocorre, por exemplo, quando o Conselho de Sentença, após admitir os quesitos referentes à materialidade e letalidade das lesões, desclassifica o crime para homicídio culposo. Aqui a situação do juiz é diversa, pois ele se vê na obrigação de acatar a decisão dos jurados, condenando o réu pelo delito por eles indicado.

Crimes de menor potencial ofensivo • É possível que, em decorrência da desclassificação, se verifique, por exemplo, a ocorrência de uma lesão corporal leve ou do crime previsto no art. 132 do CP ou, ainda, da contravenção penal de vias de fato. Nessas hipóteses, determina o § 1°, do art. 492, a remessa dos autos ao Juizado Especial Criminal de que trata a Lei nº 9099/95.

Interessante que a redação do § 1°, nesse aspecto específico, observou as alterações trazidas pela Lei n° 11.313 de 29 de junho de 2006, que modificou alguns dispositivos das Lei 9099/95 e 10.259/01, que tratam do JECrim. Assim, pela nova redação do parágrafo único do art. 60 da Lei n° 9099/95 e do art. 2° da Lei 10.259/01, "na reunião de processos, perante o juízo comum ou o tribunal do júri, decorrentes da aplicação das regras de conexão e continência, observar-se-ão os institutos da transação penal e da composição dos danos civis".

As consequências dessas alterações, no que diz respeito ao Júri, foram apanhadas por Luiz Flávio Gomes, ao concluir que: "A força atrativa, para a reunião dos processos (como não poderia ser diferente), é do juízo comum (estadual ou federal) ou do tribunal do júri (estadual ou federal). Ou seja: seguindo o disposto no art. 78 do CPP manda a nova lei que no caso de crimes conexos haja reunião dos processos na vara comum ou no tribunal do júri [...] Manda a nova lei que, na vara comum ou no tribunal do júri, sejam observados os institutos da transação penal e da composição dos danos civis. Em outras palavras: a reunião dos processos não constitui fato impeditivo para a aplicação desses institutos. A vara comum ou o tribunal do júri conta com competência para isso" (*Lei n° 11.313/2006 – novas alterações nos Juizados Criminais*, publicado no *site* www.jusnavigandi.com.br, acessado em 7.7.2006).

É dizer: em virtude das modificações oriundas da Lei n° 11.313/2006, ao juiz presidente do Tribunal do Júri, ante a desclassificação operada em plenário, *v.g.* de tentativa de homicídio para lesão corporal leve, cumpre a aplicação dos dispositivos despenalizadores previstos nos Juizados Especiais Criminais, como a composição dos danos e a transação penal. Foi essa a linha de raciocínio que orientou o legislador na redação do dispositivo em exame.

Há quem entenda de forma diversa, no sentido de que, operada a desclassificação, devam os autos ser remetidos ao Juizado Especial Criminal, posição, porém, que não se sustenta face aos termos expressos do dispositivo em análise.

Nem sempre se constituirá em tarefa fácil, máxime após um julgamento prolongado, que, por exemplo, desclassificado o delito de tentativa de homicídio para lesões corporais leves, reúna-se o juiz com os envolvidos, já naquele instante, tomando, naquele momento, a representação da vítima (exigida pelo art. 88 da Lei n° 9.099/95), esclarecendo da possibilidade de composição dos danos e de aceitação, pelo réu, "da proposta de aplicação imediata de pena não privativa de liberdade" (art. 72 da Lei n° 9.099/95). Nada impede, em nosso sentir, que uma audiência seja marcada posteriormente para esse fim. Nem se argumente que o julgamento pelo Júri, nesse caso, sofreria solução de continuidade, pois do Júri não há mais que se cogitar, posto que identificada sua incompetência, com o reconhecimento de não se tratar de um crime doloso contra a vida.

Aliás, avançamos para afirmar ser mesmo vedada essa possibilidade de realização de imediata audiência para a propositura dos benefícios da Lei n° 9.099/95. Isso porque, dessa decisão, é cabível apelação, caso, por exemplo, entenda a acusação que a decisão dos jurados foi "manifestamente contrária à prova dos autos" (art. 593, III, "d"). De forma que, somente após o trânsito em julgado da decisão do Júri e uma vez não interposto o recurso no prazo de cinco dias (art. 593 do CPP), poderá se cogitar da transação penal. Salvo, talvez, se a acusação, ainda em plenário, renunciasse ao direito de recurso, aceitando, dessa maneira, a decisão que desclassificou o delito para uma infração penal de menor potencial ofensivo.

Suspensão condicional do processo • Conquanto a lei se refira apenas aos crimes de menor potencial ofensivo, é certo que, cabendo a suspensão condicional do processo de que cuida a Lei nº 9.099/95, a mesma disciplina deverá ser observada, não havendo razão para um tratamento diferenciado. É a observação, aliás, de Andrey Borges de Mendonça, ao destacar que "embora não previsto no texto legal, também em caso de desclassificação para infração que admita a suspensão condicional do processo – vale lembrar que este benefício se aplica às infrações cuja pena mínima seja igual ou inferior a um ano, mesmo que não se enquadre no conceito de infração de menor potencial ofensivo (art. 89 da Lei 9.099/95) – , também deverá o juiz presidente, após o trânsito em julgado, abrir oportunidade para o Ministério Público verificar se é o caso de oferecimento do benefício" (*Nova Reforma do Código de Processo Penal: Comentada artigo por artigo*. – São Paulo: Método, 2008, p. 137).

JURISPRUDÊNCIA

» **Operada a desclassificação, cabe ao juiz togado o julgamento**

"Afastada pelos jurados a intenção da recorrente em participar do delito doloso contra a vida em razão da desclassificação promovida em plenário, o juiz natural da causa não é mais o Tribunal do Júri, não competindo ao Conselho de Sentença o julgamento do delito, e sim ao juiz presidente do Tribunal do Júri, nos termos do que preceitua o artigo 492, § 1º, primeira parte, do Código de Processo Penal. Ainda que se entendesse que deveria ter sido expressamente indicado o delito menos grave, tal circunstância configuraria mera nulidade relativa, estando a questão preclusa. Aplicação do princípio pas de nullité sans grief, ante a não ocorrência de prejuízo à acusação" (STJ – .REsp. n. 1501270-PR, Rel. Maria Thereza de Assis Moura, j. 01.10.2015, DJe 23.10.2015).

» **Suspensão do processo (Lei nº 9.099/95), somente após o trânsito em julgado da decisão de desclassificação**

HOMICÍDIO. DESCLASSIFICAÇÃO PELO TRIBUNAL DO JÚRI. APELAÇÃO TEMPESTIVAMENTE INTERPOSTA. INEXISTÊNCIA DE TRÂNSITO EM JULGADO DA DECISÃO DESCLASSIFICATÓRIA. SUSPENSÃO DO PROCESSO EFETIVADA. CONSTRANGIMENTO ILEGAL. INOCORRÊNCIA – "A suspensão do processo, prevista na Lei 9.099/95, não pode ser efetivada antes do trânsito em julgado da decisão que desclassifica o delito de homicídio doloso para culposo, não configurando constrangimento apto a ensejar a impetração de habeas corpus o reconhecimento da invalidade de sua realização. – Recurso ordinário desprovido" (STJ, RHC 11529/SP, Rel. Min. Vicente Leal, j. 20.11.2001, DJ 04.02.2002, p. 549).

» **Aplicação também quando se tratar de suspensão condicional do processo**

JÚRI. HOMICÍDIO. DESCLASSIFICAÇÃO. LESÃO CORPORAL GRAVE. PROCESSO. SUSPENSÃO CONDICIONAL – "Operada, pelo Conselho de Sentença, a desclassificação do delito para lesão corporal grave (artigo 129, § 1º, inciso II, do CP), deve o Juiz processante conceder ao Ministério Público oportunidade para propor a suspensão condicional do processo, uma vez presentes os requisitos legais. Precedentes do STJ e do STF. Ordem concedida" (STJ – HC nº 24677-RS, Rel. Paulo Medina, j. 26.08.2003, DJU 05.04.2004, p. 329).

> § 2º Em caso de desclassificação, o crime conexo que não seja doloso contra a vida será julgado pelo juiz presidente do Tribunal do Júri, aplicando-se, no que couber, o disposto no § 1º deste artigo. (Redação dada pela Lei nº 11.689, de 2008)

Crimes conexos • Tratando-se de crimes conexos, operada a desclassificação, a competência para seu julgamento é também assumida pelo juiz, não tendo cabimento que o Conselho de Sentença aprecie delitos não dolosos contra a vida. Vale salientar que se trata de hipótese diversa daquela mencionada acima, abordada no item *crimes conexos*. Lá, os jurados absolveram o réu do crime doloso contra a vida, analisando o mérito e, por isso, devem julgar os crimes conexos. Aqui, desclassificaram o delito, reconhecendo sua incompetência para apreciação do fato e, por isso, não podem julgar também os demais delitos. Nesse sentido a lição de Heleno Cláudio Fragoso (*Jurisprudência criminal*, 1º v., nº 319).

Art. 493. A sentença será lida em plenário pelo presidente antes de encerrada a sessão de instrução e julgamento. (Redação dada pela Lei nº 11.689, de 2008)

Leitura da sentença • A sentença, a qual se dispensa a elaboração de relatório (*RT* 422/101), deverá ser lida em plenário, nos termos do dispositivo em análise, considerada assim publicada. Recomenda a praxe e atento à solenidade do ato, que todos os presentes, inclusive o juiz, ponham-se nesse instante de pé. Tanto é considerada aí publicada, que se admite que a parte recorra verbalmente da decisão, ainda em plenário, juntando, ao depois, as razões de inconformismo. Trata-se do recurso interposto "por termo nos autos", a que alude o art. 578 do CPP. Ou seja, ao invés de se valer de uma petição (o que ocorre na imensa maioria dos casos), no júri se admite que a parte inconformada com a decisão, manifeste verbalmente sua intenção de recorrer ainda em plenário, quando, então, deverá constar do termo essa rebeldia, abrindo-se, ao depois, o prazo de oito dias para a oferta das respectivas razões de apelação (art. 600 do CPP). Claro que nada impede que o recurso seja interposto por petição, como também previsto no art. 578 do *codex*. Será assim, na maioria das vezes.

Lida a sentença, em plenário, consideram-se intimadas as partes, contando-se, a partir daí, o prazo para recurso, nos termos do art. 798, § 5°, "b", que estabelece o termo *a quo*" da audiência ou sessão em que for proferida a decisão, se a ela estiver presente a parte". Esse prazo tem início no dia seguinte à sessão de julgamento, na dicção do § 1°, do art. 798 do código pelo qual "não se computará no prazo o dia do começo, incluindo-se, porém, o do vencimento".

Lembre-se, a propósito, do teor da Súmula nº 310 do STF, *in verbis*: "Quando a intimação tiver lugar na sexta-feira, ou a publicação com efeito de intimação for feita nesse dia, o prazo judicial terá início na segunda-feira imediata, salvo se não houver expediente, caso em que começará no primeiro dia útil que se seguir".

Intimação quando o réu esteve ausente do plenário • É possível que o Júri seja realizado sem a presença do réu, quer em virtude de que – solto – não compareceu à sessão, quer em razão de que – preso – pediu sua dispensa. É a letra do art. 457 do CPP.

No caso de ausência do réu em plenário, algumas observações devem ser deduzidas. Caso tenha defensor constituído, bastará a intimação deste, nos termos dos incs. II e III, do art. 392 do código. Bastará também a intimação do advogado quando o réu formulou pedido de dispensa da sessão, em requerimento subscrito também por seu defensor (seja dativo ou constituído). Pensamos assim em virtude de que, o réu que pede dispensa do plenário e, juntamente com o defensor, elabora um requerimento nesse sentido, tem, indubitavelmente, conhecimento do processo e, por isso mesmo, não nos parece necessária sua posterior intimação.

Mas os casos de ausência mais comum do réu ocorrerão quando ele, encontrando-se solto, é intimado por edital da decisão de pronúncia, como permite o parágrafo único, do art. 420 do CPP. Nesse caso, realizado o Júri sem a presença do réu, cuja defesa coube a um defensor dativo, proferida a sentença sua intimação se processará por edital, como dispõe o inc. VI, do art. 392 do código.

JURISPRUDÊNCIA

» **Recurso por termo nos autos no Tribunal do Júri**

TRIBUNAL DO JÚRI. ABSOLVIÇÃO. APELO MINISTERIAL. MANIFESTAÇÃO ORAL NOS AUTOS DA INTENÇÃO DE RECORRER. APRESENTAÇÃO DAS RAZÕES POSTERIORMENTE. ADMISSIBILIDADE DO RECURSO. APLICAÇÃO DO PRINCÍPIO DA INSTRUMENTALIDADE DAS FORMAS – "Pela regra do art. 578 do Código de Processo Penal, o recurso criminal poderá ser interposto por petição ou por termo nos autos, entendendo-se como tal a manifestação inequívoca da parte quanto à intenção de recorrer. Uma vez apresentadas as razões do recurso, após manifestação oral da vontade de recorrer, reduzida a termo na ata de julgamento e, em atenção ao despacho de intimação da lavra do Juiz de Primeiro grau, têm-se por satisfeitas as prescrições do art. 578 do Diploma Processual Penal" (STJ – REsp nº 401360-GO, Rel. Laurita Vaz, j. 16.12.2004, DJ 28.02.2005, p. 348).

"A interposição de recurso por termo, conforme possibilita a lei (artigo 578 do Código de Processo Penal), compreende, também, o requerimento oral, manifestado na sessão de julgamento pelo Tribunal do Júri e documentado em sua ata" (STJ – HC nº 13242-RJ, Rel. Hamilton Carvalhido, j. 06.02.2001, DJ 25.06.2001, p. 242).

» **Leitura da sentença e intimação**

Criminal. *HC*. Homicídio e homicídio tentado. Sentença condenatória proferida em plenário do Júri. Intimação expressa das partes. Início imediato da contagem do prazo recursal. Desnecessidade de aposição do ciente nos autos. Ordem denegada – "Hipótese na qual se sustenta a tempestividade do recurso de apelação, ao argumento de que a intimação pessoal do defensor somente se aperfeiçoaria com a aposição de seu ciente na ata de julgamento do Tribunal do Júri. O Código de Processo Penal dispensa a intimação formal das partes, sendo certo que o advogado do réu foi regularmente intimado, pois estava presente na sessão de julgamento, tendo tomado conhecimento do teor da sentença após a sua leitura pelo Juiz" (STJ – HC nº 62649-SP – Rel. Gilson Dipp, j. 30.10.2006).

» **Recurso verbal em plenário. Admissibilidade**

"A apelação, no Tribunal do Júri, pode ser interposta por requerimento verbal e as razões podem ser deduzidas posteriormente" (STJ – REsp nº 139233-PE – Rel. Felix Fischer, j. 16.09.1997, DJ 13.10.1997, p. 51627).

CAPÍTULO 16

Da Ata dos Trabalhos

(Incluído pela Lei nº 11.689, de 2008)

Art. 494. De cada sessão de julgamento o escrivão lavrará ata, assinada pelo presidente e pelas partes. (Redação dada pela Lei nº 11.689, de 2008)

Ata da sessão de julgamento • Impõem os dispositivos em exame a obrigatoriedade de elaboração da ata, como já o fazia, em artigo semelhante, a legislação anterior (também no art. 494). A diferença agora verificada é que a ata, antes assinada somente pelo juiz e o membro do Ministério Público, deve ser assinada, também, "pelas partes", em conceito que envolve o defensor e o assistente de acusação, quando houver. Vale anotar, porém, que a despeito da observação legal, sempre se entendeu, na jurisprudência, que a falta de tais assinaturas não dá ensejo a qualquer nulidade (*RT* 673/371; *JSTF* 209/273).

Art. 495. A ata descreverá fielmente todas as ocorrências, mencionando obrigatoriamente: (Redação dada pela Lei nº 11.689, de 2008)

I – a data e a hora da instalação dos trabalhos; (Redação dada pela Lei nº 11.689, de 2008)

II – o magistrado que presidiu a sessão e os jurados presentes; (Redação dada pela Lei nº 11.689, de 2008)

III – os jurados que deixaram de comparecer, com escusa ou sem ela, e as sanções aplicadas; (Redação dada pela Lei nº 11.689, de 2008)

IV – o ofício ou requerimento de isenção ou dispensa; (Redação dada pela Lei nº 11.689, de 2008)

V – o sorteio dos jurados suplentes; (Redação dada pela Lei nº 11.689, de 2008)

VI – o adiamento da sessão, se houver ocorrido, com a indicação do motivo; (Redação dada pela Lei nº 11.689, de 2008)

VII – a abertura da sessão e a presença do Ministério Público, do querelante e do assistente, se houver, e a do defensor do acusado; (Redação dada pela Lei nº 11.689, de 2008)

VIII – o pregão e a sanção imposta, no caso de não comparecimento; (Redação dada pela Lei nº 11.689, de 2008)

IX – as testemunhas dispensadas de depor; (Redação dada pela Lei nº 11.689, de 2008)

X – o recolhimento das testemunhas a lugar de onde umas não pudessem ouvir o depoimento das outras; (Redação dada pela Lei nº 11.689, de 2008)

XI – a verificação das cédulas pelo juiz presidente; (Redação dada pela Lei nº 11.689, de 2008)

XII – a formação do Conselho de Sentença, com o registro dos nomes dos jurados sorteados e recusas; (Redação dada pela Lei nº 11.689, de 2008)

XIII – o compromisso e o interrogatório, com simples referência ao termo; (Redação dada pela Lei nº 11.689, de 2008)

XIV – os debates e as alegações das partes com os respectivos fundamentos; (Redação dada pela Lei nº 11.689, de 2008)

XV – os incidentes; (Redação dada pela Lei nº 11.689, de 2008)

XVI – o julgamento da causa; (Redação dada pela Lei nº 11.689, de 2008)

XVII – a publicidade dos atos da instrução plenária, das diligências e da sentença. (Redação dada pela Lei nº 11.689, de 2008)

Conteúdo • Em seguida, o art. 495, indica, de forma minuciosa, todo o conteúdo da ata. Ela é, no dizer de Magalhães Noronha, "o registro, lavrado pelo escrivão do que ocorreu na sessão do júri, assinado pelo juiz e pelo promotor público [acrescentaríamos, agora, *pelas partes*]" (ob. cit., p. 371).

Sua elaboração e seu conteúdo são de enorme importância, na medida em que dela devem constar, dentre outros requisitos, todos os incidentes verificados no transcorrer do julgamento (art. 495, inc. XV). Assim, a parte que se ver prejudicada em virtude de algum fato durante o plenário, deve, primeiro, manifestar seu protesto e, depois, cuidar para que essa rebeldia conste da ata. Na eventual omissão da ata, presume-se que não houve qualquer incidente e que a parte concordou com a realização do ato, não podendo reclamar posteriormente. Assim, por exemplo, se a defesa pretender a acareação entre duas testemunhas, deverá formular o requerimento e, no caso de indeferimento, pedir para que conste da ata seu protesto. Somente assim poderá alegar, em grau de recurso, eventual cerceamento de defesa. Se nada constar da ata, não se poderá jamais apurar se o pedido foi efetivamente manejado e indeferido. O mesmo ocorrerá com a omissão da oitiva de uma testemunha de defesa na qual não foi feito o protesto imediatamente (*RT* 432/394).

Presunção de veracidade • Em suma, merece conferência o ensinamento do STF a respeito do tema: "A ata do julgamento pelo Plenário é o espelho das ocorrências nele verificadas. Se dela não constam as circunstâncias invocadas pela defesa, ou protesto seu a respeito dos pontos impugnados, não há como se anular o julgamento" (*RTJ* 85/525). Afinal, "a ausência de reclamação ou de protesto da parte interessada reveste-se de aptidão para gerar, de modo irrecusável, a preclusão de sua faculdade processual de arguir qualquer nulidade porventura ocorrida" (STF – Rel. Min. Celso de Mello – *RT* 678/399).

Presume-se, portanto, que aquilo que não constar da ata, não constou do processo (*RT* 549/388, 678/399).

No sentir, porém, de Firmino Whitaker, "tal presunção é relativa, admitindo prova em contrário; pois, presunções absolutas são de direito estrito, não existindo senão por disposição expressa, taxativa, da lei. Se assim não fora, se as partes não pudessem atacar as referências ou sanar as faltas da ata, bastaria a inépcia ou má-fé de um escrivão para que nulos ficassem processos na realidade válidos, e válidos os que contivessem omissões intencionalmente encobertas" (ob. cit., p. 212). Claro que, para se suscitar alguma nulidade do julgamento, se admite a prova quanto a determinado fato omitido pela ata. Mas tal prova será muito mais difícil sem a consignação do protesto.

Rol exemplificativo • Todos os requisitos da ata encontram-se arrolados no artigo em análise. Trata-se de um rol exemplificativo, a admitir, portanto, ampliação, ou seja, a inclusão na ata de outros atos não enumerados no dispositivo legal. Assim, por exemplo, se uma das partes interpõe recurso contra a decisão por termo nos autos (art. 578), esse ato deve constar da ata, embora não relacionado no artigo em estudo (*RT* 692/335, 693/373). Poderíamos citar, ainda, o uso de algemas pelo réu em plenário, que deve constar da ata caso a defesa proteste contra essa providência. Ou a leitura, pela acusação, do teor da decisão de pronúncia.

Já abordamos, no transcurso deste trabalho, todos os tópicos constantes no art. 495. Eles se explicam por si só, sendo desnecessária a análise, de *per si*, de cada um deles. Importante, tornamos a salientar, é que a ata, sem se derramar em detalhes insignificantes, se traduza em verdadeiro espelho do julgamento, permitindo que a parte prejudicada, em grau de recurso, faça menção a ela, a fim de reforçar sua tese.

JURISPRUDÊNCIA

» Relevância da ata

"O valor da ata de julgamento, cujo conteúdo traduz a expressão fiel de todas as ocorrências do julgamento em Plenário do Júri (CPP, art. 495), reveste-se de importância jurídica essencial. Meras alegações discordantes da parte, desprovidas de qualquer comprovação, não se revelam suficientes para descaracterizar o teor de veracidade que esse registro processual reflete. – A ausência de reclamação ou de protesto torna preclusa a faculdade processual de a parte arguir qualquer nulidade eventualmente ocorrida. O silêncio da parte – que se mostra pleno de expressão semiológica – tem efeito convalidador dos vícios acaso verificados durante o julgamento, ressalvados os defeitos e irregularidades, que, por sua seriedade e gravidade, hajam induzido os jurados a erro, dúvida, incerteza ou perplexidade sobre o fato objeto de sua apreciação decisória. Precedentes. Os protestos das partes – Ministério Público e acusado – não se presumem. Hão de ser especificamente lavrados, sob pena de a inércia de qualquer dos sujeitos da relação processual penal traduzir a consumação da preclusão de sua faculdade jurídica de protestar e de reclamar contra eventuais erros ou defeitos cometidos ao longo do julgamento ou na elaboração dos questionários" (STF – RHC nº 79952-MG, Rel. Celso de Mello, j. 02.02.2002, DJ 22.11.2002, p. 84).

» Utilização de algemas deve constar da ata

"A nulidade decorrente do uso de algemas pelo paciente na sessão de julgamento não foi arguida no momento oportuno, quando do julgamento. Da ata de julgamento nem sequer existe menção a esse fato, ausente, portanto, prova pré-constituída da ilegalidade suscitada na impetração" (STJ – HC nº 152790-SP, Rel. Sebastião Reis Júnior, j. 16.08.2011, DJe 05.09.2011).

Art. 496. A falta da ata sujeitará o responsável a sanções administrativa e penal. (Redação dada pela Lei nº 11.689, de 2008)

Prazo e sanções • A ata deverá ser lavrada pelo escrivão, no prazo de dois dias, conforme prescrito no art. 799 do CPP. O art. 496 sujeita o escrivão faltoso, que deixou de elaborar a ata, "a sanções administrativa e penal". A sanção penal que se pode imaginar consistiria na prática de um crime de prevaricação, na improvável hipótese de que o funcionário tenha deixado de elaborar a ata, de forma dolosa, "para satisfazer interesse ou sentimento pessoal", nos termos do art. 319 do Código Penal. Ou mesmo de corrupção ativa, prevista no art. 317 do mesmo *codex*, caso tenha o funcionário solicitado ou recebido, para si ou para outrem, alguma vantagem indevida, para não cumprir seu dever de ofício. Já a sanção administrativa decorre de falta funcional, a ser apurada perante a respectiva corregedoria, à luz das normas do estatuto do servidor público. A multa prevista na antiga redação do artigo de lei, de quarenta centavos a um cruzeiro, possuía valor inexequível nos dias de hoje e, por isso, foi em boa hora suprimida.

CAPÍTULO 17

Das Atribuições do Presidente do Tribunal do Júri

(Incluído pela Lei nº 11.689, de 2008)

Art. 497. São atribuições do juiz presidente do Tribunal do Júri, além de outras expressamente referidas neste Código: (Redação dada pela Lei nº 11.689, de 2008)

Atribuições do Juiz. Introdução • As atribuições do juiz-presidente estão relacionadas neste dispositivo e diversas delas já foram objeto de nossa análise, mesmo que de forma superficial. Nos deteremos, agora, ao estudo de cada uma das hipóteses legais, podendo classificá-las como *funções de polícia, funções processuais* e *funções decisórias.*

I – regular a polícia das sessões e prender os desobedientes; (Redação dada pela Lei nº 11.689, de 2008)

II – requisitar o auxílio da força pública, que ficará sob sua exclusiva autoridade; (Redação dada pela Lei nº 11.689, de 2008)

Funções de polícia • Como *funções de polícia* se caracterizam, principalmente, aquelas mencionadas nos incs. I, II e VI, que impõem ao juiz a incumbência de *"regular a polícia das sessões e prender os desobedientes"*, bem como *"requisitar o auxílio da força pública, que ficará sob sua exclusiva autoridade"* e retirar da sala o réu que se comporte de forma inconveniente. Deve o juiz, portanto, zelar pela boa condução dos trabalhos, em um ambiente de serenidade, evitando o tumulto, onde as partes possam expor seus fundamentos livremente, mas com respeito e no qual os jurados encontrem condições para formarem livremente suas convicções, sem pressões e interferências externas.

Para isso, como corolário de tal função, segundo o art. 795, deve o juiz coibir a manifestação dos espectadores das sessões, sob pena de ser-lhes ordenada a retirada do recinto. Pode, ainda, em casos excepcionais e atento ao direito que tem o réu de assistir o julgamento, retirá-lo da sala ante a prática de ameaças e injúrias que atentem contra o bom andamento do julgamento (inciso VI). Também a retirada dos acusadores e defensores da sala secreta, prevista no § 2º, do art. 485, insere-se no poder de polícia conferido ao juiz.

A presença de menores no recinto, segundo os autores mais antigos, deve ser proibida. Para Borges da Rosa, menores de 16 anos não podem assistir aos debates (ob. cit., p. 580). Câmara Leal propõe a mesma medida contra os menores de 18 anos (ob. cit. p. 261). Parece que nos dias de hoje, dado ao notável avanço verificado nas relações sociais, com o incrível manancial de informações que se coloca à disposição dos jovens e com a possibilidade do maior de 16 anos, inclusive, exercer o direito do voto, não há mais lugar para essa espécie de restrição, de resto não prevista em lei. Ao contrário, o exercício de democracia praticado no Júri servirá, por certo, como exemplo saudável para o jovem, em vista da participação popular no julgamento e, demais disso, quem sabe, despertar-lhe a vocação para a Magistratura, o Ministério Público e a Advocacia. É claro que se o comportamento revelar-se inconveniente, deve o jovem ser retirado da sala, mas aí se trata de sanção que se aplica a todos. Ressalte-se, por último, que a fim de garantir a regularidade dos trabalhos, deve o juiz requisitar policiamento, que permanecerá sob suas ordens, além de prender, *v.g.* por desobediência ou desacato, os que se portarem inconvenientemente.

III – dirigir os debates, intervindo em caso de abuso, excesso de linguagem ou mediante requerimento de uma das partes; (Redação dada pela Lei nº 11.689, de 2008)

Funções processuais • São analisadas abaixo, nos comentários ao inc. V.

IV – resolver as questões incidentes que não dependam de pronunciamento do júri; (Redação dada pela Lei nº 11.689, de 2008)

Funções decisórias • Dentre as *funções decisórias*, encontra-se a prevista no inciso IV. *Questões incidentes* são as que surgem no curso do julgamento e cuja decisão não seja de competência do Conselho de Sentença. Assim, por exemplo, decidir se algum fato é *essencial para a decisão da causa*, conforme previsto no art. 481, é incumbência do juiz e não dos jurados. Também quando o juiz decide sobre arguição de suspeição ou impedimento dos jurados. O inciso IX trata de outra função decisória, quando o juiz acolhe pedido de extinção da punibilidade. Cuida-se de hipótese desconhecida na prática mas que pode ocorrer, por exemplo, advindo a morte do réu durante o julgamento que, por isso, terá sua punibilidade extinta (art. 107, I, do CP) ou quando, tratando-se de um crime conexo manejado através de ação penal privada, peça o querelante, em plenário, a absolvição do réu, caracterizando, assim, a perempção (art. 107, inc. IV, do CP).

As *questões de direito* mencionadas no inc. X, de caráter decisório, são, por exemplo, a organização dos quesitos e a votação do questionário. A mais importante delas, porém, não foi incluída no art. 497, que é exatamente aquela consistente na elaboração da sentença prevista no art. 492.

V – nomear defensor ao acusado, quando considerá-lo indefeso, podendo, neste caso, dissolver o Conselho e designar novo dia para o julgamento, com a nomeação ou a constituição de novo defensor; (Redação dada pela Lei nº 11.689, de 2008)

Funções processuais • Como *funções processuais* podem ser apontadas aquelas previstas nos incisos III, V, VII, IV, VIII, XI e XII. *Dirigir os debates*, segundo o inc. III, significa manter a boa ordem, cuidando da observância do tempo destinado a cada um dos oradores, coibindo a troca de ofensas e agressões verbais recíprocas. Devem ser proibidos, portanto, os excessos de linguagem, mas sem perder de vista o Magistrado, imbuído de serenidade e bom senso, que alguma exaltação deve ser tolerada, fruto do ambiente que, por vezes, se forma no plenário, *saturado de eletricidade* no dizer de Ruy Barbosa (*O júri sob todos os aspectos*, p. 129). A inovação relacionada à disciplina dos apartes, introduzida pelo inc. XII, já foi objeto de análise quando abordamos o tema em separado.

O inciso V prevê a possibilidade do juiz, considerando o réu indefeso, nomear-lhe outro advogado, dissolvendo o Conselho de Sentença. Essa hipótese foi abordada no tópico *defesa*, quando nos detivemos em salientar que, em homenagem aos princípios do contraditório e da ampla defesa, não mais se admite uma mera atuação formal do advogado, exigindo-se, hoje, uma defesa efetiva que se revele, senão brilhante, pelo menos comprometida com a causa, sustentando as teses porventura favoráveis ao réu, comparecendo aos atos processuais e, especialmente no Júri, valendo-se de argumentos capazes de impressionar os jurados. Entendemos, apenas, que o juiz não deve imediatamente nomear defensor ao réu, conforme previsto em lei, mas, antes, intimá-lo a fim de que, querendo, contrate advogado de sua confiança. Apenas na eventual inércia é que deverá, aí sim, nomear um defensor dativo.

A deficiência de acusação também admite a mesma medida, embora não prevista no dispositivo legal em estudo. Tarefa ingrata conferida ao juiz é a de avaliar se a acusação está sendo manejada da forma desejável, razão pela qual as raras hipóteses em que, na jurisprudência, se verificou tal situação, na verdade diziam respeito ao abandono do promotor de justiça do plenário, quando se reconheceu a nulidade com base no art. 564, III, *l* . Afirmar-se que sucinto pedido de absolvição formulado pelo promotor de justiça dá causa à dissolução do conselho por deficiência da acusação, parece incorreto. Primeiro porque, após a fala do Ministério Público, virá a manifestação do defensor que poderá, com argumentos mais poderosos, reforçar o pedido de absolvição. Segundo em virtude de que cumpre ao juiz, na sala secreta, explicar os quesitos que serão objeto da apreciação dos jurados, quando então, sem ingressar no debate propriamente dito, por não ser sua função, deverá melhor esclarecer o posicionamento da acusação. E, por último, em razão de que o jurado não é obrigado a acatar o pedido de absolvição, julgando livremente, sem obrigação de fundamentar sua decisão.

É, ainda, função processual a prevista no inciso VII, que atribui ao juiz a possibilidade de suspensão do julgamento para execução de alguma diligência como, por exemplo, mandar buscar uma testemunha cujo depoimento parece fundamental. Se houver tempo razoável para o cumprimento da diligência, suspende-se o julgamento. Caso contrário, deverá dissolver o Conselho de Sentença (art. 481). Também é prevista no inciso VIII a função processual consistente na interrupção do julgamento para repouso ou refeição dos jurados (e, por equidade, de todos aqueles que participam do julgamento).

Interessante questão foi submetida á apreciação do Superior Tribunal de Justiça, por meio de habeas corpus, publicado no *Boletim do STJ* nº 1, na 1ª. quinzena de fevereiro de 2006. Na hipótese, relatada pelo Min. Hamilton Carvalhido, os debates foram interrompidos, para almoço, durante a fala da defesa, sem que, na retomada dos trabalhos, o advogado tivesse restituído todo o tempo para seu discurso. Ou seja, interrompido seu discurso, o defensor se viu obrigado, depois da refeição, a reiterar toda a argumentação antes utilizada, sob pena de comprometer o encadeamento de sua tese, o que fez em nítido prejuízo de seu tempo. Assim:

"A interrupção da defesa, para almoço, não lhe sendo restituído o tempo integral, é causa de nulidade absoluta, quando ofende o direito à ampla defesa constitucionalmente assegurado aos acusados (Constituição da República, artigo 5º, inciso LV), como sói acontecer nos casos em que o patrono do réu, diante das peculiaridades que gravam o *veredictum* dos jurados, não podia dispensar-se de recuperar as alegações antes produzidas, fazendo-se manifesta a diminuição do tempo legal" (HC nº 35.253-0, j. 17.11.2005).

Por derradeiro, tem-se a função processual prevista no inciso XI, que confere ao juiz a possibilidade de, a requerimento das partes, dos jurados ou de ofício, ordenar diligências e sanar nulidades que prejudiquem a apuração da verdade. Cuida-se de questão já analisada em mais de uma passagem de nossa exposição e que vem baseada no princípio da busca da verdade real, com o qual se compromete o juiz. Tal faculdade, no entanto, deve ser exercida com cautela pelo juiz, sob pena de, perdendo a imparcialidade que é exatamente a qualidade que dele mais se espera, acabar por assumir o lugar do acusador ou do defensor.

JURISPRUDÊNCIA

» **Réu indefeso**

"A lei processual penal não estipula um tempo mínimo que deve ser utilizado pela defesa quando do julgamento do júri. Contudo não se consegue ver razoabilidade no prazo utilizado no caso concreto, por mais sintética que tenha sido a linha de raciocínio utilizado. Hipótese concreta em que o defensor dativo utilizou apenas quatro minutos para fazer a defesa do paciente, perante o plenário do Tribunal do Júri. A exiguidade do tempo utilizado, no caso, aponta no sentido de que não houve o desenvolvimento válido de nenhuma tese, levando à conclusão de que a defesa do paciente teve caráter meramente formal, o que determina a aplicação da primeira parte da Súmula 523/STF. Deveria, portanto, ter havido a intervenção do Juiz presidente, com a nomeação de novo defensor ou a dissolução do Conselho e a marcação de novo dia de julgamento, a fim de garantir o cumprimento da norma constitucional que garante aos acusados a plenitude de defesa" (STJ – HC nº 234758-SP, Rel. Sebastião Reis Júnior, j. 19.06.2012, DJe 01.08.2012).

VI – mandar retirar da sala o acusado que dificultar a realização do julgamento, o qual prosseguirá sem a sua presença; (Redação dada pela Lei nº 11.689, de 2008)

Poder de polícia • Trata-se de evidente função policial do juiz, pelo que remetemos à leitura do inc. II acima.

VII – suspender a sessão pelo tempo indispensável à realização das diligências requeridas ou entendidas necessárias, mantida a incomunicabilidade dos jurados;(Redação dada pela Lei nº 11.689, de 2008)

VIII – interromper a sessão por tempo razoável, para proferir sentença e para repouso ou refeição dos jurados; (Redação dada pela Lei nº 11.689, de 2008)

IX – decidir, de ofício, ouvidos o Ministério Público e a defesa, ou a requerimento de qualquer destes, a arguição de extinção de punibilidade; (Redação dada pela Lei nº 11.689, de 2008)

X – resolver as questões de direito suscitadas no curso do julgamento; (Redação dada pela Lei nº 11.689, de 2008)

XI – determinar, de ofício ou a requerimento das partes ou de qualquer jurado, as diligências destinadas a sanar nulidade ou a suprir falta que prejudique o esclarecimento da verdade; (Redação dada pela Lei nº 11.689, de 2008)

XII – regulamentar, durante os debates, a intervenção de uma das partes, quando a outra estiver com a palavra, podendo conceder até 3 (três) minutos para cada aparte requerido, que serão acrescidos ao tempo desta última. (Incluído pela Lei nº 11.689, de 2008)

Função decisória • Todas as hipóteses, dos incs. VII *usque* XII acima, importam em decisões e, como tal, sugerimos a leitura dos comentários ao inc. IV acima.

Apartes • Questão que já suscitou controvérsia é a que diz respeito aos apartes. Há quem negasse a possibilidade de sua produção em plenário, ressaltando sua inconveniência, pois, na lição de Borges da Rosa, "estes dão lugar a interrupções, são em geral perturbadores e muitas vezes tornam prejudicialmente acalorados os debates, dando margem a atritos e invectivas, com grave ofensa do decoro do tribunal. Às partes só é permitido falar pela ordem em que lhes é concedida a palavra" (ob. cit. p. 144).

É entendimento que não vingou. Os apartes, embora não tivessem previsão legal (sendo, também por isso, permitidos), sempre foram da tradição do Júri, constituindo-se na alma do debate e na essência do discurso. Um discurso sem possibilidade de crítica imediata, transforma-se em incansável monólogo. Já se disse, inclusive, que os apartes constituem o *tempero* dos debates. Óbvio que devem ser curtos e pertinentes, sob pena de se transformarem em verdadeiro discurso paralelo, dificultando a compreensão dos jurados e retirando precioso tempo do orador que se viu aparteado. Melhor que sejam concedidos pela parte que detiver a palavra. Caso esta se recuse e ante a imprescindibilidade do aparte, cumpre ao interessado requerê-lo ao juiz presidente, que, nos termos deste dispositivo, pode concedê-lo.

Mas não apenas para *apimentar* a polêmica ou para acalorar os debates, prestam-se os apartes. Por vezes são mesmo necessários quando, por exemplo, na tréplica, o defensor sustentar tese até então inédita ou invocar fato notadamente mentiroso. Ou a acusação se vale dos apartes ou não encontrará outro momento oportuno para refutar as alegações.

Notável a lição de Espínola Filho, ao salientar que "apartes, sim; mas, curtos e oportunos – aconselha a boa técnica; comedidos, não insistentes, nem prolongados, e em termos moderados – exige a perfeita ordem dos trabalhos, que não pode ser sacrificada pelas interrupções dos debates e pelas respostas dos oradores, em termos desrespeitosos e agressivos, capazes de estabelecer o tumulto" (ob. cit., p. 451). Na jurisprudência é franco o posicionamento favorável aos apartes (*RT* 746/580, 659/262, 549/304).

Como inovação, a reforma do Júri de 2008, de forma expressa, reconheceu a possibilidade de apartes e, inclusive, disciplinou sua utilização. É o que se depreende da leitura deste dispositivo, ao determinar que cumpre ao juiz regulamentar a intervenção de uma das partes na manifestação da outra, concedendo o prazo de até três minutos para tal manifestação. Esse prazo, por óbvio, deverá ser acrescido ao tempo daquele que foi interrompido.

JURISPRUDÊNCIA

» **Indeferimento de acareação. Possibilidade**

"O indeferimento de acareação de testigos perante o Tribunal do Júri, por si só, não acarreta constrangimento ilegal por cerceamento de defesa, se referido ato, que se inclui no âmbito da discricionariedade do magistrado que preside o julgamento popular, consoante dispõe o inciso XI do art. 497 do CPP, é fundamentadamente rechaçado, em razão da irrelevância de sua realização e se nenhum jurado se pronunciou a respeito da necessidade, com intuito de aclarar pontos importantes da causa" (STJ – HC nº 115039-SP, Rel. Jorge Mussi, j. 23.06.2009, DJe 31.08.2009).

CAPÍTULO 18

Apelação Contra Decisões do Júri

Art. 593. Caberá apelação no prazo de 5 (cinco) dias: (Redação dada pela Lei nº 263, de 23.2.1948)

Introdução • Em virtude de expressa previsão constitucional (art. 5º, inc. XXXVIII, da CF), cabe ao Tribunal do Júri o julgamento dos crimes dolosos contra a vida. Dentre os princípios que regem o Júri, conforme já analisamos ao estudar o tema, um deles trata da *soberania dos veredictos* e vem mencionado na alínea *c*, da norma constitucional. Por esse princípio, somente os jurados podem decidir pela procedência ou não da acusação, embora, conforme veremos em seguida, a soberania dos veredictos é fortemente atingida quando se defere ao Tribunal de Justiça a possibilidade de absolver o réu no julgamento de revisão criminal. Ao cogitar da apelação contra decisões emanadas do Júri, tal princípio não é arranhado, na medida em que o Tribunal de Justiça jamais poderá alterar, no mérito, a decisão do Júri. Daí porque já foi denominado esse recurso, quando manejado contra decisões oriundas do Júri, de apelação *sui generis*, já que atua como verdadeiro *juízo de cassação*, posto que, segundo lição de José Frederico Marques, "a soberania continua a existir, mas desaparece a onipotência arbitrária" (*Elementos*, vol. IV, p. 228).

Vale atentar, porém, que a soberania dos veredictos se vê se não atingida mas, ao menos, mitigada quando a lei permite que o Tribunal de Justiça mande o réu a novo Júri. E nem poderia ser diferente, já que embora se reconhecendo a soberania dos veredictos, há que se ter um meio de revisão das decisões evidentemente equivocadas. Não que o Tribunal de Justiça vá, por meio de uma apelação, condenar ou absolver o réu. Mas poderá, sem arranhar o princípio constitucional em análise, determinar que outro julgamento seja realizado. Nesse sentido o posicionamento do STF: "É certo que as decisões do Tribunal do Júri não podem ser alteradas, quanto ao mérito, pela instância *ad quem*, podendo apenas ser anuladas para que o mesmo Júri reveja a sua decisão, mantendo ou modificando a mesma. Assim, não podem os juízes da instância superior substituir os jurados na apreciação do mérito da causa já decidida pelo Tribunal do Júri, à vista do princípio constitucional da soberania do veredicto, previsto no art. 5º, XXXVIII, *c*, da CF. Todavia, a soberania do Júri não afasta a recorribilidade de suas decisões, significando apenas a impossibilidade de revisão do mérito" (*RT* 739/546). Ainda nesse sentido, STF: *RT* 728/481

As hipóteses de cabimento de apelação, contra decisões do Júri, são de fundamentação vinculada, significa dizer, o apelante deve invocar um dos fundamentos dentre os relacionados no art. 593, inc. III, *a* a *d*, do CPP, se pretender recorrer. De sorte que a matéria a ser devolvida ao conhecimento do Tribunal fica restrita à fundamentação do recurso. Assim, por exemplo, se o condenado recorre para ser submetido a novo Júri, por entender que a decisão dos jurados foi manifestamente contrária à prova dos autos (art. 593, inc. III, *d*), não pode o Tribunal reduzir-lhe a pena (art. 593, inc. III, *c*). Nesse sentido: *RT* 720/413, 765/682, 765/573 . Nessa linha, a propósito, o teor da Súmula 713 do STF, *in verbis*: "O efeito devolutivo da apelação contra decisões do Júri é adstrito aos fundamentos de sua interposição". Ressalte-se, porém, que a falta de expressa indicação do dispositivo legal no qual se funda a apelação não se constitui em fator que impeça seu conhecimento, "desde que nas razões se encontrem os fundamentos que ensejaram o recurso e as pretensões dos recorrentes estejam perfeitamente delineadas" (*RSTJ* 26/499; ainda nesse sentido: *RT* 687/363, 779/650).

JURISPRUDÊNCIA

V. Súmula nº 713 do STF: "O efeito devolutivo da apelação contra decisões do Júri é adstrito aos fundamentos da sua interposição".

» **Limitação do efeito devolutivo do recurso**

"Em razão das peculiaridades das quais são revestidas as decisões do Tribunal do Júri, o efeito devolutivo do recurso de apelação é restrito aos fundamentos da sua interposição, previstos nas alíneas do inciso III do artigo 593 do Código de Processo Penal, sendo vedado ao órgão recursal julgar com base em outro. Tendo em vista que no recurso apresentado pela defesa apenas se aduziu que a qualificadora do motivo fútil não estaria comprovada nos autos, e que a reprimenda do paciente deveria ser reduzida para o mínimo legal, modificando-se, ainda, o seu regime de cumprimento, a Corte impetrada não tratou das questões referentes à fragilidade do conjunto probatório constante dos autos e da prática de homicídio privilegiado pelo paciente, circunstância que implicaria na vedada atuação em supressão de instância por parte desta Corte Superior de Justiça" (STJ – HC nº 238288-RJ, Rel. Jorge Mussi, j. 19.03.2013, DJe 26.03.2013).

» **Falta de indicação, na interposição da apelação, do dispositivo legal em que se funda o recurso**

a) mera irregularidade quando as razões de recurso indicam tal dispositivo

"Configura mera irregularidade a falta de indicação dos dispositivos legais em que se apoia o termo da apelação interposta pela defesa contra decisão do Tribunal do Júri. Não há empecilho no conhecimento do recurso, desde que nas razões se encontrem os fundamentos que ensejaram o apelo e as pretensões da parte estejam perfeitamente delineadas (precedentes do STJ e do STF)" (STJ – HC nº 149966-ES, Rel. Sebastião Reis Júnior, j. 18.10.2012, DJe 19.11.2012).

"As apelações interpostas contra decisões do Tribunal do Júri têm caráter restritivo, não se lhes atribuindo o amplo efeito devolutivo próprio do recurso de apelação contra decisão proferida pelo juízo singular (artigo 593, inciso I, do Código de Processo Penal). Em face de tanto, tem-se afirmado, em sucessivos julgados, a inadmissibilidade do apelo quando, na sua interposição, não se indica o permissivo legal, com o temperamento que se possa fazê-lo nas razões, dês que ofertadas no prazo de interposição do recurso, por proibida a modificação posterior. A jurisprudência deste Superior Tribunal de Justiça, contudo, é firme em que o suporte legal da apelação no Júri pode ser definido nas razões, explícita ou implicitamente, em obséquio mesmo da garantia do direito à ampla defesa, que o é com todos os recursos a ela inerentes" (STJ – REsp nº 770411-RS, Rel. Hamilton Carvalhido, j. 06.06.2006, DJ 05.02.2007, p. 416).

TERMO DO RECURSO. LIMITES DA APELAÇÃO. FORMALISMO QUE NÃO PODE SER EXAGERADO. OMISSÃO NA INDICAÇÃO DE ALÍNEAS. FIXAÇÃO DO LIMITE PELAS EFETIVAS RAZÕES DO APELO QUE COMPLEMENTAM A PETIÇÃO DE INTERPOSIÇÃO. ORDEM CONCEDIDA – "Tendo sido o termo de interposição omisso na indicação de alíneas do artigo de lei em que se fulcrou o apelo, deve-se ter, como limites da apelação, as razões que externaram os motivos do recurso, pois a petição de interposição não pode ser considerada isoladamente. As razões da apelação visam justamente à complementação da petição de interposição do recurso, delimitando o seu alcance ao apontar os próprios fundamentos de fato e de direito que embasaram a irresignação" (STJ – HC n° 37906-RS, Rel. Gilson Dipp, j. 14.12.2004, DJ 21.02.2005, p. 200).

b) necessidade

"Em razão das peculiaridades das quais são revestidas as decisões do Tribunal do Júri, o efeito devolutivo do recurso de apelação criminal é restrito aos fundamentos da sua interposição, previstos nas alíneas do inciso III do artigo 593 do Código de Processo Penal, isto é, os limites do exame a ser feito pela Corte Estadual são fixados no termo ou petição de interposição do reclamo, de tal sorte que nas razões do inconformismo somente constarão os fundamentos de fato e de direito vinculados aos incisos anteriormente indicados. No caso em apreço, depreende-se que o Ministério Público, ao apelar da sentença proferida em sessão plenária, olvidou-se de declinar quais das hipóteses elencadas no artigo 593, inciso III, do Código de Processo Penal seriam utilizadas para embasar a sua insurgência, cingindo-se a manifestar 'o desejo de recorrer da decisão', o que evidencia a violação à regra da fundamentação vinculada, oportunizando ao recorrente, em momento posterior, escolher quais seriam as suas teses recursais, em afronta ao entendimento já consolidado no âmbito dos Tribunais Superiores. Assim, não declinados no momento oportuno os fundamentos da insurgência contra a decisão proferida pelo Tribunal do Júri, não poderia a Corte a quo conhecer do apelo interposto pela acusação e submeter o paciente a novo julgamento pela Corte Popular. Aplicação do enunciado da Súmula n. 713 do Supremo Tribunal Federal" (STJ – HC n° 243566-PR, Rel. Jorge Mussi, j. 18.10.2012, DJe 05.11.2012).

» **Alterações no Código de Processo Penal não extinguiram a apelação**

"Insustentável a tese de que, com as alterações promovidas no Código de Processo Penal pela Lei n.° 11.689/2008 – especialmente à luz do art. 483, inciso III, do CPP – , passou a ser vedada a interposição de recurso de apelação ministerial com base no artigo 593, III, "d" do mesmo codex. Independentemente do motivo que levou os jurados a absolver o acusado, a capacidade postulatória recursal do Parquet, quando o julgamento se afigura contrário à prova dos autos, é consentânea com a paridade de armas inerente ao princípio do contraditório e do devido processo legal, e em nenhum momento foi objeto de restrição pela precitada lei. Precedente" (STJ – HC n° 241664-RJ, Rel. Laurita Vaz, j. 19.11.2013, DJe 02.12.2013).

III - das decisões do Tribunal do Júri, quando: (Redação dada pela Lei n° 263, de 23.2.1948)

Hipóteses de cabimento • É cabível apelação contra decisões do Júri nas hipóteses seguintes:

a) ocorrer nulidade posterior à pronúncia; (Redação dada pela Lei n° 263, de 23.2.1948)

Nulidade posterior à pronúncia • Exemplos que poderiam ser citados de nulidades verificadas após a pronúncia seriam a falta de intimação da decisão de pronúncia, a falta de notificação do réu para a sessão de julgamento, a inexistência do número mínimo de 15 jurados para a constituição do Júri (art. 463 do código), ausência de acusação ou defesa em plenário, quebra da incomunicabilidade dos jurados, etc. Se a nulidade for relativa, deve ser suscitada assim que anunciado o julgamento e apregoadas as partes, nos termos do art. 571, inc. V, do CPP, sob pena de preclusão. Se absoluta a nulidade é este também o momento oportuno para sua arguição. Porém, não tendo sido acolhida pelo juiz-presidente, pode ser novamente suscitada, em sede de preliminar, na apelação a ser interposta contra o julgamento. E mesmo declarada de ofício pelo tribunal. Reconhecida a nulidade impõe-se, por consequência, a realização de novo julgamento ou a renovação dos atos inquinados de nulos.

b) for a sentença do juiz-presidente contrária à lei expressa ou à decisão dos jurados; (Redação dada pela Lei nº 263, de 23.2.1948)

Sentença do juiz contrária à lei expressa ou à decisão dos jurados • Vale observar que o erro aqui mencionado é do juiz togado e não dos jurados, pelo que se admite a apelação sem que se afronte o princípio da soberania dos veredictos. Aqui o Tribunal de Justiça, acolhendo o recurso, não manda o réu a novo Júri, mas apenas corrige o equívoco verificado na sentença (§ 1º, do art. 593). Cite-se, por exemplo, quando os jurados reconhecem a ocorrência do chamado *homicídio privilegiado* e, mesmo assim, deixa o juiz de aplicar a causa de diminuição da pena prevista no § 1º, do art. 121, do Código Penal. A sentença do juiz, nesse caso, foi contrária *à decisão dos jurados*. Ou, quando julgando contrariamente à lei, o juiz reconhece uma circunstância agravante não prevista, como, *v.g.*, o fato do agente ter cometido o crime contra sua noiva (nesse sentido, *habeas corpus* do STJ, onde se concedeu em parte a ordem para afastar, do libelo, a agravante genérica prevista no artigo 61, inciso II, "pois há nos autos prova pré-constituída de que a vítima não era esposa do paciente, porquanto casados apenas em cerimônia religiosa. A norma penal refere-se unicamente ao cônjuge, sendo vedado, no Direito Penal, ampliar tal conceito restritivo, com o emprego de analogia *in malam partem*" (HC nº 23419-PB, Rel. Min. Paulo Medina, 6ª. T., j. em 28.9.2004, *DJ* de 21.3.2005, p. 443).

c) houver erro ou injustiça no tocante à aplicação da pena ou da medida de segurança; (Redação dada pela Lei nº 263, de 23.2.1948)

Erro ou injustiça na aplicação da pena • Assim, quando o réu reincidente e em favor do qual não existia nenhuma atenuante, teve sua pena fixada no mínimo legal. Ou aquele que, primário e de bons antecedentes, teve sua reprimenda dosada muito acima do mínimo legal. Ou se a medida de segurança imposta ao réu inimputável revelar-se exagerada. Em todos os casos é cabível a apelação, bastando ao Tribunal de Justiça que faça a respectiva correção, seja para majorar, seja para reduzir a pena imposta pelo juiz-presidente (§ 2º, do art. 593), sem a necessidade de se determinar a realização de novo julgamento.

d) for a decisão dos jurados manifestamente contrária à prova dos autos. (Redação dada pela Lei nº 263, de 23.2.1948)

Decisão manifestamente contrária à prova dos autos • Aqui, sem dúvida, a mais interessante das hipóteses de apelação contra as decisões do Júri, que aparece com mais frequência na prática e que enseja o maior número de controvérsias. Nela, o Tribunal de Justiça, reconhecendo que a decisão dos jurados contrariou a prova dos autos, determina a realização de um novo julgamento (§ 3º, do art. 593). Não pode o Tribunal, portanto, ao apreciar a apelação, condenar ou absolver, sob pena de ferir o princípio da soberania do júri, mas somente dar provimento ao recurso para que um novo plenário seja realizado.

Para tanto, porém, é preciso que a decisão dos jurados seja *manifestamente contrária* à prova dos autos. Assim se entende a decisão totalmente divorciada da prova do processo, ou seja, que não encontra nenhum apoio no conjunto probatório colhido nos autos, "é aquela que não tem apoio em prova nenhuma, é aquela proferida ao arrepio de tudo quanto mostram os autos, é aquela que não tem a suportá-la, ou justificá-la, um único dado indicativo do acerto da conclusão adotada" (RT 780/653).

Imaginemos o exemplo no qual o réu, ouvido durante sua prisão em flagrante, confesse que atirou na vítima, matando-a, mas assim agiu em legítima defesa. Interrogado pelo juiz togado, na primeira fase do procedimento do Júri, mantenha a mesma versão. Ouvido em plenário, já perante o Conselho de Sentença, confirme os pronunciamentos anteriores, ou seja, que matou em legítima defesa. Se, apesar disso, os jurados, na sala secreta, votando os quesitos, negam tenha sido o réu o autor dos disparos que mataram a vítima, absolvendo-o, estarão, sem dúvida, julgando de forma *manifestamente contrária à prova dos autos*, a autorizar a oferta de apelação pela acusação a fim de que novo julgamento seja realizado.

Se, porém, a decisão dos jurados encontra algum apoio na prova dos autos, tendo eles aderido a uma das versões verossímeis dentre as apresentadas, a decisão é mantida, em nome da soberania dos veredictos e levando-se em conta, em acréscimo, que os jurados julgam segundo sua íntima convicção, o que implica dizer, sem a necessidade de fundamentar seus votos. Somente – repita-se – aquela decisão que não encontrar qualquer arrimo na prova do processo é que autorizará novo julgamento com base nesse dispositivo legal.

Interessante constatar que, à época da entrada em vigor do CPP, havia nítida resistência dos Tribunais de Justiça (então *Tribunais de Apelação*), na aceitação da soberania do Júri, cujas decisões eram constantemente reformadas em grau de recurso, circunstância que mereceu crítica, dentre outros, de Câmara Leal, ao assinalar que "do modo pelo qual se tem interpretado a lei processual, arrogando-se os tribunais superiores o direito de reforma das sentenças do júri, sem respeito à livre apreciação das provas pelos juízes de fato, o júri tende a perder sua razão de ser, passando de tribunal popular, criado para o julgamento pelos pares, a simples simulacro de tribunal, com suas funções constantemente usurpadas pela justiça togada, convertida em árbitro absoluto e soberano das decisões" (*Comentários,* vol. IV, p. 82).

Essa decisão pode dizer respeito ao fato principal, como em nosso exemplo ou versar sobre uma questão secundária, como o reconhecimento de uma qualificadora ou causa de aumento ou diminuição da pena. Assim, se os jurados, de forma manifestamente contrária á prova dos autos, reconhecem o homicídio privilegiado ou o fato do agente ter cometido o crime por motivo fútil, é cabível a apelação. Aqui surge alguma discussão. Assim, se o réu apela com fundamento neste dispositivo legal (art. 593, inc. III, *d*) e o Tribunal reconhece que o fato principal (homicídio), está bem provado, mas que a qualificadora (motivo fútil, por exemplo), é contrária à prova dos autos. Como proceder?

Parte da jurisprudência admite que o Tribunal de Justiça afaste a qualificadora, fazendo a mera correção da pena, com base no disposto no art. 593, inc. III, *c* (STF: *RTJ* 103/696; *RT* 635/423, 629/310). Predomina na doutrina, porém, o entendimento no sentido de que a qualificadora, no homicídio doloso, compõe o tipo penal, naquilo que se chama *tipicidade derivada* e, por isso, se o Tribunal reconhece que sua aceitação pelo Júri foi contrária à prova dos autos, deve anular o julgamento para que um outro seja realizado e não simplesmente retificar a pena imposta. Afinal, como adverte Tourinho Filho, "o motivo fútil [que toma como exemplo], no crime de homicídio, não é, pura e simplesmente, uma circunstância da pena. Muito embora o seja na maioria dos crimes, em se tratando de homicídio doloso, ele se converte e se transmuda em *elemento constitutivo.* Desse modo, sendo ele elementar do crime de homicídio qualificado, passa a compor o crime. Se fosse mera circunstância da pena, o Juiz da pronúncia não o invocaria, porquanto a circunstância da pena não pode ser invocada na pronúncia, que é sentença de natureza processual, e sim nas decisões definitivas. Entretanto, se a acusação sustenta a existência do motivo fútil e o Juiz a reconhece, estará obrigado a invocá-la na pronúncia, por força do art. 416 do CPP" (*Processo Penal,* vol. 4, p. 384; nesse sentido, ainda, Julio Fabbrini Mirabete, *Processo Penal,* p. 695).

Claro: fosse dado ao Tribunal de Justiça corrigir a pena imposta para afastar a qualificadora, restaria quebrado todo o sistema que garante a soberania dos veredictos, pois aqui já não se trataria de mera redução da pena, mas sim de nítido afastamento de qualificadora expressamente admitida pelos jurados, com indevida invasão ao mérito da decisão, de resto vedada ao órgão *ad quem*. É o posicionamento do STJ, a se conferir: "A qualificadora é elemento do crime, e não circunstância da pena, pelo que, na hipótese de o Júri acolhê-la, contrariamente à prova dos autos, a consequência é a submissão do réu a novo julgamento popular, não podendo o Tribunal simplesmente excluí-la e retificar a pena. Precedentes" (REsp. nº 12011 – Rel. Costa Leite – DJU de 3.8.1992, p. 11.336)

A questão assume ares um tanto mais complicados quando se trata do indevido reconhecimento de uma agravante ou atenuante genérica. Suponha-se tenha o réu, em plenário, confessado a prática do crime, o que faria incidir a circunstância atenuante prevista no art. 65, III, *d*, do Código Penal. Ou, ainda, seja o réu reincidente, fato cabalmente demonstrado por certidões juntadas aos autos, a merecer o rigor do art. 61, I, do Código Penal. A despeito de tais evidências, o Conselho de Sentença, quando indagado, nega ambas as circunstâncias, julgando, portanto, de forma manifestamente contrária à prova dos autos. Subindo a apelação para o Tribunal de Justiça e sendo caso evidente de acolhimento do recurso, deve-se mandar o réu a novo julgamento, por força do contido na alínea *d*, do inc. III, do art. 593 do CPP ou, simplesmente, se proceder à correção da pena, à vista do disposto na alínea *c* do mesmo dispositivo legal?

A doutrina se divide. Segundo Ada, Magalhães e Scarance, havendo manifesto equívoco do Júri em relação ao acolhimento ou rejeição de uma circunstância agravante ou atenuante, basta que o Tribunal de Justiça faça a devida correção, sem a necessidade de se submeter o réu a novo julgamento (*Recursos*, p. 125. V., ainda, *RT* 647/319). Já Guilherme de Souza Nucci parece sugerir a realização de novo julgamento na hipótese de não reconhecimento de uma circunstância, sem embargo da obviedade da prova dos autos. Afigura-nos mãos correta a primeira posição. Com efeito, as circunstâncias, segundo indica o nome, "são dados periféricos que gravitam ao redor da figura típica e têm por finalidade diminuir ou aumentar a pena aplicada ao sentenciado. Por permanecerem ao lado da figura típica, as circunstâncias nada interferem na definição jurídica da infração penal", como observa Rogério Greco (*Curso* ... p. 632). Ora, se é assim, as circunstâncias genéricas não guardam nenhuma relação de prejudicialidade com o crime propriamente dito. Este existirá incidam ou não as circunstâncias. Sua influência se fará sentir, única e exclusivamente, na dosimetria da pena. Nessa linha de raciocínio, está o Tribunal de Justiça autorizado a reconhecer, seguindo nosso exemplo inicial, a confissão do réu ou sua condição de reincidente, embora não acolhidas pelo Júri. E, por isso mesmo, deve corrigir a pena imposta pelo juiz-presidente, diminuindo-a no primeiro caso ou aumentando-a no segundo. Ademais, razão de ordem prática justifica tal posicionamento, já que não parece razoável que se mande o réu a um novo julgamento só porque, confesso, não teve a pena reduzida. Melhor que o Tribunal de Justiça, desde logo, corrija o equívoco, abreviando, aliás, o que poderia ser feito em sede de revisão criminal.

Reformatio in pejus • Segundo o princípio da *non reformatio in pejus*, previsto no art. 617 do código, a parte que recorreu não pode ter sua situação agravada no julgamento do recurso. Trata-se de consequência advinda do *princípio da personalidade*, pelo qual somente aquele que recorreu pode se beneficiar pelo julgamento, cujos efeitos não aproveitam a parte que não exerceu essa faculdade. A razão é obvia: todo recorrente almeja ver melhorada sua situação. Se ao invés disso, além de negar provimento ao recurso, pudesse o tribunal, em acréscimo, prejudicar a situação do recorrente, não haveria qualquer incentivo em se recorrer, violando-se, assim, o princípio constitucional da ampla defesa. Além disso, estaria o Tribunal agindo de ofício, violando o *ne procedat judex ex officio* e em afronta ao princípio do *tantum devolutum quantum appelatum*, já que apreciando questão (aumento da pena, por exemplo), que não foi objeto de recurso, subvertendo, com tal conduta, o sistema acusatório que orienta nosso sistema.

É por isso que o art. 617 prevê, expressamente, a impossibilidade de se reformar a decisão para pior, em prejuízo do réu, quando *somente* ele recorreu. Assim, imaginemos a situação em que o réu é condenado, pela prática de um homicídio qualificado, à pena ínfima de 12 anos. Não pode o tribunal, ao julgar a apelação do réu porque contrária a prova dos autos a decisão dos jurados, negar provimento ao recurso e, demais disso, aplicar a pena correta, majorando-a. A única maneira se de corrigir o equívoco ocorreria se o promotor de justiça tivesse também apelado da sentença, no tocante à aplicação da pena. Aí sim, o tribunal negaria provimento ao recurso do réu, mantendo a condenação e acolheria o recurso do *parquet*, aplicando a pena correta.

Vale observar que o art. 617 impede somente o aumento da pena em recurso exclusivo do réu. Mas, por força de entendimento doutrinário e jurisprudencial, esse impedimento não se restringe somente à pena, mas a toda e qualquer situação que, eventualmente, venha a prejudicar o recorrente. Assim, por exemplo, se o réu é condenado pela prática de um homicídio qualificado e o juiz fixa, equivocadamente, o regime aberto para início de cumprimento de pena, em apelação exclusiva do réu é vedado ao tribunal, mantendo a condenação, impor regime mais gravoso (nesse sentido, STF – *RT* 749/593; *JSTF* 232/347). Ou, ainda, determinar o cumprimento total da pena em regime fechado quando a sentença houvera imposto tal regime somente para a fase inicial de execução (STF – *RT* 762/546). Ou, ainda, reconhecer nulidade contrária aos interesses do réu, nos termos da Súmula 160 do STF, do seguinte teor: "É nula a decisão do tribunal que acolhe, contra o réu, nulidade não arguida no recurso da acusação, ressalvados os casos de recurso de ofício".

Também se reconheceu a figura da *reformatio in pejus* na decisão do Tribunal que determinou a imediata prisão do réu, quando a sentença de 1º grau condicionara a expedição de mandado de prisão somente após o trânsito em julgado da decisão condenatória (STF - *RT* 729/427), embora se trate de questão controvertida (em sentido contrário, *RT* 791/564, 776/516, este último do STF). O STF reconheceu ilegal, ainda, a conduta do Tribunal que condicionou o recebimento do recurso ao prévio recolhimento do réu à prisão, quando o juiz de 1º grau não impora tal condição para o apelo (*RT* 752/519). Não custa lembrar, novamente, que em todas essas situações apenas o sentenciado recorrera da decisão. Tivesse a acusação também recorrido e o Tribunal estaria livre para agravar a situação do sentenciado, no limite do que foi pedido no recurso.

***Reformatio in pejus* indireta no júri** • Também não se admite a chamada *reformatio in pejus* indireta, que ocorre quando o tribunal anula a sentença de primeiro grau e determina que outra seja proferida. Esta segunda decisão não pode aplicar uma pena mais grave do que aquela ele primeira, que foi anulada. Especificamente no júri, porém, esse princípio enseja alguma controvérsia, formando-se duas posições. Suponha-se tenha sido o réu pronunciado por um homicídio triplamente qualificado, sendo esta a tese sustentada, pela acusação, em plenário.

A primeira corrente sustenta que, se no júri original o réu foi condenado a doze anos de reclusão, pela prática do homicídio contendo uma qualificadora, anulado, por qualquer motivo este primeiro julgamento, não pode a nova decisão impor uma pena superior ou, de qualquer forma, agravar a situação do réu. A menos que a acusação tenha também recorrido para aumentar a pena, em recurso que não foi apreciado ante a decretação da nulidade do julgado, quando, então, "inexiste *reformatio in pejus* se, uma vez anulada a primeira sentença condenatória, em razão do provimento da apelação do réu quanto à questão preliminar, ficou prejudicada a apelação do Ministério Público, vindo o juiz na aplicar pena mais grave em nova sentença" (STJ - *RT* 656/350).

Já o segundo entendimento propõe solução diversa. Imagine-se, assim, que anulado aquele primeiro júri, no segundo os jurados reconheçam as três qualificadoras atribuídas ao réu na denúncia e confirmadas na pronúncia. Para essa corrente, com base neste novo veredicto emanado do conselho de sentença, está livre o juiz para aplicar pena superior àquela cominada no primeiro julgamento. Estamos com esta segunda tese. Não teria mesmo cabimento que o juiz-presidente, ao arrepio do que decidido pelos jurados, aplica-se tão ínfima pena para um homicídio triplamente qualificado, assim declarado pelo conselho de sentença, em malferimento, inclusive, ao princípio constitucional da soberania do júri. Com a anulação do primeiro julgamento e realização de outro, nova relação jurídica se instalou, tanto que os jurados não ficaram restritos à apreciação do homicídio qualificado, podendo, ao revés, apreciar livremente a acusação pelo homicídio triplamente qualificado. Cumpre a juiz, assim, atento a esta última decisão, aplicar a pena proporcional ao delito reconhecido pelos jurados.

Em suma: atentaria ao princípio da *reformatio in pejus* se condenado o réu, no segundo julgamento, novamente pelo homicídio com uma qualificadora, o juiz aplicasse, em nosso exemplo, uma pena superior a doze anos. Sucede que, reconhecendo o conselho de sentença, desta feita, o homicídio triplamente qualificado, não faz qualquer sentido a repetição da insignificante pena inicialmente aplicada, cabendo ao juiz majorá-la sensivelmente, na mesma proporção daquilo que foi reconhecido soberanamente pelo conselho de sentença. Caso não o faça, cumpre a acusação apelar buscando esse aumento, nos termos do art. 593, inc. III, *c*, do código.

JURISPRUDÊNCIA

» **Opção por uma das versões. Validade**

JÚRI. ACOLHIMENTO DE TESE DA DEFESA. DECISÃO MANIFESTAMENTE CONTRÁRIA À PROVA DOS AUTOS. INOCORRÊNCIA. ORDEM CONCEDIDA – "Decisão dos jurados que acolheu a tese do homicídio privilegiado, com base no histórico de discussões entre vítima e réu e no depoimento de testemunha que afirmou ter escutado vozes em tom exaltado momentos antes do crime. Inexistência de decisão arbitrária ou inverossímil. Em verdade, o Tribunal de Justiça considerou a prova de acusação mais sólida do que a de defesa, avaliação esta, entretanto, que é reservada ao Tribunal do Júri, juízo natural da causa, com base no critério da íntima convicção. Assim, por não caber à Justiça togada, nos estreitos limites da apelação contra veredicto do Tribunal do Júri, desqualificar prova idônea produzida sob o crivo do contraditório, a decisão é ilegal. Ordem concedida para cassar a determinação de realização de novo julgamento pelo Júri, com base no art. 593, III, d, do Código de Processo Penal" (STF – HC nº 85904-SP, Rel. Joaquim Barbosa, j. 13.02.2007, DJe 29.06.2007).

"A decisão proferida pelo Júri Popular somente pode ser anulada, em sede de apelação, com base no art. 593, III, "d", do Código de Processo Penal, quando absolutamente improcedente, sem amparo nos elementos dos autos. Com efeito, existindo duas teses contrárias e havendo plausibilidade na escolha de uma delas pelo Tribunal do Júri, não pode a Corte Estadual cassar a decisão do Conselho de Sentença para dizer que esta ou aquela é a melhor solução, sob pena de ofensa ao art. 5º, XXXVIII, da Constituição Federal" (STJ – HC nº 254730-SP, Rel. Og Fernandes, j. 24.09.2013, DJe 04.10.2013).

"Só se anula o julgamento proferido pelo Tribunal do Júri, com fundamento no art. 593, inciso III, alínea d, do Código de Processo Penal, nas hipóteses em que a decisão do Conselho de Sentença é arbitrária, dissociando-se completamente da prova dos autos, o que não ocorre quando os jurados, amparados pelo conjunto probatório existente, optam por uma das versões apresentadas" (STJ – AgRG no AREsp nº 96517-RJ, Rel. Laurita Vaz, j. 23.04.2013, DJe 30.04.2013).

"Existindo duas versões amparadas pelo conjunto probatório produzido nos autos, deve ser preservado o juízo feito pelos jurados que, no exercício da sua função constitucional, acolhem uma delas. Precedentes" (STJ – HC nº 224050-RJ, Rel. Jorge Mussi, j. 18.06.2013, DJe 06.08.2013).

"Para que a decisão do Conselho de Sentença seja considerada manifestamente contrária à prova dos autos, é necessário que a versão acolhida não encontre amparo nos elementos fático-probatórios amealhado aos autos, o que, a toda evidência, não se verifica na espécie em análise, tendo em vista que a Corte estadual destacou, de forma fundamentada, que existem elementos concretos que dão arrimo à decisão dos jurados, tais como prova pericial e prova testemunhal produzidas em juízo. Manifestamente contrária à prova dos autos é a decisão que despreza as provas produzidas, não aquela que, claramente, opta por uma das versões apresentadas em Plenário, como verificado na espécie sub examine" (STJ – HC nº 170447-DF, Rel. Sebastião Reis Júnior, j. 02.05.2013, DJe 13.05.2013).

"A supremacia de que está investido o Tribunal Popular, sustentada constitucionalmente, confere-lhe a prerrogativa de julgar os crimes contra a vida e o recurso de apelação, de caráter restritivo, só pode ser acolhido nas hipóteses em que o resultado se mostrar gritantemente desconectado dos elementos de convicção recolhidos no processo. Não é preciso lembrar que decisão manifestamente contrária à prova dos autos única a permitir a invalidação do julgamento e sobreposição da regra constitucional da soberania dos vereditos é a que não encontra nenhum arrimo probante, não se confundindo, nem de perto, com a apoiada em interpretação probatória, ainda que o Conselho de Sentença tenha optado por uma das correntes surgidas no arcabouço processual" (TJSP, Apelação nº 9000007-02.2001.8.26.0001, Rel. Marco de Lorenzi, j. 28.11.2013).

» **Impossível analisar, nos julgamentos pelo Júri, se a condenação se deu com base na prova produzida no inquérito policial**

"Após a produção das provas pela defesa e pela acusação na sessão plenária, a Corte Popular tão somente responde sim ou não aos quesitos formulados de acordo com a livre valoração das teses apresentadas pelas partes. Por esta razão, não havendo uma exposição dos fundamentos utilizados pelo Conselho de Sentença para se chegar à decisão proferida no caso, é impossível a identificação de quais provas foram utilizadas pelos jurados para entender pela condenação ou absolvição do acusado, o que torna inviável a constatação se a decisão baseou-se exclusivamente em elementos colhidos durante o inquérito policial ou nas provas produzidas em juízo, conforme requerido na impetração" (STJ – HC nº 175993-RJ, Rel. Jorge Mussi, j. 06.09.2011, DJe 21.09.2011).

» **Perícia que atesta inimputabilidade e condenação do réu**

HOMICÍDIO SIMPLES (ARTIGO 121, CAPUT, DO CÓDIGO PENAL). INIMPUTABILIDADE. LAUDO PERICIAL. CORPO DE JURADOS QUE AFASTA AS CONCLUSÕES DO EXAME DE SANIDADE MENTAL. CONDENAÇÃO. VEREDICTO MANIFESTAMENTE CONTRÁRIO À PROVA PRODUZIDA NOS AUTOS. CONSTRANGIMENTO CARACTERIZADO – "No caso dos autos, o Tribunal de Estadual deixou de indicar quais elementos de convicção seriam aptos a afastar a conclusão da perícia técnica no sentido de que o paciente seria inimputável à época dos fatos, circunstância que revela que o corpo de jurados proferiu veredicto manifestamente contrário à prova dos autos" (STJ – HC nº 257629-ES, Rel. Jorge Mussi, j. 04.06.2013, DJe 12.06.2013).

» Novo Júri apenas em relação às qualificadoras. Inviabilidade

ANULAÇÃO PARCIAL DO JULGAMENTO PELO TRIBUNAL DO JÚRI. DETERMINAÇÃO DE SUBMISSÃO DO PACIENTE A NOVO CONSELHO DE SENTENÇA APENAS NO TOCANTE À QUALIFICADORA. IMPOSSIBILIDADE – "É assente nesta Corte Superior de Justiça o entendimento de que não é possível a anulação parcial do julgamento proferido pelo Tribunal do Júri, sendo que o reconhecimento de que a decisão dos jurados foi manifestamente contrária à prova dos autos implica a submissão da íntegra dos fatos à nova apreciação do Conselho de Sentença" (STJ - HC n. 321872RO, Rel. Leopoldo de Arruda Raposo, j. 20.08.2015, DJe 01.09.2015).

"Segundo a jurisprudência do Superior Tribunal de Justiça, não é possível que a anulação parcial da condenação relativamente à qualificadora possa sujeitar o réu a novo julgamento somente em relação a essa questão. A qualificadora é elemento acessório que, agregado ao crime, tem a função de aumentar os patamares máximo e mínimo de pena cominada ao delito, sendo dele inseparável. Dessa forma, o reconhecimento de que a decisão dos jurados fora manifestamente contrária à prova dos autos quanto à exclusão da qualificadora implica, necessariamente, em revolvimento do fato em sua totalidade. Precedentes. Ordem não conhecida. Habeas corpus concedido de ofício para, ratificada a liminar, determinar que o paciente seja submetido a novo julgamento pelo Tribunal do Júri relativamente à integralidade dos fatos" (STJ – HC n° 246223-BA, Rel. Marco Aurélio Bellizze, j. 06.11.2012, DJe 14.11.2012).

"Se o Tribunal ad quem, ao julgar a apelação interposta com fundamento no artigo 593, inciso III, alínea d, do Código de Processo Penal, conclui que a qualificadora reconhecida pelo Tribunal do Júri era manifestamente contrária à prova dos autos, não pode ele, desde logo, afastar a referida qualificadora e reduzir a pena, mas, isto sim, anular o julgamento realizado pelo Tribunal do Júri, para que outro se realize, em cumprimento ao que estabelece o § 3º daquele artigo" (STJ – REsp n° 702223-MT, Rel. Celso Limongi, j. 01.06.2010, DJe 28.06.2010).

» Determinado novo julgamento não é reaberta a fase de instrução

"Quando o Tribunal ad quem dá provimento ao apelo para determinar a realização de um novo julgamento, pelo fato do primeiro veredicto ter sido considerado manifestamente contrário à prova dos autos, não se pode admitir que haja inovação no conjunto probatório que será levado ao conhecimento do novo Conselho de Sentença, sob pena de se desvirtuar a regra recursal prevista no artigo 593, inciso III, alínea "d", do Código de Processo Penal, mormente em razão da norma contida na parte final do § 3º do referido dispositivo, que impede a segunda apelação motivada na mesma alegação" (STJ - HC n° 243452-SP, Rel. Jorge Mussi, j. 26.02.2013, DJe 12.03.2013).

» Vedação da *reformatio in pejus*

Justificativa

"A vedação à reformatio in pejus se justifica na medida em que a admissão da piora da situação daquele que recorre, quando há insurgência apenas de sua parte, tolheria por completo a voluntariedade dos recursos, maculando o direito a ampla defesa, já que o interessado sempre se questionaria acerca da possibilidade de recorrer, pois correria o risco de se ver em posição ainda mais desvantajosa do que aquela em que já se encontra" (STJ - HC n° 189172-RS, Rel. Jorge Mussi, j. 21.06.2011, DJe 01.08.2011).

» Configuração da *reformatio in pejus*

a) na majoração da pena

"Se a sentença condenatória transitou em julgado para o órgão de acusação, que dela não interpôs recurso, não pode o Tribunal competente, ao conhecer da apelação interposta pelo réu, aumentar a pena declarada no dispositivo da sentença sob pretexto de corrigir erro material. O art. 617 do Código de Processo Penal repudia situações em que a reforma da sentença condenatória se opera em detrimento do réu-apelante, quando apenas este se insurgiu contra o julgado. Ordem de habeas corpus deferida" (STF - HC n° 88213-SP, Rel. Joaquim Barbosa, DJ 02.02.2007).

"Incide em reformatio in pejus o acórdão que, em recurso exclusivo da defesa, exaspera a pena-base pela presença da agravante da reincidência, que não fora aplicada no primeiro grau" (STJ - HC n° 222065-RJ, Rel. Laurita Vaz, j. 13.08.2013, DJe 23.08.2013).

b) no reconhecimento de qualificadora

"Operada a desclassificação, no primeiro grau de jurisdição, de homicídio doloso para lesões corporais, se o recurso do Ministério Público afasta, de modo expresso, nas razões respectivas, a incidência do motivo fútil, não poderia o Tribunal tê-la reconhecido, sob pena de violação ao efeito devolutivo" (STJ – HC nº 195675-SC, Rel. Maria Thereza de Assis Moura, j. 06.06.2013, DJe 14.06.2013).

c) no reconhecimento de nulidade absoluta

"Se é certo que, no processo civil, erro material pode ser corrigido a qualquer tempo, até ex officio, conforme preceitua o art. 463, inc. I, do Código de Processo Civil, é diverso o sistema que informa o processo penal, em cujo *âmbito não consta preceito idêntico nem análogo e, como* princípio cardeal, vige proibição de reformatio in pejus. Dispõe, com efeito, o art. 617, parte final, do Código de Processo Penal, que o tribunal não poderá agravar a pena, quando somente o réu houver apelado da sentença. é a expressão da regra da chamada personalidade dos recursos, que, em última análise, significa que o réu recorrente não pode ter a situação agravada, quando não for interposto recurso da parte contrária. Ao sistema processual penal repugna-lhe a 'reformatio in pejus' . É o que, por exemplo, se vê à exceção da regra que faz cognoscível de ofício, a qualquer tempo, toda causa de nulidade absoluta, salvo quando agrave a situação do réu: não pode o tribunal, em recurso exclusivo da defesa, pronunciar nulidade absoluta que, não arguida pela acusação, prejudique a defesa. É a postura que esta Corte sedimentou na súmula 160, a qual preceitua: '*É nula a decisão do Tribunal que acolhe, contra o* réu, nulidade não arguida no recurso da acusação, ressalvados os casos de recurso de ofício'. E essa repugnância do sistema assume contornos absolutos perante a norma implícita de que, ainda quando contenha gritante erro judiciário, que é o mais, sentença absolutória se reveste, uma vez transitada em julgado, de autoridade incontrastável e, como tal, não admite revisão (art. 621 do Código de Processo Penal, a contrário). Trata-se da cabal confirmação do entendimento de que, neste, como noutros temas, o processo penal não é estruturado por princípios comuns ao processo civil, senão por regras próprias, em razão da prevalência dos interesses públicos que constituem a substância e o objeto permanente do conflito jurídico típico que se presta a decidir e, sobretudo, por força do valor supremo do 'ius libertatis' , do qual o processo é concebido e disciplinado como instrumentode tutela" (STF - HC nº 83464-SP, Rel. Cezar Peluso, DJe 03.06.2006).

d) na correção de erro material

"Se a sentença condenatória transitou em julgado para o órgão de acusação, que dela não interpôs recurso, não pode o Tribunal competente, ao conhecer da apelação interposta pelo réu, aumentar a pena declarada no dispositivo da sentença sob pretexto de corrigir erro material. O art. 617 do Código de Processo Penal repudia situações em que a reforma da sentença condenatória se opera em detrimento do réu-apelante, quando apenas este se insurgiu contra o julgado. Ordem de habeas corpus deferida" (STF – HC nº 88213-SP, Rel. Joaquim Barbosa, j. 17.10.2006, DJ 02.02.207, p.159).

"EMENTA: SENTENÇA PENAL. Capítulo decisório. Condenação. Pena privativa de liberdade. Reclusão. Fixação. Soma dos fatores considerados na dosimetria. Erro de cálculo. Estipulação final de pena inferior à devida. Trânsito em julgado para o Ministério Público. Recurso de apelação da defesa. Improvimento. Acórdão que, no entanto, aumenta de ofício a pena, a título de correção de erro material. Inadmissibilidade. Ofensa à proibição da reformatio in peius. HC concedido para restabelecer o teor da sentença de primeiro grau. Não é lícito ao tribunal, na cognição de recurso da defesa, agravar a pena do réu, sob fundamento de corrigir ex officio erro material da sentença na somatória dos fatores considerados no processo de individualização" (STF – Rel. Cezar Peluso – RT 849/474).

"Tratando-se, com se trata, de Direito Penal adjetivo não se pode falar em correção ex officio de 'erro material', máxime contra o réu. Tal instituto é próprio do Direito Processual Civil (art. 463,I, do CPC). Na esfera penal prevalece o princípio do 'non reformatio in pejus' que impede o agravamento da situação do réu sem uma manifestação formal e tempestiva da acusação nesse sentido. Inteligência da Súmula 160/STF. 'Trata-se da cabal confirmação do entendimento de que, neste, como noutros temas, o processo penal não é estruturado por princípios comuns ao processo civil, senão por regras próprias, em razão da prevalência dos interesses públicos que constituem a substância e o objeto permanente do conflito jurídico típico que se presta a decidir e, sobretudo, por força do valor supremo do jus libertatis, do qual o processo é concebido e disciplinado como instrumento de tutela' (STF, HC 83.545/SP, Rel. Ministro CESAR PELUSO, Primeira Turma, DJ 3.6.2006). Nesse viés, seja por nulidade absoluta, seja por 'erro material, não se pode agravar (quantitativamente ou qualitativamente) a situação do réu sem recurso próprio do acusador, sob pena de configurar indevida revisão criminal pro societate" (STJ – HC nº 180872-RS, Rel. Jorge Mussi, j. 09.08.2011, DJe 23.08.2013).

» **Não ocorrência da *reformatio in pejus***

PENAL. HABEAS CORPUS. CRIME CONTRA A ORDEM TRIBUTÁRIA. RECURSO DE APELAÇÃO NÃO-CONHECIDO POR INTEMPESTIVIDADE. RECURSO ESPECIAL. INEXISTÊNCIA DE EFEITO SUSPENSIVO. EXECUÇÃO PROVISÓRIA DA PENA PRIVATIVA DE LIBERDADE. POSSIBILIDADE – "Não constitui reformatio in pejus a ordem de prisão proferida pelo órgão recursal quando da negativa de seguimento ou pelo não-provimento do recurso de apelação interposto pela defesa. A decisão de 1º grau que condiciona a expedição de mandado de prisão ao trânsito em julgado da decisão condenatória não possui o condão de vincular o Tribunal ad quem, mesmo inexistindo recurso do Ministério Público" (STJ – HC nº 39779-SC, Rel. Arnaldo Esteves Lima, j. 15.03.2005, DJ 25.04.2005, p. 360).

» **Sentença proferida por juiz absolutamente incompetente**

"Não há que se falar em *reformatio in pejus* indireta quando o processo é anulado, em virtude de incompetência absoluta do juízo, ainda que em sede de recurso exclusivo da defesa. Seria uma *aberratio iuris*, como consta dos votos proferidos no RE 87.394 (88/1.018), admitir-se que sentença nula de juiz incompetente, mesmo depois de anulada, continuasse limitando o pleno exercício da jurisdição por parte de juiz competente. Precedentes do STF e desta Corte. Recurso especial não conhecido" (STJ – REsp. 66081 – Rel. Assis Toledo, DJU 26.02.1996, p. 4.038).

» **Processo anteriormente anulado também impede a *reformatio in pejus***

"A doutrina e a jurisprudência desta Corte entendem que a proibição do agravamento da situação do acusado, prevista no art. 617 do Código de Processo Penal, também se estende aos casos em que há a anulação da decisão recorrida, por intermédio de recurso exclusivo da defesa ou por meio de impetração de habeas corpus, de tal sorte que o órgão julgador que vier a proferir uma nova decisão ficará vinculado aos limites da pena imposta no decisum impugnado, não podendo piorar a situação do acusado sob pena de operar-se a vedada reformatio in pejus indireta" (STJ – HC nº 183500-SP, Rel. Jorge Mussi, j. 03.05.2011, DJe 01.06.2011).

» **Proibição da *reformatio in pejus* se mantidas as mesmas condições entre o primeiro e o segundo julgamento**

"O Juiz-Presidente do Tribunal do Júri, quando do segundo julgamento, realizado em função do provimento dado a recurso exclusivo do réu, não pode aplicar pena mais grave do que aquela que resultou da anterior decisão, desde que estejam presentes - reconhecidos pelo novo Júri - os mesmos fatos e as mesmas circunstâncias admitidos no julgamento anterior. Em tal situação, aplica-se, ao Juiz-Presidente, a vedação imposta pelo art. 617 do CPP" (STF - REsp. 73367-MG, Rel. Celso de Mello, j. 12.03.1996, DJ 29.06.2001, p. 34).

"Anulado o primeiro Júri, em que estabelecida a pena-base num limite, sem que contra tal houvesse recurso da acusação, é inviável, presentes os mesmos fatos e as mesmas circunstâncias, quando do julgamento da apelação contra o segundo Júri, agravar-se a situação do réu no que tange à dosagem dessa reprimenda. Isso nem mesmo sob o pretexto de que o provimento do apelo da defesa tornaria a pena total, ao fim e ao cabo, menor. No caso, o aumento pelo Tribunal local da pena-base em patamar superior ao estabelecido na sentença anulada caracteriza reformatio in pejus indireta" (STJ - HC nº 132487-MG, Rel. Sebastião Reis Júnior, j. 15.10.2013, DJe 16.12.2013).

"Nos termos da jurisprudência firmada por este Superior Tribunal de Justiça, o princípio da non reformatio in pejus não pode ser aplicado para limitar a soberania dos veredictos do Tribunal do Júri, assim, anulado o primeiro julgamento por recurso exclusivo da defesa, é possível, em tese, caso seja alcançado um veredito diferente do primeiro, ser agravada a pena imposta ao condenado. Precedentes. A regra do art. 617 do CPP vale, contudo, para o Juiz-Presidente, responsável pela dosagem da sanção penal, a quem está vedado agravar a situação do réu em um segundo julgamento, ocorrido por força de recurso exclusiva da defesa. Precedentes. Verificando-se que no primeiro julgamento as circunstâncias judiciais foram consideradas todas favoráveis ao condenado, não poderia o Juiz-Presidente, com base na negatividade das consequências do delito, assim não reconhecida anteriormente, elevar a pena-base, evidenciando a reforma para pior por força de recurso exclusivo da defesa" (STJ - HC nº 174564-RS, Rel. Jorge Mussi, j. 21.06.2012, DJe 01.08.2012).

» **No segundo julgamento pode ser majorada a pena, desde que os jurados agravem a situação do réu**

"Em crimes de competência do Tribunal do Júri, a garantia da vedação à reformatio in pejus indireta sofre restrições, em respeito à soberania dos veredictos. Os jurados componentes do segundo Conselho de Sentença não estarão limitados pelo que decidido pelo primeiro, ainda que a situação do acusado possa ser agravada, em face do princípio da soberania dos veredictos, disposto no art. 5.º, inciso XXXVIII, alínea c, da Constituição Federal" (STJ – AgRg no REsp nº 1290847-RJ, Rel. Laurita Vaz, j. 19.06.2012, DJe 28.06.2012).

"A regra que estabelece que a pena estabelecida, e não impugnada pela acusação, não pode ser majorada se a sentença vem a ser anulada, em decorrência de recurso exclusivo da defesa, sob pena de violação do princípio da vedação da reformatio in pejus indireta, não se aplica em relação às decisões emanadas do Tribunal do Júri em respeito à soberania dos veredictos (Precedentes). Desse modo, e neste contexto, tem-se que uma vez realizados dois julgamentos pelo Tribunal popular devido à anulação do primeiro, e alcançados, nas referidas oportunidades, veredictos distintos, poderá a pena imposta no segundo ser mais gravosa que a fixada no primeiro" (STJ – REsp nº 1068191-SP, Rel. Felix Fischer, j. 13.04.2010, DJe 10.05.2010).

"Não há reformatio in pejus indireta pela imposição de pena mais grave, após a decretação de nulidade da primeira sentença, em apelo da defesa, quando no novo julgamento realizado pelo Tribunal do Júri, reconhece-se a incidência de qualificadora afastada no primeiro julgamento, eis que, em face da soberania dos veredictos, de caráter constitucional, pode o Conselho de Sentença proferir decisão que agrave a situação do réu" (STJ – HC nº 78366-SP, Rel. Laurita Vaz, j. 28.10.2008, DJe 17.11.2008).

"PROCESSO PENAL. JÚRI. QUESITO. NULIDADE. REFORMATIO IN PEJUS – "Inviabilidade da aplicação do princípio da reformatio in pejus indireta nos julgamentos proferidos pelo Tribunal do Júri, em face da soberania de suas decisões. Precedentes desta Corte e do STF" (STJ – REsp nº 76541/DF, Rel. Fernando Gonçalves, j. 22.04.1997, DJ 19.05.97, p. 20686).

"REFORMATIO IN PEJUS. HOMICÍDIO. JÚRI. DECISÃO MANIFESTAMENTE CONTRÁRIA A PROVA DOS AUTOS. Tendo os jurados, no segundo Júri, reconhecida a qualificadora da traição não admitida no primeiro, não há que se falar em 'reformatio in pejus' vez que a pena nova mais gravosa foi decorrência natural do referido reconhecimento. Apelo improvido" (TJRS, Apelação nº 695155606, Rel. Érico Barone Pires, j. 29.11.1995).

» **Não é possível o agravamento da situação do réu em nenhum caso**

"Anulados o julgamento pelo tribunal do júri e a correspondente sentença condenatória, transitada em julgado para a acusação, não pode o acusado, na renovação do julgamento, vir a ser condenado a pena maior do que a imposta na sentença anulada, ainda que com base em circunstância não considerada no julgamento anterior (HC nº 89.544/RN, Segunda Turma, Relator o Ministro Cezar Peluso, DJe de 15/5/09). O paciente foi condenado pela prática de crime de homicídio qualificado, por motivo que dificultou a defesa do ofendido (CP, art. 121, § 2º, inciso IV), na modalidade tentada (CP, art. 14, inciso II), tendo-se afastado a qualificadora do motivo fútil (CP, art. 121, § 2º, inciso II). Portanto, em caso de nova condenação do paciente pelo Júri popular, ainda que reconhecida a presença de ambas as qualificadoras, a pena aplicada não pode superar a pena anteriormente cominada de 8 (oito) anos reclusão, sob pena de se configurar a reformatio in pejus indireta, a qual não é admitida pela Corte" (STF – HC nº 115428-RJ, Rel. Dias Toffoli, j. 11.06.2013, DJe 23.08.2013).

"Homicídio doloso. Tribunal do Júri. Três julgamentos da mesma causa. Reconhecimento da legítima defesa, com excesso, no segundo julgamento. Condenação do réu à pena de 6 (seis) anos de reclusão, em regime semiaberto. Interposição de recurso exclusivo da defesa. Provimento para cassar a decisão anterior. Condenação do réu, por homicídio qualificado, à pena de 12 (doze) anos de reclusão, em regime integralmente fechado, no terceiro julgamento. Aplicação de pena mais grave. Inadmissibilidade. Reformatio in peius indireta. Caracterização. Reconhecimento de outros fatos ou circunstâncias não ventilados no julgamento anterior. Irrelevância. Violação consequente do justo processo da lei (due process of law), nas cláusulas do contraditório e da ampla defesa. Proibição compatível com a regra constitucional da soberania relativa dos veredictos. HC concedido para restabelecer a pena menor. Ofensa ao art. 5º, incs. LIV, LV e LVII, da CF. Inteligência dos arts. 617 e 626 do CPP. Anulados o julgamento pelo tribunal do júri e a correspondente sentença condenatória, transitada em julgado para a acusação, não pode o acusado, na renovação do julgamento, vir a ser condenado a pena maior do que a imposta na sentença anulada, ainda que com base em circunstância não ventilada no julgamento anterior" (STF – HC nº 89544-RN, Rel. Cezar Peluso, j. 14.04.2009, DJe 15.05.2009).

"Hipótese em que o paciente foi condenado, pelo Tribunal do Júri, como incurso no art. 121 do Código Penal, à pena de 10 anos de reclusão, em regime inicial fechado, sendo declarada a nulidade do julgamento, de ofício, pelo Tribunal de origem, em recurso exclusivo da defesa. Realizado novo julgamento, foi acolhida a qualificadora do motivo fútil (art. 121, § 2º, II, do Código Penal), restando a pena estabelecida em 16 anos e 06 meses de reclusão, e reduzida, em sede de apelação, a 12 anos de reclusão. 'Anulados o julgamento pelo tribunal do júri e a correspondente sentença condenatória, transitada em julgado para a acusação, não pode o acusado, na renovação do julgamento, vir a ser condenado a pena maior do que a imposta na sentença anulada, ainda que com base em circunstância não ventilada no julgamento anterior' (STF, HC 89.544, Rel. Ministro CEZAR PELUSO, SEGUNDA TURMA, DJe de 15/05/2009)" (STJ – HC nº 178850-RS, Rel. Assusete Magalhães, j. 15.08.2013, DJe 13.09.2013).

§ 1º Se a sentença do juiz-presidente for contrária à lei expressa ou divergir das respostas dos jurados aos quesitos, o tribunal *ad quem* fará a devida retificação.(Incluído pela Lei nº 263, de 23.2.1948)

§ 2º Interposta a apelação com fundamento no III, *c*, deste artigo, o tribunal *ad quem*, se lhe der provimento, retificará a aplicação da pena ou da medida de segurança. (Incluído pela Lei nº 263, de 23.2.1948)

Correção da pena • A possibilidade do Tribunal de Justiça, ao invés de determinar a realização de novo júri, apenas decidir pela redução ou majoração da pena, corrigindo eventuais exageros ou benevolências, já foi acima comentada.

§ 3º Se a apelação se fundar no III, *d*, deste artigo, e o tribunal *ad quem* se convencer de que a decisão dos jurados é manifestamente contrária à prova dos autos, dar-lhe-á provimento para sujeitar o réu a novo julgamento; não se admite, porém, pelo mesmo motivo, segunda apelação. (Incluído pela Lei nº 263, de 23.2.1948)

Novo júri apenas uma vez mais • Vale observar que o recurso, sob esse fundamento de que a decisão dos jurados foi manifestamente contrária à prova dos autos, somente pode ser utilizado uma vez, como consta deste dispositivo. Em nosso exemplo inicial (quando o réu confessa ter desfechados tiros contra a vítima), se no segundo julgamento os jurados tornam a negar tenha o réu atirado contra o ofendido, embora absurda essa decisão, ela será mantida, não mais podendo se apelar com o argumento da manifesta contrariedade à prova dos autos. É que se preserva, nesse caso, a soberania dos veredictos, tornando-se definitiva a decisão.

Portanto, anulado o primeiro julgamento, não se admite um segundo, mesmo que a nova decisão, agora, seja manifestamente injusta contra a parte que não recorreu inicialmente (*JSTF* 265/304; *RT* 786/727, 784/599). Explico melhor: suponha-se que no segundo julgamento (o primeiro foi anulado em virtude de recurso do Ministério Público), a decisão seja manifestamente contrária à prova dos autos, mas, desta feita, contra o réu. Ele poderá se valer da apelação sob o mesmo fundamento? Óbvio que não, ante a vedação constante da parte final do parágrafo 3º, do art. 593. O impeditivo decorre de um raciocínio lógico: se o primeiro julgamento foi anulado porque manifestamente contrário à prova em prejuízo da acusação (já que o réu desfechou os tiros, em nosso exemplo), não faria sentido se pretender anular o segundo julgamento sob o argumento de que agora, acolhida a tese acusatória, foi a decisão dos jurados obviamente contrária à prova, mas em prejuízo da defesa (porque não ocorreram os disparos, *v.g.*). Eventualmente restará, apenas, a via da revisão criminal pela qual, conforme veremos adiante, se pode obter a correção do erro judiciário perpetrado contra o condenado, mesmo quando a decisão for proveniente do Júri. Se, porém, mantido no segundo julgamento o evidente equívoco, mas favorável ao réu, nada mais resta a fazer ante a inexistência, em nosso direito, da revisão criminal *pro societate*. Aliás, se se permitisse a repetição dos recursos sob este fundamento, além da afronta ao princípio da soberania dos veredictos, o debate jamais terminaria.

Observe-se, porém, que se uma das partes recorre sob este fundamento legal (art. 593, III, *d*), e o Tribunal de Justiça reconhece, de ofício, uma nulidade absoluta (art. 593, III, *a*), determinando, por isso, a realização de novo julgamento, nada impede que desse segundo julgamento seja tirada nova apelação, sob o fundamento de que a decisão afrontou, de forma manifesta, a prova dos autos. É que na primeira apelação, embora manejada com fulcro no inciso *d*, acabou se anulando o processo e, portanto, não se chegou ao exame sobre o acerto da decisão dos jurados em vista da prova dos autos. Não incide, assim, a vedação do § 3º, do art. 593 do código.

Quando o legislador emprega o vocábulo "motivo", significa dizer, em verdade, que não se admite uma segunda apelação pelo mesmo fundamento. Assim, interposta apelação, a primeira vez, porque a decisão era manifestamente contrária a prova dos autos, por este mesmo fundamento – como já destacado – não pode haver outro apelo.

JURISPRUDÊNCIA

» **Motivo = fundamento**

"O disposto no § º do art. 593 do CPP é claro ao vedar outro recurso sob o fundamento de contrariedade entre o veredicto e a prova dos autos, quando dispõe: 'não se admite, porém, pelo mesmo motivo, segunda apelação'. Para a doutrina e a jurisprudência, a expressão 'pelo mesmo motivo', significa 'pelo mesmo fundamento, ou seja, trata-se de decisão dos Jurados contrária À prova dos autos" (STF – Rel. Oscar Corrêa – RT 597/423).

» **Soberania dos veredictos não é atingida**

"O princípio constitucional da soberania dos veredictos quando a decisão for manifestamente contrária à prova dos autos não é violado pela determinação de realização de novo julgamento pelo Tribunal do Júri . (Precedentes:HC 104301/ES, Rel. Ministra CÁRMEN LÚCIA, PRIMEIRA TURMA, DJe 04/03/2011; HC76994/RJ, Rel. Ministro MAURÍCIO CORRÊA, SEGUNDA TURMA, DJ 26/06/1998; HC102004/ES, Rel. Ministra CÁRMEN LÚCIA, PRIMEIRA TURMA, DJe 08/02/2011; e HC94052/PR, Rel. Ministro EROS GRAU, SEGUNDA TURMA, DJe 14/08/2009)" (STF – HC nº 103805-SP, Rel. Luiz Fux, j. 05.04.2011, DJe 17.05.2011).

"A soberania dos veredictos do Júri – não obstante a sua extração constitucional – ostenta valor meramente relativo, pois as decisões emanadas do Conselho de Sentença não se revestem de intangibilidade jurídico-processual. A competência do Tribunal do Júri, embora definida no texto da Lei Fundamental da República, não confere, a esse órgão especial da Justiça comum, o exercício de um poder incontrastável e ilimitado. As decisões que dele emanam expõem-se, em consequência, ao controle recursal do próprio Poder Judiciário, a cujos Tribunais compete pronunciar-se sobre a regularidade dos veredictos. A apelabilidade das decisões emanadas do Júri, nas hipóteses de conflito evidente com a prova dos autos, não ofende o postulado constitucional que assegura a soberania dos veredictos do Tribunal Popular" (STF – HC n° 81423-SP, Rel. Celso de Mello, j. 18.12.2001, DJe 19.04.2001).

» Segundo recurso sob o mesmo fundamento. Inviabilidade

"Não se pode descurar, ademais, que o *Código de Processo Penal* inviabiliza a interposição de segundo recurso com fundamento no art. 593, inciso III, alínea d, do Código de Processo Penal, sob pena de se eternizar a lide. Assim, se o recurso interposto pela defesa apresenta a mesma alegação daquele interposto pela acusação, já julgado e provido pelo Tribunal estadual – daquele a decisão dos jurados foi contrária à prova dos autos – , o último encontra óbice no art. 593, § 3º, do Código de Processo Penal, que veda a interposição de uma segunda apelação por esse mesmo motivo" (STJ – HC n° 223107-SP, Rel. Marco Aurélio Bellizze, j. 23.04.2013, DJe 29.04.2013).

"Determinada a anulação do primeiro júri realizado, em sede de apelo defensivo, em virtude da decisão manifestamente contrária às provas dos autos, inviável novo apelo com base na mesma questão, a teor do disposto no artigo 593, § 3.º, do Código de Processo Penal. A mens legis do § 3.º do artigo 593 do Estatuto Processual Repressivo consiste justamente em impossibilitar exames repetidos com fulcro em idêntica matéria, ferindo a garantia constitucional da primazia dos veredictos do Conselho de Sentença, que optou por uma das teses expostas, exercitando, assim, a sua soberania, nos termos do artigo 5º, inciso XXXVIII, alínea "c", da Constituição da República" (STJ – HC n° 119594-RS, Rel. Maria Thereza de Assis Moura, j. 11.10.2011, DJe 03.11.2011).

CAPÍTULO 19

Revisão Criminal Contra Decisões do Júri

Revisão criminal • Vem prevista nos arts. 621 e ss. do CPP.

Introdução • Como regra, uma vez transitada em julgado a sentença, já que dela não é mais cabível recurso, opera-se a chamada *coisa julgada*, que confere caráter de imutabilidade à decisão. Trata-se de exigência fundamental à segurança jurídica, já que impede que a questão seja novamente discutida, sob pena, inclusive, dos processos se eternizarem. Tamanha é sua relevância que a coisa julgada tem previsão constitucional (art. 5º, XXXVI).

Ocorre que no processo penal, exatamente porque se lida com a liberdade das pessoas, há uma incessante busca pela verdade real. De tal maneira que, descobrindo-se a verdade, abre-se sempre a possibilidade de alteração da sentença. É a supremacia da verdade real sobre a verdade formal. Esta última, tão cara ao processo civil (onde, via de regra, estão em jogo interesses disponíveis), perde relevância no processo penal (no qual se discute a liberdade da pessoa). Nada impede, assim, que determinada sentença, embora acobertada pela coisa julgada, contenha um equívoco. Não teria cabimento, por exemplo, que o réu definitivamente condenado pela prática de um homicídio, permanecesse preso mesmo com o surgimento da *vítima* viva. Exatamente para propiciar a correção do *erro judiciário* é que se concebe a revisão criminal. Nesse aspecto, a revisão criminal guarda grande semelhança com a ação rescisória, prevista no Código de Processo Civil (v. art. 485 do CPC). Aliás, se até o processo civil vislumbrou, através da rescisória, uma maneira de reparar o erro, não teria cabimento que, no processo penal, não se dispusesse de instrumento semelhante.

Reside, portanto, na inevitável possibilidade de erro, passível de ocorrência na medida em que a justiça é composta por seres humanos, é que se concebe a revisão criminal, dando-se ao réu uma última possibilidade de provar sua inocência. A literatura está repleta de exemplos. No exterior, é celebre o caso do capitão Alfred Dreyfus, acusado na França, no final do século XIX, pela prática de atos de espionagem. Após intensa campanha, que mobilizou toda a opinião pública da época, acabou sendo reabilitado em 1906, não sem antes sem expulso do exército e cumprir pena de desterro, com irreversíveis prejuízos para si e sua família.

Também no Brasil alguns casos tornaram-se célebres, sendo lembrados constantemente como exemplos de erros judiciários. Talvez o mais conhecido seja de Mota

Coqueiro. Homem rico e afeito a conquistas amorosas, foi em 1852 acusado pela morte de um meeiro (com cuja filha tivera um romance) e de sua família, sendo, por isso, condenado à morte por enforcamento, naquela que foi a última execução ocorrida em nosso país. Passados 20 anos, um escravo de nome Herculano acabou por confessar que, a mando da enciumada esposa de Coqueiro, matara a família do meeiro.

Outro caso sempre lembrado ocorreu em 1938, na cidade mineira de Araguari, quando os irmãos Naves foram condenados pela morte de um primo. Esse primo (Benedito Pereira Caetano), portando grande quantia em dinheiro, se hospedara na casa de Joaquim Naves e, repentinamente, desapareça. Foram os irmãos, então, acusados pela prática do homicídio, cuja autoria chegaram a confessar mediante tortura. Absolvidos em um primeiro Júri, mas condenados no segundo, após oito anos de prisão, Joaquim faleceu no cárcere, em virtude de moléstia lá contraída, enquanto Sebastião, o outro irmão, passou a apresentar problemas mentais. Em 1952, a suposta *vítima* apareceu viva. Em verdade, ao tempo do pretenso homicídio, sofrera um assalto e, preocupado e envergonhado com o sumiço do dinheiro, fugiu para o Mato Grosso, onde constituiu família e se instalou, ignorando o processo que se iniciara contra os primos.

Conceito • A revisão criminal é ação autônoma destinada a desfazer os efeitos de uma sentença penal transitada em julgado. Ou, na lição de Bento de Faria, vazada em Manzini, "é um meio processual deferido ao condenado para demonstrar, a todo o tempo, a injustiça da decisão que o condenou, e obter, assim, a respectiva anulação, ou a modificação da pena ou mesmo a absolvição" (Código de processo penal, vol. 2, p. 342).

Natureza Jurídica • Já se discutiu, de forma mais acalorada, a respeito da natureza jurídica da revisão criminal. Porque elencada no capítulo do CPP que trata dos recursos, já se chegou a afirmar que a revisão teria, como consequência, a natureza jurídica de verdadeiro recurso. Nesse sentido a lição de João Mendes de Almeida Júnior (*O processo criminal brasileiro*, Rio de Janeiro: Francisco Alves, 1911, vol. II, p. 421.

Conferindo-lhe o caráter de ação *sui generis*, já que embora se tratando de verdadeira ação, obedece, contudo, à forma dos recursos, é o posicionamento de Ary Azevedo Franco (Código de Processo Penal, vol. I, p. 275), de Firmino Whitaker (*Júry*, São Paulo: Saraiva, 1930, p. 239) e Galdino Siqueira (*Curso de processo criminal*, São Paulo: Magalhães, 1917, p. 370).

Na lição de Espínola Filho, a revisão tem o caráter *mixto* (conforme consta do original), eis que possui a índole de recurso, já que "coloca o tribunal na situação de, apenas, solucionar a questão no sentido do benefício da parte que lhe submete o caso". De outro lado, trata-se de verdadeira ação. Daí a duplicidade vislumbrada pelo eminente autor (Código *de Processo Penal Brasileiro Anotado*, vol. VI, p. 352).

Hoje parece tranquilo, porém, o entendimento de que a revisa criminal ostenta a natureza jurídica de verdadeira *ação penal de natureza constitutiva(*nesse sentido, Tourinho *Filho, in Processo penal, vol. 4, p. 599* e *José Frederico Marques (Elementos ... vol. IV, p. 305)*. Vê-se, assim, que embora relacionada, no CPP, no capítulo que trata dos recursos, a revisão não tem, em absoluto, tal natureza jurídica, na medida em que só é possível a revisão após o trânsito em julgado da decisão Ora, o recurso, ao contrário, pressupõe exatamente a não ocorrência do trânsito em julgado.

Com a revisão, em verdade, se inaugura uma nova relação processual, enquanto que o recurso importa em *continuidade* ou *prolongamento* de um processo já decidido em 1º grau. Na lição de Tourinho Filho, "o recurso nada mais representa senão um desdobramento da ação que se promove no juízo de conhecimento e se estende até onde permita a lei" *(Processo penal, vol 4, p. 599)*. Não é o que ocorre, por certo, na revisão. De sorte que o único ponto no qual se igualam o recurso e a revisão consiste no fato de que ambos propiciam o reexame de algo que já foi decidido. Salvo essa intersecção, em nada mais se tocam.

Revisão criminal *pro societate* • De se ver que a legislação brasileira, ao contrário de outras legislações, somente prevê a revisão criminal em favor do réu, não se admitindo, assim, a revisão *pro societate.* De tal modo que se pode dizer que a sentença absolutória (com uma única exceção que será vista logo em seguida), uma vez transitada em julgado, jamais poderá ser alterada. Assim, por exemplo, se o réu é definitivamente absolvido e, no dia seguinte ao trânsito em julgado, admite a prática do crime, indicando, inclusive, provas seguras de sua responsabilidade, nada mais poderá ser feito, face à imutabilidade da sentença absolutória. Aqui prevalece a verdade formal sobre a verdade real.

Pelo menos em um caso poderia o legislador pátrio seguir os passos do Código de Processo Penal Italiano (art. 69, § 2º). É quando autoriza a revisão criminal *pro societate* na hipótese concreta em que, extinta a punibilidade do réu por sua *morte*, apura-se, posteriormente, que ele se acha vivo. Seria uma forma de superar a discussão que se trava, em nosso direito, a respeito da validade e eficácia da sentença que decretou extinta a punibilidade pela morte falsamente anunciada.

Insiste-se, no entanto, em guardar a revisão apenas em *favor rei*, sob o argumento de ser preferível a manutenção de uma sentença absolutória totalmente equivocada a ter que submeter o acusado à insegurança de um novo julgamento. Tal argumentação, por óbvio, não pode ser acolhida, pelo menos se tomado o exemplo acima. Ora, aquele que dolosamente se vale de uma certidão de óbito falsificada, com a vil intenção de se livrar dos processos que responde, não reúne condições para reclamar caso seja o processo reaberto. Não se compadece o direito com tamanha torpeza.

Cabimento • A revisão criminal, como já se destacou, pressupõe sempre o trânsito em julgado da sentença. Assim, o art. 621 do código permite essa espécie de ação de impugnação para os *processos findos* (situações em que a revisão criminal não foi conhecida porque não operado o trânsito em julgado: *RT* 803/559; *RJTJESP* 75/308, 74/359). Conhecendo da revisão, nesses casos, como *habeas corpus*: *RT* 599/358; *RJDTACRIM* 7/243. Vale atentar que não é necessário que o interessado tenha esgotado todos os recursos. Assim, se o réu é condenado em 1º grau de jurisdição e não interpõe apelação, deixando a sentença transitar em julgado – embora pudesse fazê-lo em todo e qualquer caso, sem nenhuma espécie de limitação – poderá no dia seguinte ajuizar a revisão. Pouco importa, outrossim, não ter se utilizado, dependendo do caso concreto, de recurso especial para o STJ ou recurso extraordinário para o STF. Basta – repita-se – o trânsito em julgado da decisão para autorizar a revisão, não se exigindo que o réu tenha se valido de todos os recursos que tinha à disposição. Claro que, na prática, dificilmente se deixará de, pelo menos, interpor a apelação, para, desde logo, lançar mão da revisão criminal. Mesmo porque esta última ação de impugnação sofre algumas restrições para seu emprego, o que não ocorre face aos termos amplos pelos quais se admite o apelo.

A revisão criminal é cabível contra a *sentença condenatória*, conforme se observa dos incisos I, II e III, do art. 621. É assim na imensa maioria dos casos. Mas ela é também admitida contra a chamada *sentença absolutória imprópria*. A sentença absolutória imprópria, prevista no art. 386, parágrafo único, III, do CPP, é aquela que, embora absolvendo o réu, já que inimputável, impõe-lhe medida de segurança consistente na internação para tratamento psiquiátrico ou sujeição a tratamento ambulatorial (art. 95 do Código Penal). Ora, essa sentença, embora denominada *absolutória*, tem forte carga condenatória e, assim, por exemplo, o réu condenado a quem se determinou a internação em um manicômio judicial, possui nítido interesse em promover a revisão criminal a fim de ser absolvido, *v.g.*, por falta de provas. Com isso, obtendo, com a revisão, uma sentença absolutória própria, se livrará da medida de segurança antes imposta (o Tribunal de Justiça de São Paulo prevê expressamente a possibilidade de pedido revisional contra sentença absolutória na qual se impôs medida de segurança – art. 585, § 1º, do RITJSP).

Não tem sido admitida, no entanto, a revisão para alterar o fundamento da sentença penal absolutória própria, mas apenas da sentença absolutória imprópria, como já vimos. Se, por exemplo, o réu absolvido por falta de provas pretende ser absolvido sob o fundamento de que o fato não existiu, em interesse que, já vimos, é legítimo, deverá ingressar com a apelação no momento oportuno. Se não apelou ou a apelação foi desprovida, não é mais é cabível a revisão que pressupõe uma sentença condenatória ou uma sentença absolutória imprópria (*RSTJ* 15/228; *RJTJESP* 117/483, 134/486, 139/305; *RT* 811/600).

Não é cabível a revisão de sentença estrangeira homologada pelo STJ, já que, nesse caso, a aquela Corte não julga o mérito da condenação, mas apenas seu aspecto formal. Eventual reparação, se cabível, deve ser buscada no juízo estrangeiro da condenação. Tampouco é admitida contra decisão de pronúncia (*RT* 555/334), onde não há condenação, mas mero juízo provisório que remete o réu a julgamento pelo Júri. Se a sentença reconhece a prescrição da pretensão punitiva, também não é cabível a revisão, pois ai não houve condenação, a prescrição é da própria ação penal (*RT* 701/325, 671/330). Porém, se a prescrição é da pretensão executória (onde foi proferida uma sentença condenatória), é possível a revisão (*RJDTACRIM* 11/241). Também por isso se admite após a graça ou indulto(quanto ao indulto: *RTJ* 56/123. O Tribunal de Justiça de São Paulo expressamente admite revisão de decisão que concedeu o indulto (art. 586, § 1º, do RITJSP.

Hipóteses de admissibilidade • Os casos onde é cabível a revisão estão elencados no art. 621 do código. São eles:

I - quando a sentença condenatória for contrária ao texto expresso da lei penal ou à evidência dos autos: a primeira parte do dispositivo legal trata da possibilidade de revisão quando a sentença for contrária à lei. O alcance da expressão *lei penal*, contida no dispositivo legal em estudo, deve ser analisado de maneira ampla. Assim, não apenas a *lei penal*, quando afrontada, autoriza o pedido revisional. Mas também a lei *processual, civil, tributária, comercial*, etc, desde que guardem relação com a tipicidade do fato delituoso pelo qual foi condenado o réu. E, por óbvio, a decisão que contraria um princípio constitucional. Não faria sentido que o réu pudesse se valer do pedido sob o argumento de que a decisão violou a *lei penal* e se visse inibido da mesma via impugnativa quando o *decisum* afrontasse um *princípio constitucional*, muito mais caro e relevante, na medida em que incluído na Carta Magna.

Nas palavras de José Frederico Marques, "tanto contrária à lei penal é a decisão que considera delituosa uma conduta atípica, como aquela que impõe ao condenado sanção penal não prevista para a infração praticada" *(Elementos, vol. IV, p. 323)* . Assim, podem ser lembrados alguns exemplos em que o juiz julgou em oposição ao texto de lei, como ocorreria se ele reconhecesse, para majorar a pena do réu, uma agravante não prevista em lei, consistente na prática do crime contra a concubina. Ou que tivesse condenado o réu por abandono material de sua amante. Ou, ainda, que tivesse condenado o réu com base em provas ilícitas, em afronta, neste caso, ao texto constitucional.

Mas é preciso, para se admitir a revisão, que a decisão tenha, efetivamente, contrariado o texto legal. A mera adoção pelo juiz ou tribunal de um entendimento minoritário na jurisprudência, em se tratando de questão controvertida ou mesmo de uma tese que depois venha a ser superada pelos Tribunais, não autoriza a revisão (no STF: *RT* 578/449, 560/421 e *JUTACRIM* 69/555). Nesse sentido a Súmula 343 do STF, que por tratar da ação rescisória, como já dito, prima-irmã da revisão, tem aplicação no pedido revisional, *in verbis*: "Não cabe ação rescisória por ofensa a literal disposição de lei, quando a decisão rescindenda se tiver baseado em texto legal de interpretação controvertida nos tribunais". A matéria, porém, não é pacífica, merecendo lembrança a posição de Ada, Magalhães e Scarance, para quem "a contrariedade ao direito em tese há de ser frontal e inequívoca: não infringe o texto expresso a interpretação razoável, ainda que controvertida, dos tribunais. Mas, passando a haver adoção tranquila da posição oposta, a revisão pode ser considerada cabível, numa interpretação extensiva do dispositivo" (*Recursos , p. 317.* Nesse sentido, ainda, o teor da Súmula 116 da Mesas de Processo Penal da USP).

A segunda hipótese de admissibilidade de revisão é tratada na parte final do inciso I, ou seja, *quando a sentença condenatória for proferida em contrariedade à evidência dos autos*. Sentença contrária à evidência dos autos é aquela que não tem nenhum respaldo nos elementos probatórios, proferida de forma totalmente divorciada do contexto, em sentido contrário daquele que emerge do processo. Ou, na conceituação adotada pela Súmula 117 das Mesas de Processo Penal da USP, "contrária à evidência dos autos é a sentença que se distanciar por completo da prova produzida, resguardando o princípio do livre convencimento do juiz". Nessa hipótese se admite a revisão criminal. De sorte que a má interpretação da prova não ensejará a revisão (que não se presta como uma nova apelação), mas somente a interpretação que não encontre apoio, de forma clara e evidente, em nenhum elemento de convicção existente nos autos. Não se aplaude, assim, a jurisprudência que nega a possibilidade de nova avaliação das provas na revisão criminal (*RT* 769/644, 764/542, 747/649), afinal, para se apurar se a condenação foi contrária à evidência dos autos, necessariamente se deverá, antes, analisar a prova produzida no processo em cotejo com o decreto condenatório (*RT* 711/324; *RJTACRIM* 45/479, 43/411). Em suma: a nova análise da prova é mesmo necessária, para se apurar da sua adequação – ou não – à sentença condenatória. O que não se permite é que o Tribunal despreze o veredicto razoável oriundo da decisão cuja revisão se pretende, para substituí-lo, pura e simplesmente, pelo seu entendimento. Como salientou Eduardo Espínola Filho, "investir contra essa decisão é ... arvorar-se o tribunal da revisão em injustificável controlador dos juízes, a quem a lei dá a competência normal para, em primeira e em segunda instância, formar o íntimo convencimento, mediante a livre apreciação da prova" Código de Processo Penal, vol. VI, p. 380).

Nessa linha de raciocínio, já se acolheu pedido revisional quando a sentença condenatória se baseou, única e exclusivamente, nos depoimentos de corréus (RSTJ 24/275), reconhecimento fotográfico (LEX 233/351) ou na prova obtida na fase policial (TJDF – Rev. nº 20019598 – Rel. Carmelita Brasil – j. em 27.6.2001).

Saliente-se que eventual dúvida no julgamento da revisão, quanto à análise da prova, já não é mais solucionada em favor do réu. De tal forma que o *in dubio pro reo* tem incidência durante o transcorrer do processo original. No pedido revisional, quando já se tem, necessariamente, uma sentença com trânsito em julgado, a dúvida que possa surgir é resolvida no sentido de se manter a decisão atacada. Diz-se, então, que a dúvida se resolve em favor da sociedade (*in dubio pro societate*) ou em favor da coisa julgada (*in dubio pro re judicata*). Incorreta, no entanto, a alegação de que na revisão criminal ocorreria a inversão do ônus da prova. Ora, o ônus da prova, seguindo a regra geral do art. 156 do CPP, é de quem alegar. O que ocorre é que, no processo criminal, quem alega é a acusação, cumprindo a ela, portanto, produzir prova de suas alegações. Na revisão criminal quem alega é o autor, que suportou a condenação (ou absolvição imprópria) e, por isso, cabe a ele o ônus de provar.

II – ***quando a sentença condenatória se fundar em depoimentos, exames ou documentos comprovadamente falsos***: ou seja, o juiz fundamentou sua decisão em uma prova que, depois, se verificou falsa. Mas para autorizar a revisão, é necessário que tal prova, tida como falsa, tenha sido de fundamental importância para a decisão condenatória (JTACRESP 36/40. Nesse sentido, ainda, o teor da Súmula 118 das Mesas de Processo Penal da USP). Assim, por exemplo, se as testemunhas A, B e C dizem ter visto o réu cometendo o crime e, depois, se apura que C mentiu, esse fato, por si só, não levará ao sucesso da revisão. É que, embora se excluindo o mentiroso depoimento de C, restam ainda os firmes depoimentos de A e B, que confirmam a conduta criminosa do réu. Em suma, somente se absolverá o réu, sob este fundamento legal, quando se demonstrar que, alijados os depoimentos, exames ou documentos comprovadamente falsos, a conclusão da sentença teria sido diversa.

III – ***quando, após a sentença, se descobrirem novas provas de inocência do condenado ou de circunstância que determine ou autorize diminuição especial da pena***: o conceito de *nova prova* refere-se àquela que não foi apreciada no processo já que, por qualquer razão, não pôde ser produzida no momento oportuno. E, além disso, a prova que, embora produzida no processo, não mereceu apreciação pelo juiz. Exemplo clássico, inicialmente citado, é o famoso caso dos *Irmãos Naves*, ocorrido na cidade de Araguari-MG, quando os foram condenados pela prática de homicídio contra um primo que, tempos depois, apareceu vivo.

Mas não apenas nesse caso. Lembre-se a hipótese em que embora morta a vítima, se constata, depois, que ela faleceu em virtude de suicídio e não do homicídio cuja prática é atribuída ao réu. Ou, ainda, quando já condenado o réu por furto, se descobre a *res furtiva* no local onde a vítima a esquecera, não se cogitando, assim, da prática do crime contra o patrimônio. Ou quando se apura intacto o objeto após a condenação do réu pela prática do crime de dano. É cabível ainda a revisão sob esse fundamento com o objetivo de propiciar a redução da pena do condenado, quando, por exemplo, findo o processo, se consegue a certidão de nascimento do réu dando conta de que ele praticara o delito quando contava menos de 21 anos de idade (art. 65, I, do CP). Mesmo o avanço da ciência pode caracterizar uma *prova nova*. Assim, no âmbito do processo civil, tem se revelado prática comum que ações de investigações de paternidade, julgadas improcedentes há 30 anos, com base em prova testemunhal e no frágil exame hematológico, sejam novamente apreciadas, já agora à luz de novas tecnologias (*DNA*, *HLA*), capazes de oferecer quase que certeza absoluta a respeito da alegada paternidade. Ou seja: se afasta o dogma da coisa julgada a fim de que, em busca da verdade, se propicie uma nova apreciação do caso. Se é assim no processo civil que, na maioria das vezes, cuida de valores menos caros aos seres humanos quando comparados aos tratados no processo penal, não há razão para que, neste último, negando-se a evolução científica, se negue essa possibilidade. Se amanhã fosse criado um mecanismo capaz de detectar se a pessoa diz ou não a verdade – e o progresso incontido da ciência não torna absurda tal suposição – parece óbvio que tal aparelho autorizaria a nova discussão a respeito da prova, em sede de revisão criminal.

A prova nova deve ser produzida, via de regra, através de justificação criminal. Com efeito, em virtude da dificuldade de produção da prova diretamente no tribunal, deve a parte interessada produzir a prova da inocência do réu (ou de causa que autorize a redução da pena), em 1º grau de jurisdição. Trata-se de procedimento tomado de empréstimo ao Código de Processo Civil (art. 861 do CPC), já que não previsto na legislação processual penal. Nele nada é decidido, apenas se produz a prova requerida pelo interessado, que a utilizará para instruir o pedido revisional. Mas embora não haja uma sentença de mérito na justificação, como ela pode vir a ser utilizada para instruir a futura revisão criminal, há necessidade de se estabelecer o contraditório, com a obrigatória participação, em 1º grau, do Ministério Público (*RT* 688/339, 684/325). Para seu conhecimento é competente o Juízo de 1º grau onde foi proferida a decisão, segundo parte da jurisprudência (JTJ 224/372). Há, porém, o entendimento que é o "julgamento afeto ao foro do local da infração, por qualquer juízo da comarca, a ser eleito pela livre distribuição" (*RT* 775/589;

JTJ 213/337). Não pode ser negado tal meio de prova, por afronta ao princípio da ampla defesa. De decisão que indefere a instauração do procedimento é cabível apelação. Há situações, no entanto, que se dispensa qualquer produção de prova na origem, podendo o pedido revisional já vir instruído com a prova necessária à sua apreciação. Assim, por exemplo, quando se busca a redução da pena com base na menoridade do réu, basta a juntada da respectiva certidão de nascimento acompanhando a inicial.

Saliente-se que o art. 621, que trata das hipóteses onde é admitida a revisão criminal, não fez qualquer referência à possibilidade de utilização de tal remédio quando se cuidar de nulidade decorrente da não observância de alguma formalidade essencial do processo. A boa técnica recomendaria a inclusão das nulidades como causas que dão ensejo ao pedido revisional. Ocorre que, logo em seguida, no art. 626, o legislador acaba por ampliar o rol do art. 621, ao admitir, expressamente, dentre os efeitos da sentença, a possibilidade de se anular o processo.

Legitimidade • São legitimados, ex vi do disposto no art. 623, para o pedido, o próprio réu ou por procurador legalmente habilitado ou, no caso de morte do réu, o cônjuge, ascendente, descendente ou irmão. A legitimidade para a revisão, após a morte do réu, é, assim, possível, sendo deferida ao "cônjuge, ascendente descendente ou irmão". Entendemos, porém, ser inviável aos herdeiros propor a revisão com o objetivo de modificar a pena imposta ao sentenciado, porquanto tal pena, com a morte do réu, estará extinta, faltando-lhes, assim, interesse no pedido. Também é pouco provável a demonstração de interesse para alteração da classificação da infração. Talvez, com a intenção de resguardar a honra do falecido, se pretenda demonstrar que ele, ao invés de ter praticado uma tentativa de homicídio, perpetrou, em verdade, uma lesão corporal leve. Buscar a anulação do processo também não faz sentido, já que outro não poderá ser deflagrado face à morte do réu. A menos, quem sabe, se com a anulação do processo e ante a proibição da *reformatio in pejus* indireta, se obtenha a prescrição da pretensão punitiva, livrando o morto, assim, da sentença condenatória. De forma mais efetiva, dentre as consequências advindas da revisão elencadas no art. 626 do código, os herdeiros por certo que ajuizarão o pedido a fim de obter a absolvição do falecido e, por conseguinte, resgatar-lhe a honra. Mais importante, talvez, seja livrarem-se de eventual ação indenização, promovida perante o juízo civil, ante, por exemplo, a absolvição do falecido porque inexistente o fato delituoso. Tamanha é a preocupação do legislador nesse sentido que, falecendo o autor do pedido durante seu trâmite e nele não se habilitando as pessoas mencionadas no art. 623 (ou não deixando sucessores), cumpre ao Tribunal nomear um curador para acompanhar a revisão (art. 631).

Legitimidade do Ministério Público para o ajuizamento de Revisão Criminal • É discutível a legitimidade do promotor de justiça para propor a revisão criminal, dividindo-se a doutrina a respeito dessa questão (pela legitimidade do MP: Ada, Magalhães e Scarance, *Recursos no processo penal*. p. 311; Tourinho Filho, *Processo penal*, vol. 4, p. 605; Demercian & Maluly, *Curso de processo penal*, p. 575; Sérgio de Oliveira Médici, *Revisão criminal*, p. 155. Negando essa possibilidade: Julio Fabbrini Mirabete, *Processo penal*, p. 733; Guilherme de Souza Nucci, *Manual de processo e execução penal*, p. 852).

Os principais argumentos no sentido de negar ao *parquet* a legitimidade ativa para ajuizar o pedido são que, primeiro, a lei não prevê tal possibilidade, conforme se verifica do minucioso rol trazido pelo art. 623 do CPP. E, segundo, que não teria cabimento o Ministério Público ocupar o polo ativo da relação processual, na qualidade de autor do pedido revisional e, ao mesmo tempo, compor o polo passivo desta mesma relação, eis que, nas revisões criminais, é o *parquet* a parte passiva na demanda. Na jurisprudência, não reconhecendo a legitimidade do MP: *RT* 795/524 (STF), 694/375.

Pensamos diferentemente. O Ministério Público, conforme tantas vezes alertado, de há muito deixou de atuar no processo penal como um verdadeiro *acusador profissional*, buscando, a qualquer custo, uma condenação, pouco se importando com a forma pela qual obtida. Ao revés, encarna hoje o interesse primordial do Estado que consiste na obtenção de uma sentença justa, seja ela absolutória ou condenatória. Por ser uma *parte diferenciada* (ou parte *imparcial*, para se utilizar de força de expressão), é que se admite, de forma hoje incontestável, que, por exemplo, recorra em favor do réu, que peça antes sua absolvição ou que impetre *habeas corpus* em prol do agente. Assim, agindo como fiscal da correta aplicação da lei, naquilo que se convencionou chamar de *custos legis*, não há como se negar, ao Ministério Público, a titularidade da revisão criminal.

Não aproveita se afirmar que o art. 623 do CPP não prevê tal possibilidade. É que o código, quando trata de recursos, em mais de uma passagem elenca um rol apenas exemplificativo, sem inibir que outras pessoas, além daquelas apontadas no texto legal, possam recorrer. Assim, *v.g.*, ao tratar dos legitimados para a apelação, no art. 577, o código não mencionou a figura do curador e, apesar disso, jamais lhe foi negada a legitimidade ativa para interpor o recurso (3). De outro lado, ao tratar da legitimidade do assistente de acusação, no art. 271, o código não alude à possibilidade dele opor embargos de declaração da sentença ou do acórdão e, apesar disso, alguém negaria essa faculdade? Não se ignora, é verdade, o tranquilo entendimento no sentido de que a revisão criminal não possui a natureza jurídica de recurso. Todavia, para fins de argumentação, parece válida a analogia sugerida entre legitimidade para recorrer e legitimidade para propositura da revisão.

Outro argumento a ser lembrado é que o CPP em vigor é datado de 1941, quando a posição do Ministério Público era totalmente diversa, não tendo assumido, ainda, o *status* de defensor da sociedade bem delineado pela Constituição de 1988. Não é de se estranhar, assim, que o legislador do processo penal não apontasse o *parquet* como um dos legitimados para propor a revisão criminal.

Parece não refutar esse entendimento o argumento contrário consistente no fato de que o Ministério Público jamais poderia compor os dois polos da revisão criminal: como réu, representando o Estado e, como autor, propondo a revisão criminal. Ora, quando oferta a denúncia e, ao final do processo, pede a absolvição, também não ocorreria o mesmo antagonismo ? Ou, quando apesar de propor a inicial, recorre em favor do réu condenado, também não estaria o Estado presente nos dois polos do pedido, como recorrente e recorrido ? Apesar disso, de há muito se confere ao Ministério Público a possibilidade de pedir absolvição ou recorrer em favor do réu. Ou, ainda, quando impetra *habeas corpus* contra uma sentença transitada em julgado, não estaria o Estado ocupando ambos os polos da demanda ?Não vislumbramos, assim, qualquer impedimento que possa ser suscitado sob esse fundamento. A propósito, excetuando-se o *nomem juris* e os pressupostos que são típicos de cada pedido, não há qualquer diferença, quanto à legitimidade ativa, entre se impetrar um *habeas corpus* contra sentença transitada em julgado ou se propor uma revisão criminal na mesma situação.

Aliás, não há nada de inédito no fato do Estado, de forma simultânea, ser encontrado em ambos os polos da relação processual. Quando, através da Defensoria Pública, se ingressa, em favor da pessoa pobre, com uma ação de indenização contra o Estado, um outro setor da mesma Defensoria, será incumbido da defesa. Quando o Promotor de Justiça recorre pleiteando a absolvição do réu e a Procuradoria-Geral emite parecer contrário à apelação, é o Estado, através da mesma Instituição (Ministério Público), ofertando posicionamentos diversos para o mesmo caso. O Estado é um só. Por razões de boa administração é que ele se divide. Caberá a um outro órgão do Estado, o Poder Judiciário ("Estado-Juiz"), dar a palavra final. De qualquer sorte, mesmo que se admitisse essa incompatibilidade, não se poderia negar ao Ministério Público, na ação penal privada, a legitimidade para propor revisão criminal em favor do querelado, pois, nessa hipótese, não foi o *parquet* quem movimentou o processo inicial, mas sim o querelante, desaparecendo, assim, a alegada incongruência entre uma e outra posição.

Em suma, tomado o Ministério Público de forma mais abrangente, despido da condição de mero acusador, não há como se negar à Instituição a possibilidade de, na busca da correta aplicação da justiça, manejar pedido de revisão criminal.

Revisão criminal contra decisões do júri • Admite-se, segundo entendimento tranquilo na jurisprudência, a revisão contra decisão do Tribunal do Júri (STF: *Boletim IBCCrim* 6/11; *RT* 804/551, 753/ 641, 677/341, 594/372). Alguma doutrina, sob o argumento de que a soberania dos veredictos é dogma constitucional, entende que as decisões emanadas do Júri não permitiriam alteração por meio da revisão que poderia, quando muito, determinar um novo julgamento do réu, pelo conselho popular.

De se ver, porém, que assim como a soberania dos veredictos, o direito à liberdade também tem previsão constitucional e, por isso, é possível a propositura da revisão. Opta-se, assim, por corrigir um erro em benefício da liberdade da pessoa a se manter uma decisão injusta, em nome da soberania dos veredictos. Imagine-se a situação já mencionada na qual a *vítima* de um homicídio apareça viva. Teria cabimento que se impedisse a revisão criminal para que se absolvesse o réu condenado definitivamente pela prática do crime? Parece claro que não. E nem seria lógico mandá-lo a novo julgamento pela prática de um crime que não ocorreu. A injustiça da solução contrária não se encontra em eventual manutenção do réu preso. Isto poderia ser facilmente corrigido, através de *habeas corpus* ou mesmo de um pedido liminar dirigido ao relator que, de imediato, ordenaria a soltura do réu. O absurdo é se determinar um novo julgamento pela prática de um *homicídio* estando o ofendido – pasmem – *vivo*.

Aliás, nesse tópico se impõe uma indagação que jamais foi enfrentada por quem defende a impossibilidade do Tribunal de Justiça (togado), reformar no mérito, através da revisão criminal, a decisão dos jurados. Suponha-se que no segundo julgamento (o primeiro foi anulado em virtude do acolhimento da revisão criminal), o Júri entenda, novamente, deva ser o réu condenado, embora viva a *vítima*? Para quem entende que a soberania dos veredictos é absoluta, não há outra alternativa se não manter a decisão do Júri e, por consequência, manter também tão esdrúxula decisão. Daí defendermos que o princípio da soberania dos veredictos, prevista com todas as letras em nossa Constituição (art. 5º, inc. XXXVIII, *c*), é relativo. Não porque se admita, em legislação infraconstitucional, a apelação, já que tais recursos jamais podem alterar, *no mérito*, a decisão dos jurados. Mas porque se prevê a revisão criminal como instrumento hábil para corrigir todo e qualquer erro judiciário, inclusive quando emanado do Tribunal do Júri. Aliás, não teria cabimento se admitir uma forma de correção para a decisão do juiz togado, que possui conhecimento técnico e, portanto, se encontra presumivelmente preparado para julgar e se conferisse caráter de intangibilidade à decisão do leigo que, na maioria das vezes, não ostenta qualquer conhecimento teórico a respeito do fato e do direito que lhe foram propostos a julgamento. Homens e, portanto, falíveis, são tanto o togado como o leigo. Este mais que àquele, por ignorar as coisas do Direito.

Efeitos da sentença • Com o sucesso da revisão criminal se pode obter a alteração da capitulação legal, a absolvição do réu, a diminuição de sua pena ou a anulação do processo. É a exata dicção do art. 626 do CPP.

O ajuizamento de pedido revisional para alteração da capitulação legal é situação rara de ser vista no cotidiano forense. E, de fato, não se imagina situação concreta onde haja interesse no pedido. Poderia se exemplificar com a hipótese na qual o agente cumprindo pena pela prática de determinada conduta típica, viesse a ter a pena reduzida, com a nova definição legal dada ao delito, por força da revisão. Mas aí já não mais seria de mera alteração da classificação legal, mas de verdadeira modificação da pena, prevista no mesmo art. 626 do código. A jurisprudência aponta um caso em que se acolheu a revisão para alterar a classificação dada ao delito de *tentativa de homicídio culposo* (figura, aliás, inexistente), para *lesões corporais culposas* (RT 603/335). Mas também nessa hipótese a consequência foi a redução da pena. O Tribunal de Justiça de São Paulo, em seu regimento interno, chega mesmo a impedir a revisão criminal "para a alteração do fundamento legal da sentença condenatória" (art. 584, § 2º, III), embora, mais à frente (art. 596 do RITJSP), repita os termos do art. 626 do CPP, ao dispor que "se julgar procedente a revisão, o órgão colegiado poderá absolver o acusado, alterar a classificação da infração ...". Apontam-se como exemplos a alteração da classificação legal de crime doloso para culposo, de consumado para tentado, de lesão grave para leve, de roubo para furto.

Correção da pena • Inegável, outrossim, o cabimento do pedido para correção da pena imposta a seu autor. A jurisprudência, no entanto, interpreta com certo rigor essa possibilidade, exigindo, para o acolhimento da revisão, que se demonstre o evidente erro judiciário havido no cálculo, por inobservância de regra técnica em sua elaboração (RT 805/590, 804/668,729/556).

Nulidade do processo e *non reformatio in pejus* • Anulado o processo e, por consequência a sentença, nova decisão deverá ser proferida. Essa segunda sentença não poderá agravar a pena do réu, conforme se infere do teor do parágrafo único do art. 626 do código. Incide, aqui, o princípio da *non reformatio in pejus*, que impede que o tribunal, ao julgar a revisão, piore a situação do réu (*reformatio in pejus* indireta), ou que o faça a nova sentença a ser proferida (*reformatio in pejus* indireta). Nesse sentido: STF: *RT* 687/388, 591/424.

A *ratio legis* é evidente: tratando-se a revisão de uma medida concebida, pelo menos em nossa legislação, apenas em favor do réu, não teria cabimento que o sucesso do pedido pudesse implicar, logo adiante, no agravamento da situação de seu autor. A lei menciona que somente a pena não pode ser agravada na segunda sentença, a exemplo do que diz, também, em relação à apelação (art. 617 do CPP). Mas, assim como salientamos ao tratarmos da apelação, não somente a pena não pode ser majorada, como, além disso, a situação em geral do réu não deve, jamais, ser agravada. Assim, se a primeira sentença, condenando o réu a pena de cinco anos, concedeu, de forma equivocada, o regime aberto, vindo ela a ser anulada através da revisão, não é dado à nova sentença pretender corrigir o erro da primeira, mantendo a pena de cinco anos, mas impondo o regime semiaberto para início de seu cumprimento. Embora o CPP, nos arts. 617 e 626, parágrafo único, impeça apenas o agravamento da sanção penal, o raciocínio acima exposto, de criação doutrinária e jurisprudencial, é hoje largamente aceito.

Rescisão dos efeitos da sentença condenatória • Proferida a sentença absolutória, serão restabelecidos todos os direitos perdidos pelo réu em virtude da condenação, *ex vi* do disposto no art. 627 do CPP. Cessam, portanto, a pena em si, com seus efeitos genéricos previstos no art. 91 do CP, bem como os efeitos específicos da condenação, elencados no art. 92 do mesmo *codex*. Assim, por exemplo, se em virtude da condenação ao réu se impôs a inabilitação para dirigir veículo (art. 92, III, do CP), acolhida a reabilitação se extingue a pena de reclusão imposta (*v.g.*, pela prática do homicídio culposo), como também o efeito administrativo da condenação. Cumpre, porém, a análise de cada caso concreto. Assim, a absolvição, via pedido revisional, do funcionário público, não implicará, automaticamente, em seu retorno ao serviço público, do qual fora alijado como efeito da condenação (art. 91, II, do CP). É que há independência entre as esferas penal e administrativa. Por vezes, sob a ótica do Direito Penal, o fato é atípico, mas na via administrativa justifica a exoneração do servidor, por afronta ao estatuto que lhe é próprio.

Medida de segurança • A parte final do art. 627 contempla a possibilidade do Tribunal, embora absolvendo o réu, "impor a medida de segurança cabível". A medida de segurança aqui aludida, sem dúvida, era aquela prevista no antigo Código Penal de 1940, que tinha por objetivo evitar que o sujeito que praticou o crime, em virtude de sua periculosidade, viesse a cometer novos delitos. Através do sistema do duplo binário, aplicava-se a pena e, concomitantemente, a medida de segurança. Assim, ao Tribunal era dado absolver o réu e, apesar disso, manter a medida de segurança, caso fosse ele perigoso. Com a reforma de 1984 e a adoção do sistema vicariante, a medida de segurança não mais pôde ser aplicada ao imputável, mas somente ao inimputável ou semi-responsável por doença mental. De tal forma que, hoje, a possibilidade do Tribunal, acolhendo a revisão, impor medida de segurança, é apenas uma: no caso em que o réu, tendo experimentado uma condenação, busque a absolvição chamada imprópria, a fim de, ao invés de cumprir pena corporal, seja internado ou submetido a tratamento ambulatorial.

Efeito extensivo • É cabível o efeito extensivo na revisão criminal. Assim, o corréu que não ingressou com a revisão, pode dela se beneficiar, desde que a decisão não tenha por fundamento condições pessoais do autor, nos termos do art. 580 do código. Suponha-se que dois réus, agindo em concurso de agentes, estejam definitivamente condenados, quando um deles propõe revisão criminal. Caso o tribunal acolha o pedido para absolver o autor sob o fundamento, por exemplo, de que o fato inexistiu, tal decisão estenderá seus efeitos em favor do corréu que não se valeu do pedido revisional (RT 739/613; RJDTACRIM 32/493). Já se o autor, comprovando que contava menos de 21 anos à época do crime, teve sua pena reduzida, esse efeito não se estenderá ao corréu que, comprovadamente, tinha, *v.g.*, 25 anos, quando da prática do delito, posto que diversas as condições pessoais de um e outro.

JURISPRUDÊNCIA

» Revisão *pro societate*. Impossibilidade

"Hipótese na qual o primeiro julgamento do apelo cassou a sentença condenatória, havendo trânsito em julgado para acusação e defesa. Posteriormente, o recurso foi novamente submetido a apreciação do Colegiado a quo, por iniciativa do Desembargador Relator, com o fundamento de erro no julgamento, em razão de não ter sido observada a existência da certidão de intimação da defesa da expedição da carta precatória para a oitiva de testemunhas. Impossibilidade de renovação do julgamento do recurso em razão da preclusão e da vedação à revisão criminal pro societate" (STJ – HC nº 215647-SP, Rel. Gilson Dipp, j. 19.04.2012, DJe 24.04.2012).

» Revisão criminal não se presta como uma segunda apelação

"Firme o entendimento deste Superior Tribunal de Justiça no sentido de que é inadmissível a utilização do instituto da revisão criminal como um novo recurso de apelação, de forma a propiciar reanálise da prova já existente dos autos" (STJ – AgRg no AResp nº 14228-MS, Rel. Jorge Mussi, j. 28.05.2013, DJe 11.06.2013).

"A revisão criminal, com fulcro no art. 621, inciso I, do Código de Processo Penal, deve demonstrar que o decreto condenatório ofendeu de forma clara o conjunto probatório colhido durante à instrução, sendo diferente de um revolvimento de provas motivado pela interposição de um recurso de apelação" (STJ – AgRg nos EDcl no REsp nº 825208-RS, Rel. Laurita Vaz, j. 22.06.2010, DJe 02.08.2010).

» Falta de interesse quando extinta a pena pela prescrição

HABEAS CORPUS. TENTATIVA DE HOMICÍDIO. LESÃO CORPORAL LEVE. EXTINÇÃO DA PUNIBILIDADE. REVISÃO CRIMINAL. AUSÊNCIA DE INTERESSE PROCESSUAL – "Não existe interesse jurídico da parte que pretende a reapreciação do mérito, se decretada a extinção da punibilidade, pois extinta, também, toda a carga jurídica da sentença" (STJ – HC nº 155127-PB, Rel. Adilson Vieira Macabu, j. 19.06.2012, DJe 01.08.2012).

» Alteração do regime imposto na condenação não pode ser discutida por meio de revisão criminal

"O pedido relativo à mudança de regime de cumprimento da pena não se enquadra nas hipóteses de revisão criminal previstas no art. 621 do CPP. Transitada em julgado a condenação, as questões relativas à concessão de benefícios durante o cumprimento da pena, condicionados ao preenchimento de requisitos objetivos e subjetivos pelo reeducando, é da competência do juízo das execuções" (STJ – HC nº 243651-SP, Rel. Marilza Maynard, j. 26.02.2013, DJe 04.03.2013).

» **Impossibilidade de alteração do fundamento da sentença absolutória, mas possibilidade de correção de mero erro material**

"Com efeito o art. 621 do CPP só permite a revisão de sentença condenatória, sendo, portanto, condição indispensável, para o seu conhecimento, a decisão definitiva de mérito acolhendo a pretensão condenatória, ou seja, impondo ao réu a sanção penal correspondente. Tanto a doutrina como a jurisprudência não admitem o conhecimento de revisão criminal de sentença absolutória, salvo em caso de absolutória com aplicação de medida de segurança. A questão, tratada como se fora de alteração do fundamento da sentença, é na verdade de correção de erro material de que se revestiu o decreto, ao concluir pela aplicação do art. 386, VI, quando toda a fundamentação do decisum foi no sentido da inexistência de prova da materialidade e da autoria do crime. O erro material, sempre perceptível primo icto oculi, pode e deve ser corrigido a qualquer tempo, ainda que tenha havido trânsito em julgado, já que sua correção não implica em alterar o conteúdo da decisão" (STJ – REsp nº 329346-RS, Rel. Hélio Quaglia Barbosa, j. 31.05.2005, DJ 29.08.2005, p. 443).

» **Não tem efeito suspensivo**

HABEAS CORPUS. REVISÃO CRIMINAL. DIREITO DE AGUARDAR O JULGAMENTO EM LIBERDADE. IMPOSSIBILIDADE. MATÉRIAS PENDENTES DE APRECIAÇÃO PELO TRIBUNAL DE ORIGEM. SUPRESSÃO DE INSTÂNCIA. WRIT PARCIALMENTE CONHECIDO E, NESSA EXTENSÃO, DENEGADO – "Mostra-se inviável suspender-se o início da execução da pena enquanto não tiver sido julgada revisão criminal ajuizada no Tribunal de origem, tendo em vista que a ação revisional não é dotada de efeito suspensivo" (STJ – HC nº 158807-SP, Rel. Jorge Mussi, j. 05.10.2010, DJe 13.12.2010).

» **Habeas corpus x revisão criminal**

"O habeas-corpus não é o meio hábil a fulminar-se sentença condenatória sob o ângulo de mostrar-se contrária à evidência dos autos. Cabe ao interessado adentrar, com base no inciso I do artigo 621 do Código de Processo Penal, no campo da revisão criminal"(STF – HC nº 73769-RJ – Rel. Marco Aurélio, j. 06.08.1996, DJ 11.10.1996, p. 38500).

» **Precariedade das provas não enseja revisão criminal**

REVISÃO CRIMINAL – "Só há decisão contrária à evidência dos autos quando não se apoia ela em nenhuma prova existente no processo, não bastando, pois, para o deferimento da revisão criminal, que os julgadores desta considerem que o conjunto probatório não é convincente para a condenação" (STF – REsp nº 113269-SP, Rel. Moreira Alves, j. 12.05.1987, DJ 07.08.1987, p. 15440).

"É assente o entendimento nesta Corte de que o pedido de revisão criminal não pode se fundar na precariedade das provas carreadas aos autos, sob pena de se travestir em novo recurso de apelação. Antes, deve se evidenciar a ocorrência de qualquer uma das hipóteses previstas no art. 621, do Código de Processo Penal" (STJ – AgRg no REsp nº 1380897-SC, Rel. Moura Ribeiro, j. 08.10.2013, DJe 14.10.2013).

"A fundamentação baseada apenas na fragilidade das provas produzidas não autoriza o e. Tribunal a quo a proferir juízo absolutório, em sede de revisão criminal, pois esta situação não se identifica com o alcance do disposto no art. 621, inciso I do CPP que exige a demonstração de que a condenação não se fundou em uma única prova sequer, daí ser, portanto, contrária à evidencia dos autos" (STJ – REsp nº 988.408-SP, Rel. Felix Fischer, DJ 25.8.2008)".

» **Conceito de *contrária à evidência dos autos***

PROCESSUAL PENAL – REVISÃO CRIMINAL – "O CPP (art. 621,I), autoriza a revisão criminal quando a sentença condenatória for contrária à evidência dos autos, Essa norma tem a seguinte extensão: o julgado condena o réu, ao arrepio das provas, contra a inocência caracterizada no conjunto probatório" (STJ – REsp nº 86581-SP, Rel. Luiz Vicente Cernicchiaro, j. 29.04.1996, DJ 13.10.1997, p. 51652)".

» **Nova definição jurídica do crime. Impossibilidade**

PENAL E PROCESSUAL PENAL. LATROCÍNIO. REVISÃO CRIMINAL. PRETENSÃO DE NOVA QUALIFICAÇÃO JURÍDICA DOS FATOS. REEXAME DE PROVAS. IMPOSSIBILIDADE. SÚMULA Nº 7 DO STJ – "O acervo probatório em que se lastreou a condenação foi exaustivamente examinado nas instâncias ordinárias, declarando-se, em todas as oportunidades, estar configurada a prática do delito previsto no art. 157, § 3º, in fine, do Código Penal. Sendo assim, não tem cabimento a pretensão de se conferir nova qualificação jurídica dos fatos, com base em suposta ofensa aos arts. 621, I, e 622, parágrafo único, do Código de Processo Penal, notadamente se a tese defensiva apresentada não se insere nas hipóteses em que se admite revisão criminal, como bem ressaltou o acórdão impugnado" (STJ – AgRg no Ag nº 1276605-MS, Rel. Og Fernandes, j. 05.08.2010, DJe 23.08.2010).

"É mister lembrar que, em revisão, não é permissível o acolhimento de nova classificação delituosa emanada de nova versão sobre os fatos, quando não estejam estes inequivocamente demonstrados. Se a classificação que se quer ver cancelada não contraria a evidência dos autos, não há como autorizar-se uma nova definição jurídica, fundada em apreciação de fatos diversos" (TJSP, Rel. Mendes França, *RJTJSP* 08/546).

» **Alteração da jurisprudência não enseja revisão criminal**

"O art. 621, inciso I, do Código de Processo Penal, determina que caberá revisão criminal "quando a sentença condenatória for contrária a texto expresso da lei", o que não pode ser confundido com mudança de orientação jurisprudencial a respeito da interpretação de determinado dispositivo legal" (STJ – REsp nº 706042-RS, Rel. José Arnaldo Fonseca, j. 28.09.2005, DJ 07.11.2005, p. 363).

» **Matéria controvertida nos tribunais não enseja revisão criminal**

PENAL. NATUREZA JURÍDICA DO CRIME DE ESTELIONATO PREVIDENCIÁRIO. DISCUSSÃO EM REVISÃO CRIMINAL. IMPOSSIBILIDADE, TENDO EM VISTA A CONTROVERTIDA INTERPRETAÇÃO JURISPRUDENCIAL – "O pedido revisional não é cabível com amparo em matéria cuja interpretação seja controvertida nos tribunais. Precedentes" (STJ – HC nº 103210-RS, Rel. Laurita Vaz, j. 19.10.2010, DJe 22.11.2010).

» **Justificação judicial. Necessidade**

"O pedido de revisão criminal, calcado existência de prova oral nova, pressupõe o ajuizamento de justificação criminal, dada a necessidade de sujeição dos novéis elementos probatórios ao eficiente e democrático filtro do contraditório. Na espécie, a alegação de que a vítima de homicídio se encontraria viva, e mantendo contato com sua madrasta, não foi submetida à realização da justificação, daí o Tribunal local ter deixado de conhecer, acertadamente, do pleito revisional. Também com propriedade, no aresto hostilizado, constou que não se prestaria a revisão criminal a ensejar o reexame de prova, como se fosse uma segunda apelação" (STJ – RHC nº 187343-ES, Rel. Maria Thereza de Assis Moura, j. 07.02.2013, DJe 20.02.2013).

"Quando se trata de ação revisional proposta com fundamento na existência de novas provas testemunhais capazes de infirmar o édito condenatório (art. 621, inciso III, do CPP), estas devem ser previamente produzidas sob o manto do contraditório e da ampla defesa, por meio do procedimento da justificação criminal, a ser conduzido perante o primeiro grau de jurisdição, nos termos do artigo 861 e seguintes do Código de Processo Civil, aplicável subsidiariamente conforme o disposto no artigo 3º do CPP. Precedentes" (STJ – HC nº 140618-SP, Rel. Jorge Mussi, j. 02.08.2011, DJe 29.08.2011).

» **Justificação judicial**

a) deferimento obrigatório

"Ao contrário do que consignado pela magistrada que não admitiu a justificação apresentada pelo paciente, em tal procedimento não se exige que a defesa explicite a importância ou a finalidade da prova que pretende produzir, exame que será realizado quando da sua utilização em eventual ação revisional a ser ajuizada" (STJ – RHC nº 206318-RJ, Rel. Jorge Mussi, j. 21.05.2013, DJe 05.06.2013).

"O art. 3º do Código de Processo Penal admite a aplicação subsidiária e analógica do Código de Processo Civil, onde a justificação é regulada pelo art. 861 a art. 866, além do art. 423 daquele diploma processual penal prever a possibilidade de realização de justificações. Deve ser admitida a justificação criminal com o fim de constituir material probatório para instruir ação de revisão criminal, tendo em vista que a prova utilizada para tal fim deve ser pré-constituída. A manifesta intenção do recorrente em propor ação revisional – que exige a existência de prova pré-constituída – com o fim de se ver absolvido, constitui fundamento suficiente ao deferimento de realização de audiência de justificação" (STJ – REsp nº 774079-RS, Rel. Gilson Dipp, RSTJ 203/471).

b) possibilidade de indeferimento

"É possível o indeferimento de Justificação Criminal, para fim de instrução de futura ação revisional, se o pedido é inadequadamente formulado, como já decidiu o Supremo Tribunal Federal (HC 76664/SP Rel. Ministro Sydney Sanches j. 10/03/1998 DJ 11/09/98) em caso de requerimento para nova e simples reinquirição de testemunhas ouvidas no processo, ou para o arrolamento de novas testemunhas" (TJSP – Apelação nº 0004313-67.2008.8.26.0052 – Rel. Renê Ricupero, j. 18.08.2011).

» Revisão criminal não se presta como uma segunda apelação

"Firme o entendimento deste Superior Tribunal de Justiça no sentido de que é inadmissível a utilização do instituto da revisão criminal como um novo recurso de apelação, de forma a propiciar reanálise da prova já existente dos autos" (STJ – AgRg no AResp nº 14228-MS, Rel. Jorge Mussi, j. 28.05.2013, DJe 11.06.2013).

"A revisão criminal, com fulcro no art. 621, inciso I, do Código de Processo Penal, deve demonstrar que o decreto condenatório ofendeu de forma clara o conjunto probatório colhido durante à instrução, sendo diferente de um revolvimento de provas motivado pela interposição de um recurso de apelação" (STJ – AgRg nos EDcl no REsp nº 825208-RS, Rel. Laurita Vaz, j. 22.06.2010, DJe 02.08.2010).

» Ajuizamento pelo próprio réu, sem necessidade de advogado. Possibilidade

"O Supremo Tribunal Federal, ao interpretar o art. 133 da Constituição da República, reconheceu a indispensabilidade da intervenção do Advogado como princípio de índole institucional, cujo valor, no entanto, não é absoluto em si mesmo, mas condicionado, em seu alcance e conteúdo, pelos limites impostos pela lei, consoante estabelecido pela própria Carta Política. Precedentes. – O art. 623 do CPP – que confere capacidade postulatória ao próprio condenado para formular o pedido revisional – foi objeto de recepção pela nova ordem constitucional, legitimando, em consequência, a iniciativa do próprio sentenciado, que pode ajuizar, ele mesmo, independentemente de representação por Advogado, a ação de revisão criminal" (STF – HC nº 74309-SP, Rel. Celso de Mello, j. 12.11.1996, DJ 23.05.2008).

"Não há nulidade por cerceamento de defesa na proposição de revisão criminal pelo próprio réu, ex vi do art. 623 do Código de Processo Penal, dispositivo em vigor e que foi recepcionado pela Constituição Federal de 1988" (STJ – HC nº 13772-SP, Rel. Gilson Dipp, j. 03.10.2000, DJ 30.10.2000, p. 171).

» Advogado suspenso pela OAB. Ilegitimidade

"A revisão criminal pode ser pedida pelo próprio réu ou por procurador legalmente habilitado e, na hipótese do falecimento do primeiro, pelo cônjuge, ascendente, descendente ou irmão – artigo 623 do Código de Processo Penal. A formalização do pedido por procurador pressupõe a inscrição deste na Ordem dos Advogados do Brasil e a outorga dos indispensáveis poderes mediante instrumento de mandato – habilitação. Verificado que o procurador encontra-se com a inscrição na Ordem suspensa, cumpre concluir pela irregularidade da representação processual" (STF – HC nº 70903-MG – Rel. Marco Aurélio, j. 30.08.1994, DJ 07.10.1994, p. 26824).

» Nomeação de defensor para o réu que ingressa com o pedido

a) desnecessidade

"Tendo o próprio condenado ingressado com revisão criminal, não caracteriza constrangimento ilegal o fato de o E. Tribunal a quo não haver designado defensor público para assisti-lo no julgamento do pleito revisional" (STJ – HC nº 34198-SP, Rel. Gilson Dipp, j. 17.08.2004, DJ 20.09.2004, p. 313).

b) possibilidade

Revisão criminal. Recurso. Interposição pelo acusado. Razões. Designação de advogado – "Se é permitido ao acusado subscrever o pedido de revisão criminal, não se lhe pode ser negado o direito de designação de advogado para oferecer as razões do recurso" (STJ – Rel. William Patterson – RT 740/562).

» Defensor público não necessita de instrumento de mandato

"A teor do que dispõe o artigo 16 da Lei nº 1.060/50, o defensor público não necessita de instrumento procuratório para ajuizar revisão criminal" (STJ – HC nº 24812-PE, Rel. Paulo Gallotti, RT 837/536).

» **Ministério Público**

a) ilegitimidade

"O Estado-acusador, ou seja, o Ministério Público, não tem legitimidade para formalizar a revisão criminal, pouco importando haver emprestado ao pedido o rótulo de habeas corpus, presente o fato de a sentença já ter transitado em julgado há mais de quatro anos da impetração e a circunstância de haver-se arguido a competência da Justiça Federal, e não da Justiça Estadual, sendo requerente o Procurador da República" (STF – RHC n° 80796-SP, Rel. Marco Aurélio, j. 29.05.2001, DJ 10.08.2001, p. 20).

b) legitimidade

"Impõe-se o conhecimento da Revisão Criminal, por se considerar que a legitimidade do Ministério Público para a presente peça decorre do texto constitucional e se coaduna com sua função de fiscal da lei e defensor dos interesses da coletividade" (TJPR – RC nº 512.123-9, Rel. Marques Cury, j. 11.12.2008).

"Muito embora a matéria seja objeto de polêmica, deve ser reconhecida a legitimidade do Ministério Público para propor a ação de revisão criminal, uma vez que a Constituição, em seu art. 127, caput, expressamente lhe reserva a atribuição de defesa da ordem jurídica, do regime democrático de dos interesses sociais e individuais indisponíveis" (TJPR – RC nº 436051-8, Rel. Carlos Augusto de Mello j. 10.01.2008).

» **Legitimidade daquele que foi condenado sendo apurado, depois, equívoco em seu nome**

"É cabível a via da Revisão Criminal para rever sentença proferida contra pessoa que, em um segundo momento, se sabe não ter cometido o crime objeto da condenação, sendo evidentemente legítima para ajuizá-la a parte que tem seu nome lançado como réu na sentença condenatória proferida com erro na identificação do agente do delito. Inteligência do art. 621, incisos II e III, do Código de Processo Penal" (STJ – REsp n° 645582-PR, Rel. Gilson Dipp, j. 12.09.2006, DJ 06.11.2006, p. 361).

» **Advogado da FUNAP. Ilegitimidade. Concessão de prazo para regularização**

"A revisão criminal ajuizada em favor do paciente foi subscrita por advogada da Fundação Professor Doutor Manoel Pedro Pimentel – FUNAP sem habilitação nos autos, não contendo o original da peça a assinatura do condenado, o que a princípio revelaria o descumprimento do dispositivo da legislação processual penal acima mencionado. Isso porque a FUNAP não ostenta a qualidade de órgão público encarregado da prestação de assistência jurídica gratuita, motivo pelo qual os advogados que nela atuam não possuem as mesmas prerrogativas dos membros da Defensoria Pública, devendo, por conseguinte, atuar em juízo mediante a apresentação de procuração. Precedente. Contudo, mesmo que evidenciado, de início, o desrespeito ao preceito contido no artigo 623 do Código de Processo Penal, constata-se que o simples arquivamento da inicial, tal como procedido na origem, não se coaduna com os princípios da ampla defesa e da instrumentalidade das formas. Desse modo, constatada a irregularidade na representação processual do réu, deveria o Desembargador Presidente da Seção Criminal do Tribunal de Justiça do Estado de São Paulo assinalar prazo para a correção do defeito, e não simplesmente arquivar a revisão criminal ajuizada em seu favor, mormente em face dos interesses e valores envolvidos" (STJ – HC n° 189513-SP, Rel. Jorge Mussi, j. 11.10.2011, DJe 28.10.2011).

» **Estudante de Direito. Ilegitimidade**

"Não existe, na hipótese, a alegação vedação ao acesso à justiça, porquanto a pessoa que ingressou com o pedido é estranha ao rol dos legitimados para ingressar, em juízo, com a ação de revisão criminal, quais sejam o procurador legalmente habilitado, o próprio réu ou, no caso de sua morte, o cônjuge, o ascendente, o descendente ou irmão (art. 623, do Código de Processo Penal). Ademais, o estudante de direito não possui capacidade postulatória, não podendo, assim, ser considerado procurador legalmente habilitado para demandar em juízo" (STJ – HC n° 73401-PR, Rel. Laurita Vaz, j. 13.03.2007, DJe 16.04.2007, p. 222).

» **Revisão criminal contra decisão do Júri**

"Ajuizado pedido de revisão criminal contra veredicto proferido pelo Tribunal do Júri, sob o fundamento deste ter sido manifestamente contrário à prova dos autos, ao órgão recursal se permite apenas a realização de um juízo de constatação acerca da existência ou não de suporte probatório para a decisão tomada pelos jurados integrantes do Conselho de Sentença, somente se admitindo a cassação da decisão caso esta seja flagrantemente desprovida de elementos de prova capazes de sustentá-la" (STJ – HC nº 268563-SP, Rel. Jorge Mussi, j. 21.05.2013, DJe 05.06.2013).

"É possível, em sede de revisão criminal, a absolvição, por parte do Tribunal de Justiça, de réu condenado pelo Tribunal do Júri. Em homenagem ao princípio hermenêutico da unidade da Constituição, as normas constitucionais não podem ser interpretadas de forma isolada, mas como preceitos integrados num sistema unitário, de modo a garantir a convivência de valores colidentes, não existindo princípios absolutos no ordenamento jurídico vigente. Diante do conflito entre a garantia da soberania dos veredictos e o direito de liberdade, ambos sujeitos à tutela constitucional, cabe conferir prevalência a este, considerando-se a repugnância que causa a condenação de um inocente por erro judiciário. Não há falar em violação à garantia constitucional da soberania dos veredictos por uma ação revisional que existe, exclusivamente, para flexibilizar uma outra garantia de mesma solidez, qual seja, a segurança jurídica da coisa julgada" (STJ – REsp nº 964978-RJ, Rel. Adilson Vieira Macabu, j. 18.08.2012, DJe 30.08.2012).

ANEXO

Modelos dos quesitos

1. QUESTIONÁRIO SIMPLES: art. 121, "caput", c.c. o art. 14, inc. II, ambos do CP

TRIBUNAL POPULAR DO JÚRI DA COMARCA DE ________

Processo nº ______
Réu: FULANO DE TAL

QUESITOS

1) No dia 23 de outubro de 2010, na Rua Iuguslávia, altura nº 247, Jardim Azul, nesta cidade e Comarca, MARIO DE TAL recebeu disparos de arma de fogo, nele produzindo as lesões descritas no laudo de fls. 33/36?

2) O acusado FULANO DE TAL foi quem efetuou o disparo de arma de fogo contra a vítima?

3) Assim agindo, deu início à execução de um crime de homicídio, que somente não se consumou por circunstâncias alheias à sua vontade, consistente no pronto socorro recebido pela vítima?

4) O jurado absolve o réu?

Sala do Tribunal Popular do Júri de ________, (data).

____
Juiz Presidente

2. QUESTIONÁRIO SIMPLES: art. 121, § 2º., inc. II, do CP

TRIBUNAL POPULAR DO JÚRI DA COMARCA DE ______

Processo nº ______
Réu: FULANO DE TAL

QUESITOS

1) Em meados de julho de 2010, na Rua Ulisses Guimarães, altura nº 1093, nesta cidade e Comarca, MANOEL DE TAL foi empurrado em um fosso de oito metros, sofrendo as lesões descritas no laudo de fls. 40, que foram a causa de sua morte?

> **ATENÇÃO**: argumentando a defesa a inexistência de nexo causal entre conduta e resultado, deve o magistrado dividir a materialidade em dois quesitos:
>
> *1)* Em meados de julho de 2010, na Rua Ulisses Guimarães, altura nº 1093, nesta cidade e Comarca, MANOEL DE TAL foi empurrado em um fosso de oito metros, sofrendo as lesões descritas no laudo de fls. 40?
>
> *2)*Essas lesões foram a causa da morte da vítima?

2) O acusado FULANO DE TAL foi quem empurrou a vítima no fosso?

3) O jurado absolve o réu?

4) O réu cometeu o crime por motivo fútil, consistente numa discussão banal num jugo de cartas?

Sala do Tribunal Popular do Júri de ________, (data).

____
Juiz Presidente

3. QUESTIONÁRIO SIMPLES: ART. 121, § 2º., inc. IV, c.c. o art. 121, § 4º., ambos do CP

TRIBUNAL POPULAR DO JÚRI DA COMARCA DE ________

Processo nº ______
Réu: FULANO DE TAL

QUESITOS

1- No dia 06 de dezembro de 2009, em horário incerto, mas durante a madrugada, na Rua Joana Neide Soler Martines, nº 118, na cidade de ________, nesta Comarca de ________, a vítima **MARIA DE TAL** sofreu disparo de arma de fogo,nela produzindo as lesões descritas no laudo de fls. 40, que foram a causa de sua morte?

> **ATENÇÃO**: argumentando a defesa a inexistência de nexo causal entre conduta e resultado, deve o magistrado dividir a materialidade em dois quesitos:
>
> *1)***No dia 06 de dezembro de 2009, em horário incerto, mas durante a madrugada, na Rua Joana Neide Soler Martines, nº 118, na cidade de ________, nesta Comarca de ________,** a vítima **MARIA DE TAL** sofreu disparo de arma de fogo,nela produzindo as lesões descritas no laudo de fls. 40?
>
> *2)*Essas lesões foram a causa da morte da vítima?

2- O **acusado FULANO DE TAL** foi quem efetuou o disparo de arma de fogo contra a vítima?

3- O jurado absolve o acusado?

4- O crime foi praticado **mediante recurso que dificultou a defesa da vítima,** pois o acusado compareceu de madrugada na residência da vítima, arrombou a porta da cozinha e passou a atirar contra ela, que não teve possibilidade de reagir?

5- A vítima era menor de 14 anos à época dos fatos, e o acusado sabia disso?

Sala do Tribunal Popular do Júri de ________, (data).

____
Juiz Presidente

4. QUESTIONÁRIO SIMPLES: art. 121, §§ 1º. e 2º., inc. IV, do CP

TRIBUNAL POPULAR DO JÚRI DA COMARCA DE ________

Processo nº ______
Réu: FULANO DE TAL

QUESITOS

1) No dia 14 de novembro de 2010, na Rua Aguaí, altura nº 107, Jardim Constância, nesta cidade e Comarca, **MARIA DE TAL** sofreu disparo de arma de fogo, nela produzindo as lesões descritas no laudo de fls. 40, que foram a causa de sua morte?

> **ATENÇÃO**: argumentando a defesa a inexistência de nexo causal entre conduta e resultado, deve o magistrado dividir a materialidade em dois quesitos:
>
> *1)* No dia 14 de novembro de 2010, na Rua Aguaí, altura nº 107, Jardim Constância, nesta cidade e Comarca, **MARIA DE TAL** sofreu disparo de arma de fogo, nela produzindo as lesões descritas no laudo de fls. 40?
>
> *2)*Essas lesões foram a causa da morte da vítima?

2) O acusado FULANO DE TAL foi o autor dos disparos contra a vítima?

3) O jurado absolve o réu?

4) O réu agiu sob o domínio de violenta emoção, logo em seguida a injusta provocação da vítima, mais precisamente, um relacionamento extraconjugal mantido por Maria?

5) O réu, mediante emboscada, cometeu o crime com emprego de recurso que dificultou a defesa da vítima?

Sala do Tribunal Popular do Júri de ________, (data).

____
Juiz Presidente

5. QUESTIONÁRIO EM SÉRIE (MAIS DE UM RÉU): art. 121, § 2º., incs. II e IV, do CP

TRIBUNAL POPULAR DO JÚRI DA COMARCA DE ________

Processo nº ______
Réus: FULANO DE TAL e BELTRANO DE TAL

Q U E S I T O S – 1ª S É R I E (réu FULANO DE TAL)

1- No dia 06 de dezembro de 2009, em horário incerto, mas durante a madrugada, na Rua Joana Neide Soler Martines, nº 118, na cidade de_______, nesta Comarca de __________, a vítima **MARIA DE TAL** sofreu disparo de arma de fogo,nela produzindo as lesões descritas no laudo de fls. 40, que foram a causa de sua morte?

> **ATENÇÃO**: argumentando a defesa a inexistência de nexo causal entre conduta e resultado, deve o magistrado dividir a materialidade em dois quesitos:
>
> *1)* No dia 14 de novembro de 2010, na Rua Aguaí, altura nº 107, Jardim Constância, nesta cidade e Comarca, **MARIA DE TAL** sofreu disparo de arma de fogo, nela produzindo as lesões descritas no laudo de fls. 40?
>
> *2)*Essas lesões foram a causa da morte da vítima?

2- O **acusado FULANO DE TAL** foi quem efetuou os disparos de arma de fogo contra a vítima?

3- O jurado absolve o acusado?

4- O crime foi praticado por **motivo fútil**, consistente no fato de a vítima **Maria** ter movido ação de execução de alimentos contra o acusado, onde ele teve seu veículo bloqueado pela justiça?

5- O crime foi praticado **mediante recurso que dificultou a defesa da vítima,** pois o acusado compareceu de madrugada na residência da vítima, arrombou a porta da cozinha e passou a atirar contra ela, que não teve possibilidade de reagir?

QUESITOS – 2ª SÉRIE (réu BELTRANO DE TAL)

1- No dia 06 de dezembro de 2009, em horário incerto, mas durante a madrugada, na Rua Joana Neide Soler Martines, nº 118, na cidade de ________, nesta Comarca de ________, a vítima **MARIA DE TAL** sofreu disparo de arma de fogo,nela produzindo as lesões descritas no laudo de fls. 40, que foram a causa de sua morte?

ATENÇÃO: argumentando a defesa a inexistência de nexo causal entre conduta e resultado, deve o magistrado dividir a materialidade em dois quesitos:

1) No dia 14 de novembro de 2010, na Rua Aguaí, altura nº 107, Jardim Constância, nesta cidade e Comarca, **MARIA DE TAL** sofreu disparo de arma de fogo, nela produzindo as lesões descritas no laudo de fls. 40?

*2)*Essas lesões foram a causa da morte da vítima?

2- O **acusado BELTRANO DE TAL** concorreu para o crime, instigando terceira pessoa a praticá-lo, bem como prestado auxílio material ao conduzir aquela terceira pessoa até a casa da vítima, monitorar as viaturas policiais daquela cidade e propiciar fuga após o crime?

3- O jurado absolve o acusado?

4- A participação de BELTRANO foi de menor importância?

5- O crime foi praticado por **motivo fútil**, consistente no fato de a vítima **Maria** ter movido ação de execução de alimentos contra devedor, onde ele teve seu veículo bloqueado pela justiça?

6- O crime foi praticado **mediante recurso que dificultou a defesa da vítima,** pois a terceira pessoa, instigada e auxiliada por BELTRANO, compareceu de madrugada na residência da vítima, arrombou a porta da cozinha e passou a atirar contra ela, que não teve possibilidade de reagir?

Sala do Tribunal Popular do Júri de ________, (data).

____
Juiz Presidente

6. QUESTIONÁRIO EM SÉRIE (MAIS DE UM CRIME): art. 121, § 2º., incs. I e IV, e art. 250, § 1º., incs. I e II, "a", ambos do CP

TRIBUNAL POPULAR DO JÚRI DA COMARCA DE ________

Processo nº ______
Réu: FULANO DE TAL

Q U E S I T O S – 1ª S É R I E (homicídio qualificado)

1) No dia 15 de outubro de 2012, na Estrada do Bosque, na cidade de______, nesta Comarca, JOÃO DE TAL recebeu disparos de arma de fogo, nela produzindo as lesões descritas no laudo de fls. 283/284, que foram a causa de sua morte?

ATENÇÃO: argumentando a defesa a inexistência de nexo causal entre conduta e resultado, deve o magistrado dividir a materialidade em dois quesitos:

1) No dia 15 de outubro de 2012, na Estrada do Bosque, na cidade de______, nesta Comarca, JOÃO DE TAL recebeu disparos de arma de fogo, nela produzindo as lesões descritas no laudo de fls. 283/284?

2) Essas lesões foram a causa da morte da vítima?

2) O acusado FULANO DE TAL foi quem efetuou o disparo de arma de fogo contra a vítima?

3) O jurado absolve o réu?

4) O réu cometeu o crime por motivo torpe, movido pela ganância?

5) O réu cometeu o crime com emprego de meio que dificultou a defesa do ofendido, atacando JOÃO de surpresa?

QUESITOS – 2ª SÉRIE (incêndio)

1) No dia 15 de outubro de 2012, na Estrada do Bosque, na cidade de _______, nessa Comarca, houve um incêndio que expôs a perigo a integridade física ou o patrimônio de outrem?

2) O acusado FULANO DE TAL foi quem ateou fogo ao local?

3) O jurado absolve o réu?

4) O réu cometeu o crime (incêndio) com intuito de obter vantagem pecuniária em proveito próprio e alheio?

5) O réu cometeu o crime (incêndio) em casa destinada a habitação?

Sala do Tribunal Popular do Júri de ________, (data).

____
Juiz Presidente

7. QUESTIONÁRIO EM SÉRIE (MAIS DE UM CRIME): art. 121, § 2º., incs. I e IV, do CP + falso testemunho ocorrido em plenário

TRIBUNAL POPULAR DO JÚRI DA COMARCA DE ________

Processo nº ______
Réu: FULANO DE TAL

Q U E S I T O S – 1ª S É R I E (homicídio qualificado)

1) No dia 15 de outubro de 2012, na Estrada do Bosque, na cidade de______, nesta Comarca, JOÃO DE TAL recebeu disparos de arma de fogo, nela produzindo as lesões descritas no laudo de fls. 283/284, que foram a causa de sua morte?

> **ATENÇÃO**: argumentando a defesa a inexistência de nexo causal entre conduta e resultado, deve o magistrado dividir a materialidade em dois quesitos:
>
> *1)* No dia 15 de outubro de 2012, na Estrada do Bosque, na cidade de______, nesta Comarca, JOÃO DE TAL recebeu disparos de arma de fogo, nela produzindo as lesões descritas no laudo de fls. 283/284?
>
> *2)*Essas lesões foram a causa da morte da vítima?

2) O acusado FULANO DE TAL foi quem efetuou o disparo de arma de fogo contra a vítima?

3) O jurado absolve o réu?

4) O réu cometeu o crime por motivo torpe, movido pela ganância?

5) O réu cometeu o crime com emprego de meio que dificultou a defesa do ofendido, atacando JOÃO de surpresa?

Q U E S I T O – 2ª S É R I E (falso testemunho)

1. Durante a colheita da prova em plenário, a testemunha SICRANO DE TAL, qualificada a fls. 1030, fez afirmação falsa em relação a fato relevante concernente ao processo a que responde o réu FULANO DE TAL?

Sala do Tribunal Popular do Júri de ________, (data).

____

Juiz Presidente

8. QUESTIONÁRIO EM SÉRIE (MAIS DE UM CRIME): art. 121, § 2º., incs. III e V, e art. 213, ambos do CP

TRIBUNAL POPULAR DO JÚRI DA COMARCA DE ________

Processo nº ______
Réu: FULANO DE TAL

Q U E S I T O S – 1ª S É R I E (homicídio qualificado)

1) No dia 18 de agosto de 2010, durante a madrugada, na Estrada da Fazenda Santana, nesta cidade e Comarca, THAIS DE TAL foi estrangulada e arremessada em um poço, decorrendo desse fato as lesões descritas no laudo de fls. 40, causa da sua morte?

> **ATENÇÃO**: argumentando a defesa a inexistência de nexo causal entre conduta e resultado, deve o magistrado dividir a materialidade em dois quesitos:
>
> *1)* No dia 18 de agosto de 2010, durante a madrugada, na Estrada da Fazenda Santana, nesta cidade e Comarca, THAIS DE TAL foi estrangulada e arremessada em um poço, decorrendo desse fato as lesões descritas no laudo de fls. 40?
>
> *2)*Essas lesões foram a causa da morte da vítima?

2) O acusado FULANO DE TAL foi o autor do estrangulamento e do arremesso da vítima ao poço?

3) O jurado absolve o réu?

4) O réu cometeu o crime mediante asfixia da vítima?

5) O réu cometeu o crime para assegurar a ocultação de crime passado?

QUESITOS – 2ª SÉRIE (estupro)

1) No dia 18 de agosto de 2010, durante a madrugada, na Estrada da Fazenda Santana, nesta cidade e Comarca, THAIS DE TAL foi constrangida, mediante violência ou grave ameaça, a praticar ato libidinoso diverso da conjunção carnal?

2) O acusado FULANO DE TAL Pereira foi o autor do constrangimento sexual contra a vítima?

3) O jurado absolve o réu?

Sala do Tribunal Popular do Júri de ________, (data).

____

Juiz Presidente

9. QUESTIONÁRIO SIMPLES: ART. 121, § 2º., inc. III, do CP + semi-imputabilidade

TRIBUNAL POPULAR DO JÚRI DA COMARCA DE ________

Processo nº ______
Réu: FULANO DE TAL

Q U E S I T O S

1) No dia 18 de agosto de 2010, durante a madrugada, na Estrada da Fazenda Santana, nesta cidade e Comarca, THAIS DE TAL foi estrangulada e arremessada em um poço, decorrendo desse fato as lesões descritas no laudo de fls. 40, causa da sua morte?

ATENÇÃO: argumentando a defesa a inexistência de nexo causal entre conduta e resultado, deve o magistrado dividir a materialidade em dois quesitos:

1) No dia 18 de agosto de 2010, durante a madrugada, na Estrada da Fazenda Santana, nesta cidade e Comarca, THAIS DE TAL foi estrangulada e arremessada em um poço, decorrendo desse fato as lesões descritas no laudo de fls. 40?

*2)*Essas lesões foram a causa da morte da vítima?

3) O jurado absolve o réu?

4) O réu em virtude de perturbação de saúde mental tinha diminuída a sua capacidade de entender o caráter ilícito do fato ou de determinar-se de acordo com esse entendimento?

5) O réu cometeu o crime mediante asfixia da vítima?

Sala do Tribunal Popular do Júri de ________, (data).

____
Juiz Presidente

10. QUESTIONÁRIO SIMPLES: art. 121, § 2º., II, c.c. o art. 14, inc. II (tentativa branca), ambos do CP

TRIBUNAL POPULAR DO JÚRI DA COMARCA DE ________

Processo nº ______
Réu: FULANO DE TAL

QUESITOS

1- No dia 28 de janeiro de 2009, por volta das 05h e 50m, no cruzamento da Avenida Azul com a Rua Amarela, na cidade de __________, nesta comarca,houve disparo de arma de fogo contra a vítima **CRISTINA DE TAL**?

2- O **réu FULANO DE TAL** foi o autor dos disparos?

3- O réu, assim agindo, deu início à execução de um crime de homicídio contra a vítima **CRISTINA DE TAL,** que apenas não se consumou por circunstâncias alheias a sua vontade, uma vez que não conseguiu alvejá-la?

4- O jurado absolve o acusado?

5- O crime foi praticado por **motivo fútil**, pois o denunciado tentou ceifar a vida da vítima em razão de não aceitar o término do relacionamento que mantinha com ela?

Sala do Tribunal Popular do Júri de ________, (data).

____
Juiz Presidente

11. QUESTIONÁRIO SIMPLES: art. 121, "caput", do CP (com tese de desclassificação para crime culposo)

TRIBUNAL POPULAR DO JÚRI DA COMARCA DE ________

Processo nº ______
Réu: FULANO DE TAL

QUESITOS

1- No dia 20 de setembro de 2010, por volta das 20h e 30m, a vítima *PATRICK DE TAL* sofreu disparo de arma de fogo que lhe causou a morte conforme laudo de exame necroscópico de fls. 40 e 45/47?

2- O **acusado *FULANO DE TAL*** foi quem efetuou o disparo de arma de fogo contra a vítima?

3- O réu disparou com a intenção de matar a vítima?

4- O jurado absolve o acusado?

Sala do Tribunal Popular do Júri de ________, (data).

____
Juiz Presidente

12. QUESTIONÁRIO SIMPLES: art. 122, parágrafo único, I, do CP

TRIBUNAL POPULAR DO JÚRI DA COMARCA DE ________

Processo nº ______
Réu: FULANO DE TAL

QUESITOS

1) No dia 23 de outubro de 2010, na Rua Iuguslávia, altura nº 247, Jardim Azul, nesta cidade e Comarca, MARIO DE TAL obteve auxílio ao cometimento de suicídio, recebendo de terceiro o veneno utilizado na execução da sua morte?

2) O acusado FULANO DE TAL participou do suicídio, prestando auxílio, consistente na entrega do veneno que matou a vítima?

3) O jurado absolve o réu?

4) O crime foi praticado por motivo egoístico, visando o réu o recebimento de seguro contratado pela vítima?

Sala do Tribunal Popular do Júri de ________, (data).

____
Juiz Presidente

13. QUESTIONÁRIO SIMPLES: art. 123 do CP

TRIBUNAL POPULAR DO JÚRI DA COMARCA DE ________

Processo nº ______
Réu: FULANA DE TAL

QUESITOS

1. No dia 23 de outubro de 2010, na Rua Iuguslávia, altura nº 247, Jardim Azul, nesta cidade e Comarca, a vítima MARIA DE TAL sofreu golpes de faca, nela produzindo as lesões descritas no laudo de exame de corpo de delito de fls. 34/35, causa da sua morte?

ATENÇÃO: argumentando a defesa a inexistência de nexo causal entre conduta e resultado, deve o magistrado dividir a materialidade em dois quesitos:

1. No dia 23 de outubro de 2010, na Rua Iugoslávia, altura nº 247, Jardim Azul, nesta cidade e Comarca, a vítima MARIA DE TAL sofreu golpes de faca, nela produzindo as lesões descritas no laudo de exame de corpo de delito de fls. 34/35?

2. Essas lesões foram a causa da morte da vítima?

2. A ré FULANA DE TAL foi quem desferiu os golpes de faca na vítima MARIA DE TAL?

3. A vítima MARIA DE TAL era filha da ré?

4. A ré agiu sob a influência do estado puerperal?

5. A ré agiu durante ou logo após o parto?

6. O jurado absolve a acusada?

Sala do Tribunal Popular do Júri de ________, (data).

____

Juiz Presidente

EDITORA
*Jus*PODIVM
www.editorajuspodivm.com.br

Pré-impressão, impressão e acabamento

GRÁFICA
SANTUÁRIO

grafica@editorasantuario.com.br
www.graficasantuario.com.br
Aparecida-SP